Schweigen als Indiz der Schuld

Frankfurter kriminalwissenschaftliche Studien

Bd./Vol. 82

PETER LANG
Frankfurt am Main · Berlin · Bern · Bruxelles · New York · Oxford · Wien

Philipp Rau

Schweigen als Indiz der Schuld

Ein Vergleich des deutschen und englischen Rechts zur Würdigung des Schweigens des Beschuldigten

PETER LANG
Europäischer Verlag der Wissenschaften

Bibliografische Information Der Deutschen Bibliothek
Die Deutsche Bibliothek verzeichnet diese Publikation in der Deutschen Nationalbibliografie; detaillierte bibliografische Daten sind im Internet über <http://dnb.ddb.de> abrufbar.

Zugl.: Frankfurt (Main), Univ., Diss., 2003

D 30
ISSN 0170-6918
ISBN 3-631-52063-8

www.peterlang.de

Vorwort

Die vorliegende Arbeit wurde im Sommersemester 2003 an der Johann-Wolfgang-Goethe-Universität in Frankfurt a.M. als Dissertation angenommen.

Auf die Thematik der richterlichen Würdigung des Schweigens wurde ich während meines Masterstudiengangs in Bristol/England im Jahre 1999 aufmerksam.

Mein besonderer Dank gilt meinem Doktorvater, Prof. Dr. Ulfrid Neumann, der sich sogleich bereit erklärte, die Arbeit zu betreuen. Ich bedanke mich auch herzlich bei meiner Frau Charlotte, die mich mit inhaltlichen Verbesserungsvorschlägen und ihrem unermüdlichen Korrekturlesen sehr unterstützt hat.

Frankfurt a.M. im Oktober 2003 Philipp Rau

Inhaltsverzeichnis

Abkürzungsverzeichnis

a.a.O.	am angegebenen Ort
a.E.	am Ende
a.F.	alte Fassung
Absch.	Abschnitt
AC	Law Reports, Appeal Cases
AllER	All England Law Reports
AmCrimLR	American Criminal Law Review
Anglo-AmLR	Anglo-American Law Review
AöR	Archiv für öffentliches Recht
ArchN	Archbold News
Art.	Artikel
AustrLJ	Australian Law Journal
BayObLG	Bayerisches Oberstes Landesgericht
Bd.	Band
BGBl.	Bundesgesetzblatt
BGH	Bundesgerichtshof
BGHSt	amtliche Sammlung der Entscheidung des Bundesgerichtshofs in Strafsachen
BK	Bonner Kommentar
BVerfG	Bundesverfassungsgericht
bzw.	beziehungsweise
CA	Court of Appeal
CamLJ	Cambridge Law Journal
CC	Crown Court
CCA	Criminal Court of Appeal
CCC	Crown Court for Criminal Cases Reserved
CJ	Lord Chief Justice

CLP	Current Legal Problems
CLRC	Criminal Law Revision Committee
Cox CC	Cox Criminal Cases
CPIA	Criminal Procedure and Investigations Act 1996
CrAppR	Criminal Appeal Reports
CrimLR	Criminal Law Review
CRIMPO	Criminal Justice and Public Order Act 1994
d.h.	das heißt
DAR	Deutsches Autorecht
DRiZ	Deutsche Richter-Zeitung
E&P	International Journal of Evidence and Proof
EGMR	Europäischer Gerichtshof für Menschenrechte
EHRR	European Human Right Reports
Einleit.	Einleitung
EMRK	Europäische Menschenrechtskonvention
f.	folgende
ff.	fortfolgende
GA	Goltdammer´s Archiv für Strafrecht
GG	Grundgesetz
ggf.	gegebenenfalls
GVG	Gerichtsverfassungsgesetz
HC	House of Commons
HL	House of Lords
HOWG	Home Office Working Group
Hrsg.	Herausgeber
i.d.F.	in der Fassung
i.d.R.	in der Regel
i.S.	im Sinne
i.S.v.	im Sinne von

i.V.m.	in Verbindung mit
J	Judge
JA	Juristische Arbeitsblätter
JCrimL	Journal of Criminal Law
JP	Justice of the Peace and Local Governement Law (Zeitschrift)
JR	Juristische Rundschau
JSPTL	Journal of the Society of Public Teachers of Law
Jura	Juristische Ausbildung
JuS	Juristische Schulung
JZ	Juristenzeitung
KB	Law Reports, King´s Bench
KK	Karlsruher Kommentar
KMR	Kleinknecht/Müller/Reitberger
KritV	Kritische Vierteljahresschrift für Gesetzgebung und Rechtswissenschaft
l.	linke(r)
LG	Landgericht
lit.	litera, Buchstabe
LJ	Lord Judge
LQR	Law Quarterly Review
LS	Leitsatz
LSG	Law Society´s Gazette
MDR	Monatsschrift für deutsches Recht
MLR	Modern Law Review
NICA	Northern Ireland Court of Appeal
NIJB	Northern Ireland Law Reports Bulletin of Judgments
NILQ	Northern Ireland Legal Quarterly
NJW	Neue Juristische Wochenschrift

NLJ	New Law Journal
NI Order	Northern Ireland Order 1988
NStZ	Neue Zeitschrift für Strafrecht
NZV	Neue Zeitschrift für Verkehrsrecht
OJLS	Oxford Journal of Legal Studies
OLG	Oberlandesgericht
OWiG	Ordnungswidrigkeitengesetz
PACE	Police and Criminal Evidence Act 1984
para.	paragraph
PC	Privy Council
PL	Public Law (Zeitschrift)
QB	Law Reports, Queen's Bench
QC	Queen´s Counsel
r.	rechte(r)
R.	Regina (oder: Rex)
RCCJ	Royal Commission on Criminal Justice (1993)
RCCP	Royal Commission on Criminal Procedure (1981)
Rdnr	Randnummer
RGSt	amtliche Sammlung der Entscheidungen des Reichsgerichts in Strafsachen
RutgersLR	Rutgers Law Review
s.	section
S.	Seite
s.a.	siehe auch
SK(StPO)	Systematischer Kommentar zur StPO
sog.	sogenannte(r)
Sp.	Spalte
StGB	Strafgesetzbuch
StPO	Strafprozeßordnung

StV	Strafverteidiger (Zeitschrift)
u.ä.	und ähnliche(s)
u.a.	unter anderem
u.a.m.	und andere(s) mehr
u.s.w.	und so weiter
v.	versus
VRS	Verkehrsrechts-Sammlung
wistra	Zeitschrift für Wirtschaft, Steuer, Strafrecht
WLR	Weekly Law Reports
z.T.	zum Teil
ZfS	Zeitschrift für das gesamte Schadensrecht
ZStW	Zeitschrift für die gesamte Strafrechtswissenschaft

Einleitung: Die Beweggründe für die Arbeit und der Gang der Untersuchung

> Zuletzt traten hinzu zween falsche Zeugen, und sprachen: „Er hat gesagt: ich kann den Tempel Gottes abbrechen und in drei Tagen denselben bauen.“
>
> Und der Hohepriester stund auf und sprach zu ihm: “Antwortest du nichts zu dem, was diese wider dich zeugen?“
>
> Aber Jesus schwieg stille.
>
> Matthäus-Evangelium, Kapitel 26, Vers 60-63

I. Die Beweggründe für die Arbeit

Das Recht des Beschuldigten und des Angeklagten, sich nicht selbst belasten zu müssen (Schweigerecht), ist im deutschen wie im englischen Recht allgemein anerkannt. Zahlreiche Abhandlungen haben sich in den letzten Jahrzehnten in beiden Ländern mit der Frage der dogmatischen Herleitung und der inhaltlichen Reichweite dieser fundamentalen Garantie befaßt.

Eine Frage, die hierbei insbesondere im deutschen Rechtsbereich vergleichsweise wenig Beachtung gefunden hat, ist jedoch, ob und ggf. in welcher Weise das Schweigen des Beschuldigten im polizeilichen Verhör bzw. in der Hauptverhandlung vor Gericht zu seinem Nachteil gewürdigt werden darf. Die Ausübung des Schweigerechts wirft mithin eine schwierige Folgefrage auf, nämlich die Problematik der beweisrechtlichen Bedeutung des Schweigens.

Im englischen Recht wurde die Frage einer möglichen Würdigung des Schweigens des Beschuldigten in einer jahrzehntelangen, teils sehr heftig geführten Debatte behandelt. Zuerst wurden entsprechende Reformen in Nordirland vorgenommen, sodann im Jahre 1994 mit dem Criminal Evidence and Public Order Act 1994 im englischen Rechtsbereich Regelungen normiert, die allgemein nachteilige Schlüsse aus dem Schweigen des Beschuldigten bzw. Angeklagten zulassen.

Schon allein aufgrund des Umstands, daß England das Mutterland des Schweigerechts ist[1], erscheint es besonders interessant, die dort erfolgten

---

[1] Die Arbeit hat davon Abstand genommen, näher auf die verschiedenen Theorien zur Entstehung des Schweigerechts im englischen Recht einzugehen. Hierzu nur soviel: vertreten werden im Wesentlichen drei Theorien. Die klassische These von Wigmore

Veränderungen näher zu beleuchten. Abgesehen davon ist festzustellen, daß diese Reform und die hiermit verbundene rechtspolitische Debatte im deutschen Rechtsbereich kaum wahrgenommen worden ist[2]. Vor allem aber ermöglicht der Vergleich mit dem englischen Recht Rückschlüsse im Zusammenhang mit der deutschen Diskussion. Die englische Debatte, die Vorgehensweise des dortigen Gesetzgebers und die Erfahrungen, die man mit den Regelungen gemacht hat, sollen als Spiegel dafür dienen, die Rechtslage im deutschen Bereich näher zu beleuchten und der hier geführten Diskussion neue Aspekte abzugewinnen.

Entsprechend dieser Aufgabenstellung ist das Themenfeld der Arbeit begrenzt: Gegenstand ist kein umfassender Vergleich aller Aspekte des Schweigerechts in beiden Ländern. Vielmehr wird die spezifische Frage der beweisrechtlichen Würdigung des Schweigens des Beschuldigten und Angeklagten behandelt. Hiermit verknüpft ist freilich ein weiterer Bereich, der nicht aus der Abhandlung ausgespart werden konnte: die Frage nach der dogmatischen Rechtfertigung bzw. Ableitung des Schweigerechts. Dieser Themenbereich prägt nämlich das gesamte Verständnis des Rechts in einer so grundlegenden Weise, daß auf eine Mitbehandlung dieser Thematik nicht verzichtet werden konnte.

Auch in der europäischen Perspektive erscheint es sinnvoll, einen solchen Vergleich strafprozessualer Themenfelder zu präsentieren. Bereits heute deutet sich an, daß Regelungen des Strafprozeßrechts auf europäischer Ebene nicht allzuferner Zukunft vereinheitlicht werden. Einzelne prozessuale Institute wie etwa der europäische Staatsanwalt gehören in absehbarer Zeit bereits zur Rechtswirklichkeit[3]. Es ist daher absehbar, daß in baldiger Zukunft weite-

---

geht davon aus, daß das Schweigerecht aus den politischen Vorgängen um die Starchambers Mitte des 16. Jahrhunderts eher zufällig hervorgegangen sei (insbesondere aufgrund des sog. Lilburne-trial), Wigmore (1960) Bd. VIII para. 2250. Levy (1968) passim hingegen vertritt die These, das Schweigerecht sei bereits viel früher im mittelalterlichen Strafrecht des common law entstanden. In neuerer Zeit hat McNair (1990) 10 OJLS, S. 69/70 und passim die Auffassung dargelegt, das Schweigerecht sei zuerst von Zeugen in Zivilprozessen geltend gemacht worden. Zum Ganzen auch Dennis (1995) 54 CamLJ, S. 342 in Fn. 1, Greer (1990) 53 MLR, S. 710/711, Guradze (1971) S. 152-156. Speziell zu der frühesten Entwicklung des Rechts auch Helmholz (1997) passim. Zu der weiteren Bedeutung seit dem 16. Jahrhundert: Gray (1997) passim und Langbein (1997) passim. Zu der Entwicklung des Rechts im anglo-amerikanischen Bereich im 19. Jahrhundert Henry E. Smith (1997) passim.

2 Die englische Reform wird angesprochen von: Arzt (1997) S. 24/25, Huber (1995) passim, Mäder (1997) S. 53/54.

3 Zum europäischen Staatsanwalt näher Brüner/Spitzer NStZ 2002, 393ff. Allgemein zur Europäisierung des Strafrechts: Nelles ZStW 109 (1997), 727ff.

re prozessuale Themengebiete auf europäischer Ebene vereinheitlicht werden. Auch unter diesem Aspekt ergibt sich daher die Notwendigkeit, durch wissenschaftliche Arbeiten eine spätere praktische Angleichung solcher strafrechtlicher Fragen vorzubereiten.

II. Der Gang der Untersuchung

Die Untersuchung wird mit der Darstellung des deutschen Rechts zum Schweigerecht beginnen (Teil 1). In einem ersten Schritt werden die verschiedenen Rechtsgrundlagen bzw. die Ableitungsmöglichkeiten der Garantie diskutiert. Sodann wird vor diesem Hintergrund die eigentliche zentrale Frage der Arbeit erörtert, wie nämlich das Schweigen im deutschen Recht unter beweisrechtlichen Gesichtspunkten gewürdigt wird.

Danach wird - komplementär zur Darstellung im deutschen Recht - die Rechtslage im englischen Recht analysiert (Teil 2). Auch hier beginnt die Darstellung mit den verschiedenen Ableitungsmöglichkeiten des Schweigerechts. Sodann wird die frühere Rechtslage des common law zur Behandlung von Schlüssen aus dem Schweigen angesprochen. Nur auf Grundlage dieser Rechtsprechung lassen sich die nachfolgenden Veränderungen gemäß der ss. 34-39 Criminal Justice and Public Order Act 1994 nachvollziehen. Sodann wird - der historischen Abfolge nachgezeichnet - die politische Diskussion aufgezeigt, die der Einführung der gesetzlichen Regelungen in England und Nordirland vorausging. Auch diese ist von besonderer Wichtigkeit, um die Hintergründe in der sehr heftig geführten Debatte zu verstehen, die mit der Veränderung des Schweigerechts in England verbunden war.

Zuletzt werden im vergleichenden Teil (Teil 3) die deutsche und die englische Rechtslage in Beziehung gesetzt. Dies geschieht in einem ersten Schritt hinsichtlich der Frage nach der Herleitung bzw. der ratio des Schweigerechts in beiden Ländern. Die Besonderheiten der rechtlichen Ausgangsposition werden hierbei angesprochen und in den Zusammenhang mit der konkreten Diskussion um die Rechtfertigung dieses Rechts gestellt. Sodann wird vergleichend die Frage der beweisrechtlichen Behandlung des Schweigerechts erörtert. Hierbei soll besonderes Augenmerk auf den prozessualen Hintergrund gerichtet werden, ohne den ein Vergleich oberflächlich bleiben würde.

Teil 1: Das deutsche Recht

§ 1 Der Begriff des Schweigerechts und seine rechtliche Ableitung

I. Der Begriff des Schweigerechts

In seinem anerkannten Kern stellt das Schweigerecht die Garantie dar, daß niemand sich in einem ihm oder einer dritten Person geltenden Strafverfahren gegenüber staatlichen Strafverfolgungsorganen strafrechtlich belasten muß. Obgleich dieses Recht als solches heute auch im deutschen Rechtsbereich allgemein anerkannt ist, sind noch zahlreiche Fragen zu dieser fundamentalen Garantie ungeklärt.

Problematisch sind bereits die rein terminologischen Aspekte. In der Diskussion finden sich die Begriffe des Schweigerechts[4], der Schweigebefugnis[5], des Schutzes vor Selbstbelastung[6], des Verbots des Selbstbelastungszwangs[7], der Freiheit von Selbstbezichtigungszwang[8], die lateinische Wendung „nemo tenetur se ipsum accusare (oder auch: prodere)“[9], der Terminus der Aussagefreiheit[10], des Aussageverweigerungsrechts[11] und weitere Bezeichnungen. Das Verhältnis dieser Begriffe zueinander ist dabei weitgehend ungeklärt, zumal die inhaltliche Reichweite der Garantie in vieler Hinsicht sehr umstritten ist. Mittlerweile scheint sich eine Konzeption durchzusetzen, die mit dem Verbot der Selbstbelastung (oder auch: nemo tenetur se ipsum accusare) die umfassende Garantie bezeichnet, sich (ungeachtet der konkreten Verfahrensrolle) gegenüber staatlichen Organen nicht selbst strafrechtlich belasten zu müssen[12]. Mit dem Begriff der Aussagefreiheit wird hierbei die spezielle

---

4 Dieser wird etwa überwiegend verwendet von: H.-L. Günther GA 1978, 193ff. (wenngleich der Titel den Begriff „Schweigebefugnis“ beinhaltet), Guradze (1971) S. 160ff., Helgerth (1979) S. 149ff., Roxin (1998) § 25 Rdnr 5 und passim, Rieß (1977) S. 415-419.

5 Siehe den Titel der Arbeit von Höra (1970).

6 Dieser Begriff prägt die Darstellung bei Rüping ZStW 91 (1979) 351 (352/353), Wolfslast NStZ 1987, 103ff. (neben weiteren Begriffen).

7 Dieser Terminus wird etwa von Stürner in seiner Abhandlung NJW 1981, 1757ff. (überwiegend) verwendet.

8 Siehe den Titel der Abhandlung von Nothhelfer (1989).

9 Auf diese Wendung rekurrieren etwa Dahs GA 1978, 89ff., Paeffgen (1986) S. 68-73, Peters ZStW 91 (1979) 121ff., Reiß (1987) passim, Rogall (1977) passim, Schaefer (1982) passim, Verrel NStZ 1997, 361ff. (jeweils neben weiteren Bezeichnungen).

10 Diesen Begriff benutzen etwa Eser ZStW 79 (1967), 565ff., Park StV 2001, 589 (589), Rieß GA 1982, 47ff., Eb. Schmidt NJW 1968, 1209ff. (jeweils neben anderen).

11 Diesen Terminus zieht Weiß JZ 1998, 289ff. überwiegend heran.

12 Siehe Park StV 2001, 589 (589).

Ausprägung des Rechts in der Situation als Beschuldigter bzw. Angeklagter[13] im Strafverfahren bezeichnet. Im Folgenden soll jedoch einheitlich und ausschließlich vom Schweigerecht gesprochen werden, und zwar in einem umfassenden Sinne ohne Rücksicht auf die Verfahrensrolle. Es ist insbesondere auch gegenüber der Wendung des „Verbots des Selbstbelastungzwangs" der präzisere Begriff: nicht allein die Selbstbelastung darf nicht durch Zwang herbeigeführt werden, sondern (ungeachtet der belastenden Natur der konkreten Angaben) jegliche Form der Stellungnahme[14].

Das Schweigerecht wirft bis heute hinsichtlich seines Schutzumfangs, seines persönlichen und sachlichen Anwendungsbereichs und der Folgen seiner Ausübung zahlreiche ungeklärte Fragen auf. Die vorliegende Arbeit beschränkt sich (bereits aus Gründen des Umfangs) auf die konkrete Problemstellung der beweisrechtlichen Würdigung des Schweigens des Beschuldigten im Strafverfahren. Die Frage der inhaltlichen Reichweite dieses Rechts, insbesondere seine Geltung für persönliche Angaben[15], die Bedeutung des Rechts in sonstigen Verfahren (wie Insolvenzverfahren)[16], die Fragestellung der Vereinbarkeit mit öffentlich-rechtlichen Aufzeichnungspflichten[17], die

---

[13] Im folgenden wird aus Gründen der Vereinfachung allgemein von dem „Beschuldigten" gesprochen, wenn sich die Darstellung allgemein auf die Situation sowohl des Beschuldigten im polizeilichen Verhör wie auch des Angeklagten im Gerichtsverfahren bezieht.

[14] Wenn nicht bereits die Verfahrensstellung als Beschuldigter bzw. Angeklagter eine solche potentielle Selbstbelastungsgefahr konstituiert, bedarf es freilich eines beschränkenden Kriteriums: dann muß sich aus dem konkreten Kontext überhaupt die Möglichkeit des belastenden Charakters der Angaben ergeben. Diese Konzeption liegt etwa § 55 StPO als beschränktem Auskunftsverweigerungsrecht zugrunde.

[15] Hierzu etwa: Helgerth (1979) S. 179-189, Höra (1970) S. 90-95, Roschmann (1983) S. 79-101, Salger (1998) S. 18-28, Seebode JA 1980, 493 (493/494).

[16] Zum Schweigerecht im Konkurs- und Insolvenzverfahren: BVerfGE 57, 37 - Gemeinschuldnerbeschluß - und Dingeldey NStZ 1984, 529 (530/531). Zum Schweigerecht und der Bestimmung des § 142 StGB n.F. (Unfallflucht): Seebode JA 1980, 493 (497/498). Zum Schweigerecht bei Verpflichtung zur Schadensmeldung an die Versicherung: OLG Celle JR 1982, 475, BVerfG NStZ 1995, 599 (2. Kammer des 2. Senats) und Dingeldey NStZ 1984, 529 (533/534), Rengier JR 1982, 477ff., Verrel NStZ 1997, 361 (362). Zum Schweigerecht in Asylverfahren: OLG Düsseldorf StV 1992, 503 und Kadelbach StV 1992, 502ff., Verrel NStZ 1997, 361 (362), Ventzke StV 1990, 279ff. Zum Schweigerecht im Steuerrecht: Joecks wistra 1998, 86 und passim (zu § 393 II 1 AO), Otto wistra 1983, 233 und passim, Reiß (1987) passim, Schäfer (1987) S. 18-28, Streck StV 1981, 362ff., Streck/Spatscheck wistra 1998, 334ff.

[17] Hierzu etwa: Bährlein/Pananis/Rehmsmeier NJW 2002, 1825ff., Dingeldey NStZ 1984, 529 (534), Mäder (1997) passim, Reiß NJW 1982, 2540/2541, Verrel NStZ 1997, 361 (363).

Thematik der unterlassenen Belehrung[18], die Frage der Geltung des Schweigerechts beim Einsatz von Hörfallen und V-Männern[19], Probleme der Abgrenzung des Tatverdächtigen und Beschuldigten[20] u.s.w. werden hier ausgeklammert, soweit sich nicht ein besonderer Sachzusammenhang zu der Beweiswürdigungsproblematik ergibt. Insoweit muß auf die Darstellungen zu diesen spezifischen Einzelproblemen zum Schweigerecht verwiesen werden. Aber auch hinsichtlich der Frage der richterlichen Würdigung des Schweigens soll die Problematik auf einen Teilausschnitt beschränkt werden. Insbesondere wird hier die Bedeutung des Schweigens für die Strafzumessung nicht abgehandelt[21]. Und schließlich sollen auch die spezifischen Fragen der Würdigung des Schweigens von angehörigen Zeugen[22] nur insoweit angesprochen werden, wie sich Sachzusammenhänge zur vorliegenden Thematik ergeben.

Im weiteren Verlauf wird daher auch die oben beschriebene Kerndefinition des Schweigerechts zugrundegelegt. Wie die folgende Diskussion der Ableitung noch näher belegen wird, erscheint es ohnehin ratsam, sich auf diesen zentralen Bereich des Schweigerechts und damit auf die Tatsache zurückzubesinnen, daß es sich in seinem Wesenskern um ein prozessuales Recht mit Bezug zu einem ganz bestimmten prozeßgebundenen Kontext handelt.

---

[18] Dazu etwa Salger (1998) S. 57-75.

[19] Zur Behandlung der Rechtsfragen betreffend die V-Männer BGHSt 32, 115 (121ff.), Kleinknecht/Meyer-Goßner § 136a Rdnr 4b (Anwendbarkeit von § 136a StPO) und § 163 Rdnr 34b, Löwe/Rosenberg/Hanack[25] § 136 Rdnr 65, K. Peters (1985) S. 318/319, Roxin (1998) § 10 Rdnr 25-28 (neben dem Institut des verdeckten Ermittlers). Zur Problematik der Hörfallen BGHSt 42, 139ff., und Eisenberg (1999) Rdnr 571, Kleinknecht /Meyer-Goßner § 136a Rdnr 4a, Löwe/Rosenberg/Hanack[25] § 136 Rdnr 66, Löwe/Rosenberg/Hanack[25] § 136a Rdnr 37a, Weßlau ZStW 110 (1998), 1 (30ff.).

[20] Zur Abgrenzung von Verdächtigten und Beschuldigten etwa Helgerth (1979) S. 37-41.

[21] Es besteht seit langer Zeit bereits Konsens dahingehend, daß Schweigen in jeder Form bei der Strafzumessung nicht zum Nachteil des Beschuldigten berücksichtigt werden darf, grundlegend BGHSt 1, 105 (LS). Weitere Urteile aus der Rechtsprechung: BGH StV 1985, 233 (LS) und BGH StV 1993, 591. Aus der Literatur: Bruns (1974) S. 523/524 und Bruns (1980) S. 202/203. Eine Ausnahme wird gemeinhin für den Fall angenommen, daß der Angeklagte das Versteck der Beute nicht preisgibt, BGH bei Dallinger MDR 1966, 560 und Bruns (1974) S. 524. Diese Ausnahme mag unter rechtpolitischen Motiven gerechtfertigt sein, ist jedoch mit der fundamentalen Garantie des Schweigerechts unvereinbar, ebenso Leiwesmeyer (1994) S. 152 (wenn er auch einräumt, das Rechtsgefühl spreche in dieser Situation für eine nachteilige Bewertung).

[22] Zur Problematik des schweigenden angehörigen Zeugen allgemein: Friedrichs (1995) S. 103-153 und Rengier (1979) S. 246-248.

II. Die rechtliche Ableitung des Schweigerechts

Seit den grundlegenden Abhandlungen von Castringius[23] und Rogall[24] zum Schweigerecht gehört zu den wesentlichen Punkten der Diskussion um das Schweigerecht, aus welchen Vorschriften diese Garantie, die im Grundgesetz nicht ausdrücklich normiert ist, abgeleitet werden kann.

Um diese Frage nachzugehen, ist es notwendig, den Ausgangspunkt zu analysieren, aufgrund dessen die Frage nach der Herleitung des Schweigerechts gestellt wird. Dies ist in der Vergangenheit in der Literatur zumeist nicht geschehen. Betrachtet man sich das deutsche Recht, so stellt man fest, daß das Schweigerecht nicht ausdrücklich normiert wird. Hierdurch können - theoretisch - drei Fragen aufgeworfen werden:

1. Die Frage der Existenz: gibt es überhaupt ein Schweigerecht im deutschen Recht ?
2. Die Frage nach dem verfassungsrechtlichen Charakter: kann das Schweigerecht als (ungeschriebene) Verfassungsgarantie angesehen werden ?
3. Die Frage nach der Lozierung in der Verfassung: falls das Schweigerecht als fundamentales Verfassungsrecht angesehen wird, aus welchen anderen Verfassungsnormen bzw. -prinzipien läßt es sich ableiten ?

Die ersten beiden Fragen haben in der neueren deutschen Diskussion kaum eine Rolle gespielt.

(1) Die Existenz des Schweigerechts steht nach dem Stand der allgemeinen Diskussion in Deutschland völlig außer Streit[25]. Für das Kernstrafrecht ergibt sich dies bereits aus §§ 115 III 1, 136 I 2, 163a III, IV, 243 IV StPO, die offensichtlich das Bestehen eines Schweigerechts voraussetzen (wenn auch nicht selbst statuieren). Gewisse Diskussionen zur Geltung des Rechts in

---

[23] Castringius (1965).

[24] Rogall (1977).

[25] Siehe nur H.-L. Günther GA 1978, 193 (194) (Schweigerecht gehöre zu den „unangefochtenen, selbstverständlichen Verfahrensgarantien"), Niese ZStW 63 (1951), 219 („prozessuale Binsenweisheit"), Eb. Schmidt NJW 1968, 1209 (1210). Zu der früheren Debatte, ob das Schweigerecht als Recht im eigentlichen Sinne anzusehen sei oder als bloße „Möglichkeit", siehe Castringius (1965) S. 43ff. und Wessels JuS 1966, 169 (171). Eine solche beschränkende Auffassung wurde zuletzt von Walder (1966) S. 225 vertreten, der konsequent die Formulierung in § 115 III 1 StPO n.F. als „Redaktionsfehler" bezeichnet.

Randbereichen (Ordnungswidrigkeitsrecht) sind ohne weitere Folgen geblieben[26].

(2) Auch die zweite Frage nach dem verfassungsrechtlichen Charakter des Schweigerechts ist im deutsche Recht ganz überwiegend dahingehend beantwortet worden, daß es sich um eine verfassungsrechtliche Garantie handele[27]. Diese Auffassung hat (wie noch näher zu zeigen sein wird) insbesondere auch durch die Auslegung auf internationaler Ebene durch den Europäischen Gerichtshof für Menschenrechte mittelbare Bestätigung erfahren.

(3) Die dritte Frage ist schließlich diejenige, auf die sich die Diskussion in Deutschland im Wesentlichen bezieht (und die auch im Folgenden dargestellt werden wird). Nähert man sich dieser Thematik jedoch von dem hier beschriebenen Ausgangspunkt, bleibt eine Erkenntnis festzuhalten, die bisher kaum ausgesprochen wurde. Die Suche nach einer angemessenen Ableitung des Schweigerechts kann dazu führen, daß eine oder mehrere Vorschriften des Grundgesetzes als überzeugende Grundlage der Garantie identifiziert werden. Die Analyse kann aber auch zu dem Schluß kommen, daß keine der vorhandenen Vorschriften des Grundgesetzes in überzeugender Weise eine Herleitung des Schweigerechts ermöglicht (freilich wäre dies ein äußerst unbefriedigendes Ergebnis).

Doch aus der grundsätzlichen Ausgangslage in der deutschen Rechtsordnung ergibt sich noch eine weitere Konsequenz: die Suche nach einer geeigneten Grundlage in der Verfassung führt zwingend dazu, daß sich die Diskussion zur ratio des Schweigerechts an den vorgegebenen Schutzgütern der einzelnen Artikel orientiert. Hierdurch tritt a priori eine gewisse immanente Begrenzung der Debatte ein, die stets zu beachten ist[28].

---

[26] Zur Geltung der Schweigegarantie im Ordnungswidrigkeitenrecht zustimmend Rogall (1977) S. 164/165, Schäfer (1982) S. 48/49, SK(StPO)-Rogall vor § 133 Rdnr 148.

[27] BVerfGE 38, 105 (112/113), BVerfGE 55, 144 (150) - Binnenschiffahrtsgesetz -, BVerfGE 56, 37 (42/43) - Gemeinschuldner -. Aus der (mittlerweile unübersehbaren) Literatur beispielhaft: Dahs/Langkeit NStZ 1993, 213 (214), Grünwald (1993) S. 59, Kühl JuS 1986, 115 (117), Park StV 2001, 589 (589), H. Schneider Jura 1990, 572 (575). Anders nur K. Peters ZStW 91 (1979), 96 (122/123).

[28] Dieser immanenten Beschränkung der bisherigen Debatte wird zunehmend Aufmerksamkeit geschenkt: so betont etwa Verrel NStZ 1997, 361 (364), daß über die extensive verfassungsrechtliche Diskussion die Fragen nach dem „Prinzipieninhalt" des Schweigerechts vernachlässigt worden seien. Ähnlich auch Bosch (1998) S. 30/31, der zutreffend hervorhebt, daß auch die Funktion des Schweigerechts im Strafverfahren die verfassungsrechtliche Interpretation beeinflussen müsse.

1. Die Ableitung des Schweigerechts aus einfachgesetzlichen Normen (§§ 115 III 1, 136 I 2 u.a. StPO)

Im einfachen, unter dem Rang der Verfassung stehenden Recht der Bundesrepublik Deutschland ist das Schweigerecht nur an versteckter Stelle geregelt: in Art. 14 III lit. g des Internationalen Paktes über staatsbürgerliche und politische Rechte (IPBR). Diese gesetzliche Bestimmung ist Folge der einfachgesetzlichen Umsetzung des Internationalen Pakts über staatsbürgerliche und politische Rechte vom 16.12.1966[29]. Ansonsten findet sich im einfachen Recht keine ausdrückliche Regelung des Schweigerechts, insbesondere nicht in der StPO. Jedoch wird diese Garantie in zahlreichen Vorschriften vorausgesetzt, so etwa in den §§ 115 III 1, 136 I 2, 163a III, IV, 243 IV StPO. Hierbei erwähnt § 115 III 1 StPO ausdrücklich das „Recht", die Aussage zu verweigern, während die anderen Normen lediglich die Existenz des Rechts umschreiben[30].

Einige Autoren haben hingegen die §§ 115 III 1, 136 I 2 u.a. StPO als unmittelbare Grundlage des Schweigerechts angesehen[31]. Gegen eine solche Annahme sprechen jedoch Gründe des Wortlauts und der Systematik[32]. Hinsichtlich des Wortlauts sind die genannten Vorschriften eindeutig. Sie statuieren in besonderen Verfahrenssituationen eine Belehrungspflicht der funktionell zuständigen Strafverfolgungsorgane, den in Untersuchungshaft Genommenen, den Beschuldigten und den Angeklagten über seine Rechte aufzuklären. Zu diesen zählt auch die gesetzliche Garantie zu schweigen und die Aussage zu verweigern. Aber auch in systematischer Hinsicht ist eine solchen Annahme zu bezweifeln: das einfache Recht hat einige andere, dem Schweigerecht vergleichbare Fundamentalprinzipien ausdrücklich in der StPO und im StGB statuiert. So ist das Legalitätsprinzip in der StPO ausdrücklich verankert (§ 152 II StPO). Der Grundsatz nulla poena sine lege ist im StGB explizit normiert (§ 1 StGB). Hingegen wäre es als sehr weitreichende Interpretation des Gesetzes anzusehen, jedem Paragraphen des einfachen Rechts, der eine bestimmte Fundamentalgarantie oder ein Fundamentalprinzip voraussetzt, die einfachgesetzliche Normierung von diesem zu entnehmen: so statuieren etwa die §§ 250, 251 StPO nicht allgemein das Unmittelbarkeitsprinzip, sondern regeln Teilaspekte dieses Gebots, §§ 7ff., 269 u.a.

---

[29] BGBl. 1973 Teil II, S. 1573ff. Näher zu diesem infra S. 56.

[30] Eine inhaltliche Unterscheidung ergibt sich hieraus jedoch nicht.

[31] So etwa H.-L. Günther JR 1978, 89 und Petry (1971) S. 39.

[32] Gegen eine solche Interpretation auch: BGH NJW 1974, 1570 (1571) sowie Dingeldey JA 1984, 407 (408), Grünwald (1993) S. 48, Helgerth (1979) S. 157-159, Kühl JuS 1986, 115 (117), Park StV 2001, 589 (589), Rieß JA 1980, 293 (294), H. Schneider Jura 1990, 572 (575).

StPO normieren nicht die Garantie des gesetzlichen Richters, sondern setzen sie voraus[33]. Dieser systematische Aspekt spricht dafür, auch das Schweigerecht nicht anders einzuordnen.

Im Grunde ist die Frage einer unmittelbaren einfachgesetzlichen Lozierung des Schweigerechts auch von geringer Bedeutung, da sich aus ihr keine praktischen Konsequenzen ableiten lassen. Auch wenn die Garantie im Gesetz nicht ausdrücklich statuiert wird, so erfährt sie doch Gesetzesgeltung dadurch, daß sie von anderen Regelungen rechtlich bindend vorausgesetzt wird. Davon abgesehen ist dieser Streit um die normtechnische Gestaltung auf einer unteren Ebene der Gesetzeshierarchie auch unter rechtlichen Schutzaspekten nicht bedeutsam, da - wie bereits vorweggenommen - außer Streit steht, daß das Schweigerecht Verfassungsrang aufweist. Die Diskussion hat daher auch unter rechtstheoretischen Gesichtspunkten nur geringe Relevanz.

2. Die Ableitung des Schweigerechts aus dem Grundgesetz[34]

Im Folgenden werden nur die Ableitungsmöglichkeiten genannt, die sich in der Diskussion als die stichhaltigsten Ansatzpunkte durchgesetzt haben. Die These einer Ableitung des Schweigerechts aus Art. 2 II GG (Freiheit der Person)[35] bzw. aus Art. 4 I GG (Gewissen)[36] wird daher hier nicht weiter behandelt.

a) Die Ableitung aus dem Gebot des rechtlichen Gehörs, Art. 103 I, 104 III GG

Teilweise ist in der älteren Literatur erwogen worden, das Schweigerecht aus Art. 103 I, 104 III GG (Gebot des rechtlichen Gehörs) abzuleiten[37]. Wenn das Grundgesetz von der „Gelegenheit" für den Beschuldigten spricht, sich zu

---

[33] Eine Ableitung des Schweigerecht aus dem einfachgesetzlichen § 136a StPO scheidet aus denselben Gründen aus, siehe Dingeldey JA 1984, 407 (408).

[34] Zur Diskussion um die verfassungsrechtliche Ableitung des Schweigerechts allgemein: Bosch (1998) S. 27-96, H.-L. Günther GA 1978, 194ff., Mäder (1997) S. 65-93, Nothhelfer (1989) passim, Reiß (1987) S. 140-170, Rogall (1977) S. 127-148, H. Schneider (1990) S. 37-49, Salger (1998) S. 9-16.

[35] Wessels JuS 1966, 169 (171). Der Autor bezieht sich zu Unrecht auf Castringius (1965) S. 43, da die dortige Nennung des Art. 2 II GG offensichtlich auf einem Druckfehler beruht (gemeint ist: Art. 2 I GG). Zu einer Kritik der Ableitung aus Art. 2 II GG: Helgerth (1979) S. 170/171, Nothhelfer (1989) S. 59-63, Salger (1998) S. 11.

[36] Zu einer solchen Ableitung: Bosch (1998) S. 43-46, Nothhelfer (1989) S. 54-59, Rogall (1977) S. 129, Roschmann (1983) S. 16, Salger (1998) S. 11/12 (alle ablehnend).

[37] Bauer (1972) S. 51, Niese ZStW 63 (1951), 199 (219). Siehe auch Castringius (1965) S. 21 („Gedanke" des Art. 104 III GG).

äußern, so beinhalte dies eben auch denklogisch das Recht, von dieser Möglichkeit nicht Gebrauch zu machen.

Eine Ableitung des Schweigerecht aus den Art. 103 I, 104 III GG wird heute ganz überwiegend abgelehnt[38]. Von Eser[39] wurde zutreffend darauf verwiesen, die Struktur beider Garantien sei nicht vergleichbar. Das rechtsstaatliche Erfordernis des rechtlichen Gehörs ist seiner Natur nach ein aktives Verteidigungsrecht, das es dem Beschuldigten ermöglicht, sich aktiv am Prozeß zu beteiligen. Hingegen ist die Schweigegarantie ein passives Recht und hat als solches „negative Abwehrfunktion"[40]. Es erlaubt dem einzelnen, sich im Verfahren passiv zu verhalten und beschränkt den Informationszugang der staatlichen Strafverfolgungsbehörden. Auch in ihrer historischen Entwicklung sind beide Grundrechte stets als eigenständige Garantien angesehen worden.

Jedoch führen die Stimmen, die das Schweigerecht aus den Justizgrundrechten herzuleiten suchen, zu einer wichtigen Erkenntnis, nämlich zur eigentlichen Natur des Schweigerechts. Diese Garantie ist ihrem Charakter nach im Kern als Justizgrundrecht einzustufen und ähnelt hierbei den in Art. 103f. GG statuierten Rechten. Seinem Wesen nach hat das Recht eine Doppelnatur: es konstituiert und legitimiert ein rechtsstaatliches Verfahren, dient aber auch dem Schutz des einzelnen im Prozeß (zu diesen Elementen näher im Folgenden). Dementsprechend würde es im Falle einer Verfassungsergänzung naheliegen, dieses Recht bei den Art. 103f. GG zu verankern.

Der These, daß das Schweigerecht als Justizgrundrecht einzuordnen sei, ist freilich von zahlreichen Stimmen widersprochen worden[41]. Insbesondere wurde dabei auf den Umstand verwiesen, daß Recht entfalte Schutzwirkungen weit über das einzelne Strafverfahren hinaus, und erfasse etwa auch Zeugen und Individuen in sonstigen staatlichen Verfahren. Wegen dieser umfassenden Wirkung des Rechts könne es nicht als Justizgrundrecht angesehen werden, sondern als allgemein dem einzelnen zustehendes Individualrecht.

---

[38] Dingeldey JA 1984, 407 (409), Nothhelfer (1989) S. 53/54, Rogall (1977) S. 125.

[39] Eser ZStW 79 (1967), 565 (571). Ihm zustimmend Dingeldey JA 1984, 407 (409), Salger (1998) S. 10.

[40] So die Formulierung von Eser ZStW 79 (1967), 565 (571). Zustimmend etwa Dingeldey JA 1984, 407 (409) und Kühl JuS 1986, 115 (117).

[41] Ablehnend etwa Dingeldey JA 1984, 407 (409). Gegen die Einordnung des Schweigerechts als prozessualem Recht auch Helgerth (1979) S. 158/159, der allerdings von dem bereits zum damaligen Zeitpunkt überkommenen Modell prozessualer Rechte und Pflichten als bloßer „Möglichkeiten" und „Lasten" ausgeht und demgegenüber dem Schweigerecht vollen materiellen Rechtscharakter zuspricht.

Dieser Kritik ist jedoch zu entgegnen, daß sie den Kern und das eigentliche Wesen des Schweigerechts nicht hinreichend würdigt. Für die hier vertretene Auffassung sprechen historische und gesetzessystematische Gründe.

Bereits unter historischen Aspekten ist das Schweigerecht in früherer Zeit durchgehend als Recht des Angeklagten im Gerichtsverfahren, später auch des Beschuldigten im polizeilichen Verhör, angesehen worden[42]. Sein Ursprung ist mithin eindeutig im Verfahren der Strafgerichte zu lozieren. Zwar führt der rechtliche Ursprung eines solchen Rechts nicht dazu, daß dieses keinen weiteren Entwicklungen unterliegt. Im vorliegenden Fall liegen jedoch diese weiteren Ausdehnungen lediglich in der effektiven Gewährleistung dieses Rechts begründet.

Auch gesetzessystematische Gründe sprechen für eine solche Sichtweise. Seine besondere Schutzwirkung entwickelt das Recht nämlich aufgrund des Umstands, daß bestimmte Informationen zu einem ganz bestimmten Zweck verwendet werden: um den Betroffenen strafrechtlich (bzw. ordnungswidrigkeitenrechtlich) zu belangen. Gerade in dieser Instrumentalisierung der einzelnen zum Zwecke der Preisgabe von Informationen, die zu seiner eigenen strafrechtlichen Überführung dient, liegt die besondere Schutzgutsproblematik des Schweigerechts. In seiner Analyse des Rechts führt etwa Mäder[43] aus, daß von dem erhöhten Schutz gemäß Art. 2 I i.V.m. 1 I GG nur dann gesprochen werden könne, wenn sich die Preisgabe der Informationen auf solche beziehe, die eine strafrechtliche Verfolgung ermöglichen. Der entscheidende Punkt ist, daß aufgrund der Diskussion der letzten Jahre zur Reichweite des Schweigerechts dieser Grundzusammenhang zwischen Schutz der Preisgabe von Informationen und Strafverfahren in den Hintergrund gerückt ist. Die notwendige Ausdehnung dieses Rechts auf Lebenssachverhalte, die mit einem Strafprozeß (noch) in keiner Beziehung stehen, ergibt sich hierbei aus der Natur der Sache: es bedeutet keinen Unterschied, ob der Betreffende sich im Zusammenhang eines bereits bestehenden oder bevorstehenden Strafverfahrens äußert, oder ob er in anderer Verfahrensrolle von staatlichen Organen wegen anderer primärer Ziele zu einer Preisgabe möglicherweise belastender Angaben gezwungen wird. Diese Ausdehnung ist jedoch lediglich notwendiger Annex des eigentlichen Prozeßgrundrechts. Sie dient dazu, das Recht nicht dadurch zu untergraben, daß seine Schutzwirkung

---

[42] Zu der allgemeinen historischen Entwicklung der Schweigegarantie bereits die supra S. 27 in Fn. 1 zitierten Stimmen. Speziell zur Entwicklung des Rechts im deutschen Bereich Nothhelfer (1989) S. 6/7, Reiß (1987) S. 145-157 (im Zusammenhang mit seiner Darlegung, das Recht sei Ausdruck eines rechtsstaatlich geprägten Verständnisses), Rogall (1977) S. 87-103.

[43] Mäder (1997) S. 82/83.

allein für den Fall angenommen wird, in dem der konkrete Zusammenhang zwischen Informationsgewinnung und Sanktionsverfahren bereits hergestellt wurde.

Die im Gemeinschuldnerbeschluß vom Bundesverfassungsgericht[44] gefundene Lösung bestätigt die hier gefundene Auffassung. Das Gericht betonte nämlich den engen Zusammenhang zwischen Informationsgewinnung und der hieraus resultierenden Strafverfolgung. Das Schweigerecht diene nicht dazu, den einzelnen ohne Rücksicht auf ein möglicherweise folgendes Strafverfahren vor der Preisgabe belastender Umstände zu bewahren.

Daraus resultiert, daß nach hier vertretener Auffassung eine gewisse Rückbesinnung auf den eigentlichen Kernbereich des Schweigerechts erfolgen muß[45]. Hiermit wird keine „Schwächung“ des Rechts aufgrund tendenziell restriktiver Auslegung beabsichtigt. Indem der eigentliche prozeßbezogene Charakter der Garantie als wesentliches Verteidigungsrecht des Angeklagten wieder betont wird, wird das Recht vielmehr verstärkt und seine Bedeutung unterstrichen. Gerade diese Gleichstellung des Rechts mit prozessualen Grundsätzen wie etwa dem rechtlichen Gehör oder dem ne-bis-in-idem-Gebot verleiht dem Schweigerecht den Rang, der bis heute teils bezweifelt wird. Vor allem erklärt diese Einordnung auch, warum der (allgemein anerkannte) Grundsatz gilt, daß dieses Recht in seinem Kern keinen Beschränkungen im einzelnen Fall unterliegt.

b) Die Ableitung aus dem allgemeinen Persönlichkeitsrecht, Art. 2 I mit 1 I GG

Die heute ganz überwiegende Auffassung in Lehre[46] und Rechtsprechung[47] leitet das Schweigerecht aus dem allgemeinen Persönlichkeitsrecht ab (Art. 2 I i.V.m. 1 I GG)[48]. Maßgeblich wurde diese Auffassung von Rogall in seiner

---

[44] BVerfGE 56, 37.

[45] Auch von anderen Autoren wird die Notwendigkeit einer Rückbesinnung auf den Kernbereich des Schweigerechts gefordert, etwa Verrel NStZ 1997, 415 (415) mit Verweis auf Lackner und aktuelle Tendenzen der Rechtsprechung.

[46] Auf das allgemeine Persönlichkeitsrecht als Grundlage des Schweigerechts berufen sich etwa: H.-L. Günther GA 1978, 193 (198) (neben dem rechtsstaatlichen Gebot des fairen Verfahrens), Hahn (1984) S. 159, KK(StPO)-Boujong § 136 Rdnr 10, Mäder (1997) S. 79-83, Miebach NStZ 2000, 234 (235), Nothhelfer (1989) S. 82/83, Paeffgen (1986) S. 70/71, Rogall (1977) S. 148, Salger (1998) S. 12-15.

[47] Aus der Rechtsprechung des BVerfG: BVerfG 56, 37 (46) - Gemeinschuldner -, BVerfG StV 1995, 505 (neben Menschenwürde, Handlungsfreiheit und Fairneß). Aus der sonstigen Rechtsprechung: BGH StV 1992, 212 (213) (neben Fairneßprinzip).

[48] Teils wird nur auf Art. 2 I GG abgestellt (allgemeine Handlungsfreiheit): Dingeldey JA 1984, 407 (409), Helgerth (1979) S. 172/173, Henkel[2] (1967) S. 176, Krause JuS 1984,

grundlegenden Arbeit zum Schweigerecht begründet. Im Folgenden orientiert sich die Darstellung an dem Gedankengang dieser Arbeit, um diese Ableitung näher darzulegen[49].

Die Argumentation von Rogall entwickelt eine Ableitung des Schweigerechts aus der Verfassung in zwei Phasen. In einem ersten Schritt wird das Schweigerecht dem allgemeinen Persönlichkeitsrecht zugeordnet, das nach herrschender Auffassung aus Art. 2 I i.V.m. 1 I GG hergeleitet wird. In einem weiteren Schritt wird das Schweigerecht innerhalb des allgemeinen Persönlichkeitsrechts aufgrund Art. 19 II GG bzw. seines Menschenwürdegehalts in seinem Kern für nicht einschränkbar erklärt[50].

Nach Auffassung von Rogall ist das Schweigerecht dem allgemeinen Persönlichkeitsrecht aus Art. 2 I i.V.m. 1 I GG zuzuordnen, da es anstößig erscheinen müsse, den einzelnen dazu zu zwingen, zu seiner eigenen Überführung beizutragen und damit das Individuum als Waffe gegen sich selbst zu wenden[51]. In diesem Zusammenhang könne auch von dem naturrechtlichen Gedanken des Triebs zur eigenen Selbsterhaltung ausgegangen werden, der den Beschuldigten präge. Der Zwang, sich selbst belasten zu müssen, würde in unzumutbarer Weise jene psychologische Grenze des Selbsterhaltungstriebs überschreiten[52]. Um seine Individualität wahren zu können, müsse der Beschuldigte in einem letzten Bereich seiner materiellen Interessen, d.h. dort, wo es um die Erhaltung seiner eigenen Rechtsgüter geht, andere ausschließen können. Dieses Geheimhaltungsinteresse ermögliche dem Beschuldigten erst eine freie sittliche Entscheidung zur Beteiligung im Strafverfahren. Dieses besondere Geheimhaltungsinteresse des einzelnen sei Ausdruck des allge-

268 (271), Kühl JuS 1986, 115 (117), Nickl (1978) S. 30/31 (aber auch S. 32-34: wegen Art. 1 I GG unantastbarer Wesenskern). Teilweise wird neben Art. 2 I GG zusätzlich das allgemeine Persönlichkeitsrecht genannt: Geddert-Steinacher (1990) S. 158. In der Sache unterscheiden sich diese verschiedenen Ansätze letztendlich nur wenig, wie auch die jeweilige Bezugnahme auf Rogalls Abhandlung z.B. bei Kühl JuS 1986, 115 (117 in Fn. 14) zeigt.

49 Rogall (1977) S. 143-148. Ähnlich etwa die Argumentation bei Mäder (1997) S. 79-94.

50 Zu der Zweischritt-Methodik von Rogall auch H. Schneider (1990) S. 43-45.

51 Rogall (1977) S. 145.

52 Der Unzumutbarkeitsgedanke wird auch allgemein als Topos in der Debatte zur Herleitung des Schweigerechts angeführt. Auf diesen berufen sich etwa Eser ZStW 79 (1967), 565 (571 in Fn. 24) (neben dem Würdegedanken), Puppe GA 1978, 289 (298/299), Salger (1998) S. 14, Eb. Schmidt NJW 1969, 1137 (1139), Welzel JZ 1958, 494 (496). Dem ist jedoch entgegenzuhalten, daß sich aus dem Gedanken der Unzumutbarkeit als solchem noch kein Maßstab für die Unzulässigkeit erzwungener Aussagen ergibt: das Merkmal der Unzumutbarkeit ist ein ausschließlich regulatives Kriterium, ebenso Nothhelfer (1989) S. 36/37.

meinen Persönlichkeitsrechts und daher aufgrund der Art. 2 I i.V.m. 1 I GG geschützt.

In einem zweiten Schritt äußert sich Rogall zur Intensität dieses Schutzes des Schweigerechts aufgrund der verfassungsrechtlichen Garantie des allgemeinen Persönlichkeitsrechts. Es dürfe, so Rogall, nicht bezweifelt werden, daß angesichts der elementaren Interessen des Angeklagten ein Vorgehen, das den einzelnen zu einem Beweismittel gegen sich selbst mache, in jedem Fall den Wesensgehalt des allgemeinen Persönlichkeitsrechts berühre (Art. 19 II GG). Jedes Ansinnen gegenüber dem Beschuldigten, sich selbst der Strafverfolgung und damit jener unzumutbaren psychologischen Zwangslage auszusetzen, müsse in diesen Kernbereich eingreifen[53].

Die Herleitung des Schweigerechts aus dem allgemeinen Persönlichkeitsrecht ist nicht ohne Kritik geblieben. Eine solche Ableitung erscheint in verschiedener Hinsicht bedenklich[54].

Ein Kernproblem der Ableitung der Garantie aus dem allgemeinen Persönlichkeitsrecht besteht darin, daß das Schutzgut von Art. 2 I i.V.m. 1 I GG im Vergleich zu dem anerkannten Schutzbereich des Schweigerechts eine überschießende Tendenz aufweist[55]. Schutzgegenstand des allgemeinen Persönlichkeitsrechts ist ein bestimmter Bereich der privaten Lebensführung, der von Eingriffen von staatlicher Seite freigehalten werden soll[56]. Die Wahrung dieses persönlichen Intim- und Geheimbereichs stellt eine notwendige Voraussetzung dafür dar, daß der einzelne selbstbestimmt und als autonom handelndes Subjekt gegenüber dem Staat aufzutreten und sein Leben zu gestalten vermag[57]. Nimmt man aber diesen Gedanken ernst, wäre zu fragen, warum nur eine erzwungene Preisgabe intimer Informationen aufgrund selbstbelastender Aussagen als verfassungswidrig anzusehen ist. Vielmehr wäre hiernach konsequenterweise jede Form des Eindringens in den Bereich privater Lebensführung des Beschuldigten, etwa aufgrund von Hausdurchsuchungen, Gentests, Blutproben u.a. mit Art. 2 I i.V.m. 1 I GG unvereinbar[58]. Auf die Spitze getrieben ließe sich formulieren, daß so verstanden das allgemeine Persönlichkeitsrecht eine Strafverfolgung überhaupt zu verbieten scheine.

---

[53] Rogall (1977) S. 147.

[54] Kritisch auch H. Schneider (1990) S. 45-49 und Reiß (1987) S. 162-166.

[55] Zum Folgenden insbesonders die Kritik von Reiß (1987) S. 164-166.

[56] Zu dieser Bedeutung des allgemeinen Persönlichkeitsrechts Maunz/Dürig/DiFabio, GG, Art. 2 I Rdnr 147/149, v.Münch/Kunig, GG, Art. 2 Rdnr 32 („Ausgangspunkt"), Sachs/Murswiek, GG, Art. 2 Rdnr 60.

[57] Zu dem Aspekt der autonomen Gestaltungsfreiheit auch v.Münch/Kunig, GG, Art. 2 Rdnr 33.

[58] Dieser Kritikpunkt wird von H. Schneider (1990) S. 47/48 betont.

Die Bestimmung des Schweigerechts ausgehend von einer bestimmten Schutzsphäre des Betroffenen erlaubt daher keine hinreichende Erklärung, warum es gerade selbstbelastende Handlungen sind, die einem absolut geschützten Kernbereich von Art. 2 I i.V.m. 1 I GG unterfallen.

Ein weiterer Aspekt spricht in rechtsmethodischer Hinsicht gegen eine Ableitung des Schweigerechts aus dem allgemeinen Persönlichkeitsrecht. In seiner Darstellung zur Ableitung der Garantie lehnt Rogall eine unmittelbare Herleitung aus der Menschenwürde ab (Art. 1 I GG). Im Folgenden loziert er das Recht bei Art. 2 I GG, mithin bei einem Grundrecht, das als solches aufgrund allgemeinen Gesetzesvorbehalts einschränkbar ist. In der Tat zeigt die Rechtsprechung des Bundesverfassungsgerichts, daß die Fallgruppen des allgemeinen Persönlichkeitsrechts sich gerade dadurch auszeichnen, daß im einzelnen Fall eine Abwägung zwischen den Interessen des einzelnen an der Geheimhaltung und den Gegeninteressen Dritter (bzw. der Allgemeinheit) an einer Preisgabe der Informationen vorgenommen werden muß[59]. Eine solche Abwägung würde aber ersichtlich dem Wesen und Charakter des Schweigerechts (zumindest in seinem anerkannten Kernanwendungsbereich) widersprechen. Daher führt Rogall Art. 19 II GG bzw. den „Gedanken" der Menschenwürde an, um auf diese Weise dem aus Art. 2 I GG abgeleiteten Recht eine uneinschränkbare Geltung zu verleihen. Damit eröffnet die Lozierung in Art. 2 I GG in einem ersten Schritt eine sehr problematische Schlußfolgerung, nämlich, daß das Schweigerecht prinzipiell ein einschränkbares Recht sei (zumal gerade die Maßstäbe für die Anwendung des Art. 19 II GG sehr unbestimmt sind)[60].

Im Grunde belegt das Postulat der Uneinschränkbarkeit des Schweigerechts, das ganz allgemein (intuitiv) anerkannt wird, die These von der Natur der

---

[59] Zum Abwägungsgebot beim allgemeinen Persönlichkeitsrecht auch Mäder (1997) S. 74.

[60] Zudem führt die Ableitungsmethode von Rogall auch unter einem weiteren Gesichtspunkt zu einem methodisch weniger überzeugenden Ergebnis. Um die Möglichkeit einer Abwägung des Schweigerechts mit anderen Rechtsgütern auszuschließem, rekurriert Rogall auf Art. 1 I als „Wurzel", der dem aus Art. 2 I GG abgeleiteten Schweigerecht eine uneinschränkbare Geltung verleihe. Angesichts dieser Ableitung, die sich letztendlich wieder auf den Gedanken der Menschenwürde bezieht, läßt sich die Frage stellen, was durch den methodischen „Umweg" über die Figur des allgemeinen Persönlichkeitsrechts im Ergebnis gewonnen wird (siehe z.B. die Argumentation von Nickl [1978] S. 33/34, der zur Begründung der Uneinschränkbarkeit des aus Art. 2 I GG abgeleiteten Rechts ebenfalls umfassend auf Art. 1 I GG zurückgreift). Soweit Rogall dabei auf die „Wurzel" der Menschenwürde rekurriert, stellen sich dieselben Fragen wie bei der Bestimmung der Menschwürde nach Art. 1 I GG unmittelbar, wobei das weitere Problem auftritt, wie der bildlich-sinnhafte Begriff der „Wurzel" in diesem Zusammenhang rechtlich zu erfassen ist.

Schweigegarantie als Justizgrundrecht. Gerade die Justizgrundrechte, wie das Recht auf Gehör, die Unschuldsvermutung u.a. zeichnen sich dadurch aus, daß ihre Einhaltung nicht durch Abwägungen relativiert werden kann. Sie gehören zu einer Kategorie von Rechten, die aufgrund ihres Wesens einer Abwägung nicht zugänglich sind, da bereits schon jeder konkrete Abwägungsvorgang ihre ratio in Frage stellen würde[61]. Sie konstituieren ein gerechtes Verfahren und legitimieren seinen Ausgang[62]. Hierdurch wird insbesondere der Beschränktheit menschlicher Erkenntnisfindung Rechnung getragen. Nur unter diesen Verfahrensbedingungen erscheint es überhaupt legitim und gerechtfertigt, daß der Staat über den Bürger ein Urteil fällt. Diese Überlegung trifft gerade auch auf das Schweigerecht zu.

Insbesondere spricht jedoch folgender Aspekt gegen die Annahme, daß das Schweigerecht aus dem allgemeinen Persönlichkeitsrecht abgeleitet werden kann: der fundamentale Charakter dieser Garantie. Betrachtet man moderne Kommentierungen des allgemeinen Persönlichkeitsrechts wie etwa von Di Fabio im Kommentar von Maunz und Dürig[63], stellt man fest, daß dieses zu einem umfassenden Auffangrecht für zahlreiche Garantien geworden ist. Angesichts der Vielzahl unterschiedlicher Schutzrichtungen läßt sich nur schwer noch ein übergreifender Gesichtspunkt erkennen, der die verschiedenen Fallgruppen miteinander verbindet[64].

Letztendlich ist hier wiederum auf die oben getroffenen Feststellung zurückzukommen, daß das Schweigerecht in seinem Kernbereich als ein Justizgrundrecht anzusehen ist. Seine fehlende Normierung in der Verfassung stellt eine erhebliche Lücke dar. Diese Lücke wird aber nur in äußerst unbefriedi-

---

[61] Ebenso die rechtssystematischen Erwägungen bei Bosch (1998) S. 64, der allerdings hierbei nicht den Charakter des Schweigerecht als Justizgrundrecht miteinbezieht. Der Gedanke wurde erstmals allgemein von Alexy (1994) S. 76 in die Debatte eingebracht.

[62] Zu diesem Aspekt des Schweigerechts insbesondere Kühl JuS 1986, 115 (117) und Bosch (1998) S. 115-121. Der zuletzt genannte Autor sieht in der Verfahrenslegitimation sogar den eigentlichen Geltungsgrund der Garantie. Freilich ist die Legitimation nur ein (wichtiger) Ausdruck der eigentlichen Schutzwirkung, nämlich des Respekts vor der Würde und Autonomie des einzelnen. Daher ist maßgeblich auf diesen allgemeineren Umstand abzustellen, der (unter anderem) auch eine legitimierende Wirkung in sich trägt.

[63] Maunz/Dürig/DiFabio, GG, Art. 2 I GG Rdnr 139ff. Siehe auch die Fallgruppenaufzählung bei v.Münch/Kunig, GG, Art. 2 Rdnr 32-40 und Sachs/Murswiek, GG, Art. 2 Rdnr 68-78.

[64] Zu der generalklauselartigen Weite des allgemeinen Persönlichkeitsrechts auch Nothhelfer (1989) S. 80. Der Autor befürwortet a.a.O. dennoch eine Ableitung des Schweigerechts aus dieser Verfassungsgarantie, da eine Konkretisierung gemäß einzelner Fallgruppen möglich sei.

gender Weise geschlossen, sofern ein Recht wie das allgemeine Persönlichkeitsrecht herangezogen wird, das selbst kaum klare Konturen aufweist und von fast uferloser Weite ist[65]. Eine solche Ableitung wird den Prinzipien der „symbolischen" und rechtlichen Hierarchie nicht gerecht, die dem Grundgesetz innewohnen. Der rechtlichen Hierarchie entspricht eine solche Zuordnung des Schweigerechts nicht, da ein einschränkbares Recht zur Ableitung einer per se nicht limitierbaren Garantie dient. Der symbolischen Hierarchie wird dies nicht gerecht, da ein international anerkanntes, fundamentales Prozeßgrundrecht nurmehr als eine Fallgruppe innerhalb eines Rahmenrechts angesehen wird, auf gleiche Stufe gestellt mit Einzelfallkonstellationen, die einen weitaus geringeren Stellenwert und Eingriffsgehalt aufweisen[66].

Zusammenfassend läßt sich daher feststellen, daß eine Ableitung des Schweigerechts aus dem allgemeinen Persönlichkeitsrecht nicht zu überzeugen vermag.

c) Die Ableitung aus der Menschenwürdegarantie, Art. 1 I GG

Bereits in der vorangegangenen Darstellung wurde darauf verwiesen, daß das Schweigerecht als Justizgrundrecht auch eine subjektive Schutzkomponente aufweist. Es erscheint daher unabdingbar, durch das Miteinbeziehen von Grundrechten der Ableitung des Rechts ein subjektives, konstituierendes Element zu verleihen. Eine solche Komponente könnte sich hierbei aus Art. 1 I GG ergeben. Mehrere Urteile des Bundesverfassungsgerichts[67] sowie des Bundesgerichtshofs[68] und Teile der (überwiegend älteren) Literatur[69] leiten

---

65 Mit Hinweis auf die historische Perspektive v.a. auch Reiß (1987) S. 162: „Bei dieser Tradition [scilicet der rechtsstaatlichen Tradition des Schweigerechts im älteren deutschen Recht] muß es erstaunen, wenn das Verbot der Selbstbelastung als <neues Freiheitsrecht> aus Art. 2 I GG hergeleitet werden soll". Allerdings ist Reiß entgegenzuhalten, daß es weniger die historische Perspektive, als der allgemeine fundamentale Stellenwert des Schweigerechts ist, der gegen eine Ableitung aus Art. 2 I i.V.m. 1 I GG spricht.

66 Aus diesem Grunde ist auch eine Ableitung aus dem Recht auf informationelle Selbstbestimmung als Teilausprägung des allgemeinen Persönlichkeitsrechts abzulehnen. Für einen solchen dogmatischen Zusammenhang spricht sich etwa Keller (1989) S. 132 aus, der jedoch andererseits auch betont, das Schweigerecht sei mit dem Recht auf informationelle Selbstbestimmung nicht identisch.

67 BVerfG 38, 105 (114/115) - Zeugenrechtsbeistand -, BVerfGE 55, 144 (150), BVerfGE 56, 37 (42/49) - Gemeinschuldnerbeschluß -, BVerfG StV 1995, 505. Die Formulierung des BVerfG lautet hierbei regelmäßig, daß der „Leitgedanke der Achtung der Menschenwürde" zu berücksichtigen sei.

68 BGHSt 14, 358 (364), BGHSt 34, 39 (46), BGHSt 38, 302 (305) (neben Fairneß und allgemeinem Persönlichkeitsrecht), BGHSt 38, 214 (220/221). Auf Art. 1 I GG als die

das Schweigerecht aus der Menschenwürde (Art. 1 I GG) ab. Einer solchen Herleitung der Schweigegarantie als Aussageverweigerungsrecht aus Art. 1 I GG ist jedoch auch vielfach widersprochen worden[70].

Allerdings ist im Zusammenhang mit Art. 1 I GG vorab zu klären, ob dieses Schutzgut überhaupt für sich genommen subjektive Schutzrichtung entfaltet und damit als Grundrecht anzusehen ist. Stimmen der Lehre, die vorgebracht haben, Art. 1 I GG könne keine subjektive Schutzwirkung entnommen werden[71], vermögen allerdings nicht zu überzeugen[72]. Der Hinweis auf den Wortlaut von Art. 1 III GG („nachfolgenden Grundrechte") erscheint formalistisch[73]. Ernster zu nehmen ist dagegen der Hinweis, daß letztendlich allen Grundrechten der Gedanke der Menschenwürde zugrundeliege, und es zu ernsthaften Auslegungsschwierigkeiten käme, wenn Art. 1 I GG neben den Art. 2ff. GG ein eigenständiger Geltungsbereich eingeräumt würde[74]. Doch

---

„Wurzel" des Schweigerechts rekurrierend: BGHSt 25, 325 (330), BGHSt 38, 214 (220).

[69] Eser ZStW 86 (1974-Beiheft), 136 (144/145), Kühne (1971) S. 48/49, Kunert MDR 1967, 539 (539), Schlüchter (1995) S. 47. Die maßgebende Bedeutung von Art. 1 I GG im Zusammenhang mit dem Schweigerecht betont auch Neumann (1998) S. 381. Neben Art. 2 I i.V.m. 1 I GG (Persönlichkeitsrecht) zitieren Art. 1 I GG: Dahs/Langkeit NStZ 1993, 213 (214). Neben Art. 2 I GG (Handlungsfreiheit) zitiert Art. 1 I GG: Kühl JuS 1986, 115 (117).

[70] Ablehnend zu einer solchen Herleitung aus der Menschenwürde insgesamt: Bosch (1998) S. 38-43, H.-L. Günther GA 1978, 194 (195-198), Helgerth (1979) S. 169/170, v.Mangoldt/Klein/Starck, GG, Art. 1 Rdnr 37. Gegen eine ausschließliche Ableitung des Schweigerechts aus Art. 1 I GG: Mäder (1997) S. 71/72. Siehe auch Nothhelfer (1989) S. 77, der auf die Unbestimmtheit des Würdebegriffs verweist und daher auf zusätzliche materielle Kriterien des allgemeinen Persönlichkeitsrechts zurückgreift.

[71] Insbesondere Maunz/Dürig Art. 1 I GG Anm. 3 und Dürig AöR 81 (1956), 117 (119ff.). Mangels subjektivem Schutzcharakter des Art. 1 I GG lehnen daher Castringius (1965) S. 42/43 und Helgerth (1979) S. 170 eine Herleitung des Schweigerechts aus dieser Vorschrift ab. Neuerdings auch wieder Salger (1998) S. 12/13 („Leitbestimmung mit wertausfüllendem Charakter").

[72] Den subjektiven Schutzgehalt des Art. 1 I GG betonen: Badura JZ 1964, 337 (342 in Fn. 75), BK-Zippelius, GG, Art. 1 Rdnr 28, v.Mangoldt/Klein/Starck, GG, Art. 1 Rdnr 17/18, v.Münch/Kunig, GG, Art. 1 Rdnr 3, Nipperdey (1954/1968) S. 12, Sachs/Höfling, GG, Art. 1 Rdnr 3. Ähnlich Nothhelfer (1989) S. 65, der die Frage des subjektiv-rechtlichen Schutzcharakters mit dem Hinweis offenläßt, zumindest über Art. 2 I GG würde sich eine Subjektivierung des Schutzes der Würde nach Art. 1 I GG ergeben.

[73] So Nipperdey (1954/1968) S. 12 („spitzfindiger Formalismus"), Sachs/Höfling, GG, Art. 1 Rdnr 5. In die gleiche Richtung zielt der Hinweis vom Bundesverfassungsgericht in BVerfGE 61, 126 (137).

[74] Zu dieser Kritik siehe Sachs/Höfling, GG, Art. 1 Rdnr 5a, der selbst eine solche Betrachtungsweise ablehnt.

hat die sogleich näher zu beschreibende Rechtsprechung des Bundesverfassungsgerichts gezeigt, daß eine Konkretisierung des Würdebegriffs durch Fallgruppen bzw. die sog. Objektformel möglich ist[75]. Zudem ist der These einer rein objektivrechtlichen Auslegung von Art. 1 I GG in der Praxis durch die Rechtsprechung des Bundesverfassungsgerichts der Boden entzogen worden[76].

Um den Zusammenhang von Menschenwürde und Schweigerecht zu ergründen, muß zuerst die herkömmliche Bestimmung des Würdebegriffs in Art. 1 I GG untersucht werden. Der Begriff der „Würde" ist außerordentlich weit und daher schwierig zu fassen, zumal er durch zahlreiche philosophische Sichtweisen verschiedenen Bedeutungsgehalt erlangt hat[77]. Das Bundesverfassungsgericht hat im Zuge der Auslegung des Würdemerkmals in Art. 1 I GG auf die sog. Objektformel zurückgegriffen[78]. Diese besagt in ihrem Kern, daß eine Verletzung der Würde des einzelnen immer dann vorliege, wenn dieser als Objekt behandelt und herabgewürdigt werde. Mag es auch zutreffen, daß diese Formulierung eine gewisse Zirkularität aufweist[79], bietet sie doch einen wertvollen Anhaltspunkt für die Auslegung des unbestimmten Begriffs der Menschenwürde in Art. 1 I GG.

Die Objektformel hat freilich gewisse Schwächen, die sich auch in der Bestimmung der einzelnen Fallgruppen fortgesetzt haben. Zum einen orientiert sie sich vornehmlich an der äußeren (körperlichen) Behandlung des Betreffenden (Folter, Mißhandlung u.ä.). Entsprechend ist in den anerkannten Fallgruppen eine gewisse anfängliche Verhaftung in äußerlich-körperlichen Verletzungshandlungen festzustellen[80]. Doch kann kein Zweifel bestehen,

---

[75] Von einer solchen Konkretisierungsmöglichkeit gehen auch BK-Zippelius, GG, Art. 1 Rdnr 27 und Sachs/Höfling, GG, Art. 1 Rdnr 12 aus.

[76] Explizit zum subjektivrechtlichen Charakter des Art. 1 I GG: BVerfGE 15, 283 (286), BVerfGE 28, 151 (163), BVerfGE 61, 126 (137).

[77] Zu den verschiedenen philosophischen Ansätzen der Interpretation des Würdebegriffs: BK-Zippelius, GG, Art. 1 Rdnr 4-9a und v.Mangoldt/Klein/Starck, GG, Art. 1 Rdnr 2-7.

[78] Siehe z.B. BVerfGE 33, 1 (25/26) (einem Ansatz von Dürig folgend). Aus der Literatur zur Objektformel: Hoerster JuS 1983, 93 (95) („Leerformel"), v.Mangoldt/Klein/Starck, GG, Art. 1 Rdnr 10, v.Münch/Kunig, GG, Art. 1 I Rdnr 22/23, Sachs/Höfling, GG, Art. 1 Rdnr 13-15 (jeweils auch kritisch). Zu dieser Formulierung insbesondere im Zusammenhang mit dem Schweigerecht: Nickl (1978) S. 32.

[79] Dazu die Kritik von Kühne (1971) S. 78ff., Nothhelfer (1989) S. 72, Rogall (1977) S. 141.

[80] Zu den verschiedenen Fallgruppen des Menschenwürdeverletzung BK-Zippelius, GG, Art. 1 Rdnr 58-102, v.Mangoldt/Klein/Starck, GG, Art. 1 Rdnr 29-53, Sachs/Höfling, GG, Art. 1 Rdnr 19-37.

daß Formen psychischen Drucks oder Zwangs in ähnlicher, sogar noch gravierenderer (weil subtilerer) Weise die Würde des einzelnen beeinträchtigen können. Zudem führt die Objektformel zu einer weiteren tendenziellen Beschränkung: sie lenkt den Blick auf die Frage der Behandlung des einzelnen durch den Staat, ohne auch die Aufmerksamkeit auf die Ziele und Zwecke zu richten, die mit dieser Behandlung verfolgt werden[81]. In vielen, und zwar vor allem den „gefährlichen" Fällen der Menschenwürdeverletzung, handelt es sich aber um die Instrumentalisierung des einzelnen durch den (Unrechts)staat, nämlich um seine Benutzung zu (angeblich) „höheren" Zwecken[82,83].

Analysiert man die gängigen Fallgruppen der Rechtsprechung und Literatur, so ist festzustellen, daß sich hierbei verschiedene Kategorien der Würdebeeinträchtigung ergeben, in denen dem Aspekt der Instrumentalisierung des Individuums unterschiedliche Bedeutung zukommt. Es geht hierbei um das Verhältnis der beiden Komponenten „Behandlung des einzelnen" und „Zweckrichtung der Behandlung". Hierbei finden sich grundsätzlich drei Falltypen im Rahmen von Art. 1 I GG:

(1) Es lassen sich solche Fälle der menschenunwürdigen Behandlung identifizieren, in denen schon die Art und Weise der staatlichen Einwirkung an sich jede Frage nach einer Zwecksetzung erübrigt, weil sie schon jeden Gedanken an eine Legitimierung des staatlichen Handelns ausschließt. Folter, Quälerei und andere Methoden brutaler Unterwerfung sind immer und in jedem Falle menschenunwürdig, egal, ob damit eine bestimmte Intention (abgesehen von der Vernichtung bzw. des Zufügens der Schmerzen) seitens des Staates verbunden ist oder nicht[84]. Eine tatbestandsinterne Abwägung von Behandlung und angestrebtem Zweck findet hier von vornherein nicht statt. Dies sind die Fälle, die überwiegend von der sog. Objektformel erfaßt wer-

---

[81] Typisch etwa die Formulierung bei v.Münch/Kunig, GG, Art. 1 I Rdnr 22: „Bewertung des Verletzungsvorgangs".

[82] Siehe hierzu insbesondere für den Bereich des Strafprozesses und die Stellung des Angeklagten die Hinweise von Rüping JR 1974, 135 (136) auf den sozialistisch geprägten Strafprozeß in der DDR. Zu der besonderen Gefährlichkeit solcher Beschränkungen der Würde aufgrund vermeintlich „höherer" Zwecke allgemein auch v.Mangoldt/Klein/Starck, GG, Art. 1 Rdnr 10 a.E. und 13, v.Münch/Kunig, GG, Art. 1 I Rdnr 6.

[83] In eine ähnliche Richtung zielt auch die Kritik im Sondervotum zu BVerfGE 30, 1 (40): gegen die Objektformel sei einzuwenden, daß auch Würdeverletzungen „in guter Absicht" geschehen könnten. Zustimmend zu dieser Kritik v.Mangoldt/Klein/Starck, GG, Art. 1 Rdnr 10.

[84] Zum Verbot der Folter als typischer Form der Beeinträchtigung der Würde des einzelnen etwa BK-Zippelius, GG, Art. 1 Rdnr 58/59, v.Mangoldt/Klein/Starck, GG, Art. 1 Rdnr 49, Sachs/Höfling, GG, Art. 1 Rdnr 20.

den, da diese sich gerade an der Art und Weise der Behandlung des einzelnen orientiert.

(2) Jedoch lassen sich im Rahmen des Art. 1 I GG auch Fälle bestimmen, in denen es nicht allein auf die Art und Weise der Behandlung des einzelnen ankommt. Gewisse Formen „milderer" Zwangsbehandlung sind nicht in jedem Falle und in jeder Situation als unzulässig zu erachten. Hier tritt als weiteres Element der tatbestandsinternen Wertung die Frage nach der Zwecksetzung des Staates hinzu, nämlich, aufgrund welcher Ziele der staatliche Machtapparat den einzelnen einer bestimmten Behandlung unterwirft. Gerade dies sind jedoch die Fälle, in denen die Menschenwürde sich in der Vergangenheit besonderen Gefahren ausgesetzt sah. Damit werden vor allem jene Konstellationen erfaßt, in denen der einzelne in seiner Persönlichkeit einem „höheren" Ziel unterworfen werden soll. Aber auch dort, wo der einzelne nicht generell und prinzipiell in seiner Subjektstellung in Frage gestellt und zum „Rädchen" eines größeren Ganzen degradiert wird, finden sich Behandlungsformen, bei denen auch die Frage nach der Zwecksetzung zu stellen ist[85]. Die Objektformel erfaßt diese Art der Fälle ungenügend, sofern man das Merkmal des „Objekts" allein auf die Art der äußeren Behandlung bezieht[86].

(3) Eine dritte Gruppe erfaßt die Fälle der Würdebeeinträchtigung, die am schwierigsten zu deuten sind. Bei diesen ergibt sich die Mißachtung der Würde nicht bereits aus der Behandlung des einzelnen. Aber auch die Ziele und Intentionen des Staates sind - als solche - durchaus zu billigen. Jedoch werden beide Umstände in einer Art und Weise miteinander in Beziehung gesetzt, die zu einer unzulässigen Zweck-Mittel-Relation führen.

---

85 Beispiele lassen sich hierbei zahlreich finden: so kann die Gefängnisstrafe als „mildere" Zwangsform per se nicht als menschenunwürdig erachtet werden. Dient sie aber dazu, den politischen Gegner mundtot zu machen, verstößt die Inhaftierung gegen dessen Würde.

86 Allerdings muß eine solche Betrachtung den Rang der verschiedenen in Frage stehenden Güter beachten. Rechtsmethodisch handelt es sich dabei aber nicht um einen „Eingriff" in den Schutzbereich des (unantastbaren) Art. 1 I GG, sondern um eine tatbestandsinterne abwägende Auslegung. Nur die wägende Betrachtung der beiden Elemente kann die Annahme einer herabwürdigenden Behandlung als Objekt in diesem subtileren Sinne begründen. Dies relativiert die allgemein mit Blick auf Art. 1 I (Unantastbarkeitsklausel), 79 III GG statuierte These, die Menschenwürde sei einer Abwägung niemals zugänglich, etwa v.Münch/Kunig, GG, Art. 1 Rdnr 4, Sachs/Höfling, GG, Art. 1 Rdnr 6. Alexy (1994) S. 95ff. hat zutreffend darauf verwiesen, daß die bei den anderen Grundrechten angestellten Abwägungsentscheidungen zur Frage der Rechtfertigung in ähnlicher Weise bei Art. 1 I GG auf der Ebene des Schutzbereichs (Menschenwürdebegriff) auftreten. In diese Richtung auch BK-Zippelius, GG, Art. 1 Rdnr 37/42.

Die Unzulässigkeit liegt hierbei regelmäßig in der Instrumentalisierung des einzelnen, in der Herabwürdigung zu einem bloßen Werkzeug für bestimmte staatliche Intentionen, die seinen Eigenwert negiert.

Mißt man nun das Schweigerecht an diesen drei Typen der Beeinträchtigung der Würde, ist die Garantie den Kategorien (1) und (3) zuzuordnen: zum einen lassen sich jene Fälle der zwangsweisen Informationspreisgabe identifizieren, in denen schon die Art und Weise der Behandlung jede Frage nach der Legitimität der Zwecke (Informationsgewinnung für das Sanktionsverfahren) ausschließen. Dies sind jene Fälle, die in § 136a StPO ausdrücklich benannt werden, etwa Folter, Quälen u.s.w. Hierbei ist zu beachten, daß sich solche extremen Verhörmaßnahmen oftmals (wenn auch nicht zwingend) gegenüber dem Zweck, Informationen zu gewinnen, ohnehin als kontraproduktiv erweisen: die Zahl falscher Geständnisse wächst proportional mit der Intensität der Foltermethoden. Dennoch erscheint es nicht richtig, aus diesem Grund jene extremen Fälle des § 136a StPO aus dem Bereich des Schweigerechts auszunehmen[87]. Auch wenn die staatliche Zielsetzung in keinem Falle den Verstoß gegen Art. 1 I GG abzuwenden vermag, liegt in der Instrumentalisierung des einzelnen ein besonderer zusätzlicher Unwert, der bei der rechtlichen Beurteilung mitberücksichtigt werden muß: der einzelne wird nicht alleine körperlich mißhandelt, sondern gerade auch als Objekt mißbraucht, um an bestimmte Informationen zu gelangen[88].

Komplizierter liegen die Fälle, in denen die Art und Weise der Behandlung noch keine Herabwürdigung des einzelnen zum Objekt konstituiert. Hier kommt der Frage nach den Intentionen der staatlichen Behörde eine eigenständige Bedeutung zu. Die Zielsetzungen des Staats im Rahmen der Erkenntnisgewinnung im Strafverfahren sind dabei aber prinzipiell anzuerkennen: der Staat ist (dies sei hier vorausgesetzt) grundsätzlich aus spezial- und generalpräventiven Gründen dazu berechtigt, Straftaten zu ahnden. Dann ist allein mit Blick auf das angestrebte Ziel der Strafverfolgungsbehörden in einem rechtsstaatlichen Verfahren noch keine Antwort auf die Frage zu gewinnen, warum das Schweigerecht aufgrund Art. 1 I GG garan-

---

[87] Dies gilt ungeachtet der Tatsache, daß Schweigerecht und Folterverbot sich historisch aus unterschiedlichen Wurzeln entwickelt haben, dazu Dingeldey JA 1984, 407 (408) und Wessels JuS 1966, 169 (170). Eine Trennung der Fälle des § 136a StPO und des Schweigerechts befürwortet mit Hinweis auf den unterschiedlichen historischen Ursprung offenbar Verrel NStZ 1997, 415 (416).

[88] Diese Frage wird im Zusammenhang mit der Diskussion einer Konzeption von Grünwald JZ 1981, 423 (428) relevant, der vorgeschlagen hat, das Schweigerecht auf die Ausübung von vis compulsiva zu beschränken. Hiergegen zu Recht Bosch (1998) S. 280-282, Dallmeyer KritV 2000, 252 (260), Dencker NStZ 1982, 152 (154), Neumann (1998) S. 380.

tiert wird: die Fälle der Kategorie (2) (illegitimes Ziel) scheiden vorliegend regelmäßig im Zusammenhang mit dem Schweigerecht aus.

Um die Menschenunwürdigkeit der durch Zwang herbeigeführten Selbstbelastung aus Art. 1 I GG herzuleiten, ist auf die eben definierte Kategorie (3) zurückzugreifen: wesentliche Bereiche des Schweigerechts betreffen die Frage einer unzulässigen und entwürdigenden Zweck-Mittel-Verbindung. Das Interesse des Staates an einer Strafverfolgung ist per se zwar anzuerkennen. Der Respekt für die Autonomie des einzelnen im Verfahren verbietet es jedoch, zu diesem (an sich legitimen) Zweck den Beschuldigten als Belastungszeugen gegen sich selbst einzusetzen[89]. Gerade diese funktionalisierte Zuspitzung des einzelnen als Informationsquelle gegen sich selbst[90], auf ein Objekt in der Hand der staatlichen Behörden, das als Waffe gegen die eigene Person gerichtet wird, begründet die ratio des Schweigerechts[91].

Es zeigt sich daher, daß bereits nach diesem erweiterten Verständnis der Objektformel ein wichtiger Einwand gegen eine Ableitung des Schweigerechts aus Art. 1 I GG nicht aufrechtzuerhalten ist: daß Art. 1 I GG nur das prinzipielle Infragestellen der Subjektstellung des einzelnen erfasse[92]. An dieser Stelle zeigen sich die Folgen der beschriebenen Verhaftung in den Kategorien massiver Verletzungshandlungen bei der Auslegung des Würdebegriffs. Richtigerweise muß für die Bestimmung der Behandlung als Objekt in weiten Bereichen (Kategorien [2] und [3] oben) die Frage nach der Intention der staatlichen Gewaltausübung gestellt werden. Der vielfach vorgebrachte Hinweis, in Fällen „milderer" Zwangswirkung bzw. bei geringeren Vergehen könne von einer menschenunwürdigen Behandlung, die der Folter oder Miß-

[89] Den Aspekt der Autonomie des einzelnen im Zusammenhang mit Art. 1 I GG und dem Schweigerecht betont etwa auch Nickl (1978) S. 33.

[90] Diese Formulierung stammt von Keller (1989) S. 132 und trifft den entscheidenden Punkt des Schweigerechts wie keine andere. Auf diese beruft sich etwa auch SK(StPO)-Rogall vor § 133 Rdnr 133.

[91] Der Gedanke, daß das Schweigerecht den einzelnen vor einer unwürdigen Mittel-Zweck-Betrachtung schütze, findet sich bereits bei Eser ZStW 86 (1974-Beiheft), 136 (144/145).

[92] So aber etwa Salger (1998) S. 13/14. Siehe auch die Ausführungen von H.-L. Günther GA 1978, 193 (197). Allgemein zu dem Postulat, den Begriff der Menschenwürde nur auf Fälle der prinzipiellen Infragestellung der Würde des einzelnen zu beziehen: v.Mangoldt/Klein/Starck, GG, Art. 1 Rdnr 20 i.V.m. 11/12, v.Münch/Kunig, GG, Art. 1 I Rdnr 8, aber auch 24. Auch Sachs/Höfling, GG, Art. 1 Rdnr 9/10, der zutreffend auf den Zusammenhang zwischen den absoluten Schranken des Art. 1 I GG und der damit verbundenen, tendenziell engen Auslegung des Würdebegriffs hinweist. Aufgrund der oben angestellten Überlegungen zur tatbestandsinternen abwägenden Interpretation kann dieses Dilemma freilich bis zu einem gewissen Grade aufgelöst werden.

handlung gleiche, nicht die Rede sein[93], übersieht daher die subtileren Formen der Beeinträchtigung der Würde des einzelnen.

Auch ein weiterer Einwand gegen die Herleitung des Schweigerechts aus Art. 1 I GG vermag auf dem Boden der oben dargelegten, erweiterten Objektformel nicht zu überzeugen. Von Rogall[94] und ihm folgend von weiteren Autoren[95] wurde dargelegt, daß die Objektformel im Zusammenhang mit dem Schweigerecht deswegen keine Überzeugungskraft entfalten könne, weil zahlreiche Ermittlungsmethoden gerade erlaubten, den einzelnen als Objekt staatlicher Maßnahmen zu behandeln: werde dem Beschuldigten Blut abgenommen, werde er zur Gegenüberstellung gezwungen etc., so seien dies alles Maßnahmen, bei denen der Beschuldigte als Objekt behandelt werde. Dem ist jedoch gemäß der oben dargelegten Definition der Objektformel zu widersprechen. Die Bestimmung, ob der einzelne als Objekt behandelt wird, ist nämlich nicht im Sinne einer äußerlich verstandenen Einwirkung zu verstehen. Vielmehr muß berücksichtigt werden, zu welchem Zwecke der einzelne staatlichen Zwängen unterworfen wird und in welcher Weise Zwecke und Mittel des staatlichen Handelns miteinander verknüpft werden. Wie gezeigt ist es gerade die Instrumentalisierung des einzelnen als Informationsquelle gegen sich selbst, und zwar zum Zwecke der strafrechtlichen Verfolgung, die eine Unvereinbarkeit erzwungener Selbstbelastung mit der Würde des einzelnen begründet[96].

Damit steht fest, daß das Schweigerecht (in seiner subjektivrechtlichen Ausprägung) aus Art. 1 I GG abzuleiten ist. Es konstituiert die Stellung des einzelnen im Verfahren als handelndes Subjekt, indem es verbietet, diesen für den (an sich legitimen) Zweck der Strafverfolgung zu instrumentalisieren[97].

---

93 So etwa die Kritik von Stürner NJW 1981, 1757 (1759) im Zusammenhang mit Art. 2 I i.V.m. 1 I GG, wobei der Autor jedoch ausdrücklich auf den Würdebegriff rekurriert.

94 Rogall (1977) S. 141.

95 Etwa Bosch (1998) S. 39/40, H.-L. Günther GA 1978, 193 (196), Salger (1998) S. 13/14, Verrel NStZ 1997, 415 (417). Allgemein für die Behandlung des einzelnen durch Gesetze auch v.Mangoldt/Klein/Starck, GG, Art. 1 Rdnr 10, v.Münch/Kunig, GG, Art. 1 I Rdnr 23.

96 Dies ist auch der weitergehenden Kritik von Bosch (1998) S. 39/40 entgegenzuhalten, der die Ungeeignetheit der Objektformel auch anhand des passiven Schutzcharakters des Schweigerecht zu belegen sucht: das Schweigerecht gewähre geradezu einen Anspruch darauf, im Verfahren als Objekt behandelt zu werden. Dem liegt aber gleichfalls eine Interpretation der Objektformel zugrunde, die sich lediglich an der äußeren Behandlung des einzelnen orientiert.

97 Zu beachte ist auch, daß dieser Respekt vor der Autonomie des einzelnen auch die Voraussetzung dafür ist, daß der Beschuldigten das Verfahren und die ihm auferlegten

d) Die Ableitung aus dem Rechtsstaatsprinzip, Art. 20 III GG

Aus der vorausgegangenen Darstellung hat sich bereits ergeben, daß hier das Schweigerecht als ein Justizgrundrecht angesehen wird, das die Doppelnatur einer rechtsstaatlich gebotenen Prozeßmaxime wie auch einer subjektivrechtlichen Garantie aufweist. Die subjektivrechtliche Komponente dieses Rechts wurde in Art. 1 I GG (Schutz der Menschwürde) loziert. Hinzu tritt - als eigenständiges Element - die Rechtsstaatsgarantie des Grundgesetzes (Art. 20 III GG)[98,99]. Erst diese beiden Elemente gemeinsam vermögen den besonderen Charakter des Schweigerechts als Prozeßgrundrecht (mit gewissen sachnotwendigen Weiterungen) zu erklären[100].

Freilich ist in Zweifel gezogen worden, ob es neben einer subjektivrechtlichen Ableitung des Schweigerechts überhaupt einer Hinzuziehung des objektivrechtlichen Rechtsstaatsprinzips bedürfe[101]. Die rechtsstaatliche Komponente, so die Argumentation, sei nichts anderes als die Kehrseite der Ableitung aus den Grundrechten und daher überflüssig und verwirrend[102]. Überflüssig sei diese zusätzliche Ableitung, weil jedes Grundrecht eine rechtsstaatliche Kehrseite aufweise, da alle Grundrechte letztendlich in der Idee des Rechtstaates wurzelten. Verwirrend sei die Ableitung, weil hier-

---

Sanktionen akzeptiert. Siehe hierzu Kühl JuS 1986, 115 (117) und insbesondere Bosch (1998) S. 115-121 ab (dazu bereits oben).

98 Für eine Ableitung des Schweigerechts allein aus Art. 20 III GG: Paeffgen (1986) S. 70-72 und H. Schneider (1990) S. 49.

99 Auch in der Rechtsprechung wird das Rechtsstaatsprinzip als Herleitungsgrundlage (meist kumulativ neben Art. 1 I GG und dem allgemeinen Persönlichkeitsrecht) angeführt: BVerfGE 38, 105 (113), BVerfGE 55, 144 (150), BGHSt 1, 39 (40), BGHSt 14, 358 (364/365), BGHSt 25, 325 (330), BGHSt 38, 214 (220), OLG Karlsruhe NStZ 1989, 287 (287). Hierbei rekurrieren die Gerichte insbesondere auf das rechtsstaatliche Gebot der Fairneß.

100 Ebenso zu einer kumulierten Geltung von subjektivrechtlicher und objektivrechtlicher Garantie: Beulke (2002) Rdnr 125, Löwe/Rosenberg/Rieß[25] Einleit. Abschn. I Rdnr 89, Löwe/Rosenberg/Gollwitzer[25] § 243 Rdnr 65 (jeweils neben Art. 1 I GG und allgemeinem Persönlichkeitsrecht). Auch Reiß (1987) S. 155ff. (allerdings unter Annahme von Art. 2 I GG für die subjektivrechtliche Komponente). Von „Einflüssen" des Rechtsstaatsprinzips auf das subjektivrechtlich abgeleitete Schweigerecht geht auch Bosch (1998) S. 69 aus. Widersprüchlich Salger (1998) S. 16.

101 Für überflüssig halten eine zusätzliche Heranziehung des Art. 20 III GG etwa Mäder (1997) S. 70/83 und Nothhelfer (1989) S. 51. Mäder geht davon aus, daß das Bundesverfassungsgericht damit die historische Wurzel des Schweigerechts betonen wolle (a.a.O. S. 70 in Fn. 123).

102 Kritisch zur kumulativen Erwähnung des Rechtsstaatsprinzips vor allem Rogall (1977) S. 137-139 und Stürner NJW 1981, 1751 (1757/1758).

durch der Charakter des Rechts, nämlich seine Schutzwirkung zugunsten des einzelnen, in den Hintergrund gedrängt werde.

Eine Herleitung des Schweigerechts aus dem Rechtsstaatsprinzip gemäß Art. 20 III GG ist demgegenüber nicht als überflüssige Verdoppelung von Rechten anzusehen. Aus dem allgemeinen Verständnis des Rechts als Justizgrundrecht und aus seiner historischen Entwicklung läßt sich eine eigenständige, objektivrechtliche Komponente entnehmen, ohne die die Ableitung des Schweigerechts unvollständig bliebe[103].

H. Schneider[104] und Rieß[105] haben darauf hingewiesen, daß bereits in der historischen Sichtweise das Schweigerecht seit langem als Ausdruck eines rechtsstaatlichen Verfahrens erachtet wurde. Die Anerkennung des Schweigerechts in Deutschland seit Ende des 19. Jahrhunderts stand in engem Zusammenhang mit der Erkenntnis, daß der Staat sich in seiner eigenen Machtfülle zu beschränken habe, damit der einzelne im Rahmen des Strafverfahrens dem staatlichen Machtapparat als autonom handelndes Individuum entgegentreten könne.

Auch in gesetzessystematischer Hinsicht erscheint vom hier vorgetragenen Standpunkt aus eine ergänzende Ableitung des Schweigerechts aus dem Rechtsstaatsprinzip konsequent. Bereits im Zusammenhang mit der Frage der Herleitung des Schweigerechts aus den Justizgrundrechten der Art. 103f. GG wurde darauf verwiesen, daß das Recht (trotz gewisser sachnotwendiger Erweiterungen) im Kern als Justizgrundrecht einzuordnen ist. Dieser Einordnung entspricht es aber, neben der subjektivrechtlichen auch eine objektiv-

---

103 Aus diesem Grund greift auch der Einwand nicht, das Rechtsstaatsprinzip sei als blankettartiger Begriff nicht geeignet, dem Schweigerecht ein genügendes Fundament zu bieten (so aber der Vorwurf von Rogall [1977] S. 138/139). Tatsächlich zeichnet sich das Rechtsstaatsprinzip dadurch aus, daß seine einzelnen Elemente zusammengefaßt ein Ganzes, eben den komplexen Begriff der Rechtsstaatlichkeit, ergeben. Dieser Vorgang der Bestimmung des größeren Ganzen durch die einzelnen Elemente verläuft nämlich nicht einseitig: vielmehr ist von einer hermeneutischen Betrachtung auszugehen, bei der die einzelnen Elemente und der zusammenfassende Begriff der Rechtsstaatlichkeit aufeinander bezogen werden, ohne daß die Ableitung einseitig von einer in die andere Richtung verläuft. Die Bildung der einzelnen Fallgruppen des Rechtsstaatsprinzips kann hierbei nur aufgrund des allgemeinen Rechtsverständnisses, der geschichtlichen Entwicklung und des Vergleichs mit anderen Fallgruppen vorgenommen werden.

104 H. Schneider (1990) S. 40-42.

105 Rieß (1990) S. 157-162.

rechtliche Komponente in die Ableitung miteinzubeziehen[106]. Wie die in Art. 103f. GG genannten Rechte beinhaltet auch das Schweigerecht zweierlei: es dient dem Schutz des einzelnen, konstituiert gleichzeitig aber auch ein an rechtsstaatlichen Grundsätzen orientiertes Sanktionsverfahren. Diese Doppelstellung kommt in den Art. 103f. GG anschaulich zum Ausdruck, da diese Garantien systematisch im Zusammenhang mit den Vorschriften über das rechtsstaatliche Gerichtsverfahren statuiert werden, jedoch unbestrittenermaßen subjektive Schutzrichtung entfalten (sog. grundrechtsähnliche Rechte)[107].

Damit ergibt sich, daß das Schweigerecht neben seiner subjektivrechtlichen Komponente aus Art. 1 I GG zusätzlich aus dem Rechtsstaatsprinzip abzuleiten ist[108]. Es zeigt sich folglich, daß die kumulative Benennung sowohl des Rechtsstaatsprinzips wie auch der Menschenwürde in vielen Entscheidungen[109] nicht Ausdruck einer Beliebigkeit ist, sondern sehr präzise der Natur des Schweigerechts entspricht.

3. Die Ableitung des Schweigerechts aus internationalem Recht

a) Die Ableitung aus der Europäischen Menschenrechtskonvention

Das Schweigerecht wird in der Europäischen Menschenrechtskonvention nicht ausdrücklich statuiert. Es stellen sich ähnliche Fragen wie in der deutschen Rechtsordnung zum Charakter und der Ableitung des Rechts aus anderen Fundamentalgarantien. Im Zusammenhang mit den Darstellungen zum englischen Recht soll näher auf die hierzu ergangene Rechtsprechung des Europäischen Gerichtshofs für Menschenrechte eingegangen werden[110]. Schon hier bleibt festzuhalten, daß das Gericht in ständiger Rechtsprechung das Schweigerecht als fundamentales Recht ansieht und aus Art. 6 (1) EMRK (Fairneßgebot) ableitet.

---

[106] Die kumulative Bedeutung des Schweigerecht als subjektives Schutzrecht und verfahrensbezogene Rechtsstaatsgarantie wird auch von Bosch (1998) S. 71/72 betont, der aber keine Nähebeziehung dieser Garantie und Art. 103f. GG annimmt.

[107] Zum Recht des Art. 103 I GG (rechtliches Gehör) etwa Habscheid (1967) S. 840/841, Löwe/Rosenberg/Rieß[25] Einleit. Abschn. H Rdnr 71-91, Isensee/Kirchhof/Hill (1989) Bd. VI, § 156 Rdnr 57.

[108] Ähnlich vertritt eine kumulativen Ableitung: Reiß (1987) S. 155ff. Siehe auch H.-L. Günther GA 1978, 193 (198/199): das Schweigerecht sei aus dem allgemeinem Persönlichkeitsrecht und daneben aus dem rechtsstaatlichen Gebot der Verfahrensfairness abzuleiten. Auch Dallmeyer KritV 2000, 252 (264) betont, daß das Schweigerecht eine solche Doppelnatur aufweist.

[109] Siehe etwa BVerfG StV 1995, 505. Aus der übrigen Rechtsprechung: BGHSt 14, 358 (364/365), BGHSt 25, 325 (330), BGHSt 38, 214 (220).

[110] Infra S. 299.

b) Die Normierung in Art. 14 III lit. g des Internationalen Paktes über staatsbürgerliche und politische Rechte

Bereits sehr früh hat das Schweigerecht auf internationaler Ebene eine allgemeine Anerkennung als Fundamentalgarantie in Art. 14 III lit. g des Internationalen Paktes über staatsbürgerliche und politische Rechte (IPBR) gefunden[111]. Wie erwähnt, wurde diese Vorschrift in Deutschland in einfaches Gesetzesrecht umgesetzt[112]. Art. 14 III lit. g IPBR ist seinem Wortlaut nach eng: die Norm beschränkt sich auf den im Strafverfahren Beschuldigten und verbietet es, diesen zu zwingen, als Zeuge gegen sich selbst aufzutreten bzw. unter Zwang ein Geständnis abzulegen[113]. In der Diskussion in Deutschland hat die Norm nur geringe Aufmerksamkeit gefunden, wohl auch, da sie tatbestandlich nur den Kernbereich des Schweigerechts statuiert. Zudem ist die Frage der innerstaatlichen verfassungsrechtlichen Ableitung angesichts der Normhierarchie von größerer praktischer Bedeutung.

III. Zusammenfassung der Ergebnisse

Das Schweigerecht ist im deutschen Bundesrecht (abgesehen von § 14 III lit. g IPBR) nicht ausdrücklich normiert, jedoch wird es vom einfachen Recht vorausgesetzt. Seine Existenz und sein fundamentaler Charakter werden im deutschen Rechtsbereich nicht angezweifelt, allerdings ist die Frage seiner Lozierung in der Verfassung umstritten. Die überwiegende Meinung leitet die Garantie aus dem allgemeinen Persönlichkeitsrecht ab, teils wird auf das objektivrechtliche Rechtsstaatsprinzip verwiesen.

Diese überwiegend vertretenen Auffassungen geben jedoch das Wesen des Schweigerechts nur unvollkommen wieder. Seinem Charakter nach ist es im Kern ein Justizgrundrecht, dem notwendige Erweiterungen auf andere Verfahrenszusammenhänge innewohnen. Als solches hat es eine Doppelnatur, da es einmal dem subjektiven Schutz des einzelnen dient, andererseits aber auch eine Ausprägung des rechtsstaatlichen Verfahrens ist.

Die subjektivrechtliche Komponente leitet sich aus der Menschenwürde gemäß Art. 1 I GG ab. Hierbei ist die Objektformel in einem erweiterten Sinne zu verstehen, der sich von der engen, an dem äußerlichen Behandlungsvorgang haftenden Interpretation löst. Als entscheidender Gesichtspunkt tritt die Instrumentalisierung des einzelnen zu bestimmten Zwecken hinzu, und die

---

[111] Zu § 14 III lit. g IPBR auch: Dingeldey JA 1984, 407 (408), Rogall (1972) S. 116-124.

[112] BGBl. 1973 Teil II, S. 1533ff.

[113] Im englischen Original lautet die Norm: „In the determination of any criminal charge against him, everyone shall be entitled to the following minimum guarantees, in full equality: ... not to be compelled to testify against himself, or to confess guilt." Zitiert nach Dingeldey JA 1984, 407 (409 in Fn. 22).

Frage, wie die spezifische Zweck-Mittel-Relation zu bewerten ist. Für das Schweigerecht ist hierbei der Umstand maßgebend, daß der einzelne zum Zwecke der Informationsgewinnung im Strafverfahren als Waffe gegen sich selbst eingesetzt wird. In der hierin liegenden Zuspitzung des Individuums als Informationsquelle wider Willen liegt eine Herabwürdigung zum Objekt, die mit der Autonomie des einzelnen nicht vereinbar ist.

Neben der subjektiven Schutzkomponente ist das Schweigerecht auch aus dem Rechtsstaatsprinzip gemäß Art 20 III GG abzuleiten. Hierfür spricht die historische Entwicklung des Rechts und seine systematische Einordnung als Justizgrundrecht.

§ 2 Zum Informationswert des Schweigens im Kommunikationsprozeß allgemein: aussagepsychologischer Kommunikationszusammenhang und „Echo"-Prinzip

Die vorliegende Abhandlung befaßt sich nicht mit allgemeinen Fragen der Bedeutung des Schweigens in Kommunikationsprozessen. Vielmehr behandelt sie die rechtliche Bewertung des Schweigens und hierbei speziell die Thematik der rechtlichen Würdigung des Schweigens des Beschuldigten.

Trotz dieser besonderen Fragestellung verweist die rechtliche Diskussion zu diesem Themenfeld auf sehr viel allgemeinere Fragen zur Bedeutung des Schweigens innerhalb menschlicher Kommunikationsprozesse[114]. Eine angemessene rechtliche Einordnung der Thematik, wie das Schweigen des Beschuldigten gewürdigt werden kann, ist nicht möglich, wenn diese allgemeineren Fragen zur Bedeutung des Schweigens in der menschlichen Kommunikation nicht miteinbezogen werden[115].

I. Der Ausgangspunkt: der aussagepsychologische Kommunikationszusammenhang als Bühne und Kontext des Schweigeverhaltens

Schweigen ist nur im Zusammenhang des Gesprächs, der Kommunikation mit anderen Menschen, eine aussagekräftige Kategorie. Menschen kommunizieren, sprachlich und durch Gestik, und vermitteln auf diese Weise Informationen, Eindrücke und Stimmungen[116].

Schweigen bedeutet in diesem Zusammenhang die bewußte Entscheidung eines Kommunikationspartners, auf einen Informationsbeitrag zu verzichten. Die Situationen, in denen ein solches Verhalten auftreten kann, sind dabei vielfältig. Hierbei läßt sich feststellen, daß das Schweigen per se als Unterlassung in einer bestimmten Situation zu definieren ist, die einer Handlungserwartung (Antwort auf eine Frage, Reaktion auf eine Äußerung) nicht entspricht. Die schlichte Angabe, eine Person „schweige", nimmt damit be-

---

[114] Vorliegend soll auf die allgemeinen Kommunikationstheorien nur am Rande verwiesen werden. Eine Einführung in dieses Gebiet stellt etwa das Textbuch von Burkart/Hömberg (1992) dar. Insbesondere zur habermaßschen Kommunikationstheorie: Burkart/Lang (1992) passim. Von Kühne ist eine spezielle Abhandlung zur Bedeutung der Kommunikationstheorien innerhalb des Strafverfahrensrechts vorgelegt worden: Kühne (1978) passim (insbesondere S. 189-191 zur Kommunikationsbereitschaft des Beschuldigten).

[115] Zutreffend verweist Kühne (1978) S. 13 auf den unmittelbar einsichtigen, engen Zusammenhang vom Strafverfahren und Kommunikationsvorgängen im allgemeinen.

[116] Im Anschluß an die Darstellung von Kühne (1978) S. 13/14 wird im vorliegenden Zusammenhang Kommunikation als Vorgang definiert, der durch Sprache – unter Beachtung nichtsprachlicher Situationsmerkmale (wie etwa dem Schweigeverhalten) - zu einer Verständigung führt.

reits den Charakter einer Sachdarstellung und einer Interpretation an: eine Sachdarstellung ist in dieser Angabe zu sehen, weil sie darauf verweist, daß in einem ganz bestimmten Kommunikationszusammenhang zwischen mindestens zwei Gesprächspartnern eine Person entgegen äußerer Umstände nicht in einer bestimmten Weise reagiert. Eine Interpretationsaussage ist darin zu sehen, daß bezüglich dieses implizit behaupteten Kommunikationsvorgangs angenommen wird, eine Seite verweigere sich dem Austauschprozeß, indem sie sich nicht äußere. Schweigen ist damit auch im Kommunikationszusammenhang zweier Partner weit mehr als bloße Stille einer Seite in einer bestimmten Gesprächssituation; es impliziert vielmehr bereits ein finales, auf den Kontext des Gesprächs bezogenes Moment.

Aus der Natur des Schweigens als bloßem Unterlassen einer erwarteten Handlung (Reden) in einer spezifischen Situation folgt aber weiter, daß das Schweigen als eigenständige Verhaltensform keinen inneren Erklärungswert besitzt[117]. Schweigen als solches ist ein Unterlassen, die Nichterfüllung einer Handlungserwartung in einem bestimmten Kontext. Es ist mithin ausschließlich dieser Kontext, innerhalb dessen das Schweigen einen bestimmten Aussageinhalt erfährt[118]. Und es ist die Interpretation eben dieses Gesprächszusammenhangs, der Außenstehende zu bestimmten Annahmen verleitet, weshalb in der jeweiligen Situation keine sprachliche Reaktion erfolgte.

Es sind daher die Umstände der Kommunikationssituation, die für die Beurteilung des Schweigeverhaltens von Bedeutung sind: äußere Faktoren wie die Umgebung der Gesprächsparteien, deren soziale Stellung, die Gegenwart weiterer Personen, der konkrete Inhalt des Gesprächs (Frage u.s.w.), aber auch unsichtbare Details wie die Stimmungslage, die Emotionen der Beteiligten, ihre Ziele und Absichten, ihr Wissensstand u.a.m. Diese Gesamtheit der inneren und äußeren Faktoren, die den Hintergrund (die „Bühne“) des Schweigeverhaltens bilden, das in ein bestimmtes Gespräch eingebettet ist, läßt sich als „aussagepsychologischer Kommunikationszusammenhang“ bezeichnen[119]. Der Begriff ist hierbei in einem ausgespro-

[117] Dies betonen zu Recht Eser ZStW 86 (1974-Beiheft), 136 (161), Keiser StV 2000, 633 (635), Nickl (1978) S. 54.

[118] Hingegen führt diese Interpretation des Schweigens in seinem Gesamtzusammenhang nicht zu der Annahme, letztendlich werde gar nicht das Schweigen als solches gewertet, sondern daß dieses ggf. begleitende (teilweise) Reden. Zumindest mißverständlich daher Eser ZStW 86 (1974-Beiheft), 136 (161).

[119] Der Begriff lehnt sich an eine Formulierung von Eser in ZStW 86 (1974-Beiheft), 136 (160/161) an. Dieser erwähnte den „aussagepsychologischen Gesamtzusammenhang“ und bezeichnet damit die Voraussetzungen, die (im rechtlichen Verhör) das partielle Schweigeverhalten des Beschuldigten umgeben. Der Terminus wird etwa aufgenommen von Verrel (2001) S. 27.

chen weiten Sinne aufzufassen. Insbesondere beschreibt er auch die Umstände, die auf einer fundamentalen Ebene dem Verhältnis (auch der strukturellen Machtbeziehung) zwischen den Beteiligten des Gesprächs zugrundeliegen. Er umfaßt aber auch die möglichen weiteren Folgen, die sich aus der Tatsache der (Nicht)beantwortung der Fragen durch den Schweigenden ergeben (z.B. drohende Sanktionen).

II. Der Aussagegehalt des Schweigens und die These des steuer- und interpretierbaren Echos

Soeben wurde konstatiert, daß Schweigen als solches keinen Erklärungsinhalt hat. Die Annahme, eine Peron „schweige", beinhaltet vielmehr bereits die Interpretation einer spezifischen Situation und gewinnt ihre Bedeutung im Zusammenhang mit den äußeren und inneren Faktoren, die dieses Gespräch begleiten. Indem aber das „Umfeld" des Schweigens (der aussagepsychologische Kommunikationszusammenhang) für die Bedeutung der Interpretation des Schweigens in den Mittelpunkt rückt, zeigt sich, welcher Vorgang letztendlich der Bewertung des Schweigens zugrundegelegt wird: der Gegenpart, der eine bestimmte Reaktion erwartet und mit dem Schweigen des anderen konfrontiert wird, interpretiert (zu Recht) das Schweigen als eine Art „Echo" all jener Umstände, die seine vorausgegangene implizite oder ausdrückliche Aufforderung, sich zu erklären, begleiten. Es bleibt dabei festzuhalten, daß in aller Regel ein sehr enger Zusammenhang zwischen dem Schweigeverhalten und dem aussagepsychologischen Kommunikationszusammenhang besteht. Dieser unbestrittene Zusammenhang läßt sich als „Echo"-Wirkung beschreiben.

Die entscheidende Frage ist aber nunmehr, inwieweit Außenstehende, insbesondere der Gesprächspartner, aufgrund des Echo-Prinzips im einzelnen Falle hinreichend sichere Rückschlüsse auf die Motive des Schweigenden ziehen können. Hierbei ließe sich die These eines „steuer- und interpretierbaren Echos" formulieren, die eine solche Interpretationsmöglichkeit grundsätzlich annähme: je präziser der Inhalt der Frage sei, je schwerwiegender die möglichen Folgen einer Nichtbeantwortung einer bestimmten Frage wären, umso eindeutiger könne (sehr allgemein formuliert) aus dem Schweigeverhalten ein gewisser Erklärungswert entnommen werden. Angesichts solcher besonders eindeutig zusammenwirkender Faktoren im Gesprächszusammenhang könnte man von einer „stringenten" Kommunikationssituation sprechen: stringent in dem Sinne, daß die äußeren und inneren Faktoren einschließlich der Art der Fragestellung und dem zwischen den Parteien bestehenden Machtverhältnis je nach Wissensstand und Sachlage eine bestimmte Gegenreaktion erwarten ließen. Aus der Nichtreaktion

(Schweigen) könnten sich dann relativ eindeutig Schlüsse ergeben, warum der Gegenpart sich nicht äußert.

Wenn das Schweigen als Ausdruck eines Echos der begleitenden Umstände angesehen würde, ließe sich ein bestimmter Erklärungswert des Schweigens annehmen. Hierbei müßte man davon ausgehen, der das Schweigen Interpretierende sei in der Lage, mit genügender Sicherheit alle begleitenden Umstände des Gesprächs, die zugrundeliegenden Macht- und Beziehungsverhältnisse zwischen Fragendem und Schweigendem, die äußere Umgebung des Gesprächs u.s.w. zu berücksichtigen und genügend präzise zu gewichten. Bereits hier ergeben sich Zweifel, ob dies in jedem Fall möglich ist. Schon die äußeren Faktoren einer Gesprächssituation können so vielschichtig und verschieden sein, daß einige von ihnen bei der Beurteilung der Frage nach dem Erklärungswert des Schweigens übersehen werden.

Als weiteres Problem tritt jedoch hinzu, inwiefern überhaupt davon ausgegangen werden kann, daß das Schweigeverhalten ein präzise zu definierendes Echo dieser identifizierbaren Faktoren ist. Denn der Mensch stellt keine Maschine dar, die aufgrund äußerer Einflüsse in einer vorgezeichneten Art und Weise automatisch reagiert. Innere Überzeugungen, Einstellungen und Emotionen, die aufgrund des Schweigens der Gegenseite oft gar nicht vermittelt werden, bestimmen ebenfalls seine Aussagereaktionen und modifizieren diesen äußeren Input. Der Bereich der inneren Faktoren, der Emotionen, Intentionen und Ziele des Schweigenden repräsentiert ein Feld von Beweggründen, die der begrenzten menschlichen Erkenntnis der Gegenseite häufig verschlossen bleiben[120].

Diese Unsicherheit könnte jedoch dann die These des steuer- und interpretierbaren Echos nicht in Frage stellen, wenn der äußere Kontext in einer Weise gestaltet werden könnte, daß die erkennbaren, äußeren Faktoren der Gesprächssituation als ganz überwiegend maßgeblich für das reagierende Aussageverhalten sein müßten. Wenn der aussagepsychologische Kommunikationszusammenhang sich durch eine besondere Autorität des Fragenden auszeichnete, wenn die Fragerichtung und der Fragegegenstand klar definiert wären und wenn die möglichen nachteiligen Konsequenzen (z.B. Sanktionen) ungenügender Kooperation deutlich würden, könnte - so ließe sich argumentieren - regelmäßig ein bestimmtes Aussageverhalten entsprechend dem jeweiligen Vorstellungsbild des Befragten erwartet werden. Bleibe dieses Verhalten (im Sinne der erwarteten Informationspreisgabe) aus und schweige der Betreffende, so ließen sich hieraus gewisse Schlüsse ziehen, denn das

---

120 Zu der begrenzten menschlichen Erkenntnis, die nur partiell die maßgeblichen Verhaltensfaktoren erfaßt, auch Roschmann (1982) S. 111.

Echo erwiese sich aufgrund dieser stringent definierten Faktoren als steuerbar.

Dieser Überlegung liegt notwendig ein weiterer Gedanke zugrunde: die Vorstellung der Vernünftigkeit menschlichen Handelns. Denn ein kausaler Zusammenhang zwischen äußeren, steuerbaren Faktoren des aussagepsychologischen Kommunikationszusammenhangs und der Reaktion des Befragten im Sinne einer Echowirkung kann nur angenommen werden, wenn das Verhalten des Befragten sich an bestimmten („vernünftigen") Maßstäben ausrichtet. Diese vorausgesetzte Vernunft bezieht sich auf die Annahme, daß der Befragte die äußeren Zwänge des Kommunikationszusammenhangs wahrnimmt (z.B. die möglichen Folgen einer Nichtkooperation) und sein Verhalten hiernach ausrichtet. Würde man hingegen davon ausgehen, daß jedes und zumindest viele der befragten Individuen die steuerbaren äußeren Faktoren des Kommunikationszusammenhangs ignorieren und für die Entscheidung, wie sie reagieren, nicht als maßgebend berücksichtigen, könnte nicht von einem steuerbaren Echo gesprochen werden. Die äußerlich erkennbaren Faktoren des aussagepsychologischen Kommunikationszusammenhangs würden hier keine Gewähr dafür bieten, daß der Befragte sich an diesen orientiert und entsprechend sein Aussageverhalten einrichtet.

III. Die Folgen der Analyse für die rechtliche Würdigung des Schweigens

Um das Phänomen zu erklären, daß das Schweigen des Beschuldigten im Strafverfahren (entsprechend den Regeln des Rechts oder auch nicht) vielfach als Ausdruck einer Schuld bzw. eines „Nichterklärenkönnens" angesehen wird, sind die Besonderheiten der polizeilichen und richterlichen Befragung zu beachten, und dabei letztendlich die besonderen Gegebenheiten des Strafverfahrens überhaupt. Auszugehen ist von dem aussagepsychologischen Kommunikationszusammenhang, der sich durch nachfolgende allgemeine Wesensmerkmale auszeichnet („Vernehmungssituation")[121]:

(1) Der Gesamtkontext und Hintergrund des Strafverfahrens gegen den Beschuldigten wird durch den Tatvorwurf geprägt, d.h. den Vorwurf eines rechtlich und ethisch zu mißbilligenden Verhaltens.

(2) Dieses rechtlich zu mißbilligende Verhalten führt im Falle der Verurteilung zu erheblichen Nachteilen und unangenehmen Konsequenzen

---

[121] Zum Zusammenhang zwischen Vernehmungssituation und Kommunikationstheorie auch Kühne (1978) S. 105-107. In der Terminologie von Habermas handelt es sich bei dem Verhör regelmäßig um eine strategische Kommunikation („erfolgskalkulierte Einflußnahme"), die teils offen, und teils verdeckt manipulierend auf den Beschuldigten einwirkt. Zu dieser Begriffsbildung bei Habermas siehe Burkart/Lang (1992) S. 44.

für den einzelnen. Die (mögliche) Folge der Sanktionierung steht immer im Hintergrund der Befragungssituation.

(3) Da das Verhalten eng an die Person des Betreffenden geknüpft ist, steht der Vorwurf in Zusammenhang mit der Aufforderung, zur Aufklärung der Umstände beizutragen. Hierbei wird die Erwartung gehegt, daß der Betreffende aufgrund seiner (vermeintlichen) Nähebeziehung zu der Tat entsprechende Erklärungen abgeben könne.

(4) Die einzelnen Fragen sind anhand dieses Aussagekontexts ausgerichtet, so daß ihre Beantwortung angesichts der belastenden Hintergründe (mögliche Verurteilung im späteren Prozeß) erwartet wird.

Dieser Verfahrenskontext legt tatsächlich die Bedeutung des Schweigens in außerordentlich hohem Maße fest. Dies führt aber nicht zwingend zu der Annahme, daß damit notwendigerweise im Sinne des steuerbaren Echos dem Schweigen ein eindeutiger Erklärungswert zugemessen werden kann. Es zeigt sich jedoch, daß in der Praxis und Wissenschaft aufgrund dieser Vorgaben gewisse Erklärungsbedeutungen praktisch nie angenommen wurden: niemals wurde etwa - soweit ersichtlich - von einem deutschen Gericht das Schweigen des Angeklagten als entlastender Umstand angesehen[122], und dies ungeachtet der Tatsache, daß stets von den Gerichten formuliert wurde, lediglich dem Angeklagten „nachteilige" Schlüsse seien unzulässig (näher zu Rechtslage im Folgenden). Auch in der Lehre wurde eine solche Möglichkeit praktisch nie erwogen oder überhaupt diskutiert.

Bei der Übertragung der oben bezeichneten Thesen in den Bereich des Rechts ist freilich auf den folgenden Umstand hinzuweisen: wegen der spezifischen Strukturen des Strafverfahrens ist die besondere Einwirkung von Rechten und Pflichten auf das Verhalten von Individuen zu beachten. Eine unmittelbare Übertragung der eben beschriebenen Bedeutung des Schweigens in Alltagssituationen ist aufgrund der rechtsförmlichen Maßgaben des Strafverfahrens nicht ohne weiteres möglich. Insbesondere das Schwei-

---

[122] Der besondere Fall des Schweigens Dritter (insbesondere Angehöriger) ist hiermit nicht gleichzusetzen (dazu Pelchen JR 1985, 71 [73/74]). In Fällen wie BGHSt 32, 140 ergibt sich viel eher eine solche Auslegung des Schweigens zum Vorteil des Angeklagten, da hier manchmal der „nachteilige Schluß" gegenüber dem Zeugen (Nichterklärenkönnen) zur Annahme eines Umstands führt, der dem Angeklagten zum Vorteil gereichen kann. Dies ist v.a. bei belastenden Angaben des angehörigen Zeugen der Fall, die dieser nicht weiter untermauert. So konnte in dem zitierten Fall des Bundesgerichtshofs in der Verweigerung des Ehemanns gemäß § 81c III 1 StPO, eine Blutprobe abzugeben, um seine Annahme der Ehelichkeit des getöteten Kindes zu stützen, der für die Angeklagte vorteilhafte Schluß gezogen werden, das Kind sei unehelich (zu diesem Fall auch infra, S. 145).

gerecht räumt dem einzelnen ausdrücklich die rechtliche Handlungsoption ein, sich am Kommunikationsprozeß nicht zu beteiligen. Daraus folgt zum einen, daß die äußeren Faktoren der Vernehmungssituation strengen Grenzen unterliegen, um dieses Recht nicht zu beeinträchtigen: die Steuerbarkeit des Echos findet bereits hier klare Grenzen. Massiver psychologischer Druck, nachhaltige Ermüdung, Drogeneinwirkungen u.s.w. scheiden als menschenunwürdige Behandlungsformen aus, auch wenn sie im einzelnen Falle nachweislich die Interpretationsfähigkeit (Wahrheitsgehalt) des Aussageverhaltens erhöhen könnten. Zum anderen läßt sich aber die Frage stellen, inwieweit nicht überhaupt die Annahme solcher Rechte die Interpretation des Schweigens verbietet. Die rein tatsächlichen Fragen des Kommunikationswerts des Schweigens werden nämlich normativ überformt und schließen dadurch möglicherweise die eben beschriebene freie Interpretation des Schweigens aus[123]. Zudem ist bereits auf rein psychologisch-tatsächlicher Ebene zu beachten, das Bestehen eines solchen Rechts wiederum auf das Verhalten im Verfahren zurückwirkt und die Echowirkungen des passiven Verhaltens verzerrt, indem taktische und rechtliche Erwägungen dieses mitbeeinflussen.

IV. Zusammenfassung der Ergebnisse

Die Frage der rechtlichen Würdigung des Schweigens setzt eine Analyse der allgemeinen Bedeutung von Schweigen in Kommunikationszusammenhängen voraus.

Schweigen als solches besitzt keinen eigenständigen Aussagewert. Eine mögliche Erklärungsbedeutung kann es jedoch durch die Situation des geführten Gesprächs, vor allem die Umstände und die Art der Befragung, gewinnen. Dieses Umfeld, in dem das Schweigen eingebettet ist, läßt sich gebündelt - im weitesten Sinne - als aussagepsychologischer Kommunikationszusammenhang bezeichnen.

Ein Zusammenhang zwischen Schweigeverhalten und Gesprächssituation ist unbestreitbar. Fraglich ist hingegen, ob es auch möglich ist, aufgrund einer besonders festgelegten Situation des Gesprächs (eines stringenten Kommunikationszusammenhangs) die einzelnen Faktoren so festzulegen, daß das Schweigen einen eindeutigen Erklärungsinhalt erlangt. Die These, die von einer solchen Steuerbarkeit des Erklärungswerts aufgrund äußerer Faktoren ausgeht, läßt sich als These des steuerbar- und interpretierbaren Echos bezeichnen.

---

[123] Dazu auch Kühne (1978) S. 191, der im Zusammenhang mit der Kommunikationsverweigerung des Beschuldigten dessen Schweigerecht hervorhebt.

Die Validität dieser Annahme geht jedoch von der weiteren Annahme aus, daß die Reaktion auf den äußeren aussagepsychologischen Kommunikationszusammenhang aufgrund rationaler Maßstäbe („Vernünftigkeit") erfolgt.

Diese Überlegungen können in den rechtlichen Bereich nicht ohne Modifikationen übertragen werden. Insbesondere ist zu beachten, daß der Strafprozeß ein an formellen Regeln orientiertes Verfahren darstellt, das dem einzelnen bestimmte Rechte einräumt. Die Wahrung dieser Rechte darf hierbei nicht unterlaufen werden und beeinflußt bereits schon rein tatsächlich-psychologisch das Verhaltens des Beschuldigten im Verfahren.

§ 3 Das völlige Schweigen des Beschuldigten als Indiz der Schuld

Die folgende Darstellung des Schweigens als Schuldindiz orientiert sich an der noch herrschenden Auffassung der Rechtsprechung und eines Teils der Literatur. Obgleich aufgrund aktueller Urteile des Bundesgerichtshofs sich möglicherweise eine Modifikation der Rechtslage abzeichnet, bildet die beweisrechtliche Behandlung des Schweigens nach seinen Erscheinungsformen immer noch den Ausgangspunkt der deutschen Debatte.

Das umfassende Schweigen des Beschuldigten in sämtlichen Stadien des Verfahrens ist die Fallkonstellation, in der sich - prinzipiell - die Frage einer beweisrechtlichen Würdigung mit der größten Schärfe stellt. In diesem Fall nämlich zeigt der Beschuldigte durch sein Schweigen, daß er zur Aufklärung des Sachverhalts durch Informationspreisgabe überhaupt nicht beitragen will.

I. Die früher herrschende Auffassung: Würdigung des völligen Schweigens zulässig

Bis zu der Wende des Bundesgerichtshofs im Jahre 1965 wurde allgemein angenommen, das Schweigen des Beschuldigten sei in jeder Erscheinungsform der richterlichen Würdigung zugänglich[124]. In der älteren Rechtsprechung wurde diese Auffassung ebenfalls vertreten (soweit dies für den schweigenden Angeklagten überhaupt problematisiert wurde)[125]. Es muß betont werden, daß der Bundesgerichtshof in seiner frühen Rechtsprechung in mehreren Urteilen zwar implizit von dem Grundsatz ausging, diesen mit Bezug auf das Schweigen des B e s c h u l d i g t e n (anders als für den schweigenden angehörigen Zeugen[126]) aber nie explizit aussprach[127].

[124] Aus der älteren Literatur: Engelhardt ZStW 58 (1939), 335 (343ff.), Henkel[1] (1957) S. 225, Liepmann ZStW 44 (1924), 647 (669), Löwe/Rosenberg/Tillmann[20] § 136 Anm. 4a und 5 (anders Sarstedt in der Folgeauflage und weiteren Auflagen: Differenzierung zwischen den Schweigeformen), Löwe/Rosenberg/Geyer[20] § 261 Anm. 3 (z.T. anders in folgenden Auflagen), Radbruch (1949) S. 121/122, Wimmer ZStW 50 (1930), 538 (545). Nach der Wende in der Rechtsprechung vertraten diese weite Auffassung noch: H.-L. Günther JR 1978, 89 (passim), Kohlhaas NJW 1965, 2282 (2283), Ostermeyer NJW 1969, 1187, Stümpfler DAR 1973, 1 (6). Siehe auch Castringius (1965) S. 65, der sich zwar prinzipiell für eine Würdigung des Schweigens ausspricht, jedoch aufgrund der verschiedenen denkbaren Motive eine solche für „praktisch kaum je möglich" hält.

[125] Aus der Rechtsprechung vor 1945 siehe z.B.: OLG Hamburg GA 1974, 315 (Abdruck eines Falls von 1929), hierzu auch Stree JZ 1966, 593 (594). Die meisten älteren Urteile problematisieren die Frage des Angeklagtenschweigens nicht, sondern lediglich die Würdigung des Schweigens des angehörigen Zeugen (die ebenfalls zugelassen wurde): z.B. RGSt 55, 20.

[126] BGHSt 2, 351 (2. LS).

1. Der Ausgangspunkt: § 261 StPO und der Erklärungswert des Schweigens

Ausgangspunkt der These, daß das Schweigen in umfassender Weise der richterlichen Würdigung zugänglich sein müsse, ist § 261 StPO. Diese Vorschrift verlangt, daß der Richter bei der Abfassung des Urteils die Umstände der Hauptverhandlung umfassend zu würdigen hat[128]. Zu diesen Umständen gehört wegen der weiten Formulierung von § 261 StPO nicht allein das Beweisergebnis im engeren Sinne, sondern auch alle weiteren maßgeblichen Details der Hauptverhandlung. Dementsprechend betonten die Vertreter der älteren Auffassung, daß bereits aufgrund dieses umfassenden Gebots der Würdigung das Schweigen des Beschuldigten zu berücksichtigen sei[129]. Diese Hervorhebung des § 261 StPO wurde zudem oft mit dem prozessualen Hinweis verbunden, die Beweiswürdigung sei Sache des Tatrichters, mithin könne der Bundesgerichtshof als Revisionsgericht in diesem Bereich keine rechtlichen Beschränkungen vorgeben[130].

Ein weiterer zentraler Gesichtspunkt, der mit dem Hinweis auf § 261 StPO in engem Zusammenhang steht, war jedoch die Annahme, daß das Schweigen einen bestimmten Erklärungswert beinhalte: aufgrund allgemeiner Erfahrungssätze könne regelmäßig davon ausgegangen werden, daß der Unschuldige angesichts der Tatvorwürfe unverzüglich rede und entlastende Umstände vortrage (sog. „Normaldeutigkeit" des Schweigens[131])[132]. Dieser habe regel-

---

[127] Siehe die Urteile BGHSt 1, 337 (342) und BGHSt 1, 366 (367/368), in denen sich das Gericht jeweils mit rechtlichen Fragen der Beschuldigtenaussage auseinandersetzte. BGHSt 1, 366 (367) betonte z.B. lediglich, daß die Erklärungen des Angeklagten wie jede andere Beweistatsache zu würdigen seien. Der Bundesgerichtshof sah die Zulässigkeit der Würdigung des Angeklagtenschweigens wohl als so unproblematisch an, daß er es nicht für nötig hielt, sich zu der lange gefestigten Rechtsprechung explizit zu äußern.

[128] Allgemein zum Grundsatz der freien Beweiswürdigung und der Bedeutung von § 261 StPO: Beulke (2002) Rdnr 22, Kleinknecht/Meyer-Goßner § 261 Rdnr 11/12, Löwe/Rosenberg/Rieß[25] Einleit. H Rdnr 41-44, Löwe/Rosenberg/Gollwitzer[25] § 261 Rdnr 41-43, Roxin (1998) § 15 Rdnr 13-17.

[129] Ostermeyer NJW 1969, 1187 und Stümpfler DAR 1973, 1 (6). Hierbei wurde die freie Beweiswürdigung dem überkommenen Inquisitionsprozeß mit seinen starren Beweisregeln gegenübergestellt, insoweit Fuhrmann JR 1965, 417 (418).

[130] Etwa Ostermeyer NJW 1969, 1187. Ostermeyer war selbst Richter am Amtsgericht, und bezeichnenderweise waren es gerade Richter der Tatgerichte, die sich gegen die Wende in der Rechtsprechung des Bundesgerichtshofs ausgesprochen haben. Zutreffend betont demgegenüber Güldenpfenning NJW 1969, 1867, daß das Revisionsgericht der richterlichen Würdigung normative Grenzen setzt. Zur allgemeinen Skepsis der Richterschaft gegenüber den Reformen des StPÄG vom 19.12.1964, die die Belehrungsvorschriften ergänzten, auch Stümpfler DAR 1973, 1 (2/3).

[131] Der Begriff der Normaldeutigkeit stammt von Wimmer NJW 1947/48, 126 (128).

mäßig keinen Anlaß, zu schweigen. Vielmehr sei es ihm ein inneres Bedürfnis, seine Unschuld kundzutun und sich gegenüber den Strafverfolgungsbehörden zu erklären[133]. Demgegenüber sei Schweigen als Indiz der Schuld anzusehen, denn wer schweige, könne (oftmals) keine Erklärung vorbringen[134].

Gemäß den oben dargestellten Begrifflichkeiten[135] ging mithin diese Auffassung davon aus, daß durch die äußere Gestalt des aussagepsychologischen Kommunikationszusammenhangs ein hinreichend präzises „Echo" als Reaktion des Beschuldigten bzw. Angeklagten auf die Tatvorwürfe zu erwarten sei. Denn der Beschuldigte (so die Annahme) orientiere sich - allgemein - an rationalen Maßstäben: er erkenne und werte die Kommunikationssituation zutreffend und richte sein Aussageverhalten danach aus, indem er die möglichen nachteiligen Konsequenzen (spätere Verurteilung) zu vermeiden suche.

2. Die beiden Grundkonzeptionen einer umfassenden Würdigung des Schweigens: Normaldeutigkeitskonzept versus Motivausschlußkonzept

An dieser Stelle zeichnet sich aber eine sehr wichtige Unterscheidungslinie innerhalb dieser Auffassung ab, die als solche in der deutschen Debatte zumeist gar nicht erkannt wurde[136]. Teils blieben nämlich die Autoren bei der These der „Normaldeutigkeit" des Schweigens stehen und rechtfertigten hiermit eine Verurteilung[137]. Demgegenüber wiesen neuere Stimmen nachdrücklich darauf hin, daß im konkreten Einzelfall andere Motive für das Schweigen als die Schuld ausgeschlossen sein müßten[138]. Ansonsten würde auch (innerhalb der Beweiswürdigung nach § 261 StPO) der Grundsatz des in

---

132 Kohlhaas DRiZ 1965, 294 (294). Pointiert Gegenfurtner DAR 1966, 98 (99), der jedoch a.a.O. die Frage der Behandlung des Schweigens als Schuldindiz mit der Frage der straferschwerenden Bedeutung vermischt. Siehe auch die Darstellung bei K. Meyer JR 1966, 351 (352/353). Dieser beschränkt zwar seine Ausführungen zum „Erfahrungssatz" der Schweigebedeutung ausdrücklich auf das inhaltlichen Teilschweigen, doch ist die Struktur seiner Argumentation im Prinzip auf jede Form des Schweigens anwendbar (und seine Beschränkung mithin inkonsequent).

133 Ostermeyer NJW 1967, 915 (916): „unbestreitbare jahrtausendealte Tatsache". Vergleiche auch die Formulierung bei H.-L. Günther GA 1978, 193 (202): „Es entspricht dem natürlichen Abwehrinstinkt des Menschen, sich zu entlasten ...".

134 In einer solchen, sehr pauschalen Weise argumentiert etwa noch Liepmann ZStW 44 (1924), 647 (669/672).

135 Supra S. 59.

136 Deutlich aber etwa H.-L. Günther JR 1978, 89 (94).

137 Engelhardt ZStW 58 (1939), 335 (343ff.), Liepmann ZStW 44 (1924), 647 (669), Wimmer ZStW 50 (1930), 538 (545).

138 H.-L. Günther JR 1978, 89 (90) und Ostermeyer NJW 1969, 1187.

dubio pro reo eingreifen[139]. Dies bedeutet aber, daß der Hinweis auf die Normaldeutigkeit des Schweigens zwei verschiedene Funktionen haben kann: für die erstgenannte Ansicht (im Folgenden: Normaldeutigkeitskonzept), um abschließend eine Rechtfertigung für die Verurteilung des Angeklagten aufgrund des Schweigens zu liefern, für die anderen (im Folgenden: Motivausschlußkonzept) lediglich, um überhaupt einen (beschränkten) Erklärungswert des Schweigens zu belegen[140].

Der Hinweis auf die Normaldeutigkeit des Schweigens wurde in anderer Hinsicht jedoch von allen Autoren relativiert. Insbesondere neuere Stellungnahmen betonten, daß trotz des relativen Erklärungswerts das Schweigen nur mit großer Vorsicht zu würdigen sei[141] und daß dieses nur einen geringen Beweiswert habe[142]. Die Gründe für das Schweigen könnten nämlich durchaus unterschiedlich sein[143]. Zudem könne aus dem Schweigen des Beschuldigten allein niemals seine Schuld hergeleitet werden[144]: das Schweigen habe nur den Charakter eines Indizes.

3. Die Gleichstellung von Schweigen mit sonstigen Ausdrucksformen wie Mimik und Gestik

Ein weiteres Argument der älteren Lehre für die Zulässigkeit der Würdigung des Schweigens bezog sich auf die Beweiswürdigung sonstiger „stiller" Verhaltensformen des Angeklagten: es sei, so wurde betont, auch zulässig, sonstiges Verhalten des Angeklagten (Mimik, Gestik) zu bewerten. Dann unterfiele aber auch das Schweigen als eine dieser stillen Ausdrucksformen der richterlichen Würdigung[145]. Demgegenüber kann nicht bereits eingewandt werden, daß der Aussagende gerade seine Einlassung vom Gericht gewürdigt

---

139 Ostermeyer NJW 1969, 1187.

140 Für die Vertreter dieser zurückhaltenderen Konzeption ist daher ein Rückgriff auf „Erfahrungssätze" oder eine „Normaldeutigkeit" nicht einmal notwendig. So weist H.-L. Günther JR 1978, 89 (94) eine solche Argumentation mit dem (zutreffenden) Hinweis zurück, eine solche These lenke nur von der rechtsstaatlich gebotenen Notwendigkeit ab, daß im einzelnen Fall zweifelsfrei andere Gründe für das Schweigen als die Schuld ausscheiden.

141 Ostermeyer NJW 1969, 1187: „mit alleräußerster Vorsicht zu prüfen".

142 H.-L. Günther JR 1978, 89 (94).

143 H.-L. Günther JR 1978, 89 (94).

144 H.-L. Günther JR 1978, 89 (93). Kohlhaas NJW 1965, 2282 (2284) meint sogar weitergehend, ein solcher Schluß alleine vom Schweigen auf die Schuld sei logisch gar nicht möglich, weshalb insoweit für die Praxis keinerlei Gefahr bestünde.

145 Stümpfler DAR 1973, 1 (6). Insoweit auch Kleinknecht JR 1966, 270 (270), Eb. Schmidt JZ 1970, 337 (342), Seibert NJW 1965, 1706, die sich ansonsten gegen eine Würdigung des (völligen) Schweigens aussprechen.

sehen wolle, der Schweigende jedoch nicht[146]: denn es ist nicht zu erklären, warum der Wille des Beschuldigten hierbei maßgeblich sein soll (näher unten). Freilich hat dieses Argument bereits deswegen im heutigen Diskussionszusammenhang einige Überzeugungskraft verloren, da auch sonstige Verhaltensformen des schweigenden Angeklagten nach (wohl) herrschender Auffassung der Lehre und Rechtsprechung nicht mehr bei der Beweiswürdigung herangezogen werden dürfen[147]. Zudem verweist Nickl[148] zutreffend darauf, daß anders als Mimik oder Gestik das Schweigen des Angeklagten eine Rechtsausübung darstellt. Bereits aus diesem Grunde kann es mit den anderen Verhaltensformen nicht gleichgestellt werden[149].

4. Zwischenergebnis

Die Auffassung, die in umfassender Weise Schlüsse aus dem Schweigen des Beschuldigten zulassen wollte, wird heute kaum noch vertreten (zur Begründung sogleich)[150]. Freilich ist dieser Auffassung in einem Punkt zuzustimmen, mag man auch das Ergebnis ihrer Analyse nicht teilen: auf der Grundlage des § 261 StPO ist von dem bedeutenden Grundsatz der umfassenden richterlichen Beweiswürdigung auszugehen. Jede Einschränkung dieses zentralen Strukturprinzips des neueren deutschen Strafrechts aufgrund von Beweisverwertungsverboten bedarf einer sorgfältigen Argumentation. Die Begründungslast für die Einschränkung der Würdigung des völligen

---

146 So aber etwa Kühl JuS 1986, 115 (118).

147 BGH bei Kusch NStZ 1994, 24, wobei dieses Urteil allerdings nicht ganz eindeutig ist, da der 5. Strafsenat die Würdigung der Mimik mit der Begründung rügt, es sei zu besorgen, daß (mittelbar) hierdurch das Schweigen als solches nachteilig gewertet worden sei. Deutlich hingegen BGH StV 1993, 458 (LS 1). Gegen jede Würdigung der Gestik u.s.w. auch Beulke (2002) Rdnr 495, Dahs/Langkeit NStZ 1993, 213 (215), KMR-Stuckenberg § 261 Rdnr 50, Roschmann (1983) S. 123/124. Strikt ablehnend bereits Arndt NJW 1966, 869 (871): „Hintertreppenverfahren". Für eine grundsätzliche Zulässigkeit der Würdigung neuestens wieder: Keiser StV 2000, 633 (636), Miebach NStZ 2000, 234 (235), Salger (1998) S. 79 (der dies als „herrschende Auffassung" bezeichnet).

148 Nickl (1978) S. 55.

149 Weniger überzeugend ist hingegen der weitere Einwand von Nickl (1978) S. 55, daß Schweigen keine ungesteuerte Reaktion sei, weshalb der besondere Erkenntniswert des Spontanen hier (anders als bei Gestik oder Mimik) fehle. Auch die Gestik und Mimik kann sich als berechnendes Verhalten des Angeklagten erweisen und muß daher nicht zwangsläufig Ausdruck einer aus dem Augenblick resultierenden Reaktion sein.

150 Wessels bezeichnet die ihr zugrundeliegenden Annahmen als solche einer „vergangenen Epoche", Wessels JuS 1966, 169 (171).

Schweigens liegt damit bei denjenigen, die eine solche Einschränkung befürworten[151].

II. Die allgemeine Auffassung der neueren Rechtsprechung und Literatur: keine Schlüsse aus dem völligen Schweigen

Die frühere Auffassung der Rechtsprechung erachtete Schlüsse aus dem Schweigen des Beschuldigten allgemein als zulässig. In den sechziger Jahren trat in der Praxis jedoch ein plötzlicher Wandel mit Blick auf diese Frage ein[152]. An die Stelle der These, die Würdigung des Schweigens sei im Rahmen von § 261 StPO allgemein zulässig, trat nunmehr eine Auffassung, die zwischen verschiedenen Erscheinungsformen des Schweigens differenzierte. Folge dieser Unterscheidung nach der Phänomenologie des Aussageverhaltens war dabei insbesondere, daß das völlige Schweigen nunmehr als eine Aussageverhaltensform angesehen wurde, die aufgrund eines richterrechtlichen Beweisverwertungsverbots der Würdigung entzogen wurden.

Man kann die Frage stellen, warum gerade zu diesem Zeitpunkt Mitte der sechziger Jahre ein Wandel in der Rechtsprechung hin zu einer Beschränkung der richterlichen Beweiswürdigung erfolgte. Sicherlich war einer der Beweggründe, daß durch das am 01.04.1965 in Kraft getretene Gesetz zur Änderung der StPO und des GVG (StPÄG)[153] die Belehrungsvorschriften der §§ 115 III 1, 136 I 2, 163a III, IV, 243 IV StPO ergänzt wurden[154]. Damit wurde seitens der Politik die Bedeutung des Schweigerechts hervorgehoben. Zudem wurde 1966 der bereits erwähnte IPBR auf völkerrechtlicher Ebene vereinbart, der auch eine Regelung zum Schweigerecht beinhaltete. Überhaupt läßt sich für die Zeit seit den sechziger Jahren ein zunehmender Respekt für die Bedeutung und den praktischen Wert des Schweigerechts in Deutschland konstatieren[155].

---

151 Insoweit zutreffend daher die Feststellung von H.-L. Günther JR 1978, 89 (92) mit dem rechtsmethodischen Hinweis auf das Erfordernis einer planwidrigen Regelungslücke für eine (ungeschriebene) Ausnahme vom allgemeinen Gebot des § 261 StPO.

152 Erste Bedenken gegen eine nachteilige Würdigung des Schweigens wurden in der Literatur jedoch schon weit früher geäußert: Ullmann (1893) S. 381 in Fn. 3.

153 Gesetz zur Änderung der StPO und des GVG (StPÄG) vom 19.12.1964, in Kraft getreten am 01.04.1965, BGBl. 1964 Teil I, S. 1067. Zuvor war der Beschuldigte lediglich zu fragen, ob er etwas auf die Beschuldigungen erwidern wolle. Siehe zum StPÄG allgemein: H.-L. Günther JR 1978, 89 (89), Schmidt-Leichner NJW 1967, 189 (189), Eb. Schmidt NJW 1968, 1209ff., Stümpfler DAR 1973, 1 (2), Wessels JuS 1966, 169 (169 mit Fn. 1).

154 So auch H. Schneider Jura 1990, 572 (576 in Fn. 45) und Stümpfler DAR 1973, 1 (4).

155 Sehr skeptisch hinsichtlich des Schweigerechts äußert sich in neuerer Zeit insbesondere Stümpfler DAR 1973, 1 (5/6) im Zusammenhang mit Straßenverkehrsdelikten. Der

1. Die Urteile BGHSt 20, 298 - Urteil des 4. Strafsenats vom 03.12.1965 - und BGHSt 20, 281 - Urteil des 5. Strafsenats vom 26.10.1965 -

In den beiden Urteilen im 20. Band seiner amtlichen Sammlung leitete der Bundesgerichtshof seine allgemeine Wende in der Frage der Beweiswürdigung des Beschuldigtenschweigens ein[156]. Beide Entscheidungen befassen sich nicht direkt mit der Frage der Behandlung des durchgängigen (völligen) Schweigens, sondern mit „Mischformen" des Aussageverhaltens. Daher erscheint es auf den ersten Blick zweifelhaft, bereits bei diesen beiden Urteilen anzusetzen, da erst in einem späteren Urteil, nämlich BGHSt 22, 113 diese Frage (und auch dort nur im Zusammenhang mit dem Schweigen des angehörigen Zeugen) abgehandelt wurde. Dennoch ist es geboten, unter Beachtung der Chronologie der Entwicklungsschritte bereits diese beiden Urteile anzusprechen. Denn aus beiden geht - inzident - jene entscheidende Wende der späteren Rechtsprechung hervor, seit der Schlüsse aus dem gänzlichen Schweigen generell als unzulässig angesehen werden.

Das Urteil BGHSt 20, 281 - Urteil des 5. Strafsenat vom 26.10.1965 - befaßte sich mit der Behandlung des Aussageverhaltens eines Angeklagten, der gegenüber der Polizei keine Aussage gemacht hatte, sondern sich erst vor dem Richter äußerte (anfängliches zeitweises Schweigen[157]). Hier kam der Senat zu dem Schluß, daß das Aussageverhalten nicht zum Nachteil des Angeklagten gewürdigt werden durfte. Die Argumentation des Gerichts bezog sich dabei zwar auf den besonderen Fall, in dem völligen Schweigeverhalten vor der Polizei eine umfassende Aussage vor Gericht folgte. Doch deutete das Urteil aufgrund seiner Begründungsstruktur bereits an, daß (wohl erst recht) im Fall des völligen Schweigens ein nachteiliger Schluß nicht zuzulassen sei. Wenn bereits das Schweigen in einem von mehreren Verhören keine Schlüsse zuließ, dann konnte a minore ad maius für den Fall des völligen Schweigens nichts anderes gelten[158]. Doch präsentiert - wie noch näher zu zeigen sein wird - das Urteil noch keineswegs eine fertige Konzeption der späteren

---

Autor sieht hierbei die Schweigegarantie als offensichtliches Hindernis der Wahrheitsermittlung an, daß es dem Schuldigen ermögliche, sich seiner Veranwortung zu entziehen. Er schlägt daher a.a.O. S. 9/10 vor, für weniger bedeutende Verfahren wie Straßenverkehrsordnungswidrigkeiten das Schweigerecht ganz abzuschaffen (!). Ebenso H.-L. Günther GA 1978, 193 (205/206) für den Bereich von Straßenverkehrsordnungswidrigkeiten. Unhaltbar auch die Konzeption von Bianca Fischer (1979) passim.

[156] Näher zu diesen beiden Urteilen infra S. 113 und 124.

[157] Näher hierzu infra S. 112.

[158] Als leading case zur Behandlung des völligen Schweigens zitiert diesen Fall etwa Pelchen JR 1985, 71 (74).

Rechtsprechung, nicht einmal mit Blick auf die spezielle Frage der Behandlung des anfänglichen zeitweisen Schweigens.

Auch das wenig später ergangene Urteil BGHSt 20, 298 - Urteil des 4. Senats vom 03.12.1965 - deutete schon die spätere Richtung an, ergab jedoch auch noch kein eindeutiges Bild. In dem Fall hatte sich der Angeklagte vor dem Landgericht wegen Delikten in Zusammenhang mit einer falschen eidesstattlichen Versicherung zu verantworten. In seiner Verteidigung behauptete der Angeklagte, er selbst habe gegenüber seinem Anwalt Wert darauf gelegt, daß die besagte Erklärung nicht in der Form einer eidesstattlichen Versicherung abgegeben werden solle. Der Anwalt verweigerte vor Gericht mit Hinweis auf sein berufsbedingtes Zeugnisverweigerungsrecht die Aussage, nachdem der Angeklagte sich weigerte, diesen von seinem Zeugnisverweigerungsrecht zu entbinden. Das Landgericht zog hieraus nachteilige Schlüsse zu Lasten des Angeklagten.

In dem Urteil äußerte sich der 4. Senat vornehmlich zu der Frage des inhaltlichen teilweisen Schweigens (bzw. der unterlassenen Mitwirkung des Angeklagten im Zusammenhang der Sachverhaltsermittlung). Doch legte auch diese Entscheidung in verschiedener Hinsicht nahe, daß von Anfang an eine Differenzierung zwischen verschiedenen Erscheinungsformen des Schweigens vom Bundesgerichtshof beabsichtigt war, bei der insbesondere das völlige Schweigen aus der Beweiswürdigung ausgenommen werden sollte: zum einen ist der Ausgangspunkt zu beachten, von dem das Gericht den bisher in der Rechtsprechung völlig unbekannten Aspekt des inhaltlich-punktuellen Teilschweigens einführte. Bisher war das Schweigen in allen seinen Erscheinungsformen aufgrund § 261 StPO einer umfassenden beweisrechtlichen Würdigung zugänglich. Wäre auch die Würdigung des völligen Schweigens wie bisher zulässig gewesen, hätte das Gericht auf Begründung einer solchen spezifischen Kategorie des Schweigens keine solche Mühe verwenden müssen.

Auch die Art der Begründung sprach für die Intention des Senats, künftig zwischen dem Fall des völligen Schweigens und dem des inhaltlichen Teilschweigens die Grenze zu ziehen. Denn zur Begründung der nachteiligen Würdigung des Unterlassens, an der Sachverhaltsaufklärung mitzuwirken, betonte das Gericht gerade, daß der Angeklagte sich „aus freiem Entschluß selbst zum Beweismittel gemacht“ habe und sich so der freien Beweiswürdigung des Gerichts unterstellte[159]. Dieser Begründung liegt zwingend die Abschichtung dieser Fälle von jenen des umfassend schweigenden Angeklagten zugrunde. Wenn gerade die freiwillig erfolgte Einlassung das entscheidende

[159] BGHSt 20, 298 (300).

Begründungsmoment für eine nachteilige Würdigung gemäß § 261 StPO darstellt, scheidet dies im Falle des völligen Schweigens aus.

Ergebnis dieser Analyse ist, daß die Differenzierung zwischen verschiedenen Kategorien des Schweigens, nämlich dem völligen, dem zeitweisen und dem teilweisen (inhaltlichen) Schweigen, bereits in den beiden Urteilen im 20. Band angelegt war. In diesem Zusammenhang ergaben die beiden Entscheidungen inzident, daß das völlige Schweigen der nachteiligen Würdigung durch das Gericht nicht mehr zugänglich ist. In nachfolgenden Urteilen wurde diese Linie dann bestätigt und der neue Ansatz der Rechtsprechung gefestigt.

2. Die Entscheidung BGHSt 22, 113 - Beschluß des 5. Strafsenats vom 02.04.1968 -

Die Entscheidung BGHSt 22, 113 - Beschluß des 5. Strafsenats vom 02.04.1968 - bestätigte im Zusammenhang mit der Frage des Schweigens des angehörigen Zeugen lediglich, was sich in dem vorausgehenden Urteilen bereits angedeutet hatte[160]. Gemeinhin wird dieser Fall auch als der Ausgangsfall für das Verbot von Schlüssen aus jeder Form des Schweigens zitiert[161]. In diesem lakonisch abgefaßten Urteil hatte die „Braut" des Angeklagten von ihrem Zeugnisverweigerungsrecht Gebrauch gemacht. Das Ausgangsgericht hatte dies zum Nachteil des Angeklagten gewürdigt. Der Senat schob ohne nähere Begründung das gegenteilige Urteil BGHSt 2, 351 zur Seite[162] und formulierte, daß Schlüsse aus dem völligen Schweigen des Angehörigen unzulässig seien. Dabei verwies der Senat ausdrücklich auf BGHSt 20, 298 und zog damit offensichtlich eine Parallele zwischen den Fällen des Angehörigen- und des Angeklagtenschweigens.

Abgesehen von dieser begründungslosen Beendigung einer jahrzehntelang gefestigten Rechtsprechung (!) zum Angehörigenschweigen[163] in einem Beschluß (!) ist es erstaunlich, daß der Senat trotz der Unterschiede zwischen Angehörigenschweigen und Angeklagtenschweigen ohne weiteres eine Gleichstellung vornahm und die Lehre ihm darin weitgehend kritiklos folg-

---

160 Zu diesem Urteil H.J. Schneider JuS 1970, 271 (passim).

161 So etwa Eisenberg (1999) Rdnr 899.

162 Der Senat sah sich an das Urteil bereits deswegen nicht gebunden, weil der in BGHSt 2, 351 entscheidende Senat nicht mehr bestand: BGHSt 22, 113 (114).

163 Kritisch zu dem Stil und Begründungsaufwand dieses Urteils auch Pelchen JR 1985, 71 (72).

te[164]. Nach den Urteilen BGHSt 20, 281 und 298 sah es der entscheidende Senat (zu Unrecht) offensichtlich nicht mehr als notwendig an, noch einmal eindeutig zu statuieren, daß das völlige Schweigen des Beschuldigten gleichfalls aus dem Bereich richterlicher Würdigung falle. Diese Nachlässigkeit zu einer so wichtigen Frage erscheint bedenklich, doch ist das Ergebnis wegen der offensichtlichen Gleichstellung von angehörigen Zeugen und Angeklagten durch den Senat letztendlich klar: spätestens mit dem Urteil BGHSt 22, 113 stand verbindlich fest, daß Schlüsse aus dem völligen Schweigen des Beschuldigten der richterlichen Würdigung nach § 261 StPO nicht zugänglich sind[165].

3. Die nachfolgende Rechtsprechung, die überwiegende Lehre und Diskussion zur Frage der Würdigung des (völligen) Schweigens

Auch die spätere Rechtsprechung des Bundesgerichtshofs[166] sowie der Gerichte der unteren Instanzen[167] hielt bis heute durchgängig an dem Prinzip fest, daß das völlige Schweigen keiner nachteiligen Beweiswürdigung zugänglich sei. Das Bundesverfassungsgericht hat diese rechtliche Würdigung in einer Kammerentscheidung bestätigt[168].

Auch der ganz überwiegende Teil der Lehre hat sich der Wende der Rechtsprechung Mitte der sechziger Jahre angeschlossen: Schlüsse aus dem völ-

---

164 Zu Recht kritisch zu dieser Gleichstellung hingegen H.J. Schneider JuS 1970, 271 (275/276) mit Hinweis auf die ganz unterschiedliche Interessenlage des Angeklagten und des angehörigen Zeugen.

165 Unzutreffend ist daher die Auffassung von Stümpfler DAR 1973, 1 (6), der behauptet, die Rechtsprechung lasse auch die Rechtsansicht zu, daß Schlüsse aus anderen Formen des Schweigen zulässig seien (dazu auch Rüping JR 1974, 135 [138 in Fn. 33]). Die Entscheidung BGHSt 20, 281, auf die sich der Autor dabei bezieht, war zum Zeitpunkt der Abfassung des Aufsatzes bereits durch BGHSt 22, 113 überholt. Im übrigen ergibt sich auch aus BGHSt 20, 281 ein solcher Schluß nicht, da zumindest bestimmte Konstellationen des anfänglichen zeitweisen Schweigens (Schweigen vor Polizei) klar und eindeutig mit einem richterrechtlichen Beweisverwertungsverbot belegt wurden.

166 BGHSt 25, 265 (368), BGHSt 32, 140 (144), BGH StV 1985, 233 (233/234), BGH StV 1989, 90, BGH StV 1989, 383 (384), BGHSt 38, 302 (305), BGH NStZ 2000, 494 (495).

167 OLG Hamm VRS 42 (1972), 219, OLG Hamm VRS 43 (1972), 364 (364/365), OLG Schleswig bei Ernesti/Jünger SchlHA 1972, 160, OLG Hamm NJW 1973, 1708, OLG Koblenz VRS 45 (1973), 365 (366), OLG Hamm VRS 46 (1974), 292, BayObLG bei Rüth DAR 1982, 254 (l. Sp. oben), OLG Stuttgart NStZ 1986, 182 (182), OLG Koblenz MDR 1988, 168, OLG Köln NStZ 1991, 52, OLG Zweibrücken ZfS 2000, 513, OLG Düsseldorf NStZ 2001, 260.

168 BVerfG StV 1995, 505 (506). Die 2. Kammer des 2. Senats formulierte hierbei vorsichtig, daß „jedenfalls dann" eine Würdigung unzulässig sei, wenn der Beschuldigte umfassend (in einem bestimmten Verfahrensabschnitt) geschwiegen habe.

ligen Schweigen des Angeklagten werden auch in der Wissenschaft nunmehr fast einhellig als unzulässig angesehen[169]. An diesem Meinungsbild hat sich bis heute nichts Wesentliches geändert, die eigentliche Diskussionlinie verläuft vielmehr im Bereich der Frage, ob abgesehen von dem Fall völligen Schweigens auch eine andere wesentliche Erscheinungsform, das inhaltliche Teilschweigen, der richterlichen Beweiswürdigung des § 261 StPO entzogen werden müsse.

Analysiert man die Begründungen, die für ein Verbot der Würdigung des völligen Schweigens angeführt werden, stellt man fest, daß diese in zwei grundsätzliche Kategorien eingeordnet werden können[170]: zum einen finden sich Argumente rein empirischer Natur, die auf den tatsächlichen Erklärungswert des Schweigens Bezug nehmen. Hierzu zählt insbesondere das Argument, das Schweigeverhalten des Beschuldigten könne auf ganz unterschiedlichen Motiven beruhen und sei aus diesem Grunde der richterlichen Beweiswürdigung entzogen. Andererseits lassen sich aber auch zahlreiche normativ fundierte Argumente identifizieren. Diese beziehen sich auf rechtliche Fragen der Bewertung des Schweigens, etwa die Zulässigkeit der Würdigung unter dem Gesichtspunkt der Unschuldsvermutung.

a) Das zentrale empirisch fundierte Argument: die verschiedenen Motive für das Schweigen

(1) Der Ausgangspunkt: die verschiedenen Motive für das Schweigen und sein Erklärungswert

Das wichtigste, allein auf empirische Gründe gestützte Argument gegen eine Würdigung des Schweigens ist der zutreffende Hinweis darauf, daß das

---

169 Beulke (2002) Rdnr 495, Dahs/Langkeit NStZ 1993, 213 (214), Dingeldey JA 1984, 407 (413), Doller MDR 1974, 979 (979), Eisenberg (1999) Rdnr 899, Fezer/Wohlers (1995) Fall 17 Rdnr 36, Grünwald (1993) S. 66, Henkel[2] (1967) S. 177 in Fn. 20, KK(StPO)-Tolksdorf § 243 Rdnr 47b, KK(StPO)-Engelhardt § 261 Rdnr 39, Kleinknecht/Meyer-Goßner § 261 Rdnr 16, KMR-Stuckenberg § 261 Rdnr 50, Kühl JuS 1986, 115 (118/119), Löwe/Rosenberg/Meyer[23] § 136 Rdnr 31, Löwe/Rosenberg/Rieß[25] Einleit. Abschn. I Rdnr 93, Löwe/Rosenberg/Hanack[25] § 136 Rdnr 26, Miebach NStZ 2000, 234 (235), Park StV 2001, 589 (589), Pelchen JR 1985, 71 (74), Petry (1971) S. 41, Pfeiffer Einleit. Rdnr 11, Quentmeier JA 1996, 215 (218), Richter II StV 1994, 687 (689), Rieß JA 1980, 293 (295), Rogall (1977) S. 247ff., Roschmann (1983) S. 110, Schmidt-Leichner NJW 1967, 189 (190), Bertram Schmitt (1992) S. 191/192, H. Schneider Jura 1990, 572 (576), Seibert NJW 1965, 1706, Stree JZ 1966, 593 (596), SK(StPO)-Schlüchter § 261 Rdnr 36, Verrel (2001) S. 21.

170 Dies wurde bereits von Nickl (1978) S. 47/48 erkannt. Deutlich werden diese beiden Ansatzmöglichkeiten auch differenziert von Kühl JuS 1986, 115 (118/119) und H. Schneider Jura 1990, 572 (577). Freilich äußern auch sie sich nicht zum prinzipiellen Verhältnis dieser beiden Ansätze.

Schweigen des Beschuldigten auf ganz verschiedenen Motiven beruhen kann[171]. Insbesondere in der ungewohnten Situation der Vernehmung im polizeilichen Verhör kann der - objektiv unschuldige - Beschuldigte aus Verängstigung schweigen, aus Verwirrung, aus Resignation (da man ihm ohnehin nicht glauben werde)[172], aus politischen Motiven[173], als Trotzreaktion[174], aus Haß gegenüber der Polizei, um den Strafprozeß zu boykottieren[175], um moralisches Fehlverhalten zu verbergen[176], um eine andere Person zu decken[177] u.s.w.

Im Zusammenhang mit den verschiedenen Motiven für das Schweigen ist auf einen weiteren, besonders wichtigen Umstand einzugehen: das Schweigen des Beschuldigten aufgrund des Rats seines Anwalts. Es erscheint bemerkenswert, daß diese Fallgruppe in der bisherigen Debatte in Deutschland kaum beachtet worden ist. In diesem Fall drängt sich dem Außenstehenden geradezu auf, daß der Beschuldigte nicht deswegen geschwiegen hat, weil er objektiv schuldig ist und nichts zu seiner Entlastung vorzubringen vermag, sondern weil sein Entschluß auf einer „externen“ Motivation beruht.

Die früher herrschende Gegenauffassung, die das Schweigen des Beschuldigten mit seiner Schuld, nämlich seiner Unfähigkeit, Erklärungen für sein Tun zu leisten, gleichsetzte, ging von einem ausgesprochen simplifizierenden Modell des Strafverfahrens aus. Dieses ist heutzutage ein komplexer Prozeß mit einer Vielzahl von Faktoren, die zu einer Verurteilung oder einem Freispruch führen. Fragen der Taktik und des Verhandelns zwischen dem Angeklagten (bzw. seinem Verteidiger) und den Strafverfolgungsbehörden sind an der Tagesordnung, die zunehmende Bedeutung der sog. deals in der Praxis ist

---

171 Eisenberg (1999) Rdnr 900, Fuhrmann JR 1965, 417 (419) (für den Fall des völligen Schweigens), Grünwald (1993) S. 66 (für den Fall des völligen Schweigens), Henkel[2] (1967) S. 177 in Fn. 20 (für den Fall des völligen Schweigens), Höra (1970) S. 111/112, KK(StPO)-Engelhardt § 261 Rdnr 39, Kühl JuS 1986, 115 (119), Nickl (1978) S. 54-56, Rüping JR 1974, 135 (138) (zum inhaltlichen Teilschweigen), H. Schneider Jura 1990, 572 (577), Salger (1998) S. 79.

172 Castringius (1965) S. 65, Eisenberg (1999) Rdnr 900, Quentmeier JA 1996, 215 (218), Roschmann (1983) S. 111.

173 Roschmann (1983) S. 111.

174 Quentmeier JA 1996, 215 (218), Roschmann (1983) S. 111.

175 Dürkop (1977) S. 56, Eisenberg (1999) Rdnr 900, Höra (1970) S. 112, Quentmeier JA 1996, 215 (218), Roschmann (1983) S. 111.

176 Castringius (1965) S. 65, Eisenberg (1999) Rdnr 900, Nickl (1978) S. 56, Quentmeier JA 1996, 215 (218).

177 Castringius (1965) S. 65, Nickl (1978) S. 56, Eb. Schmidt JZ 1970, 337 (341), Stree JZ 1966, 593 (594).

nur ein Beleg für diese Tatsache[178]. Insbesondere in den Fällen, in denen der Beschuldigte zwar objektiv unschuldig ist, jedoch in einem sonstigen Näheverhältnis zu den Vorgängen der Tat steht, kann es sich als sinnvoll erweisen, sich (vorerst) gar nicht zu den Tatvorgängen zu äußern[179].

In den Begrifflichkeiten formuliert, die der hier erfolgenden Analyse zugrundegelegt wurden, sind es mithin vor allem die unwägbaren inneren Faktoren, die Zweifel bezüglich der These begründen, das Schweigen im stringenten Kommunikationszusammenhang einer Verhörsituation sei Ausdruck eines eindeutig steuer- und interpretierbaren Echos.

Die Vielfalt der möglichen Motive wird auch nicht durch einen angeblichen „Erfahrungssatz“ kompensiert. Es gibt keinen Erfahrungssatz, daß der Unschuldige rede, während der Schuldige schweige[180]. Die These der Normaldeutigkeit des Schweigens übersieht, das es zahlreiche und auch praktisch sehr wichtige Gründe (Taktik, Erinnerungsvermögen, Anwaltsberatung) gibt, die den Beschuldigten zum Schweigen veranlassen können. Der im Zusammenhang mit der These des interpretierbaren Echos erwähnte „Vernünftigkeitsmaßstab“ ist daher nicht allein im Bezug auf besonders labile Beschuldigtengruppen wie etwa Drogenabhängige, Jugendliche oder psychisch Kranke in Frage zu stellen. Auch beim „normalen“, vernunftgeleiteten Beschuldigten fließen taktisch geprägte Überlegungen mit ein, die es im einzelnen Fall gerade vernünftig erscheinen lassen, sich nicht (sogleich) zu den Tatvorwürfen zu äußern.

Da ein solcher Erfahrungssatz aus empirischen Gesichtspunkten unhaltbar erscheint, ist dem oben beschriebenen „Normaldeutigkeitskonzept“ bereits die Grundlage entzogen: von einem Regelerklärungswert des passiven Verhaltens kann bereits gar nicht gesprochen werden[181]. Aber auch die Motivausschlußthese wird durch die empirischen Erkenntnisse bereits erschüttert: viele

---

178 Zu Absprachen in Strafverfahren allgemein Kleinknecht/Meyer-Goßner Einleit. Rdnr 119-119i.

179 Auch kann der Fall vorliegen, daß der Beschuldigte sich gar nicht sicher ist, welche weiteren Informationen die Polzei über den Fall hat, Nickl (1978) S. 56, Quentmeier JA 1996, 215 (218). Zwar darf aufgrund des § 136a I Alt. 7 StPO die Strafverfolgungsbehörde den Beschuldigten nicht positiv täuschen, doch ist sie auch nicht verpflichtet, diesem sämtliche gewonnenen Informationen zugänglich zu machen.

180 Kühl JuS 1986, 115 (119), Löwe/Rosenberg/Meyer[23] § 136 Rndr 28, Nickl (1978) S. 55, Eb. Schmidt JZ 1970, 337 (341), H. Schneider Jura 1990, 572 (577). Ausdrücklich in der Rechtsprechung: KG VRS 42 (1972), 217 (aber nur für völliges Schweigen). Ablehnend insoweit auch H.-L. Günther JR 1978, 89 (94), der dennoch allgemein Schlüsse aus allen Formen des Schweigen zulassen will.

181 Vergleiche auch Stree JZ 1966, 593 (594): Verstoß gegen in-dubio-Prinzip.

der genannten Gründe für das Schweigen sind seitens der Strafverfolgungsbehörde nicht feststellbar[182]. Dann kann im einzelnen Fall fast nie mit Sicherheit gesagt werden, was der eigentliche Grund des Schweigens ist[183].

Damit bleibt festzuhalten, daß eine Würdigung des Schweigens letztendlich nicht mehr als ein „Tasten im Dunkeln" ist[184]. Wenn es jedoch verschiedene (vor allem auch praktisch bedeutsame) Gründe wie taktisches Verhalten bzw. anwaltliche Beratung für das Schweigen des Beschuldigten gibt, läßt sich die These einer Normaldeutigkeit des Schweigens kaum aufrechterhalten[185]. Gemäß den oben verwendeten Begriffen ist es mithin nicht möglich, den aussagepsychologischen Kommunikationszusammenhang in einer Weise zu gestalten, daß das Schweigen des Beschuldigten mit hinreichender Sicherheit allein auf das Motiv der Schuld (des „Nichterklärenkönnens") zurückzuführen ist.

(2) Das zusätzliche Problem: die Unzulässigkeit der Erforschung der Schweigemotive

Die Problematik der verschiedenen Schlüsse aus dem Schweigen wäre nur unvollständig dargestellt, würde sie nicht um ein weiteres rechtliches Detail ergänzt, das die Schwierigkeiten der Interpretation des Aussageverhaltens noch verstärkt. Nach allgemeiner Auffassung[186] ist es nämlich dem Gericht untersagt, nach den Motiven für das Schweigeverhalten zu forschen. Anderenfalls würde nämlich das Schweigerecht auf diese Weise unterhöhlt. Dann ist es aber aus rechtlichen Gründen dem Gericht noch nicht einmal erlaubt, den Erklärungswert des Schweigens näher zu ergründen.

---

182 Roschmann (1983) S. 112.

183 Auch die Kritik bei Stree JZ 1966, 593 (594/595) und H. Schneider Jura 1990, 572 (577).

184 Die Formulierung stammt von Schmidt-Leichner NJW 1967, 189 (191). Ebenso der Schluß von: Kühl JuS 1986, 115 (119), Nickl (1978) S. 56, Stree JZ 1966, 593 (595).

185 Kritisch zu dem Konzept eines angeblichen Erfahrungssatzes auch: Nickl (1978) S. 54, Quentmeier JA 1996, 215 (218), H. Schneider Jura 1990, 572 (577).

186 Aus der Rechtsprechung: bereits BGH NJW 1954, 1496 (Befragung eines Zeugen). Aus der Lehre: Dahs/Langkeit NStZ 1993), 213 (213), Dingeldey JA 1984, 407 (413), Eisenberg (1999) Rdnr 900/841, Höra (1970) S. 118, KK(StPO)-Engelhardt § 261 Rdnr 39, Kleinknecht/Meyer-Goßner § 261 Rdnr 16, KMR-Stuckenberg § 261 Rdnr 50, Kühl JuS 1986, 115 (119), Löwe/Rosenberg/Gollwitzer[25] § 261 Rdnr 75, Miebach NStZ 2000, 234 (235), SK(StPO)-Schlüchter § 261 Rdnr 38, H. Schneider Jura 1990, 572 (577), Salger (1998) S. 78, Wessels 1966, 169 (172 mit Fn. 18). Insoweit auch H.-L. Günther JR 1978, 89 (94), der ansonsten für Schlüsse aus jeder Form des Schweigens eintritt. Anderer Ansicht nur Ostermeyer NJW 1967, 915 (916) und Stümpfler DAR 1973, 1 (7), die von ihrem Standpunkt konsequent die Erforschung der Schweigemotive zulassen wollen.

Hieraus ergibt sich aber eine wichtige Konsequenz, die weitgehend übersehen wurde: diese Regel wird in der Rechtsprechung allgemein und für alle Formen des Schweigens statuiert. Dann zeigt sich aber zum Nachteil des Angeklagten ein klarer Zielkonflikt zwischen dem Gebot der Wahrheitsfindung und dem Schutz des Schweigerechts: um das Recht des Angeklagten auf passives Verhalten zu wahren, wird auf eine Motivsuche hinsichtlich des Schweigens verzichtet. Dieser Verzicht mit Rücksicht auf das Schweigerecht (!) erfolgt jedoch im Ergebnis gerade zum Nachteil des Angeklagten, sofern das Schweigen (in gewissen Erscheinungsformen) der dann oft spekulativen richterlichen Würdigung zugänglich gemacht wird.

(3) Die Bedeutung empirisch fundierter Argumente gegen die Würdigung des Schweigens

So zutreffend die Feststellung ist, daß für das Schweigen die unterschiedlichsten Motive in Frage kommen können, hat dieses Argument eine entscheidende Schwäche, die es mit allen rein empirisch fundierten Thesen gegen Schlüsse aus dem Schweigen teilt: es ist unklar, weswegen dieser Umstand eine richterliche Beweiswürdigung aufgrund § 261 StPO verhindern soll[187]. Wie bereits dargelegt geht § 261 StPO vom Prinzip der umfassenden richterlichen Beweiswürdigung aus. Die Darlegungslast für eine Beschränkung liegt mithin bei denjenigen, die § 261 StPO einschränkend auslegen, indem der Würdigung bestimmte Beweisthemen generell entzogen werden. Es ist aber nicht einzusehen, warum der Richter nicht in eigener Verantwortung ermessen können soll, ob es im einzelnen Fall andere Gründe für das Schweigen gibt und das passive Verhalten daher nicht zwingend als Indiz der Schuld des Angeklagten angesehen werden kann[188]. Rein tatsächliche Bedenken gegen eine Beweisführung, die das Schweigen mit der zu erörternden Schuld des Angeklagten in einen Zusammenhang stellt, würden sich daher regelmäßig lediglich in einem Appell an den Richter erschöpfen, ausgesprochene Vorsicht bei der Würdigung walten zu lassen, da es auch andere Gründe für das Schweigen geben könne. Es wäre eine Bevormundung, die dem deutschen Recht ansonsten fremd ist, allein aufgrund pauschalisierender Erwägungen zum Beweiswert dem Richter bestimmte Beweisthemen im Rahmen des § 261 StPO richterrechtlich zu entziehen. Erforderlich ist vielmehr, daß eine

[187] Aus diesem Grund vermag die neuerdings geäußerte Auffassung von Salger (1998) S. 79 nicht zu überzeugen, der das Verbot der Würdigung des Schweigens ausschließlich auf die tatsächliche Unsicherheit seiner Interpretation stützt.

[188] Hierauf zielt auch die Kritik der Befürworter von Schlüssen aus dem Schweigen wie Ostermeyer NJW 1969, 1187: es sei nicht einzusehen, warum rein praktische Beweiswürdigungshindernisse zu einer Bevormundung („Mißtrauen“) des Richters führen könne, indem ihm diese Beweisthematik vollständig entzogen werde.

n o r m a t i v e Begründung hinzutritt, die über den bloßen Umstand möglicher empirischer Fehlbeurteilungsrisiken der Beweiswürdigung hinausreicht[189].

Die rein empirisch fundierten Argumente vermögen damit keine definitive Antwort auf die Frage zu geben, warum die Würdigung des (völligen) Schweigens aus dem Bereich des § 261 StPO ausgenommen werden muß. Jedoch bedeutet dies nicht, daß diese auf die tatsächlichen Prozeß- und Kommunikationsverhältnisse gestützten Argumente bedeutungslos wären. Vielmehr stellen sie (wie sich noch zeigen wird) den notwendigen Ausgangspunkt einer normativ begründeten Argumentation dar, die Schlüsse aus dem Schweigen - und zwar in jeder Form - ausschließt.

b) Normative Argumente gegen Schlüsse aus dem Schweigen

(1) Das Schweigerecht als immanente normative Sperre

Es erscheint bemerkenswert, daß in der Diskussion um die Frage möglicher Schlüsse aus dem Schweigen die naheliegendste Begründung für den Ausschluß kaum näher untersucht wurde: daß das Schweigerecht selbst ein immanentes Verbot beinhalte, aus der Ausübung des Rechts nachteilige Schlüsse zu ziehen[190]. Erst die wenig beachtete Dissertation von Leiwesmeyer hat in aller Deutlichkeit die Frage nach einem immanenten Verbot der nachteiligen beweisrechtlichen Würdigung aufgeworfen[191].

Methodisch ließe sich ein solches dem Schweigerecht immanentes Verbot einer nachteiligen Beweiswürdigung in der Weise begründen, daß es unmittelbar aus der ratio des Schweigerechts abzuleiten wäre. Doch auch wenn die ratio selbst eine solche Ableitung nicht ermöglichen würde, ließe sich das Verbot als notwendiger Annex der Schweigegarantie verstehen, der die praktische Wirksamkeit des Rechts überhaupt erst gewährleiste[192].

---

[189] Dies wird von zahlreichen Autoren übersehen, siehe etwa die Formulierung bei Leiwesmeyer (1994) S. 97.

[190] Siehe hierzu die zitierten unscharfen Formulierungen aus der Lehre bei Leiwesmeyer (1994) S. 166, z.B. Rieß JA 1980, 293 (295): Beweisverwertungsverbot als „notwendiger Reflex" des Schweigerechts.

[191] Leiwesmeyer (1994) S. 117-139. Siehe aber auch schon H.-L. Günther JR 1978, 89 (90): Herleitung aus „Sinn und Zweck des Schweigerechts" und Nickl (1978) S. 62-66.

[192] Die Darstellung von Leiwesmeyer (1994) S. 117-139 beschränkt sich ganz überwiegend auf die erste Möglichkeit, nämlich eine Ableitung eines immanenten Verbots aus der ratio des Schweigerechts.

(a) Die Ableitung einer immanenten Sperre aus der ratio des Schweigerechts

Die Darstellung hat gezeigt, daß die Grundlage der Herleitung und die ratio des Schweigerechts in einem engen, unauflösbaren Zusammenhang stehen. Hieraus folgt wiederum, daß die Untersuchung einer immanenten Sperrwirkung von der verfassungsrechtlichen Grundlage der Garantie ausgehend zu erfolgen hat. Diejenigen, die etwa das allgemeine Persönlichkeitsrecht (Art. 2 I i.V.m. 1 I GG) als Grundlage des Schweigerechts ansehen, werden dieses als Maßstab für die Frage, ob die ratio ein immanentes Verbot von Schlüssen aus dem Schweigen rechtfertigt, zugrundelegen[193].

Im Folgenden ist daher eine Differenzierung zwischen den verschiedenen Herleitungen des Schweigerechts notwendig. Doch wird sich zeigen, daß die Bedenken, die gegen ein immanentes Verbots aus Art. 1 I GG sprechen, auch im Zusammenhang mit Art. 2 I i.V.m. 1 I GG gelten.

(aa) Die Ableitung aus der ratio des Art. 1 I GG

Gegenstand des Schweigerechts ist die Garantie, nicht zur Aussage gezwungen zu werden und sich hierdurch möglicherweise selbst zu belasten. Es ist daher die konkrete Kommunikation zwischen dem einzelnen und den Strafverfolgungsorganen, die in den Mittelpunkt der Überlegungen zur ratio des Schweigerechts rückt[194]. Der Schutz der Entscheidungsfreiheit des einzelnen, diese Kommunikation aufzunehmen oder zu unterlassen, ist der eigentliche Gegenstand des Rechts und läßt sich daher als P r i m ä r g a r a n t i e bezeichnen[195].

Allerdings ist einzuräumen, daß der Schutzumfang eines Rechts sich nicht allein und isoliert auf die Wahrung der Primärgarantie beschränken muß. Dies gilt im besonderen Maße für das Schweigerecht, dessen Ausübung in ein komplexes Verfahren eingebunden ist und das in vielfältiger Weise mittelbaren Beschränkungen ausgesetzt ist: das Recht wird als solches zwar gewährt, doch ergeben sich mittelbare Folgenachteile bei seiner Ausübung im allgemeinen Verfahrenszusammenhang. In diesen Fällen kann das Fundamentalrecht (hier das Schweigerecht) gleichfalls ggf. gegen solche mittelbaren

---

[193] Dazu insbesondere Leiwesmeyer (1994) S. 134-139.

[194] Siehe auch H. Schneider Jura 1990, 572 (575), der betont, daß die ratio des Schweigerechts nichts über die Frage seiner beweisrechtlichen Würdigungsmöglichkeit aussage.

[195] Die Unterscheidung zwischen Primär- und Sekundärgarantien im Zusammenhang mit dem Schweigerecht ist der Arbeit von dem englischen Strafrechtswissenschaftler Dennis[2] (2002) S. 128-130 entlehnt. Näher zu dessen Konzeption infra S. 170. Bereits schon früher Eser ZStW 86 (1974-Beiheft), 136 (147-149), der im Zusammenhang von Belehrungsvorschriften, Recht auf anwaltlichen Beistand u.s.w. von „flankierende(n) Schutzrechten" des Schweigerechts spricht.

Beschränkungen schützen, aber dann nur im Sinne einer Sekundärgarantie. Hierbei stellen sich komplexe Abwägungsfragen, bei denen dem Fundamentalrecht die Zwecke und Ziele, die mit der mittelbaren Beschränkung des Rechts verbunden sind, gegenübergestellt werden müssen.

Die Erörterung von Sekundärgarantien eines Fundamentalrechts wird aber nicht nur aufgrund der möglichen Gegenrechte und Gegenprinzipien verkompliziert. Im Zusammenhang der Frage nach den Sekundärgarantien kann es sogar geschehen, daß bestimmte fundamentale Garantien (wie z.B. die Unschuldsvermutung) in weitaus direkterer und zwingenderer Weise beeinträchtigt werden als das Schweigerecht, das mittelbar beschränkt wird.

Dann zeigt sich jedoch, daß ein Zusammenhang zwischen der ratio des Rechts und den Schutzwirkungen der Fundamentalgarantie sich klar und eindeutig nur mit Blick auf die Primärgarantie statuieren läßt. Bezüglich mittelbarer Beeinträchtigungen des Rechts muß dagegen anhand der ratio untersucht werden, ob diese auch auf jene spezifische mittelbare Beeinträchtigung des Fundamentalrechts bezogen werden kann. Ausgehend von der oben dargelegten Ableitung ist das Schweigerecht eine fundamentale Verfahrensgarantie, die Ausdruck eines rechtsstaatlichen Verfahrens ist und den einzelnen vor der Instrumentalisierung durch den Staat bewahrt (Art. 1 I, 20 III GG). Dies bedeutet, daß es gerade vor der Ausübung von Zwang zum Zwekke der Herbeiführung einer bestimmten Aussage schützt. Bedenkt man, daß Schlüsse aus dem Schweigen psychologischen Druck auf den Beschuldigten ausüben, läge es prima facie nahe, die ratio des Schweigerechts auch auf diese Form der mittelbaren Aussagebeschränkung auszudehnen. Hier spräche daher auf den ersten Blick eine Ableitung aus dem Respekt vor der Autonomie des einzelnen dafür, auch eine entsprechende Sekundärgarantie hieraus abzuleiten[196].

Die entscheidende Frage ist aber, ob die Instrumentalisierung zur Erzwingung einer bestimmten Aussage mit dem psychologischen Druck der nachteiligen Würdigung des Schweigeverhaltens gleichgesetzt werden kann. Selbst innerhalb des eigentlichen Schutzbereichs der Aussagefreiheit ist nicht bereits jeder psychologische Druck unzulässig. Es ergibt sich mithin die Frage der Wertungsgleichheit der Fälle „klassischen" individuellen Zwangs zur Aussage (Primärgarantie) und dem Fall einer aufgrund abstrakter Rechtslage bestehenden mittelbaren Beschränkung wegen drohender nachteiliger Würdigung des Schweigens (ggf. als Sekundärgarantie). Zwar läßt sich nicht bestreiten, daß auf Primärebene des Rechts auch subtile Formen des indivi-

---

[196] Daher leitet Nickl (1978) S. 64-66 aus der ratio des Art. 1 I GG ein immanentes Verbot für Schlüsse aus dem Schweigen ab.

duellen psychologischen Drucks eine unzulässige Beschränkung der Willensfreiheit darstellen können (gerade sie sind besonders gefährlich, da hier Geständnisse etc. einen ernstzunehmenden Wahrheitsgehalt aufweisen). Doch ist zu bedenken, daß im Falle des psychologischen Zwangs aufgrund möglicher Schlüsse aus dem Schweigen mehrere bereits angesprochene Sonderfaktoren diese Form des psychologischen Drucks in einem anderen Licht erscheinen lassen[197]:

(1) die Drucksituation ist ausschließlich psychologisch und (vergleichsweise) nicht so „massiv" wie andere Formen des Zwangs,

(2) die Drucksituation gilt nur mit Blick auf ein möglich es Verfahrensergebnis (Verurteilung),

(3) die Drucksituation ist i.d.R. abstrakt, d.h. zumeist erfolgt keine konkrete Darlegung drohender beweisrechtlicher Konsequenzen im Verhör, und

(4) vor allem reflektieren die meisten Beschuldigten nicht über die negativen beweisrechtlichen Konsequenzen passiven Aussageverhaltens.

Gerade der letzte Umstand spricht aber entscheidend gegen eine Gleichstellung dieser mittelbaren Beschränkung mit den sonstigen Fällen der Informationserzwingung im Bezug auf die ratio: denn dort ist es stets der tatsächlich im Einzelfall ausgeübte Druck, der zu der Unzulässigkeit des Aussagezwangs führt[198].

Diese fehlende Vergleichbarkeit wird durch einen Blick auf die ratio des Schweigerechts bestätigt. In diesem Zusammenhang ist Folgendes zu bedenken: selbst wenn die ratio des Rechts eine Erstreckung auf mittelbare Beeinträchtigungen nahe legt, darf bei der Ableitung nicht die Bedeutungshöhe der jeweiligen Herleitungsgrundlage aus den Augen verloren werden. Art. 1 I GG (Schutz der Menschenwürde) ist als Grundlage der Herleitung des Schweigerechts ein fundamentales Individualrecht. Gerade wegen seiner existenziellen Bedeutung (zu der der Gedanke der Rechtsstaatlichkeit hinzutritt) erscheint es bedenklich, die genannten Formen „abstrakter", oftmals hypothetischer

---

[197] Insoweit zutreffend daher die Erwägungen des Bundesgerichtshofs in BGHSt 2, 351 (354) (zum schweigenden angehörigen Zeugen): der individuelle Zwang zur Aussage ist mit dem psychologischen Druck möglicher beweisrechtlicher Konsequenzen nicht vergleichbar.

[198] Ebenso Stürner NJW 1981, 1757 (1758): die Würdigung des teilweisen Schweigens in der Hauptverhandlung sei ein „sehr mittelbarer Zwang", der „schwerlich" die Menschenwürde beeinträchtige. Allerdings erachtet der Autor (anders als hier vertreten) die Würdigung des inhaltlichen Teilschweigens als zulässig, da auch keine sonstigen normativen Gründe dagegen sprächen.

Zwangslagen (zumal in Bereichen geringerer Kriminalität) unter den Begriff der Menschwürde zu fassen[199]. In der neueren Diskussion ist im Übrigen auch vor einer ausufernden Heranziehung des Menschenwürdebegriffs gewarnt worden, der dem fundamentalen Bedeutungsgehalt dieser Garantie nicht mehr gerecht würde[200].

Damit zeigt sich, daß aus der ratio des Schweigerechts, nämlich dem Respekt und der Würde für die Autonomie des einzelnen, keine immanente Sperre entnommen werden kann, das Schweigen des Beschuldigten nachteilig zu würdigen.

(bb) Die Ableitung aus der ratio des allgemeinen Persönlichkeitsrechts (Art. 2 I i.V.m. 1 I GG)

Die Darstellung zu Art. 1 I GG hat ergeben, daß der durch mögliche Schlüsse aus dem Schweigen bewirkte psychologische Druck in seiner Intensität allgemein nicht mit den sonstigen „klassischen" Formen der Zwangseinwirkung zur Herbeiführung der Aussage zu vergleichen ist. Auch im Zusammenhang mit einer ratio, die sich auf die Wahrung der persönlichen Geheim- und Lebenssphäre des einzelnen stützt, ergibt sich keine abweichende Wertung. Auch hier bewahren die genannten Feststellungen ihre Gültigkeit, nämlich, daß unter Wertungsgesichtspunkten die Zwangslage im Falle möglicher Schlüsse aus dem Schweigen nicht mit den allgemein anerkannten Fällen der Aussageerzwingung zu vergleichen ist. Die zu Art. 1 I GG angestellten Erwägungen zu der „Bedeutungshöhe" der Garantie gelten ebenso für die Ableitung aus Art. 2 I i.V.m. 1 I GG: wie gezeigt geht auch die sich auf diese Ableitung stützende Meinung davon aus, daß die Garantie des Schweigerechts einen unbeschränkbaren Wesensgehalt repräsentiere (Art. 19 II GG), der nicht angetastet werden dürfe.

Damit ist festzustellen, daß ein immanentes Verbot der beweisrechtlichen Würdigung des Schweigens aus der ratio des Schweigerechts nicht abgeleitet werden kann.

---

[199] Insoweit ist der Argumentation von Starck in v.Mangoldt/Klein/Starck, GG, Art. 1 Rdnr 37 zuzustimmen, der gleichfalls mit Hinweis auf die Bedeutungshöhe von Art. 1 I GG ein Verbot der beweisrechtlichen Würdigung von Schlüssen aus dem Schweigen ablehnt. Freilich sieht Starck auch keine sonstige normativen Schranken für ein Würdigungsverbot und spricht sich (noch weitergehend als Stürner, soeben) daher für eine umfassenden Beweiswürdigung jeder Form des Schweigens aus.

[200] Dazu etwa v.Mangoldt/Klein/Starck, GG, Art. 1 Rdnr 20 i.V.m. 11/12.

(b) Die Annahme einer immanenten Sperre als notwendiger Annex des Schweigerechts

Allerdings wäre auch erwägenswert, daß eine Sekundärgarantie als notwendiger Annex des Schweigerechts anzunehmen sein könnte[201]. In der Tat wurde von zahlreichen Stimmen der Literatur[202] und der Rechtsprechung[203] formuliert, das Verbot der Schlüsse aus dem Schweigen sei ein notwendiger Reflex der Gewährung des Schweigerechts. Würde das passive Verhalten beweisrechtlich zum Nachteil des Angeklagten verwendet, so würde die Garantie letztendlich unterhöhlt. Oftmals vermischen sich hierbei in der Argumentation Hinweise auf die Zwangssituation mit Fragen eines notwenigen immanenten Zusammenhangs von Schweigerecht und Würdigungsverbot[204].

Gegen eine solche Annahme, die im Schweigerecht selbst ein immanentes Verbot der Beweiswürdigung verortet, sprechen jedoch semantische, historische und gesetzessystematische Gründe.

Eigentlicher Kerngegenstand des Schweigerechts ist die Garantie, sich nicht selbst belasten zu müssen. Dies führt dazu, daß (insbesondere) der Beschuldigte im Strafverfahren nicht zur Preisgabe von Informationen gezwungen werden darf, wobei dies als Verbot einer entwürdigenden Zweck-Mittel-Instrumentalisierung des einzelnen anzusehen ist. Welche weiteren Folgen diese Passivität des einzelnen für den Prozeß und die Aburteilung hat, beinhaltet diese Formulierung nicht. Daher stehen bereits Gründe der Semantik einer Miteinbeziehung der nachteiligen Würdigung in den Schutzbereich des Schweigerechts entgegen.

Auch historische Aspekte sprechen gegen einen notwendigen Zusammenhang zwischen Schweigerecht und Verbot einer Würdigung des Schweigens. Obgleich die Garantie des „nemo tenetur" in Deutschland bereits seit der zweiten Hälfte des 19. Jahrhunderts anerkannt ist, stammen die ersten ernsthaften Ansätze für einer Verknüpfung der Frage des Schweigerechts und der Würdigung des Schweigens zum Nachteil des Angeklagten aus den sechziger

---

201 In diese Richtung etwa Höra (1970) S. 122/123: Verbot der Würdigung folge aus dem „Wesen der Schweigebefugnis".

202 Rüping JR 1974, 135 (137/138), Stree JZ 1966, 593 (595): „Verkürzung der Entscheidungsfreiheit". Zu dieser Argumentation insbesondere auch Kühl JuS 1986, 115 (118).

203 Insbesondere die Formulierung bei OLG Düsseldorf StV 1983, 449 (450): „Das Recht des Beschuldigten ... zu schweigen ..., beinhaltet notwendigerweise, daß diese (Schweige-)Verhalten als solches nicht als belastendes Indiz gegen ih verwertet werden darf."

204 Typisch etwa die Darstellungen bei Kühl JuS 1986, 115 (118) und Stree JZ 1966, 593 (595/596).

Jahren des 20. Jahrhunderts. Vorher wurde offensichtlich ganz überwiegend zwischen beiden Themenfeldern kein besonderer Zusammenhang gesehen[205]. Aus der historischen Perspektive kann daher nicht davon gesprochen werden, daß beide Fragekomplexe zwingend zusammengehören.

Auch ein gesetzessystematischer Gesichtspunkt spricht gegen einen notwendigen Annexzusammenhang. Wie gesehen handelt es sich vorliegend um die Ableitung einer Sekundärgarantie. Eine solche Garantie kann sich jedoch erst aufgrund eines umfassenden Abwägungsprozesses ergeben. In diesen sind nicht nur die Gegenaspekte einzuführen (Richtigkeit des Verfahrensergebnisses, freie Beweiswürdigung, Wahrheitsfindung), sondern neben dem beschränkten Recht weitere Rechte, die ebenfalls unterlaufen werden können. Diese können aber weitaus unmittelbarer und nachhaltiger beeinträchtigt werden als das Schweigerecht selbst. Im Falle der Würdigung des Schweigens gilt dies insbesondere für den Grundsatz der Unschuldsvermutung (genauer: der materiellen Beweisführungslast)[206]. Anders als bei dem Recht auf passives Verhalten ist hier nämlich die Beeinträchtigung nicht nur mittelbar über die (mögliche) psychologische Zwangswirkung beim Betroffenen abzuleiten, sondern resultiert bereits aus dem Umstand der Würdigung des Schweigens per se. Dann ist es aber rechtsmethodisch überzeugender, diese unmittelbaren nachteiligen Folgewirkungen in den Mittelpunkt der Betrachtung zu stellen. Denn im Vergleich zu diesen am intensivsten beeinträchtigten Rechten (hier der Unschuldsvermutung), können die entgegenstehenden Prinzipien (Wahrheitsfindung, Freiheit des Richters) weit weniger bedeutsam erscheinen als gegenüber dem Schweigerecht selbst. Daraus läßt sich das Prinzip ableiten, daß (ungeachtet der anerkannten kumulativen Geltung von Garantien) aus einem Fundamentalrecht nur dann Sekundärgarantien abzuleiten sind, wenn nicht andere Fundamentalrechte in unmittelbarer, direkter Weise beeinträchtigt werden.

Folglich ist davon auszugehen, daß das Schweigerecht selbst keine Antwort auf die Frage gibt, welche Folgen aus seiner Ausübung für die Beweiswürdigung zu ziehen sind.

---

[205] Die erwähnte Tatsache, daß der Bundsgerichtshof für das Schweigen des Angeklagten es in seiner frühen Rechtsprechung nicht für nötig befand, diesen Grundsatz explizit zu statuieren, spricht eine deutliche Sprache. Bezeichnend etwa auch die Ausführungen des Reichsgericht in RGSt 55, 20 (zum Schweigen des angehörigen Zeugen): „Dieser Inhalt des Zeugnisverweigerungsrecht [scilicet zu schweigen] wird in keiner Weise dadurch berührt, daß der Richter nach der Zeugnisverweigerung daraus im Wege der freien Beweiswürdigung seine Schlußfolgerungen zieht, ..."

[206] Näher infra S. 99.

(2) Die psychologische Drucksituation auf den Angeklagten als normative Sperre (§ 136a StPO bzw. Art. 2 [1] GG)

(a) Der Ausgangspunkt der Überlegung: die Maßgeblichkeit des psychologischen Drucks

Ließe das Recht Schlüsse aus dem Schweigen des Beschuldigten zu, würde dieser in seiner Entscheidung, auszusagen oder zu schweigen, eine Beschränkung erfahren. Er würde sich (möglicherweise aufgrund anwaltlicher Beratung oder polizeilicher und richterlicher Hinweise) der Tatsache bewußt werden, sein Schweigen könnte als mögliches Indiz einer Schuld angesehen werden. Entsprechend ist vielfach in der Literatur formuliert worden, Schlüsse aus dem Schweigen würden den Beschuldigten dazu zwingen, sich allein schon deswegen zu äußern, um zu verhindern, daß sein passives Verhalten als Schuldeingeständnis gewertet würde[207]. In dieser allgemeinen Formulierung ist der Aspekt des individuellen psychologischen Drucks noch nicht notwendigerweise das ausschlaggebende Moment, da damit auch eher allgemein auf den normativ unzulässigen Zwang verwiesen werden kann, deutet sich aber bereits an. Weitergehend ist daher mit Blick auf die individuelle psychologische Situation, der sich der Beschuldigte angesichts drohender Schlüsse aus dem Schweigen ausgesetzt sieht, ein allgemeines Beweisverwertungsverbot hinsichtlich des Schweigens angenommen worden[208]. Hierbei läßt sich das Argument des psychologischen Drucks auf einer rein empirischen Basis formulieren oder auch auf normativer Grundlage.

(b) Das auf empirischer Basis begründete Argument des psychologischen Drucks

Von einem empirischen Standpunkt aus könnte man formulieren, die Gefahr bestünde, daß der Beschuldigte, der mit möglichen rechtlichen Konsequenzen seines Aussageverhaltens konfrontiert wird, in einer Weise unter psychologischen Druck gerate, die sein Verteidigungsverhalten beeinträchtige. Die Zwangslage könnte ihn hiernach möglicherweise zu Angaben bewegen, die er ansonsten nicht gemacht hätte. In dieser Weise könne er sich - auch als Unschuldiger - in Widersprüche verwickeln und unnötig verdächtigen. In extremen Situationen ließe sich sogar an die Gefahr eines falschen Geständnis-

---

[207] Dingeldey JA 1984, 407 (413), Löwe/Rosenberg/Gollwitzer[25] § 261 Rdnr 75, Verrel (2001) S. 21.

[208] Explizit auf das Moment des individuellen psychologischen Drucks rekurrieren: KMR-Stuckenberg § 261 Rdnr 50 („indirekter Aussagezwang"), Park StV 2001, 589 (589: „... aus Furcht ... psychisch mittelbar gezwungen ..."), Petry (1971) S. 41. Auf das Argument des unzulässigen psychologischen Drucks bezieht sich auch die 2. Kammer des 2. Senats des BVerfG in ihrem Beschluß StV 1995, 505 (506).

ses denken. Dieser Ansatz, der unter Verzicht auf die Benennung eines normativen Maßstabs allein auf die möglichen, dem Ziel der Wahrheitsfindung des Strafprozesses zuwiderlaufenden Folgen hinweist, ist in Deutschland - soweit ersichtlich - nie in dieser Form angeführt worden[209].

(c) Das auf normativer Basis begründete Argument des psychologischen Drucks

Die Diskussion hat sich vielmehr auf einer normativ geprägten Ebene bewegt. Vielfach wurde hierbei von einem rechtlich unzulässigen Druck gesprochen, wobei insbesondere auf zwei Vorschriften als Maßstab für die Unzulässigkeit des derart ausgeübten psychologischen Drucks hingewiesen wurde: § 136a I 2 StPO bzw. Art. 2 I GG.

(aa) § 136a I 2 StPO als Maßstab für unzulässigen psychologischen Druck

Teils wurde als normativer Maßstab auf § 136a I 2 StPO verwiesen[210]. Sogar die Rechtsprechung rekurrierte im Zusammenhang mit der nachteiligen Würdigung des Schweigens anfangs auf diese Norm[211].

Eine Anwendung des § 136a I 2 StPO scheidet im vorliegenden Zusammenhang nicht bereits aus, weil § 136a StPO nur bestimmte Methoden der Beweiserhebung verbiete, jedoch die Würdigung des Schweigens ein Beweisverwertungsproblem beträfe[212]. Die mögliche spätere Verwertung des Schweigens bildet nämlich lediglich den Anknüpfungspunkt für das eigentliche Bedenken, das zu einer Anwendung des § 136a I 2 StPO führen könnte: scilicet den psychologischen Zwang, der von der drohenden Möglichkeit (!) einer Verwertung ausgeht und so die Willensbetätigungsfreiheit des Beschuldigten bereits in der Vernehmung beeinträchtigen könnte[213,214].

---

209 Im Zusammenhang mit dem Schweigerecht wird die Gefahr unrichtiger Geständnisse vielmehr nur insoweit angesprochen, wie Fälle der „klassischen" unzulässigen Zwangseinwirkung betroffen sind, gegen die das Schweigerecht anerkanntermaßen schützt, etwa Nothhelfer (1989) S. 76.

210 Wessels JuS 1966, 169 (171).

211 BGHSt 20, 281 (283). Zustimmend hierzu OLG Hamm VRS 42 (1972), 219 (219/220) (zu einem Ordnungswidrigkeitenfall), OLG Düsseldorf StV 1983, 449 (450).

212 So jedoch die Argumentation von Nickl (1978) S. 61/62.

213 Die Annahme des § 136a I 2 StPO ist auch nicht schon deswegen ausgeschlossen, weil diese Norm nur den Zwang zur Aussage schütze und im Falle des schweigenden Angeklagten der Zwang zur Aussage gerade folgenlos geblieben sei (so aber H.-L. Günther JR 1978, 89 [90]). Es ist nicht ersichtlich, weswegen die Darlegungen im Zusammenhang mit § 136a I 2 StPO auf den schweigenden Beschuldigten zu beschränken sind: mag der Beschuldigte A dem (u.U. aufgrund § 136a I 2 StPO rechtwidrigen) psychologischem Druck auch standgehalten haben, ändert dies nichts an der

Allerdings erscheint der Hinweis auf § 136a I 2 StPO aus anderen Gründen wenig überzeugend. Es fragt sich nämlich, ob eine solche Zwangswirkung schon angenommen werden kann, wenn aufgrund einer allgemeinen Gesetzes- bzw. Rechtsprechungsregelung an das Aussageverhalten allgemein nachteilige Folgen geknüpft werden. Aufgrund seiner Formulierung und systematischen Stellung bezieht sich § 136a StPO auf die konkreten Handlungen und Unterlassungen des Vernehmungspersonals[215]. Würde § 136a I 2 StPO hingegen auch auf alle abstrakt durch Gesetz und Richterrecht statuierten nachteiligen Folgen des Aussageverhaltens angewendet, hätte die Norm eine ganz andere Funktion: allgemeine Grenzen für die gesetzliche und richterrechtliche Ausgestaltung der Behandlung des Beschuldigten festzulegen. Zumindest soweit gesetzliche Maßgaben in Frage stehen, würde dies auch aufgrund der Gleichordnung in der Gesetzeshierarchie aus gesetzessystematischen Gründen nicht überzeugen.

Aus dem Bezug des § 136a I 2 StPO auf die konkrete Vernehmungssituation folgt noch ein weiterer Einwand gegen eine Ausweitung des Zwangsbegriffs auf „abstrakte" Zwangssituationen. Da § 136a I 2 StPO von der Wirkung auf den einzelnen Beschuldigten im konkreten Verhör ausgeht, müßte im einzelnen Fall geprüft werden, ob der Beschuldigte sich der beweisrechtlichen Folgen seines (Teil)schweigens bewußt gewesen ist. Nur dann würde sich tatsächlich im individuellen Fall die psychische Drucksituation aktualisieren. Ein solches Bewußtsein wird jedoch nur selten (insbesondere im polizeilichen Verhör) vorliegen, da derartige beweisrechtliche Folgen des Schwei-

---

Rechtswidrigkeit der Willensbeeinflussung in einem anderen Fall, in dem der Beschuldigte B wegen des ausgeübten Zwangs aussagt.

214 Die Anwendung des § 136a I 2 StPO als normativem Maßstab eines unzulässigen Drucks auf den Beschuldigten scheidet auch nicht deswegen aus, weil das den Zwang ausmachende Übel (Verurteilung wegen des Schweigens) nicht zwingend eintrete (so aber Leiwesmeyer [1994] S. 102). Die psychologische Zwangslage wird ja im Zeitpunkt des Verhörs bzw. der Vernehmung bereits dadurch konstituiert, daß die bloße (durchaus naheliegende) Möglichkeit eines späteren Prozesses sowie einer Verurteilung besteht. Es ist nicht ersichtlich, weshalb (aus der subjektiven Perspektive des Beschuldigten) allein die absolute Sicherheit der eintretenden Verurteilung eine Zwangswirkung im Sinne von § 136a I 2 StPO zu begründen vermag. Noch anders Stree JZ 1966, 593 (595): § 136a I 2 StPO scheide aus, weil der Nachteil erst im Gerichtsverfahren selbst eintrete. Dies überzeugt nicht, da es allein auf die Einwirkung auf das Vorstellungsbild des Vernommenen und seine Willensfreiheit ankommt.

215 Aus diesen Gründen scheidet auch die von Leiwesmeyer (1994) S. 103-105 andiskutierte Anwendung des § 136a I 3 Alt. 1 StPO (Drohung) von vornherein aus.

gens mit dem Beschuldigten regelmäßig vor und während dem Verhör nicht erörtert werden[216].

(bb) Art. 2 I GG als Maßstab für unzulässigen psychologischen Druck

Sofern nicht auf § 136a StPO als normativen Maßstab rekurriert wird, stellt sich die Frage, ob aus Art. 2 I GG ein entsprechender Leitfaden entnommen werden kann, der zu einem Beweisverwertungsverbot hinsichtlich des Schweigens des Angeklagten führt[217].

Zum einen muß überhaupt der Schutzbereich von Art. 2 I GG eröffnet sein. Die Norm schützt in einem umfassenden Sinne jegliches Tun und Unterlassen des einzelnen[218]. Hierzu zählt auch die Entscheidung, auszusagen oder sich passiv zu verhalten. Aufgrund der rechtlichen Zulässigkeit der Würdigung des Schweigens wird auch - im konkreten Einzelfall - ggf. in diese Entscheidungsfreiheit des Beschuldigten eingegriffen.

Doch ist hierbei zu beachten, daß es dazu eben prinzipiell einer konkreten Betrachtung des einzelnen Falles bedarf. Für die konkrete Verletzung des Art. 2 I GG (bei richterrechtlich definierter Rechtslage) genügt nicht die rein theoretische Möglichkeit, daß sich der Beschuldigte in einer solchen Zwangslage befindet bzw. in eine solche geraten könnte. Vielmehr muß er im konkreten Einzelfall sich auch wirklich in einer solchen Zwangslage befunden haben.

Hier zeigt sich somit eine entscheidende Schwäche des Ansatzes, der auf den psychologischen Druck auf den Beschuldigten abstellt. Denn diese These entfaltet letztendlich nur dort Überzeugungskraft, wo ein solcher psychologi-

---

[216] Abgesehen von der Problematik der allgemeinen Anwendbarkeit des § 136a I 2 StPO auf rechtlich abstrakte Zwangssituationen ergibt sich die Unanwendbarkeit der Norm auch daraus, daß § 136a I 2 StPO hinsichtlich der Zulässigkeit des Zwangs gerade auf die Vorschriften der Strafprozeßordnung verweist. Aus dieser gesetzessystematischen Ausgestaltung ergibt sich jedoch, daß § 136a StPO selbst kein immanenter Maßstab der Zulässigkeit des Zwangs zu entnehmen ist. Ein solcher ist vielmehr außerhalb der rechtlichen Regelungen in Vorschriften der Verfassung zu suchen. Zutreffend daher der Hinweis von Stree JZ 1966, 593 (595). Dazu auch Roschmann (1983) S. 113.

[217] Einer solchen Vorgehensweise steht nicht bereits ein Gegenschluß aus § 136a III 1 StPO entgegen. Es ist in der Lehre allgemein anerkannt, daß § 136a StPO nur bestimmte, besonders schwerwiegende Formen der Beeinträchtigung der Aussageentschließungs- und der Aussagebetätigungsfreiheit verbietet, Stree JZ 1966, 593 (595). Darüber hinaus gibt es Formen der Beeinträchtigung, die - obgleich im Gesetz nicht ausdrücklich formuliert - gleichfalls zu einem Verwertungsverbots führen.

[218] Dies ist die Auslegung der überwiegenden Auffassung in Lehre und Rechtsprechung seit BVerfGE 6, 32 - Elfes -. Zur Diskussion um die sachliche Anwendungsreichweite von Art. 2 I GG: Maunz/Dürig/DiFabio Art 2 I GG Rdnr 12-20.

scher Druck im einzelnen Fall (bzw. bei allgemeiner Betrachtung bei einer deutlichen Anzahl von Individuen) nachgewiesen werden kann.

Doch ist diese Schwäche der notwendigen Einzelbetrachtung noch mit einem anderen Umstand verbunden: geht man davon aus, daß aus anderen (normativen) Gründen Schlüsse aus dem Schweigen unzulässig sind, ist der Hinweis auf die Zwangssituation regelrecht irreführend. Wenn sich nämlich die Unzulässigkeit der Würdigung des Schweigens bereits aus dem Wesen und dem Erklärungsgehalt des Schweigens als solchem ergibt (z.B. der Unschuldsvermutung), lenkt eine Betonung des psychologischen Drucks von der grundsätzlicheren normativen Problematik ab und relativiert deren Überzeugungskraft.

Hieraus folgt, daß der Gesichtspunkt des psychologischen Zwangs in einzelnen Fällen zwar konkrete Bedeutung erlangen kann. Da jedoch bereits allgemeinere Ansätze, die sich auf das Wesen und den Erklärungsgehalt des Schweigens beziehen, ein umfassendes normatives Beweisverbot ergeben, ist der Gesichtspunkt des individuellen Zwangs als nachrangig zu erachten.

(3) Die fehlende Aufklärung des Beschuldigten über die mögliche beweisrechtliche Würdigung seines Schweigens als normative Sperre (§ 136a I 3 StPO bzw. der Aspekt der Verfahrensfairness)

Betrachtet man sich die aufgrund der gesetzlichen Bestimmungen vorgeschriebene Belehrung des Beschuldigten im Polizeiverhör bzw. in der Gerichtsverhandlung (§§ 115 III 1, 136 I 2 u.a. StPO), so ergibt sich aus diesen kein Hinweis auf eine spätere Würdigung des Schweigens.

Dementsprechend ließe sich der Einwand führen, eine nachteilige Bewertung des (völligen) Schweigens sei ausgeschlossen, weil der Beschuldigte vorab auf die Risiken seines Schweigeverhaltens hätte hingewiesen werden müssen. Die Belehrung wäre dann unvollständig und regelrecht irreführend, da sie dem Beschuldigten das umfassende Recht, zum Sachverhalt zu schweigen, in Aussicht stelle, sodann aber nachteilige Schlüsse aus der Ausübung dieses Rechts zuließe[219].

---

[219] Siehe dazu insbesondere den Hinweis von Güldenpfenning NJW 1969, 1867. Gegen eine solche Argumentation der Irreführung verfängt der Hinweis von H.-L. Günther JR 1978, 89 (91/92) nicht: nach seiner Auffassung sei eine solche Argumentation auf der unrichtigen Annahme begründet, die Belehrungsvorschriften erhielten den „Charakter einer ... Zusicherung oder Garantie [scilicet, daß keine Schlüsse aus dem Schweigen gezogen werden dürfen]." Die Annahme eines so weitgehenden Erklärungsinhalts ist jedoch nicht erforderlich, um eine rechtswidrige Irreführung zu begründen. Allein die Unvollständigkeit der Belehrung vermag in Verbindung mit der Rechtstatsache, daß

(a) § 136a I 1 Alt. 7 StPO (Täuschung) als normativer Maßstab

Hierbei ließe sich das Verbot der rechtlichen Irreführung auf § 136a I 1 Alt. 7 StPO (Täuschungsverbot) stützen[220]: man könnte nämlich argumentieren, daß durch die Hervorhebung des Schweigerechts ohne den zusätzlichen Hinweis auf die nachteiligen beweisrechtlichen Konsequenzen bei dem Beschuldigten ein unrichtiges Tatsachenbild hervorgerufen werde. Hiervor wolle § 136a I 1 Alt. 7 StPO den einzelnen jedoch gerade schützen[221].

Im Zusammenhang mit dem Täuschungsmerkmal spricht für eine Anwendung des § 136a I 1 Alt. 7 StPO, daß (anders als bei unzulässigem Zwang und Drohung) hier das Gegenargument, die Norm greife bei abstrakten rechtlichen Regelungen nicht ein, nicht zutrifft. Anders als im Falle des Zwangs und der Drohung ist aufgrund der förmlichen (unvollständigen) Belehrung das Täuschungsmoment in praktisch jedem konkreten Fall nachzuweisen. Zudem bedarf es für das Merkmal der Täuschung i.S.d. § 136a I 1 Alt. 7 StPO auch nicht des Belegs einer konkreten Kausalität. Dennoch kann auf § 136a I 1 Alt. 7 StPO ebenfalls nicht zurückgegriffen werden. Das läßt sich nicht schon damit begründen, daß das Merkmal der Täuschung notwendigerweise ein finales Element beinhalten muß[222].

---

nachteilige Formen der Beweiswürdigung möglich wären, für eine konkludente Irreführung genügen.

220 Siehe Schmidt-Leichner NJW 1966, 189 (190).

221 Die Anwendung von § 136a I 1 Alt. 7 StPO scheidet nicht bereits aus, weil vorliegend die Täuschung ggf. zu dem Unterlassen einer Aussage, nämlich dem Schweigen, führt. Diese Auslegungsproblematik wird nur beim Täuschungsmerkmal in § 136a I 1 Alt. 7 StPO, nicht bei der Drohungs- und Zwangsalternative relevant, da dort gerade auf die entgegengesetzte Folge, nämlich die Aussage (unter psychologischem Druck) abgestellt wird. Auch das Unterlassen einer Aussage aufgrund bestimmter Einwirkungen wird von § 136a StPO geschützt. Dies ergibt sich bereits aus dem weiten Wortlaut von § 136a I 1 StPO, der gerade nicht auf das Ergebnis, nämlich die Herbeiführung einer Aussage, sondern auf die Beeinträchtigung der Willensentschließungs- und Willensbetätigungsfreiheit abstellt. Auch Sinn und Zweck der Normen sprechen für diese Auslegung, da Manipulationen mit dem Ziel, das Unterlassen einer Aussage herbeizuführen, ebenso gefährlich sind wie sonstige Formen der Aussagebeeinflussung: selbst wenn das Schweigen als solches nicht als Schuldindiz angesehen wird, führt die Aussageunterlassung dazu, daß ein Informationsbeitrag des Beschuldigten unterbleibt, was ebenfalls zu seiner Verurteilung führen kann. Näher zu dieser zweiten Wirkung des Schweigens infra S. 106.

222 So aber Leiwesmeyer (1994) S. 106/107. Diese Frage ist allgemein in Rechtsprechung und Lehre umstritten. Nach BGHSt 31, 395 (400), BGHSt 35, 328 (329) sowie Löwe/Rosenberg/Hanack[25] § 136a Rdnr 42 unterfallen unbeabsichtigte Irreführungen nicht dem Täuschungsverbot. Die Gegenposition wird vertreten von OLG Düsseldorf

Doch ergibt sich die Unanwendbarkeit von § 136a I 1 Alt. 7 StPO aus einer anderen Überlegung: zwar setzt diese Vorschrift keine konkrete (hypothetische) Kausalität zwischen Täuschung und Aussage (bzw. Nichtaussage) voraus. Doch muß, damit die Täuschungsalternative in ihrem Anwendungsbereich nicht ausufert, dennoch ein gewisser Zusammenhang zwischen Täuschungsgegenstand und (regelmäßig) erfolgendem Aussageverhalten gefordert werden: notwendig ist eine Nähezusammenhang zwischen Täuschungsgegenstand und Aussageentscheidung, bei der die Unrichtigkeit der (konkludenten) Behauptung aufgrund der konkreten Umstände das Aussageverhalten beeinflussen könnte.

Um die Bedeutung dieses begrenzenden Merkmals zu verstehen, müssen zwei Fallkategorien der Entscheidungserheblichkeit von unrichtigen Sachangaben benannt werden: grundsätzlich ist für die Frage der Täuschungswirkung auf den Beschuldigten und die Situation des konkreten Verhörs abzustellen. Auch „unvernünftige“ Vorstellungen aufgrund haltloser Äußerungen des Vernehmungspersonals unterfallen der Täuschungsalternative des § 136a I 1 Alt. 7 StPO[223]. Doch läßt sich auch ein Falltypus identifizieren, in dem der Täuschungsgegenstand nicht konkretes Thema des Vernehmungsgesprächs war und daher nicht festzustellen ist, ob der Beschuldigte tatsächlich seine Aussageentscheidung von diesem Umstand (mit) abhängig gemacht hat. Dies ist aber jene Konstellation, in der die erwähnte gewisse Sachnähe von Täuschung und Willensentscheidung (wenn auch nicht im Sinne eines Kausalitätsnachweises) zu fordern ist[224]. Gerade bei der Nichtaufklärung über mögliche Schlüsse aus dem Schweigen ist dies aber relevant, da hier die täuschungsrelevante Sachangabe unterlassen (!) wird. Mithin liegen hier immer Fälle der zweiten bezeichneten Konstellation vor, in der nicht aus dem konkreten Gesprächszusammenhang festzustellen ist, ob für den individuellen Beschuldigten jener Umstand aussageerheblich war.

Diese restriktivere Auslegung von § 136a I StPO wird aufgrund der rigorosen Folge des § 136a III StPO (absolutes Beweiserhebungsverbot) gerechtfertigt

---

NJW 160, 210, OLG Bremen NJW 1967, 2022 (2203) sowie Eisenberg (1999) Rdnr 664a.

223 Zu den möglichen Gegenständen einer Täuschungshandlung im Sinne von § 136a I 1 Alt. 7 StPO Eisenberg (1999) Rdnr 656-661.

224 Noch weitergehend hingegen die Rechtsprechung des Bundesgerichtshofs: in den Fällen, in denen bestimmten Rechte bzw. Tatsache verschwiegen würden, sei § 136a I 1 Alt. 7 StPO schon gar nicht anwendbar, BGHSt 39, 335 (348). Eine so weitreichende Beschränkung würde jedoch außer acht lassen, daß der Beschuldigte oftmals entscheidenden Fehlvorstellungen über die Bedeutung prozessualer Recht unterliegt und sich hier die Notwendigkeit einer Aufklärung durch die Vernehmungsbehören geradezu aufdrängt.

und führt auch nicht zu Schutzlücken: denn in einem weiteren Bereich, der über denjenigen der eigentlichen Täuschung hinausgeht, verbleibt noch der Prüfungsaspekt der Verfahrensfairness. Es erscheint aber zumindest fraglich, ob die Aufklärung über die beweisrechtlichen Konsequenzen des Schweigens zu einer erheblichen Veränderung des jeweiligen Aussageverhaltens führt.

(b) Das rechtsstaatliche Gebot der Verfahrensfairneß (Art. 20 III GG, Art. 6 [2] EMRK) als normativer Maßstab

In der Rechtsprechung des Bundesgerichtshofs und des Bundesverfassungsgerichts ist das Gebot der rechtsstaatlichen Verfahrensfairneß allgemein anerkannt. In Art. 6 (2) EMRK ist dieses umfassende Verfahrensgebot ausdrücklich festgeschrieben. Der Fairneßgrundsatz ist dabei im Sinne von Roxin als übergreifendes, höchstes Verfahrensgebot anzusehen, das dort subsidiär als eigenständige Regelung zum Tragen kommt, wo andere Rechtsprinzipien nicht eingreifen[225]. Vorliegend handelt es sich um einen solchen Fall: dem Fairneßgedanken widerspricht eine Vorgehensweise, die dem Beschuldigten bestimmte Rechte eröffnet und ihn ausdrücklich auf diese hinweist, ohne ihn vor den Konsequenzen zu warnen, die durch die Ausübung entstehen können[226]. Dies ist selbst von den Befürwortern einer umfassenden Würdigungsmöglichkeit des Schweigens eingeräumt worden[227]. Auch der Bundesgerichtshof hat in der bereits zitierten frühen Entscheidung BGHSt 20, 281 eine solche Belehrung des Beschuldigten als notwendige Konsequenz einer umfassenden Würdigung jeder Form des Schweigens angesehen[228].

Freilich ist nicht zu übersehen, daß dieses Argument nur eine „relative" Verteidigung des Schweigerechts ermöglicht. Sie stützt sich nämlich ausschließlich auf die einfachgesetzlichen Ausgestaltungen der Belehrung und impliziert, daß eine Änderung des einfachen Rechts der §§ 115 III 1 u.a.

---

[225] Roxin (1998) § 11 Rdnr 9. Hingegen sehen andere Literaturstimmen in diesem Prinzip ein allgemeines prozessuales Recht mit Auffangcharakter, so etwa SK(StPO)-Rogall vor § 133 Rdnr 101. Allgemein zum Streit um die dogmatische Bedeutung des Fairneßgebots auch Löwe/Rosenberg/Rieß[25] Einleit. Abschn. H Rdnr 100.

[226] Zutreffend Roschmann (1983) S. 114, Schmidt-Leichner NJW 1967, 189 (190). Den Fairneßgedanken betonen auch Petry (1971) S. 41 und Rieß JA 1980, 293 (295), allerdings ohne auf den spezifischen Aspekt der irreführenden Belehrung hinzuweisen.

[227] Siehe etwa Ostermeyer NJW 1967, 915 (916) und Stümpfler DAR 1973, 1 (8), die dezidiert für die Würdigung jeder Form des Schweigens eintreten.

[228] BGHSt 20, 281 (283/284). Ebenso noch BGH bei Dallinger MDR 1971, 18, OLG Zweibrücken StV 1986, 290. Dieser Gedanke wurde (wie auch der Hinweis auf § 136a I 2 StPO im selben Urteil) in der sonstigen nachfolgenden Rechtsprechung nicht weiter aufgenommen, vermutlich, da diese Bedenken (wie die meisten Argumente gegen Schlüsse aus dem Schweigen) gegen jede Form der Würdigung des Schweigens geltend gemacht werden können.

StPO genügen würde, um dieses Bedenken auszuräumen[229]. Daher könnte man meinen, dieses Argument allein genüge nicht, um Schlüsse aus dem Schweigen in überzeugender Weise zurückweisen zu können.

Dem ist allerdings entgegenzutreten: das Argument, eine Änderung der Belehrungsvorschriften könne die Bedenken auflösen, überzeugt nicht. Hierbei ist zu beachten, daß die meisten Beschuldigten juristische Laien sind. Sie werden sich oftmals wenig unter Konzepten wie dem der richterlichen Beweiswürdigung vorstellen können. Abgesehen davon befinden sie sich regelmäßig aufgrund der ungewohnten Atmosphäre des polizeilichen Verhörs und der geäußerten Vorwürfe in einem Zustand besonderer Erregung[230]. Es ist daher wahrscheinlich, daß eine sorgfältige Belehrung über mögliche beweisrechtliche Konsequenzen des jetzigen Aussageverhaltens für spätere, in weiter Ferne liegende Stadien des Prozesses den Beschuldigten vielmehr verwirrt (bzw. in Ängste versetzt), anstatt ihm einen zusätzlichen Informationswert zu verschaffen.

Abgesehen von einem möglichen Verwirrungseffekt ist zudem ein - bereits angedeutetes - Dilemma zwischen Informationsverpflichtung und Aktualisierung des psychologischen Drucks zu konstatieren: selbst bei korrektem Verständnis wird das Gesamtbild der Information aus Sicht des Beschuldigten eher das folgende sein: „Du kannst die Aussage verweigern, dies ist dein Recht, aber du mußt damit rechnen, daß gerade dies zu deinem Nachteil verwendet wird“[231]. Nimmt man mithin den bereits erörterten Gesichtspunkt der psychologischen Drucksituation hinzu, bewirkt die Belehrung (wenn überhaupt) vor allem, die drohenden Konsequenzen einer Aussageverweigerung dem Beschuldigten vor Augen zu führen und damit überhaupt zu aktualisieren[232].

---

229 Darauf verweist auch Leiwesmeyer (1994) S. 116.

230 Allgemein zur Notwendigkeit einer verständlichen Belehrung und zu den Schwierigkeiten der Verwendung rechtlicher Begriffe auch Eser ZStW 86 (1974-Beiheft), 136 (153/154).

231 Siehe Tzschack DAR 1971, 286 (288), der aus der Sicht eines Praktikers ebenfalls einen gesteigerten psychologischen Druck als Folge einer Belehrung des Beschuldigten über die beweisrechtlichen Konsequenzen seines Schweigens annimmt.

232 Ein weiteres Mißverständnis liegt angesichts einer Belehrung nahe, die auch auf die möglichen Nachteile eines sich verweigernden Aussageverhaltens hinweist. Eine rechtlich nachteilige Würdigung findet im Prozeß statt, entsprechend wird die Belehrung darauf verweisen, daß ein Richter das jetzige Aussageverhalten retrospektiv nachteilig würdigen könnte. Ob es jedoch zu einem solchen Prozeß kommt, ist zum Zeitpunkt des polizeilichen Verhörs noch völlig offen. Das empirische Zahlenmaterial belegt, daß nur ein Bruchteil der Ermittlungsverfahren in eine Hauptverhandlung münden. Die rechtlichen Möglichkeiten der §§ 153-154a StPO u.a. gewähren den

(4) Der Grundsatz der Unschuldsvermutung als normative Sperre

Auf den ersten Blick erscheint der Grundsatz der Unschuldsvermutung wenig geeignet, als Argument gegen Schlüsse aus dem Schweigen zu dienen. Die Unschuldsvermutung besagt nach allgemeiner Auffassung, daß der Angeklagte so lange als unschuldig gilt, bis seine Tatschuld in der gesetzlich vorgesehenen Form („ohne vernünftigen Zweifel“) nachgewiesen worden ist[233]. In enger Verbindung mit diesem Rechtsprinzip[234] steht hierbei der Grundsatz des in dubio pro reo: während die Unschuldsvermutung sich auf die beschriebene Vermutungssituation während des gesamten Verfahrens bezieht, bezeichnet das Prinzip in dubio pro reo regelmäßig die spezifische Sachlage, in der aufgrund eines abschließenden Beweisergebnisses eine Verurteilung wegen rechtserheblicher Zweifel ausgeschlossen ist[235].

In der Literatur wird eine Herleitung des Verbots von Schlüssen aus dem Schweigen aufgrund der Unschuldsvermutung (sofern dies überhaupt angesprochen wurde) überwiegend abgelehnt[236]. Zwar bestünde (bereits aus historischen Gesichtspunkten) zwischen den beiden Rechtsinstituten des Schweigerechts und der Unschuldsvermutung ein gewisses Näheverhältnis. Doch wird darauf verwiesen, das Prinzip der Unschuldsvermutung lasse keine Rückschlüsse auf die Zulässigkeit seiner Erschütterung zu[237].

Demgegenüber ist denjenigen Stimmen der Lehre beizupflichten, die in der Unschuldsvermutung das wesentliche Argument gegen Schlüsse aus dem Schweigen sehen (und zwar in jeder Form)[238,239]. Insbesondere hat auch das

---

Strafverfolgungsorganen eine Vielzahl von Möglichkeiten, von einem weiteren Betreiben des Strafverfahrens abzusehen. Folglich liegt bei einer solchen Belehrung das Mißverständnis nahe, daß der Beschuldigte den Hinweis so auffaßt, ihm werde in jedem Fall „der Prozeß gemacht“ und sehe er sich unweigerlich einem Richter gegenüber. Auch dies vermehrt den psychischen Druck und ist unter rein empirischen Zahlenaspekten schlicht unrichtig.

[233] Zum Grundsatz der Unschuldsvermutung allgemein: Kleinknecht/Meyer-Goßner Anhang 4 zu Art. 6 EMRK Rdnr 12, Roxin (1998) § 11 Rdnr 3-6, SK(StPO)-Rogall vor § 133 Rdnr 74-76, Stuckenberg ZStW 111 (1999), 422ff. In Art. 6 (2) EMRK ist diese fundamentale Garantie ausdrücklich normiert, hierzu etwa Schulz (2001) S. 481-483.

[234] Zu diesem Nähezusammenhang beider Institute auch Roxin (1998) § 15 Rdnr 31.

[235] Zum Gebot des in dubio pro reo allgemein: Kühne (1999) Rdnr 955-966, Löwe/Rosenberg/Rieß[25] Einleit. Abschn. H Rdnr 45-49, Löwe/Rosenberg/Gollwitzer[25] § 261 Rdnr 103-124, Kleinknecht/Meyer-Goßner § 261 Rdnr 26-37, Ranft (1995) Rdnr 1639, Roxin (1998) § 15 Rdrn 31-41.

[236] H.-L. Günther JR 1978, 89 (92) und Rogall (1977) S. 249.

[237] H.-L. Günther JR 1978, 89 (92) und Rogall (1977) S. 249.

[238] Vor allem Arndt NJW 1966, 869 (870) mit Hinweis auf Art. 6 (2) EMRK. Jedoch stützt Arndt a.a.O. seine These vornehmlich darauf, die Unschuldsvermutung begrün-

Bayerische Oberste Landesgericht in einer Reihe von Entscheidungen den Zusammenhang zwischen der Unschuldsvermutung und Schlüssen (wenn auch aus dem völligen) Schweigen betont[240]. Allein der Hinweis darauf, Schlüsse aus dem Schweigen würden die Unschuldsvermutung gegenstandslos machen[241], mag zwar intuitiv richtig erscheinen, greift jedoch zu kurz. Um aus der Unschuldsvermutung ein Beweisverwertungsverbot hinsichtlich des Schweigens abzuleiten, bedarf es jedoch zunächst einer vertieften Betrachtung des Wesens dieses Instituts sowie der praktischen Kommunikationsbedeutung des Schweigens.

(a) Der Ausgangspunkt: die materielle Beweisführungslast und der notwendige Überzeugungsstandard und ihre Beziehung zur Unschuldsvermutung

Die Unschuldsvermutung als Rechtsprinzip bezieht sich wie gesehen auf einen bestimmten Status des Beschuldigten während des Strafverfahrens, indem es betont, daß eine Verurteilung nicht angenommen werden könne, solange nicht der Nachweis der Tatschuld (ohne vernünftigen Zweifel) geführt wurde. Das diesem nahestehende Prinzip des in dubio pro reo nimmt diese Garantie für die spezielle Situation der Verurteilung auf, indem es bei bestehenden Zweifeln den Freispruch fordert[242]. Beide Institute stehen jedoch

---

de ein Entscheidungsrecht des Angeklagten, ob er dem Gericht als Beweismittel zu Verfügung stehe wolle. Diese Verbindung von Unschuldsvermutung und Willensargument überzeugt nicht, da die Frage der Würdigung des Schweigens allgemein bereits in ihrer Wirkung vom Willen des Beschuldigten unabhängig ist, dazu infra S. 130.

239 Im Ergebnis ebenso Leiwesmeyer (1994) S. 134, wenn auch mit wenig überzeugender Begründung. Vergleiche auch die Formulierung bei Tzschack DAR 1971, 286 (288), der in Umschreibungen von einer Beweislastverschiebung spricht. Auch andere Autoren betonen den Aspekt der „Beweislastverschiebung“: so formuliert Eser ZStW 86 (1974-Beiheft), 136 (162), eine (umfassende) Würdigung des Schweigens laufe auf eine „Schuldvermutung“ hinaus.

240 Die Beschlüsse sind unveröffentlicht: BayObLG RReg. 1b St 154/67 - Beschluß des 5. [damals noch 1b] Strafsenats vom 26.05.1967, BayObLG RReg. 1 St 547/71 OWi - Beschluß des 1. Strafsenats vom 25.05.1971, BayObLG RReg. 11 St 525, 72 - Beschluß des 1. Strafsenats vom 25.06.1971 -, BayObLG RReg. 5 St 525/72 - Beschluß des 5. Strafsenats vom 28.03.1972 -, BayObLG 5 St 533/72 - Beschluß des 5. Strafsenats vom 21.04.1972 -. Siehe zu dieser Rechtsprechung auch Stümpfler DAR 1973, 1 (3 mit Fn. 29)

241 Arndt NJW 1966, 869 (870).

242 Das präzise dogmatische Verhältnis zwischen diesen beiden Rechtsprinzipien ist allerdings umstritten. Nach überwiegender Auffassung wird der Zweifelssatz dabei als Konkretisierung der Unschuldsvermutung angesehen, etwa Kühne (1999) Rdnr 955. Hierzu und zu den vertretenen Gegenauffassungen Schulz (2001) S. 477/478, der gleichfalls der überwiegenden Auffassung beitritt. Der Streit hat für die vorliegende Untersuchung keine maßgebende Bedeutung.

in enger Verbindung mit zwei weiteren eigenständigen Elemente des Strafprozesses:

(1) das Prinzip, daß der Beweis der Schuld des Angeklagten seitens der Strafverfolgungsbehörden (Anklage und inquisitorisch tätigem Richter) zu führen ist („materielle Beweisführungslast"), und

(2) einen (hohen) Überzeugungsstandard dafür, daß der Schuldnachweis erbracht wurde, als Voraussetzung der Verurteilung des Angeklagten. Bereits in Fällen des nicht nur spekulativ fundierten Zweifels ist dieser Standard nicht als erfüllt anzusehen.

Das erste Element dieser umschreibenden Definition der Unschuldsvermutung findet seinen praktischen Niederschlag in der Struktur des Prozesses: die Strafverfolgungsbehörde erhebt die Anklage, der Richter ergründet aufgrund seiner inquisitorischen Rechtsmacht den Sachverhalt. Gemäß diesem Amtsermittlungsprinzip, das den Richter zu einer neutralen und umfassenden Wahrheitsfindung verpflichtet, ist im deutschen Recht das Gebot allerdings etwas in den Hintergrund getreten. Allerdings läßt sich dennoch von einer materiellen Beweisführungslast der Strafverfolgungsorgane sprechen[243]. Diese ist mit der Verpflichtung zur Wahrheitsfindung durchaus vereinbar, beide Rechtsgebote hängen sogar funktionell eng miteinander zusammen: mag auch in jedem Stadium des Prozesses der Anklagevorwurf als Gegenstand der Prüfung im Raum stehen, wird seine Existenz durch die stete Bereitschaft der Strafverfolgungsorgane relativiert, angesichts entlastender Beweise bzw. auch im Zweifelsfalle nicht zu verurteilen.

Das zweite bezeichnete Element bezieht sich auf den notwendigen richterlichen Überzeugungsstandard bei der Verurteilung. Dieses Element ist im auch deutschen Recht freilich häufig erörtert worden[244].

Es sind aber gerade jene Elemente der materiellen Beweisführungslast bzw. des zur Verurteilung notwendigen Überzeugungsstandards, in die die Würdigung des Schweigens des Beschuldigten in rechtswidriger Weise eingreift. Um dies zu verstehen, ist es notwendig, auf den tatsächlichen Erklärungswert des Schweigens im Strafverfahren einzugehen. Hier zeigt sich, daß empiri-

---

243 Siehe insbesondere den Verweis von Leiwesmeyer (1994) S. 132 auf die Unterhöhlung der „Beweislast" (Anführungszeichen im Original). Hier deutet sich eine entsprechende Überlegung des Autors an, ohne daß diese konsequent fortgeführt wird.

244 Regelmäßig wird die Frage des notwendigen richterlichen Überzeugungsstandards im Zusammenhang mit dem Prinzip des in dubio pro reo diskutiert (siehe die soeben in Fn. 235 zitierten Literaturstellen). Dieser Zusammenhang ist konsequent, da es gerade jene Fälle der Verurteilung bei verbleibenden Zweifel sind, die die Frage nach dem erforderlichen Überzeugungsbild des Richters aufwerfen.

sche und normative Begründungselemente gemeinsam zu betrachten sind und sich ergänzen.

(b) Der Erklärungswert des Schweigens in der Praxis und seine Bedeutung für die Frage der materiellen Beweisführungslast und des Überzeugungsstandards

Um den Zusammenhang der Unschuldsvermutung und dem Verbot der Würdigung von Schlüssen aus dem Schweigen nachzuvollziehen, muß auf die empirischen Erkenntnisse verwiesen werden, die bereits oben angesprochen wurden. Es zeigte sich, daß das Schweigen im tatsächlichen Verhältnis der Kommunikation, sei es zwischen Individuen, sei es in der formellen Atmosphäre einer Vernehmung oder Gerichtsverhandlung, durchgängig in bestimmter Weise von der Gegenseite interpretiert wird. Dies gilt im besonderen Maße für das Schweigen als Reaktion auf eine konkrete Frage, die im Zusammenhang einer Vernehmungssituation gestellt wird. Wie gesehen ergeben solche Vernehmungssituationen einen besonders „stringenten" aussagepsychologischen Kontext, weil aufgrund der drohenden Sanktionen und des zugrundeliegenen Machtverhältnisses regelmäßig ein Rechtfertigungsverhalten erwartet werden kann[245]. Dem liegt die Erwägung zugrunde, Menschen handelten rational und würden daher bestrebt sein, nachteilige Konsequenzen einer Verurteilung zu vermeiden.

Es wurde bereits weiter darauf verwiesen, daß diese kommunikationstechnischen Zusammenhänge in der Praxis der Gerichte deutlichen Niederschlag finden[246]. Dies wird durch die Tatsache belegt, daß zahlreiche untere Gerichte das (völlige) Schweigen entgegen der rechtlichen Maßgaben immer wieder als Indiz der Schuld angesehen haben. In diesen Fällen entschlüpft die „Alltagssicht" der Richter folglich den strengen Vorgaben des Rechts. Zudem wurde angemerkt, daß in keinem einzigen Urteil jemals das Schweigen als Zeichen der Unschuld angesehen wurde[247]. Damit steht aber fest, daß rein tatsächlich gesehen das Schweigen, insbesondere in bestimmten inkriminierenden Situationen, einen ausgesprochen festgelegten Bedeutungszusammenhang besitzt[248].

Dieser Bedeutungszusammenhang ist jedoch überaus fragwürdig. Denn er orientiert sich an der These, daß der Unschuldige regelmäßig rede, während der Beschuldigte schweige. Wie dargelegt lassen sich solche Annahmen auf-

[245] Supra S. 61.

[246] Supra S. 64.

[247] Supra S. 64.

[248] Zu diesem verbreitet dem Schweigen zugemessenen Erkenntniswert auch: Eisenberg (1999) Rdnr 908, Rogall (1977) S. 254, Stree JZ 1966, 593 (598).

grund der Vielfalt möglicher weiterer Gründe für das Aussageverhalten kaum aufrechterhalten. Hier zeigt sich jedoch, in welcher bedenklichen Weise die Würdigung des Schweigens in die beiden genannten Elemente (Beweisführungslast, Überzeugungsstandard) eingreift:

(1) Eine Würdigung des Schweigens (in jeder Form) ist mit dem Gebot der materiellen Beweisführungslast unvereinbar. Aufgrund tatsächlicher Kommunikationsformen wird dem Schweigen in der Praxis durchgängig eine negative Bedeutung beigemessen[249]. Da es aus sich heraus nichts erklärt, aber regelmäßig in einem inkriminierenden aussagepsychologischen Kommunikationszusammenhang auftritt, wird ihm folgerichtig fast zwingend eine negative Bedeutung beigelegt[250]. Diese Annahme aber untergräbt das Gebot der materiellen Beweisführungslast der Staatsorgane: anstatt das Gebot zu erfüllen, überzeugende Beweise für die Verurteilung zu präsentieren, beziehen sich Strafverfolgungsbehörden (einschließlich der verurteilenden Richter) auf das Schweigen und die damit verbundenen unhaltbaren Thesen zu seinem Beweiswert[251].

---

[249] Daher ist auch der Hinweis von H.-L. Günther JR 1978, 89 (91) auf eine gebotene Gleichbehandlung der Aussagerisiken und Schweigerisiken des Angeklagten unzutreffend: es ist zwar richtig, daß dem Angeklagten auch im Falle der Aussage das Risiko einer nachteiligen Würdigung droht. Doch in der Situation des Schweigens ist wegen der festgelegten Kommunikationsbedeutung die nachteilige Würdigung weitaus wahrscheinlicher. Ein solches Gleichstellungsargument trägt dem nicht Rechnung.

[250] Roschmann (1983) S. 139 spricht in ähnlicher Weise von einem „blinden Mechanismus", der aufgrund der Erfahrungssatzargumentation gegen den Beschuldigten abläuft. Aus diesem Grund ist der Einwand von H.-L. Günther JR 1978, 89 (91), daß die Entscheidung über die grundsätzliche Zulässigkeit der Würdigung des Schweigens noch nichts über seine Heranziehung als Schuldindiz im einzelnen Falle aussage, nicht überzeugend. Es zeigt sich eben, daß das Schweigen im Alltag der Kommunikation einen sehr festgelegten Bedeutungszusammenhang besitzt. Durch das Verbot der Erforschung der Gründe des Schweigens (supra S. 80) wird diese Problematik zudem noch verschärft.

[251] An dieser Stelle zeigt sich (wie bereits supra S. 82 angedeutet), wie sich empirische und normative Erkenntnisse bei der Argumentation gegen Schlüsse aus dem Schweigen ergänzen. Aber noch an einem weiteren Punkt erscheint die empirische Erkenntnis des fehlenden Erklärungswerts im rechtlichen Gewand: von H.-L. Günther JR 1978, 89 (93) ist behauptet worden, gegen eine Beschränkung des § 261 StPO in der Frage der Beweiswürdigung des Schweigens spreche das Gebot der Wahrheitsfindung und materiellen Strafgerechtigkeit (Art. 20 III GG). Wenn jedoch das Schweigen äußerst zweifelhaften Beweiswert aufweist, hilft es nicht nur der Wahrheitsfindung nicht weiter (zutreffend Bosch [1998] S. 36), sondern kann im Gegenteil durch Fehlverurteilungen die Strafgerechtigkeit massiv beeinträchtigen (siehe zum Fehlurteilsrisiko auch Stree JZ 1966, 593 [595]). Damit ist aber auch einer solchen verfassungsrechtlich fundierten Abwägung der Boden entzogen.

(2) Aber auch das zweite Element, der notwendige Überzeugungsstandard für die Verurteilung, wird durch die Miteinbeziehung des Schweigens in die Beweiswürdigung unzulässig gemindert. Das Schweigen wird (zumindest teilweise) an die Stelle sonstigen Beweismaterials gesetzt und die Behauptung aufgestellt, der Nachweis der Schuld „ohne vernünftigen Zweifel" sei erfüllt. Dann wird aber als Folge der im einzelnen Fall erforderliche Überzeugungsstandard für eine Verurteilung nicht eingehalten. Der Gegenstand der Betrachtung ist hierbei das Endergebnis des gesammelten belastenden Beweismaterials und seine richterliche Würdigung. Die Nähe zum Verstoß gegen das in-dubio-Prinzip ist ersichtlich, freilich bezeichnet aber das in-dubio-Gebot (wie gesehen) nur einen Teilausschnitt der Problematik, nämlich die Verurteilung im Zweifelsfall.

Aus dieser Argumentation ergibt sich, warum eine Würdigung des Schweigens besonders bedenklich erscheint. Sie untergräbt letztendlich den gesamten Ablauf des inquisitorischen Anklageprozesses[252,253].

Es zeigt sich im Übrigen aufgrund dieses Sachzusammenhangs, daß die unzulässige Herabsetzung des Überzeugungsstandards (Element 2) letztendlich nur die Folge der Mißachtung der materiellen Beweisführungslast darstellt.

Hieraus ergibt sich für das allgemeine Verhältnis von Schweigerecht, Unschuldsvermutung und Würdigung des Schweigens folgender Schluß: in der Literatur ist heftig darüber gestritten worden, ob das Schweigerecht als A u s s a g e verweigerungsrecht aus der Unschuldsvermutung abzuleiten sei[254]. Richtig ist, daß es sich bei dem Schweigerecht und bei der Unschuldsvermutung um zwei unterschiedliche Garantien handelt[255], die lediglich historisch enge Wurzeln haben und auch sachlich in einem Näheverhältnis stehen, da beiden ein gemeinsames Vorstellungsbild hinsichtlich gewisser Werte im Strafprozeß zugrundeliegt[256]. Wie aber bereits dargestellt, ist die Frage der

---

[252] Dies ist auch die Folgerung von Tzschack DAR 1971, 286 (288), obgleich er aufgrund eher intuitiver, nicht an Rechtsbegriffen orientierter Argumentation zu diesem Schluß gelangt.

[253] Wenig überzeugend erscheint demgegenüber die Ableitung von Leiwesmeyer (1994) S. 132/133, der aus der Unschuldsvermutung ein Gebot herzuleiten sucht, den ersichtlichen Willen des Schweigenden, aus der Beweiswürdigung insgesamt auszuscheiden, zu respektieren.

[254] Für eine solche Ableitung des Schweigerecht als Aussagefreiheitsrecht etwa Arndt NJW 1966, 870 (870/871), Bauer (1972) S. 51, Guradze (1971) S. 163, Müller-Dietz ZStW 93 (1981), 1177 (1263). Zumindest einen strukturell sehr engen Zusammenhang betont auch Dingeldey JA 1984, 407 (409).

[255] So auch Bosch (1998) S. 95/96 und Nothhelfer (1989) S. 39/40.

[256] Zutreffend Nothhelfer (1989) S. 40, der darauf verweist, daß sich beide Institute ergänzen.

beweisrechtlichen Würdigung des Schweigens nicht aus dem Schweigerecht selbst zu beantworten[257]. Gerade die obige Analyse belegt, daß nicht von einem allgemeinen Deckungsverhältnis von Schweigerecht und Unschuldsvermutung gesprochen werden kann. Auf einer anderen Ebene liegt hingegen die Frage nach den beweisrechtlichen Konsequenzen der Ausübung des Schweigerechts und dem Verhältnis zur Unschuldsvermutung. Hier findet sich ein zwingender Sachzusammenhang. Die spezielle Frage der Beweiswürdigung des Schweigens bildet eine Art „Brücke“, die beide Garantien miteinander verbindet und (an dieser Stelle) zu einem unmittelbaren Zusammenhang führt[258].

4. Zwischenergebnis

Die Analyse hat ergeben, daß eine kritische Würdigung der These, aus dem Schweigen des Beschuldigten könnten nachteilige Schlüsse gezogen werden, auf zweierlei Weise erfolgen kann: auf empirischer und auf normativer Grundlage. Beide Ebenen verbinden sich in der Argumentation zu einer nicht zu trennenden Einheit, doch hilft ihre gedankliche Unterscheidung bei der Bestimmung des Ausgangspunktes in der Debatte.

Allein aufgrund empirisch fundierter Thesen kann eine definitive Antwort auf die Frage der Zulässigkeit von Schlüssen aus dem Schweigen nicht gefunden zu werden. Rein tatsächliche Risiken der Beweiswürdigung sind im Lichte des § 261 StPO ungenügende Argumentationsansätze, da insofern § 261 StPO als umfassendem Gebot der Wahrheitsfindung der Vorrang zukommt.

Als Ergebnis bleibt festzuhalten, daß Schlüsse aus dem (völligen) Schweigen mit dem Grundsatz der Unschuldsvermutung nicht vereinbar sind. In der Argumentation verbinden sich rechtliche Aspekte (Unschuldsvermutung, Überzeugungsbildung des Richters) mit Fragen der tatsächlichen Handhabung der Beweiswürdigung des Schweigens in der Praxis. Wie der Gerichtsalltag zeigt, wird Schweigen durchgängig als Indiz eines „Nichterklärenkönnens“ angesehen. Diese Annahme beruht auf dem (vermeintlichen) stringenten Kommunikationszusammenhang der Verhörsituation und des Prozesses.

Daneben ist unter Fairneßaspekten eine Würdigung des passiven Aussageverhaltens unzulässig, solange der Betroffene nicht darüber aufgeklärt wird, daß sein Schweigen auch gegen ihn verwendet werden kann. Dieses Argu-

---

257 Supra S. 82.

258 Gerade entgegengesetzt der Schluß von SK(StPO)-Rogall vor § 133 Rdnr 76 a.E.: weil die Frage der Würdigung des Schweigens und die Unschuldsvermutung keine inhaltlichen Verbindungslinien aufwiesen, belege dies gerade die Unterschiede zwischen dem Institut des Schweigerechts und der Unschuldsgarantie.

ment ist schwächer, da es, wie gesehen, nur „relativ“ wirkt und gegebenenfalls durch eine gesetzlich veränderte Belehrungsformel aus den Angeln gehoben werden kann. Dann wiederum stellen sich jedoch weitere Probleme hinsichtlich der Verständlichkeit der Belehrungsformel.

Das Argument des psychologischen Drucks auf den Beschuldigten, der sich mit den Gefahren einer möglichen nachteiligen Würdigung seines Schweigens konfrontiert sieht, vermag im einzelnen Fall ebenso Überzeugungskraft zu entfalten. Einschränkend ist hierbei jedoch hinzuzufügen, daß dies prinzipiell den Nachweis einer tatsächlichen Zwangslage im einzelnen Fall erfordert, was regelmäßig in der Praxis nicht möglich sein dürfte.

III. Neuere Tendenzen der Lehre zur Frage der Würdigung des Schweigens

1. Die Auffassung von Gunther Arzt

In neuerer Zeit hat Gunther Arzt eine weitere Begründung für das umfassende Ermessen des Richters, Schlüsse aus dem Schweigen des Angeklagten zu ziehen, formuliert[259]. Er weist auf den Umstand hin, daß das Verbot der Würdigung des Angeklagtenschweigens im Zusammenhang mit einer umfassenderen Entwicklung des strafrechtlichen Beweisrechts zu sehen sei, die paradoxe Züge trage. Aufgrund sehr restriktiver Rechtsprechungsregeln werde die Würdigung des Verhaltens des Angeklagten im Prozeß, mithin eines Beweismittels (im weiteren Sinne), das der unmittelbaren Beobachtung und dem persönlichen Eindruck des Richters zugänglich ist, in immer stärkerem Maße eingeschränkt. Hingegen nähmen die technischen und auf dem Einsatz von V-Leuten beruhenden Ermittlungsmethoden im Vorfeld der Hauptverhandlung fortwährend an Bedeutung zu[260]. Es sei bedenklich, daß der einzelne aufgrund Gentests, Abhörmaßnahmen und Aushorchung durch V-Männer vollkommen durchleuchtet werden könne, hingegen die Würdigung seines Verhaltens während des Prozesses im zunehmenden Maße durch Richterrecht dem Gebot des § 261 StPO entzogen sei. Zwar dürfe das Schweigen nicht automatisch als Ausdruck der Schuld angesehen werden, doch gebe es Fälle, in denen dieses ein wichtiges Indiz darstelle[261].

Dieser eher auf rechtspolitische Aspekte abzielenden Auffassung von Arzt kann nicht beigepflichtet werden. Zwar erscheint der Hinweis auf eine paradoxe Entwicklung der Methoden der Wahrheitsgewinnung prima facie über-

---

[259] Arzt (1997) S. 22-24. Siehe auch Arzt (1992) S. 247/248, wobei der Autor a.a.O. jedoch nur äußert, er halte an der früher herrschenden Meinung fest, Schlüsse aus dem Schweigen seien allgemein zuzulassen.

[260] Arzt (1997) S. 23

[261] Arzt (1997) S. 22.

zeugend. Jedoch ist zu bedenken, daß hier die zeitlich parallele Entwicklung zweier Felder in einen Zusammenhang gestellt wird, ohne daß sich zwischen beiden Tendenzen ein notwendiger Konnex ergibt. Es erscheint in der Tat bedenklich, daß das Strafverfahren sich zunehmend auf den Bereich von „Vorfeldermittlungen“ konzentriert. An den prinzipiellen normativen Gründen gegen eine Beschränkung der Würdigung des Schweigens ändert dies nichts: es kann richtigerweise nicht die Forderung erhoben werden, eine rechtpolitisch bedenkliche Entwicklung wie das Ausufern der Vorfeldermittlungen durch erneute Zulassung einer anderen rechtlich fragwürdigen Vorgehensweise „auszutarieren“.

2. Die Auffassung von Georg Freund

Es ist der Analyse von Freund[262] zu verdanken, daß die rechtliche Behandlung des Themas von Schlüssen aus dem Schweigen um einen weiteren Aspekt zu ergänzen ist, der das Verbot der Schlüsse aus dem Schweigen relativiert.

Um die Thesen von Freund richtig einordnen zu können, ist auf eine grundsätzliche Unterscheidung hinsichtlich der möglichen Konsequenzen des Schweigens für die Verurteilung des Angeklagten hinzuweisen. In Bezug auf die Erörterung des Beweismaterials im Prozeß führte das (umfassende) Schweigen des Angeklagten ggf. zu einem doppelten Nachteil:

1. Zum einen erlaubt es dem Richter (sofern das Recht dies zuläßt), das Schweigen selbst als belastendes Indiz zum Nachteil des Angeklagten zu würdigen.
2. Zum anderen (und dies ist stets der Fall) verhindert das Schweigen des Angeklagten, daß er seine Version der Tatvorgänge präsentieren und ggf. Behauptungen der Anklage widerlegen kann.

Beide für den Angeklagten nachteilige Wirkungen des Schweigens sind sorgfältig zu unterscheiden. Während nämlich nachteilige Schlüsse aus dem Schweigen keineswegs automatisch zulässig sind, sondern einer differenzierten rechtlichen Würdigung bedürfen, stellt der zweite Umstand eine unvermeidbare sachlogische Folge der Ausübung des Schweigerechts dar (in diesem Sinne ist das Schweigerecht in der Tat ein „privilegium odiosum“[263])[264]. Dies wirkt sich besonders gravierend in einer akkusatorischen

262 Zum Folgenden Freund (1987) S. 13, 24-26, 86-96, 110-116.

263 Das Wort stammt von Liepmann ZStW 44 (1924), 647 (671). Siehe auch Henkel[2] (1967) S. 177 in Fn. 20.

264 Darauf weisen zutreffend zahlreiche Autoren hin: Castringius (1965) S. 63, Eser ZStW 86 (1974-Beiheft), 136 (148), Gegenfurtner DAR 1966, 98 (im Zusammenhang mit

Prozeßstruktur aus, in der ein antagonistisches Interessengefüge besteht und die Gegenseite erklärtermaßen unter neutraler Aufsicht des Richters die Tatschuld des Angeklagten zu belegen sucht[265]. In dem inquisitorischen Verfahren des deutschen Rechts wird dieser Nachteil des „Sich-Nichteinbringens" des Angeklagten eher ausgeglichen, jedoch gilt dies nur beschränkt: auch der deutsche Prozeß wird - praktisch gesehen - von den Darlegungen der Anklage beherrscht, eben weil auch hier der Tatvorwurf im Raum steht, selbst wenn der Richter (und auch die Anklage) gehalten sind, diesen objektiv zu überprüfen.

Auf die zweite nachteilige Folge des Schweigens, die bewußt herbeigeführte Nichtbeteiligung an der Erörterung des Prozesstoffs, beziehen sich die Ausführungen von Freund, wobei er insbesondere auf die Problematik der Feststellung subjektiver Tatbestandsmerkmale eingeht[266].

Freund verweist auf den Umstand, daß das Schweigen des einzelnen im gesamten Kontext des Strafverfahrens gesehen werden müsse. Dies gelte insbesondere für die Frage des Nachweises des subjektiven Tatbestandes. Die Rechtsprechung würde zwar verbal davon ausgehen, der Angeklagte könne ohne nachteilige Folgen schweigen, rein praktisch gesehen ergäben sich solche Nachteile jedoch sehr wohl. Der Richter würde nämlich insbesondere bei der Beurteilung des subjektiven Tatbestandes eine Art Regelfallmuster zugrundelegen[267]. Dies bezeichne den Umstand, daß der Richter den vorgebrachten objektiven Sachverhalt, wie er sich aufgrund der Beweisaufnahme ergebe, anhand bestimmter, ungeschriebener Erfahrungssätze messe. Ohne diese Erfahrungssätze wäre eine vernünftige Interpretation von alltäglichsten Handlungen und Geschehensabläufen nicht möglich. Zu diesen allgemeinen Erfahrungssätzen gehöre aber insbesondere auch die Annahme, daß derjenige, der prima facie final handelnd einen bestimmten Erfolg bewirkt, regelmäßig auch mit einem tatsächlich final orientiertem Vorstellungsbild agiere. Folge dieser sachnotwendigen Ausrichtung der Rechtsprechung an Erfahrungssätzen des Alltags sei, daß insbesondere subjektive Tatbestandsmerkmale regelmäßig vom Richter „vermutet", daß heißt, aus den Indizien des Falles rückgeschlossen, würden. Eine andere Feststellungsmethode sei dem

---

Verkehrsstraftaten), H.-L. Günther JR 1978, 89 (92), Rieß JA 1980, 293 (295), Kühl JuS 1986, 115 (117), Nickl (1978) S. 71, Bertram Schmitt (1992) S. 193, Seibert NJW 1965, 1706 („zweischneidige Angelegenheit"), Stree JZ 1966, 593 (596), Verrel (2001) S. 20, Wessels JuS 1966, 169 (172) hin.

265 Näher hierzu infra S. 327.

266 Freund (1987) passim. Auch Quentmeier JA 1996, 215 (220/221), die Freund konsequent folgt.

267 Zum Folgenden insbesondere Freund (1987) S. 13 und 24-26.

Richter im Übrigen sogar verwehrt, denn es sei unmöglich, als Außenstehender (noch dazu in der Retrospektive), mit absoluter Sicherheit das Vorstellungsbild des Betreffenden bei der Tatbegehung zu ermitteln. Das Schweigen unterliege mithin erheblichen Nachteilen, da aus dieser Perspektive das passive Verhalten regelmäßig zum Nachteil des Angeklagten ausfiele[268].

Die Ausführungen von Freund geben die Rechtshandhabung in der Praxis zutreffend wieder. Seine Überlegungen zu den subjektiven Tatbestandsmerkmalen lassen sich freilich noch auf ein weiteres Gebiet ausdehnen: das Vorliegen sonstiger Entschuldigungs- und Rechtfertigungsgründe. Auch diese sind per se Ausnahmeregelungen, und sofern sich in diesen Fällen keine besonderen Anhaltspunkte im Sachverhalt finden lassen, bleiben auch solche Erwägungen bei der richterlichen Würdigung regelmäßig außer Betracht. Freilich ist die Frage der Feststellung subjektiver Merkmale die problematischste Kategorie, da sie in allen Fällen der Vorsatzdelikte aufgeworfen wird und ihrem Wesen nach stets nur indiziell zu belegen ist.

Allerdings finden sich zu den Erkenntnissen von Freund durchaus entsprechende ausdrückliche Formulierungen in der Praxis. Die Gerichte haben zwar in ständiger Rechtsprechung betont, daß aus dem Umstand des Schweigens des Angeklagten keine nachteiligen Schlüsse gezogen werden dürfen (oben). Auch wurde dabei hervorgehoben, daß im Falle des Schweigens das Gericht wegen § 244 II StPO gehalten sei, aufgrund seiner Amtsermittlung möglichen entlastenden Umständen nachzugehen, selbst wenn der Angeklagte nicht auf solche Umstände hingewiesen habe[269]. Jedoch haben die Gerichte auch betont, diese Amtsermittlungspflicht dürfe nicht überzogen interpretiert werden: schweigt der Angeklagte, so müsse das Gericht etwaigen Verteidigungsgründen (z.B. Notwehr) nicht auf der Grundlage bloßer Spekulationen oder theoretischer Möglichkeiten nachgehen[270]. Diese Erwägungen gelten insbesondere aber auch für den Nachweis des fehlenden subjektiven Tatbestandes (§ 16 StGB). Insofern liegen die explizit formulierten Positionen der

---

[268] Dazu auch die entsprechende Darstellung bei Quentmeier JA 1996, 215 (220/221).

[269] BGH bei Holtz MDR 1980, 108, BGH StV 1998, 250. So auch die unteren Gerichte: BayObLG bei Rüth DAR 1969, 237, BayObLG bei Rüth DAR 1971, 206, OLG Hamburg VRS 41 (1971), 195 (196), OLG Koblenz VRS 70 (1986), 18 (19/20). Ebenso die ganz herrschende Lehre: KK(StPO)-Engelhardt § 261 Rdnr 40, Kleinknecht JR 1966, 270 (271), Löwe/Rosenberg/Gollwitzer[25] § 261 Rdnr 76, Bertram Schmitt (1992) S. 192.

[270] Siehe die soeben zitierte Rechtsprechung und Literatur sowie Kühl JuS 1986, 115 (118).

Rechtsprechung und die Thesen von Freund gar nicht so weit auseinander, wie dies im ersten Moment erscheinen mag[271].

Es bleibt allerdings festzuhalten, daß dieser Erkenntnis ein zentrales Argument gegen Schlüsse aus dem Schweigen entnommen werden kann: es ist nicht richtig, daß der umfassend schweigende Angeklagte das Schweigen regelmäßig als Schutzschild gegen die richterliche Ermittlung und Verurteilung einzusetzen vermag. Im Gegenteil, selbst dort, wo sein Schweigen als solches nicht zu seinem Nachteil gewürdigt werden kann, erfährt er erhebliche Nachteile, da er sich nicht an der Erörterung des Prozeßstoffes beteiligt. Die Entscheidung, zum Nachteil des Angeklagten Schlüsse aus dem Schweigen zuzulassen, verdoppelt gleichermaßen den nachteiligen Effekt, der bereits dem passiven Verhalten als solchem immanent ist.

IV. Zusammenfassung der Ergebnisse

Der Rechtsprechung und der ganz überwiegenden Auffassung ist darin zuzustimmen, daß jedenfalls völliges Schweigen des Beschuldigten nicht als Indiz der Schuld erachtet werden darf. Hierfür sprechen normativ fundierte Gründe, wobei insbesondere auf die Unschuldsvermutung und die Belehrungsfairness zu verweisen ist, daneben ggf. auch auf den individuellen psychologischen Druck.

Diese Feststellung ist jedoch dahingehend zu relativieren, daß zwischen dem Nachteil von Schlüssen aus dem Schweigen selbst und weiteren nachteiligen Folgerungen des Schweigens zu differenzieren ist. Das Schweigen führt - auch im Falle seiner Ausblendung aus der richterlichen Beweiswürdigung - denknotwendig zu der Folge, daß der Beschuldigte sich an der Erörterung des Prozeßstoffes nicht beteiligen kann. Auch im inquisitorischen Prozeß nach deutschem Recht ist dann regelmäßig (mangels anderer Anhaltspunkte) nur der Anklagevorwurf und das diesen stützende Beweismaterial Gegenstand der Erörterung.

---

[271] Aus den eben genannten Ausführungen ergibt sich, daß sich die Darstellungen von Freund eben nicht auf die Frage möglicher Schlüsse aus dem Schweigen beziehen, sondern allein auf die Folgen der Nichtbeteiligung des Angeklagten an der Erörterung des Prozeßstoffes. Vielmehr verweist der Autor gerade darauf, daß passives Verhalten auf vielen Gründen beruhen könne und oftmals kein zuverlässiges Indiz darstelle, Freund (1987) S. 86-88. Wenn Autoren wie Quentmeier JA 1996, 215 (220) darauf verweisen, daß die überwiegende Auffassung mit ihrer These vom „folgenlosen Schweigen" nicht die Wahrheit ausspreche, vermischen sie die beiden erwähnten nachteiligen Konsequenzen es Schweigeverhaltens. Freunds Ausführungen sind mithin nur eine dogmatisch fundiertere, pointierte Betonung der bereits zitierten Erkenntnis, daß Schweigen in jedem Falle eine „zweischneidige Angelegenheit" ist, da ein entlastender Informationsinput seitens des Angeklagten ausbleibt.

Dieser Umstand stellt sich aus Sicht des Angeklagten umso nachteiliger dar, da der Richter mangels Angaben des Angeklagten bei der Beurteilung der vorgelegten Beweise von bestimmten unausgesprochenen Annahmen ausgeht, die der allgemeinen Lebenserfahrung entsprechen. Diese Annahmen gelten insbesondere hinsichtlich subjektiver Tatbestandsmerkmale (Vorsatz), die ohnehin für Außenstehende nur indiziell festzustellen sind.

§ 4 Das zeitweise und inhaltlich-teilweise Schweigen des Beschuldigten als Indiz der Schuld

Bereits im Zusammenhang mit der Erörterung des Urteils BGHSt 20, 298 wurde angedeutet, daß die Rechtsprechung Mitte der sechziger Jahre eine Wende in der Frage vollzog, ob das Schweigen des Beschuldigten der richterlichen Würdigung zugänglich ist. Entgegen der früher vertretenen Auffassung wandte sich die Rechtsprechung nunmehr einer Konzeption zu, die die Zulässigkeit der rechtlichen Würdigung des Schweigens anhand der verschiedenen Erscheinungsformen des Aussageverhaltens definierte.

Betrachtet man die verschiedenen Möglichkeiten des Schweigens des Beschuldigten, so ist die grundsätzlichste Unterscheidung dahingehend zu treffen, daß der einzelne vollständig schweigen kann oder sich zu irgendeinem Zeitpunkt im Verfahren zum Tatvorwurf äußert. Eine solche Aussage zum Tatvorwurf kann wiederum in verschiedener Weise erfolgen: der Beschuldigte kann umfassend zu dem Sachverhalt Stellung nehmen oder auch sich nur zu einzelnen Punkten einlassen.

Soweit der Betreffende nur partiell zum Tatvorwurf Stellung nimmt, sind wiederum verschiedene Erscheinungsformen des Aussageverhaltens zu beobachten: der Beschuldigte kann zu einem bestimmten Zeitpunkt Angaben machen, jedoch zu einem späteren Zeitpunkt vollständig schweigen. Auch der umgekehrte Fall ist denkbar, daß nämlich der Beschuldigte in der Vernehmung zuerst vollständig schweigt, jedoch in späteren Vernehmungen oder der Hauptverhandlung umfassende Angaben macht. In diesen Fällen läßt sich vom sog. (anfänglichen bzw. nachträglichen) zeitweisen Schweigen des Beschuldigten sprechen[272]. Maßgeblicher Gesichtspunkt ist hierbei, daß der Betreffende zwar zum Zeitpunkt X Angaben macht, dem jedoch in einem früheren oder später liegenden Zeitpunkt Y eine (vollständige oder teilweise) Aussageverweigerung gegenübersteht. Das Attribut des „Zeitweisen" bezieht sich somit auf einen Teilausschnitt des Aussageverhaltens des Beschuldigten während des gesamten Strafverfahrens.

Demgegenüber läßt sich auch eine andere Form der teilweisen Aussage i.w.S. denken. In diesem Falle äußert sich der Angeklagte zu dem Tatvorwurf (innerhalb eines Vernehmungstermins) nur hinsichtlich einzelner Punkte, zu anderen Fragen jedoch schweigt er. In diesen Fällen des inhaltlichen Teilschweigens ist der Maßstab für die „Gesamtheit - Teileinheit" des Aussageverhaltens die konkrete Einlassung in dem einzelnen Verhör: teils nimmt der Beschuldigte zu den ihm gestellten Fragen Stellung, teils zieht er sich auf ein passives Aussageverhalten zurück.

---

[272] Zu diesem allgemein v.a. Leiwesmeyer (1994) S. 87/88.

I. Das zeitweise Schweigen des Beschuldigen als Indiz der Schuld

1. Die früher herrschende Ansicht: Schlüsse aus dem zeitweisen Schweigen rechtlich zulässig

Daß auch das zeitweise Schweigen nach früher überwiegender Auffassung[273,274] der Beweiswürdigung nach § 261 StPO unterfallen mußte, ergibt sich bereits aufgrund der obigen Darstellung. Das Postulat einer umfassenden Würdigung des Schweigens schließt nicht nur das völlige Schweigen ein, sondern - erst recht - den Fall, in dem der Beschuldigte sich zu einem früheren oder späteren Zeitpunkt zum Tatvorwurf geäußert hat. Insoweit würde sich aus dieser Perspektive eine Kategorisierung des Schweigens in verschiedene Formen erübrigen, weil die rechtlichen Voraussetzungen innerhalb des § 261 StPO zu keinen prinzipiellen Unterschieden führen würden.

Allerdings ist hierbei eine Besonderheit zu beachten, die die Frage des zeitweisen Schweigens von der des völligen Schweigens unterscheidet: der potentiell deutlich höhere Erklärungswert[275]. Dies gilt vor allem, sofern der Beschuldigte sich erst in der Gerichtsverhandlung äußert (sog. anfängliches zeitweises Schweigen). Diese Fälle sind ein Beleg für die bereits angesprochene Tatsache, daß sich der (vermeintliche) Aussagewert des Schweigens in hohem Maße nach den sonstigen Umständen des Kommunikationszusammenhangs (vor allem dem sonstigen Aussageverhalten des Beschuldigten) richtet. Es lassen sich nämlich Fallkonstellationen anführen, in denen eine sehr spät vorgebrachte Aussage des Beschuldigten ausgesprochen unglaubwürdig erscheint, weil im Rückblick betrachtet kaum verständlich ist, weshalb der Beschuldigte (angenommen, er sei unschuldig) so lange diese Verteidigung hätte verbergen sollen[276]. Wegen diesem vermeintlich beson-

---

[273] Siehe nur Kohlhaas NJW 1965, 2282 (2283) und Ostermeyer NJW 1967, 915 (916). Differenzierend KMR-Paulus § 244 Rdnr 184: anfängliches Schweigen sei der Würdigung zugänglich, wenn der Angeklagte bestimmte einzelne Punkte erst verzögernd in einem späteren Stadium des Verfahrens erstmals erwähnt.

[274] Es ist allgemein völlig übersehen worden, daß auch Stree in einem viel zitierten Aufsatz JZ 1966, 593 (599/600) für die Würdigung des anfänglichen zeitweisen Schweigens eintritt (nämlich, wenn eine Verteidigung aus prozeßtaktischen Gründen erst im Prozeß präsentiert wurde).

[275] Dazu Kühl JuS 1986, 115 (119) und H. Schneider Jura 1990, 572 (575): im Falle zeitweisen Schweigens spreche eine "gewisse kriminalistische Bestätigung" für die Schuld. Anderer Ansicht Ostermeyer NJW 1967, 915 (916): der Erklärungswert in Fällen zeitweisen und völligen Schweigens sei gleich groß.

[276] Zu diesem naheliegenden Gedankengang auch H. Schneider Jura 1990, 572 (578), Stree JZ 1966, 593 (597), Verrel (2001) S. 23/24.

ders starken Indizwert vertritt neuerdings Salger[277] wieder die Auffassung, zumindest das anfängliche Schweigen müsse der rechtlichen Würdigung unterfallen.

2. Die Auffassung der Rechtsprechung und Literatur: keine Schlüsse aus dem zeitweisen Schweigen

Die ganz überwiegende Auffassung in Lehre und Rechtsprechung läßt Schlüsse aus dem zeitweisen Schweigen des Beschuldigten nicht zu. Dies gilt sowohl für den Fall, daß der Beschuldigte sich im Vorverfahren nicht geäußert hat, sondern erst in der Hauptverhandlung (*anfängliches* zeitweises Schweigen)[278], wie auch dann, wenn er sich zuerst geäußert hat, im Hauptverfahren jedoch schweigt (*nachträgliches* zeitweises Schweigen)[279].

a) Das Grundsatzurteil BGHSt 20, 281 - Urteil des 5. Strafsenats vom 26.10.1965 -

Die maßgebende Entscheidung, die diese Rechtsauffassung für die Praxis festschrieb, ist der Fall BGHSt 20, 281 - Urteil des 5. Strafsenats vom 26.10.1965 -. Dem Angeklagten, der bereits zweimal wegen Diebstahls von Geld aus Automaten verurteilt worden war, wurde im Prozeß vor dem Landgericht vorgeworfen, im Hamburger Bahnhof aufgrund unzulässiger Manipu-

---

277 Salger (1998) S. 81/82. Auch an dieser Stelle muß sich der Autor aber fragen lassen, wie es sein kann, daß ein rein tatsächlicher Umstand, nämlich der (angeblich) hohe Beweiswert dieses Aussageverhaltens, normative Bedenken zu überwinden vermag.

278 Aus der Rechtsprechung des Bundesgerichtshofs: BGHSt 20, 281, BGH bei Pfeiffer/Miebach NStZ 1984, 16 (entlastende Angaben nach sechs Monaten Untersuchungshaft), BGH StV 1984, 143 (LS), BGH bei Pfeiffer/Miebach NStZ 1986, 208, BGH StV 1988, 239 (LS), BGH StV 1989, 90 (91) (entlastende Angaben nach 3 Monaten Untersuchungshaft), BGH bei Holtz MDR 1992, 323, BGHSt 38, 302 (305), BGH NStZ 1999, 47. Aus der Rechtsprechung der Oberlandesgerichte: OLG Düsseldorf StV 1983, 449 (LS und 450), OLG Stuttgart NStZ 1986, 182 (LS), OLG Stuttgart NZV 1998, 42 (LS), OLG Braunschweig NZV 2001, 136 (LS 1). Aus der Literatur: Beulke (2002) Rdnr 495, Eisenberg (1999) Rdnr 902, Fezer/Wohlers (1995) Fall 17 Rdnr 36, Henkel[2] (1967) S. 177 in Fn. 20, Kleinknecht/Meyer-Goßner § 261 Rdnr 18, KMR-Stuckenberg § 261 Rdnr 53, Kühl JuS 1986, 115 (120), Leiwesmeyer (1994) S. 87/88, Löwe/Rosenberg/Rieß[25] Einleit. Abschn. I Rdnr 93, Miebach NStZ 2000, 234 (239), Pfeiffer Einleit. Rdnr 11, Quentmeier JA 1996, 215 (218), Rieß JA 1980, 293 (295), Rogall (1977) S. 250, Roschmann (1983) S. 129, H. Schneider Jura 1990, 572 (578), Stree JZ 1966, 593 (598), Verrel (2001) S. 23. Etwas weitergehend hingegen Petry (1971) S. 43: ein Beweisverwertungsverbot sei nur dann anzunehmen, wenn Schweigen und Aussage innerhalb verschiedener Verfahrensabschnitte aufträten.

279 BGH bei Dallinger MDR 1971, 18, BGH StV 1983, 321, BGH StV 1989, 383, OLG Stuttgart NStZ 1981, 272 (273), OLG Düsseldorf MDR 1984, 164, OLG Zweibrücken StV 1986, 290. Aus der Literatur: siehe die soeben zitierten Nachweise.

lationen Geld aus einem Fernsprechautomaten entnommen zu haben. Nachdem der Angeklagte unmittelbar nach der Tat gestellt worden war (ein Bahnbeamter hatte ihn wiedererkannt), äußerte er in der polizeilichen Vernehmung: „Mir ist bekannt, warum ich zur Polizei gebracht worden bin. Ich möchte meine Aussage aber nur vor dem Vorführungsrichter machen.“ Bei der Vernehmung durch den Haftrichter sagte der Angeklagte sodann umfassend aus und gab an, er habe das Geld in der Auszahlungsleiste des Automaten gesehen und die Münzen entnommen, um sie bei der Polizei abzugeben. Das Landgericht stützte seine Verurteilung unter anderem darauf, daß der Angeklagte sich bei seiner polizeilichen Vernehmung zu seinen angeblichen Intentionen (die seine Zueignungsabsicht entfallen ließen) noch nicht geäußert habe. Der 5. Senat hob das Urteil aufgrund dieser dem Angeklagten nachteiligen Würdigung seines Aussageverhaltens auf. Das Gericht formulierte:

> „Rechtlich unzulässig sind solche Schlüsse jedenfalls dann, wenn der Beschuldigte, wie es hier der Fall ist, bei seiner Festnahme und der ihr folgenden polizeilichen Vernehmung von jenem Recht [scilicet dem Schweigerecht] in vollem Umfang Gebrauch gemacht hat, weil er es, gleichgültig aus welchem Grund, für richtig hielt, erst bei einer richterlichen Vernehmung vorzubringen, was er zur Sache zu sagen hat.“[280]

Das Gericht führte weiter aus, die Gegenauffassung beschränke das Schweigerecht des Beschuldigten in rechtlich unzulässiger Weise. Dieser sehe sich nämlich anderenfalls gezwungen, sofort bei seiner ersten polizeilichen Vernehmung auszusagen, da ihm bei späterer Einlassung nachteilige Schlüsse drohen würden. Der 5. Senat wies dabei ausdrücklich auf § 136a StPO hin, der es grundsätzlich verbiete, die Willensfreiheit des Beschuldigten zu beeinträchtigen. Als weiteres Argument betonte der Senat, auch unschuldige Personen könnten verschiedene Gründe dafür haben, anfänglich zu schweigen und nicht vor einem Polizeibeamten, sondern vor einem Richter auszusagen[281]. Zuletzt betonte das Gericht, daß erst vor kurzem die Belehrungsvorschriften der §§ 115 III 1, 136 I 2 u.a. StPO durch den Gesetzgeber abgeändert worden seien. Dann hätte es aber nahegelegen, die Vorschriften entsprechend zu ergänzen, hätte der Gesetzgeber eine solche nachteilige Würdigung des verzögerten Aussageverhaltens befürwortet[282]. Zudem müßte der Beschuldigte im polizeilichen Verhör auf drohende Schlüsse aus Gründen der Fairneß hingewiesen werden, jedenfalls dann, wenn er zu dem Zeitpunkt des ersten Verhörs noch keinen anwaltlichen Beistand erhalten habe.

---

[280] BGHSt 20, 281 (282/283).

[281] BGHSt 20, 281 (283).

[282] BGHSt 20, 281 (283/284).

Eine Analyse ergibt, daß das Urteil in mehrerer Hinsicht bemerkenswert ist.

Bedeutsam erscheint, daß trotz dieser klaren Absicht einer Neuorientierung das Urteil noch vorsichtige Töne anschlägt. Bereits der Sachverhalt stellt insofern eine Besonderheit dar, als der Beschuldigte in der Vernehmung vor der Polizei ausdrücklich und klar begründete, warum er (noch) nicht auszusagen gedachte: dies wolle er erst vor dem funktionell übergeordneten Strafverfolgungsorgan, dem Richter, tun (wie dies dann auch geschah). Daher ging in diesem Fall wohl schon aus Begleitumständen hervor, daß eine nachteilige Würdigung des verzögerten Aussageverhaltens ausschied. Der Bundesgerichtshof folgte jedoch dieser engen Option, allein aufgrund der Umstände des Falls die Schlußfolgerungen der Kammer aus dem Schweigen zu mißbilligen, nicht. Dennoch wurde im gesamten weiteren Urteil gerade jene spezifische Fallkonstellation hervorgehoben, in der die Aussage vor dem Richter erfolgt, nachdem sie zuvor gegenüber der Polizei verweigert worden war.

Diese vorsichtigere Linie, die sich maßgebend auf das anfängliche passive Aussageverhalten vor der Polizei bezieht, fand auch in einem bemerkenswerten, in der Lehre teils übersehenen[283], dictum seinen Niederschlag. Der 5. Senat führte nämlich vor der Darlegung seines bereits eingangs zitierten dictums aus:

> „Ob das Recht des Beschuldigten, nicht zur Sache auszusagen, es schlechthin verbietet, aus seinem Schweigen bei einer Vernehmung ihm nachteilige Schlüsse zu ziehen, kann allerdings zweifelhaft sein. Das gilt insbesondere, wenn der Beschuldigte bei einer Vernehmung nur teilweise oder in mehreren Fällen richterlicher Vernehmungen innerhalb eines gerichtlichen Verfahrens nur bei einer oder einigen von ihnen geschwiegen hat. Der Senat braucht diese Frage indessen im vorliegenden Falle nicht zu beantworten.“[284]

Folglich deutete der Senat hier an, daß in zwei spezifischen Fallkonstellationen auch künftig die Möglichkeit (!) einer nachteiligen Würdigung des Schweigens offengehalten würde: (1) in dem Fall des inhaltlich-teilweisen Schweigens, und (2) sofern ein Richter den Beschuldigten bzw. Angeklagten vernimmt und dieser in einem von mehreren Verhören zeitweise schweigt. Die Fallkonstellation (1) wurde - wie noch näher zu zeigen sein wird - in BGHSt 20, 298 tatsächlich aus dem Verbot einer Würdigung des Schweigens ausgenommen. Die Fallkonstellation (2) hingegen, die bei der Vernehmung durch den Richter auch die Würdigung des zeitweisen Schweigens ermög-

---

[283] Siehe demgegenüber aber etwa Stree JZ 1966, 593 (597), Stümpfler DAR 1973, 1 (3).

[284] BGHSt 20, 281 (282).

licht hätte, wurde später in der höchstrichterlichen Rechtsprechung nicht weiter verfolgt. Mithin zeigt sich, daß der 5. Senat mit diesem Fall keineswegs eine vollkommen fertige Konzeption der differenzierten Behandlung des Schweigens nach seinen Erscheinungsformen präsentierte[285].

Die vier von dem 5. Senat vorgebrachten Argumente deuteten jedoch bereits an, daß eine Unterscheidung der Behandlung des zeitweisen Schweigens nach dem funktionellen Vernehmungsorgan (Richter/Polizist) wohl nicht der zu verfolgende Weg war. Der Senat verwies auf den anderenfalls entstehenden psychologischen Druck, die verschiedenen möglichen Motive für das anfängliche Schweigen, den Gesetzgeberwillen und den Fairneßaspekt im Zusammenhang mit den Belehrungsvorschriften. Von diesen vier Argumenten weist freilich nur das vierte wirkliche (wenn auch beschränkte) Überzeugungskraft auf. Der Umstand des psychologischen Drucks wurde bereits oben relativiert, zumal, da § 136a I 2 StPO in diesem Zusammenhang nicht herangezogen werden kann[286]. Der Hinweis auf die verschiedenen Motive des Schweigens vermag (wie gezeigt[287]) als rein empirisch fundiertes Argument aus sich heraus ebenfalls keine Antwort auf die Frage der Zulässigkeit einer Beweiswürdigung zu geben. Überzeugender ist der Hinweis auf die Belehrungsvorschriften und den damit verbundenen Fairneßaspekt[288]. Soweit jedoch auf den angeblichen Gesetzgeberwillen verwiesen wird[289], steht auch dieses Argument auf sehr schwachen Füßen: jahrzehntelang hatte die Rechtsprechung sich durch die sehr knappe Belehrungsformel nicht davon abhalten lassen, nachteilige Schlüsse aus dem Schweigen zu ziehen[290]. Das Stillschweigen des Gesetzgebers zu dieser Frage konnte - bevor es noch zu dieser Wende kam - daher nicht als konkludente Äußerung angesehen werden, eine Beweiswürdigung des Schweigens habe auszuscheiden. Gerade umgekehrt ließe sich überzeugender argumentieren, die Veränderung der Belehrungs-

---

[285] Eine ähnliche Offenheit zeigte das am 23.08.1968 ergangene Urteil des 2. Strafsenats, BGH GA 1969, 306: anfängliches Schweigen dürfe „in der Regel“ nicht zum Nachteil des Beschuldigten gewertet werden. Der Senat äußerte sich nicht dazu, wann einmal eine andere Entscheidung geboten sein könnte.

[286] Supra S. 90.

[287] Supra S. 81.

[288] Dazu bereits supra S. 96.

[289] In diese Richtung geht auch die Argumentation von Seibert NJW 1965, 1706 und Wessels JuS 1966, 169 (171).

[290] Ablehnend zu einer Herleitung eines Beweisverbotes aus der Erweiterung der Belehrungsvorschriften der §§ 115 III 1, 136 I 2 u.a. StPO durch das StPÄG vom 19.12.1964 auch: Fuhrmann JR 1965, 417 (418), Kohlhaas NJW 1965, 2282 (2284), Stree JZ 1966, 593 (593/594). Hierbei sprechen sich Stree und Fuhrmann für eine Begrenzung der Schlüsse aus dem Schweigen, Kohlhaas gegen eine solche aus.

normen ohne weitere gesetzgeberische Stellungnahme zu der Frage der Beweiswürdigung stelle eine implizite Billigung der bisherigen Rechtslage dar[291].

b) Die weitere Entwicklung der Rechtsprechung zum zeitweisen Schweigen

(1) Die grundsätzliche Linie der weiteren Urteile der Rechtsprechung

Die nachfolgenden Urteile des Bundesgerichtshofs und der unteren Gerichte bekräftigten diese eingeschlagene Linie, die bis heute geltendes Recht ist[292]. Insbesondere wurde hierbei klargestellt, daß jede Form des vollständigen zeitweisen Schweigens - ungeachtet des Gegenparts (Polizist/Richter) im Verhör - dem Verbot unterliegt. Auch die Lehre folgt weithin diesem Ansatz[293].

Im einzelnen behandelte die Rechtsprechung folgende Konstellationen, die als zeitweises Schweigen i.w.S. einzuordnen sind[294]. Hierbei stehen insbesondere die Fälle des anfänglichen zeitweisen Schweigens bzw. sonstigen passiven Verhaltens im Mittelpunkt, da hier die Vermutung besteht, daß Zögern sei auf die nachträgliche Zurechtlegung einer Verteidigung zurückzuführen:

- Insbesondere wird vom richterrechtlichen Beweisverwertungsverbot der „klassische" Fall des anfänglichen zeitweisen Schweigens erfaßt: der Angeklagte schweigt im Ermittlungsverfahren, im Zwischenverfahren bzw. in der Hauptverhandlung macht er jedoch Angaben zur Sache[295]. Dies war auch die Situation im Ausgangsfall BGHSt 20, 281. Hier darf aus dem verzögerten Vorbringen des Angeklagten kein nachteiliger Schluß gezogen werden.

---

[291] Dies ist eines der Argumente des OLG Oldenburg NJW 1969, 806 für eine erweiterte Zulässigkeit von Schlüssen aus dem Schweigen. Ebenso Stümpfler DAR 1973, 1 (6) unter ausdrücklichem Hinweis auf das Urteil. Der Gegenschluß läßt sich mit Blick auf die Gesetzessystematik noch einen Schritt weiter treiben: naheliegenderweise hätte der Gesetzgeber wie bei § 136a III 2 StPO ein ausdrückliches Beweisverwertungsverbot statuieren müssen, siehe Kohlhaas NJW 1965, 2282 (2284), Stümpfler DAR 1973, 1 (6).

[292] Siehe die supra S. 113 in Fn. 278/279 zitierten Nachweise aus der Rechtsprechung.

[293] Dazu bereits die supra S. 113 in Fn. 278/279 zitierten Stimmen der Lehre.

[294] Zum Folgenden insbesondere SK(StPO)-Schlüchter § 261 Rdnr 40.

[295] BGHSt 20, 281, BGH StV 1983, 321 (321/322), BGH StV 1985, 401, BGH bei Pfeiffer/Miebach NStZ 1986, 208, BGH StV 1987, 377 (377/378), BGH StV 1989, 383 (384), BGH StV 1992, 548 (LS 3 Satz 2 und 549), BGH StV 1994, 413 und SK(StPO)-Schlüchter § 261 Rdnr 40.

- Als unzulässig wurde es auch angesehen, nachteilige Schlüsse aus dem Umstand zu ziehen, daß bestimmte Verfahrensrechte erst verzögert geltend gemacht wurden, so etwa die Benennung eines Entlastungszeugen zu einem späteren Zeitpunkt[296].
- Gleichfalls mit einem Beweisverwertungsverbot wurde der Fall belegt, in dem der Angeklagte in einem früheren Verfahren als Zeuge die Auskunft nach § 55 StPO verweigert hatte[297], sich im später gegen ihn gerichteten Verfahren hingegen zur Sache einließ. Auch dieser Fall ist dem zeitweisen Schweigen gleichzustellen, wobei hier gewissermaßen eine „verfahrensübergreifende" Sichtweise vorgenommen wird.

Aber auch die Fallkonstellationen des nachträglichen Schweigens wurden in der Rechtsprechung behandelt: auch wenn der Beschuldigte sich im Ermittlungsverfahren einließ, in der Hauptverhandlung jedoch schwieg, sind Schlüsse aus dem nachträglichen Schweigen unzulässig[298].

Die maßgebliche Begründung der späteren Urteile wie der Lehre hat sich allerdings gewandelt: nunmehr wird insbesondere auf die inhaltliche Reichweite des Schweigerechts verwiesen. Das Recht, so die allgemeine Auffassung[299], beinhalte nicht allein die Garantie, überhaupt eine Entscheidung über Aussage oder Schweigen zu treffen. Es garantiere auch, den Zeitpunkt und den Adressaten zu wählen, dem gegenüber Angaben gemacht würden. Auch im Übrigen ähnelt die Argumentation derjenigen zum völligen Schweigen: auch hier wurde auf die Verschiedenheit der Gründe für das Schweigen verwiesen[300], auch hier wurden der psychologische Druck[301] und die anderen bereits genannten Kritikpunkte betont. Dieser Auffassung ist beizupflichten. Der Beschuldigte kann sich auf sein Recht, die Aussage zu verweigern, während des gesamten Verfahrens berufen. Insbesondere verliert er dieses Recht nicht aufgrund seiner Entscheidung, nachträglich nicht weiter auszusagen. Abgesehen davon ergibt sich die Unzulässigkeit von Schlüssen

296 BGH StV 1985, 401 und SK(StPO)-Schlüchter § 261 Rdnr 40.

297 Dies war die Fallkonstellation in BGHSt 38, 302 (305/306), OLG Stuttgart NStZ 1981, 272 (273). Hierzu auch Dahs/Langkeit NStZ 1993, 213 (passim), KMR-Stuckenberg § 261 Rdnr 50, Miebach NStZ 2000, 234 (236/237), SK(StPO)-Schlüchter § 261 Rdnr 40.

298 BGH bei Dallinger MDR 1971, 18, OLG Koblenz VRS 45 (1973) 365 (366) und Rogall (1977) S. 250, Park StV 2001, 589 (590), SK(StPO)-Schlüchter § 261 Rdnr 40.

299 Aus der Rechtsprechung: BGHSt 38, 302 (305). Aus der Lehre: Quentmeier JA 1996, 215 (218), Kühl JuS 1986, 115 (120), Verrel (2001) S. 23/24.

300 Eisenberg (1999) Rdnr 904, Kühl 1986, 115 (120), H. Schneider Jura 1990, 572 (578).

301 Stree JZ 1966, 593 (597).

aus dem zeitweisen Schweigen auch aus den oben identifizierten normativen Gründen (Beweisführungslast, Belehrungsfairness und ggf. individuellem psychologischen Druck)[302].

(2) Abweichende Entscheidungen zur Frage der Würdigung des zeitweisen Schweigens nach BGHSt 20, 281[303]

(a) Die Entscheidung des OLG Oldenburg NJW 1969, 806 - Urteil des 4. Strafsenats vom 28.01.1969 -

Einer der wenigen, BGHSt 20, 281 nachfolgenden Fälle, in denen sich ein höheres Gericht für die Würdigung des (anfänglichen) zeitweisen Schweigens aussprach, ist die viel beachtete Entscheidung des OLG Oldenburg NJW 1969, 806 - Urteil des 4. Strafsenats vom 28.01.1969 -. Der Angeklagte war vom Schöffengericht wegen fahrlässiger Straßenverkehrsgefährdung in Tateinheit mit mehreren Übertretungen verurteilt worden. In der Hauptverhandlung vor dem Berufungsgericht brachte er erstmals entlastende Umstände vor. Das Landgericht wies diese - unter anderem - mit Hinweis auf das verzögerte Vorbringen zurück. Aufgrund dieses Aussageverhaltens sei den Angaben des Angeklagten kein Glauben zu schenken. Der 4. Senat des Oberlandesgerichts billigte die Argumentation der Berufungskammer. Der Tatrichter, so das Gericht, sei in seiner Würdigung des Aussageverhaltens frei und an keine Beweisregeln gebunden. Das Gericht wies zudem darauf

---

302 Diese Auffassung wird freilich durch eine weitere Überlegung gestützt, die bereits in BGHSt 20, 281 angedeutet wurde: der Problematik der taktischen Festlegung der Verteidigung. Würden Schlüsse aus dem zeitweisen Schweigen des Beschuldigten zugelassen, würde dieser zu Beginn der ersten Vernehmungen eine grundsätzliche Entscheidung treffen müssen: zu reden oder zu schweigen. Würde er schweigen und sich später doch zur Aussage entschließen, müßte er aufgrund seines anfänglichen passiven Verhaltens damit rechnen, daß aus seinem Schweigen nachteilige Schlüsse gezogen würden (dasselbe würde für den umgekehrten Fall gelten). Folglich würde der erstmaligen Entscheidung über die Ausübung des Schweigerechts eine weitreichende Bedeutung zukommen: die Entscheidung würde den Charakter einer „Einmaloption" annehmen, die der Beschuldigte im folgenden Verfahren konsequent durchhalten müßte. Doch kann nach allgemeiner Meinung das Schweigerecht während der gesamten Dauer des Verfahrens ausgeübt werden: Arndt NJW 1966, 869 (870), Eisenberg (1999) Rdnr 907, Rogall (1977), S. 252, Roschmann (1983) S. 142, H. Schneider Jura 1990, 572 (575). Eine solche Festlegung würde jedoch (ungeachtet der Fragen des psychologischen Drucks) dem Sinn und Zweck des Schweigerechts widersprechen. Der Beschuldigte kann in den ersten Vernehmungen oftmals noch gar nicht absehen, wie sich der Fall gegen ihn entwickeln wird, welche Beweise die Polizei gegen ihn in der Hand hat und welche Erkenntnisse die Ermittlungen in der Folgezeit noch zutage fördern werden.

303 Zum Folgenden auch die Analyse von Miebach NStZ 2000, 234 (236/237).

hin, daß zwar aufgrund des StPÄG[304] die Belehrungsvorschriften geändert worden seien, jedoch, anders als etwa in § 136a III 2 StPO, mit der Reform der Belehrungsvorschriften kein Verwertungsverbot eingefügt worden sei. Zudem gebe es keinen allgemeinen Verfahrensgrundsatz, der Beschuldigte dürfe ihm zustehende Verfahrensrechte ohne Rechtsnachteil ausüben. Das Gericht nahm allerdings eine Einschränkung vor, indem es (obiter) eine nachteilige Würdigung des völligen Schweigens ebenfalls als ausgeschlossen ansah[305]. Zudem betonten die Richter, im Falle des anfänglichen Schweigens vor der Polizei sei ganz allgemein ein Rückschluß auf die Schuld nicht zuzulassen, da hier regelmäßig von dem Beweggrund auszugehen sei, daß der Beschuldigte erst vor dem Richter aussagen wolle[306]. Aber selbst bei einer zeitweisen Aussageverweigerung vor dem Richter könne das Verhalten auf Umständen beruhen, die keine Rückschlüsse auf eine etwaige Schuld des Angeklagten zuließen[307].

Zwischen der Entscheidung des OLG Oldenburg und der Entscheidung BGHSt 20, 281 ist vielfach ein Widerspruch konstatiert worden. Dies ist jedoch nur bedingt richtig. Wie gezeigt[308] deutete das Urteil des Bundesgerichtshofs im 20. Band die Möglichkeit an, daß auch eine funktionelle Unterscheidung vorgenommen werden könne, die zeitweises Schweigen nur dann generell aus der Würdigung ausnähme, sofern das anfängliche Schweigen gegenüber der Polizei erfolge. Genau diese angedeutete funktionelle Differenzierung nahm das OLG Oldenburg in seinem Urteil auf (es zitierte BGHSt 20, 281 auch explizit). Mithin versuchte der OLG-Senat zu einem noch sehr frühen Zeitpunkt in der Rechtsprechung diesen etwas weitergehenden Ansatz zu verfolgen[309]. Es ist daher nicht richtig, zwischen BGHSt 20, 281 und dem Urteil des OLG Oldenburg einen offenen Widerspruch zu konstatieren.

---

[304] Hierzu bereits supra S. 72.

[305] OLG Oldenburg NJW 1969, 806 (806).

[306] OLG Oldenburg NJW 1969, 806 (806/807).

[307] OLG Oldenburg NJW 1969, 806 (807).

[308] Supra S. 115.

[309] In der Literatur vertritt eine ähnlichen Konzeption z.B. Petry (1971) S. 43: nach seinem Verständnis ist zeitweises Schweigen nur dann mit einem Beweisverwertungsverbot zu belegen, wenn das zeitlich partielle Schweigen durchgängig in einem bestimmten Verfahrensabschnitt erfolgt. Maßgebend ist hiernach freilich nicht die funktionelle Differenzierung zwischen Richter und Polizei/Staatsanwalt, sondern lediglich die Abfolge der einzelnen Verfahrensabschnitte als jeweilige Gesamteinheiten.

(b) BGH StV 1987, 51 - Urteil des 4. Strafsenats vom 23.10.1986 -

Einer der ganz wenigen Fälle, in denen der BGH von der oben bezeichneten Linie seiner neueren Rechtsprechung zum zeitweisen Schweigen abwich, ist der Fall BGH StV 1987, 51 – Urteil des 4. Strafsenats vom 23.10.1986 -. Dem Angeklagten wurde unter anderem Vergewaltigung zur Last gelegt. Ihm wurde vorgeworfen, eine Prostituierte in seine Wohnung gelockt und dort mit Gewalt zum Geschlechtsverkehr gezwungen zu haben. Erst in der Hauptverhandlung benannte der Angeklagte seine Mutter als Zeugin, die zu seinen Gunsten entlastende Aussagen machte. Die Kammer wies die Angaben der angehörigen Zeugin als zweifelhaft zurück, da sie erst in der Hauptverhandlung vorgebracht worden seien. Der Senat hob das Urteil wegen Verstoßes gegen § 261 StPO auf. Er führte jedoch dabei einschränkend aus, daß zwar im allgemeinen aus der spät erfolgenden Benennung eines Belastungszeugen keine nachteiligen Schlüsse gezogen werden könnten. Ausnahmsweise gelte dieses Beweisverwertungsverbot jedoch nicht, wenn der Angeklagte bereits zuvor zur Benennung des Zeugen „imstande gewesen" sei[310].

Vergleicht man diese Einschränkung mit der oben beschriebenen Auffassung der ganz gefestigten Rechtsprechung, ist das Urteil damit als unvereinbar zu erachten[311]. Denn auch der Umstand, daß der Angeklagte (offensichtlich) einen bestimmten Entlastungszeugen früher hätte benennen können, vermag nicht über die prinzipiellen Bedenken gegen die Würdigung des zeitweisen Schweigens hinwegzuhelfen. Da nach den Gründen für dieses prozessuale Verhalten auch nicht geforscht werden darf, führt der Ansatz dieser Entscheidung zur Gefahr von Spekulationen, warum der Angeklagte den Zeugen nicht früher benannt habe. Zudem widerspricht diese Auffassung dem Rechtsgedanken des § 246 StPO, der Nachteile aus verzögertem Prozeßverhalten des Angeklagten ausschließt[312].

(c) BGH StV 1987, 281 - Urteil des 4. Strafsenats vom 02.04.1987 -[313]

In diesem Fall war der Ehemann der Zeugin E wegen Raubes angeklagt und saß in Untersuchungshaft. E machte während des Ermittlungsverfahrens bereits vor der Polizei Angaben zur Sache. Jedoch teilte sie erst während der

---

310 BGH StV 1987 51 (52).

311 Anders Miebach NStZ 2000, 234 (237): der Umstand der Benennung sei eine „Äußerung des Angeklagen" und damit der Würdigung zugänglich. Aber das Entscheidende ist nicht der Umstand der Benennung des Zeugen als solche, sondern der (verzögerte) Zeitpunkt. Dieser darf aber nicht zum Nachteil des Angeklagten berücksichtigt werden.

312 Zutreffend der Hinweis von Hammerstein JR 1987, 479 auf diese Norm.

313 Siehe zu diesem Fall auch die Besprechung von Hammerstein JR 1987, 479.

Hauptverhandlung einen wesentlichen Entlastungsumstand mit, nämlich, daß sie sich zur Tatzeit mit ihrem Mann in der gemeinsamen ehelichen Wohnung aufgehalten habe. Diese Angaben wurden von zwei Zeugen bestätigt, die bereits frühzeitig von dem Ermittlungsverfahren gegen den Angeklagten Kenntnis hatten. Die Strafkammer würdigte das Alibi der E aufgrund des „verzögerten" Vorbringens zum Nachteil des Angeklagten und verurteilte ihn. Der 4. Senat des Bundesgerichtshofs hielt diese Beweiswürdigung für rechtmäßig[314].

Diese Auffassung ist ebenfalls mit der Rechtsprechung seit BGHSt 20, 281 unvereinbar. Denn der Umstand, daß E sich fortwährend kooperationsbereit zeigte, ändert nichts daran, daß die Tatsache der Verzögerung auch bei dem sich teilweise einlassenden Zeugen (bzw. Angeklagten) als solche nie nachteilig berücksichtigt werden kann. Der Senat vermischte in diesem Fall die verschiedenen Formen des Schweigens mit den jeweils hieraus resultierenden möglichen Schlüssen[315].

Die genannten Fälle zeigen, daß der Bundesgerichtshof seine Linie, Schlüsse aus dem anfänglichen zeitweisen Schweigen generell als unzulässig anzusehen, nicht konsequent durchgehalten hat[316]. Die Ausnahmen betrafen dabei durchweg Konstellationen, die nicht eine verzögerte Aussage des Angeklagten behandelten, sondern verzögerten entlastenden Vortrag des angehörigen Zeugen. Diese abweichenden Urteile sind mit BGHSt 20, 281 unvereinbar, sofern man der (angreifbaren) Prämisse des Gerichts folgt, das Angehörigen- und Beschuldigtenschweigen nach den gleichen Regeln zu behandeln sind[317].

---

314 Einen fast identischen Fall behandelt BGH JR 1988, 78. Auch hier ließ der BGH die Würdigung des verzögerten Vortrags zu.

315 Ebenso unrichtig daher H. Schneider Jura 1990, 572 (573).

316 Siehe auch die Kritik bei H. Schneider Jura 1990, 572 (578) mit weiteren Fällen in Fn. 60 ebenda. Weitere Beispiele auch bei Miebach NStZ 2000, 234 (237), der der Rechtsprechung (zu Unrecht) eine einheitliche Konzeption entnimmt und ihr zustimmt. Beachte insbesondere auch BGH bei Kusch NStZ 1995, 20: anfängliches Schweigen erlaube Rückschluß auf Glaubwürdigkeit späterer Aussagen (!) des Angeklagten. Audrücklich gegen eine Zulassung des zeitweisen Schweigens auch für die Frage der Glaubwürdigkeitsbeurteilung (hier von Alibi-Zeugen) hingegen BGH StV 1985, 401 (LS).

317 Siehe auch J. Meyer JR 1988, 79 (80), der für die Fälle des Angehörigenschweigens darauf verweist, daß die vom BGH seit BGHSt 22, 113 behauptete Gleichstellung der Fälle des Schweigens von Angeklagten und angehörigen Zeugen durchbrochen werde.

3. Sonderproblem: die Verwertbarkeit bereits erfolgter Aussagen bei nachträglichem Schweigen

Obgleich nach allgemeiner Auffassung der Beschuldigte zu jeder Zeit im Verfahren die Aussage verweigern kann, ohne daß hieraus zu seinem Nachteil Schlüsse gezogen werden können, bedeutet dies nicht, daß anfänglich gemachte Aussagen aufgrund des nachträglichen Schweigens unverwertbar würden. Einige Stimmen der Lehre haben allerdings eine solche Konsequenz (z.T. mit Hinweis auf eine Analogie zu § 252 StPO) gezogen[318]. Das Schweigerecht werde nur dann umfassend gewährt, wenn dem Beschuldigten auch das Recht eingeräumt werden, über die Entscheidung zur Aussage oder Nichtaussage hinaus bereits erbrachte Beiträge widerrufen zu können.

Demgegenüber ist davon auszugehen, daß einmal getane Äußerungen des Beschuldigten von diesem nicht ungeschehen gemacht werden können[319]. Ist der Beschuldigte ordnungsgemäß belehrt worden, kann[320] die damalige Verhörperson (auch ein nichtrichterlicher Vernehmungsbeamter) zu den Angaben vernommen oder können gemäß § 254 StPO die Protokolle der Vernehmung verlesen werden[321]. Eine Analogie zu § 252 StPO vermag dem-

---

318 Insbesondere Grünwald JZ 1966, 489 (489) und Höra (1970) S. 124-128 (mit Hinweis auf § 252 StPO). In Frage stellt eine Verwertbarkeit auch Schmidt-Leichner NJW 1966, 189 (191).

319 Dies ist der Standpunkt der ganz herrschenden Lehre und Rechtsprechung. Aus der Rechtsprechung des BGH: Bereits BGHSt 1, 337 (LS Satz 1), BGH NJW 1966, 1524, BGH bei Dallinger MDR 1968, 202, BGH bei Dallinger MDR 1971, 18. Aus der Rechtsprechung der Oberlandesgerichte: OLG Hamm NJW 1974, 1880 (LS lit. a), OLG Düsseldorf VRS 55 (1978), 360 (361), OLG Celle JR 1981, 475, OLG Köln NStZ 1991, 52 (53). Aus der Lehre: Arndt NJW 1966, 869 (870/871), Eisenberg (1999) Rdnr 905 und 856-884, Geppert DAR 1981, 301 (305), H.H. Günter DRiZ 1971, 379 (379), KK(StPO)-Tolksdorf § 243 Rdnr 47, KK(StPO)-Engelhardt § 261 Rdnr 39, Kleinknecht/Meyer-Goßner § 261 Rdnr 18, Kühl JuS 1986, 115 (120), Löwe/Rosenberg/Hanack[25] § 136 Rdnr 26 a.E., Löwe/Rosenberg/Gollwitzer[25] § 243 Rdnr 71 und § 261 Rdnr 80, Miebach NStZ 2000, 234 (240), Nickl (1978) S. 70/71, Park StV 2001, 589 (590/591), Quentmeier JA 1996, 215 (218), Rieß JA 1980, 293 (295), Rejewski NJW 1967, 1999 (2000), SK(StPO)-Schlüchter § 261 Rdnr 41, Stree JZ 1966, 593 (596).

320 Präzise formuliert besteht sogar eine Verpflichtung des Gerichts zu einer entsprechenden Beweisaufnahme aufgrund des Gebots der Amtsermittlung (§ 244 II StPO), richtig Nickl (1978) S. 77.

321 Aus der Rechtsprechung des BGH: BGHSt 1, 337 (338), BGH bei Dallinger MDR 1968, 202 (203). Aus der Rechtsprechung der Oberlandesgerichte: OLG Hamm NJW 1974, 1880 (LS lit. a), OLG Celle NJW 1985, 640, OLG Köln DAR 1987, 157 (158). Aus der Lehre: H.H. Günter DRiZ 1971, 379 (379), KK(StPO)-Tolksdorf § 243 Rdnr 47, Löwe/Rosenberg/Gollwitzer[25] § 243 Rdnr 71, Quentmeier JA 1996, 215 (218 mit

gegenüber nicht zu überzeugen[322]. Das Schweigerecht gewährt dem Beschuldigten die Möglichkeit, sich zur Sache zu äußern oder zu schweigen, eine dritte Handlungsoption hat er nicht[323]. Diese Überlegung wird durch den Blick auf die ratio des Rechts gestützt: bereits aufgrund von Wertungsgesichtspunkten erscheint der Zwang, sich überhaupt zu äußern, mit dem Fall der nachträglichen Verwertung freiwillig geäußerter Aussagen gegen den (nunmehrigen) Willen des Angeklagten nicht vergleichbar. Gerade der Respekt und die Anerkennung der Autonomie des einzelnen beinhaltet auch die Folgerung, daß der Beschuldigte die rechtlichen Konsequenzen seiner frei beschlossenen Aussage auf sich zu nehmen hat.

II. Das inhaltliche Teilschweigen des Beschuldigten als Indiz der Schuld

1. Die Entwicklung der Rechtsprechung

a) Der Ausgangspunkt: BGHSt 20, 298 - Urteil des 4. Strafsenats vom 03.12.1965 -

In der bereits erwähnten Entscheidung BGHSt 20, 298 - Urteil des 4. Strafsenats vom 03.12.1965 - schlug das Gericht erstmals den Weg einer Differenzierung zwischen den verschiedenen Erscheinungsformen des Schweigens ein. Zur Erinnerung sei gesagt, daß sich in dem bezeichneten Fall der Angeklagte vor dem Landgericht wegen Delikten in Zusammenhang mit einer falschen eidesstattlichen Versicherung zu verantworten hatte. In seiner Verteidigung vor Gericht behauptete der Angeklagte, er selbst habe gegenüber seinem Anwalt Wert darauf gelegt, daß die abgegebene Erklärung nicht in der Form einer eidesstattlichen Versicherung erteilt werden solle. Der Anwalt verweigerte mit Hinweis auf sein berufsbedingtes Zeugnisverweigerungsrecht (§ 53 I Nr. 3 Alt. 1 StPO) die Aussage, nachdem der Angeklagte es ablehnte, diesen von seinem Zeugnisverweigerungsrecht zu entbinden. Das Landgericht zog hieraus nachteilige Schlüsse zu Lasten des Angeklagten.

Der Senat formulierte:

> „Aus der Weigerung des Angeklagten, bei der Aufklärung eines bestimmten Punktes mitzuwirken, dürfen jedenfalls dann ihm nachteilige

---

Fn. 26), Park StV 2001, 589 (590/591), SK(StPO)-Schlüchter § 261 Rdnr 41, Schmidt-Leichner NJW 1966, 189 (191), Stree JZ 1966, 593 (596).

[322] Ebenso BGHSt 1, 337 (338) sowie Arndt NJW 1966, 869 (871 mit Fn. 8a), Geppert (1985) S. 343, Kleinknecht/Meyer-Goßner § 261 Rdnr 18 a.E., Kühl JuS 1986, 115 (120), Löwe/Rosenberg/Gollwitzer[25] § 243 Rdnr 71, Park StV 2001, 589 (590/591).

[323] Stree JZ 1966, 593 (596/597).

> Schlüsse gezogen werden, wenn er sich im Übrigen zum Anklagevorwurf eingelassen hat."[324]

Als Begründung für die Zulässigkeit der Würdigung des inhaltlichen Teilschweigens führte das Gericht aus:

> „Zwar ist der Angeklagte nicht verpflichtet, zu der Beschuldigung ganz oder zu einzelnen belastenden Umständen Stellung zu nehmen. [...]. Äußert er sich jedoch zur Sache, obwohl er hiernach weiß, daß er dazu nicht verpflichtet ist, so macht er sich aus freiem Entschluß selbst zu einem Beweismittel und unterstellt sich damit der freien Beweiswürdigung, so daß seine Erklärung wie jede andere Beweistatsache vom Tatrichter gewürdigt werden kann."[325]

Das Gericht zitierte in diesem Zusammenhang die Kommentierung von Sarstedt und Geyer im StPO-Kommentar Löwe/Rosenberg in der 21. Auflage[326]. Ersichtlich nahm es dabei auf die dort von Sarstedt konzipierte Unterscheidung Bezug, die zwischen den verschiedenen Erscheinungsformen des Schweigens differenziert.

Bei der Analyse der Entscheidung des 4. Senats sind mehrere Umstände hervorzuheben. Bedeutsam ist bereits, daß diese wichtige Änderung der bisher unstrittigen Rechtsprechung nicht als solche gekennzeichnet wurde. Erstaunlich ist auch die ausgesprochen knappe Begründung der neuen Konzeption der Rechtsprechung. Diese wird auch durch den Hinweis auf die Kommentierung von Sarstedt nicht auf eine breitere Grundlage gestellt, da der zitierte Autor sich in seiner Darstellung ebenfalls nur knapp zu der von ihm entwikkelten These äußert[327]. Und das einzige vom Senat genannte Argument, nämlich daß der Angeklagte sich „freiwillig zur Sache eingelassen" und damit

---

324 BGH 20, 298 (LS).

325 BGHSt 20, 298 (300).

326 Löwe/Rosenberg/Sarstedt[21] § 136 Anm. 5 und (ihm folgend) Löwe/Rosenberg/Geyer[21] § 243 Anm. 5d. Geyers Stellungnahme ist jedoch insoweit widersprüchlich, da der Autor in demselben Kommentar zu § 261 Anm. 3a anscheinend die (früher von ihm generell vertretene) gegenteilige Auffassung befürwortet, daß Schlüsse aus dem Schweigen allgemein zulässig sind. Zum Ganzen auch Stümpfler DAR 1973, 1 (2).

327 Sarstedt weist in der bezeichneten Kommentierung Löwe/Rosenberg/Sarstedt[21] § 136 Anm. 5 zur Begründung seiner differenzierenden Auffassung auf BGHSt 1, 366 (367/368) hin. Aus der zitierten Stelle des Bundesgerichtshofs läßt sich aber die von ihm vertretene Differenzierung nicht entnehmen. Zutreffend insoweit der Hinweis von Stümpfler DAR 1973, 1 (2).

zum Beweismittel gemacht habe, wirft mehr Fragen auf als es beantwortet (hierzu näher unten)[328].

Vor allem aber ist hervorzuheben, daß der Senat ohne weiteres das Schweigen des Angeklagten mit anderen Formen prozessualen Verhaltens, die ebenso eine Nichtpreisgabe von Informationen seitens des Angeklagten zur Folge haben, gleichsetzte[329]. Der Fall, der im Folgenden jahrzehntelang als „leading case" in der Rechtsprechung zur beweisrechtlichen Behandlung des Schweigens angeführt wurde, befaßte sich jedoch - wie gezeigt - mit der Nichtentbindung des Anwalts des Angeklagten von seiner Schweigepflicht[330]. Mithin handelte es sich vorliegend nicht um das Aussageverhalten des Angeklagten im engeren Sinne, sondern um eine Preisgabe von Informationen a u f g r u n d s o n s t i g e n p r o z e ß r e l e v a n t e n V e r h a l t e n s. Offensichtlich stand hinter dieser Gleichsetzung die Vorstellung des Gerichts, daß das übergreifende, verbindende Moment zwischen dem eigentlichen Schweigen als Aussageverhalten i.e.S. und Fällen wie dem in BGHSt 20, 298 entschiedenen die Nichtpreisgabe von Informationen sei. Diese Gleichsetzung wird im Urteil offenbar, da der 4. Senat gerade auf den von Sarstedt behandelten Fall des inhaltlichen Teilschweigens i.e.S. rekurrierte. Ein solches inhaltliches Teilschweigen war hier nämlich nur unter der Voraussetzung anzunehmen, daß die erfolgte Einlassung des Angeklagten (Aussageverhalten im engeren Sinne) sowie die prozessuale Nichtentbindung des Anwalts von seiner Schweigepflicht als Einheit betrachtet wurden. Selbst wenn man im Grundsatz der These vom inhaltlichen Teilschweigen als der Würdigung zugängliches Einlassungsverhalten folgt, bedeutet dies noch nicht, daß eine Kombination von Aussage und sonstiger prozessualer Unterlassungshandlung nach den gleichen Grundsätzen zu behandeln wäre[331].

---

[328] Zum geringen Begründungsaufwand des BGH in diesem Urteil ebenfalls kritisch Eb. Schmidt JZ 1970, 337 (341).

[329] Zutreffend Keiser StV 2000, 633 (633). In der Literatur wird zumeist zwischen dem Schweigen i.e.S. und sonstigem prozessualen Verhalten differenziert, dabei die Gleichsetzung durch BGHSt 20, 298 aber nicht besonders problematisiert: siehe z.B. Löwe/Rosenberg/Gollwitzer[25] § 261 Rdnr 78 mit Fn. 322 und Rdnr 79 mit Fn. 329. Die Gleichstellung akzeptiert anscheinend auch SK(StPO)-Schlüchter § 261 Rdnr 39.

[330] Zu Recht wird diese Gleichsetzung bereits von K. Meyer JR 1966, 351 (352) in seiner Urteilsanmerkung konstatiert. Kritisch auch schon Schmidt-Leichner NJW 1967, 189 (190), der darauf hinweist, daß die Entbindung eine Frage des Entweder-Oder sei und daher mit teilweisen Sachangaben nicht verglichen werden könne.

[331] Gegen eine Gleichsetzung des inhaltlichen Teilschweigens mit der Ausübung prozessualer Rechte wandte sich auch das OLG Düsseldorf StV 1990, 442. Der Senat betonte zu Recht, daß die Benennung eines Beweismittels ein eigenständiges Prozeßrecht darstelle, dessen Ausübung in keinem Fall zum Nachteil des Angeklagten gewürdigt wer-

Einer derartigen Gleichsetzung stehen erhebliche Bedenken entgegen[332]. In den Fällen, in denen Informationen durch die Nichtentbindung des Verteidigers oder sonstiger Berufsgeheimnisträger zurückgehalten werden, ist die Entscheidung nicht das bloße Internum des Angeklagten, sondern greift in eine (gemäß Art. 20 III GG [Fairneß], § 148 StPO geschützte) interpersonale Beziehung ein. Wenn es sich nur um das Internum des Angeklagten handelt, ist dieser Schutzaspekt durch das Schweigerecht rechtlich abgesichert. Im Verhältnis zum Anwalt treten die Gesichtspunkte der Rechtsberatung, der effektiven Strafverteidigung und der Verfahrensfairness hinzu. Aufgrund dieser ganz unterschiedlichen Interessenstrukturen bestehen zwischen den Fällen der Aussageverweigerung und der Nichtentbindung des Rechtsanwalts tiefgreifende Unterschiede, über die der 4. Senat in der Entscheidung BGHSt 20, 298 zu Unrecht hinwegging.

b) Die weitere Rechtsprechung und die ihr zustimmende Lehre

Die von BGHSt 20, 298 eingeschlagene Linie einer Differenzierung zwischen den verschiedenen Erscheinungsformen des Schweigens wurde in den folgenden Jahrzehnten ohne wesentliche Veränderungen beibehalten[333]. Teile der Lehre folgten dem differenzierenden Ansatz des Bundesgerichtshofs[334].

---

den dürfe. Zustimmend auch Park StV 2001, 589 (592). Siehe bereits auch Petry (1971) S. 41/42.

332 Vergleiche auch den Hinweis von Kühl JuS 1986, 115 (121), der ebenso das Hinzutreten weiterer rechtlicher Aspekte betont.

333 Aus der Rechtsprechung des BGH: BGH bei Dallinger MDR 1968, 202 (203), BGH bei Dallinger MDR 1972, 18, BGHSt 32, 140 (145), BGHSt 38, 302 (307), BGH NStZ 1998, 209 (Widerruf früherer Aussagen bereits inhaltliche Teileinlassung). Aus der Rechtsprechung der Oberlandesgerichte: OLG Braunschweig NJW 1966, 214 (214 LS. lit. b), OLG Celle NJW 1974, 202, OLG Hamm NJW 1974, 1880 (1881), OLG Köln VRS 57 (1979), 429, OLG Stuttgart NStZ 1981, 272 (273), OLG Schleswig bei Ernesti/Lorenzen SchlHA 1985, 132, OLG Zweibrücken StV 1986, 290, OLG Düsseldorf NStZ 2001, 260. Auf das (noch weitergehende) Urteil des OLG Oldenburg NJW 1969, 806 wurde bereits supra S. 119 hingewiesen.

334 Insbesondere die Kommentarliteratur: KK(StPO)-Engelhardt § 261 Rdnr 41, Kleinknecht/Meyer-Goßner § 261 Rdnr 17, KMR-Paulus § 244 Rdnr 182, Löwe/Rosenberg/Rieß[25] Einleit. Abschn. I Rdnr 93, Löwe/Rosenberg/Hanack[25] § 136 Rdnr 27, Löwe/Rosenberg/Gollwitzer[25] § 261 Rdnr 78, Pfeiffer Einleit. Rdnr 11, SK(StPO)-Schlüchter § 261 Rdnr 39. Aus der sonstigen Literatur: Beulke (2002) Rdnr 495, Fezer/Wohlers (1995) Fall 17 Rdnr 36, Fuhrmann JR 1965, 417 (418), Grünwald (1993) S. 66/67, Guradze (1971) S. 168 (mit Hinweis auf die amerikanische Rechtslage), Hanack JZ 1971, 168 (169), Hanack JZ 1981, 433 (433), Kühne (1999) Rdnr 104, Pelchen JR 1985, 71 (74), Petry (1971) S. 42, Rieß JA 1980, 293 (295), Eb. Schmidt JZ 1970, 337 (341) (unter ausdrücklicher Aufgabe der eigenen früheren Auffassung, daß in keinem Falle Schlüsse aus dem Schweigen zulässig seien), Bertram Schmitt (1992) S. 192, Seibert NJW 1965, 1706, Volk NStZ 1984, 377 (377/378), Wessels JuS 1966, 169 (172). Auf

Die zentrale Achse dieser Rechtsprechung war ein festes Beharren auf der Unterscheidung der beweisrechtlichen Behandlung der verschiedenen Erscheinungsformen des Schweigens anhand der genannten formalen Kategorien. Die Praxis konzentrierte sich bisher darauf, rechtliche Folgefragen dieser Differenzierung zu klären und gewisse Härten, die aus dem formell-kategorisierenden Ansatz resultierten, abzumildern.

Freilich ist bedeutsam, daß trotz der grundsätzlichen Zulässigkeit der Würdigung des Schweigens auch in der Rechtsprechung und der diese befürwortenden Lehre stets zur Vorsicht gemahnt wurde, sofern der Richter inhaltliches Teilschweigen als Schuldindiz heranziehe[335]: es wurde stets betont, daß das Schweigen verschiedene Motive haben könne[336], und daß es (wie das Leugnen) als Schuldindiz nur einen geringen Beweiswert aufweise[337]. Es müsse aufgrund der Überzeugung des Gerichts feststehen, daß unverdächtige Weigerungsgründe nicht in Betracht kämen[338], ansonsten greife der Grundsatz des in dubio pro reo ein[339].

Erst in neuester Zeit deuten sich inhaltlich-substanzielle Veränderungen der Rechtsprechung an, indem die formelle Kategorienbildung um materielle Kriterien ergänzt wird. Wegen der eigenständigen Bedeutung dieser Rechtsprechungsänderungen werden diese neuen Urteile später gesondert behandelt, zumal zum gegenwärtigen Zeitpunkt noch nicht abzusehen ist, inwieweit sich diese neuen Ansätze in der Rechtsprechung des 3. Senats des Bundesgerichtshofs durchsetzen werden bzw. tatsächliche Bedeutung erlangen.

---

den „aussagepsychologischen Gesamtzusammenhang" abstellend, aber im Ergebnis nicht anders als die Rechtsprechung: Dingeldey JA 1984, 407 (413) mit Bezugnahme auf Eser. Allein auf die Würdigung des Redeanteils rekurrierend, aber nicht wirklich anders als der BGH: Miebach NStZ 2000, 234 (237).

335 Grünwald (1993) S. 66: „... als Indiz ..., nicht aber mehr ...", Petry (1971) S. 42/43. Auch Ostermeyer NJW 1969, 1187: „... mit alleräußerster Vorsicht zu prüfen". Der Autor befürwortet allerdings weitergehend als die Rechtsprechung Schlüsse aus jeder Erscheinungsform des Schweigens.

336 Löwe/Rosenberg/Gollwitzer[25] § 261 Rdnr 78, Miebach NStZ 2000, 234 (237), Rieß JA 1980, 293 (295), Wessels JuS 1966, 169 (172).

337 Löwe/Rosenberg/Gollwitzer[25] § 261 Rdnr 78, Petry (1971) S. 42/43.

338 Rieß JA 1980, 293 (295).

339 Ostermeyer NJW 1969, 1187.

c) Die Analyse der Argumente für eine Würdigung des Teilschweigens

(1) Die These, der Angeklagte habe sich freiwillig zum Beweismittel gemacht

Die Entscheidung im 20. Band präsentierte ein zentrales Argument, warum Schlüsse aus dem inhaltlichen Teilschweigen rechtlich zulässig seien: der Angeklagte habe sich durch seine teilweise Aussage zur Sache eingelassen und damit freiwillig zum Beweismittel gemacht[340].

Leiwesmeyer weist zutreffend darauf hin, daß in dieser Argumentation die zur damaligen Zeit diskutierte Auffassung[341] durchscheint, daß das Schweigen des Angeklagten als solches kein „Beweismittel" im Sinne der StPO sei. Daher, so die Argumentation der früheren Literaturstimmen, sei eine richterliche Bewertung des Schweigens ausgeschlossen, weil nur die Würdigung von Beweismitteln im technischen Sinne § 261 StPO unterfiele[342]. Dafür spricht, daß gerade Sarstedt, auf den sich der Bundesgerichtshof bezieht, eine solche beweistechnisch-formale Differenzierung befürwortet hat[343]. Dennoch scheint dies nicht der maßgebliche Aspekt zu sein, der mit dem Begründungansatz des Bundesgerichtshofs verbunden ist. Ansonsten hätte es nahegelegen, daß das Gericht in dieser oder späteren Entscheidungen auf die beweisrechtliche Natur des Schweigens eingegangen wäre und eine entsprechende Argumentation nachgeliefert hätte. Zudem würde eine solche Begründung der sonstigen Entscheidungspraxis des Bundesgerichtshofs widersprechen, der in ständiger Rechtsprechung das weite Verständnis des § 261 StPO betont[344].

---

340 Dieses Argument des Bundesgerichtshofs nehmen zustimmend auf: Dahs/Langkeit NStZ 1993, 213 (214), Kleinknecht JR 1966, 270 (270), Pfeiffer Einleit. Rdnr 11.

341 Siehe Castringius (1965) S. 64, Löwe/Rosenberg/Sarstedt[21] § 136 Anm. 4, Seibert NJW 1965, 1706. Ebenso auch die Begründung des KG NJW 1966, 605 (605/606) zum Fall eines schweigenden angehörigen Zeugen und OLG Schleswig bei Ernesti/Jünger SchlHA 1972, 160. In dieselbe Richtung auch Petry (1971) S. 41/42, der jedoch auf den Gegensatz „Gebrauch eines prozessualen Rechts/Einlassung" abstellt. Angesichts des weiten Verständnisses des § 261 StPO ist diese Diskussion überholt, zumal der Streit um die rechtstechnische Einordnung der Einlassung des Angeklagten als Beweismittel im engeren oder weiteren Sinne keine praktischen Konsequenzen hat, siehe Dallmeyer (2002) S. 113-115, Eb. Schmidt JZ 1970, 337 (341), Stree JZ 1966, 593 (595).

342 Eine solche formale Begründung des Verbots, das Schweigen des Angeklagten zu würdigen, wird (insoweit) zu Recht von Ostermeyer NJW 1969, 1187 abgelehnt. Ebenso Stree JZ 1966, 593 (595).

343 Löwe/Rosenberg/Sarstedt[21] § 136 Anm. 4.

344 Dazu die supra S. 68 in Fn. 128 zum Wesen der freien Beweiswürdigung zitierten Literaturstellen.

Vielmehr ist das zentrale Gewicht des Arguments, der Angeklagte habe sich freiwillig selbst zum Beweismittel gemacht, in dem Merkmal der Freiwilligkeit und in der Tatsache des Entschlusses zur Aussage selbst zu suchen. Hierbei werfen der Begriff der „Freiwilligkeit" und die Wendung, der Angeklagte habe „sich selbst zum Beweismittel gemacht", jedoch einige Fragen auf[345].

Vor allem ist zu prüfen, worauf die Merkmale der „Freiwilligkeit" und des „Wollens" in der Argumentation des Gerichts genau abzielen. Bezieht man sie darauf, daß die gesamte Aussage (Schweigen wie Einlassung) der richterlichen Würdigung zugänglich gemacht werde, so überzeugt eine solche Argumentation nicht: gerade weil der Beschuldigte geschwiegen hat, hat er hiermit zum Ausdruck gebracht, nur teilweise zur Sachverhaltsaufklärung beitragen zu wollen[346]. Es ist offensichtlich unzutreffend, dem Beschuldigten ein gegenteiliges Verhalten zu unterstellen[347].

Die These der „Freiwilligkeit" und des „Wollens" bezieht sich aus Sicht der Rechtsprechung richtigerweise auf einen anderen Umstand. Sie betont die Tatsache, daß der Beschuldigte - soweit er auszusagen gewillt ist - diese (!) Entscheidung frei und ohne Zwang fällt. Dies stellt jedoch einen selbstverständlichen Umstand dar, der Folge der Garantie des Schweigerechts ist (ansonsten wäre die Aussage ohne Rücksicht auf ihren Wahrheitsgehalt wegen § 136a I 2 StPO unverwertbar). Der so interpretierte Willen des Beschuldigten, sich überhaupt freiwillig zu einer Aussage bereit zu erklären, besagt aber nichts hinsichtlich der Frage, ob und in welcher Weise sein hieraus resultierendes Einlassungsverhalten zu würdigen ist. Insoweit deutet sich aber ein weiteres Element in der Begründung des Bundesgerichtshofs an: wenn der Angeklagte sich zum teilweisen Reden entschließe, müsse er auch die Konsequenzen seines Aussageverhaltens akzeptieren. Zu diesen gehöre aber auch, daß seine Aussage dann - und zwar umfassend - gewürdigt werden könne. Das Argument des Bundesgerichtshofs ist unter diesem Blickwinkel nur der Hinweis auf die Tatsache, daß der Angeklagte sich frei entscheiden kann, ob er (teilweise) aussagen will oder nicht. Tut er dies, hat er die Kon-

---

345 Siehe bereits die semantische Kritik von Eb. Schmidt JZ 1970, 337 (341), der darauf verweist, daß nicht der Angeklagte, sondern seine Aussage Beweismittel (i.w.S.) sei. Zudem ist die Formulierung zumindest ungenau, da der Angeklagte (bzw. seine Aussage) nicht Beweismittel im Sinne der StPO ist, K. Meyer JR 1966, 351 (352).

346 Eisenberg (1999) Rndr 907, Park StV 2001, 589 (592), Rogall (1977) S. 252, Stree JZ 1966, 593 (598). Insoweit auch H.-L. Günther JR 1978, 89 (91 in Fn. 24).

347 Abgesehen davon wird der Beschuldigte regelmäßige über die komplizierten beweistechnischen Fragen seiner Aussage nicht reflektieren (zutreffend insoweit der Hinweis von Ostermeyer NJW 1969, 1187).

sequenzen zu tragen (d.h. das vorher nicht absehbare Risiko, daß ihm Fragen gestellt werden, auf die er nicht zu antworten vermag).

Das einzige vom Bundesgerichtshof in seiner Ausgangsentscheidung bezeichnete Argument ist mithin kein überzeugender Gesichtspunkt. Es besitzt für die Frage der Würdigung des Teilschweigens keinen wirklichen Erklärungswert[348].

(2) Die Theorie der einheitlich zu würdigenden Gesamtaussage

In der Literatur wurde alsbald eine weitere These aufgestellt, die die Würdigung des inhaltlichen Teilschweigens unter dem Gesichtspunkt der Einheit von Teilaussage und Teilschweigen rechtfertigen sollte. Diese These wurde auch von der Rechtsprechung übernommen. Sowohl in ihrer subjektiv wie auch in ihrer objektiv abgefaßten Form vermag diese Argumentation jedoch nicht zu überzeugen.

(a) Die subjektivierte These der Gesamtaussage

Die subjektivierte Version dieses Ansatzes geht von dem Standpunkt aus, daß aufgrund des § 261 StPO der Richter die Aussage des Angeklagten nur in umfassender Weise würdigen könne. Es sei dem Richter, so die Argumentation, unmöglich, die Gesamtheit des Aussageverhaltens innerhalb eines Verhörs nur insoweit zu würdigen, wie der Angeklagte Angaben gemacht habe (These der psychologischen Unmöglichkeit der partiellen Aussagewürdigung)[349].

Gegen die subjektivierte Fassung bestehen erhebliche Bedenken, die zu dem Schluß führen, daß auch dieses Argument nicht in stichhaltiger Weise eine Differenzierung zwischen den verschiedenen Formen des Schweigens zu begründen vermag. Die behauptete psychologische Unmöglichkeit, bei der Beweiswürdigung das teilweise Schweigen von der teilweisen Aussage zu trennen, erscheint wenig überzeugend: es ist durchaus möglich, Reden und

---

348 Kritisch zur Begründungstiefe des Bundesgerichtshofs in diesem Urteil auch Eb. Schmidt JZ 1970, 337 (341/342).

349 Aus der Lehre: Ostermeyer NJW 1967, 915 (916), Rieß JA 1980, 293 (295), Wessels JuS 1966, 169 (173). Neuerdings auch Quentmeier JA 1996, 215 (219/220). Aus der Rechtsprechung: OLG Oldenburg NJW 1969, 806. Siehe auch Fuhrmann JR 1965, 417 (418): der psychologische Eindruck des Angeklagten auf den Richter sei unvermeidlich und dürfe nicht unterschätzt werden. Der Ursprung dieses Arguments findet sich in der älteren Lehre, die Schlüsse aus dem Schweigen in jeder Form mit dem Hinweis zuließ, das der Richter sich des Eindrucks des schweigenden Angeklagten gar nicht erwehren könne, siehe Stümpfler DAR 1973, 1 (6/7).

Schweigen gedanklich zu scheiden[350]. In allen Fällen von Beweisverwertungsverboten ist nämlich der Richter gehalten, die entsprechenden Tatbelege (ungeachtet ihres Wahrheitsgehalts) aus seiner Beweisführung auszuklammern[351]. In diesen Fällen besteht oftmals sogar noch eine viel größere Schwierigkeit darin, daß es sich um besonders beweiskräftige Tatbelege handelt, etwa in den Fällen eines durch unzulässigen Zwang oder Täuschung herbeigeführten, überzeugenden Geständnisses. Demgegenüber stellt das inhaltliche Teilschweigen des Beschuldigten in jedem Fall lediglich ein schwaches Indiz für seine Schuld dar (wenn überhaupt)[352].

(b) Die objektivierte These der Gesamtaussage

Ein modifizierter Ansatz, der die Frage der psychologischen Fähigkeiten des Richters ausklammert, formuliert hingegen, daß die Aussage innerhalb eines Verhörtermins als Einheit anzusehen sei, die objektiv (ungeachtet der subjektiven Fähigkeiten des Richters) nicht auseinandergerissen werden dürfe[353]. Das Schweigen hänge dem Reden als notwendiges Teilelement an und sei von diesem als „negativer Bestandteil" nicht zu trennen[354]. Schweigen und Reden seien hiernach als eine „Gesamteinlassung" anzusehen[355]. Würde diese

---

[350] Eisenberg (1999) Rdnr 908, KMR-Stuckenberg § 261 Rdnr 54, Kühl JuS 1986, 115 (121), Leiwesmeyer (1994) S. 94, Rogall (1977) S. 253, Roschmann (1983) S. 137, H. Schneider Jura 1990, 572 (579), Stree JZ 1966, 593 (598).

[351] Rogall (1977) S. 253.

[352] Bei der subjektivierten Fassung besteht auch ein methodisches Problem, das bereits im Zusammenhang der empirisch fundierten Argumente gegen Schlüsse aus dem Schweigen angesprochen wurde (supra S. 81): selbst wenn man annähme, eine solche erhebliche Schwierigkeit bei der Würdigung bestünde, erscheint fraglich, wie dies die Regelung des § 261 StPO überwinden sollte. Auch hier handelt es sich um den Widerstreit tatsächlicher Beweisschwierigkeiten mit rechtlichen Maßgaben, freilich unter umgekehrten Vorzeichen. Oben wurde die Frage aufgeworfen, wie allein der Umstand, daß verschiedene Gründe für das Schweigen identifiziert werden können, auf normativer Basis zu einer Einschränkung von § 261 StPO führen könne. Hier kehrt sich die Fragestellung gleichsam um: schließt man die Würdigung des Schweigens aus normativen Gründen (!) grundsätzlich aus dem Anwendungsbereich von § 261 StPO aus, ist nicht ersichtlich, wie tatsächliche Schwierigkeiten der psychologischen Überzeugungsbildung den normativen Begründungsansatz zu überwinden vermögen.

[353] Aus der Lehre: Castringius (1965) S. 66, Hanack JZ 1981, 433 (433), Löwe/Rosenberg/Hanack[25] § 136 Rdnr 27, Rieß JA 1980, 293 (295), Bertram Schmitt (1992) S. 192, Wessels JuS 1966, 169 (173). Aus der Rechtsprechung ebenso: BGHSt 32, 140 (142).

[354] Wessels JuS 1966, 169 (172). Diesen Begriff verwendet auch BGH NStZ 2000, 494 (495).

[355] Henkel[2] (1967) S. 177 in Fn. 20 und Petry (1971) S. 42.

objektive Einheit von Reden und Schweigen zerrissen, komme es zu einer verzerrten Beweiswürdigung[356].

Aber auch wenn man die Fragen der psychologischen Schwierigkeiten ausblendet und den objektiven Gesichtspunkt einer angeblichen Zusammengehörigkeit von Teilaussage und Teilschweigen betont, entbehrt das Argument an Überzeugungskraft. Die These weckt Bedenken, da nicht ersichtlich ist, weswegen Schweigen und Reden tatsächlich die Kehrseiten eines einzigen Gesamtkomplexes bilden müssen[357]. Tatsächlich handelt es sich um sehr verschiedenartige Verhaltensformen, die nicht notwendig einen inneren, untrennbaren Zusammenhang aufweisen. Die gegenteilige Behauptung stellt vielmehr eine petitio principii dar[358]. Eine solche Beziehung aufgrund eines inneren sachlichen Zusammenhangs ist allenfalls dort gegeben, wo sich das Schweigen und Reden eng verknüpft auf denselben Lebenssachverhalt beziehen, etwa wenn der Beschuldigte auf Befragung einen Tathergang bis zu einem bestimmten Punkt darlegt, sodann aber in der Beschreibung der Ereignisse plötzlich abbricht und sich nicht mehr äußert. Selbst in solchen Konstellationen erscheint es jedoch durchaus möglich, Informationspreisgabe und passives Verhalten zu unterscheiden. Oftmals wird der Beschuldigte aber überhaupt schon zu Fragen im Verhör schweigen, die sich deutlich von dem übrigen abschichten lassen, etwa, wenn er Aussagen macht, jedoch zu einer punktuellen, aber entscheidenden Frage (subjektives Vorstellungsbild, Zeitpunkt der behaupteten Vorgänge, Verbleib eines Gegenstandes u.s.w.) schweigt.

Es ist zudem kaum zu ersehen, weshalb die Frage der Einheitlichkeit gerade anhand des einzelnen V e r h ö r s zu einem konkreten Tatvorwurf (hierzu sogleich) bestimmt wird. Es wäre durchaus auch denkbar, die Gesamtheit der Aussagen, etwa in einem Verfahrenabschnitt oder sogar im gesamten Verfahren, als „Einheit“ anzusehen. Dann wäre es aber auch konsequent, Fälle des zeitweisen Schweigens zu erfassen und auch diese Aussageverhaltensform der richterlichen Würdigung gemäß § 261 StPO zugänglich zu machen[359]. Es

---

[356] Etwa BGHSt 32, 140 (142) (zur Verweigerung der Blutprobe eines angehörigen Zeugen) und Hanack JZ 1981, 433 (433).

[357] Leiwesmeyer (1994) S. 93/94, Rogall (1977) S. 253, Roschmann (1983) S. 142, H. Schneider Jura 1990, 572 (579). Insoweit auch H.-L. Günther JR 1978, 89 (91). Der als Kritiker oftmals zitierte Stree wendet sich in JZ 1966, 593 (597) aber nur gegen eine Einheit i.S. eines zeitweisen Schweigen (siehe seine zustimmenden Bemerkungen zur Einheitsthese beim inhaltlichen Teilschweigen a.a.O. S. 598).

[358] H.-L. Günther JR 1978, 89 (91 in Fn. 24): „... Behauptungen, deren Begründung noch erbracht werden müßte.“

[359] Ebenso KMR-Stuckenberg § 261 Rdnr 54, Leiwesmeyer (1994) S. 96, Rogall (1977) S. 253, Rüping JR 1974, 135 (138). Dementsprechend plädiert etwa Kohlhaas NJW

würde sich auch die Frage stellen, ob es dem Richter in diesen Fällen nicht in gleicher Weise schwierig erscheinen müsse, den Umstand des zeitweisen Schweigens aus der Beweiswürdigung auszuklammern[360].

(3) Der Hintergrund der Rechtsprechung: das Bestehen eines besonders stringenten aussagepsychologischen Kommunikationszusammenhangs in den Fällen inhaltlichen Teilschweigens

Eine Analyse der Rechtsprechung ergibt, daß sich vielmehr eine weitere Erklärung findet, die maßgeblich die Differenzierung zwischen den verschiedenen Formen der Rechtsprechung begründet. Betrachtet man die Formulierung des Ausgangsfalls BGHSt 20, 298, so stellt man fest, daß der Bundesgerichtshof von der Nichtbeantwortung „einzelner Fragen" spricht. Auch in der späteren Rechtsprechung wird immer wieder formuliert, daß das inhaltliche Teilschweigen insbesondere die Nichtbeantwortung „einzelner Fragen", „einzelner Punkte" u.s.w. bezeichne[361]. Entscheidend ist, daß diese Rechtsprechung vorrangig eine ganz besondere Konstellation im Auge zu haben scheint: den Fall, daß der Beschuldigte sich umfassend zur Sache äußert, detaillierte Erklärungen abgibt, jedoch zu einzelnen Punkten auf Frage hin schweigt[362]. Es sind mithin solche Fälle, in denen im oben beschriebenen Sinn ein solch enger kommunikativer Kontext geschaffen wird, daß das Schweigen gewissermaßen als „beredtes Schweigen" auftritt. In diesen Fällen - unendlich viele Konstellationen lassen sich denken - erscheint das passive

1965, 2282 (2283) dafür, das gesamte Aussageverhalten während des Prozesses als Einheit anzusehen und auch Schlüsse aus dem zeitweisen Schweigen zuzulassen. Der von Wessels JuS 1966, 169 (172) dagegen erhobene Einwand, Ermittlungs- und Hauptverfahren seien schon aufgrund der rechtlichen Ausgestaltung streng voneinander geschieden, verfängt demgegenüber nicht: denn auch die Fälle des zeitlich sukzessiven Schweigens bzw. Redens innerhalb der einzelnen Verfahrensabschnitte werden als Konstellationen des zeitweisen Schweigens angesehen. Maßgebliche Einheit ist mithin das einzelne Verhör, nicht der einzelne Verfahrensabschnitt.

360 Zutreffend KMR-Stuckenberg § 261 Rdnr 54.

361 Etwa BGHSt 38, 302 (307): „Schweigen zu einzelnen Fragen [erlaube nachteilige Würdigung]", BGH NStZ 2000, 494 (495): „Schweigen zu einzelnen Fragen [lasse nachteilige Bewertung zu]", BGH NJW 2001, 1962 (1963): „die Beantwortung ... bestimmter Fragen [erlaube nachteilige Würdigung]", ebenso die Formulierung in BGH NJW 2002, 2260 (2260) sowie z.B. OLG Düsseldorf NStZ 2001, 260 (260): „die Weigerung ... einzelne Fragen zu beantworten [lasse nachteilige Würdigung zu]".

362 Ähnlich die Formulierungen der Literatur: z.B. Löwe/Rosenberg/Gollwitzer[25] § 261 Rdnr 78: „Bewertbar ist, wenn er [scilicet der Beschuldigte] die Tat voll eingeräumt hat und sich danach weigert, weitere Einzelfragen zu beantworten."

Verhalten oftmals (vermeintlich) als regelrechtes Eingeständnis, nicht weiter zu wissen und keine entlastende Erklärung bieten zu können[363].

Die der Rechtsprechung zugrundeliegende Konzeption hat in der Literatur ein gewisses Äquivalent in der Darstellung von K. Meyer gefunden[364]. Dieser betont ausdrücklich, daß in den Fällen des inhaltlichen Teilschweigens ein besonderer Erfahrungssatz anzunehmen sei, daß der sich teilweise Äußernde letztendlich nichts zu seiner Verteidigung vorbringen könne. Demgegenüber sei in den Fällen des völligen bzw. zeitweisen Schweigens ein solcher Erfahrungssatz nicht anzunehmen. Dieser Ansatz deutet wie die Rechtsprechung in die Richtung einer Annahme, die dem inhaltlichen Teilschweigen pauschalisierend einen höheren Erklärungswert beimißt.

Aber auch die Auffassung von K. Meyer weist dieselben Schwächen wie die Konzeption der Rechtsprechung auf. Es gibt keinen Erfahrungssatz dahingehend, daß der Schuldige schweigt, während der Unschuldige redet[365]. Wie gesehen sind die Motive für das Schweigen vielfältig und von taktischen, emotionalen und weiteren Motiven bestimmt. Es ist zudem auch nicht verständlich, warum die Einlassung mit wenigen Worten die Annahme eines solchen Erfahrungssatzes zuließe, im Falle des völligen Schweigens eine solche These jedoch ausgeschlossen sei[366].

2. Die Kritik der Lehre an der Konzeption der Rechtsprechung

Die ganz überwiegende Lehre (mit Ausnahme von Teilen der Kommentarliteratur[367]) lehnt Schlüsse aus jeder Form des Schweigens ab, und zwar auch aus dem inhaltlichen Teilschweigen des Beschuldigten[368].

---

363 Insbesondere zu diesem Zusammenhang zwischen Umfang der Einlassung und Erklärungsgehalt des sonstigen Schweigens: H.-L. Günther JR 1978, 89 (94). In diese Richtung auch Fuhrmann JR 1965, 417 (418). Strikt ablehnend zu einer solchen These, die einen zunehmenden Erklärungsgehalt bei zunehmendem Redeanteil annimmt (zu Unrecht) Leiwesmeyer (1994) S. 95.

364 K. Meyer JR 1966, 351 (352/353). Ähnlich immer noch Löwe/Rosenberg/Hanack[25] § 136 Rdnr 27 mit ausdrücklicher Bezugnahme auf K. Meyer (ebenfalls nur für Fälle des inhaltlichen Teilschweigens).

365 Dazu bereits supra S. 79 in Fn. 180.

366 Siehe die Kritik von Leiwesmeyer (1994) S. 90/91.

367 Zustimmend zu der Rechtsprechung des Bundesgerichtshofs die supra S. 127 zu Fn. 334 zitierten Stimmen.

368 Arndt NJW 1966, 869 (870), Dahs GA 1978, 89 (90), Eisenberg (1999) Rdnr 907, Güldenpfennig NJW 1969, 1867, Habscheid (1967) S. 871, Höra (1970) S. 84-87 und 122/123, Kühl JuS 1986, 115 (120), Leiwesmeyer (1994) S. 140-142 (zusammenfassend), Nickl (1978) S. 67, Park StV 2001, 589 (591), Rogall (1977) S. 255, Rüping JR 1974, 135 (138), Rüping ZStW 91 (1979) 351 (352/353), H. Schneider Jura 1990, 572

a) Die strukturelle Inkonsequenz des differenzierenden Ansatzes des Bundesgerichtshofs

Neben den bereits erörterten Schwächen der Argumentation zeigt sich, daß die Konzeption der Rechtsprechung (wie auch jede andere differenzierende Methode) mit einer grundsätzlichen Strukturschwäche im methodischen Ansatz zu kämpfen hat, die argumentativ kaum zu überwinden ist[369]. Bereits im Zusammenhang mit dem völligen Schweigen ist die umfangreiche Debatte analysiert worden, die sich um die Frage entsponnen hat, ob aus dem völligen (!) Schweigen des Beschuldigten nachteilige Schlüsse gezogen werden können. Dem Leser dürfte hierbei kaum entgangen sein, daß die allermeisten Argumente sich nicht nur spezifisch auf das völlige Schweigen beziehen, sondern jede Form des Schweigens betreffen. Ein fundamentaler Einwand gegen die Konzeption der Rechtsprechung ist mithin, daß die Argumente, die gegen die Schlüsse aus dem völligen Schweigen angeführt wurden, in gleicher Weise gegen Schlüsse auch aus jeder anderen Form des Schweigerechts sprechen[370,371]. Legt man jedoch diese Erkenntnis zugrunde, ergibt sich, daß jedes Argument für Schlüsse aus dem teilweisen Schweigen auf prinzipiengeleiteter Grundlage zum Scheitern verurteilt ist. Da die oben gegen die Würdigung des Schweigens angeführten Gründe (Beweisführungslast, Fairneß aufgrund fehlender Belehrung und ggf. individueller psychologischer Druck) einer Abwägung grundsätzlich nicht zugänglich sind, ist es a priori unmöglich, für einzelne Kategorien des Schweigens diese Erkenntnis wiederum prinzipiengeleitet aufzuheben.

Konsequenterweise sind die empirischen wie normativen Gründe in gleicher Weise gegen Schlüsse aus dem inhaltlichen Teilschweigen angeführt worden:

---

(579), Schmidt-Leichner NJW 1966, 189 (190/191). Nur für den Fall des Schweigens zu belastenden Tatsachen: Stree JZ 1966, 593 (598) (näher zu diesem Konzept infra S. 161). Zweifelnd Eser ZStW 79 (1967), 565 (576) (h.M. „nicht unbedenklich"), differenzierend derselbe in ZStW 86 (1974-Beiheft), 136 (160/161): „aussagepsychologischer Zusammenhang".

[369] Besonders klar hierzu: H.-L. Günther JR 1978, 89 (91 mit Fn. 24), der zu dem Schluß kommt, die Frage der Würdigung des Schweigens (in allen Formen) könne prinzipiengeleitet nur im Sinne eines klaren Entweder-oder beantwortet werden. Siehe auch Rüping JR 1974, 135 (138) und Salger (1998) S. 83/84.

[370] Kühl JuS 1986, 115 (120). Siehe auch H.-L. Günther JR 1978, 89 (90), der hingegen selbst grundsätzlich für eine freie Würdigung des Schweigens in allen Erscheinungsformen eintritt.

[371] Freilich läßt sich der Einwand der Widersprüchlichkeit auch in die Gegenrichtung führen: Autoren wie Ostermeyer NJW 1969, 1187 haben nämlich aus dieser inkonsequenten Differenzierung zwischen den verschiedenen Schweigeformen gefolgert, jede Form des Schweigens müsse der Würdigung unterfallen.

das inhaltliche Teilschweigen kann wie das Schweigen in seinen anderen Erscheinungsformen auf verschiedenen Gründen beruhen, die für den Fragesteller in der Vernehmung bzw. den Richter in der Beweiswürdigung nicht erkennbar sind[372]. Und wie auch die anderen Formen des Schweigens lassen sich aufgrund der Unschuldsvermutung[373], der Problematik der Fairneß aufgrund unvollständiger Belehrung und ggf. auch des psychologischen Drucks auf den Beschuldigten[374] stichhaltige Gründe anführen, die die Würdigung des Schweigens in jeder Form betreffen.

b) Der aus der Teilaussage hervorgehende Wille des Angeklagten, nur beschränkt zur Sachaufklärung beizutragen

Wie gezeigt war seit dem Ausgangsfall BGHSt 20, 281 ein zentrales Argument für die Würdigung des Schweigens, daß der Beschuldigte sich freiwillig zum Beweismittel gemacht habe und damit sein gesamtes Aussageverhalten Gegenstand der Würdigung sei. Die Schwäche dieses Arguments wurde bereits aufgezeigt, insbesondere, da die Freiwilligkeit des Beschuldigten sich jedenfalls nicht auf die Zustimmung zur Würdigung seines Aussageverhaltens beziehen kann. Soweit nämlich der Beschuldigte schweigt, will er gerade nicht, daß sein Schweigen zu seinem Nachteil gewürdigt wird.

Dieses vielfach in der Lehre betonte Argument wurde jedoch noch einen Schritt weitergeführt: soweit der Beschuldigte schweige, wolle er insoweit gerade nicht zur Aufklärung beitragen und scheide aus diesem Grunde aus der Beweiswürdigung aus. Sage er nur teilweise aus, unterstelle er sich nur insoweit der richterlichen Beweiswürdigung[375]. Es ist bemerkenswert, daß dieses Argument ähnliche Schwächen aufweist wie die Begründung der Rechtsprechung. Im Falle der Argumentation des Bundesgerichtshofs wurde kritisiert, daß sich der Wille des Beschuldigten ersichtlich nicht darauf beziehen kann, daß seine (Gesamt)aussage zum Gegenstand der Würdigung gemacht wird[376]. Doch die Begründung der Lehre wirft die Frage auf, weshalb im Gegenteil der Wille des Beschuldigten für die Unzulässigkeit der Würdigung seines Aussageverhaltens maßgeblich sein soll. In diesem Willen allein läßt sich eine normative Begründung für den Ausschluß der Interpretation des inhaltlichen Teilschweigens nicht ergründen. Letztendlich setzt der Hinweis auf den Willen des Beschuldigten die weitere These voraus, so weit der Be-

---

[372] Höra (1970) S. 122, Leiwesmeyer (1994) S. 96-98, Roschmann (1983) S. 136, Rüping JR 1974, 135 (138), SK(StPO)-Schlüchter § 261 Rdnr 39.

[373] Leiwesmeyer (1994) S. 133/134.

[374] Stree JZ 1966, 593 (597).

[375] Eisenberg (1999) Rdnr 907, Kühl JuS 1986, 115 (118), Stree JZ 1966, 593 (598).

[376] Supra S. 130.

schuldigte sich nicht zur Sache einlassen wolle, dürfe sein Schweigen nicht Gegenstand der Beweiswürdigung sein. Die normative Maßgeblichkeit dieses Willens gilt aber unstrittig nur in Bezug auf die Tatsache des Aussageverhaltens: nur für diesen Zusammenhang zwischen Willensfreihheit und Schweigerecht besteht ein allgemeiner Konsens. Ob auch die Beweiswürdigung im Sinne einer Sekundärgarantie von dem Schweigerecht (und damit der ihnen innewohnenden Garantie der Willensfreiheit) umfaßt wird, ist aber gerade umstritten und Gegenstand der vorliegenden Frage. Auch die Argumentation der Lehre ist insoweit zirkulärer Natur[377].

Die Unrichtigkeit der These zeigt sich aber noch an einem anderen Punkt: geht man von einem Beweisverwertungsverbot gestützt auf den Willen des Angeklagten aus, müßte das Verwertungsverbot aufgehoben werden, wenn sich der (ansonsten schweigende) Angeklagte mit einer solchen Würdigung einverstanden erklärt. Dies kann jedoch nicht richtig sein: dieses § 261 StPO beschränkende, normative Verwertungsverbot ist auf Gründe zurückzuführen, die mit dem Wesen und Aussagewert des Schweigens als solchem zusammenhängen. Der Wille des Beschuldigten berührt diese Fragen aber nicht[378].

3. Rechtliche Konsequenzen der Kategorisierung der Rechtsprechung

Die Auffassung der Rechtsprechung, die zwischen verschiedenen Formen des Schweigens differenziert, führt zu weiteren rechtlichen Folgerungen, die für die Beurteilung der Konzeption der Praxis von Bedeutung sind. Hierzu zählt insbesondere die Frage, in welchem Bereich die rechtsrelevante Unterscheidung zwischen inhaltlichem Teilschweigen und den anderen Formen des Schweigens anzusiedeln ist. Desweiteren stellt sich die Frage, wie das Schweigen des Beschuldigten zu einem von mehreren Tatvorwürfen zu behandeln ist.

a) Die Abgrenzung von inhaltlichem Teilschweigen und völligem Schweigen

Das entscheidende Kriterium für die Zulässigkeit von Schlüssen aus dem Schweigen ist, daß der Beschuldigte sich teilweise zur Sache eingelassen hat.

---

377 Wenn demgegenüber Kühl JuS 1986, 115 (118) einwendet, auch dieser Wille sei wegen des umfassenden Schweigerechts zu respektieren, ist dem zu widersprechen. Der Schutzbereich des Schweigerechts bezieht sich unbestrittenermaßen (!) nur auf die Garantie, sich nicht selbst belasten zu müssen.

378 Siehe auch Eb. Schmidt JZ 1970, 337 (341/342), der ebenfalls betont, der Wille könne nicht das maßgebende Moment der Beurteilung sein. Schon Liepmann ZStW 44 (1924), 647 (673) hat darauf hingewiesen, daß die Wahrheitserforschung im Prozeß nicht vom Willen des Angeklagten abhängig gemacht werden könne.

Von maßgeblicher Bedeutung ist daher die Bestimmung des Merkmals der „Einlassung zur Sache", da hiervon abhängt, ob das Aussageverhalten der richterlichen Würdigung zugänglich ist oder nicht.

Führt man sich verschiedene mögliche Fallkonstellationen vor Augen, so stellt man rasch fest, daß nicht schon jede verbale Äußerung als Teileinlassung des Beschuldigten angesehen werden kann. Evidentermaßen kann von einer teilweisen Einlassung nicht gesprochen werden, wenn der Beschuldigte sich zu völlig anderen, mit dem Fall nicht zusammenhängenden Fragen äußert (seinem gegenwärtigen Gemütszustand u.ä.). Doch auch in den Fällen, in denen die Angaben des Beschuldigten einen gewissen Bezug zu dem Tatvorwurf aufweisen, ist nicht ohne weiteres von einer inhaltlichen Teileinlassung auszugehen. In zahlreichen Konstellationen sah sich der Bundesgerichtshof daher gezwungen, eine Gleichstellung solcher Äußerungen mit den Fällen des völligen Schweigens im eigentlichen Sinne vorzunehmen. In diesen Situationen wäre es formalistisch und sachlich nicht gerechtfertigt, von einer inhaltlichen Teileinlassung auszugehen, da die Äußerungen für die Frage der Tatschuld und Beweisführung keine Sachverhaltsrelevanz aufweisen.

(1) Einzelne Fallgruppen der fehlenden Relevanz in der Rechtsprechung

(1) Eine Gruppe von Fällen, in denen die Rechtsprechung durchweg völliges Schweigen im rechtlichen Sinne angenommen hat, sind die Konstellationen, in denen die Erklärungen des Beschuldigten so allgemein auf das Verfahren bezogen sind, daß ihnen bereits jeder inhaltlicher Zusammenhang mit den Tatvorwürfen abzusprechen ist. Hierher gehören auch Angaben zu den persönlichen Verhältnissen, die keinen Bezug zum Tatvorwurf haben, sondern ggf. nur zur Frage der Strafzumessung:

- Der ansonsten schweigende Beschuldigte bekräftigt, er wolle dazu beitragen, die gegen ihn erhobenen Vorwürfe zu klären, sich jedoch zur Tat im Moment noch nicht einlassen[379].
- Der Beschuldigte äußert sich lediglich zu seinen persönlichen Verhältnissen, verweigert jedoch Angaben zur Sache[380].

---

[379] BGH NStZ 1997, 147. Siehe auch Löwe/Rosenberg/Gollwitzer[25] § 261 Rdnr 77 und Miebach NStZ 2000, 234 (236).

[380] OLG Karlsruhe VRS 54 (1978), 158 (LS) (Angabe von Personalien auf Bogen), OLG Düsseldorf VRS 55 (1978), 360 (361) (Angabe von Personalien auf Bogen), BayObLG VRS 66 (1984), 207 (LS). Auch Miebach NStZ 2000, 234 (235), Rieß JA 1980, 293 (295), SK(StPO)-Schlüchter § 261 Rdnr 37, Verrel (2001) S. 23. Dies gilt erst Recht, wenn auch die Angaben zur Person nur fragmentarisch sind, BayObLG VRS 59

(2) Eine weitere Gruppe von Fällen, die von der Rechtsprechung als völliges Schweigen im rechtlichen Sinne angesehen wurden, sind jene, in denen sich die Äußerungen des Beschuldigten auf rein rechtliche Fragen beschränken, insbesondere solche lediglich verfahrensrechtlicher Natur. In der Tat erschiene auch hier die Annahme einer inhaltlichen Teileinlassung wenig überzeugend, da der Angeklagte sich nicht zu dem Sachverhalt des Tatvorwurfs äußert, sondern zu Fragen, die auch jeder Dritte in dieser oder jener Weise rechtlich beurteilen könnte. Hierbei finden sich folgende Fälle in der Rechtsprechung:

- Der Beschuldigte äußert sich lediglich zu Verfahrenshindernissen (insbesondere zur Verjährung)[381].
- Der Beschuldigte äußert sich nicht zur Sache, stellt jedoch bestimmte Beweisanträge, die freilich auch eine Stellungnahme zu Fragen des Tatvorwurfs implizieren[382].
- Der Beschuldigte bricht sein Schweigen lediglich, indem er Rechtsausführungen macht (z.B. darauf verweist, die Tat sei weder Ordnungswidrigkeit noch Straftat)[383].
- Der Beschuldigte äußert sich zu den Rechtsfolgen (z.B. erwartetem Strafmaß) ohne Bezug auf den Tatvorwurf[384].

(1980), 348 (LS und 349) (aber mit Einschränkung für den Fall, wenn Personalangaben unmittelbar tatrelevant sind).

[381] Zum Hinweis auf Verjährung als Verfahrenshindernis: BayObLG bei Rüth DAR 1979, 269, BayObLG bei Rüth DAR 1980, 270, OLG Koblenz VRS 59 (1980) 434 (LS), OLG Hamburg VRS 59 (1980), 351 (352), BayObLG VRS 62 (1982) 373 (LS). Siehe auch Dahs/Langkeit NStZ 1993, 213 (214), KK(StPO)-Engelhardt § 261 Rdnr 41 a.E., KMR-Stuckenberg § 261 Rdnr 50, Löwe/Rosenberg/Gollwitzer[25] § 261 Rdnr 77, Miebach NStZ 2000, 234 (236), Park StV 2001, 589 (590), SK(StPO)-Schlüchter § 261 Rdnr 37, Verrel (2001) S. 23. Ebenso BayObLG bei Rüth DAR 1983, 252 (r. Sp. lit. d) für Hinweis auf die angeblich fristgerecht erfolgte Zahlung des Verwarnungsgelds.

[382] BGH NStZ 1990, 447. Für Beweisanträge des Verteidigers ebenso: BGH StV 1990, 394. Auch OLG Schleswig bei Ernesti/Lorenzen SchlHA 1980, 175: Stellungnahme des Angeklagten zu Beweisantrag. Siehe auch Dahs/Langkeit NStZ 1993, 213 (214), Löwe/Rosenberg/Gollwitzer[25] § 261 Rdnr 77, Miebach NStZ 2000, 234 (236), SK(StPO)-Schlüchter § 261 Rdnr 37.

[383] BayObLG MDR 1988, 882 (LS) sowie Dahs/Langkeit NStZ 1993, 213 (214), KMR-Stuckenberg § 261 Rdnr 50, Löwe/Rosenberg/Hanack[25] § 136 Rdnr 26, Miebach NStZ 2000, 234 (236), Park StV 2001, 589 (590), SK(StPO)-Schlüchter § 261 Rdnr 37, Verrel (2001) S. 23.

[384] Siehe nochmals BGH NStZ 1997, 147: der Beschuldigte gibt an, er sei sich bewußt, mit einer empfindlichen Strafe rechnen zu können. Auch Dahs/Langkeit NStZ 1993, 213 (214), KK(StPO)-Engelhardt § 261 Rdnr 39.

(3) Eine weitere Fallgruppe, in der die Rechtsprechung durchweg völliges Schweigen im rechtlichen Sinne angenommen hat, sind die Konstellationen, in denen sich die Stellungnahme des Beschuldigten lediglich darauf beschränkt, seine Schuld zu verneinen[385] bzw. seine Unschuld zu behaupten[386]. Nichts anderes kann gelten, wenn lediglich ein bestimmter Tatumstand (z.B. der Vorsatz des nachweislich handelnden Beschuldigten) im Streit steht und der Beschuldigte diesen Umstand ohne nähere Begründung abstreitet.

(4) Die Rechtsprechung hat eine gewisse Ausdehnung erfahren, indem auch Fälle von der Würdigung ausgenommen wurden, in denen der Beschuldigte seine Unschuld mit ganz fragmentarischen, allgemeinen Sachangaben untermauerte. Teils unterfallen diese Konstellationen bereits der eben genannten Fallgruppe, indem lediglich ein einzelner, allein im Streit stehender, Sachverhaltspunkt vom Beschuldigten geleugnet wird, weshalb das Abstreiten der Verneinung der Schuld praktisch gleichkomme. Die Rechtsprechung ist darüber jedoch noch hinausgegangen: in einigen Fällen ist die Verteidigungseinlassung so rudimentär, daß es formalistisch erschiene, hieraus bereits die Zulässigkeit nachteiliger Schlüsse abzuleiten. Freilich ist zuzugeben, daß ein streng an dem Kriterium der Sacheinlassung orientiertes Konzept bereits hier eine Teileinlassung annehmen müßte[387]. Daher sind gerade in diesem Bereich die Unsicherheiten groß und die Entwicklung erfolgte im Wege punktueller Fallgruppenbildung. In der Rechtsprechung finden sich folgende Beispiele:

- Der Beschuldigte bestreitet vorangegangenen Alkoholgenuß, ohne sich ansonsten zur Sache einzulassen[388].

---

[385] BGHSt 25, 365 (368), BGHSt 34, 324 (326), BGH StV 1992, 548 (LS 3), OLG Hamm 1974, 1880 (1881), OLG Köln VRS 61 (1981), 361. Aus der Lehre: Dahs/Langkeit NStZ 1993, 213 (214), Dencker StV 1985, 498 (499), Dingeldey JA 1984, 407 (413), Eisenberg (1999) Rdnr 901, Grünwald (1993) S. 66, KK(StPO)-Engelhardt § 261 Rdnr 39, KMR-Stuckenberg § 261 Rdnr 50, Kühl JuS 1986, 115 (119), Löwe/Rosenberg/Hanack[25] § 136 Rdnr 26, Löwe/Rosenberg/Gollwitzer[25] § 261 Rdnr 77, Miebach NStZ 2000, 234 (235), Park StV 2001, 589 (590), Rieß JA 1980, 293 (295), Bertram Schmitt (1992) S. 192, H. Schneider Jura 1990, 572 (581). Anders, aber unrichtig LG Frankfurt a.M. StV 1985, 498 (Ankreuzen von „Nein" in Bußgeldformular zur Frage der Schuld bereits inhaltliche Teileinlassung). In einem solchen Fall hat hingegen z.B. OLG Düsseldorf VRS 55 (1978), 360 (361) keine Teileinlassung angenommen.

[386] OLG Hamm, NJW 1973, 1708 (LS), OLG Celle NJW 1974, 202. Aus der Lehre: siehe die soeben zitierten Stimmen.

[387] Konsequent daher Roschmann (1983) S. 131 (für die Angabe der Haltereigenschaft).

[388] Hierzu OLG Düsseldorf, MDR 1988, 796 und KMR-Stuckenberg § 261 Rdnr 50, Löwe/Rosenberg/Gollwitzer[25] § 261 Rdnr 77, Miebach NStZ 2000, 234 (238), SK(StPO)-Schlüchter § 261 Rdnr 37.

- Der Beschuldigte räumt lediglich seine Haltereigenschaft ein, ohne weiter Stellung zu nehmen, bzw. mit dem alleinigen zusätzlichen Hinweis, nicht gefahren zu sein[389].
- Der Beschuldigte behauptet, den Wagen zur Tatzeit nicht gefahren zu haben[390].
- Der Beschuldigte weist nach Tatentdeckung darauf hin, ein Verwandter habe den Wagen geführt[391].

(2) Analyse der Rechtsprechung zur fehlenden Relevanz

Eine Analyse dieser Ausnahmen zeigt, daß die dem völligen Schweigen gleichgestellten Konstellationen des quasi-Schweigens zu einer veränderten Sichtweise der Rechtsprechungskonzeption führen[392]. Der klare und eindeutige Ausgangspunkt der Praxis, der auf einer Differenzierung zwischen den verschiedenen Formen des Schweigens beruht, muß aus Gründen der Gerechtigkeit und der Vermeidung eines wenig überzeugenden Rechtsformalismus teilweise aufgegeben werden[393]. Der Umstand des tatsächlichen Redens oder Schweigens allein kann nicht das ausschlaggebende Kriterium dafür sein, ob eine teilweise Einlassung anzunehmen ist.

Daher wäre es schon aus Gründen der Rechtssicherheit notwendig gewesen, möglichst eine generelle Formulierung zu finden, aufgrund der inhaltliches Teilschweigen von völligem Schweigen im rechtlichen Sinne auf gesicherter

---

389 OLG Celle MDR 1974, 249 (LS), OLG Hamburg VRS 50 (1976), 366 (LS 1), OLG Koblenz 59 VRS (1980), 433 (LS), BayObLG bei Rüth DAR 1983, 252 (r. Sp. lit. e), OLG Köln VRS 79 (1990), 29 sowie Dahs/Langkeit NStZ 1993, 213 (214), KK(StPO)-Engelhardt § 261 Rdnr 39, KMR-Stuckenberg § 261 Rdnr 50, Löwe/Rosenberg/Gollwitzer[25] § 261 Rdnr 77. Anders Miebach NStZ 2000, 234 (238): Würdigung als Indiz möglich. Siehe dazu auch BVerfG NJW 1994, 847 (2. Kammer des 2. Senats): aus dem bloßen Umstand der Haltereigenschaft könne nicht auf die Schuld des schweigenden Angeklagten geschlossen werden.

390 OLG Hamburg MDR 1974, 864 und BayObLG bei Rüth DAR 1977, 206.

391 OLG Stuttgart VRS 69 (1985), 295 (LS) und SK(StPO)-Schlüchter § 261 Rdnr 37. Anders OLG Saarbrücken VRS 47 (1974), 438 (LS und 440) für die Angabe, daß Verwandte das Fahrzeug nicht benutzen; dies sei bereits eine inhaltliche Teileinlassung.

392 Keiser StV 2000, 633 (635) formuliert zutreffend, Schweigen im rechtlichen Sinne sei eine normative Größe und weise gegenüber dem Schweigen im tatsächlichen Sinne einen anderen Bedeutungsinhalt auf.

393 Kritisch zu dieser Nivellierung der Erscheinungsformen auch H. Schneider Jura 1990, 572 (581).

Grundlage unterschieden werden könnte[394]. Eine solche generelle Unterscheidungsformel, die sich von den bloßen äußeren Erscheinungsformen des Aussageverhaltens zugunsten ergänzender materieller Kriterien löst, ist von der Rechtsprechung jedoch über Jahrzehnte hinweg nicht präsentiert worden. Die Praxis zog es vor, fallgruppenweise einzelne Konstellationen auszugrenzen, in denen eine Äußerung des Beschuldigten nicht als inhaltliche Teileinlassung anzusehen sei[395].

(3) Formulierung einer zusammenfassenden Formel aus der Gesamtschau der Rechtsprechung

Aus der Analyse der Rechtsprechung ergibt sich, daß das entscheidende Abgrenzungsmerkmal dasjenige der Sachverhaltsrelevanz der Teilaussage für den Schuldvorwurf ist: die Äußerung muß über die bloße Stellungnahme zur Schuld hinausgehen und eine (nicht bloß ganz fragmentarische) sachlich-inhaltliche Äußerung zum Tatvorwurf enthalten. Dies läßt sich als Erfordernis einer (substanziellen) tatschuldrelevanten Sachverhaltseinlassung bezeichnen[396].

Zusammenfassend resultiert hieraus ein Bündel von Kriterien, die zur Beurteilung heranzuziehen sind:

1. Der Beschuldigte äußert sich zum Sachverhalt des Tatvorwurfs, nicht allein zu einer rechtlichen Frage.

2. Diese Äußerung besteht in einer konkreten Stellungnahme, die über die pauschale Behauptung der Unschuld hinausgeht.

3. Die Sachverhaltsangabe muß die Frage der Tatschuld betreffen, nicht allein Fragen der Strafzumessung oder Verfahrensfragen. Maßgeblich ist hierbei die Perspektive des Beschuldigten zum Zeitpunkt der Aussage aufgrund seines Wissensstandes.

---

394 Ebenfalls kritisch zu den Abgrenzungsproblemen des Rechtsprechung: H. Schneider Jura 1990, 572 (581).

395 Es läßt sich freilich nach den Gründen für die Scheu der Praxis fragen, eine allgemeinere Formel zu statuieren. Ein besonderes Problem bei der Bestimmung des Begriffs der Teileinlassung zur Sache ist, daß die Rechtsprechung zu keinem Zeitpunkt eine stichhaltige Begründung für ihre Differenzierung zwischen den verschiedenen Formen des Schweigens gefunden hat (dazu supra S. 129). Hätte sie eine solche Begründung entwickelt, wäre es möglich, eine an dieser ratio orientierte Definition des Begriffs der Einlassung zur Sache abzuleiten. An dieser Stelle rächt sich, daß es der Rechtsprechung nicht gelungen ist, eine überzeugende Begründung für ihren Ansatz zu liefern.

396 Ähnlich bereits Petry (1971) S. 42: der abgegebenen Erklärung müsse ein „faktischer Aussagewert“ zukommen. Auch H. Schneider Jura 1990, 572 (580): für die Annahme des inhaltlichen Teilschweigens sei ein Beitrag zur Aufklärung der Sache notwendig.

4. Die Äußerung ist nicht nur ganz fragmentarischer, punktueller Natur.

5. Der Beschuldigte muß die tatschuldbezogene Sachverhaltsangabe gezielt mit Blick auf den Tatvorwurf äußern.

Es bleibt festzuhalten, daß auch aufgrund dieser, von der Rechtsprechung nach und nach aufgestellten Kriterien die Abgrenzung zwischen inhaltlicher Teileinlassung und völligem Schweigen sehr formalistisch bleibt[397]. Auf Kosten des Bereichs völligen Schweigens werden auch solche Aussagen als inhaltliche Teilaussagen angesehen, die denselben Tatvorwurf betreffen, jedoch nur einzelne, schon geringfügige Einlassungen des Beschuldigten zu bestimmten Fragen umfassen. Auch die Verweigerung der Antwort auf in sich abgeschlossene Fragekomplexe innerhalb eines Lebenssachverhalts ermöglicht hiernach Schlüsse aus dem Schweigen[398]. Es erscheint klar, daß diese Rechtslage nicht befriedigen kann.

b) Einlassungen des Verteidigers als inhaltliche Teilaussage des Angeklagten

Aufgrund der Konzeption der Rechtsprechung ergeben sich jedoch noch weitere rechtliche Problempunkte. Bedenkt man, daß sich zahlreiche Beschuldigte durch einen Strafverteidiger im Verhör beraten und vor Gericht verteidigen lassen, stellt sich die Frage, inwieweit in diesem Fall Einlassungen des Verteidigers dem schweigenden Angeklagten zugerechnet werden können.

In höchstrichterliche Rechtsprechung verfolgt hierbei zu Lasten des Angeklagten eine strenge Linie: die Angaben des Verteidigers seien „ohne weiteres“ verwertbar, wenn der Angeklagte schweige und nicht widerspreche[399]. Die Rechtsprechung steht im Zusammenhang mit einer allgemeinen Tendenz des Bundesgerichtshofs, (vermeintlichem) prozessualem Mißbrauch der Verteidigung durch widerspruchsvolles Prozeßverhalten in den Instanzen entgegenzutreten.

---

[397] Kritisch zum „schablonenhaften, fallgruppenorientierten“ Ansatz des Bundesgerichtshofs in der Frage der Schlüsse aus dem Schweigen auch H. Schneider Jura 1990, 572 (572).

[398] Dazu insbesondere die Analyse von H. Schneider Jura 1990, 572 (581) mit Fallbeispiel aus der Rechtsprechung.

[399] BGH StV 1998, 59. Kritisch hierzu Park StV 2001, 589 (594). Einen Widerspruch des Angeklagten fordert auch das OLG Hamm StV 2002, 187 (LS 1), doch betont es auch, daß das Gericht ggf. klärend erfragen müsse, ob eine Einlassung des Verteidigers tatsächlich in Vertretung des Angeklagten erfolgt sei.

Dieser Konzeption kann nicht beigepflichtet werden[400]: aufgrund der Stellung des Verteidigers im Strafprozeß ergibt sich, daß dessen Handeln dem Angeklagten nicht zugerechnet werden kann. Dieser ist (anders als im Falle des § 80 ZPO) nicht Stellvertreter des Angeklagten, sondern eigenständiges Prozeß- und Rechtspflegeorgan[401]. Angesichts dieser verschiedenen Verfahrensrollen kann gerade umgekehrt formuliert eine Zurechnung nur angenommen werden, wenn der Angeklagte sich die Ausführung des Verteidigers ausdrücklich (nicht nur stillschweigend) zu eigen macht[402,403].

c) Das Schweigen zu einer von mehreren Taten

Ein weiteres Problem ergibt sich für die Rechtsprechung aufgrund der Tatsache, daß das Verhältnis von inhaltlicher Teileinlassung und völligem Schweigen in den Fällen mehrerer Tatvorwürfe (prozessuale Taten) geklärt werden mußte.

In der Entscheidung BGHSt 32, 140 - Urteil des 3. Strafsenats vom 26.10.1983 - befaßte sich das Gericht mit dieser Frage, wenn auch der Fall Besonderheiten aufweist, die ihn auf den ersten Blick nicht einschlägig erscheinen lassen[404]. A war wegen Mordes an ihrem neugeborenen Kind angeklagt. In der Hauptverhandlung bestritt sie die Ehelichkeit des Babys[405]. Zu

---

400 Zustimmend zur Rechtsprechung des Bundesgerichtshofs hingegen: Kleinknecht/Meyer-Goßner § 261 Rdnr 16 und Löwe/Rosenberg/Gollwitzer[25] § 261 Rdnr 79.

401 Park StV 2001, 589 (594). Die eigenständige Stellung zeigt sich auch etwa darin, daß der Verteidiger entgegen den Wünschen seines Mandanten plädieren kann.

402 Zutreffend Dahs/Langkeit NStZ 1993, 213 (214/215). Siehe auch die sehr enge Formulierung des BayObLG NJW 1981, 412 (nur LS): in einer „jeden Zweifel ausschließenden Weise" müsse feststehen, daß die vom Verteidiger getanen Äußerungen dem Angeklagten zuzurechnen seien. Nur dann sei eine Würdigung zulässig.

403 Besonderheiten gelten freilich für den Fall der zulässigen Abwesenheit des Angeklagten gemäß den §§ 234, 329 I, 411 II StPO. In diesem Fall wird allgemein angenommen, daß der Verteidiger mit seinen Einlassungen umfassend den Angeklagten vertritt: Löwe/Rosenberg/Gollwitzer[25] § 234 Rdnr 16 und Park StV 2001, 589 (594). Anderer Ansicht: SK(StPO)-Schlüchter § 234 Rdnr 10. Dies entspricht auch der Intention des Gesetzgebers, da ansonsten dem abwesenden Angeklagten sein Prozeßverhalten einen erheblichen Rechtsvorteil verschaffen würde.

404 Zu diesem Urteil insbesondere Kühl JuS 1986, 115 (passim), Pelchen JR 1985, 71 (passim), Volk NStZ 1994, 377 (passim). Siehe aber auch schon das Urteil BGH JR 1981, 342 (432) (ebenfalls zum Schweigen des angehörigen Zeugen) und OLG Köln VRS 61 (1981), 360 (LS).

405 Eine solche Behauptung war nach damaliger Rechtslage bedeutsam, da ein gemäß § 217 StGB a.F. privilegierter Fall der Tötung eines unehelichen Kindes vorgelegen hätte.

Fragen nach einer früheren Schwangerschaft und einer damit verbundenen Abtreibung im Jahre 1979 nahm sie hingegen keine Stellung. Die Kammer betrachtete die gesamte Aussage als Einheit und zog hieraus nachteilige Schlüsse. Der 3. Senat erachtete (neben weiteren Rechtsfehlern der Kammer) diese Würdigung als mit § 261 StPO unvereinbar. Das Gericht formulierte:

> „Die Tatsache, daß er [scilicet der Angeklagte] sich überhaupt - zu einer Tat - zur Sache einläßt, führt nicht dazu, daß sein Schweigen zu anderen Taten indiziell gegen ihn verwertet werden kann [...]. Denn insoweit hat er sich eben als Beweismittel nicht zur Verfügung gestellt, [...]".

Das Gericht entschied, die inhaltliche Teileinlassung zu einer prozessualen Tat könne nicht dazu führen, daß bezüglich anderer prozessualer Taten, zu denen der Beschuldigte vollständig schweigt, gleichfalls die Möglichkeit einer nachteiligen Beweiswürdigung eröffnet werde. Die Besonderheit ist hierbei, daß das Gericht offensichtlich nicht auf eine formelle (oder gar zeitlich koinzidente) Strafverfolgung der anderen Tat abstellte: es genüge, daß es sich um einen anderen strafrechtsrelevanten Lebenssachverhalt handele. Damit befand sich das Gericht aber bereits in einem Bereich materieller Abgrenzung, der über die formell-kategorisierende Sichtweise weit hinausging. Denn die entscheidende weitere Frage ist sodann, ob es überhaupt einen Unterschied machen kann, ob der andere Lebenssachverhalt eine Straftat oder einen sonstigen alltäglichen Vorgang darstellt[406]. Dennoch bleibt festzuhalten, daß in diesem konkreten Fall das Gericht sich eindeutig an dem Begriff der prozessualen Straftat orientierte und dabei den strafrechtlichen Charakter des vorausgegangenen Sachverhalts betonte.

Diese Entscheidung scheint auf den ersten Blick konsequent[407]. Der Begriff der prozessualen Tat (§ 264 StPO) erweist sich intuitiv als ein offensichtlicher Ansatzpunkt. Es wäre auch wenig überzeugend, allein aufgrund des zu-

---

[406] So in der Tat nunmehr OLG Düsseldorf NStZ 2001, 260, das nur auf die unterschiedlichen Lebenssachverhalte („Lebensvorgang") abstellt.

[407] Aus der späteren Rechtsprechung: BGH NStZ 2000, 494 (495). Zustimmend zum erwähnten Ausgangsfall in der Lehre: Kühl JuS 1986, 115 (119), Miebach NStZ 2000, 234 (236), Pelchen JR 1985, 71 (74). Ebenfalls auf das Kriterium der prozessualen Tat stellen ab: Grünwald (1993) S. 67, Hanack JZ 1981, 433 (433/434), KK(StPO)-Engelhardt § 261 Rdnr 39, Kleinknecht JR 1966, 270 (270), Löwe/Rosenberg/Hanack[25] § 136 Rdnr 27, Löwe/Rosenberg/Gollwitzer[25] § 261 Rdnr 77, Pfeiffer Einleit. Rdnr 11, Rüping JR 1974, 135 (135), H. Schneider Jura 1990, 572 (580), Stree JZ 1966, 593 (598), Verrel (2001) S. 23. Differenzierend Volk NStZ 1984, 377 (378): Schlüsse aus dem jetzigen Schweigen zu einer früheren Tat seien ausnahmsweise dann möglich, wenn jene frühere Tat nicht mehr verfolgbar ist. Für diese frühere Tat gelte nämlich mangels Strafverfolgungsgefahr nicht mehr das Schweigerecht.

fälligen Umstands, daß in einem polizeilichen Verhör der Beschuldigte zu mehreren Tat befragt wird, das Aussageverhalten zu den übrigen Taten mit diesem zu vermischen und „überkreuzende Schlüsse“ zu erlauben[408].

Dennoch stellt sich bei näherer Analyse die Frage, ob von der Rechtsprechung hier die Grenzen in überzeugender Weise gezogen wurden[409]. Wie gesehen bildet der Begriff der Teileinlassung trotz gewisser Verschiebungen im Grenzbereich zwischen Sachverhaltsangaben und bloßen pauschalen Stellungnahmen noch ein sehr formales Kriterium. Dies liegt darin begründet, daß selbst beim Schweigen bzw. Aussagen zu ganz unabhängigen Fragen innerhalb eines Tatkomplexes (prozessuale Tat) eine inhaltliche Teileinlassung angenommen werden kann. Dieser Umstand legt jedoch nahe, daß die Abgrenzung auf materieller Ebene vorgenommen werden muß, nämlich dort, wo zwischen den einzelnen Fragepunkten inhaltlich kein Zusammenhang zu sehen ist, so daß Schweigen und Reden nicht mehr als zusammengehörige Einheit angesehen werden können.

Erscheint mithin - wenn überhaupt - nur eine solche, an materiellen Kriterien ausgerichtete Definition der Einheit von Schweigen und Reden als überzeugendes Differenzierungskriterium, hat die formelle Abgrenzung anhand der prozessualen Tat zwar den Vorteil der Rechtsklarheit für sich. Jedoch ist dann nicht mehr einsichtig, warum gerade hier, bei dem Begriff der prozessualen Tat, die Abgrenzung erfolgt. Es stellt sich dann die Frage, warum nicht andere, gleichfalls aus dem materiellen bzw. prozessualen Strafrecht bekannte, formelle Abgrenzungsmerkmale herangezogen werden könnten.

Zum Beispiel kämen hierfür in Betracht:

> (1) Eine Abgrenzung aufgrund des materiellen Tatbegriffs. Da materieller und formeller Tatbegriff nicht notwendig identisch sind, ergäben sich hier (etwa in den Fällen der Unfallflucht) Unterschiede zwischen beiden Bewertungen[410].
>
> (2) Eine Differenzierung wäre auch nach den sukzessiv verwirklichten Einzeldelikten innerhalb eines Tatgeschehens möglich. Dies würde z.B. dort relevant werden, wenn innerhalb einer (materiel-

---

408 Ebenso Roschmann (1983) S. 126, H. Schneider Jura 1990, 572 (580).

409 Auch (insoweit) Roschmann (1983) S. 125/126, der zutreffend darauf verweist, der prozessuale Tatbegriff diene ganz anderen Verfahrenszwecken, mithin unterliege seine Umgrenzung sachlichen Gesichtspunkten, die mit der Frage der Würdigung des Schweigens gar nichts zu tun hätten. Dennoch stimmt auch er i.E. der Orientierung am prozessualen Tatbegriff zu.

410 Zu den Unterschieden zwischen materiellem und prozessualem Tatbegriff: Roxin (1998) § 20 Rdnr 8-12.

len und prozeßrechtlichen) Tat durch verschiedene Einzelelemente einer Handlung sukzessiv verschiedene Delikte begangen wurden, ohne daß zwischen diesen völlige Deckungsgleichheit besteht.

Unter diesem Blickwinkel scheint der Entscheidung des Bundesgerichtshofs, den prozessualen Tatbegriff für die Bestimmung der Einheit der Aussage als maßgeblich anzusehen, eine gewisse Beliebigkeit innezuwohnen. Offensichtlich wird das Bestreben, ein klar zu handhabendes Kriterium zu erlangen, ohne daß auf die Frage eingegangen wird, warum gerade hier eine entsprechende Grenze zu ziehen ist.

d) Fehler bei der Würdigung des Schweigens und revisionsrechtliche Kontrolle

Die vom Bundesgerichtshof festgelegten Regelungen zur Würdigung des Schweigens statuieren für die Fälle des völligen sowie des zeitweisen passiven Verhaltens ein absolutes Beweisverwertungsverbot. Dieses beschränkt die tatrichterliche Beweiswürdigung im Rahmen des § 261 StPO. Schleichen sich hierbei Fehler ein, indem (aus Sicht der Verteidigung[411]) ein bestimmtes Aussageverhalten des Beschuldigten unzulässigerweise gewürdigt wurde, bzw. umgekehrt (aus Sicht der Anklage) zu Unrecht die nachteilige Würdigung des Aussageverhaltens abgelehnt wurde[412], stellt sich die Frage nach einer revisionsrechtlichen Kontrolle durch den Bundesgerichtshof bzw. das Oberlandesgericht.

Im Revisionsrecht ist hierbei grundsätzlich zwischen Sachrüge und Verfahrensrüge zu unterscheiden[413]. Während die Verfahrensrüge besonders hohen Anforderungen unterliegt (insbesondere einem strengen Begründungserfordernis[414]), weist die Sachrüge nur wenige Voraussetzungen auf[415]. Da auf-

---

411 Oder auch der Anklage: diese kann auch für (!) den Angeklagten Revision einlegen, § 296 II StPO.

412 Auch die Nichteinbeziehung (!) des inhaltlichen Teilschweigens stellt einen Verstoß gegen rechtliche Regelungen dar, nämlich gegen § 244 II StPO und das rechtsstaatliche Gebot der Strafgerechtigkeit. Bei Annahme einer Verfahrensrüge ist freilich das Erfordernis des Beruhens (§ 337 StPO) zu belegen, d.h. es muß die Möglichkeit bestehen, daß es bei Miteinbeziehung des inhaltlichen Teilschweigens zu einer Verurteilung gekommen wäre.

413 Dazu allgemein Roxin (1998) § 53 Rdnr 11.

414 Dieses Erfordernis statuiert § 344 II 1 StPO.

415 Freilich ist im Falle des schweigenden Angeklagte auch diese beschränkt: die Frage, ob und ggf. wie sich der Angeklagte in der Hauptverhandlung zur Sache eingelassen hat, wird vom Revisionsgericht nur anhand der schriftlichen Urteilsgründe beurteilt, siehe BGH bei Holtz MDR 1981, 268 und Löwe/Rosenberg/Gollwitzer[25] § 261 Rdnr 80, SK(StPO)-Schlüchter § 261 Rdnr 42. Die Tatsache der (erstmaligen) Einlassung

grund der strengen Begründungsanforderungen zahlreiche Revisionsanträge scheitern, ist es von erheblicher praktischer Bedeutung, ob Fehler des Gerichts bei der Würdigung des Schweigens als Fehler des Verfahrensrechts oder des sachlichen Rechts angesehen werden.

Stimmen der Lehre[416] sowie einige Urteile[417] haben sich für die Behandlung solcher Fehler nach den Grundsätzen der Verfahrensrüge ausgesprochen. Für eine solche Einordnung spricht, daß die fehlerhafte Würdigung innerhalb des Hauptverfahrens des Prozesses geschieht, mithin einen engen Bezug zum formellen Verfahrensrecht aufweist. Gerade wegen der besonderen Anforderungen an die Verfahrensrüge, so diese Auffassung, sei es dann aber bedenklich, mit Hinweis auf die fundamentale Bedeutung des Schweigerechts zugleich eine Verletzung des sachlichen Rechts anzunehmen[418].

Mittlerweile hat sich jedoch in der Rechtsprechung[419] und Lehre[420] zu Recht die Auffassung durchgesetzt, daß Fehler bei der beweisrechtlichen Würdigung des Schweigens aufgrund der Sachrüge zu erinnern sind. Der unzulässige Schluß aus dem Schweigen des Angeklagten stellt nämlich einen Verstoß gegen allgemeine Denk- und Erfahrungssätze und damit gegen § 261 StPO dar. Dann ist es auch konsequent, die Sachrüge zuzulassen[421]. Hingegen vermag der Hinweis darauf, daß in der verbotenen Würdigung des Schweigens auch ein Verstoß gegen das Grundrecht des nemo tenetur liege[422], aus den oben angeführten Gründen nicht zu überzeugen[423]. Jedoch ist ein Verstoß ge-

---

des Angeklagten ist im übrigen wesentliche Förmlichkeit und daher gemäß § 273 I StPO zu protokollieren, Miebach NStZ 2000, 234 (240).

416 Löwe/Rosenberg/Hanack[25] § 136 Rdnr 127, Löwe/Rosenberg/Hanack[25] § 337 Rdnr 67, Hanack JZ 1981, 433 (434/435).

417 OLG Oldenburg NJW 1969, 806, OLG Koblenz VRS 45 (1973), 365 (366), OLG Karlsruhe GA 1975, 182, OLG Schleswig bei Ernesti/Lorenzen SchlHA 1985, 132. In neuerer Zeit auch BGH NStZ 1992, 448 (für den Fall von Schlüssen aus dem Schweigen des Angeklagten in vorausgehendem Verfahren gemäß § 55 StPO).

418 Hanack JZ 1981, 433 (434).

419 BGH JR 1981, 432 (433) (zur teilweisen Einlassung des angehörigen Zeugen), BGH NStZ 1997, 147 (implizit).

420 Dahs/Langkeit NStZ 1993, 213 (215), KK(StPO)-Engelhardt § 261 Rdnr 29 a.E., Löwe/Rosenberg/Meyer[23] § 337 Rdnr 134. Vermittelnd Doller MDR 1974, 979 (980): sachlicher und rechtlicher Mangel. Dann kommt aber der Erhebung der Verfahrensrüge wegen der deutlich strengeren Voraussetzungen kaum jemals Bedeutung zu.

421 Löwe/Rosenberg/Meyer[23] § 337 Rdnr 134.

422 So etwa Doller MDR 1974, 979 (980). Auf einen Verstoß gegen das Schweigerecht als Verfassungsgarantie zur Begründung der Sachrüge verweist auch Eisenberg (1999) Rdnr 911.

423 Dazu supra S. 82.

gen die verfassungsrechtlich gesicherte Unschuldsvermutung und (bei unterlassener Belehrung) gegen das Fairneßprinzip anzunehmen (Art. 20 III, Art. 6 [2] EMRK), so daß sich unter diesem Aspekt ebenso eine Sachrüge begründen läßt.

4. Neuere Tendenzen in der Rechtsprechung zur Würdigung des Schweigens

Die vorausgehende Analyse hat gezeigt, daß die Rechtsprechung der Gerichte sich über Jahrzehnte hinweg in bestimmten Bahnen bewegte, die sich nur wenig veränderten. Insbesondere zeichnete die Praxis ein intensives Festhalten an den formellen Kategorien des Schweigens aus, das nur dort modifiziert wurde, wo aus Gründen offensichtlicher Gerechtigkeitspostulate die Einführung zusätzlicher materieller Kriterien notwendig erschien (Fälle des quasi-Schweigens). In zwei neueren Urteilen deutet sich nunmehr möglicherweise eine vorsichtigere Linie des 3. Strafsenats des Bundesgerichtshofs an. Es bleibt abzuwarten, ob diese Modifikationen der Rechtsprechung nachhaltige Folgewirkungen für die Frage der Würdigung des Schweigens haben.

a) Die Entscheidung BGH NJW 2000, 1962 - Beschluß des 3. Strafsenats vom 19.01.2000 -[424]

In der Entscheidung BGH NJW 2000, 1962 - Beschluß des 3. Strafsenats vom 19.01.2000 - trat erstmals das Bestreben des Gerichts hervor, die Beweiswürdigung des vom Beschuldigten geäußerten Prozeßverhaltens zusätzlichen materiellen Kriterien zu unterwerfen und sich von einer rein formellen Betrachtungsweise zu lösen. Bemerkenswerterweise befaßte sich auch dieser Fall nicht mit der Konstellation des inhaltlichen Teilschweigens i.e.S. Auch hier handelte es sich (wie im Ausgangsfall BGHSt 20, 298) um die Nichtentbindung des Rechtsanwalts von seiner Schweigepflicht[425]. Dem Angeklagte war vorgeworfen worden, er habe eine Prostituierte in ihrer Wohnung aufgesucht und diese mit einem Lampenkabel erdrosselt. Seine Einlassung war, daß er das Opfer nicht gekannt und auch nicht zur fraglichen Tatzeit aufgesucht habe. Während der Hauptverhandlung gaben zwei Zeugen an, sie hätten von M, der Freundin des Angeklagten, erfahren, daß der Angeklagte seinem

---

424 Siehe zu diesem Fall insbesondere die Besprechung von Keiser StV 2000, 633 sowie Verrel (2001) S. .

425 Siehe auch das kurz zuvor ergangene Urteil BGHSt 45, 363ff. Dieser behandelte den Fall eines umfassend schweigenden kurdischen Angeklagten, der einen Arzt (dessen mutmaßlicher Patient er war) nicht von seiner Schweigepflicht entbunden hatte. Der Bundesgerichtshof erachtete in diesem Fall des völligen Schweigens einen Rückschluß aus der Nichtentbindung des Arztes von seiner Schweigepflicht als unzulässig, da der Angeklagte sich auch sonst nicht zur Sache eingelassen habe. Damit führte das Gericht die Linie von BGHSt 20, 298 weiter.

Strafverteidiger C gegenüber eingeräumt habe, zur Tatzeit bei der Prostituierten gewesen zu sein. Dies habe die Freundin M den beiden Zeugen berichtet. Obgleich die Zeugin M sodann im Zeugenstand bestritt, den beiden zuvor gehörten Zeugen gegenüber eine solche Behauptung geäußert zu haben, bestanden nach der Sachlage Zweifel an ihrer Darstellung. Der Angeklagte verneinte wie die Zeugin M, er hätte eine solche Bemerkung gegenüber seinem Strafverteidiger C geäußert, weigerte sich aber, seinen Strafverteidiger von seiner Schweigepflicht zu entbinden. Diese Nichtentbindung des Anwalts von seiner Schweigepflicht wertete die Strafkammer zum Nachteil des Angeklagten. Der 3. Senat erachtete diese Beweiswürdigung als rechtlich unzulässig, nämlich als Verstoß gegen das Schweigerecht sowie das Recht auf Beiziehung eines Verteidigers.

Im Lichte des früheren Urteils BGHSt 20, 298 (zu dem in der vorliegenden Entscheidung eine ausdrückliche Abgrenzung erfolgte) erscheint bereits bedeutsam, daß das Gericht hier begrifflich klar zwischen dem Fall des eigentlichen Schweigens und sonstigem prozessualen Verhalten unterschied[426]. Diese Trennung setzte sich in der rechtlichen Behandlung fort: der Senat zitierte das bekannte Argument der einheitlichen Sachaussage, die eine Würdigung des gesamten Aussageverhaltens im Falle des inhaltlichen Teilschweigens notwendig mache, bezweifelte sodann jedoch, ob dieses auf den Fall des sonstigen prozessualen Verhaltens übertragbar sei[427]. Um diesen Bedenken einer zu weitreichenden Würdigung des prozessualen Verhaltens des Beschuldigten gerecht zu werden, statuierte der Senat ein weiteres eingrenzendes Merkmal:

> „Der Senat ist der Auffassung, daß nachteilige Schlüsse aus der Wahrnehmung prozessualer Rechte durch einen Angeklagten jedenfalls dann nicht gezogen werden dürfen, wenn dieses Prozeßverhalten nicht in einem engen und einer isolierter Bewertung unzugänglichen Sachzusammenhang mit dem Inhalt seiner Einlassung steht.“[428]

Das Gericht grenzte sodann den Fall von dem in BGHSt 20, 298 entschiedenen ab, indem es darauf verwies, daß dort ein solcher enger Zusammenhang bestanden habe. Dort habe sich der Angeklagte nämlich selbst zu einem bestimmten Verteidigungsumstand geäußert, wobei ein unmittelbarer Zusammenhang zur Nichtentbindung des Verteidigers vorgelegen habe[429].

---

[426] BGH NJW 2000, 1962 (1963). Zutreffend wird dies von Keiser StV 2000, 633 (634) hervorgehoben.

[427] BGH NJW 2000, 1962 (1963 - r. Sp. oben).

[428] BGH NJW 2000, 1962 (1962 - LS).

[429] Zustimmend zu dieser Differenzierung Keiser StV 2000, 633 (637).

Auf den ersten Blick scheint dieser Fall für die allgemeinere Frage der Würdigung des inhaltlichen Teilschweigens keine Folgen zu haben. Denn der wesentliche Ausgangspunkt des Urteils ist gerade die Differenzierung zwischen der Situation der inhaltlichen Teileinlassung als Schweigen im eigentlichen Sinne und sonstigem Prozeßverhalten, aufgrund dessen der Angeklagte bestimmte Informationen zurückhält. Diese Unterscheidung tritt insbesondere in der Argumentation des Senats zutage, indem er auf das Verbot der nachteiligen Würdigung des zeitweisen Schweigens verwies und feststellte, daß diese Beschränkungen der beweisrechtlichen Behandlung auf die Fälle sonstigen prozessualen Verhaltens des Beschuldigten nicht übertragen werden könnten. Mithin war die Entscheidung des Gerichts ersichtlich von der Überlegung getragen, daß Beschränkungen der formellen Kategorisierung der Schweigeformen in den Fällen des sonstigen prozessualen Verhaltens nicht greifen würden und damit in zu weitgehender Form Schlüsse möglich seien. Zudem betonte das Urteil speziell im Zusammenhang mit der Frage der Nichtentbindung des Verteidigers den besonderen Schutzcharakter dieses Zweipersonenverhältnisses[430].

Trotz dieser ausdrücklichen Bezugnahme auf die speziellen Fragestellungen der Würdigung sonstigen prozessualen Verhaltens führt dies nicht notwendig dazu, dem Urteil für die Frage der Würdigung des Schweigens jede Bedeutung abzusprechen. Es wurde nämlich bereits gezeigt, daß das formelle Kriterium der inhaltlichen Teileinlassung auch im Bereich des Aussageverhaltens im engeren Sinne zu formalistischen und unbefriedigenden Ergebnissen führt. Auch in den Situationen des eigentlichen Schweigens sind - wie hier im vorliegenden Fall - Konstellationen denkbar, in denen innerhalb eines Tatvorwurfs aufgrund fragmentarischer, nur ganz bestimmte Punkte betreffende Einlassungen Schlüsse hinsichtlich ganz anderer Themenbereiche möglich sein würden. Dann aber hat der Ansatz des 3. Senats auch für die Fälle des inhaltlichen Teilschweigens im engeren Sinne eine Bedeutung. Es erscheint von diesem Blickwinkel durchaus plausibel, daß in absehbarer Zeit das materielle Kriterium des inneren Sachzusammenhangs ganz allgemein auf die Fälle des inhaltlichen Teilschweigens übertragen wird.

b) Die Entscheidung BGH NJW 2002, 2260 - Urteil des 3. Strafsenats vom 18.04.2002 -

Auch in der Entscheidung BGH NJW 2002, 2260 - Urteil des 3. Strafsenats vom 18.04.2002 - deutet sich möglicherweise eine Tendenz zu einer weiteren Beschränkung der Rechtsprechung zur inhaltlichen Teileinlassung an. In dem Fall wurde dem Angeklagten Totschlag an seiner früheren Lebensgefährtin

---

[430] BGH NJW 2000, 1962 (1963/1964).

M vorgeworfen. Nach einer mehrmonatigen Liebesbeziehung wandte sich M einem anderen Mann zu. Aus Verzweiflung erdrosselte sie der Angeklagte mit einem Ledergürtel. In der Hauptverhandlung erklärte der Angeklagte, er habe M auf ihr eigenes Verlangen hin getötet. Die Strafkammer verurteilte ihn wegen Totschlags, wobei sie sich insbesondere auf den Umstand stützte, daß der Angeklagten das Tötungsverlangen des Opfers gegenüber der Polizei nicht erwähnt habe. Der 3. Senat hob das Urteil wegen Verstoßes gegen § 261 StPO aufgrund der Sachrüge auf. Er betonte die bereits feststehende Rechtsprechung, daß, sofern der Angeklagte in der Schilderung des Geschehens einen bestimmten Punkt (von sich aus) verschweige, hieraus für ihn nachteilige Schlüsse gezogen werden dürften[431]. Dies gelte jedoch nur innerhalb bestimmter Grenzen:

> „Die Schlußfolgerung ist jedoch nur dann berechtigt, wenn nach den Umständen Äußerungen zu diesem Punkt zu erwarten gewesen wären, andere mögliche Ursachen für das Verschweigen ausgeschlossen werden können und die gemachten Angaben ersichtlich nicht fragmentarischer Natur sind."[432]

Die Entscheidung betraf, wie auch vom Senat hervorgehoben wurde[433], keinen typischen Fall des inhaltlichen Teilschweigens. Denn anders als dort handelte es sich hier *nicht* um die Schweigereaktion *auf eine bestimmte Frage* innerhalb einer Vernehmung, sondern um die eigenständige Äußerung des Beschuldigten zu einem bestimmten Geschehensdetail. Dieser Besonderheit trägt vor allem die erste einschränkende Voraussetzung Rechnung, nämlich, daß überhaupt nach den Umständen Äußerungen des Beschuldigten zu diesem Punkt zu erwarten gewesen wären. Die Einführung eines solchen Kriteriums in diesem Falle der Äußerung ohne direkte vorausgehende Frage bezeichnet den Hinweis des Gerichts auf einen hinreichend stringenten Kommunikationszusammenhang: das partielle Schweigen hat eben in diesen Fällen eigenständiger Äußerung nur dort einen Erklärungswert, wo die äußeren Umstände der Vernehmung Angaben zu einem bestimmten Punkt erwarten lassen.

Dennoch ist dieser Unterschied zwischen Teilschweigen zu einem bestimmten Punkt auf Befragung und Teilschweigen im Zusammenhang mit eigenen Äußerungen nicht wirklich bedeutsam. Denn ist das Merkmal erfüllt, daß nach dem Umständen Angaben zu einem Punkt zu erwarten gewesen sind, kann es für die rechtliche Würdigung des Aussageverhaltens keine Rolle

---

[431] BGH NJW 2002, 2260 (2260 - LS Satz 1).

[432] BGH NJW 2002, 2260 (2260 - LS Satz 2).

[433] BGH NJW 2002, 2260.

spielen, ob ein (offensichtlich für die Verteidigung ganz wesentlicher) Umstand auf eine konkrete Frage hin nicht genannt wird oder auf eine allgemeinere. In beiden Fällen übt der Beschuldigte sein Schweigerecht aus, denn seine unterlassene Preisgabe einer Information ist von der Wissensperspektive der Gegenseite unabhängig und kann auch entlastende Umstände betreffen. Der gesamte Kontext des Verhörs ergibt auch bereits, daß ggf. die Präsentation entlastender Umstände erwartet wird. Wenn aber kein wesentlicher Unterschied zwischen dem Fall des inhaltlichen Teilschweigens auf eine direkte Frage und in einer Situation, die offensichtlich eine bestimmte Erklärung erwarten läßt, besteht, dann sind die weitere Merkmale, die der Senat ansprach, eventuell ganz allgemein für die inhaltliche Teileinlassung bedeutsam.

Bedeutsam ist auch das letzte vom Bundesgerichtshof genannte Merkmal: die Angaben dürfen nicht ersichtlich fragmentarisch sein. Dieses läßt sich in dem besonderen Fallzusammenhang in zweierlei Weise interpretieren. Zum einen ist nach dem Verständnis des Urteils eine Sichtweise möglich, die dieses Merkmal gleichfalls nur auf die spezifische Fallkonstellation bezieht, in der der Beschuldigte von sich aus bestimmte Verteidigungsdetails nicht äußert. Aufgrund einer solchen engeren Interpretation würde das Merkmal im Zusammenhang mit der ersten beschränkenden Voraussetzung stehen und diese ergänzen: auch hier würde darauf verwiesen, daß eine stringente Kommunikationssituation gegeben sein müsse, und zwar ein Erzählzusammenhang, innerhalb dessen die Nichterwähnung eines bestimmten Umstandes als regelrechte Lücke wahrgenommen werde.

Jedoch wäre auch eine weitergehende Interpretation denkbar, die Bedeutung für die künftige Rechtsprechung zum inhaltlichen Teilschweigen allgemein erlangen könnte. Hiernach würde das Merkmal des nicht bloß fragmentarischen Zusammenhangs ganz allgemein gesprochen einen „Erzählzusammenhang" verlangen, innerhalb dessen nur ganz spezifische einzelne Punkte unerwähnt bleiben. Eine solche Interpretation würde gewisse Härten der Rechtsprechung mildern, die sich aus der beschriebenen formellen Betrachtungsweise der Teileinlassung ergeben: denn - wie gesehen - war nach bisheriger Rechtsprechung ein besonders unbefriedigendes Ergebnis der formellen Kategorisierung, daß innerhalb einer prozessualen Tat schon jede Einlassung mit tatschuldbezogener Sachverhaltsrelevanz nachteilige Schlüsse ermöglichte. Indem das Erfordernis eines Erzählzusammenhangs statuiert würde, innerhalb dessen nur zu einzelnen Punkten geschwiegen wird, würden solche starren Folgen vermieden. Denn das Verschweigen einzelner Punkte in einem umfassenden Erzählzusammenhang führt regelmäßig nur zu nachteiligen

Schlüssen gerade hinsichtlich des nicht erwähnten Umstands (Unrichtigkeit des verzögert vorgebrachten Details).

Es erscheint nach dem vorliegenden Stand noch nicht absehbar, ob der Bundesgerichtshof das zuletzt genannte, einschränkende Merkmal des zusammenhängenden Erzählkontexts allgemein auf alle Fälle des inhaltlichen Teilschweigens ausdehnt. Das Urteil zeigt freilich eindeutig auf, daß es sich innerhalb seiner Entscheidung - vorerst - auf den speziellen Fall beschränkt, in dem ein bestimmter Punkt vom Beschuldigten nicht erwähnt wird. Dies ergibt sich schon aus der klaren Gegenüberstellung von inhaltlichem Teilschweigen und dem hier vorliegenden Fall, in dem (so der Senat) „Entsprechendes" für die beweisrechtliche Würdigung gelte[434]. Zudem wäre die allgemeine Einführung eines so umfassenden zusätzlichen materiellen Kriteriums als Änderung der bisherigen höchstrichterlichen Rechtsprechung anzusehen. Dann hätte es aber nahegelegen, eine Anfrage bei den anderen Senaten vorzunehmen (§ 132 III GVG).

c) Zusammenfassende Würdigung der neueren einschränkenden Ansätze

Als Ergebnis dieser beiden Urteile ist zu konstatieren, daß der 3. Senat anscheinend bestrebt ist, den formellen Voraussetzungen der Würdigung des inhaltlichen Teilschweigens zusätzliche materielle Kriterien hinzuzufügen. Allerdings betrafen die bisher entschiedenen Fälle lediglich bestimmte Randkonstellationen, so daß von einer allgemeinen Neuorientierung des Gerichts noch nicht gesprochen werden kann.

Freilich stellt sich angesichts des zurückhaltenden Vorgehens des Bundesgerichtshofs die Frage, warum das Gericht eine solche Vorsicht bei der Aufstellung materieller Kriterien an den Tag legt. Es scheinen im Wesentlichen zwei Gründe zu sein, die den Bundesgerichtshof bisher zur Vorsicht bewogen haben:

(1) Zum einen ist zu bedenken, daß pauschalisierende Regelungen weitere Eingriffe in die tatrichterliche Beweiswürdigung darstellen. Es sei daran erinnert, daß bereits in den sechziger Jahren anläßlich des Streits um die Wende des Bundesgerichtshofs in der Frage der Würdigung des Schweigens die Gegner der neuen Rechtsprechung darauf verwiesen, dem Bundesgerichtshof fehle als Revisionsgericht die Kompetenz, in die Domäne der Tatrichter einzugreifen.

(2) Zudem ist die besondere Zurückhaltung des Bundesgerichtshofs auf die Vielgestaltigkeit der möglichen Sachverhalte zurückzuführen. Wie gesehen beruht die Aussagekraft des Schweigens auf der Annahme eines „steuer- und

---

434 BGH NJW 2002, 2260 (2260 r. Sp. mitte).

interpretierbaren Echos“. Der Bundesgerichtshof ist sich in seinen Urteilen stets des Umstands bewußt gewesen, daß die Formulierung materieller Kriterien immer die Gefahr in sich birgt, ungerechtfertigterweise bestimmte Fallgruppen der Würdigung auszuschließen oder sachwidrig miteinzubeziehen. Damit zusammenhängend ist auch zu bedenken, daß, je mehr materielle Begrenzungskriterien formuliert werden, umsomehr auch die Rechtsunsicherheit wächst. Denn die Urteile der Tatgerichte werden durch solche Regelungen revisionsanfälliger (zumal aufgrund der Sachrüge, s.o.), wenn die Schlüsse aus dem Schweigen durch weitere materielle Kriterien eingegrenzt werden.

III. Zusammenfassung der Ergebnisse

Die Behandlung der Schlüsse aus dem Schweigen des Beschuldigten in der deutschen Rechtsprechung und Literatur ist in zwei klare Phasen gegliedert. Bis zum Jahre 1965 wurde überwiegend angenommen, daß auf dem Boden von § 261 StPO eine umfassende freie Würdigung des Aussageverhaltens möglich sei.

Seit der Rechtsprechungswende im Jahre 1965 folgt die Rechtsprechung (der ein Teil der Lehre zustimmt) einer differenzierenden Sichtweise, die sich anhand des Erscheinungsbilds des Schweigeverhaltens orientiert: unterschieden wird nunmehr zwischen dem vollständigen Schweigen, dem zeitweisen Schweigen und dem inhaltlichen Teilschweigen.

Vollständiges Schweigen wird aus der nachteiligen Beweiswürdigung gemäß § 261 StPO ausgeschlossen. Hierfür wird eine ganze Anzahl von Argumenten angeführt, die teils rein empirisch, überwiegend jedoch normativ fundiert sind. Von entscheidender Bedeutung ist hierbei weniger das allgemein vorgebrachte Argument, daß der Beschuldigte in seiner Entscheidung nicht mehr frei wäre. Das zentrale Argument gegen eine Würdigung des (völligen) Schweigens ist vielmehr, daß anderenfalls die materielle Beweisführunglast untergraben würde. Auch ergeben sich aufgrund der irreführenden Belehrung Bedenken unter dem Fairneßaspekt, die zwar durch Änderung des einfachen Rechts behoben werden könnten. Jedoch würde eine solche ergänzende Belehrung aufgrund ihres technischen Charakters wiederum Probleme hinsichtlich ihrer Verständlichkeit aufwerfen.

Auch zeitweises Schweigen ist nach der zutreffenden allgemeinen Auffassung der richterlichen Würdigung entzogen. Abgesehen von den bereits zum völligen Schweigen angeführten Argumenten spricht für eine solche Behandlung dieses Aussageverhaltens, daß der Beschuldigte auch frei in der Wahl sein muß, wann und gegenüber welcher Vernehmungsperson er sein Schweigen brechen will. Auch dies ist von der Garantie des Schweigerechts umfaßt.

Die Rechtsprechung und ein Teil der Lehre gehen hingegen davon aus, das inhaltliche Teilschweigen sei der richterlichen Beweiswürdigung zugänglich. Diese Verschiedenbehandlung der Schweigeformen wird im Wesentlichen auf die These gestützt, der Beschuldigte habe sich freiwillig durch die inhaltliche Teilaussage zum Beweismittel gemacht. Außerdem könne seine Aussage nur in ihrer Gesamtheit gewürdigt werden. Vermutlicher Hintergrund dieser Differenzierung der Rechtsprechung ist das Idealbild von der punktuellen Aussageverweigerung, in der das Schweigen in einem besonders stringenten aussagepsychologischen Kommunikationszusammenhang steht. Aufgrund dieses Umstands repräsentieren die neueren Urteile wohl nur die Ausformulierung der bereits zuvor bestehenden Rechtsprechungskonzeption.

Mit einem Teil der Lehre ist die Würdigung des Schweigens in jeder Form zurückzuweisen. Die tiefgreifende Schwäche des Ansatzes der Rechtsprechung liegt darin, daß die gegen die Würdigung des völligen Schweigens vorgebrachten Argumente letztendlich für alle Formen des Schweigens Geltung besitzen. Die stillschweigende These des stringenten Aussagezusammenhangs vermag nicht zu überzeugen, weil es sich um einen pauschalisierenden Ansatz handelt.

Auch die neueren Beschränkungen vermögen nicht zu überzeugen, da auch sie nicht die grundsätzlichen Bedenken gegen jede Würdigung des Schweigens (Fairneß wegen Belehrung, materielle Beweislastführung) beheben können und nur die Rechtsunsicherheit und die Revisionsanfälligkeit der Urteile vermehren.

§ 5 Sonderfragen: Kombinationsformen des Schweigens und das Schweigen gegenüber privaten Dritten

I. Die Behandlung von Kombinationsformen des Schweigens

Bisher ist kaum einmal erörtert worden, in welcher Weise Kombinationen von verschiedenen Formen des Schweigens zu behandeln sind. Im Wesentlichen geht es hierbei um Fälle, in denen inhaltliches Teilschweigen in einem Vernehmungstermin mit Phasen völligen Schweigens in anderen Vernehmungsterminen gemeinsam auftritt. Im Grunde vermischen sich hier alle drei Formen des Schweigens: betrachtet man die einzelnen Verhörtermine, schweigt der Angeklagte in dem einen völlig, im anderen läßt er sich inhaltlich teilweise ein. Betrachtet man die Abfolge der Verhöre, liegt eine Form des zeitweisen Schweigens vor, da der Angeklagte sich einmal (teilweise) einläßt, ein anderes Mal nicht.

Der allgemeine Grundsatz zur Behandlung dieser Fälle dürfte sich zusammenzufassend als Trennungsformel bezeichnen lassen: inhaltliches Teilschweigen bleibt als solches der richterlichen Beweiswürdigung zugänglich. Streng hiervon zu unterscheiden sind Schlüsse aus dem sonstigen Schweigeverhalten des Angeklagten[435]. In diesen Fällen ist hinsichtlich der Beweiswürdigung folglich genau zu differenzieren: inhaltliches Teilschweigen des Beschuldigten, das im direkten Zusammenhang mit einer teilweisen Aussage erfolgte, ist der Würdigung zugänglich. Vernehmungssituationen, in denen der Beschuldigte völlig schweigt, können nicht nachteilig beurteilt werden. Aus der Tatsache, daß die (Teil)aussage zu einem späteren bzw. früheren Zeitpunkt erfolgte, darf gleichfalls kein nachteiliger Schluß gezogen werden.

Diese, sich aus der Logik der Rechtsprechung ergebende Differenzierung ist der Sache nach auch in der Praxis bestätigt worden.

II. Das Schweigen des späteren Angeklagten gegenüber privaten Dritten

In dem vom Oberlandesgericht Karlsruhe entschiedenen Fall NStZ 1989, 287 - Beschluß des 1. Strafsenats vom 06.09.1988 - sprach sich das Gericht gegen eine Ausdehnung des Beweisverwertungsverbots auf den Fall des Schweigens des späteren Angeklagten gegenüber Privatpersonen aus[436]. Der wegen Sachbeschädigung verfolgten Angeklagten wurde vorgeworfen, an ihrer Arbeitsstätte in einem Unternehmen für die Herstellung elektrischer Leiter eine bestimmte Chemikalie in ein für den Betrieb notwendiges Säurebad geworfen zu haben. Hierdurch kam es (wie von ihr vorausgesehen) zu einer chemi-

---

[435] In diesem Sinne auch die ganz herrschende Lehre: Rieß JA 1980, 293 (295).

[436] OLG Karlsruhe NStZ 1989, 287 (287).

schen Explosion, weshalb der Betrieb für Wochen stillgelegt werden mußte. Von ihrem Arbeitgeber zur Rede gestellt, schwieg die Angeklagte auf die Frage, ob sie die besagte Chemikalie in das Säurebad geschüttet habe. Die Ausgangsinstanzen sahen in diesem Schweigen gegenüber dem Arbeitgeber ein belastendes Indiz. Der Senat schloß sich dieser Auffassung an, da er die Geltung des Schweigerechts gegenüber Privaten ablehnte[437]. Die Angeklagte sei auch nicht rechtlich verpflichtet gewesen, ihrem privaten Gegenpart Auskünfte zu erteilen[438].

Der Auffassung der Rechtsprechung ist zuzustimmen[439]. Das Schweigerecht verlöre jede Kontur, würde es auch gegenüber privaten Dritten gelten. Wie oben im Zusammenhang mit der Herleitung der Garantie herausgearbeitet wurde, stellt diese ein prozessuales Schutzrecht dar, das aus der Natur der Sache heraus auf bestimmte Lebenssachverhalte ausgedehnt wird, da es auf den Vorgang der Selbstbelastung gegenüber staatlicher Seite ankommt (ungeachtet, ob bereits ein Strafverfahren in Gang gesetzt wurde). Gerade diese Gefahr möglicher Strafverfolgung als Hintergrund der Informationsgewinnung stellt jedoch das besondere Wesensmerkmal des Schweigerechts dar. In der Überwindung des Willens des Beschuldigten durch die Staatsorgane, die dann diese Informationen zwecks Überführung des Beschuldigten einsetzen, liegt jene menschenunwürdige Überspitzung des einzelnen zum Zwecke der Informationsgewinnung. Diese besondere Sachlage besteht aber nur dort, wo die Strafverfolgungsorgane (oder zumindest staatliche Organe) aufgrund staatlichen Zwangs gegenüber dem einzelnen tätig werden[440].

437 OLG Karlsruhe NStZ 1989, 287 (287/288).

438 OLG Karlsruhe NStZ 1989, 287 (287).

439 Zustimmend auch KMR-Stuckenberg § 261 Rdnr 50, Miebach NStZ 2000, 234 (235), Rogall NStZ 1989, 288. Ablehnend Park StV 2001, 589 (590) mit dem Hinweis auf eine mögliche Unterhöhlung des Schweigerechts.

440 Miebach NStZ 2000, 234 (235) weist ebenso auf den beschränkten Geltungsbereich des Schweigerechts hin. Eine Ausnahme bildet freilich der Einsatz privater Dritter durch die Strafverfolgungsbehörden. Diese Fälle, die unter dem Stichwort Hörfalle und V-Mann-Problematik abgehandelt werden, stellen jedoch besondere Formen mittelbarer staatlicher Informationsgewinnung dar und sind mit den hier behandelten nicht vergleichbar. Zu der Problematik von V-Leuten und zur Hörfallendiskussion näher die supra S. 33 in Fn. 19 zitierten Literaturstellen.

§ 6 Alternative Ansätze zur Behandlung des Schweigens als Schuldindiz

Bereits die vorausgegangene Analyse der Rechtsprechung und Lehre hat ergeben, in welch hohem Maße die Debatte um die beweisrechtliche Behandlung des Schweigens von dem Ansatz der Rechtsprechung geprägt war, nach den Typen des Schweigens zu kategorisieren. Dies verwundert insofern nicht, als zahlreiche Folgeprobleme aus diesem Ansatz resultieren, mit denen sich die Literatur beschäftigt. Zudem stellt sich ein überwiegender Teil der Lehre zu Recht auf den Standpunkt, daß keine Schlüsse aus dem Schweigen - und zwar in jeder Form - zuzulassen seien[441]. Von einer solchen Sichtweise ausgehend bestand kein Anlaß, an alternative Differenzierungsansätze der beweisrechtlichen Würdigung des Schweigens zu denken.

Dennoch bliebe eine Darstellung der Thematik unvollständig, würden nicht bereits an dieser Stelle alternative Lösungsansätze angesprochen und anhand der Besonderheiten der deutschen Rechtsordnung diskutiert[442].

I. Differenzierung nach entlastendem und belastendem Vortrag (Walter Stree)

In einer der ersten Besprechungen des Urteils BGHSt 20, 298, dem Ausgangsfall zur Behandlung des inhaltlichen Teilschweigens aus beweisrechtlicher Perspektive, hat Stree einen wenig beachteten Vorschlag für eine differenzierte Behandlung des Schweigerechts gemacht[443].

Stree geht in seiner Analyse dieses Urteils von der grundsätzlichen These aus, daß prinzipiell jede nachteilige Würdigung des Schweigens zu unterbleiben habe[444]. Dennoch erachtet er die von ihm diskutierte Entscheidung im Ergebnis als richtig. Stree hält nachteilige Schlüsse nämlich dann ausnahmsweise für zulässig, wenn der Angeklagte eine bestimmte Verteidigungsversion vor Gericht vortrage, sich dann jedoch weigere, diese durch in seinem Machtbereich liegende Beweismittel (hier die Entbindung des Rechtsanwalts von seiner Schweigepflicht) zu untermauern: begnüge er sich mit „Halbheiten“, könne er nicht erwarten, daß man ihm glaube[445].

---

441 Supra S. 135ff.

442 Zur Klarstellung sei freilich angemerkt, daß die folgende Diskussion nur mögliche weitere Ansätze aufzeigt. Die hier vertretene Position, daß aus prinzipiellen normativen Gründen Schlüsse aus dem Schweigen des Beschuldigten schlechthin ausgeschlossen sein sollten, werden durch die folgenden Erwägungen nicht berührt.

443 Stree JZ 1966, 593 (599/600).

444 Stree JZ 1966, 593 (599).

445 Stree JZ 1966, 593 (599).

Es zeigt sich freilich, daß Stree nur eine sehr spezifische Konstellation im Auge hat. Folgende Voraussetzungen müssen erfüllt sein, bevor nach seiner Auffassung ausnahmsweise nachteilige Schlüsse gezogen werden dürfen:

(1) Der Angeklagte hat sich vor Gericht zur Sache mit einer bestimmten sachbezogenen Verteidigung eingelassen.

(2) Der Angeklagte ist im Besitz von Mitteln, die seine Tatversion beweisrechtlich zu untermauern.

(3) Der Angeklagte führt aber diese beweisrechtlichen Mittel nicht an, obgleich auch keine sonstigen Gründe dafür ersichtlich sind, warum er das in seiner Hand befindliche Beweismaterial zurückhält.

Angesichts dieser engen Voraussetzungen, die ersichtlich auf den Fall BGHSt 20, 298 bezogen sind, ist es nicht verwunderlich, daß die Auffassung von Stree nicht viel Beachtung gefunden hat. Jedoch ergeben sich hieraus bemerkenswerte Ansätze für eine alternative Behandlung des Schweigerechts gegenüber den bekannten Bahnen der Diskussion in Deutschland. Interessant erscheint insbesondere die Überlegung, an den Umstand anzuküpfen, daß der Angeklagte eine bestimmte Verteidigungsversion vorbringt, jedoch Beweismittel (oder erweiternd formuliert: weitere Detailangaben) zurückhält, die sich offensichtlich in seinem Herrschaftsbereich (seinem Wissen bzw. seiner Entbindungskompetenz) befinden.

Die Vorteile einer solchen Konzeption scheinen auf der Hand zu liegen: hier wird eine Differenzierungsmöglichkeit angesprochen, die in einer klar definierten Situation begrenzte Schlüsse aus dem Schweigen zuläßt, indem sie auf das eigene Verhalten des Angeklagten zurückgreift. Der aussagepsychologische Kommunikationszusammenhang ist hier (scheinbar) relativ eindeutig. Vor allem entgeht dieser Ansatz dem Vorwurf, dem Beschuldigten lediglich externe Interpretationen aufgrund spekulativer Thesen unterzuschieben. Die Nähe zum Konzept des inhaltlichen Teilschweigens in der Rechtsprechung des Bundesgerichtshofs ist ersichtlich, jedoch bestehen entscheidende Unterschiede: mit dem Merkmal des entlastenden Vortrags bzw. der hierauf bezogenen begrenzten Schlüsse, daß dieser Vortrag unrichtig sei, wird ein weiteres einengendes Kriterium von Stree eingeführt. Gegenstand der Würdigung ist der vom Angeklagten selbst herbeigeführte Widerspruch, einerseits gegenüber dem Gericht eine bestimmte Verteidigungsstrategie zu offenbaren, andererseits eine offensichtliche Verweigerungshaltung anzunehmen, obgleich er ersichtlich die Verteidigungsbehauptungen belegen könnte.

Diese auf den ersten Blick überzeugende Konzeption von Stree ist jedoch gewichtigen Bedenken ausgesetzt. Zum einen vermag sie nichts an den prinzipiell-normativen Gründen zu ändern, die gegen Schlüsse aus dem Schweigen des Beschuldigten vorgetragen wurden.

Vor allem jedoch führt dieser Ansatz ein Moment des akkusatorischen Parteiprozesses in den deutschen, von der Inquisitionsmaxime geprägten Strafprozeß ein, das diesem wesensfremd ist. Die ratio des Ansatzes von Stree liegt letztendlich in der besonderen Widersprüchlichkeit des Verhaltens des Angeklagten, Verteidigungsversionen vorzubringen, diese aber nicht zu untermauern. Die hierin liegende tatsächliche Widersprüchlichkeit des Verhaltens ist jedoch auf rechtlicher Ebene unbeachtlich: weder aus dem Umstand, daß der Angeklagte eine entsprechende Verteidigungsversion präsentiert, noch, daß er sichtlich die Beweismittel zur Belegung präsentieren könnte, können die Annahme einer rechtlich relevanten Widersprüchlichkeit begründen. Gemäß § 244 II StPO hat der Richter jede mögliche (nicht nur spekulative) Sachverhaltsvariante des Tathergangs zu untersuchen. Von welcher Seite eine solche Darstellung eingeführt wird, ob vom Angeklagten, der Strafverfolgungsbehörde oder Dritten u.s.w., spielt keine Rolle. Aber auch die Tatsache, daß der Angeklagte ersichtlich zur Sachverhaltsaufklärung beitragen könnte, dies aber nicht tut, ist rechtlich nicht relevant: denn es ist gerade das Recht des Angeklagten, sich bestimmter prozessualer Handlungen zu enthalten. Dann darf aber auch aus dem kumulativen Auftreten beider Umstände kein nachteiliger Schluß gezogen werden. Vielmehr läßt sich gerade umgekehrt die Frage stellen, warum der Angeklagte, der eine Verteidigungsversion präsentiert und so zur Sachaufklärung beiträgt, schlechter als derjenige gestellt werden solle, der sich gar nicht äußert[446].

II. Andere mögliche Ansätze für eine differenzierte Behandlung des Schweigens

1. Eine differenzierte Behandlung nach der Art der Schlüsse aus dem Schweigen

Bereits die Auffassung von Stree beinhaltete ein Element der Begrenzung mit Blick auf die möglichen Schlüsse aus dem Schweigen (bzw. dem Passivverhalten des Angeklagten): Bezugspunkt der nachteiligen Würdigung in diesen Fällen sollte das Verteidigungsvorbringen des Angeklagten sein.

---

[446] Zu dieser Problematik allgemein auch Höra (1970) S. 123 im Zusammenhang mit seiner Kritik an der überwiegenden Auffassung, die Schlüsse aus dem inhaltlich-teilweisen Schweigen zuläßt. Auch dort läßt sich nämlich die Frage stellen, weshalb der sich teils Einlassende schlechter gestellt sein soll als der gänzlich Schweigende.

Eine solche Differenzierung nach den verschiedenen möglichen Schlüssen aus dem Schweigen des Beschuldigten ist ansonsten praktisch nie in der deutschen Debatte erwogen worden. Sogar Überlegungen zu der allgemeineren Frage, welche Schlüsse das Schweigen im einzelnen überhaupt zulasse, sind kaum je systematisch angestellt worden.

Um eine solche, prinzipiell denkbare Differenzierungsmöglichkeit zu erörtern, muß auf die allgemeinen Ausführungen zur kommunikativen Bedeutung des Schweigeverhaltens[447] zurückgegriffen werden. Wie gesehen ist für die Würdigung des Schweigens der aussagepsychologische Kommunikationszusammenhang maßgebend, nämlich all jene Umstände i.w.S., die die Gesprächssituation begleiten, in der das Schweigeverhalten zutage tritt. Da jedoch passives Verhalten ganz allgemein den Gesetzmäßigkeiten dieses Kommunikationszusammenhangs unterliegt, kommt es maßgebend auf die konkrete Fragestellung des Gesprächs an, um den Sinngehalt des Schweigens deuten zu können. Eine wichtige Erkenntnis ist aber, daß nicht nur die Frage nach den Motiven des Schweigens, sondern auch die Natur der möglichen Schlüsse ganz maßgeblich auf der Interpretation dieses Kommunikationszusammenhangs beruht. Schweigt etwa der Beschuldigte vollständig, ist der Bedeutungszusammenhang ganz unvollkommen und rudimentär. Der Beschuldigte mag sich passiv verhalten, weil er schuldig ist, weil er sich ängstigt, weil er die Strafverfolgungsbehörden hasst, weil er ein unmoralisches anderweitiges Verhalten zu verbergen sucht. Schweigt der Beschuldigte jedoch zu einer ganz bestimmten Frage, nachdem er ausführlich Stellung genommen hat (und entlastende Angaben präsentierte), steht sein Schweigen im Zusammenhang mit der Frage zu einem konkreten Sachverhaltspunkt. Hier ist der Aussagezusammenhang weitaus stringenter, insbesondere ist die Möglichkeit des Rückschlusses viel spezifischer. Aber auch die gesamte Situation des Verfahrens kann in Zusammenhang mit der Erklärung ganz spezifische Rückschlüsse erlauben: wie gesehen bildet etwa die verzögerte nachträgliche Einlassung unter Umständen eine ausgesprochen stringente Interpretationssituation, da (vermeintlich) offensichtlich eine bestimmte Verteidigung erst nachträglich erdacht wurde. Aus dieser Darstellung ergibt sich freilich, daß die Art der Schlüsse aus dem Schweigen letztendlich genauso abhängig von dem konkreten Kommunikationszusammenhang ist wie die Frage nach den Motiven für das Schweigen allgemein.

Der Vorteil einer Differenzierung zwischen den verschiedenen Arten von Schlüssen aus dem Schweigen läßt sich am Besten anhand der wesentlichsten Differenzierungsmöglichkeit erläutern. Denkbar ist eine logische Ableitung, die das Schweigeverhalten generell als Ausdruck der Schuld ansieht, sowie

---

[447] Dazu supra S. 59ff.

davon abweichend bestimmte Formen „mittelbarer" Rückschlüsse auf die Schuld. Einen solchen mittelbaren Schluß stellt etwa die Annahme in der Konstellation des sog. anfänglichen zeitweisen Schweigens dar, die verzögert vorgebrachte Verteidigung sei unrichtig (nachträglich erdacht). Entscheidend ist allerdings nunmehr, daß eine Beschränkung auf solche mittelbaren („mediatisierten") Schlüsse sich gedanklich-logisch durchaus vollziehen läßt und dabei auch weit weniger angreifbar ist: denn die unmittelbare Annahme der Schuld aufgrund des Schweigeverhaltens ist nur gemäß der Negativthese möglich, daß keine anderen Gründe als die Schuld für das Schweigen in Betracht kämen. Im Falle mittelbarer Schlüsse wird dieser direkte Schluß durch die Einführung eines sachverhaltsbezogenen Details mediatisiert: weil der Beschuldigte erst weitaus später sprach, ist aufgrund der Umstände sein anfängliches Schweigen ein Ausdruck eines Nichterklärenkönnens, daher ist der vorgebrachte Verteidigungsumstand (!) in Zweifel zu ziehen.

Eine solche Mediatisierung der Argumentationskette, die eine Kurzschlußargumentation vom Schweigen zur Frage der Schuld verbietet, hat ersichtlich mehrere Vorteile: dieser Ansatz entgeht insbesondere dem Problem, eine allgemein-pauschalisierende Aussage über das Verhältnis von Schweigen und Schuld zu treffen. Es ist nicht mehr notwendig, auf die „vulgäre" These[448] zu rekurrieren, der Unschuldige könne reden, während der Schuldige schweige. Zudem wird auch hier wegen des stringenten Kommunikationszusammenhangs, der mediatisierte Schlüsse voraussetzt, betont, daß nur in den Fällen eines gesteigerten Erklärungswerts Schlüsse aus dem Schweigen gezogen werden dürfen.

Allerdings ist im deutschen Rechtsbereich eine Differenzierung anhand der Art der möglichen Schlüsse aus dem Schweigen zu Recht nie ernsthaft diskutiert worden.

Gegen eine solche Differenzierung ist bereits einzuwenden, daß die gedanklich-logische Trennung zwischen direktem Schluß auf die Schuld und mittelbarem Schluß auf einen sonstigen Umstand (Unrichtigkeit einer Verteidigung) zwar theoretisch absolut präzise möglich ist. Doch handelt es sich aus dem Blickwinkel der Praxis in zahlreichen Fällen um gedankliche Akrobatik, die keine praktisch bedeutsamen Unterscheidungen erlaubt. Dabei ist an jene Fälle zu denken, in denen der Angeklagte unbestritten in einem Näheverhältnis zur Tat steht und sich aufgrund bestimmter entlastender Umstände verteidigt, die ihn von einer strafrechtlichen Verantwortlichkeit distanzieren: in der Praxis verteidigt sich der Beschuldigte mit Tatversion X

---

[448] Siehe die Formulierung bei Eser ZStW 86 (1974-Beiheft), 136 (159/160).

(Notwehr, fehlender Vorsatz u.s.w.). Steht Tatversion Y zur Alternative, die eine Strafbarkeit begründet, so wird mit der Annahme von X als falsch in vielen Fällen im Gegenzug Tatversion Y als einzige Alternative übrig bleiben. Dies gilt dort, wo die Verteidigung des Angeklagten diesen bereits in die besondere „Nähe“ zu der Tat rückt, und ihn allein ein bestimmtes, in der behaupteten Verteidigung angeführtes Merkmal (fehlender Vorsatz u.a.) von der Strafbarkeit bewahrt.

Anders verhält es sich bei Indizienbeweislagen oder wenn der Angeklagte schon jede Beziehung zum Tatgeschehen i.w.S. verneint und entsprechende exkulpierende Umstände vorbringt: hier bedeutet die Widerlegung eines bestimmten entlastenden Details oftmals noch nicht, daß der Angeklagte als schuldig anzusehen ist. In diesen Fällen behielte eine Differenzierung zwischen Schlüssen auf die Unrichtigkeit eines Verteidigungsvorbringens und Schlüssen unmittelbar auf die Schuld eine praktische Bedeutung.

Zudem spricht aber auch § 261 StPO gegen eine solche differenzierende Behandlung nach der Art der Schlüsse aus dem Schweigen. Wie bereits dargelegt gebietet diese Norm grundsätzlich die Miteinbeziehung aller Umstände, die den Inbegriff der Hauptverhandlung bilden[449]. Der Gesetzgeber hat sich aber damit ersichtlich gegen eine Konzeption von Beweisregelungen ausgesprochen, die über die bunte Vielfalt der verschiedenen Lebenssachverhalte ein starres Gitter logisch-juristischer Denkformen preßt. Das deutsche Recht gestaltet sich nach einem klaren Entweder-oder-Schema: prinzipiell sind alle Umstände der Hauptverhandlung zu würdigen. Stehen normative Gründe entgegen, ist eine Würdigung absolut ausgeschlossen. Eine differenzierende Behandlung nach der Form des logischen Schlusses als eine Art mittlerer Kompromißkategorie ist dem Gesetz (zu Recht) fremd.

2. Eine differenzierte Behandlung nach den weiteren vorliegenden Beweisen (Schweigen als bekräftigendes Indiz)

Eine differenzierende Behandlung anhand der weiteren vorliegenden Beweise im Fall ließe sich aufgrund der Überlegungen zum oben definierten aussagepsychologischen Kommunikationszusammenhang begründen. Man könnte nämlich die These aufstellen, daß bei einer ausgesprochen starken, den Beschuldigten bzw. Angeklagten besonders inkriminierenden Beweislage dieser im besonders hohen Maße gehalten sei, bestimmte Erklärungen für sein Verhalten abzugeben. Dies würde etwa für den Fall gelten, wenn aufgrund anderer Beweisergebnisse der Angeklagte sich nachweislich am Tatort befunden hat.

---

[449] Supra S. 68.

Im deutschen Recht ist eine systematische Verknüpfung der Würdigungsmöglichkeit des Schweigens mit der Existenz weiterer Beweismittel nie erwogen worden[450]. Allerdings wurde (im Zusammenhang mit der allgemeinen Diskussion zu Schlüssen aus dem Schweigen) eine mögliche Formel angedeutet (wenn auch durchgängig mit ablehnender Stellungnahme): denkbar sei eine beschränkte Verwendung des Schweigens als Indiz allein in den Fällen, in denen gewissermaßen der Fall „auf der Kippe" stünde und das Schweigen als Schuldindiz letzte Zweifel beseitigen würde[451].

Eine systematische Lehre der Beweisbekräftigung durch einzelne Beweismittel ist dem deutschen Recht fremd. Bereits dieser Umstand ließe es eher systemwidrig erscheinen, bei der Würdigung des Schweigens ein solches allgemeines Kriterium einzuführen. Zwar ist auch dem deutschen Rechtsbereich die gesteigerte Beweiskraft aufgrund kumulativer Beweiswürdigung bekannt, und zwar beim Indizienbeweis[452]. Anders als im hier erwogenen Fall werden jedoch die Indizien als homogenes Bündel in ihrem gemeinsamen Auftreten gewürdigt, während vorliegend einseitig das Schweigen zur Bekräftigung anderer Beweismittel hinzugezogen würde. Und während beim Indizienbeweis jedes Indiz bereits Beweismittel für sich ist und eine (wenn auch geringe) Beweiskraft aufweist[453], würde im Falle des Schweigens diese Beweiskraft aus „eigenem Wesen" dem passiven Verhalten gerade abgesprochen. Dann erscheint es unerklärlich, weshalb es im Zusammenhang mit anderen Beweismitteln eine zusätzlich Beweiskraft beisteuern sollte.

Vor allem jedoch würden sich unter dem Aspekt der dynamischen Entwicklung des Prozesses Schwierigkeiten ergeben. Wenn das Schweigen des Beschuldigten aufgrund der weiteren Beweisumstände ggf. zu würdigen wäre, könnte sich die Zulässigkeit der nachteiligen Würdigung im Laufe des Prozesses wandeln. Das Schweigen könnte anfänglich der Würdigung nicht zugänglich sein, im Laufe des Ermittlungsverfahrens aufgrund weiterer

---

450 Dies gilt freilich mit einer Ausnahme im negativen Sinne: in der neueren Diskussion ist es ganz allgemeiner Konsens, daß Schlüsse aus dem Schweigen allein niemals zu einer Verurteilung des Angeklagten führen können, siehe nur H.-L. Günther JR 1978, 89 (93) und supra S. 70. Implizit auch Ostermeyer NJW 1967, 915 (916).

451 Siehe hierzu: Eisenberg (1999) Rdnr 909, Rogall (1977) S. 254, Stree JZ 1966, 593 (599). Alle zitierten Autoren deuten eine solche Möglichkeit an, sprechen sich aber dezidiert gegen eine Heranziehung des Schweigens als „überbrückendem" letzten Schuldindiz aus. Für eine Relevanz des Schweigens bei Fällen „auf der Kippe" spricht sich nur Ostermeyer NJW 1967, 915 (916) aus (zum zeitweisen Schweigen).

452 Allgemein zum Indizienbeweis Eisenberg (1999) Rdnr 9, Kleinknecht/Meyer-Goßner § 261 Rdnr 25, Löwe/Rosenberg/Gollwitzer[25] § 261 Rdnr 60-63.

453 Zur Erklärungsbedeutung des Indizienbeweises Kleinknecht/Meyer-Goßner § 261 Rdnr 25.

Beweismittel jedoch in den Bereich des „bekräftigenden Beweises" geraten. Aus Sicht des Beschuldigten ergäbe dies eine unzumutbare Lage, da eine taktische Abwägung des Aussageverhaltens mit Blick auf die Zukunft kaum möglich wäre[454]. Da die Polizei den Beschuldigten ggf. über den vollen Stand der Ermittlungsergebnisse im Unklaren lassen kann, würde dieser nicht einmal zum Zeitpunkt der Aussage wissen, ob aufgrund der Gesamtumstände sein Schweigen als inkriminierend aufgefaßt werden könnte.

III. Zusammenfassung der Ergebnisse

Abgesehen von einem Vorschlag von Stree, der sich auf die spezifische Situation des Urteils BGHSt 20, 298 bezieht, sind in der Debatte zur Würdigung des Schweigens alternative Differenzierungsansätze nirgends vorgeschlagen worden. Dies liegt insbesondere daran, daß die ganz überwiegende Lehre jede Form von nachteiliger Würdigung des Schweigens ablehnt und von diesem Standpunkt aus keinen Anlaß hatte, sich mit anderen Konzeptionen zu befassen.

Weder die Differenzierung nach Art der Schlüsse aus dem Schweigeverhalten, noch eine beweisrechtliche Behandlung des passiven Verhaltens, die sich an der Beweissituation im übrigen orientiert, vermögen als alternative Konzepte zu überzeugen.

Alle alternativen Differenzierungsansätze scheitern insbesondere daran, daß die ihnen zugrundeliegenden Differenzierungskriterien nichts an den prinzipiellen normativen Gründen gegen jede Form von Schlüssen aus dem Schweigen ändern. Die hauptsächliche Schwäche des Ansatzes des Bundesgerichtshofs steht damit auch den anderen möglichen Ansätzen entgegen, die Schlüsse aus dem Schweigen unter bestimmten (wenn auch eng umgrenzten) Bedingungen zulassen.

---

454 Diese Punkt deutet auch Verrel (2001) S. 21 an.

Teil 2: Das englische Recht

§ 7 Der Begriffsinhalt des privilege against self-incrimination (bzw. des right to silence) und die ratio der Garantie

I. Die Abgrenzung des privilege against self-incrimination und des right to silence

Bereits die deutsche Debatte hat gezeigt, daß es sich bei dem Schweigerecht um ein sehr komplexes Recht handelt. Auch im englischen Rechtsbereich sind die Begrifflichkeiten und die konkrete inhaltliche Reichweite des right to silence längst nicht geklärt.

Im Zusammenhang mit der Benennung des Rechts finden sich insbesondere drei Bezeichnungen: die des right to silence, des privilege against self-incrimination und auch hier die lateinische Formulierung „nemo tenetur se ipsum accusare" (oder: prodere). Da die Bezeichnungen des privilege against self-incrimination und des nemo tenetur se ipsum accusare zumeist dekkungsgleich verwendet werden, geht letztendlich um die Frage des inhaltlichen Zusammenhangs von right to silence und privilege against self-incrimination[455].

Insbesondere in der Rechtsprechung werden diese Begriffe in sehr unsystematischer und unklarer Weise verwendet. In dem Fall R. v. Director of Serious Fraud Office, ex parte Smith[456] identifizierte Lord Mustill nicht weniger als sechs verschiedene Bedeutungen allein des Begriffs des right to silence, die sich nach Wesen, Ursprung und Bedeutung unterschieden.

Aber auch in der Wissenschaft herrscht bislang nicht viel mehr Klarheit über die Begriffsbildung[457]. Das intrikate Problem ist hierbei, daß sich Fragen der begrifflichen Bestimmung eng mit Streitfragen über die inhaltliche Reichweite der Garantie verknüpfen. Dann können jedoch (wie noch zu zeigen sein wird) wissenschaftliche Diskussionen darüber, ob durch bestimmte staatliche Handlungen z.B. das right to silence beeinträchtigt wird, bereits auf der semantischen Ebene zu unüberbrückbaren Schwierigkeiten führen, da das eine

---

455 Der Begriff des „privilege" deutet in diesem Zusammenhang freilich keinen minderen Stellenwert der Garantie an (anders Zuckerman [1990] S. 28). Auch das privilege against self-incrimination ist (als eigenständige Garantie verstanden) ein Recht, nicht nur ein „Privileg", so zutreffend Greer (1990) 53 MLR, S. 710.

456 R. v. Director of Serious Fraud Office, ex parte Smith, HL [1993] AC, S. 30/31.

457 Zu dieser begrifflichen Verwirrung insbesondere Galligan (1988) 42 CLP, S. 76/77, Greer (1990) 53 MLR, S. 710, Greer (1990) S. 6-8, Keane (2000) S. 395/396, Wolchover/Heaton-Armstrong (1999) para. 5-006 bis 5-010.

Lager dem Begriff dieses Rechts eine weitergehende Schutzrichtung unterlegt als das andere.

Teilweise werden in der englischen Literatur die Ausdrücke „privilege against self-incrimination“ und „right to silence„ synonym verwendet[458]. Mittlerweile lassen sich jedoch im Wesentlichen zwei systematisierende Ansätze identifizieren: teils wird das Verhältnis beider Begriffe zueinander in der Weise festgelegt, daß das privilege against self-incrimination das umfassende Recht eines jeden Bürgers (ungeachtet seiner konkreten Verfahrensrolle) bezeichnet, sich nicht selbst belasten zu müssen. Demgegenüber beschreibe das right to silence die Garantie für den spezielleren Fall des im Strafverfahren Beschuldigten bzw. Angeklagten, indem es ihm erlaube, keine Angaben zur Sache zu machen[459].

Jedoch läßt sich auch eine Begriffsbestimmung identifizieren, die zwar ebenfalls von einem Verständnis des privilege against self-incrimination in dem eben bezeichneten, sehr weiten Sinne ausgeht. Doch wird demgegenüber das right to silence nicht als allgemeines Recht der Aussagefreiheit des Beschuldigten bzw. Angeklagten angesehen, sondern als die Garantie, daß aus der Ausübung des Schweigeprivilegs keine nachteilige Folgerungen (insbesondere keine nachteiligen Schlüsse) gezogen werden dürfen[460]. Dennis[461] hat zur Begründung dieser Ansicht darauf verwiesen, daß das privilege against self-incrimination einen eigentlichen, primären Schutzbereich (primary application) beinhalte, nämlich das Recht, mit staatlichen Behörden nicht kooperieren zu müssen. Aus dieser Garantie resultierten verschiedene nachrangige, abgeleitete Rechte (derivative applications), die einen notwendigen Ausfluß des privilege against self-incrimination darstellten. Zu diesen zähle (unter ande-

---

458 McElreen/Starmer (1993) S. 58/59. So anscheinend auch Murphy (1997) S. 263: „This right or privilege ...“. Ebenso wohl Lord Diplock in R. v. Sang, HL [1979] 69 CrAppR, S. 290, der von einer „verfehlten Übersetzung“ des Grundsatzes nemo tenetur u.s.w. durch den Begriff des right to silence spricht.

459 So etwa Thornton/Mallalieu/Scrivener (1992) S. 37. Genau umgekehrt hingegen die Begriffsbildung bei Zuckerman (1986) 102 LQR, S. 48, (1989) S. 305/306 und (1990) S. 28: dieser verweist darauf, daß das right to silence insofern weiter gefaßt sei, als es allgemein das Schweigen (!) erlaube, während das privilege against self-incrimination nur das erzwungene „Sich-Inkriminieren“ (scilicet des Beschuldigten oder Angeklagten) verbiete. Diese Argumentation ist schon deswegen unrichtig, da in beiden Fällen das Recht (unstrittig) ungeachtet der konkreten Inhalte der Angaben passives Verhalten erlaubt.

460 Greer (1990) 53 MLR, S. 710, Greer (1995) S. 207/208. In diesem Sinne auch Dennis[2] (2002) S. 127-129.

461 Siehe die Darstellung von Dennis[2] (2002) S. 128/129, Dennis (1995) 54 CamLJ, S. 345-348.

rem[462]) auch das right to silence, das es verbiete, aus dem Schweigen vor Polizeibehörden oder der Weigerung des Angeklagten, in den Zeugenstand zu treten, für diesen nachteilige Schlüsse zu ziehen[463].

Für die vorliegende weitere Diskussion soll wiederum der Kernbereich der Garantie des privilege against self-incrimination im oben beschriebenen Sinne maßgeblich sein (Schweigen des Beschuldigten und Angeklagten im Strafverfahren). Hierbei wird von der Begriffsbildung der erstgenannten Literaturauffassung ausgegangen: im Folgenden wird der Terminus des „right to silence“ ausschließlich für die Bezeichnung der Aussagefreiheit des Beschuldigten bzw. Angeklagten - ungeachtet der beweisrechtlichen Folgen - verwendet. Zwar werden (wie gesehen) durch diese Bezeichnung umstrittene rechtliche Fragen in die Begriffsbildung selbst hineingetragen. Doch wird die noch näher zu beschreibende Debatte so sehr mit dem Ausdruck verbunden („right-to-silence-debate“), daß eine anderweitige Begriffsbildung möglicherweise noch mehr Mißverständnisse erwecken würde. Der Terminus des privilege against self-incrimination wird hingegen in der vorliegenden Abhandlung nur verwendet, sofern die allgemeinen Fragen des Verbots der Selbstbelastung (wie etwa die Frage der ratio) behandelt werden.

II. Die Ableitung des privilege against self-incrimination

Als Ausgangspunkt der Debatte zur Ableitung des privilege against self-incrimination ist zu beachten, daß das englische Recht bis zum heutigen Tage keine geschriebene Verfassung kennt. Daher stellt sich die Frage einer Lozierung des Rechts innerhalb einer vorgegebenen Normenhierarchie nicht, wie dies aus dem deutschen Rechtsbereich bekannt ist[464]. Vielmehr konzentriert sich die englische Diskussion primär auf die Frage der ratio des privilege against self-incrimination. Die Frage der ratio ist hierbei in zweierlei Sinne bedeutsam: (1) die Herleitung aus einer bestimmten ratio rechtfertigt überhaupt die Existenz des Rechts, und (2) aus der ratio ergibt sich auch der maß-

---

[462] Dennis² (2002) S. 129 nennt neben dem Verbot von nachteiligen Schlüssen aus dem Schweigen die Notwendigkeit von Belehrungsvorschriften und das Gebot, daß der Richter ggf. Beweismaterial ausschließt, daß unter Verstoß gegen das privilege against self-incrimination gewonnen wurde.

[463] Dennis² (2002) S. 128. Siehe auch das zitierte Urteil des House of Lords, in dem Lord Mustill die sechste Interpretationsmöglichkeit des right to silence in diesem Sinne beschreibt, R. v. Director of Serious Fraud Office, ex parte Smith, HL [1993] AC, S. 30-32.

[464] Siehe auch den Hinweis von Murphy (1997) S. 264, der auf die unterschiedliche Situation des englischen und des amerikanischen Rechts verweist. In Amerika ist das privilege against self-incrimination in dem V. Verfassungszusatz (Fifth Amendement) verfassungsrechtlich geregelt.

gebende Anhaltspunkt für die sachliche und persönliche Anwendungsreichweite der Garantie.

In der Diskussion zum privilege against self-incrimination werden gemeinhin vier Ableitungsmöglichkeiten diskutiert[465]. Bereits früh wurde darauf verwiesen, daß die gängigen Auffassungen sich in zwei Grundrichtungen unterteilen lassen. Einerseits lassen sich Ableitungen des privilege against self-incrimination identifizieren, die das Recht als notwendigen Ausdruck prozessualer Wirkungszusammenhänge im akkusatorischen Strafverfahren ansehen („accusatorial process norms"[466]). Ein weiterer Ableitungsstrang führt das Recht hingegen auf allgemeinere Grundwerte zurück, insbesondere den Respekt für die Privatsphäre und Entscheidungsfreiheit des Individuums[467]. In neuester Zeit wurde diesen traditionellen Ableitungsmöglichkeiten eine fünfte hinzugefügt, die ebenfalls in die allgemeinere zweite Kategorie gehört: die Ableitung des privilege against self-incrimination aus dem Gedanken der Würde und Autonomie des einzelnen.

1. Der Schutz des Unschuldigen vor ungerechtfertigter Verurteilung

Ein wesentlicher Zweck prozessualer Rechte im Strafverfahren besteht darin, die ungleiche Machtbeziehung zwischen dem Staat und dem einzelnen durch die Gewährung von individuellen Rechten auszugleichen. Dabei ist zu bedenken, daß nicht jeder, der sich mit einem Strafverfahren konfrontiert sieht, tatsächlich auch objektiv schuldig ist. In diesem Zusammenhang ist in der englischen Debatte die These aufgestellt worden, das privilege against self-incrimination sei ein prozessuales Schutzrecht, das dazu diene, den Unschuldigen vor einer ungerechtfertigten Verurteilung zu bewahren[468]. Indem es dem einzelnen erlaube, nicht mit den Strafverfolgungsorganen zu kommunizieren, schütze es den unschuldig Verfolgten vor der Gefahr, sich durch un-

---

[465] Zur weiteren Darstellung vor allem: Dennis[2] (2002) S. 163-175, Dennis (1995) 54 CamLJ, S. 342ff. Zur Herleitung des privilege against self-incrimination auch: Galligan (1988) 42 CLP, S. 85-90, Zuckerman (1989) S. 316-322, der auch noch weitere Begründungsansätze für die Garantie darstellt, die in der Debatte jedoch eher am Rande diskutiert wurden.

[466] Dennis[2] (2002) S. 163 mit Hinweis auf Arenella (1982) 20 AmCrimLR, S. 37.

[467] Dennis[2] (2002) S. 163 mit Hinweis auf Arenella (1982) 20 AmCrimLR, S. 37.

[468] In diese Richtung Ashworth (1998) S. 99/100, Galligan (1988) 42 CLP, S. 86/87 (wenn auch zweifelnd), Greer (1990) 53 MLR, S. 713. Diese Auffassung lag auch der Royal Commission on Criminal Justice aus dem Jahre 1993 zugrunde (RCCJ [1993] para. 22). Zu diesem Report näher infra S. 217. Siehe bereits die Erwähnung dieser ratio bei Bentham (1825) S. 241, der sich freilich a.a.O. dagegen wendet: da er davon ausgeht, daß der Unschuldige frei reden könne und ein psychologisches Bedürfnis habe, sich zu rechtfertigen (zu dieser These näher infra S. 204) sei der Hinweis auf den Schutz durch das privilege against self-incrimination nicht überzeugend.

bedachte (oder erzwungene) Äußerungen selbst zu belasten. Hierdurch würden mögliche Justizirrtümer vermieden und der einzelne geschützt.

Eine solche Herleitung basierend auf einer prozessualen Schutzwirkung des Rechts ist allerdings zutreffend in Zweifel gezogen worden[469].

Eine immanente Schwäche des Ansatzes, der auf den Schutz des Unschuldigen rekurriert, ist vor allem die offensichtliche Bezugnahme auf die Situation des polizeilichen Verhörs. Es läßt sich bereits in Zweifel ziehen, ob die beschriebenen Gefahren einer unbedachten Äußerung und Selbstbelastung auch für die formalisierte Atmosphäre der Gerichtsverhandlung gelten (zumal bei eingehender anwaltlicher Beratung). Problematisch ist bei dieser impliziten Betonung der Situation des polizeilichen Verhörs jedoch vor allem, daß das Recht die Gefahren der Befragung im Sinne einer verbalen Äußerung in den Mittelpunkt rückt. Doch ist auch im englischen Rechtsbereich anerkannt, daß das Verbot der Selbstbelastung gleichfalls schriftliche Dokumente und sonstige nonverbale gedankliche Informationen erfaßt, die bereits früher abgefaßt wurden und bei denen die bezeichneten Gefahren unbedachter Äußerungen des Unschuldigen in diesem Maße nicht bestehen[470].

Ein weiteres wichtiges Argument gegen diese Ableitung ist auch, daß sie das privilege against self-incrimination tendenziell auf einen zu engen Kernbereich von Zwangshandlungen beschränkt. Hierfür ist auf die Beziehung von unzulässiger Willensbeeinflussung und dem Wahrheitsgehalt der bewirkten Aussage einzugehen. In der historischen Perspektive waren es zweifellos Fälle schwerwiegender Beeinträchtigungen der Willensbetätigungs- und Willensentschließungsfreiheit wie z.B. die peinlichen Aussagestrafen, die zur Entwicklung des privilege against self-incrimination führten[471]. In diesem Kernbereich läßt sich unproblematisch ein funktionaler Zusammenhang zwi-

---

469 Kritisch etwa Dennis[2] (2002) S. 164-167 und Zuckerman (1989) S. 317.

470 Dennis[2] (2002) S. 168. Das Argument läßt sich sogar noch einen Schritt weiter führen: auch bei verbalen Äußerungen kann es sich (mögen diese auch unbedacht sein) um solche von sehr hohem Beweiswert handeln, die klar die Schuld des Befragten belegen (eindeutiges Täterwissen u.a.). Im Bereich des privilege against self-incrimination ist jedoch anerkannt, daß die Beweiskraft der einzelnen herbeigeführten Aussagen nicht maßgebend ist: auch das absolut überzeugende Geständnis, daß unter Anwendung von Zwang herbeigeführt wurde, ist aufgrund Verstoßes gegen diese Fundamentalgarantie ausgeschlossen. Wegen dieser ratio ist daher auch die Garantie des Rechts, generell nicht kooperieren zu müssen, in seiner pauschalen Reichweite nur schwer zu erklären: eher wäre an eine rechtliche Beweisregel zu denken, die eine Verurteilung allein auf Grundlage eines (in seinem Zustandekommen zweifelhaften) Geständnisses im polizeilichen Verhör ohne Bekräftigung durch andere nonverbale Beweismittel beschränken würde.

471 Zu der historischen Entwicklung des Rechts supra S. 27 in Fn. 1.

schen vermindertem Wahrheitsgehalt der Aussage und unzulässiger Zwangswirkung feststellen. In einem viel weitergehenden Bereich „milderer“ Zwangsformen (ganz abgesehen von den Fällen der Täuschung und Irreführung) besteht keine eindeutige Konnexität zwischen Willensbeeinflussung und Wahrheitsgehalt[472]. In dem Feld der unzulässigen Täuschungshandlungen liegt eine solche regelmäßig gar nicht vor[473]. Dies führt nicht nur zu einer allgemeinen Beschränkung auf tendenziell gravierendere Formen der Willensbeeinflussung, und dabei auch nur durch Zwang. Darüber hinaus wird, ausgehend von dieser ratio, die Debatte zu der empirischen Frage übergeleitet, mit welcher Wahrscheinlichkeit solche Formen des „milderen“ Zwangs bzw. psychologischen Drucks zu unrichtigen Angaben führen könnten. Dies wiederum relativiert die Schutzintensität des Rechts, da dann vorgebracht werden kann, daß das privilege against self-incrimination dort keine Existenzberechtigung mehr besäße, wo durch andere prozessuale Schutzmaßnahmen sichergestellt würde, daß eine unzulässige Willensbeeinflussung ausgeschlossen sei.

Damit ist aber ein Punkt der englischen Debatte angesprochen, auf den sich die Diskussion in der Tat seit langem schon zubewegt[474]. Im Jahre 1984 wurde durch die Einführung des Police and Criminal Evidence Act (PACE) die Stellung des Beschuldigten im polizeilichen Verhör deutlich verbessert[475]. Aufgrund dieser Reformschritte lag aber (ausgehend von der ratio des Schutzes Unschuldiger im polizeilichen Verhör) die Annahme nahe, daß die Schutzintensität des privilege against self-incrimination zurückgenommen werden könne. Hieraus folgt ein wichtiger Schluß für diese wie auch andere rein prozeßimmanent-funktionale Erklärungsansätze des privilege against self-incrimination: sie relativieren dieses fundamentale Recht, da stets für die Überlegung Raum verbleibt, daß seine prozeßimmanenten Funktionen durch andere Schutzmaßnahmen weitaus besser gewährleistet würden[476]. Sei eine solche Verbesserung erfolgt, stelle die Garantie (ihrer Funktion beraubt) nurmehr ein Hindernis der Wahrheitsfindung dar, das es zu beschränken gel-

---

472 Zu der lediglich begrenzten inhaltlichen Verbindungslinie von Schweigerecht und Richtigkeit herbeigeführter Aussagen insbesondere Neumann ZStW 101 (1989), 52 (60).

473 Zutreffend Neumann ZStW 101 (1989), 52 (60).

474 Siehe etwa die bereits erwähnte Argumentation von Dennis[2] (2002) S. 166, der auf effektivere prozessuale Schutzmaßnahmen als das privilege against self-incrimination verweist. Ebenso Zuckerman (1989) S. 340-342.

475 Zu den Wirkungen der Reform aufgrund des PACE näher infra S. 325.

476 So insbesondere die Überlegungen bei Zuckerman (1989) S. 322-342. Siehe auch Galligan (1988) 42 CLP, S. 86/87. Zu einer Kritik eines solchen Ansatzes insbesondere Greer (1990) 53 MLR, S. 720-723.

te[477]. Damit weisen die rein prozeßimmanent-funktionalen Ansätze bereits a priori eine erhebliche Schwäche auf[478].

Abschließend ist festzustellen, daß aus den genannten Gründen eine Ableitung des privilege against self-incrimination aus dem Aspekt des Schutzes des Unschuldigen nicht zu überzeugen vermag[479].

2. Die Unschuldvermutung (presumption of innocence)[480]

Das Recht, sich im Strafverfahren gegenüber den Strafverfolgungsbehörden nicht äußern zu müssen, wird teilweise noch aus einem anderen prozeßimmanent-funktionalen Prinzip abgeleitet: der Unschuldsvermutung (presumption of innocence)[481]. Auch für den englischen Rechtsbereich gilt der fundamentale Satz, daß jede Person so lange als unschuldig zu gelten hat, wie ihre Tatschuld nicht ohne vernünftige Zweifel (beyond reasonable doubt) belegt worden ist. Die Grundthese einer solchen Argumentation lautet dabei wie folgt: weil es Sache der Anklagebehörde als verlängertem Arm des Staates sei, einen entsprechenden Schuldnachweis zu liefern, müsse die Behörde ohne die Hilfe des Angeklagten ihre Behauptungen aufgrund eigener Be-

---

477 Einen eindeutigen Zielkonflikt zwischen Wahrheitsfindung und privilege against self-incrimination konstatiert etwa Zuckerman (1989) S. 324/325.

478 Dementsprechend zeigt sich in der neueren englischen Debatte zum privilege against self-incrimination teils eine Tendenz, die symbolischen Bedeutung des Rechts zu seiner Rechtfertigung heranzuziehen (etwa McElreen/Starmer [1993] S. 59, die daneben auch die praktische Bedeutung betonen). Zu dieser Argumentation insbesondere Greer (1990) 53 MLR, S. 724, der diese Auffassung als „symbolic retentionism" bezeichnet. Ablehnend zu einem solchen Ansatz v.a. Galligan (1988) 42 CLP, S. 85.

479 Zu der Problematik, überhaupt im Zusammenhang mit prozessualen Rechte Differenzierungen zwischen der Geltung gegenüber Schuldigen und Unschuldigen vorzunehmen, infra S. 180 (im Zusammenhang der notstandsähnlichen Lage als ratio des Schweigerechts).

480 Von der hier diskutierten Frage der Ableitung des privilege against self-incrimination aus der Unschuldsvermutung muß (auch im englischen Rechtsbereich) die Frage sorgfältig getrennt werden, ob Schlüsse (!) aus dem Schweigen des Beschuldigten bzw. Angeklagten mit der Unschuldsvermutung zu vereinbaren sind. Siehe die Unterscheidung bei Dennis[2] (2002) S. 167/168 einerseits und S. 169 andererseits. Zu der Frage der Vereinbarkeit von Unschuldsvermutung und Schlüssen aus dem Schweigen im englischen Recht näher infra S. 209.

481 Eine solche Ableitung wird insbesondere angenommen von der RCCP (1981) para. 4.34 i.V.m. 4.37, RCCJ (1993) para. 4.51 sowie von Wigmore (1960) Bd. VIII, para. 2251. Auch Coldrey (1991) 20 Anglo-AmLR S. 52 (neben dem Schutzaspekt). Zu der RCCP und der RCCJ näher infra S. 210 und 217.

weismittel belegen[482]. Die Anklage könne sich daher nicht gegen den Willen des Angeklagten auf Beweismittel aus seiner Sphäre stützen.

Aber auch eine solche prozeßimmanent-funktionale Ableitung des privilege against self-incrimination vermag nicht zu überzeugen[483].

Gegen eine derartige Herleitung spricht, daß sich auch in der Struktur des englischen Strafprozesses Unschuldsvermutung und Freiheit von einer Aussagepflicht als eigenständige Garantien unterscheiden lassen[484]. Die Unschuldsvermutung betrifft den rechtlichen Status des einzelnen in Bezug auf den Anklagevorwurf im Prozeß. Die Frage, ob und inwieweit er verpflichtet werden kann, selbst zur Aufklärung des Sachverhalts beitragen zu müssen, läßt sich (theoretisch) durchaus unabhängig hiervon beurteilen. Daran ändert auch die Tatsache nichts, daß historisch gesehen zwischen beiden Garantien ein Zusammenhang besteht und diese sich auch inhaltlich nahestehen, da sie beide von gemeinsamen fundamentalen Grundwerten ausgehen, die die Natur der Strafverfolgung und die Stellung des Angeklagten im Prozeß betreffen[485].

Problematisch erscheint im Zusammenhang einer Herleitung des Schweigerechts aus der Unschuldsvermutung auch, warum gerade nur die Selbstbelastung ausgeschlossen sein sollte und andere Formen zwangsweiser staatlicher Informationsbeschaffung (Durchsuchung, Fingerabdruck u.s.w.) hingegen zulässig sein sollten[486]. Aus der inhaltlichen Natur der Angaben selbst läßt sich eine solche Unterscheidung nicht herleiten[487]. Es zeigt sich, daß diese

---

482 RCCJ (1993) para. 4.51, Wigmore (1960) Bd. VIII, para. 2251.

483 Kritisch zu einer Herleitung des privilege against self-incrimination aus dem Prinzip der Unschuldsvermutung (bzw. dem Grundsatz des burden of proof) auch Dennis[2] (2002) S. 167-169 und Zuckerman (1989) S. 319/320.

484 In diese Richtung auch Zuckerman (1989) S. 320: die Verpflichtung, für die Verurteilung einen beweiskräftigen Fall zu präsentieren, ist von einem Verbot des Zwangs zur Kooperation unabhängig.

485 Dementsprechend formuliert Ashworth (1998) S. 96 auch vorsichtiger, eine Rechtsordnung, die den einen Grundsatz beinhalte, den anderen jedoch nicht, erschiene widersprüchlich („some inconsistency"). Zu dem Verhältnis beider Institute bereits supra S. 103 im Zusammenhang mit dem deutschen Recht.

486 Dennis[2] (2002) S. 168.

487 Daher vermag auch nicht der weitere Hinweis zu überzeugen, daß nur der Zwang zur Aussage ausgeschlossen sei, da - anders als sonstiges Beweismaterial - dieses auch nicht eigenständig durch die Strafverfolgungsbehörden erlangt werden könne (ablehnend auch Dennis[1] [1999] S. 133/134). Abgesehen davon, daß hieraus kein inhaltliches Kriterium gegen einen generellen Ausschluß solcher Informationspflichten abgeleitet werden kann, ließe sich gerade umgekehrt argumentieren, im Interesse der Wahrheitsermittlung müßten gerade jene, nicht „extern" zu erlangende Informationen vom Angeklagten zum Zwecke der Wahrheitsfindung preisgegeben werden.

Argumentation daher nicht dem Umstand ausreichend Rechnung trägt, daß das Wesen des privilege against self-incrimination nur ganz bestimmte Verhaltensformen der Informationspreisgabe seitens des Beschuldigten erfaßt. Daher vermag auch eine Ableitung des privilege against self-incrimination aus der Unschuldsvermutung nicht zu überzeugen.

3. Der Schutz der Privatsphäre des einzelnen

Auch der Schutz der Privatsphäre (protection of privacy)[488] ist herangezogen worden, um die Existenz des privilege against self-incrimination zu rechtfertigen. Einem früheren Ansatz von Gerstein[489] folgend ist Galligan ein führender Vertreter dieser Auffassung geworden, weshalb seine Konzeption beispielhaft dargelegt werden soll[490].

Für Galligan ist die Zone einer Privatheit von zentraler Bedeutung für das Leben das einzelnen. Sie ermögliche es ihm, autonom und als Individuum ein selbstbestimmtes Leben zu führen. Hieraus ergebe sich, daß eine Sphäre der Privatheit von grundlegender Bedeutung für die Gesamtpersönlichkeit des einzelnen sei. Die Funktion des privilege against self-incrimination bestünde darin, diese Privatsphäre zu wahren und zu schützen:

> „The right of silence serves privacy, which in turn serves this basic sense of personality.“[491]

Der Ableitung des privilege against self-incrimination aus dem Schutz der Persönlichkeitssphäre ist allerdings zu Recht widersprochen worden[492].

Ein wesentlicher Punkt der Kritik bezieht sich auf den Umstand, daß, ausgehend von einer umfassenden Privatsphäre des Beschuldigten, auch sonstige, nicht auf selbstinkriminierenden Handlungen beruhende, Ermittlungstätigkeiten ausgeschlossen sein müßten. Auf die Spitze getrieben hieße dies, daß auch Durchsuchungen, die Abnahme von Fingerabdrücken oder die Entnahme von Blutproben als unzulässige Einbrüche in die Privatsphäre ausgeschlossen wären[493]. Dem ist von den Vertretern der Theorie entgegengehalten worden, daß zwischen geistig-seelischer Privatsphäre (mental privacy) und

---

488 Vorliegend wurde davon Abstand genommen, Privacy mit dem allgemeinen Persönlichkeitsrecht gleichzusetzen, da dies rechtlich-inhaltliche Parallelen implizieren würde, die nicht bestehen.

489 Gerstein (1970) 80 Ethics, S. 87.

490 Siehe Galligan (1988) 42 CLP, S. 69 und passim.

491 Galligan (1988) 42 CLP, S. 88.

492 Zum Folgenden insbesondere Dennis[2] (2002) S. 169-171.

493 Dennis[2] (2002) S. 170. Ähnlich wurde bereits im deutschen Teil im Zusammenhang mit dem allgemeinen Persönlichkeitsrecht argumentiert, supra S. 42.

lediglich körperlicher Privatsphäre unterschieden werden müsse[494]. Nur die erste erhalte durch das privilege against self-incrimination gerechtfertigterweise einen besonderen Schutz, hingegen verleihe hinsichtlich der rein körperlichen Privatsphäre die Garantie kein umfassendes Abwehrrecht. Allerdings vermag eine solche Differenzierung zwischen körperlicher und geistiger Sphäre der privaten Zurückgezogenheit nicht zu überzeugen. Wie Dennis[495] zutreffend bemerkt, kann eine körperliche Durchsuchung bis hinein in den Intimbereich einen weitaus intensiveren Einbruch in die Privatsphäre bedeuten als die Frage nach dem Aufenthaltsort des Beschuldigten am Abend des Tattages. Es ist fraglich, ob aufgrund einer generalisierenden Betrachtung eine solche Differenzierung trotz dieser Wertungswidersprüche aufrechterhalten werden kann[496].

Zuletzt wurde von den Kritikern einer Ableitung aus dem Gedanken der Privatheit im englischen Bereich darauf hingewiesen, daß das englische Recht keinen allgemeinen Schutz der Privatsphäre kennt[497]. Dies wurde für das common law in der Entscheidung Malone v. Metropolitan Police Commissioner II[498] allgemein festgestellt.

Wie die vorangegangene Diskussion zeigt, stehen einer Ableitung des privilege against self-incrimination aus dem Gedanken der Privatheit des einzelnen auch im englischen Recht erhebliche Gründe entgegen.

---

494 Arenella (1982) 20 AmCrimLR, S. 41 und Galligan (1988) 42 CLP, S. 90.

495 Dennis[2] (2002) S. 170.

496 Ein weiterer Kritikpunkt, der im Zusammenhang mit der Unterscheidung zwischen mental und bodily privacy von den Kritikern aufgegriffen wurde, bezieht sich auf die Auswertung inkriminierender schriftlicher Dokumente als belastendes Beweismaterial. Eine Begrenzung auf mental privacy reduziere wiederum den Schutzbereich des privilege against self-incrimination unangemessen, da schriftliche belastende Dokumente nicht mehr erfaßt wären, Dennis[2] (2002) S. 170. Dieser Einwand vermag zwar nicht zu überzeugen, soweit es sich um Aufzeichnungen handelt, die Gedanken und Gefühle des Beschuldigten wiedergeben (Tagebücher, Aufzeichnungen), da man diese noch als Verkörperung gedanklicher Vorgänge interpretieren könnte. Für andere inkriminierende Schriftstücke, die unabhängig vom Tun des Beschuldigten entstanden sind, die sich jedoch nunmehr in seinem Besitz befinden, läßt sich dieser Ansatz einer Ausweitung der gedanklichen Privatsphäre in den verkörperten Bereich hingegen nur schwer aufrechterhalten. Dies könnte nur geschehen, würde man generell sämtliche Schriftstücke im Besitz des Beschuldigten, auch die ihm zugegangenen, als in die geistig-mentale Privatsphäre miteinbezogen ansehen.

497 Dennis[2] (2002) S. 171.

498 Malone v. Metropolitan Police Commissioner II, HL [1979] 2 WLR, S. 700.

4. Der Schutz vor einer notstandsähnlichen Entscheidungslage (cruel choice)

Ein weiterer Theorie, von Dennis zusammenfassend als „protection from cruel choice“ bezeichnet[499], rechtfertigt das privilege against self-incrimination mit der Entscheidungslage des Beschuldigten, in der er sich befände, würde ihm das Recht nicht zugestanden werden. Würde der Beschuldigte nicht das Recht haben, zu schweigen, hätte er lediglich die Wahl, die Wahrheit zu sagen und sich selbst zu inkriminieren oder zu lügen. Dies würde jedoch aus seiner Sicht eine unzumutbare Entscheidungssituation darstellen. Diese Zwangslage gelte gleichermaßen bei der Befragung durch die Polizei wie vor Gericht im Kreuzverhör. In diesem Zusammenhang ist auch auf den (angeblichen) natürlichen Selbsterhaltungstrieb des Beschuldigten hingewiesen worden, der ihn die bezeichnete Lage als besonders belastend empfinden ließe. Eine Parallele zum Institut des materiellen englischen Strafrechts, dem duress (Notstand), liegt hierbei nahe[500].

Ein entscheidender Vorteil dieses Ansatzes ist, daß er besser als die anderen Theorien zu erklären vermag, warum gerade selbstbelastende Aussagen und Handlungen dem privilege against self-incrimination unterfallen: die Beschaffung belastenden Beweismaterials außerhalb der Handlungssphäre des Beschuldigten kann von diesem ohnehin nicht beeinflußt werden. Solche weiteren Beweismaterialien konstituieren zwar ggf. den Gerichtsprozeß und damit die Ausgangssituation für die Zwangslage, der eigentliche Entscheidungsnotstand bezieht sich aber auf die Preisgabe eigener Informationen durch den Beschuldigten.

Dennis[501] hat in seiner Kritik dieser Auffassung darauf verwiesen, daß die Hauptschwäche der Theorie in ihrem Ausgangspunkt liege, der Betreffende habe die Tat begangen. Nur dann befände sich dieser nämlich in der bezeichneten Zwangslage, womit die ratio dieser Ableitung erst zum Tragen komme. Es sei aber methodisch unzulässig, Vorschriften des Beweisrechts spezifisch zum Schutz von Schuldigen zu normieren. Dennis bezieht sich hierbei auf die im englischen Rechtsbereich berühmten Aussagen von Jeremy Bentham, der im Zusammenhang mit dem privilege against self-incrimination Notstandsargumente als „fox hunter's reason“ lächerlich zu machen suchte: wie dem Fuchs bei der Jagd solle dem Schuldigen - ungerechtfertigterweise - eine

---

499 Dennis² (2002) S. 171.

500 Interessanterweise wird in der englischen Debatte auf dieses materiellrechtliche Institut in diesem Zusammenhang nicht zurückgegriffen. Allgemein zum materiellrechtlichen Institut des duress im englischen Strafrecht: Allen (1999) S. 155-169, Card (2001) S. 647-657, Clarkson/Keating (1998) S. 321-344, Reed/Seago (1999) S. 223-242, Simester/Sullivan (2000) S. 587-597.

501 Dennis² (2002) S. 172.

Chance auf Entkommen gegeben werden, da dies nach jenem (falschen) Verständnis nur fair sei[502].

Der Argumentation von Dennis ist auf mehreren Ebenen entgegenzutreten: zum einen erscheint der theoretische Ansatz einer Differenzierung zwischen Schuldigen und Unschuldigen, der (wie noch zu zeigen sein wird) die gesamte englische Diskussion um das privilege against self-incrimination durchzieht, schon unter dem Gesichtspunkt des Unschuldsprinzips bedenklich. Das privilege against self-incrimination bezieht sich gerade auf den Prozeß der Wahrheitsfindung, in dem der einzelne bis zum Urteil als unschuldig zu gelten hat[503]. Dann ist es freilich nur konsequent, bei der Entwicklung und Begründung prozessualer Rechte den Unschuldigen als alleinigen Ausgangspunkt und Maßstab zu nehmen. Der tiefere Grund für eine solche Betrachtungsweise ist dabei, daß der menschliche Erkenntnishorizont beschränkt ist und sich Justizirrtümer nicht vermeiden lassen. Dann bedarf es zur Legitimiation des Verfahrens prozessualer Sicherungen wie der Unschuldsvermutung, die weitestgehend - vermeidbare - Vorverurteilungen ausschließen.

Aber auch ungeachtet dieser allgemeinen Bedenken erscheint die Kritik an den cruel-choice-Konzeptionen auf Basis einer Differenzierung als „Schuldig/Unschuldig“ zweifelhaft: selbst wenn man eine solche Differenzierung zugrundelegt, kann auch ein objektiv Unschuldiger gute Gründe haben, zu schweigen[504]. Die Grundthese des Verständnisses der Wahrheitsfindung im Sinne Benthams, nämlich, daß der Unschuldige frei sei zu sprechen und seine Unschuld ohne weiteres zu belegen, stimmt mit der Empirie und der komplexen Lebenswirklichkeit strafrechtlicher Verfolgungen längst nicht mehr überein[505,506].

---

502 Bentham (1827) Bd. V, S. 238/239. Näher zum Gedankengang von Bentham infra S. 204.

503 In diese Richtung zielt auch das Argument von Greer (1990) 53 MLR, S. 724 im Zusammenhang mit der Differenzierung Schuldig-Unschuldig bei der Frage von Schlüssen aus dem Schweigen (näher hierzu im Folgenden).

504 Hierzu bereits soeben supra S. 180.

505 Zu den unterschiedlichen Gründen für das Schweigen des unschuldigen Angeklagten bereits supra S. 77 im Zusammenhang mit dem deutschen Recht.

506 Schließlich sollte nur am Rande darauf hingewiesen werden, daß die Schuld-Unschuld-Dichiotomie eine weitere Grundvoraussetzung der klassischen utilitaristischen Aufklärung zugrundelegt, die ebenfalls zunehmend in Frage gestellt wird: nämlich das Bestehen einer objektiven, verifizierbaren Wahrheit, die anderen Individuen gegenüber nachprüfbar mitgeteilt werden kann (siehe auch die Bedenken bei Greer [1990] 53 MLR, S. 727/728 im Zusammenhang mit der Frage der Würdigung des Schweigens). Es kann nämlich in Zweifel gezogen werden, ob von „der Wahrheit“ im

Dennoch erscheint auch die Ableitung aus dem Gesichtspunkt der notstandsähnlichen Lage nicht der maßgebende Aspekt des privilege against self-incrimination zu sein. Alleine die Tatsache, daß der Betroffene eine solche Lage als unerträglich empfindet, ergibt noch kein normativ gestütztes Argument, ihn vor dieser Unzumutbarkeit zu bewahren: schließlich hat er sich im Strafverfahren mit den gegen ihn erhobenen Vorwürfen auseinanderzusetzen und wird auch hier der Öffentlichkeit preisgegeben. Das Kriterium der Unzumutbarkeit als solches weist hingegen nur regulative Funktionen auf, ohne selbst als inhaltlicher Maßstab dienen zu können[507].

5. Die Wahrung der Würde und Autonomie des einzelnen

Angesichts der tatsächlichen (und vermeintlichen) Schwächen der funktional orientierten Ableitungen hat Dennis eine weitere Rechtfertigungthese für das privilege against self-incrimination entwickelt[508]. Er stellt entscheidend darauf ab, daß der Beschuldigte im Falle einer erzwungenen Aussage als Objekt behandelt werde.

> „The fundamental objection to the use of compulsion, reflected in the privacy and cruel choice arguments, is that it amounts to treating a suspect as an object for the extraction of evidence. On Kantian principles this is prima facie an infringement of the core value attachted to the claims of all human beings to respect and dignity."[509]

Hierbei bezieht sich Dennis insbesondere auf den Zwang bei der Befragung durch die Strafverfolgungsbehörden vor dem Prozeß (pre-trial-stage). Gerade in diesem Zeitraum bestünde eine besondere Schwächelage des einzelnen gegenüber dem staatlichen Machtapparat und damit die Gefahr einer durch Zwang herbeigeführten Selbstbezichtigung[510].

Strafprozeß als Gegenstand der Urteilsfindung gesprochen werden kann. Dies gilt im besonderen Maße für Fragen des subjektiven Tatbestands als juristischem Konstrukt. Gibt es aber möglicherweise ganz verschiedene Wahrheiten, so kann von Schuldigen und Unschuldigen nicht mehr unbefangen gesprochen werden, da der eigentliche Prozeß der Tatsachen- und Wahrheitsfindung (von der Entscheidung komplexer Rechtsfragen ganz abgesehen) erst in der Gemeinsamkeit der Strafprozesses entsteht. Dies gilt im besonderen Maße für solche Unschuldigen, die in die Ereignisse der Tat eingebunden waren und möglicherweise nur aufgrund sehr spezieller und schwierig festzustellender Umstände keiner Strafbarkeit unterfallen (besondere subjektive Merkmale u.s.w.).

[507] Ebenso (im Zusammenhang der parallelen deutschen Debatte) Bosch (1998) S. 34/35 und bereits supra S. 41 in Fn. 52.

[508] Dennis[2] (2002) S. 172-174.

[509] Dennis[2] (2002) S. 173.

[510] Dennis[2] (2002) S. 174.

Entsprechend der eigenen Analyse im Teil 1 der Arbeit, die das Schweigerecht als Ausdruck des Respekts vor der Würde des einzelnen ansah, ist diesem Ansatz beizupflichten[511]. Freilich wird aber auch in der Darstellung von Dennis erhebliche Skepsis hinsichtlich des Schutzumfangs des privilege against self-incrimination deutlich. Eine Anerkennung des Rechts in seinen verschiedenen Ausformungen bedeute nicht, daß Zwang im jedem Falle ausgeschlossen sei. Insbesondere das legitime Ziel, sachlich richtige Verurteilungen zu erzielen, müsse mit der Beachtung der Autonomie des einzelnen in Einklang gebracht werden. Aufgrund dieser relativierten Bedeutung des privilege against self-incrimination sei dieses nicht als Menschenrecht („human right"[512]) anzusehen, sondern als instrumental gedachtes Recht („functional device"), bestimmte Mißbrauchskonstellationen insbesondere in der polizeilichen Befragung auszuschließen.

III. Zusammenfassung der Ergebnisse

Im englischen Rechtsbereich ist das privilege against self-incrimination weder im einfachen Recht noch (in Ermangelung einer geschriebenen Verfassung) verfassungsrechtlich normiert.

Die Diskussion bezieht sich vielmehr auf die Frage nach der ratio der Garantie. Hierbei finden sich zwei prinzipielle Ansätze: teils wird das Recht prozeßimmanent-funktional begründet, teils wird zu seiner Rechtfertigung auf höhere Prinzipien und Werte verwiesen.

Die funktionalen Ansätze, insbesondere die Herleitung aus dem Unschuldsprinzip und dem Gesichtspunkt des Beschuldigtenschutzes, vermögen nicht zu überzeugen. Das Unschuldsprinzip und das privilege against self-incrimination stellen zwei unabhängige Garantien dar. Das Schutzprinzip führt konsequenterweise zu empirischen Fragestellungen der Situation im polizeilichen Verhör und relativiert die Bedeutung des Rechts.

Auch der Ansatz, der das privilege against self-incrimination aus dem Gedanken der Privatheit des einzelnen ableitet, vermag nicht zu überzeugen. Vor allem läßt sich diese These nicht mit der Tatsache vereinbaren, daß es das „Sich-Selbst-Belasten" ist, das den unrechtmäßig ausgeübten Zwang begründet. Aber auch der Gesichtspunkt, den einzelnen vor einer notstandsähnlichen Entscheidungslage zu bewahren, wird dem Status der Würde des einzelnen nicht gerecht.

In der neueren englischen Debatte ist jedoch der Aspekt der Würde des einzelnen als ratio des privilege against self-incrimination aufgenommen wor-

---

511 Zur Ableitung des Schweigerechts aus dem Menschenwürdegebot supra S. 45ff.

512 Dennis (2002)² S. 174 mit Anführungzeichen im Original.

den. Dies geschah trotz der abweichenden philosophischen Traditionen aus der Erkenntnis, daß es schwierig ist, ausgehend von einer funktional orientierten, höhere Werte ausblendenden Auffassung dieses Recht auf eine sichere Grundlage zu stellen.

§ 8 Die Regelungen des common law

I. Der prozessuale Hintergrund der Würdigung des Schweigens: Grundprinzipien des englischen Strafprozesses (trial on indictment)

Eine angemessene Würdigung der ss. 34-39 CRIMPO kann nur vor dem Hintergrund des bis 1994 in England und Wales geltenden richterrechtlichen common law vorgenommen werden. Im Zuge einer Jahrhunderte währenden Entwicklung entstand (wie in vielen anderen Bereichen des englischen Beweisrechts) eine sehr unübersichtliche und komplexe Rechtsmaterie.

Um die Frage möglicher Schlüsse aus dem Schweigen richtig einzuordnen, müssen einige Grundzüge des englischen Strafverfahrens in Erinnerung gerufen werden. Der englische Strafprozeß ist als akkusatorischer Parteiprozeß ausgestaltet. Vergehen von geringem Schweregrad werden vor den sog. Magistrates´ Courts behandelt, die mit Laienrichtern besetzt sind, welche allerdings regelmäßig über ein hohes Maß an juristischer Erfahrung verfügen[513]. Für den hier interessierenden Bereich bedeutenderer Vergehen in den Crown Courts[514] (trial on indictment[515]) ist hingegen eine funktionelle Trennung der Kompetenzen im richterlichen Entscheidungsvorgang vorgesehen: sofern der Angeklagte (accused) auf nicht-schuldig plädiert (not guilty[516]), tritt das Gericht in die Beweisstation ein. Eine Jury, bestehend aus zwölf Geschworenen[517] (Laienpersonen), befindet über die Tatsachenfrage, ob der Beschuldigte wegen des angeklagten Delikts schuldig ist (Geschworenenjury

---

513 Zu Besetzung und Aufbau der Magistrates´ Courts: Blackstone/Murphy/Stockdale u.a. (2002) S. 1034-1038, Hampton (1982) S. 327-337, Padfield (2000) S. 262-264, Sprack (2000) S. 76-80. Zu dem Ablauf des Verfahrens vor diesen: Hampton (1982) S. 338-355, Padfield (2000) S. 272-274, Sprack (2000) S. 134-157.

514 Zum Aufbau und Besetzung der Crown Courts: Blackstone/Murphy/Stockdale u.a. (2002) S. 1027-1033, Hampton (1982) S. 110-114, Sprack (2000) S. 196-202.

515 Zum Ablauf des trial on indictment (schwerere Vergehen vor den Crown Courts): Blackstone/Murphy/Stockdale u.a. (2002) S. 1415-1481, Hampton (1982) S. 178-246, Sprack (2000) S. 269-299.

516 Zu den verschiedenen Möglichkeiten des Plädierens: Hampton (1982) S. 183-199 und Sprack (2000) S. 234-251.

517 Zu der Geschworenenjury und ihrem Aufbau: Blackstone/Murphy/Stockdale u.a. (2002) S. 1347-1361, Hampton (1982) S. 200-205, Padfield (2000) S. 358-364, Sprack (2000) S. 252-268.

als „factfinders"[518]). Der Richter (trial judge) setzt sodann das Strafmaß fest (sentencing[519]). Er ist es auch, der über etwaige Rechtsfragen entscheidet.

Betrachtet man das Schweigen des Beschuldigten gegenüber der Polizei, privaten Personen oder im Prozeß als zulässiges Beweismittel, das Rückschlüsse hinsichtlich der Schuld des Angeklagten erlaube, so ist konsequenterweise auch dieser Teil des Beweismaterials (sofern er der Geschworenenjury zugänglich gemacht wurde) ausschlaggebend für die Frage der Schuld des Angeklagten. Mithin ist es die Geschworenenjury, die gegebenenfalls Schlüsse aus dem Schweigen (innerhalb rechtlich erlaubter Grenzen oder auch nicht) zieht. Hieraus wiederum ergibt sich, daß die Fragestellung der Schlüsse aus dem Schweigen im englischen trial on indictment in die besondere prozessuale Situation des jury-trial gekleidet ist. Die Frage der Würdigung passiven Verhaltens wird dabei im komplexen Spannungsfeld von Angeklagtem, Richter, Geschworenenjury und Anklage behandelt.

Aus der eben bezeichneten „Arbeitsteilung" zwischen Geschworenenjury und Richter ergeben sich aber weitere Erfordernisse: sofern - wie dies bei Schlüssen aus dem Schweigen naheliegt - bestimmte rechtliche Grenzen bei der Würdigung des Beweismaterials zu beachten sind, muß der Richter bei seinen abschließenden Belehrungen der Geschworenenjury, mit denen er den Fall zusammenfaßt und die Ergebnisse der Beweisaufnahme noch einmal zusammenstellt, entsprechende rechtliche Hinweise und Leitlinien geben (directions)[520]. Die directions des Richters stellen einen entscheidenden und ausgesprochen formalisierten Vorgang innerhalb des englischen Strafprozesses dar. Mangels näherer Begründung der Geschworenenjury-Entscheidung sind sie der maßgebliche Angriffspunkt für eine gerichtliche Überprüfung in höherer Instanz (appeal). Die rechtlichen Erörterungen zu der Frage der Schlüsse aus dem Schweigen knüpfen im common law, wie auch unter ss. 34-39 CRIMPO, damit maßgeblich bei der Frage an, ob und in welcher Weise der Richter gegenüber der Geschworenenjury das Schweigen des Angeklagten gegenüber Privaten, der Polizei oder im Prozeß kommentieren darf, bzw. ob er nicht sogar ausdrücklich gegenüber der Geschworenenjury ein

---

518 Zu dieser funktionellen Rollenverteilung zwischen Geschworenen und Richter Cross/Tapper (1999) S. 157-203, Dennis[2] (2002) S. 91-96, Keane (2000) S. 29-32, John Smith (1995) S. 15-26.

519 Zum Vorgang des sentencing: Blackstone/Murphy/Stockdale u.a. (2002) S. 1482-1520 (trial on indictment) und 1567-1582 (summary trial), Sprack (2000) S. 317-408, Hampton (1982) S. 247-297 (trial on indicment) und 356-380 (summary trial).

520 Zu diesem sog. summing-up des Richters am Ende des Verfahrens: Blackstone/Murphy/Stockdale u.a. (2002) S. 1445-1453, Keane (2000) S. 39/40, Sprack (2000) S. 291-294.

Verbot auszusprechen hat, Schlüsse aus dem Schweigen des Angeklagten zu ziehen. Daneben stellt sich die Frage, inwieweit die Anklagebehörde, anders als der Richter immerhin Gegenpartei des Verfahrens, das Schweigen negativ kommentieren kann.

II. Das Schweigen gegenüber Privaten

In der englischen Praxis der Gerichtsverfahren haben sich zahlreiche Fälle ergeben, in denen der spätere Angeklagte sich nach Begehung der Tat Vorwürfen von Dritten ausgesetzt sah und hierauf schwieg. Dann stellt sich jedoch unter verschiedenen rechtlichen Gesichtspunkten die Frage, ob dieses Verhalten als belastendes Indiz im späteren Prozeß verwertet werden kann[521]. Die generelle Leitlinie der Rechtsprechung im common law war hierbei, daß das Schweigen nur einen Teilausschnitt des größeren Fragekomplexes darstellt, ob auffälliges Verhalten des späteren Angeklagten als Reaktion auf Vorwürfe, Fragen u.a. von Dritten zum Nachteil verwertet werden darf.

Ein erster wichtiger Schritt für die Behandlung dieser Fälle war der frühe Fall R. v. Mitchell[522]. Der Angeklagten wurde zur Last gelegt, durch eine laienhaft unternommene Abtreibung den Tod des Opfers herbeigeführt zu haben. Äußerungen der Sterbenden kurz vor ihrem Tode durch Blutvergiftung belasteten die am Totenbett anwesende Angeklagte schwer, doch äußerte sie sich nicht zu den Vorwürfen des Opfers. Cave J verneinte in seiner Urteilsbegründung, daß dieses Schweigen gegenüber den Vorwürfen der Sterbenden zum Nachteil der Angeklagten verwertet werden dürfe. In dieser Entscheidung führte das Gericht das Kriterium der „Augenhöhe" der Parteien („on even terms") als allgemeine Voraussetzung für Schlüsse aus dem Verhalten des späteren Angeklagten ein. Befände sich der Schweigende oder sich sonst auffällig Verhaltende in einer Position struktureller Machtunterlegenheit gegenüber dem privaten Dritten, dürfe aus seinem Verhalten kein nachteiliger Schluß gezogen werden[523]. Hintergrund dieser These des „on even terms" ist die Vorstellung eines allgemeinen, auch zwischen Privaten wirkenden Fairneßgebots.

Nachdem mithin bereits frühere Fälle die Möglichkeit einer Verwertbarkeit angenommen hatten, formulierte das House of Lords im Falle R. v. Christie[524] grundsätzliche Leitlinien zur Behandlung dieser Konstellationen[525]. In

---

[521] Eine Analyse der im folgenden bezeichneten Rechtsprechung bieten Dennis^2 (2002) S. 143-147, Murphy (1997) S. 265/266, Wolchover/Heaton-Armstrong (1999) 5-41/42.

[522] R. v. Mitchell, Midlands Circuit [1892] 17 Cox CC, S. 503 (Cave J).

[523] R. v. Mitchell, Midlands Circuit [1892] 17 Cox CC, S. 508.

[524] R. v. Christie, HL [1914] AC, S. 545.

dem zugrundeliegenden Fall wurde dem Angeklagten sexueller Mißbrauch (indecent assault) an einem fünfjährigen Jungen zur Last gelegt. Der Junge war morgens aus dem Haus auf das Feld zum Spielen gegangen und kam wenig später in gedrückter Stimmung zurück. Seine Mutter und ein Polizist folgten dem Kind zurück an den Tatort auf das Feld, wo sie den Angeklagten vorfanden. Der Junge faßte diesen am Rockschoß und sagte hierbei „Dies ist der Mann" [scilicet, der ihn mißbraucht habe]. Der Angeklagte äußerte darauf, er sei unschuldig und habe seit acht Uhr des letzten Abends im Feld geschlafen. Während des Prozesses gaben der Polizist und die Mutter das Verteidigungsverhalten von Christie am Tatort wieder. Die erste Instanz verurteilte den Angeklagten, wobei sie sich maßgeblich auf die Identifikation auf dem Feld durch den Jungen stützte. Die zweite Instanz (Criminal Court of Appeal) sah es nicht als zulässig an, die Aussage des Jungen in den Prozeß einzuführen, da der Angeklagte den Vorwurf des Jungen sogleich abgestritten habe. Das House of Lords folgte dem nicht: es gebe keine Regel, daß Vorwürfe von Dritten unmittelbar nach der Tat nicht als Beweis vorgetragen werden dürften, sofern der spätere Angeklagte diese abgestritten habe. Die Frage sei einzig und allein, ob der spätere Angeklagte durch sein Verhalten den Vorwurf ganz oder in Teilen akzeptiert habe („whether the accused by his demeanour had wholly or partially accepted the accusation")[526]. Aus der weiten Formulierung und insbesondere dem Begriff „demeanour" (Verhalten, Benehmen) ergibt sich, daß diese Regel auch für den Fall des Schweigens zu Tatvorwürfen oder Beschuldigungen von Privaten gilt[527]. Das Mitchell-Merkmal „on even terms" wurde in dem Urteil zwar nicht ausdrücklich aufgenommen, aber anscheinend implizit gutgeheißen[528].

Zusammenfassend läßt sich sagen, daß damit die Frage einer Beweiswürdigung des Schweigens gegenüber Privaten von den englischen Gerichten zugunsten einer umfassenden Würdigungsmöglichkeit beantwortet wurde, sofern das Merkmal einer strukturellen Machtgleichheit („Augenhöhe") erfüllt ist. Interessanterweise wurde die Frage eines möglichen Eingreifens des right to silence in diesen Konstellationen nicht einmal erwogen. Vielmehr

---

[525] Das Urteil stellt auch aus anderen Gründen eines der wichtigsten Fälle aus der Rechtsprechung zum englischen Beweisrecht dar. Insbesondere wurde in diesem Urteil erstmals auch die Möglichkeit eines richterlichen Ausschlusses von Beweismitteln erörtert, deren Vorbingen im Prozeß sich für den Angeklagten als unfair erweisen würde (dieses common law war Vorbild für die spätere s. 78 PACE). Näher zu diesem Institut des Ermessensausschluß infra S. 268.

[526] R. v. Christie, HL [1914] AC, S. 554 (Lord Atkinson).

[527] Siehe auch Dennis[2] (2002) S. 143.

[528] Ausdrücklich zustimmend zu diesem Merkmal etwa der spätere Fall R. v. Parkes, PC [1976] 1 WLR, S. 1251.

wurde auf den Fairneßaspekt abgestellt. Dies kommt nicht allein im erwähnten Begriff des „on even terms" als Grundvoraussetzung für eine Würdigung zum Ausdruck, sondern auch darin, daß allgemein die Möglichkeit angenommen wurde, solch spontanes Reaktionsverhalten als unfair wirkendes Beweismaterial zugunsten des Angeklagten auszuschließen[529].

III. Das Schweigen im polizeilichen Verhör (pre-trial-stage)[530]

1. Die Grundlinie des common law: keine nachteiligen Schlüsse aus dem anfänglichen Schweigen gegenüber der Polizei

Bis in die siebziger Jahre hinein war die Rechtslage aufgrund des common law einigermaßen eindeutig. Das Schweigen gegenüber staatlichen Strafverfolgungsbehörden (regelmäßig Polizeibeamten) anläßlich eines Verhörs durfte vom Richter in seiner Belehrung der Geschworenenjury nicht als Umstand herausgestellt werden, der dem Angeklagten zum Nachteil gereicht. Ein Schluß auf die Schuld oder auch nur auf die Unrichtigkeit einzelner Tatsachenbehauptungen des Angeklagten war nach ganz überwiegender Auffassung ausgeschlossen.

Im Fall R. v. Leckey[531] etwa wurde dem Verdächtige die Ermorderung einer jungen Frau zur Last gelegt, die abends nach Verlassen ihrer Arbeitsstelle (einem Kino) zu ihrem Elternhaus ging. Während der Ermittlungen wurde Leckey von einem Polizisten mit der Beschuldigung konfrontiert und belehrt. Hierauf antwortete er: „I have nothing to say until I have seen someone, a solicitor". Später nahm er in der Gerichtsverhandlung zu den Vorwürfen umfassend Stellung und bestritt die Täterschaft. Der Richter kommentierte das anfängliche Schweigen des Angeklagten gegenüber der Polizei, indem er aufgrund einer rhetorischen Frage hervorhob, ein Unschuldiger hätte möglicherweise eine Erklärung für die inkriminierenden Umstände geliefert. Der Court of Criminal Appeal hob die Verurteilung des Angeklagten wegen Mordes auf, wobei er darauf hinwies, ein solcher Kommentar sei „improper and prejudicial". Das Gericht führte weiter aus, daß ein erheblicher innerer Widerspruch zu konstatieren sei, sofern einerseits aufgrund der Belehrung dem Verdächtigen das Recht zum Schweigen eingeräumt würde, andererseits gerade eben diese präsentierte Handlungsmöglichkeit zum Nachteil des Verdächtigen gewertet würde, wenn er sie wahrnähme[532].

---

[529] Hierin lag ein weiterer, sehr wichtiger Punkt des Urteils Christie (siehe die Fn. soeben).

[530] Zum Folgenden insbesondere Dennis[2] (2002) S. 143-147. Siehe auch Andrews/Hirst (2001) S. 680-682 und Mirfield (1995) CrimLR, S. 613/614.

[531] R. v. Leckey, CCA [1943] 2 AllER, S. 665.

[532] R. v. Leckey, CCA [1943] 2 AllER, S. 669.

In dem bedeutenden, aus dem Commonwealth-Staat Jamaika stammenden, Fall R. v. Hall[533] hatten Polizisten die Wohnung des späteren Angeklagten Hall durchsucht. Hall, der zu diesem Zeitpunkt noch nicht belehrt worden war und sich während der Durchsuchung in der Wohnung befand, wurden gefundene Drogen mit dem Hinweis vorgehalten, ein Mitverdächtiger habe ihn - Hall - als Besitzer der Rauschmittel bezeichnet. Hall antwortete jedoch nicht auf diese Vorwürfe. Erste und zweite Instanz der jamaikanischen Gerichte behandelten dieses Verhalten als implizites Geständnis („implied admission") und folgerten hieraus, daß die Geschworenenjury hierin zulässigerweise ein stillschweigendes Eingeständnis des Tatvorwurfs sehen durfte. Der für Jamaika zuständige britische Privy Council hob beide Entscheidungen auf. Lord Diplock, der die Urteilsrede hielt, wies darauf hin, daß das bloße Schweigen gegenüber polizeilichen Anschuldigungen in keinem Fall als belastendes Indiz angesehen werden dürfe[534]. Ausdrücklich betonte er hierbei, es könne keinen Unterschied machen, ob bereits eine Belehrung (caution) erfolgt sei. Diese habe allein den Zweck, den Verdächtigen hinsichtlich seiner bereits bestehenden Rechte zu informieren[535]. Daher sei es unzulässig, für den Zeitraum vor der Belehrung die Regeln zum Schweigen gegenüber Privaten auch auf die Fälle des Schweigens gegenüber Strafverfolgungsbehörden auszudehnen.

Hall war für das damalige Recht ein wichtiger Fall, da er ein klares Grundprinzip aussprach und eine eindeutige Abgrenzung zu den Fällen vornahm, in denen der Verdächtige mit Anschuldigungen Privater konfrontiert wurde.

2. Die einschränkende Entscheidung R. v. Chandler, CA [1976] 1 WLR, S. 858

Im Falle R. v. Chandler[536] kam der Court of Appeal jedoch zu einer anderen rechtlichen Schlußfolgerung und wich in schwerwiegender Weise von den Aussagen in Hall ab. Dem Angeklagten wurde die Vereinbarung von Betrugshandlungen gemeinsam mit Dritten (conspiracy to defraud and cheat) zur Last gelegt. Weitere, anderweitig verfolgte Personen hatten in TV-Geschäften angerufen und die Leihe von Fernsehgeräten unter Angabe falscher Namen vereinbart. Sie hatten sodann die Geräte an verschiedene Adressen ausliefern lassen, unter anderem an ein Haus, in dem die Frau des Angeklagten wohnte. Einige Tatbelege sprachen dafür, daß der Angeklagte

---

[533] R. v. Hall, PC [1971] 1 WLR, S. 298.

[534] R. v. Hall [1971] 1 WLR, S. 301.

[535] R. v. Hall [1971] 1 WLR, S. 301. Zustimmend Archbold/Richardson u.a. (2002) para. 15-314.

[536] R. v. Chandler, CA [1976] 1 WLR, S. 858.

durch Zuverfügungstellen der Adresse den Hauptverantwortlichen geholfen hatte, die Fernsehgeräte zu unterschlagen. In einem polizeilichen Verhör, bei dem der Anwalt von Chandler anwesend war, beantwortete dieser einige Fragen, die sich auf die Beteiligung der erwähnten anderen Personen bezogen, nicht bzw. nur unvollständig. Die Fragen wurden dabei teils vor und teils nach der Belehrung des Beschuldigten zu seinen Rechten gestellt. Der Richter in erster Instanz kommentierte dieses Aussageverhalten von Chandler im Polizeiverhör negativ. In seiner Entscheidung ging der Court of Appeal (per Lawton LJ) von der Grundthese aus, daß die oben beschriebenen Prinzipien von Christie[537] und Mitchell[538] in gleicher Weise auch für das Verhalten gegenüber staatlichen Organen gelten müßten, solange eine Belehrung noch nicht (!) erfolgt sei. Die Übernahme der Christie- und Mitchell-Prinzipien führte allerdings dazu, daß gemäß dem Court of Appeal Schlüsse prinzipiell nur dann möglich seien, wenn die Parteien sich „on even terms“ befänden. Zwar sei, so führte Lawton LJ aus, ein Beschuldigter in dem polizeilichen Verhör regelmäßig strukturell in einer Unterlegenheitssituation, was die Annahme von „even terms“ ausschließe. Dies sei aber nicht notwendig immer der Fall, insbesondere, wenn sich auf Seiten des Beschuldigten ein Anwalt befände[539] oder der vernehmende Polizist unerfahren und jung sei[540]. Sei ein strukturelles Gleichheitsverhältnis zu konstatieren, müßten gemäß dem Christie-Prinzip folgende Fragen der Geschworenenjury vorgelegt werden:

> (1) Hat der Verdächtige aufgrund seines Verhaltens (Schweigens) stillschweigend die Vorwürfe zugegeben ?
>
> (2) Falls dies der Fall ist, kann seine Schuld hinsichtlich der vorgeworfenen Tat vernünftigerweise aus den derart zugegebenen Umständen rückgeschlossen (reasonably inferred) werden ?

Im Falle Chandler trat somit eine Rechtsprechung zutage, die bestrebt war, die Fälle des noch nicht formalisiert Belehrten und des von privater Seite Beschuldigten gleich zu behandeln[541]. Angesichts der noch lange im englischen

---

537 Zu diesem Fall supra S. 187.

538 Zu diesem Fall supra S. 187.

539 Insbesondere zu dieser These zutreffend Easton (1998) 2 E&P, S. 119/120: auch die Anwesenheit eines Anwalts ändert nichts an der grundlegenden Machtverteilung zugunsten des staatlichen Strafverfolgungsapparats. Ebenso Greer (1990) 53 MLR, S. 714. Ablehnend auch Murphy (1997) S. 268 mit Hinweis auf den formalisierten Kontext heutiger Verhöre.

540 R. v. Chandler, CA [1976] 1 WLR, S. 590.

541 Gegen eine solche Gleichstellung spricht sich zutreffend Murphy (1997) S. 269 aus: Vorwürfe von Privaten wie dem Fall Mitchell seien mit polizeilichen Verhören nicht zu vergleichen.

Recht vorherrschenden (wenn auch tatsächlich überkommenen) Vorstellung vom Polizisten als Privatmann in Uniform, der lediglich mit einigen besonderen Rechten ausgestattet ist, war dies eine nicht ganz inkonsequente Vorstellung[542]. Allerdings hätte es dann nahegelegen, auch im Fall des Schweigens nach erfolgter Belehrung entsprechende Schlüsse auf stillschweigende Eingeständnisse zu erlauben.

Die Fälle Chandler und Hall sind nur schwer zu vereinbaren[543,544]. Zwei begrenzende Faktoren führten dazu, daß die Abweichungen von Chandler gegenüber Hall jedoch nicht so gravierend waren, wie es zuerst aussehen könnte: einmal gelten die Regelungen in Chandler nur für den speziellen Rückschluß, daß eine vorgebrachte Anschuldigung stillschweigend akzeptiert wird. Aus Chandler kann nicht der weitergehende Schluß entnommen werden, Schweigen sei allgemein mit Schuld gleichzustellen. Zum anderen setzt das Urteil anscheinend voraus, daß nach erfolgter Belehrung die oben genannten Regeln nicht mehr gelten[545]. Da aber regelmäßig (zumal nach den neueren Codes of Practices zum Police and Criminal Evidence Act 1984) Belehrungen sobald wie möglich zu erfolgen haben, ist der Anwendungsbereich dieser common-law-Regel sehr eingeschränkt[546].

---

542 Diese Sichtweise hat bis in die jüngste Zeit hinein Nachwirkungen gehabt: so hat das House of Lords erst im Jahre 1984 (!) unmittelbar vor Erlaß der s. 37 (2) PACE die Frage entschieden, daß ein Polizeibeamter zum Zweck der näheren Befragung einen Verdächtigung festsetzen darf, siehe Holgate-Mohammed v. Duke, CA [1984] 1 AllER, S. 1054. Die offizelle Benennung des Falles belegt ebenso die überkommene Ansicht: im Falle (angeblichen) Fehlverhaltens ist der Polzeibeamte selbst unmittelbarer Gegner der zivilrechtlichen Klage (wie ein Privatmann).

543 Kritisch zur unklaren Lage des common law in diesem Punkt Greer (1990) 53 MLR, S. 713. Siehe auch die Bemerkung in R. v. Gilbert, CA [1977] 66 CrAppR, S. 237, die einzelnen Entscheidungen ließen sich nicht alle miteinander vereinbaren. Ebenso Lawton LJ in R. v. Mutch, CA [1973] 1 AllER, S. 181.

544 Teils wurde überhaupt die Maßgeblichkeit von Chandler angezweifelt, soweit dieses Urteil von Hall abwich. Im nordirischen Fall R. v. Murphy und McKinley, NICA [1993] 4 NIJB, S. 42 etwa äußerte Kelly LJ zu diesem umstrittenen Teil („contentious part") des Urteils Chandler, er sei lediglich obiter geäußert und entfalte keine Verbindlichkeit. Es verbleibe bei der Regel von Hall, daß Schlüsse aus dem Schweigen im Verhör allgemein nicht zulässig seien. Wie Chandler hingegen etwa R. v. Parkes, PC [1976] 1 WLR, S. 1254. Dieser Fall behandelte das Schweigen des späteren Angeklagten gegenüber eine privaten Person (Mutter des Opfers), mithin ist die Zustimmung obiter erfolgt.

545 Das Urteil äußert sich insoweit nur implizit. Aus der Formulierung des Gerichts a.a.O. S. 590 ergibt sich jedoch, daß Lawton LJ nur die Situation vor der erfolgten Belehrung dem Christie-Prinzip zuordnete: „Some comment on the defendant's lack of frankness before he was cautioned was justified ...".

546 Siehe auch Dennis[2] (2002) S. 145.

Dennoch ist die Entscheidung problematisch. Wie gesehen überzeugt es nicht, erst mit der tatsächlich erfolgten Belehrung dem Beschuldigten eine besondere Schutzstellung gegenüber den Staatsorganen einzuräumen. Es ist auch nicht einsichtig, weshalb es dem noch nicht belehrten Verdächtigen zum Nachteil gereichen soll, sich passiv zu verhalten, solange er seine Rechte noch nicht kennt. Eine solche Auffassung würde auch zu polizeilichen Mißbräuchen verleiten, da sich beweisrechtliche Vorteile aus einer verzögerten Belehrung ergeben können.

Eine weitere spezifische Fallkonstellation des anfänglichen Schweigens im polizeilichen Verhör wurde in R. v. Gilbert[547] behandelt. Der Beschuldigte wurde mit dem Vorwurf konfrontiert, er habe einen Arbeitskollegen auf der Baustelle mit einem Messer angegriffen und aus Zorn erstochen, da dieser ihm Geld schuldete. Gilbert äußerte gegenüber der Polizei lediglich, das Opfer und er hätten eine geschäftliche Beziehung gehabt, ohne zu der Tat Stellung zu nehmen. Erst im Prozeß äußerte er sich zur Tat und führte an, er habe gegenüber dem Opfer in Notwehr (self-defence) gehandelt. In seiner Belehrung der Geschworenenjury wies der Richter darauf hin, daß der Angeklagte diesen entlastenden Umstand erst zu einem späten Zeitpunkt vorgebracht habe. Dies könne zwar nicht dazu dienen, die Darstellung der Anklagebehörde (prosecution case) zu stärken, jedoch könne ein solches Verhalten die Glaubwürdigkeit der Verteidigungslinie (defence case) schwächen. Der Court of Appeal sah dies als unzulässigen Kommentar gegenüber der Geschworenenjury an und hob das Urteil auf. Eine Unterscheidung zwischen Stärkung der Anklage bzw. Schwächung der Verteidigungsdarstellung sei eher theoretischer Natur, da das eine das andere bedinge. Aus den Ausführungen des Gerichts geht klar hervor, daß die Entscheidung im Sinne von Hall dem Beschuldigten ein umfassendes Recht einräumte, ohne Rechtsnachteile vorprozessual sein Schweigerecht auszuüben[548].

Somit läßt sich feststellen, daß im common law, abgesehen von den Einschränkungen in Chandler für die Situation vor Belehrung durch den Polizeibeamten, dem Angeklagten keine Rechtsnachteile erwachsen durften, wenn

---

[547] R. v. Gilbert, CA [1977] 66 CrAppR, S. 237.

[548] Freilich muß ergänzt werden, daß sich Lord Dilhorne in Gilbert unzufrieden über diese Rechtslage des common law äußerte: es gebe viele Fälle, in denen es gegen den common sense verstoße, das Schweigen des Beschuldigten in einer besonders inkriminierenden Situation nicht nachteilig würdigen zu können. Schweigerecht und Würdigung des Schweigens seien zwei verschiedene Dinge, doch läge es nicht in der Kompetenz des entscheidenden Gerichts, die gefestigte Rechtsprechung abzuändern, a.a.O. 244/245.

dieser eine bestimmte Verteidigung erst später vorbrachte oder gegenüber Anschuldigungen staatlicher Stellen schwieg.

3. Spezifische Konstellationen im common law

In Randbereichen des Schweigens zu bestimmten Beweisthemen wies allerdings auch diese Grundregel gewisse Ausnahmen auf. Im Falle R. v. Smith (Robert William)[549] wurde dem Angeklagten vorgeworfen, gemeinsam mit Dritten einen Raub begangen zu haben. Haare, die erwiesenermaßen vom Angeklagten stammten, wurden in einer zurückgelassenen Mütze am Tatort gefunden, die von den Tätern verwendet wurde. Der Court of Appeal sah den Umstand, daß der Angeklagte sich weigerte, im Prozeß zu der Existenz der Haare Stellung zu nehmen, als zulässiges Beweisindiz für den Nachweis seiner Täterschaft an. Das Gericht betonte, daß die Fälle, in denen Körpersubstanzen am Tatort gefunden wurden und der Angeklagte zu deren Existenz keine Stellung nähme, nicht mit den Fällen zu vergleichen seien, in denen der Beschuldigte nach erfolgter Belehrung gegenüber den Strafverfolgungsbehörden schweige[550]. Daher sah das Gericht in seiner rechtlichen Behandlung des Falles keinen Widerspruch zu den dicta in Hall.

In dem Fall R. v. Raviraj[551] dehnte der Court of Appeal diese Rechtsprechung auf den inkriminierenden Fund sonstiger körperlicher Gegenstände am Tatort aus. Bei dem Angeklagten wurden gestohlene Waren sichergestellt, die zu einer Anklage wegen Hehlerei führten (handling of stolen goods). Raviraj äußerte sich nicht zur Herkunft der Gegenstände. Das Gericht formulierte, daß aus dem Schweigen des Angeklagten gegenüber der Polizei der Schluß gezogen werden könne, dieser wisse, daß die fraglichen Güter gestohlen worden seien.

IV. Das Schweigen des Angeklagten im Prozeß (on trial)

1. Der rechtliche Ausgangspunkt: die Entwicklung der Stellung des Angeklagten als Zeuge in eigener Sache im englischen Recht

Die Behandlung der Frage, ob und in welchem Umfang im common law Richter und Anklage das Schweigen des Angeklagten kommentieren dürfen (und inwieweit die Geschworenenjury hieran anschließend ein solches Schweigen in ihre Erwägungen einfließen lassen darf), erfordert eingangs eine nähere Betrachtung der Rolle des Angeklagten als Zeuge im englischen Strafprozeß.

---

549 R. v. Smith (Robert William), CA [1985] 81 CrAppR, S. 286.

550 R. v. Smith (Robert William), CA [1985] 81 CrAppR, S. 286.

551 R. v. Raviraj, CA [1987], 85 CrAppR, S. 93. Zu weiteren Fällen dieser Art siehe Cross/Tapper (1999) S. 38/39.

Im grundsätzlich von der Parteimaxime beherrschten englischen Strafverfahren entwickelten sich im common law bis in das 19. Jahrhundert hinein zunehmend fest definierte Gruppen von Personen, die aufgrund familiärer Beziehungen oder aufgrund ihres Standes nicht als Zeugen fungieren konnten (not a competent witness)[552]. Im common law galt bis 1898 der Grundsatz auch für den Angeklagten: dieser war weder für Verteidigung noch für die Anklage ein competent witness, d.h. er konnte nicht in den Zeugenstand (witness-box) treten und im Kreuzverhör (cross-examination) vernommen werden[553]. Was ursprünglich dem Schutz des Angeklagten diente und als Ausdruck des privilege against self-incrimination angesehen werden konnte, war jedoch in dieser Weise ganz erheblich zu seinem Nachteil gewendet: der Angeklagte konnte nicht in formaler Zeugenstellung seine Darstellung des Ablaufs der Ereignisse präsentieren. Diese strenge Regelung, die den Angeklagten für die Dauer des Prozesses praktisch zum Schweigen verdammte, wurde nur insofern abgemildert, als dieser von seinem Platz auf der Anklagebank aus Erklärungen abgeben durfte (statements from the dock). Auch konnte der Angeklagte selbst die Zeugen in das Kreuzverhör nehmen und so ggf. mittelbar eigene Darstellungselemente einfließen lassen.

Diese Rechtslage war bereits in schärfster Weise von dem Utilitaristen und Aufklärer Bentham attackiert worden und wurde in der zweiten Hälfte des 19. Jahrhunderts zunehmend als unbefriedigend angesehen. Aufgrund s. 1 lit. a Criminal Evidence Act 1898 wurde daher statuiert, daß der Angeklagte für die Verteidigung - und zwar nur für diese - in den Zeugenstand gerufen werden konnte. Auch wurde festgelegt, daß dies nur auf eigenen Wunsch des Angeklagten erfolgen konnte, nicht jedoch gegen seinen Willen. Folglich wurde der Angeklagte nunmehr als Zeuge der Verteidigung aus eigenem Willen in eigener Sache angesehen (competent but not compellable witness).

Aufgrund dieser prozessualen Neuerung besteht im englischen Strafprozeß bis heute folgende Entscheidungssituation: der Angeklagte kann schweigen, er kann unbeschworene Angaben von seinem Platz (statements from the dock) abgeben (neuerdings nur noch sehr beschränkt[554])[555], oder er kann für

---

552 Dennis[2] (2002) S. 434.

553 Zu dieser historischen Rechtslage Dennis[2] (2002) S. 430/434, Lewis (1990) 42 CLP, S. 141-143, Greer (1990) 53 MLR, S. 711, McElreen/Starmer (1993) S. 60, McNair (1990) 10 OJLS, S. 66, Sedley (2001) 52 NILQ, S. 111. Der Höhepunkt dieser Entwicklung wurde 1848 erreicht, indem jede gezielte Befragung des Beschuldigten im polizeilichen Verhör ausgeschlossen wurde (!).

554 Siehe s. 72 Criminal Justice Act 1982.

555 Eine solche Taktik wählte etwa der Angeklagte im Fall R. v. Parkes, PC [1976] 1 WLR, S. 1251.

die Verteidigung in den Zeugenstand treten. Wählt er die letzte Option, erhält er im vollen Umfang die Möglichkeit, seine eigene Version der Dinge (bekräftigt durch Eid) darzustellen. Jedoch sieht sich der einzelne in diesem Fall dem Kreuzverhör durch die Anklage ausgesetzt, das ihn in eine schwierige Situation bringen kann und daher mit Risiken behaftet ist. Wird im Folgenden daher von dem Schweigen des Angeklagten im Prozeß (on trial) gesprochen, handelt es sich i.d.R. um die Weigerung des Angeklagten, in den Zeugenstand zu treten und seine Version der Geschehnisse prüfen zu lassen (failure to testify)[556].

Um die Diskussion zu Schlüssen aus dem Schweigen in ihrer prozessualen Einbettung im common law (wie auch später unter den ss. 34-39 CRIMPO) richtig einzuordnen, bedarf es jedoch noch der Erläuterung eines weiteren Umstands: in den Prozessen, die schwerere Delikte (indictable offences) behandeln, entscheidet im englischen Strafprozeß (wie gesehen[557]) die Geschworenenjury über die Schuldfrage, wenn der Angeklagte auf nicht schuldig (not guilty) plädiert. Dieses Laiengremium wird aber vom Richter angeleitet und instruiert, bevor es sich zu den Beratungen zurückzieht. Zudem wendet sich auch die Anklage während des Prozesses vielfach direkt an die Geschworenen, da sie es sind, die über die entscheidende Frage der Schuld zu befinden haben. Dann erscheint es aufgrund dieser prozessualen Struktur nur natürlich, daß die Art und Weise der Kommentierung des Schweigeverhaltens des Angeklagten durch Richter und Anklage in den Mittelpunkt der rechtlichen Überlegungen rücken. Dementsprechend ist aus Sicht des englischen Rechts die Frage stets dahingehend gestellt worden, ob und in welcher Weise Richter und Anklage das Schweigen des Angeklagten kommentieren dürfen. Zudem stellt sich die Frage, ob der Mitangeklagte das Schweigen seines „Kollegen“ im Prozeß thematisieren darf.

2. Die Kommentierung des Schweigens durch Anklage und Mitangeklagten

Soweit ein möglicher Kommentar zum Schweigen seitens der Anklage in Betracht kommt, war die Rechtslage vor Erlaß der ss. 34-39 CRIMPO eindeutig: s. 1 lit. b Criminal Evidence Act 1898 statuierte, daß die Anklage in keinem Falle die Weigerung des Angeklagten, sich dem Kreuzverhör zu stel-

[556] Freilich wird hiervon auch der Fall umfaßt, daß der Angeklagte sich zwar in den Zeugenstand begibt, in diesem die gestellten Fragen jedoch ganz oder teilweise nicht beantwortet.

[557] Supra S. 185.

len, erörtern durfte[558]. Keine Regelungen enthielt der Act jedoch für die Frage einer nachteiligen Kommentierung durch Richter und Mitangeklagte.

Gemäß dem Urteil R. v. Wickham[559] haben Mitangeklagte ein uneingeschränktes Recht, die Weigerung des Angeklagten zu kommentieren, sich in den Zeugenstand zu begeben. Maßgeblich für diese Entscheidung war der Umstand, daß - anders als im Falle der Kommentierung durch Richter oder Anklage - bei dem Mitangeklagten ganz andere Interessen, nämlich die Gefahr eigener Bestrafung, auf dem Spiel stehen. Insoweit kann er von vornherein nicht mit den anderen Prozeßbeteiligten verglichen werden, Fairneßaspekte haben daher zurückzutreten. Diese Entscheidung des common law wird durch die ss. 34-39 CRIMPO ohnehin nicht berührt, da diese nur die Behandlung des Schweigens durch staatliche Organe betreffen.

3. Die Kommentierung des Schweigens durch den Richter[560]

Während s. 1 lit. b Criminal Evidence Act 1898 für die Anklage ein klares Verbot der Kommentierung schuf, stellte sich die Lage für den Richter nicht so eindeutig dar. Richterliche Kommentare zur Weigerung des Angeklagten, seine Version der Ereignisse im Zeugenstand zu präsentieren, wurden daher in einer langen Reihe von Fällen des common law behandelt. Die Anzahl der Entscheidungen belegt die praktische Bedeutung des Problems. Auch zeigt sich in der sorgfältigen Behandlung der Thematik eine berechtigte Befürchtung der Gerichte, ausufernde Hinweise auf die „Verweigerung" des Angeklagten, sich dem Kreuzverhör als Mittel der Wahrheitsfindung zu stellen, würden die Laienjury in erheblichem Maße zu seinem Nachteil beeinflussen.

Im dem Fall R. v. Rhodes[561] statuierte der Court for Crown Court Cases Reserved die klassische Regel für die Behandlung dieser Fälle. Dem Angeklagten Rhodes wurde zur Last gelegt, in betrügerischer Absicht von seinem Opfer 660 Eier erlangt zu haben, ohne hierfür zu bezahlen. Während des Pro-

---

558 Im Jahre 1984 wurde die Regelung der s. 1 lit. b Criminal Evidence Act 1898 z.T. durch s. 80 (8) CRIMPO ersetzt. Im Zuge der Einführung der ss. 34ff. CRIMPO wurde s. 1 lit. b CEA 1898 aufgehoben, nicht aber s. 80 (8) PACE. Zu diesem offensichtlichen Gesetzgeberfehler Cross/Tapper (1999) S. 386 in Fn. 18. Zu weiterer Rechtsprechung zu der Kommentierung durch die Anklage im common law siehe Phipson/Howard/Crane/Hochberg (1990) para. 11-46.

559 R. v. Wickham, CA [1971] 55 CrAppR, S. 199. Zu der Kommentierung durch den Mitangeklagten auch Dennis[2] (2002) S. 435 und Phipson/Howard/Crane/Hochberg (1990) 11-46.

560 Zum Folgenden vor allem: Dennis[2] (2002) S. 435-438. Daneben auch Andrews/Hirst (2001) S. 682/683, Pattenden (1998) 2 E&P, S. 142/143, Phipson/Howard/Crane/Hochberg (1990) 11-47ff.

561 R. v. Rhodes, CCC [1899] 1 QB, S. 77.

zesses nahm er keine Stellung zu den Vorwürfen (tatsächlich war während der Gerichtsverhandlung in der ersten Instanz sogar angezweifelt worden, ob der Angeklagte aufgrund des gerade erlassenen Criminal Evidence Act 1898 überhaupt Stellung nehmen durfte [!]). Das Schweigen des Angeklagten wurde vom Richter der ersten Instanz nachteilig kommentiert. Lord Russell CJ bestätigte in seinem Urteil dieses Vorgehen des Richters: s. 1 lit. b Criminal Evidence Act 1898 erwähne nur die Anklage, nicht jedoch mögliche Kommentare des Richters. Die zentrale Stelle dieses Urteils lautet:

> „The nature and degree of such comment [scilicet des Richters] must rest entirely in the discretion of the judge who tries the case; and it is impossible to lay down any rule as to the cases in which he ought or ought not to comment on the failure of the prisoner to give evidence, or as to what those comments should be."[562]

Mithin räumte dieses grundlegende Urteil dem Richter weitgehendes Ermessen ein, ob und in welchem Umfang er die Weigerung des Angeklagten, in den Zeugenstand zu treten, kommentierte.

Im Fall R. v. Waugh[563] zeigte sich allerdings, daß auch einem sehr weiten Ermessen des Richters im Sinne von Rhodes Grenzen gesetzt waren. Im besagten Fall war der Angeklagte wegen Mordes vor Gericht gestellt worden. Ihm wurde zur Last gelegt, auf einer Plantage auf der Insel St. Ann (Jamaika) einen anderen Mann erschossen zu haben. Waugh, der gegenüber der Polizei umfassend Stellung zu den Vorwürfen genommen hatte, weigerte sich während des Prozesses, in den Zeugenstand zu treten und seine Version der Ereignisse darzulegen. In seiner Zusammenfassung des Prozesses für die Geschworenenjury (summing-up) erwähnte der Richter diese Weigerung des Angeklagten neunmal. Zudem wies er darauf hin, diese Verweigerungshaltung des Angeklagten erlaube unmittelbare Rückschlüsse auf seine Schuld. Der Privy Council sah in diesem Falle das weite Ermessen der Rhodes-dicta überschritten. Das Gericht betonte, der Richter müsse bei seiner Kommentierung Vorsicht walten lassen und dürfe keinesfalls die Tatsache des Schweigens mit der Schuld des Angeklagten gleichsetzen, wie dies der Richter der ersten Instanz getan hatte.

Diese zuletzt genannten Elemente wurden im nachfolgenden Fall R. v. Bathurst[564] noch deutlicher zum Ausdruck gebracht. Lord Parker CJ hob hervor, der Richter müsse gegenüber der Geschworenenjury ausdrücklich beto-

---

562 R. v. Rhodes, CCC [1899] 1 QB, S. 83 per Lord Russell of Killowen CJ.

563 R. v. Waugh, PC [1950] AC, S. 203.

564 R. v. Bathurst, CA [1968], 1 AllER, S. 1175. Zu diesem Fall auch Phipson/Howard/Crane/Hochberg (1990) 11-47.

nen, daß es das Recht des Angeklagten sei, nicht in den Zeugenstand zu treten. Der Richter habe in seiner Belehrung ausdrücklich darauf hinweisen, daß es der Geschworenenjury nicht gestattet sei, aus der Verweigerung unmittelbar auf eine mögliche Schuld des Angeklagten zu schließen. Diese Formulierung wurde zu einem zentralen Axiom der ganzen weiteren Rechtsprechung des common law: auch wenn die Belehrung im einzelnen Fall auf das Schweigen des Angeklagten im Prozeß verweisen durfte, mußte in jedem Fall betont werden, daß das Schweigen als solches keinen unmittelbaren Schluß auf die Schuld zulasse[565].

Eine gewisse Gegenbewegung trat in weiteren entschiedenen Fällen ein. In R. v. Sparrow[566] war der Angeklagte mit einem weiteren Angeklagten (Skingle) unter anderem wegen des Mordes an einem Polizisten angeklagt worden. Das spätere Opfer war auf den gestohlenen Wagen aufmerksam geworden, in dem der Angeklagte und Skingle gemeinsam fuhren. Während der Fahrzeugkontrolle wurde der Polizist erschossen, wobei jedoch unklar war, welcher der beiden Angeklagten die Schüsse abgegeben hatte. Die Verteidigung des Angeklagten lautete, Skingle und er hätten die Pistole, mit der der Polizist während der Wagenkontrolle erschossen wurde, einvernehmlich nur mitgeführt, um etwaige Dritte einzuschüchtern. Skingle habe zudem aus eigenem Antrieb auf den Polizisten geschossen. Sparrow weigerte sich jedoch, in den Zeugenstand zu treten und sich hinsichtlich seines Verhaltens vor und während der Tatbegehung in das Kreuzverhör nehmen zu lassen. Der Richter stellte der Geschworenenjury die rhetorische Frage, ob es angesichts dieser Umstände (der Tatnähe Sparrows und der Maßgeblichkeit seines Vorstellungsbilds betreffend den Einsatz der Pistole) nicht bedeutsam gewesen wäre, daß der Angeklagte im Zeugenstand Aussagen gemacht hätte. Zwar hielt der Court of Appeal (per Lawton LJ) diese Form der Kommentierung für zu weitgehend, aber das Gericht deutete an, daß es durchaus Fälle geben könne,

---

565 R. v. Bathurst, CA [1968], 1 AllER, S. 1178/1179. Im Lichte der späteren gesetzlichen Reform und der Auslegung der s. 35 CRIMPO ist dieser Rechtssatz besonders hervorzuheben. Zu dieser absolut verbotenen Form der Schuldführung im common law auch Pattenden (1998) 2 E&P, S. 142/143.

566 R. v. Sparrow, CA [1973] 1 WLR, S. 488. Siehe auch den Fall R. v. Mutch, CA [1973] 1 AllER, S. 178 (Lawton LJ), in dem betont wird, daß ein vorsichtiger Kommentar angebracht sei, sofern der Angeklagte sich gar nicht geäußert habe. Wenn er jedoch außerhalb des Zeugenstands eine Verteidigungslinie angedeutet habe, sich der Befragung zu Details jedoch nicht im Zeugenstand stelle, sei ein nachdrücklicher Kommentar im Einzelfall zulässig (a.a.O. S. 181).

in denen auch ein deutlicherer Hinweis („stronger comment") des Richters angebracht sei[567].

Abgeschlossen wurde die Entwicklung des common law durch R. v. Martinez-Tobon[568]. Bezeichnenderweise erging dieses Urteil, das maßgebend zur Klärung der Rechtslage beitrug, unmittelbar vor Erlaß von s. 35 CRIMPO, die sodann die Rechtslage auf eine völlig neue Grundlage stellte. Der Court of Appeal billigte die in Bathurst aufgestellten dicta zur Anleitung der Geschworenenjury als maßgebend. Im Mittelpunkt der Belehrung der Geschworenenjury müsse die Aussage stehen, daß der Angeklagte nicht gezwungen sei, in den Zeugenstand zu treten, und daß aus seiner Verweigerung keine direkten Schlüsse auf seine Schuld gezogen werden könnten[569]. Ein intensiverer Kommentar des Richters sei dann möglich, wenn (a) die Verteidigungsstrategie von der Darstellung der Anklage abweiche und (b) die Abweichungen solcher Art seien, daß sie in den Bereich der eigenen Kenntnisse des Angeklagten fielen (er sie daher möglicherweise im Kreuzverhör aufklären und dazu Stellung nehmen könnte). Die Art und Gewichtung des Kommentars gegenüber der Geschworenenjury liege im Ermessen des Richters, doch dürfe auch bei deutlicheren Kommentaren nicht die Grundaussage gänzlich aufgehoben werden („nullify"), daß der Angeklagte ein Recht habe, nicht in den Zeugenstand zu treten.

V. Zusammenfassung der Ergebnisse

Das Schweigen des Beschuldigten und seine Würdigung durch die Gerichte sind nur im engen Zusammenhang mit den Eigenheiten des englischen Strafprozesses zu begreifen. Zu unterscheiden ist im common law zwischen dem Schweigen gegenüber Privaten, dem Schweigen im polizeilichen Verhör und dem Schweigen im Prozeß selbst.

Das Schweigen gegenüber Privaten wird als Teil des allgemeinen Fragekomplexes der Würdigung des Verhaltens des späteren Angeklagten dritten Personen gegenüber angesehen. Eine Würdigung des Schweigens gegenüber Privaten ist möglich, wenn zum Zeitpunkt des Schweigeverhaltens die privaten Parteien „on even terms" gewesen sind.

---

[567] Lawton LJ betonte in seiner Urteilsbegründung, daß die dicta von Lord Parker CJ in Bathurst nicht im Sinne einer richterlichen Standdarddirektive gemeint waren. Daher komme ihnen auch keine absolut verbindliche Geltung für alle Fälle zu, R. v. Sparrow, CA [1971] 1 WLR, S. 496. Dem ist zuzustimmen, da die Bemerkungen a.a.O. von Lord Parker ersichtlich obiter gemacht wurden.

[568] R. v. Martinez-Tobon, CA [1993] 2 AllER, S. 90.

[569] R. v. Martinez-Tobon, CA [1993] 2 AllER, S. 98.

Das Schweigen in der Vernehmung gegenüber polizeilichen Verhörspersonen wurde im common law uneinheitlich behandelt, mit den grundsätzlich konfligierenden Entscheidungen Hall einerseits (generell ablehnend) und Chandler andererseits (Schlüsse unter Umständen möglich). Die zuletzt genannte Gruppe von Fällen versuchte den Begriff des „on even terms" aus dem Bereich des Schweigens gegenüber Privatpersonen z.T. für das Verhör in der Polizeistation zu übernehmen.

Im Bereich des Schweigens im Prozeß schloß der Criminal Evidence Act 1898 eine Kommentierung durch die Anklage generell aus. Hingegen wurde aufgrund der Entscheidung Rhodes dem Richter ein weitgehendes Ermessen eingeräumt, das Schweigen des Angeklagten zu kommentieren. Nachfolgende Entscheidungen präzisierten, daß hierbei zwischen dem Regelfall, in dem mit Kommentaren große Zurückhaltung geboten ist, und Ausnahmefällen, in denen ein deutlicher Kommentar angemessen erscheint, zu differenzieren ist.

§ 9 Die rechtspolitische Debatte und frühere Normierungen

Der Einführung der Regelungen der ss. 34-39 CRIMPO ging eine über Jahrzehnte dauernde Debatte voraus (sog. „right-to-silence-debate")[570]. Nimmt man die einflußreiche Kritik von Bentham am privilege against self-incrimination in ihrer durch das common law gefaßten Form hinzu, kann man sogar von einer Jahrhundertdebatte sprechen. Die Analyse der utilitaristischen Philosophie von Bentham sowie der an diese teilweise anknüpfenden Kommissionen ist von außerordentlicher Wichtigkeit für das Verständnis der nunmehr geltenden Regelungen der ss. 34-39 CRIMPO.

I. Jeremy Benthams Position zum right to silence

Kaum ein englischer Aufsatz, der sich mit Fragen des right to silence beschäftigt, verzichtet darauf, eingangs die polemisch gefaßten Bemerkungen von Jeremy Bentham zum right to silence zu zitieren[571].

Jeremy Bentham (1748-1832) war ein maßgeblicher Reformer des englischen Rechts, Politiker und bedeutendster englischer Philosoph seiner Zeit[572]. Dem kantianischen Gedankengebäude setzte er in bewußter Abgrenzung seine Philosophie des Utilitarismus entgegen, und jene philosophischen Prinzipien wendete er auch konsequent auf das englische Recht des common law an, wie er es vorfand. Aufgrund seiner utilitaristisch-aufgeklärten Denkmethode sah Bentham im Strafprozeß ein zentrales Ziel verankert: die Wahrheitsfindung[573]. Für ihn waren gegenüber diesem Ziel alle anderen Aspekte des Verfahrens untergeordnet. Alle prozessualen Maßgaben waren an dem Ideal der möglichst umfassenden Wahrheitsermittlung im Verfahren auszurichten. Die Wahrheitsfindung jedoch werde - so Bentham - nur durch eine umfassende Zulassung aller Beweismittel gewährleistet[574].

In diesem Zusammenhang sah Bentham das right to silence als Hindernis bei der Ermittlung des wahren Sachverhalts. Das Schweigen behindere die Wahrheitsfindung, da es den Zugang zu dem wichtigsten Beweismaterial

---

[570] Siehe zum Folgenden insbesondere die Darstellungen von: Birch (1999) CrimLR, S. 770-772, Card/Ward (1994) S. 153-155, Greer (1990) S. 8-11, Easton (1998) S. 37-59, Greer (1990) 53 MLR, S. 715-718, Mirfield (1997) S. 242-246, McElreen/Starmer (1993) S. 64-67, Thornton/Mallalieu/Scrivener (1992) S. 41-45, Zander (1994) passim, Zander (1995) S. 304-307.

[571] Zu Benthams grundsätzlichen Thesen zum Beweisrecht und seinen Überlegungen zum right to silence: Lewis (1990) 42 CLP, S. 135ff., Menlowe (1988) 104 LQR, S. 286ff.

[572] Einführend zum Juristen Bentham: Lerch (1995) S. 79-81.

[573] Zu dieser These von Bentham auch Birch (1999) CrimLR, S. 770, Galligan (1988) 42 CLP, S. 71, Greer (1990) 53 MLR, S. 719.

[574] Dazu Birch (1999) CrimLR, S. 770 und Lewis (1990) 42 CLP, S. 144/145.

überhaupt ausschließe: den Angaben des Angeklagten[575]. Hierbei formulierte er eine Überlegung, die zentral ist für die ganze weitere Kritik am right to silence in England und die sich in der ganzen weiteren englischen Diskussion immer wieder findet: Bentham äußerte die These, daß das right to silence letztendlich nur dem Schuldigen zugute komme. Der Unschuldige könne ungehindert offen reden, denn er habe nichts zu verheimlichen und daher auch nichts zu befürchten. Nur der Schuldige habe etwas zu verbergen, weshalb auch er es sei, der von dem Recht Gebrauch mache und sich so gegen das Ziel des Prozesses, die Wahrheitsfindung, sperre.

In der für ihn typischen polemischen Weise machte Bentham die (angeblichen) Argumente für das right to silence lächerlich. Die Gründe seiner Gegner für eine Bewahrung des Rechts bezeichnete er als „fox hunter's reason" und „old woman's reason"[576]. Mit dem ersten Argument wollte Bentham verdeutlichen, daß dem right to silence eine Art sportlicher Fairneßgedanke zugrundegelegt werde („Gebt ihm eine Chance zum Entkommen"). Von seinem eigenen Standpunkt aus, der dem unbedingten Ideal einer Wahrheitsermittlung verpflichtet war, konnte Bentham diese (angebliche) Denkweise nicht gutheißen. Mit dem „old woman's reason" kritisierte er jenen Ansatz, der (vermeintlich) aus einem irrationalen Gefühl des Mitleids mit dem Täter („Laßt den armen Mann doch schweigen") für das right to silence plädiert.

Die Bedeutung der Kritik von Bentham am englischen Beweisrecht, und hier im Besonderen am right to silence, kann für den englischen Rechtsbereich nicht hoch genug eingeschätzt werden. Aus deutscher Sicht, in der bereits eine Legislaturperiode einen erheblichen Zeitraum für eine bestimmte politische Debatte darstellt, erscheint es auf den ersten Blick kaum begreiflich, mit welcher Konstanz über 160 Jahre hinweg bestimmte Grundüberlegungen erwogen und immer aufs Neue aufgenommen wurden. Wie sich aus der folgenden Darstellung der politischen Entwicklung und der schließlich erfolgten Einführung der ss. 34-39 CRIMPO ergibt, war dies aber im englischen Bereich für die Frage der Würdigung des Schweigens der Fall.

Es ist allerdings notwendig, die harsche Kritik von Bentham am right to silence in den größeren Kontext der Ziele und Absichten des Philosophen und der damaligen Lage des Rechts zu rücken. Benthams Kritik am right to silence muß dabei im Zusammenhang mit seiner kritischen aufgeklärten Stellung

---

575 Freilich ist zu beachten, daß (wie gesehen) zur Zeit von Benthams Kritik der Angeklagte generell nicht im Prozeß in den Zeugenstand treten durfte. Daraus erklärt sich die Schärfe der Kritik, da es zur Zeit von Bentham nicht allein darum ging, ob der Angeklagte reden mußte, sondern ob er überhaupt reden durfte (im Gerichtsprozeß).

576 Bentham (1827) Bd. V S. 238/239. Eine nähere Analyse dieser Argumentation von Bentham bieten Lewis (1990) 42 CLP, S. 147 und Twinning (1985) S. 85ff.

zu dem damaligen englischen common law zum Beweisrecht gesehen werden. Dieses zeichnete sich durch starre Regeln aus, die für einen Kernbereich zwar Geltungskraft besaßen, jedoch mit der Zeit ein Eigenleben entwickelten, das im einzelnen Fall zu unhaltbaren Ergebnissen führen konnte. Bereits oben wurde z.B. erwähnt, daß etwa ganze Kategorien von „unzuverlässigen" Personen als Zeugen generell ausgeschlossen wurden[577]. Bentham wandte sich gegen diesen Rechtsformalismus in der beweisrechtlichen Würdigung. Sein Ideal war dasjenige einer freien, möglichst ungehemmten Beweiswürdigung. Dieser Hintergrund der Ausführungen von Bentham ist stets zu bedenken, wenn auf seine scharfe Kritik am Schweigerecht hingewiesen wird[578,579].

II. Das Criminal Law Revision Committee (CLRC)

Im Jahre 1972 wurde der Elfte Report (Eleventh Report) des Criminal Law Revision Committee veröffentlicht[580].

Eine Mehrheit des CLRC empfahl, das geltende Recht solle dahingehend geändert werden, daß allgemein Schlüsse aus dem Schweigen des Angeklagten gezogen werden dürften[581]. Dies sollte sowohl für den Fall gelten, wenn der

---

[577] Ein geradezu klassisches Beispiel für die Folgen der Methode des common law, feste Beweisregeln aufzustellen und sich an diese (ohne Rücksicht auf die Konsequenzen im Einzelfall) zu halten, ist die Behandlung der sog. hearsay-rule in der Entscheidung des House of Lords, Myers v. DPP, HL [1964] 2 AllER, S. 881. In dem besagten Fall wurde dem Angeklagten Hehlerei mit Minis (Kleinwagen von Rover) vorgeworfen. Diese waren gestohlen und umlackiert worden. Zum Nachweis ihrer Herkunft wurden bei Rover Nummern geführt, die im Motorblock eingebrannt waren. Da die hearsay-rule jedoch auch für schriftliche Dokumente gilt, konnten die Unterlagen über die Nummern nicht im Prozeß präsentiert werden. Nur die Arbeiter, die die Nummern registriert hatten, durften (theoretisch) als unmittelbare Zeugen gehört werden. Freilich war dies völlig sinnlos, weil keiner von ihnen sich an die Wagen oder an irgendwelche Nummern erinnern konnte. Das House of Lords weigerte sich, weitere Ausnahmen von der hearsay-rule zu schaffen und ließ die Listen als Beweise nicht zu.

[578] Lewis (1990) 42 CLP, S. 142/143.

[579] Aber noch ein weiterer Umstand ist zu beachten, der die Kritik von Bentham in einem anderen Licht erscheinen läßt. Bentham selbst ging es ersichtlich um das Schweigen des Angeklagten während der Gerichtsverhandlung (dazu Dixon [1991] PL, S. 233 in Fn. 4, Lewis [1990] 42 CLP, S. 137). Er selbst wandte sich in seinen Abhandlungen gegen etwaige Mißbräuche in den polizeilichen Ermittlungen, da er in diesen eine Gefährung des für ihn entscheidenden Ideals der Wahrheitsfindung sah. Auch dies ist zu bedenken, wenn die berühmte Kritik von Bentham am right to silence zitiert wird.

[580] CLRC (1972) passim. Zu diesem: Easton (1998) S. 37/38, McElreen/Starmer (1993) S. 65/66, Neasey (1977) 51 AustrLJ, S. 360/361. Zur Zusammensetzung der Kommission siehe McElreen/Starmer a.a.O. S. 65, die die sehr konservative Linie des Reports mit der personellen Struktur des CLRC begründen.

[581] CLRC (1972) para. 28-44 (pre-trial silence) und para. 110-113 (silence on trial).

Angeklagte gegenüber Strafverfolgungsbehörden geschwiegen habe, wie auch beim Schweigen des Angeklagten während des Prozesses (insbesondere bei seiner Weigerung, sich in den Zeugenstand zu begeben). Das CLRC fügte seinem Bericht konkrete Entwürfe hinzu[582]. Mögliche Schlüsse aus dem Schweigen des Beschuldigten bzw. Angeklagten sollten je nach den Umständen des Falles („as appear proper“) gezogen werden dürfen[583].

Die Mehrheit des CLRC ging bei ihren (sehr konkreten) Reformvorschlägen des common law weitgehend von den utilitaristischen Prinzipien aus, die Jeremy Bentham mehr als hundert Jahre zuvor formuliert hatte[584]. Das CLRC stützte sich dabei maßgeblich auf folgende Grundprinzipien: Beweismaterial sollte soweit irgend möglich dem Gericht zur Urteilsfindung zu Verfügung stehen[585], höchstes Ziel des Prozesses sei die Wahrheitsfindung[586]. Bei der Bewertung der Beweise sollte der common sense maßgeblicher Leitfaden sein, und starre Beweisregeln sollten zugunsten flexibler Beweiswürdigung (auch durch die Laienrichter) weitgehend zurücktreten. Auf dem Boden dieser, von Bentham gegen die starren Regelungen des alten common law vorgebrachten Thesen beurteilte das CLRC die bisherigen Regelungen zur Würdigung des Schweigens. Hierbei kam es zu folgenden Ergebnissen:

> (a) Schweigen sei ein natürlicher Ausdruck von Schuld. Der Unschuldige werde regelmäßig seine Version der Geschehnisse darlegen, da er ein Bedürfnis habe, sich selbst zu entlasten[587].
>
> (b) Als solches habe Schweigen einen innewohnenden Beweiswert, der dem Richter bzw. der Geschworenenjury nicht durch Beweisverwertungsverbote vorenthalten werden dürfe. Entgegenstehende Regelungen entsprächen nicht dem common sense[588].

---

582 CLRC (1972) Draft Bill, Clauses 1 und 5.

583 CLRC (1972) para. 32. Eine Minderheit des CLRC zeigte sich demgegenüber vorsichtiger. Nach ihrer Auffassung sollte zuerst die Einführung von Tonbandaufnahmen (tape recording) in Polizeistationen abgewartet werden, bevor an eine Änderung der Rechtslage im Sinne der Vorschläge der Mehrheit zu denken wäre, siehe CLRC (1972) para. 52.

584 Das CLRC bezieht sich ausdrücklich auf den Philosophen, und zwar auch hinsichtlich dessen Argumentation, siehe CLRC (1972) para. 31.

585 CLRC (1972) para. 11.

586 CLRC (1972) para. 27.

587 CLRC (1972) para. 31. Deswegen ließ der Report das Argument eines angeblichen psychologischen Drucks nicht gelten. Dies beträfe ja nur den objektiv Schuldigen, da der Unschuldige sich ohne Weiteres frei äußern könne.

588 CLRC (1972) para. 30/110.

Abgesehen von der These eines angeblichen common-sense-Zusammenhangs zwischen Schweigen und Schuld konstatierte das CLRC, daß das right to silence von bestimmten Gruppen von Kriminellen ausgenutzt werde und dadurch ungerechtfertigte Freisprüche bewirkt würden[589]. Zu diesen negativen Wirkungen aufgrund instrumentalisierten Mißbrauchs stellte das CLRC fest:

> (a) Das right to silence werde insbesondere von Terroristen und abgehärteten Kriminellen benutzt, indem diese Gruppen das Recht instrumentalisierten und dadurch pervertierten[590].
>
> (b) Das right to silence untergrabe Gerichtsprozesse, weil viele Kriminelle diese Garantie für sog. ambush defences (Hinterhalt-Verteidigungen) einsetzen würden. Verteidigungsstrategien würden nicht schon gegenüber der Polizei, sondern erst im Prozeß selbst angeführt, so daß eine Nachprüfung nicht mehr möglich sei und der Angeklagte einer Verurteilung entgehe[591].

In einem Punkt beschränkte allerdings auch die Mehrheit des CLRC die gerichtliche Würdigung des Schweigens. Derartiges Beweismaterial sollte erst herangezogen werden, wenn die Strafverfolgungsbehörde einen überzeugenden Anklagevorwurf aufgrund anderer Beweise (case to answer) begründet habe[592]. Auch wies das CLRC darauf hin, daß Schlüsse aus dem Schweigen dann unzulässig seien, wenn der Angeklagte sich aufgrund physischer oder psychischer Umstände in einer Lage befände, die es wenig angemessen (undesirable) erscheinen lasse, daß er in den Zeugenstand trete.

Gegen die Vorschläge des CLRC wandten sich weite Teile der Wissenschaft und Politik[593]. Die Atmosphäre der Diskussion war ausgesprochen feindselig, wie bereits der Titel eines Aufsatzes des Strafrechtswissenschaftlers und Mitglieds der Kommission Sir Rupert Cross erahnen läßt („A very wicked animal defends the Eleventh Report of the CLRC“[594]). Die Heftigkeit der Debatte läßt sich wohl nur mit den besonderen Emotionen erklären, die im englischen Rechtsbereich und der englischen Gesellschaft mit dieser fundamentalen Garantie verbunden werden.

---

[589] CLRC (1972) para. 30.

[590] CLRC (1972) para. 30.

[591] CLRC (1972) para. 30

[592] CLRC (1972) para. 30.

[593] Zu den Charakterzügen der Debatte nach Veröffentlichung des CLRC-Reports auch Andrews/Hirst (2001) S. 683/684, Greer (1990) 53 MLR, S. 715, Jackson (1989) 40 NILQ, S. 107, Neasey (1977) 51 AustrLJ, S. 361.

[594] Cross (1973) CrimLR, S. 329.

Insbesondere die grundsätzlichen Thesen des CLRC zur Wirkungsweise des right to silence wurden in Zweifel gezogen. Die Auffassung, es gebe einen allgemeinen Erfahrungssatz, daß der Unschuldige rede, während der Schuldige schweige, sei unhaltbar[595]. Vor allem wurden auch die Argumente, daß Terroristen und abgehärtete Kriminelle das Recht mißbrauchten[596], sowie daß ambush defences die Prozesse untergraben würden[597], als in praxi nicht nachweisbar zurückgewiesen. Aufgrund zahlreicher empirischer Untersuchungen wurde belegt, daß nur wenige Beschuldigte das right to silence überhaupt ausübten[598]. Zudem wurde dargetan, daß auch von diesen die meisten verurteilt würden[599]. Ein zahlenmäßig bedeutsames Problem der „ambush defences" konnte in den empirischen Studien nicht festgestellt werden.

Daneben entwickelte sich aber ein regelrechter Kanon bestimmter Argumente gegen eine solche Gesetzesreform, der die gesamte weitere Debatte bestimmte. Die maßgeblichen praktischen und normativen Überlegungen gegen die von dem CLRC-Report vorgeschlagenen Gesetzesreformen waren hierbei im Wesentlichen folgende:

- Von zahlreichen Autoren wurde darauf verwiesen, daß es viele Gründe auch für Unschuldige gebe, zu schweigen[600]. Schweigen als solches beinhalte keinen eigenständigen Erklärungswert[601]. Dann sei es aber auch nicht möglich, dieses als belastendes Indiz heranzuziehen.

- Zudem wurde vielfach in der Debatte betont, daß die Zulässigkeit der Würdigung des Schweigens zu einem unzulässigen Druck auf den Angeklagten im Prozeß, vor allem aber auf den Beschuldigten im Polizeiverhör, führe. Diese psychologische Zwangswirkung berge die Gefahr, der Be-

---

[595] Coldrey (1991) 20 Anglo-AmLR, S. 55: „... a far too simplistic proposition". Greer (1990) 53 MLR, S. 719: „The key assumption [scilicet, daß der Unschuldige rede, der Schuldige schweige] is doubious at best."

[596] Dennis (1995) CrimLR, S. 11/12. Ähnlich Greer (1990) 53 MLR, S. 723/724, der aber auch einräumt, daß sich im Bereich des nordirischen Rechts gewisse Anhaltspunkte für solche Strategien von IRA-Mitgliedern finden ließen.

[597] Leng (1993) S. 58.

[598] Coldrey (1991) 20 Anglo-AmLR, S. 54/55, Greer (1990) 53 MLR, S. 720/721, Jackson (1989) 40 NILQ, S. 107 in Fn. 11, McElreen/Starmer (1993) S. 59. Siehe auch die Feststellung des RCCJ (1993) para. 4.43. Näher hierzu infra S. 226.

[599] Coldrey (1991) 20 Anglo-AmLR, S. 54/55, Dennis (1995) CrimLR, S. 13/14, McElreen/Starmer (1993) S. 68.

[600] Blake (1990) S. 24, Greer (1990) 53 MLR, S. 727, Heydon/Ockelton (1991) S. 149, Jackson (1993) 44 NILQ, S. 110, McElreen/Starmer (1993) S. 67/68. Dies wurde sogar vom CLRC (1972) para. 35/110 eingeräumt.

[601] Jackson (1993) 44 NILQ, S. 110, McElreen/Starmer (1993) S. 67.

schuldigte könne sich (objektiv unschuldig) zu Unrecht selbst belasten[602]. Dies könne aber zu Justizirrtümern führen und würde daher dem Gebot der Strafgerechtigkeit widersprechen.

- Es wurde zudem dargelegt, daß eine solche Zulässigkeit der Würdigung des Schweigens gegen die Unschuldsvermutung (presumption of innocence) bzw. gegen das Prinzip der Beweislast der Anklage (burden of proof)[603] verstoße[604]. Indem das Schweigen des Angeklagten als Teil des Schuldbeweises aufgrund zweifelhafter Thesen miteinbezogen werde, basiere die Verurteilung auf ungenügendem Beweismaterial und verletze so die genannten Gebote.
- Schließlich wurde auch auf das Fairneßgebot hingewiesen: es sei mit diesem, auch in Art. 6 (1) EMRK niedergeschriebenen, Prinzip unvereinbar, den Beschuldigten zuerst auf seine Rechte hinzuweisen, ihm im Nachhinein jedoch die Ausübung seiner Rechte nachteilig anzulasten[605].

Eine Konsequenz des Berichts der CLRC war, daß die Debatte um den Wert und die Bedeutung des right to silence wieder in aller Offenheit und Schärfe geführt wurde. Insbesondere deutete sich eine Entwicklung an, die sich in den Folgejahren noch verstärken sollte: die Politisierung und Polemisierung der Debatte um das right to silence.

Aufgrund der enormen Kritik an dem Gesetzentwurf wurden vorerst keinerlei Anstalten gemacht, die Reformvorschläge in geltendes englisches Recht umzuwandeln. Jedoch wurden bereits 1976 in Singapur die Reformvorschläge in

---

602 Blake (1990) S. 23/24, Coldrey (1991) 20 Anglo-AmLR, S. 56/57 (der auf die „voluntariness“-Regel des australischen und früheren englischen Rechts verweist), Greer (1990) 53 MLR, S. 710 und 726/727. Mit s. 76 PACE wurde die voluntariness-Regel für das englische Recht 1984 abgeschafft. Zu den Besonderheiten psychologisch labiler Personen im polzeilichen Verhör siehe insbesondere Gudjonsson (1994) passim.

603 Blake (1990) S. 20, McElreen/Starmer (1993) S. 69. Auch Greer (1990) 53 MLR, S. 725, der von einer „Schwächung“ (weakening) des Grundsatzes des burden of proof ausgeht. Ablehnend zu einer solchen Argumentation (im streng juristischen Sinne) Galligan (1988) 42 CLP, S. 87. Ablehnend auch bereits das CLRC (1972) para. 28 in Fn. 1.

604 Das Prinzip des burden of proof besagt, daß es im englischen Parteiprozeß Sache der Anklage ist, die notwendigen Beweise zu führen, um die Geschworenenjury zweifelsfrei davon zu überzeugen (beyond reasonable doubt), daß der Angeklagte die Tat begangen habe. Allgemein zu dem Prinzip des burden of proof: Andrews/Hirst (2001) S. 51-98, Blackstone/Murphy/Stockdale u.a. (2002) S. 1990-2001, Cross/Tapper (1999) S. 106-156, Dennis[2] (2002) S. 374-393, Dine (1987) passim, Keane (2000) S. 72-90, John Smith (1995) S. 27-46, Sprack (2000) S. 292 (im Zusammenhang mit der Frage der Jurybelehrung).

605 Galligan (1988) 42 CLP, S. 77.

Gesetzen normiert[606]. Abgesehen von der Umsetzung in Singapur entwickelten die Reformansätze des CLRC auch eine ganz wesentliche Vorbildwirkung, da die späteren gesetzlichen Regelungen des Northern Ireland Order 1988 sowie der ss. 34-39 CRIMPO fast wortwörtlich auf den Vorschlägen des CLRC beruhen.

III. Die Royal Commission on Criminal Procedure 1981 (RCCP, „Philips"-Commission)

Im Jahre 1978 wurde unter dem Vorsitz von Sir Cyril Philips eine Kommission eingesetzt, die sich in umfassender Weise mit Reformvorschlägen zur Änderung des englischen Strafverfahrens befassen sollte[607]. Maßgeblicher Beweggrund für die Einsetzung war die Zunahme von Kriminalität einerseits sowie ein wachsendes Bewußtsein für den Mißbrauch polizeilicher Staatsgewalt andererseits[608]. Viele der Vorschläge der Kommission, die allgemein hohe Beachtung und Anerkennung fand, gingen später in den Police and Criminal Evidence Act 1984 ein, der in umfassender Weise das strafprozessuale Ermittlungsverfahren reformierte[609].

In ihrer Argumentationsweise unterschied sich die RCCP in hohem Maße von dem geschmähten CLRC-Report. Maßgeblicher Ausgangspunkt der RCCP war die Überlegung, daß die Machtbalance zwischen Individuum und Staat gewahrt bleiben müsse[610]. Hierzu sei ein Mindestmaß an gesetzlichen Regelungen notwendig, die den Beschuldigten vor ungerechtem, übermäßigem staatlichen Zwang schützen sollten. Diese prozessualen Schutznormierungen seien notwendig, um überhaupt Eingriffe in die Rechte und Freiheiten des einzelnen während des strafrechtlichen Verfahrens zu rechtfertigen.

Abgesehen von der Ausrichtung an Prinzipien, die auch die Rechte des Bürgers gegenüber der Staatsgewalt hervorhoben, betonte die Kommission im Gegensatz zu dem CLRC die Notwendigkeit einer empirischen Basis für die Annahme von Reformvorschlägen[611]. Allgemeine Vermutungen und heuristi-

---

606 Criminal Procedure Code (Amendment) Act 1976. Hierzu Meng Heong Yeo (1983) CrimLR, S. 89ff. und Khee-Jin Tan (1997) CrimLR, S. 471ff.

607 RCCP (1981) passim. Siehe zu dieser insbesondere Easton (1998) S. 39/40, Greer (1990) 53 MLR, S. 716.

608 Easton (1998) S. 39.

609 Easton (1998) S. 39.

610 Zu der allgemeinen Grundkonzeption des RCCP siehe Easton (1998) S. 39.

611 RCCP (1981) para. 4.43-4.46. Siehe dazu auch Birch (1999) CrimLR, S. 771. Dennoch wurde auch dieser Report dafür kritisiert, den empirischen Aspekten der polizeilichen Befragungen nicht genügend Aufmerksamkeit geschenkt zu haben, siehe Easton (1998) S. 39.

sche common-sense-Überlegungen sind dementsprechend wesentlich seltener in diesem Kommissionsbericht zu finden als in dem CLRC-Report.

Das right to silence wurde von der RCCP als wesentliche prozessuale Garantie angesehen, die konkrete Schutzfunktionen erfülle[612]. Zum einen betonte die RCCP den Zusammenhang von Schweigerecht und dem Prinzip des burden of proof: würde eine nachteilige beweisrechtliche Würdigung des right to silence zugelassen, würde dies das Prinzip der materiellen Beweislastführung (burden of proof) untergraben[613].

Ein weiterer Grund für die uneingeschränkte Beibehaltung des right to silence war aus Sicht der Kommission, daß gerade im Polizeiverhör der Beschuldigte sich in einer Situation der Schwäche und der Unterlegenheit befände[614]. Dies gelte insbesondere für solche (oftmals unschuldigen) Bürger, die sich zuvor noch nie in einem polizeilichen Verhör befunden hätten[615]. Die Gefahr suggestiver Befragungen könne zu unbedachten (objektiv unrichtigen) Selbstbelastungen führen, was bedenklich erscheine, selbst wenn man davon ausgehen müsse, daß das Risiko einer solchen Selbstbelastung aufgrund des zusätzlichen psychologischen Drucks gering sei[616]. Aufgrund dieser Überlegungen stand die RCCP vor allem den Vorschlägen, Schlüsse aus dem anfänglichen Schweigen im polizeilichen Verhör zuzulassen, äußerst skeptisch gegenüber[617].

Obgleich das Argument struktureller Unterlegenheit für das Schweigen während des Prozesses nicht in gleicher Weise gelten konnte, da hier ein Mißbrauch staatlich-polizeilicher Macht ausgeschlossen war, erachtete die Mehrheit der Kommission auch insoweit die Beibehaltung des geltenden common law als vorzugswürdig[618]. Insoweit betonte die Kommission gleichfalls das Argument, im akkusatorischen Parteiprozeß werde die Beweisführungslast (burden of proof) verschoben[619].

Die Ausgewogenheit und fundierte Analyse dieses Reports bewirkten, daß die Diskussion um den Umfang des right to silence für einige Jahre etwas ab-

612 RCCP (1981) para. 4.34-4.39.

613 RCCP (1981) para. 4.51 und 4.59.

614 RCCP (1981) para. 4.50.

615 RCCP (1981) para. 4.50.

616 RCCP (1981) para. 4.50.

617 Siehe das zusammenfassende Ergebnis RCCP (1981) para. 4.53. Zudem betonte die Kommission, daß in der Praxis das Schweigerecht nur in einer geringen Zahl von Fällen überhaupt ausgeübt werde, RCCP (1981) para. 4.46.

618 RCCP (1981) para. 4.66.

619 RCCP (1981) para. 4.66.

nahm. Dieser Effekt wurde durch die Tatsache verstärkt, daß der bereits erwähnte Police and Criminal Evidence Act 1984 (PACE) die Rechte des Beschuldigten in der Vernehmung auf eine ausdrückliche rechtliche Grundlage stellte, hierbei das right to silence indirekt anerkannte und so zu einer neuen Rechtslage führte.

IV. Die Home Office Working Group 1988/1989 (HOWG)

Im Juli 1987 belebte der damalige Home Secretary Sir Douglas Hurd unerwartet die Debatte um das right to silence erneut[620]. In einer Rede vor der Police Federation kündigte er die Einsetzung einer Arbeitsgruppe des Home Office an. Diese sollte feststellen, in welcher Form die geltenden Regelungen zur Würdigung des Schweigens des Beschuldigten verändert werden könnten[621], wobei er insbesondere die Thematik der ambush defences betonte[622]. Bezeichnenderweise ging aus dieser Formulierung hervor, daß nicht die Frage des „Ob", sondern lediglich des „Wie" einer Reform zur Erörterung aufgegeben wurde[623]. Noch während die eingesetzte Arbeitsgruppe ihren Bericht konzipierte, wurde zudem der Northern Ireland Order 1988 erlassen[624]: auch dies war ein Indiz für die Bedeutung, die man auf politischer Ebene einer Reform der Regelungen mittlerweile beimaß. Spätestens zu diesem Zeitpunkt war die Frage der Begrenzung des right to silence zu einem politischen Thema ersten Ranges geworden.

Das vermehrte Interesse am right to silence hatte mehrere Gründe. Im konservativen Thatcher-Lager fanden sich zunehmend Stimmen, die angesichts der Terroristenprozesse in Nordirland und England auf einen (angeblichen) Mißbrauch des right to silence verwiesen[625]. Insoweit konnte auf die bereits im CLRC-Report angeführten Argumente Bezug genommen werden. Ein weiterer Aspekt kam aufgrund des 1984 neu eingeführten Police and Criminal Evidence Act (PACE) hinzu[626]. Einige konservative Autoren behaupteten, durch die hierin eingeführten Schutzmechanismen wie dem generellen Recht auf Beistand durch einen Anwalt, den besonderen Ausschlußregelungen der

---

620 Siehe zu dieser Neubelebung der Debatte Ende der achziger Jahre Greer (1990) 53 MLR, S. 716/717.

621 Zu dem politischen Hintergrund der Einsetzung der Arbeitsgruppe siehe Greer (1990) 53 MLR, S. 716, Greer (1995) S. 207-211, Easton (1998) S. 40, Zuckerman (1989) CrimLR, S. 855.

622 Siehe die Belege bei Easton (1998) S. 40.

623 Dixon (1991) 20 Anglo-AmLR, S. 29, McElreen/Starmer (1993) S. 66.

624 Dazu näher infra S. 215.

625 Siehe die Darstellung bei Greer (1990) 53 MLR, S. 716.

626 Zu den Schutzmechanismen, die durch den PACE eingeführt wurden: Leng (1994) S. 33-35 und Zuckerman (1989) S. 304/305.

ss. 76 und 78 PACE[627], den Vorschriften zu Tonbandaufnahmen der Verhöre und weiteren Normierungen sei die Machtbalance im Strafverfahren zugunsten des Beschuldigten in unerträglicher Weise verzerrt worden[628]. Es sei daher notwendig, das right to silence einzuschränken, um hierdurch wieder eine effektive Strafverfolgung zu ermöglichen. Dieser (vermeintliche) Zustand ungleich gewichteter Machtverhältnisse wurde sogar von richterlicher Seite in dem Urteil R. v. Alladice von Lord Lane CJ mit Bedauern konstatiert[629].

Am 13.07.1989 veröffentlichte die HOWG ihre Ergebnisse[630]. In seinen Grundzügen stimmte der Bericht mit den Ergebnissen des CLRC überein: wie dieses erachtete die HOWG eine Reform des common law zur Frage der beweisrechtlichen Behandlung des right to silence als notwendig. Auch glich der Report dem Vorgänger aus dem Jahre 1972 darin, daß er von seinem Ausgangspunkt sich weniger von Prinzipien leiten ließ, als von praktischen Überlegungen, in welcher Weise eine Beschränkung des right to silence technisch am besten zu bewältigen sei[631]. Und wie der CLRC-Report identifizierte die HOWG einen angeblichen Mißbrauch des Rechts durch Terroristen und abgehärtete Kriminelle und betrachtete das Phänomen der ambush defences als substantielles Problem[632].

Allerdings schlugen die Reformthesen eine etwas vorsichtigere Tonart an, insbesondere wurde mehr Rücksicht auf prozessuale Sicherheitsmaßnahmen (procedural safeguards) genommen, um eine unfaire Behandlung des Be-

---

627 Zu s. 78 PACE (Ermessensausschluß bei unfair erlangtem Beweismaterial) näher infra S. 268ff.

628 Siehe die Nachweise bei Greer (1990) 53 MLR, S. 716 und die Bemerkung vom damaligen Home Office Minister Michael Howard auf dem Tori-Kongress 1993: „In the last 30 years the balance in the criminal justice system has been tilted too far in favour of the criminal and against the prosecution of the public“, zitiert nach Morgan/Stephenson (1994) S. 3. Hierzu auch Zuckerman (1989) CrimLR, S. 855/856, der selbst (wenn auch zurückhaltender) eine solche These vertritt.

629 R. v. Alladice, CA [1988] 87 CrAppR, S. 380 (a.a.O. S. 385). Das Urteil bezieht sich vornehmlich auf s. 58 PACE (Beistand durch einen Rechtsanwalt in der polizeilichen Befragung). Zustimmend zu Lord Lane CJ äußert sich Zuckerman (1989) S. 329.

630 Zur Home Office Working Group und ihrem Bericht siehe insbesondere Greer (1990) 53 MLR, S. 717/718, McElreen/Starmer (1993) S. 66, Zuckerman (1989) CrimLR, S. 855ff.

631 Zutreffend der Hinweis von Easton (1998) S. 42. Freilich war dies nur eine Konsequenz aus der präzisen Einhaltung des Untersuchungsauftrags, der sich mit den praktischen Fragen der Umsetzung einer Reform, nicht mit dem prinzipiellen „Ob“ beschäftigte.

632 HOWG (1988) para. 20 und 24.

schuldigten zu vermeiden[633]. Die Vorschläge der HOWG lauteten in ihren wesentlichen Punkten wie folgt:

(1) Es sollten gesetzliche Anleitungsregeln (statutory guidelines) aufgestellt werden, in denen die einzelnen Umstände aufgeführt würden, die für Schlüsse aus dem Schweigen maßgeblich sein sollten[634].

(2) Richter, Anklage und Verteidigung sollten in die Lage versetzt werden, verzögertes Verteidigungsvorbringen des Angeklagten zu seinem Nachteil zu kommentieren und ihn darüber im Kreuzverhör zu befragen[635].

(3) Der Richter sollte die Geschworenenjury anleiten, welche Faktoren und Umstände maßgebend seien, wenn die Geschworenenjury das Schweigen würdigen würde[636].

(4) Eine neue Belehrungsformel sollte eingeführt werden, um dem Beschuldigten die Gefahr möglicher späterer Schlüsse aus seinem Schweigen vor Augen zu führen. Die Belehrungsformel lautete:

> „You do not have to say anything. A record will be made of anything you do say and it may be given in evidence. So may your refusal to answer any question. If there is a fact on which you intend to rely in your defence in court, it would be best to mention it now. If you hold back until you go to court you may less be likely to be believed.“[637]

(5) Der wesentliche Schluß im Falle eines verzögerten Vorbringens einer Verteidigung erst im Prozeß sei, daß die nachträglich dargetane Verteidigungslinie unzutreffend sei und daß dies auch einen negativen Rückschluß auf die allgemeine Glaubwürdigkeit des Angeklagten zulasse[638].

Zudem sollte die Anklage in die Lage versetzt werden, entgegen dem geltenden Recht (s. 1 lit. b Criminal Evidence Act 1898) die Verweigerung des Angeklagten, sich dem Kreuzverhör zu stellen, in gleicher Weise wie der Richter zu kommentieren. Zur prozessualen Absicherung dieser erweiterten Kommentierungsbefugnis sollte der Verteidiger bzw. des counsel des Ge-

633 Ausdrücklich HOWG (1988) para. 126.

634 HOWG (1988) para. 3.64, 126 (i) und Anhang D.

635 HOWG (1988) para. 65, 126 (ii).

636 HOWG (1988) para. 65, 67, 126 (iii), 126 (iv).

637 HOWG (1988) para. 71, 125 (v).

638 HOWG (1988) para. 86, 126 (vii).

richts den Angeklagten davor warnen, daß seine Verweigerung, in den Zeugenstand zu treten, in nachteiliger Weise gewertet werden könne.

Obgleich die Vorschläge der HOWG gegenüber der CLRC von allzu allgemein-pauschalisierenden Aussagen Abstand nahmen, wurden auch sie in der Wissenschaft erheblich kritisiert[639]. Insbesondere wurde der HOWG vorgeworfen, das mittlerweile vorhandene empirische Material zum Schweigerecht und zu seiner Ausübung zu ignorieren[640]. Auch nahm die HOWG in ihrem Bericht von der Royal Commission in Criminal Procedure nur wenig Kenntnis und setzte sich kaum mit den dort angeführten Argumenten auseinander. Die politischen Motive dieser Untersuchung traten klar hervor, und die zeitliche Parallele des Reports und des Erlasses des Northern Ireland Order 1988 bestätigte diese Absichten durch die Umsetzung in der Praxis.

V. Die Einführung der Regelungen in Nordirland 1988 (NI Order 1988)[641]

Am 14.11.1988 wurden die heftig kritisierten Vorschläge des CLRC in einem Eilgesetz der Exekutive (Order) für Nordirland erlassen (zum genauen Wortlaut der Vorschriften siehe den Anhang der Arbeit)[642].

Die politische Vorgehensweise anläßlich des Erlasses wurde heftig attackiert: mit dem Order wurde eine Form der exekutivischen Willensäußerung gewählt, die es dem Parlament lediglich ermöglichte, den Entwurf zu diskutieren, nicht jedoch über diesen abzustimmen[643]. Der Entwurf selbst wurde in einer Hast und Eile durch das Parlament gedrängt, die in keinem Verhältnis zur Bedeutung der gesetzlichen Vorschriften standen[644]. Und schließlich

---

639 Zur allgemein negativen Reaktion auf diesen Report auch Greer (1990) 53 MLR, S. 718.

640 Dixon (1991) 20 Anglo-AmLR, S. 29. Allerdings hatte die HOWG (anders als das CLRC) vorbereitend eine praktische Studie zum Schweigerecht in Auftrag gegeben, die die Thesen der Arbeitsgruppe untermauerte, jedoch unter methodischen Mängeln litt, HOWG (1988) Anhang C.

641 Zu den politischen Umständen des Erlasses dieses Gesetzes insbesondere Jackson (1989) 40 NILQ, S. 105ff., Jackson (1990) S. 44ff.

642 Die Gesetzesvorlage wurde am 20.10.1988 von dem damaligen Home Office Minister Sir Douglas Hurd im Parlament eingebracht, siehe Parliamentary Debates, HC, Bd. 138 Spalte 983/984. Bereits zu diesem Zeitpunkt wies er darauf hin, daß auch für England und Wales entsprechende Regelungen in baldiger Zukunft geplant seien. Siehe bereits zuvor die Ankündigung von Tom King, dem damaligen Secretary for Northern Ireland, Parliamentary Debates, HC, Bd. 138 Spalte 996 vom 20.10.1988.

643 Jackson (1989) 40 NILQ, S. 108. Es handelte sich hierbei um die sog. Order-in-Council-procedure.

644 Siehe die Darstellung bei Jackson (1989) 40 NILQ, S. 108. Im Parlament wurde diesbezüglich von allen Parteien Kritik geäußert, Parliamentary Debates, HC, Bd. 140 Spalte 182-221 vom 08.11.1988.

wurde von zahlreichen Autoren zu Recht kritisch angemerkt, daß die Einführung der gesetzlichen Regelungen auf Basis der vom CLRC-Report gefundenen Ergebnisse vollkommen die Resultate des RCCP-Reports von 1981 mißachtete. Selbst der Home Office Report, dessen Abschluß nicht einmal abgewartet wurde, fand mit seinen moderateren Vorschlägen keinen Eingang in das Gesetzeswerk, das sich vielmehr gänzlich auf die Vorschläge und Begründungen der CLRC bezog[645].

Inhaltlich orientieren sich die Regelungen der NI Order 1988 wesentlich an den Reformvorschlägen des CLRC[646]. Section 3 normiert die Zulässigkeit von Schlüssen aus dem verzögerten Vorbringen einer Verteidigungsstrategie im Gerichtsverfahren, s. 4 erlaubt negative Rückschlüsse aus dem Schweigen während des gerichtlichen Verfahrens. Sections 5 und 6 sind an entsprechende Regelungen des Rechts der Republik Irland angelehnt[647] und ermöglichen Schlüsse aus dem Schweigen in Bezug auf den Besitz inkriminierender Gegenstände und die Anwesenheit an inkriminierenden Orten.

An dieser Stelle sollen die einzelnen Vorschriften des NI Order 1988 nicht näher analysiert oder die hierzu ergangene Rechtsprechung ausgewertet werden. Dies wird erst im Zusammenhang mit der Darstellung der Vorschriften der ss. 34-39 CRIMPO geschehen, da die nordirische Rechtsprechung fast vollständig von der englischen Praxis übernommen wurde. Allerdings sollten bereits hier einige wichtige Besonderheiten des irischen Rechts genannt werden, die beachtet werden müssen, sofern man die nordirischen mit den englischen Regelungen vergleicht.

In Nordirland werden Fälle der Schwerkriminalität überwiegend in sog. Diplock-Courts verhandelt[648]. Diese bestehen nicht aus einer Geschworenenjury als Laienrichter und einem Richter, sondern lediglich aus einem professionellen Richter, der für sämtliche Fragen der Schuld und der Strafzumessung zuständig ist. Die spezifischen Probleme, die im Zusammenhang mit der Beweiswürdigung durch Laiengremien auftreten, die das Aussageverhalten des Angeklagten würdigen, liegen mithin in den nordirischen Fällen regel-

---

645 Easton (1998) S. 41. Dies gilt insbesondere auch für die dem CLRC zugrundeliegende These des Mißbrauchs des right to silence durch abgehärtete Kriminelle: siehe die Bemerkungen von Tom King in Parliamentary Debates, HC, Bd. 140 Spalte 183-187 vom 08.11.1988 (Mißbrauch durch Terroristen).

646 Zu einer Analyse des Inhalts dieses Gesetzes: Jackson (1989) 40 NILQ, S. 109-118, Jackson (1990) S. 46-52, Jackson (1991) CrimLR, S. 404/405, Jackson (1995) CrimLR, S. 587ff., McElreen/Starmer (1993) S. 63/64.

647 Sections 18 und 19 des Republic of Ireland Criminal Justice Act 1984, siehe hierzu Easton (1998) S. 41, Jackson (1995) CrimLR, S. 587.

648 Zu diesen Easton (1998) S. 79-82.

mäßig nicht vor[649]. Eine weitere Konsequenz dieser an kontinentalen Maßstäben ausgestalteten Prozeßvorgaben ist, daß (anders als im trial on indictment) im Falle der Anwendung von ss. 3-6 NI Order 1988 eine ausdrückliche richterliche Begründung für die Beweiswürdigung gegeben wird. Anders als die englische Geschworenenjury, die ihr Urteil (schuldig/nicht schuldig) niemals näher begründet, setzt sich der nordirische Richter mit den Regelungen im Urteil selbst auseinander. Konsequenterweise behandeln diese Fälle Fragen der unmittelbaren rechtlichen Anwendung der Vorschriften und nicht die (mittelbare) Frage der Belehrung einer Geschworenenjury durch den Richter[650].

VI. Die Royal Commission on Criminal Justice 1993 (RCCJ, „Runciman-Commission")

Aufgrund aufsehenerregender Fälle von Fehlurteilen Ende der achtziger Jahre in England[651] wurde im Jahr 1991 die Royal Commission on Criminal Justice

---

649 Zu diesem Unterschied im Zusammenhang mit der Frage der Würdigung des Schweigens Jackson (1995) CrimLR, S. 589.

650 Eine Analyse der Urteile der nordirischen Gerichte durch McElreen und Starmer (1993) S. 70/71 und von Ruddell (1990) S. 53-58 hat ergeben, daß sich die Einstellung der Richter zu den Vorschriften des NI Order 1988 binnen weniger Jahre gewandelt hat. Dies ist besonders bemerkenswert, wenn man die Tatsache hinzunimmt, daß es aufgrund der namentlichen Nennung der Richter möglich ist, den Wandel der Einstellung anhand der einzelnen Justizpersönlichkeiten nachzuvollziehen. Nach Einführung wurden annähernd ein Jahr lang die Vorschriften in keinem einzigen Fall angewendet, in den um 1990 entschiedenen Fällen wurden die Normen sodann sehr eng ausgelegt. Kelly LJ formulierte in einem frühen Urteil etwa, daß die Vorschriften nur dann eingreifen könnten, wenn der Fall anhand der übrigen Beweismaterialien gerade auf der Kippe („on the tip of the balance") stünde, R. v. Smyth, Belfast CC, Urteil vom 20.10.1989 (unveröffentlicht), zitiert nach McElreen/Starmer (1993) S. 70. In wenig später ergangenen Urteilen distanzierte sich derselbe Richter von dieser ursprünglichen engen Auslegung, siehe McElreen/Starmer (1993) S. 71 mit Fallnachweisen. Anders die Analyse von Jackson (1991) CrimLR, S. 410/411, der von einem durchgängig vorsichtigen Vorgehen der nordirischen Richter spricht, dabei aber überwiegend die frühen Fälle der Rechtsprechung zitiert. Interessanterweise zeigen Analysen des Rechts in Singapur eine ähnliche Entwicklung hin zu einer zunehmenden Anwendung der Vorschriften, Meng Heong Yeo (1983) CrimLR, S. 96-101.

651 Dazu Baldwin (1994) S. 70 in Fn. 8 (Fall der Cardiff Three), Greer (1990) 53 MLR, S. 718 (Fall der Winchester Three), Morgan/Stephenson (1994) S. 2/3. Diese Justizirrtümer gingen zumeist auf Fehlverhalten der Polizeikräfte im Verhör zurück. Die fehlende Disziplin und der Mißbrauch von Polizeigewalt ist eines der wichtigsten Themen des englischen Rechts der letzten Jahrzehnte gewesen. Bereits die Einführung des schon erwähnten PACE im Jahre 1984 war eine Reaktion auf erhebliche Mißstände in den polizeilichen Verhören, zu denen etwa die Nichtgewährung anwaltlichen Beistands, die ermüdende exzessive Befragung und das sog. „verballing" gehörten. Die zuletzt genannte Strategie bezeichnet in der Polizeisprache das Unterschieben von (an-

unter Vorsitz von Lord Runciman eingesetzt. Sie veröffentlichte ihre Ergebnisse im Jahre 1993[652].

Zielsetzung des Reports war es, die Effektivität und Strafgerechtigkeit des Strafverfolgungssystems in England und Wales zu untersuchen, wobei auch der Einsatz der Ressourcen unter die Lupe genommen werden sollte[653]. Der Untersuchungsauftrag umfaßte aber auch die spezifische Fragestellung, ob und inwieweit hinsichtlich der Äußerungsmöglichkeiten des Angeklagten im Gerichtsverfahren und den Möglichkeiten der Gerichte, Schlüsse aus dem Aussageverhalten des Angeklagten zu ziehen, Veränderungen notwendig seien[654].

Die Mehrheit der RCCJ sprach sich (wie bereits die Kommission des Jahres 1981) gegen die Würdigung des Schweigens im polizeilichen Verhör und in der Gerichtsverhandlung über die bestehenden Grenzen des common law hinaus aus[655]. Die Kommission wies insbesondere auf die vielen möglichen anderweitigen Gründe (innocent reasons) für das Schweigen hin[656]: der Schutz von Familienangehörigen, Schamgefühl, Verängstigung, taktische Überlegungen u.s.w. Wie bereits die RCCP erörterte sie den Umstand, daß die Möglichkeit späterer nachteiliger Schlüsse mittelbaren Druck zur Aussage auf den Beschuldigten ausübe. Dies beinhalte wiederum die Gefahr falscher Geständnisse, die zu ungerechtfertigten Verurteilungen führen könnten[657]. Die Erfahrungen mit den Fehlverurteilungen Ende der achtziger Jahre in England und Wales dürften der Kommission nur zu gut in Erinnerung geblieben sein. Und wie schon die Königliche Kommission aus dem Jahre 1981 äußerte die Mehrheit auch Bedenken hinsichtlich besonders be-

---

geblichen) Geständnissen oder Sachangaben, die der Beschuldigte nicht geäußert hatte. Zu den bedenklichen Zuständen der polizeilichen Ermittlungen insbesondere vor 1984 Zuckerman (1989) S. 311-322.

652 RCCJ (1993) passim. Siehe zu den Erwägungen der Kommission mit Blick auf die Frage der Würdigung des Schweigens: Easton (1998) S. 44-47.

653 RCCJ (1993) S. i.

654 RCCJ (1993) S. ii.

655 Zum Schweigen im polizeilichen Verhör: RCCJ (1993) para. 4.22. Zum Schweigen in der Gerichtsverhandlung: RCCJ (1993) para. 4.27. Eine Minderheit der Kommission kam hingegen zu dem Schluß, daß dem Angeklagten zum Nachteil gereichende Kommentare sowohl des Richters als auch der Anklage zugelassen werden sollten, RCCJ (1993) para. 4.21 (zwei Kommissionsmitglieder). Siehe auch Easton (1998) S. 44. Wie bereits von der HOWG vorgeschlagen, sollte die Belehrung in der Polizeistation entsprechend verändert werden, um dem Beschuldigten die Gefahr späterer nachteiliger Schlüsse aus seinem verzögerten Aussageverhalten vor Augen zu führen.

656 RCCJ (1993) para. 4.27.

657 RCCJ (1993) para. 4.23.

einflußbarer Zeugen (vulnerable suspects). Die Mehrheit wog diese Gefahren einer Zunahme unzuverlässiger Geständnisse mit dem Beweiswert nachteiliger Schlüsse ab. Sie kam zu dem Ergebnis, daß der zusätzliche psychologische Druck und damit verbunden die Gefahren möglicher Justizirrtümer schwerer wögen als die Vorteile, die Schlüsse aus dem Aussageverhalten möglicherweise bieten könnten[658].

Obgleich der Bericht sich im Ergebnis für eine Beibehaltung des Schutzumfangs des right to silence aussprach, wurde er seitens der Literatur dafür kritisiert, er sei nicht nachhaltig genug für das Verbot der Würdigung des Schweigens eingetreten[659]. Indem die Kommission, anders als jene von 1981, den dogmatische Aspekt der Beweisführungslast nur noch beiläufig erwähnte[660], wurde das zentrale Argument geschwächt, das gleichermaßen das vorprozessuale Schweigen (pre-trial silence) wie auch das Schweigen im Prozeß selbst (silence on trial) betraf. Das Argument des psychologischen Drucks konnte hingegen nach Ansicht vieler nur in der Situation der Polizeivernehmung wirklich Überzeugungskraft erlangen[661]. Nach den umfangreichen Verbesserungen, die durch den Police and Criminal Evidence Act 1984 vorgenommen worden waren, war auch diesem Schutzaspekt (aus Sicht der Befürworter einer Reform des right to silence) im Gegensatz zu 1981 viel von seiner Schärfe genommen.

Der alleinige Hinweis der Runciman-Kommission auf die psychologische Drucksituation führte aber auch zu weiteren Argumentationsschwierigkeiten: wie bereits im Zusammenhang mit der ratio der „cruel choice" Theorien dargestellt, waren einige Autoren solchen Begründungsversuchen des Schweigerechts abgeneigt, da sie von der These ausgingen, daß Unschuldige sich nicht in einer Drucksituation befinden könnten, da sie ja frei reden könnten[662]. Von einem solchen Standpunkt aus bricht jedoch die Argumentationskette des RCCJ zusammen, da aufgrund dieses Wirkungszusammenhangs auf den wirklich Unschuldigen kein Druck ausgeübt wird und Fehlurteile somit nicht entstehen können. Im Gegenteil würde hiernach der Druck nur auf den Schuldigen vermehrt, sogleich auszusagen, was (aus Sicht der utilitaristischen Kritiker) gerade wünschenswert und zweckmäßig erschiene, weil dies ambush defences verhindere und Ressourcen spare.

---

658 RCCJ (1993) para. 4.12.

659 Zuckerman (1994) S. 136, der freilich selbst für eine (maßvolle) Ausdehnung der Zulässigkeit der Würdigung des Schweigens eintritt.

660 RCCJ (1993) para. 4.26 im Zusammenhang mit dem Schweigen während dem Gerichtsverfahren.

661 So etwa Dennis^2 (2002) S. 444.

662 Zu dieser Argumentation supra S. 179.

Zudem ergibt sich aus der Begründung mit Bezugnahme auf die psychologische Zwangswirkung, daß der Schutzumfang des right to silence relativiert wird[663]. Wenn die Befragung in der Polizeistation mit genügend anderen Schutzmaßnahmen (procedural safeguards) ausgestattet ist, um unmäßigen Druck auf den Beschuldigten zu vermeiden, so könnte - so die Überlegung - auch das right to silence ohne weiteres eingeschränkt werden[664]. Dies war auch die Auffassung eines Teils der Lehre, angeführt von Zuckerman[665], die von Greer[666] zutreffend als „exchange abolitionists" bezeichnet wurde: die Beschränkung (oder sogar Abschaffung) des right to silence wurde mit der Forderung nach erweiterten prozessualen Schutzmaßnahmen im Verhör (z.B. durchgängig Videoaufnahmen bei allen Vernehmungen) gerechtfertigt.

VII. Die politischen Vorgänge bis zum Wirksamwerden des CRIMPO im Jahre 1994

Bereits während der Einführung des NI Order 1988 hatte Sir Douglas Hurd geäußert, eine Erweiterung der Rechtslage auf England und Wales sei lediglich eine Frage der Zeit. Man wolle die Erfahrungen in Nordirland abwarten und dann die entsprechenden Rechtsänderungen vornehmen. Ursprünglich war sogar vorgesehen, bereits im Criminal Justice Act von 1990/1991 entsprechende Regelungen für England und Wales zu statuieren, jedoch wurde dies angesichts mehrerer Justizskandale nicht in die Tat umgesetzt, da man die Ergebnisse der RCCJ abwarten wollte, die 1993 ihren Bericht ablieferte.

Mehr noch als die Einführung des NI Order 1988 wurden bereits die Umstände des Erlasses der Vorschriften der ss. 34-39 CRIMPO kritisiert, die (wie bereits im Jahre 1988) die hohe Bedeutung zeigen, die man den neuen Regelungen auf politischer Ebene beimaß. Im Oktober 1993 wandte sich in einer Parteitagsrede der damalige Home Office Minister der Tori-Regierung, Michael Howard, an die Mitglieder der Partei und kündigte die baldige Vor-

---

663 Siehe die Kritik von Ashworth (1998) S. 100.

664 Ashworth (1998) S. 100. Siehe zu einer solchen Argumentation bereits supra S. 174 im Zusammenhang der Ableitung des privilege against self-incrimination aus der ratio des Schutzes des Unschuldigen.

665 Zuckerman (1986) 102 LQR, S. 43ff., Zuckerman (1989) S. 329 und 340-342, Zukkerman (1990) S. 28/29.

666 Greer (1990) 53 MLR, S. 719, ebenso Wolchover/Heaton-Armstrong (1999) para. 5-14 bis 5-18. Greer lehnt a.a.O. S. 722/723 einen solchen Gedankengang ab, da ein solches quid-pro-quo-Denken voraussetze, daß die Schutzwirkungen des right to silence durch die anderweitigen prozessualen Schutzmaßnahmen kompensiert werden könne, was nicht der Fall sei. McElreen/Starmer (1993) S. 69 betonen, daß in den vergangenen Jahre auch die Staatsgewalt aufgrund der erweiterten technischen Möglichkeiten gewachsen sei, was gegen die These des „exchange abolitionism" spreche.

lage eines Gesetzesentwurfs im Parlament an, der das englische Recht der neuen Rechtslage in Nordirland angleichen würde. Der Minister äußerte sich über das right to silence anläßlich dieser Rede in ausgesprochen feindseliger Weise und griff die Argumentationen der CLRC in vollem Umfang auf, indem er das Recht als Schutzschild und pervertiertes Instrument professioneller Krimineller und Terroristen beschrieb:

> „The so-called right to silence is ruthlessly exploited by terrorists. What fools they must think we are. It´s time to call a halt to this charade. The so-called right to silence will be abolished.“[667]

Im Dezember 1993 brachte der Home Office Minister die neuen Regelungen des zukünftigen Criminal Justice and Public Order Act 1984 (CRIMPO) im Parlament ein.

Inhaltlich lehnen sich die Regelungen weitgehend an die nordirischen Vorschriften an. Ein geringfügiger Unterschied besteht darin, daß die nordirischen Regelungen es zulassen, die Schlüsse aus dem Schweigen zwecks Verstärkung (corroboration) der übrigen Beweismittel heranzuziehen[668]. Ein weiterer Unterschied war, daß in den englischen Regelungen (wie bereits von der HOWG und der Minderheit der RCCJ angeregt) eine Belehrung vorgesehen wurde, die den Beschuldigten davor warnte, sein verzögertes Aussageverhalten könne ihm zum Nachteil gereichen[669].

Die prozessual-strukturellen Unterschiede, die sich daraus ergeben, daß ein wesentlicher Teil der schwereren Kriminalität von einer Geschworenenjury abgeurteilt wird, wurden bereits angesprochen[670]. Die Fälle geringerer Vergehen, in denen die sog. Magistrates´ Courts das Urteil sprechen, sind auch nicht ohne weiteres mit den nordirischen Diplock-Gerichten zu vergleichen. Zwar entscheidet hier ein Richter ohne eine Geschworenenjury. Jedoch ist dieser ein (wenn auch oft durch jahrelange Erfahrung besonders geschulter) Laienrichter, ähnelt also mehr der Geschworenenjury als dem professionellen Richter[671].

Die Mißachtung der Untersuchungsergebnisse zweier Königlicher Kommissionen, des RCCP und des RCCJ, letztere sogar ausdrücklich mit Blick auf das angestrebte Reformwerk eingesetzt, stellte einen einmaligen Vorgang

---

667 Zitiert nach Easton (1998) S. 47.

668 Hierzu Jennings (1996) 146 NLJ, S. 725.

669 Siehe Dennis[1] (1999) S. 143 in Fn. 13. Im Folgenden wurden die nordirischen Regelungen angepaßt, dazu infra S. 236 in Fn. 704.

670 Supra S. 185.

671 Hierzu Sprack (2000) S. 77-79.

dar. Desgleichen wurden die - mittlerweile umfangreichen - empirischen Studien zu der Bedeutung des right to silence in der polizeilichen Befragung und im gerichtlichen Verfahren völlig außer Acht gelassen.

Die Einführung der Regelungen wurde im konservativen Lager, aber auch von den Polizeikräften, begrüßt. Die englische und nordirische Polizei erachtete das right to silence als offensichtliches Hindernis in ihrer Ermittlungstätigkeit und äußerte dies auch laufend während der gesamten Reformdebatte[672]. Von den Polizeikräften in Auftrag gegebene empirische Gutachten sollten die vermeintlich zu niedrigen Zahlen, die von wissenschaftlicher Seite präsentiert wurden, relativieren. Auch zahlreiche bedeutende Richterpersönlichkeiten setzten sich vehement für eine Beschränkung des right to silence ein. Die Verquickung richterlicher Tätigkeit und politischer Lobbyarbeit reichte bis zu dem Punkt, daß Lord Taylor CJ einerseits die Ausarbeitung und den Erlaß der ss. 34-39 CRIMPO mitbestimmte, und gleichzeitig in seiner Funktion als Richter wesentliche Grundlinien der Auslegung des Gesetzes beeinflußte[673].

Zusammenfassend läßt sich feststellen, daß der Erlaß der ss. 34-39 CRIMPO im Wesentlichen als politisch motivierter Akt anzusehen ist, der gegen massive Widerstände der Politik, Gesellschaft und mehrerer königlicher Kommissionen durchgeführt wurde[674].

VIII. Zusammenfassung der Ergebnisse

Der Einführung der ss. 34-39 CRIMPO ging eine jahrzehntelange politische Debatte voraus. Die Ursprünge dieser Debatte sind auf die utilitaristische Kritik des englischen Philosophen und Reformers Bentham zurückzuführen, der das englische Beweisrecht von den formalistischen Fesseln des common law seiner Zeit zu befreien suchte und eine rein rational orientierte Rechtsfindung propagierte.

Der CLRC-Report aus dem Jahre 1972 stieß die Debatte zur Begrenzung des Schweigerechts erneut an und formulierte konkrete Gesetzesvorschläge für eine Veränderung der common-law-Regelungen. Die Kommission ging hier-

---

672 So setzte sich etwa Sir Peter Imbert, damaliger Commissioner of Police of the Metropolis, intensiv für die Zulässigkeit einer umfassenden Würdigung des Schweigens des Beschuldigten und Angeklagten ein, siehe Greer (1990) 53 MLR, S. 716. Zu der Lobbyarbeit der englischen Polizei auch Galligan (1988) 42 CLP, S. 73-75, Leng (1994) S. 19/20, Zuckerman (1989) CrimLR, S. 855.

673 Siehe zu dieser Doppelrolle von Lord Taylor CJ auch Pattenden (1998) 2 E&P, S. 164/165.

674 So die allgemeine Bewertung in der Lehre: Birch (1999) CrimLR, S. 772, Dennis[2] (2002) S. 148, Jackson (1991) CrimLR, S. 404 (für das nordirische Recht).

bei im Wesentlichen von den utilitaristischen Thesen Benthams aus, insbesondere von der Überzeugung, daß das Schweigen des Beschuldigten allgemein als Hinweis auf seine Schuld angesehen werden könne. Die Vorschläge, die später weitgehend in geltendes Recht umgesetzt wurden, trafen zur damaligen Zeit auf heftigen Widerstand in Gesellschaft und juristischer Lehre.

Der RCCP-Report (Philips-Kommission) aus dem Jahre 1981 sprach sich in deutlicher Weise gegen eine Beschränkung des right to silence aus. Hierbei verwies die königliche Kommission im Wesentlichen auf den unzulässigen psychologischen Druck auf den im polizeilichen Verhör Befragten und auf das Argument, eine nachteilige Würdigung des Schweigens würde die Beweisführungslast der Anklage unterminieren.

Ende der achtziger Jahre wurde die Problematik durch den damaligen Home Office Minister Douglas Hurd erneut in den Mittelpunkt der öffentlichen Diskussion gerückt. Ausgehend von denselben Grundsätzen wie das CLRC wurde eine Home Office Working Group mit dem Auftrag eingesetzt, Vorschläge für konkrete Reformansätze des Rechts zum right to silence auszuarbeiten. Der Report der HOWG machte sich im Wesentlichen die Vorschläge des CLRC zu eigen, versuchte jedoch, die erwartete neuerliche Kritik durch ergänzende prozessuale Schutzmaßnahmen (Belehrung des Beschuldigten u.a.) abzumildern.

Noch während der Arbeit der Kommission wurden auf Betreiben der konservativen politischen Kräfte und der Polizeibehörden in Nordirland die Regelungsvorschläge des CLRC-Reports durch exekutivisches Gesetz erlassen. Diese Einführung geschah in hitziger Debatte und in großer Hast, wobei auf die Notwendigkeit einer effektiveren Verfolgung von terroristisch motivierten Straftaten verwiesen wurde. Eine Ausdehnung der Gesetzesreform auf England und Wales wurde angekündigt.

Im Jahre 1993 sprach sich eine weitere Kommission (RCCJ, „Runciman-Commission"), die zur Vorbereitung der CRIMPO eingesetzt worden war, gleichfalls gegen eine Veränderung der Regelungen zum Schweigerecht aus. Maßgebend war wiederum die Befürchtung, daß aufgrund der drohenden Schlüsse aus dem Schweigen ein vermehrter psychologischer Druck auf Verdächtige ausgeübt werden könnte.

Entgegen dieser eindeutigen Ergebnisse der RCCJ wurde im Jahr 1994 die Einführung der das right to silence beschränkenden Regelungen auf parlamentarischem Wege vorangetrieben und - unter heftiger Kritik von weiten Teilen der Lehre - die Vorschriften in Kraft gesetzt.

§ 10 Die Bedeutung des right to silence in der Praxis

I. Die Bedeutung empirischer Studien für die Beurteilung des right to silence

Bevor die einzelnen Vorschriften der ss. 34-39 CRIMPO untersucht werden, soll ein Überblick über die zahlreichen empirischen Studien gegeben werden, die sich im englischen Rechtsbereich mit der Frage der Bedeutung und Wirkungsweise des right to silence befaßt haben. Die heftige Kritik, die an den gesetzlichen Reformen geübt wurde, basiert in weiten Teilen auf diesen Ergebnissen der an der Praxis orientierten Forschung. Viele Studien unternahmen es nämlich, gerade die politisch motivierten Behauptungen wie z.B., daß Hinterhalt-Verteidigungen (ambush defences) die Strafprozesse untergraben würden, empirisch näher zu analysieren. Das Argumentationsgebäude, das von politischer Seite sowie von den Polizeikräften aufgebaut wurde, ist durch diese Forschungsergebnisse nachhaltig erschüttert worden.

Die Studie von Roger Leng[675], die dieser im Auftrag der RCCJ abfaßte und die zur Vorbereitung des Reports diente, stellte in besonders sorgfältiger Weise die verschiedenen methodischen Grundvoraussetzungen zusammen. Sie soll daher beispielhaft betrachtet werden. Dies geschieht auch, um methodische Unterschiede darzulegen, die vermutlich die teils abweichenden Ergebnisse anderer Studien verursachten. Im Zusammenhang mit der Erörterung der einzelnen Ergebnisse der Untersuchung von Leng sollen ggf. vergleichend die Resultate anderer Studien hinzugezogen werden.

Leng wählte eine Stichprobenmenge von 1080 Fällen, die in den Jahren zwischen 1986 bis 1988 behandelt und (zum Teil) abgeurteilt wurden[676]. Die Methode der Studie bestand darin, jeden einzelnen dieser Fälle vom Beginn an bis zu seinem Ende (durch Verfahrenseinstellung oder Urteil) nachzuvollziehen. Eine solche Methodik lag nahe, da Behauptungen von Vertretern des konservativen Lagers, wie etwa, daß ambush defences das System der Strafverfolgung untergraben würden[677], nur nachgewiesen werden konnten, wenn sowohl das Stadium des Aussage vor der Polizei wie auch der Strafprozeß selbst als Einheit untersucht wurden. Der besondere Wert der Studie von Leng liegt darin, daß er die konkreten Behauptungen des CLRC zum Maßstab seiner Überprüfungen nahm und gezielt danach fragte, ob diese angeblich durch common sense gestützten Thesen in der Praxis auch tatsächlich verifiziert werden können.

---

[675] Leng (1993) passim.

[676] Leng (1993) S. 6.

[677] Dazu supra S. 207.

II. Die fundamentalen Daten zur Ausübung des right to silence in der Studie von Leng (1993) im einzelnen

1. Die Ausübung des right to silence im Polizeiverhör allgemein

Eine der wichtigsten empirischen Fragen bei der Bewertung des Schweigerechts ist, in welchem Umfang diese Garantie überhaupt ausgeübt wird. Würde das Schweigerecht ohnehin nur von wenigen Beschuldigten bzw. Angeklagten geltend gemacht, könnte von einer systematischen Untergrabung des Systems der Strafverfolgung kaum die Rede sein.

Methodisch korrekt ging Leng in seiner Studie von einer näher umgrenzten Definition des right to silence aus[678]: als Schweigen im Sinne der Studie konnte insbesondere nicht aufgefaßt werden, wenn der Beschuldigte zuerst keine Aussagen machte, in derselben Vernehmung oder in einer späteren zu dem Punkt dann doch Informationen preisgab. Auch konnte von rechtlich relevantem Schweigen im Sinne der Statistik nicht gesprochen werden, wenn der Beschuldigte keine Antwort auf eine Frage gab, die er zuvor bereits schon beantwortet hatte.

Ergebnis der Studie hinsichtlich der rein quantitativen Ausübung des Schweigerechts im polizeilichen Verhör war, daß von den 848 Fällen, in denen es zu einer Vernehmung kam, in 38 Fällen das Schweigerecht zu einigen oder zu allen Frage ausgeübt wurde (4,5% der Menge von 848)[679]. In weiteren 11 Fällen (1,3% der Menge von 848) wurde zwar aus verschiedenen Gründen geschwiegen, jedoch handelte es sich um Konstellationen, die nach der präzisierenden Definition von Leng nicht als Ausübung des Schweigerechts im für die Studie relevanten Sinne angesehen werden konnten[680].

Damit zeigt sich, daß nur in sehr wenigen Fällen das right to silence überhaupt ausgeübt wird. Dieses Ergebnis wurde durch andere Studien überwiegend bestätigt[681].

---

678 Leng (1993) S. 16. Siehe auch Leng (1994) S. 23/24.

679 Leng (1993) S. 17.

680 Leng (1993) S. 17.

681 Bucke/Street/Brown (1999) S. 31 (6% schwiegen zu allen Fragen, weitere 10% beantworteten einige Fragen nicht), Irving/McKenzie (1988) S. 97/98 (weniger als 5%), McConville/Hodgson (1993) S. 176 (2,5% schweigen völlig, weitere 27,4% antworten auf einige Fragen nicht), Softley (1980) S. 85 (4% schweigen völlig, weitere 8% beantworten die Fragen nur teils). Etwas höher die Zahlen hingegen bei Williamson/Moston (1990) S. 38: 8% der Personen im polizeilichen Verhör schwiegen ganz, weitere 8% beantworteten einige Fragen nicht. Siehe zu den verschiedenen Zahlen auch Leng (1994) S. 24-26.

2. Anwaltliche Beratung und Ausübung des right to silence

Eine weitere grundsätzliche Fragestellung war, ob anwaltlicher Beistand die Ausübung des Schweigerechts vermehre. Ausgehend von einer Gesamtmenge von 825 Fällen, in denen entsprechende Informationen zur Verfügung standen, erhielten lediglich in 80 Fällen (!) die Beschuldigten anwaltlichen oder sonstigen juristischen Beistand während des Verhörs (10% der Gesamtmenge von 825)[682]. Von den genannten 38 Fällen, in denen das Schweigerecht ausgeübt wurde, erhielten in neun Fällen (24%) die Beschuldigten während der Befragung anwaltlichen Beistand. In weiteren sieben Fällen (18%) wurde vor dem Interview Rechtsrat durch einen Anwalt oder eine sonstige juristisch geschulte Person erteilt[683]. Diese empirischen Ergebnisse bestätigen, daß ein gewisser kausaler Zusammenhang zwischen Rechtsberatung und einer verstärkten Geltendmachung des Schweigerechts besteht[684].

3. Die Ausübung des right to silence und anschließende Verurteilung

Im Zusammenhang der politischen Diskussionen um die Berechtigung des right to silence wurde von den Vertretern des politischen Lagers stets darauf hingewiesen, daß das Recht dazu verwendet werde, der Verurteilung zu entgehen. Die Studie von Leng wies für die 34 Fälle, in denen das right to silence ausgeübt wurde und in denen die Art der Verfahrensbeendigung ermittelt werden konnte, eine Verurteilungsrate von 47% (16 Fälle) auf[685]. Drei Fälle (9%) endeten mit Freisprüchen, in sechs Fällen (18%) wurde zwar das Strafverfahren bis zur Gerichtsverhandlung geführt, sodann jedoch eingestellt. In neun Fällen (26%) wurde bereits schon kein Gerichtsverfahren eingeleitet[686]. In weiteren 11 Fällen wurde das Schweigerecht im Verhör anfangs zwar ausgeübt, später jedoch noch im Verhör durch die Polizei fallengelassen. Hier wurde in 7 Fällen (63%) später verurteilt[687]. Obgleich die absoluten Zahlengrößen gering sind, da Fälle des Schweigens relativ selten vorkommen und vergleichsweise wenige Strafverfahren überhaupt vor Gericht gelangen und abgeurteilt werden, ergeben die Ziffern ein deutliches Bild. Es trifft keineswegs zu, daß die Ausübung des Schweigerechts zu einer Häufung von Freisprüchen führt.

---

682 Leng (1993) S. 18.

683 Leng (1993) S. 18.

684 Ebenso auch die Feststellung von Williamson/Moston (1990) S. 38: im Falle anwaltlicher Beratung schwiegen 33% der Beschuldigten ganz oder teilweise im Verhör, ansonsten in weniger als 5% der Fälle. Siehe auch die vorbereitende Studie für die Arbeitsgruppe, HOWG (1988) Anhang C.

685 Leng (1993) S. 19.

686 Leng (1993) S. 19.

687 Leng (1993) S. 19.

III. Die empirischen Ergebnisse im Lichte der politischen Reformdiskussion

Die Studie von Leng, die im Auftrag der RCCJ durchgeführt wurde, widerlegte wesentliche Annahmen, die seit dem CLRC-Report von 1972 zur Beschränkung des right to silence ins Feld geführt wurden. Sie bestätigt eine Anzahl weiterer Studien zur Ausübung des right to silence im Polizeiverhör und in der Gerichtsverhandlung.

Entgegen der Behauptung der Befürworter einer Beschränkung des right to silence wird das Recht nur von wenigen Beschuldigten überhaupt ausgeübt. Sofern es wahrgenommen wird, handelt es sich oftmals nicht um Schweigen, das seiner Natur nach die Ermittlungen beeinträchtigt, da es überflüssige Sachverhalte betrifft oder sich auf bereits gestellte Fragen bezieht. Von einer Unterminierung von Prozessen aufgrund des Schweigerechts kann daher nicht gesprochen werden.

Obgleich einige Studien belegen, daß in Fällen von Schwerkriminalität das right to silence etwas häufiger geltend gemacht wird[688], sind auch hier die Zahlen so gering, daß von einer systematischen Untergrabung der Wahrheitsfindung nicht die Rede sein kann. Ein empirischer Nachweis, daß insbesondere Terroristen sich dieses Rechts bedienten und damit die Prozesse untergraben würden, läßt sich daher nicht führen[689].

Sofern das Schweigerecht geltend gemacht wird, führt dies auch nicht dazu, daß die schweigenden Angeklagten regelmäßig einer Verurteilung entgingen. Vielmehr belegen die empirischen Zahlen, daß ein erheblicher Teil derer, die das right to silence ausüben, im weiteren Verlauf des Verfahrens verurteilt wird[690].

Die insbesondere vom CLRC-Report angeführte Untergrabung von Prozessen aufgrund Hinterhalt-Verteidigungsstrategien (ambush defences) im Pro-

---

[688] Siehe z.B. die Studie von Williamson/Moston (1990) S. 38: in 23% der schwereren Kriminalität wurde ganz oder teilweise von den Beschuldigten im Verhör das Rechts ausgeübt, bei geringeren Vergehen in 8% der Fälle. Zu bedenken ist aber dabei, daß bei schwerer Kriminalität weitaus häufiger ein Anwalt an dem Verhör teilnimmt, weshalb die höhere Zahl auch auf diesen Umstand zurückgeführt werden könnte. Siehe auch Leng (1994) S. 27/28 mit weiteren Gründen für eine Verzerrung der Statistik.

[689] Dennis (1995) CrimLR, S. 11/12. Auch Greer (1990) 53 MLR, S. 723/724 (wenn auch mit vorsichtiger Formulierung).

[690] Leng (1993) S. 43: nur in 8 Fällen (10% aller Freisprüche der Studie) hatte der Angeklagte das Schweigerecht ausgeübt. Zu diesem Punkt auch Leng (1994) S. 26/27. Beachte bereits die Bemerkung von Lawton LJ in R. v. Sparrow, CA [1971] 1 WLR, S. 493: „In our experience of trials, juries seldom acquit persons who do not give evidence when there is a clear case for them to answer and they do not answer it."

zeß läßt sich empirisch in keiner Weise belegen[691]. Hierbei erscheinen bereits viele Fälle, die auf den ersten Blick in diese Kategorie eingeordnet werden können, schon nicht als wirkliche Hinterhalt-Verteidigungen (bloßer Hinweis auf Rechtslage oder bereits bekannte Umstände u.s.w.). Soweit sich überhaupt Fälle finden lassen, in denen von einer Hinterhalt-Taktik gesprochen werden kann, führten diese Strategien regelmäßig nicht zu einem Freispruch, sondern zur Verurteilung der Angeklagten.

IV. Zusammenfassung der Ergebnisse

Im Zusammenhang mit der Debatte um das right to silence wurde im englischen Bereich seit den siebziger Jahren eine ganze Anzahl von Studien vorgelegt. Diese ergeben, daß sich wesentliche Thesen der Befürworter einer Reform des Schweigerechts empirisch nicht belegen lassen.

Die Untersuchungen zeigen, daß das Schweigerecht nur in wenigen Fällen überhaupt ausgeübt wird. Wenn dies der Fall ist, wird der Angeklagte oftmals dennoch verurteilt.

Ein eindeutiger Beleg für eine systematische Unterminierung der Prozesse durch einen „Mißbrauch“ des Schweigerechts als Schutzschild läßt sich gleichfalls nicht belegen. Dasselbe gilt für die These, ambush defences würden den ordnungsgemäßen, zügigen Gang des Verfahrens behindern. Auch für eine systematische Geltendmachung des Schweigerechts durch erfahrene Kriminelle und Terroristen lassen sich in der Praxis keine eindeutigen Nachweise finden.

[691] Leng (1993) S. 58: in den 58 Fällen, in denen der Angeklagte eine bestimmte Verteidigung erst im Prozeß vorbrachte, ließ sich nur ein (!) Fall (5%) als klare ambush defence einordnen. Auch Leng (1994) S. 28/29, der zu Recht betont, daß der Begriff der ambush defences für die empirischen Studien präzise festgelegt werden muß (v.a. tatsächliches Überraschungsmoment und nicht lediglich Rechtsausführungen). Siehe auch Easton (1998) 2 E&P, S. 109.

§ 11 Section 34 CRIMPO: Schlüsse aus dem verzögerten Vorbringen von entlastenden Tatsachen im Gerichtsverfahren[692]

Mit dem Inkrafttreten der ss. 34-39 CRIMPO am 10.04.1995 wurde das englische Recht zur Würdigung des Aussageverhaltens des Beschuldigten und des Angeklagten auf eine völlig neue Grundlage gestellt[693]. Der gesamte Wortlaut der Vorschriften ist im Anhang der Arbeit aufgeführt[694].

Im Folgenden werden die einzelnen Vorschriften getrennt untersucht. Ein besonderer Schwerpunkt liegt hierbei auf s. 34 CRIMPO (verzögertes Aussageverhalten), da diese Vorschrift bereits in der Reformdebatte und nach ihrer Einführung besonders umstritten gewesen ist. Bei der Analyse aller Vorschriften soll neben den allgemeinen rechtlichen Auswirkungen ein besonderes Augenmerk auf zwei Umstände gerichtet werden: (1) die Abweichung der Regelungen vom bisher geltenden Recht des common law, und (2) die Vereinbarkeit der im CLRC-Report und im HOWG-Report vorgebrachten ratio der Gesetzesreform mit den geltenden Regelungen.

I. Der Ausgangspunkt: die von s. 34 CRIMPO erfaßten Fälle und die Voraussetzungen der Norm in der Übersicht

Mit s. 34 CRIMPO wird der Geschworenenjury (oder im Falle geringerer Delikte dem Magistrates´ Court) die Rechtsmacht eingeräumt, aus dem Umstand, daß der Angeklagte eine bestimmte Verteidigung erst vor Gericht

---

692 Bereits wenige Jahre nach der Einführung der Vorschriften hat sich ein großer Korpus von Literatur entwickelt. Zu einer Analyse der ss. 34-39 CRIMPO allgemein v.a.: Andrews/Hirst (2001) S. 683-703, Archbold/Richardson u.a. (2002) para. 15-321 bis 15-247, Cape (1999) S. 4-23, Card/Ward (1994) S. 157-180, Dennis (1995) CrimLR, S. 9-18, Dennis[2] (2002) S. 147-163 und 435-445, Dodds (1995) 159 JP, S. 567-571, Keane (2000) S. 395-415, Mirfield (1997) S. 246-273, Murphy (1997) S. 263-277 und 421-424, Pattenden (1995) CrimLR, S. 602ff., Tain/McLeon (1994) S. 79-93, Wasik/Gibbons/Redmayne (1999) S. 304-314, Wolchover/Heaton-Armstrong (1999) para. 5-063 bis 5-203, Zander (1995) S. 307-315.

693 Allgemein wurde eine fundamentale Wende im englischen Recht aufgrund dieser Regelungen angenommen: Dennis (1995) CrimLR, S. 11. Auch Birch (1999) CrimLR, S. 770: „Section 34 departs radically from the common law ... ."

694 Abgesehen von den ss. 34-39 CRIMPO ist auch die bereits 1984 eingeführte Regelung der s. 61 (10) PACE zu beachten: danach können aus der Verweigerung des Beschuldigte bzw. Angeklagten, Körperflüssigkeiten oder sonstiges Beweismaterial preiszugeben, zu seinem Nachteil Schlüsse gezogen werden (hierzu Easton [1991] CrimLR, S. 18 und Keane [2000] S. 415-417). Freilich ist im englischen Recht umstritten, ob und in welchem Umfang auch die Preisgabe von Körpersubstanzen und sonstigem belastendem Beweismaterial ohne eigenständigen gedanklichen Inhalt vom privilege against self-incrimination erfaßt wird (dazu hierzu Easton [1991] CrimLR, S. 18ff.). Die folgende Darstellung konzentriert sich auf das Schweigen im eigentlichen Sinne.

vorgebracht hat, nachteilige Schlüsse zu ziehen. Die Vorschrift bedeutet eine radikale Abwendung von den bisher geltenden common-law-Regelungen zum Schweigen im polizeilichen Verhör.

Obgleich in s. 34 CRIMPO regelmäßig der Fall bezeichnet wird, in dem der Beschuldigte im Polizeiverhör schweigt, ist dies keineswegs die einzige denkbare Konstellation. Section 34 CRIMPO umfaßt auch die Sachlage, in der der Beschuldigte gegenüber der Polizei Angaben macht, in der Gerichtsverhandlung sich sodann aber auf eine andere Verteidigung stützt[695]. Aus diesem Grund ist es präziser, im Zusammenhang mit s. 34 CRIMPO von nachteiligen Schlüssen aus dem verzögerten Aussagevorbringen zu sprechen. Freilich bildet aber das anfängliche Schweigen den zentralen Schwerpunkt des Gesetzgebers und macht auch den ganz überwiegenden Teil der behandelten Fälle zu s. 34 CRIMPO aus.

Die Vorschrift der s. 34 CRIMPO lautet in ihren zentralen Passagen wie folgt:

> s. 34 - (1) Where, in any proceedings against a person for an offence, evidence is given that the accused -
>
> > (a) at any time before he was charged with the offence, on being questioned under caution by a constable trying to discover whether or by whom the offence has been committed, failed to mention any fact relied on in his defence in those proceedings; or
> >
> > (b) on being charged with the offence or officially informed that he might be prosecuted for it, failed to mention any such fact,
>
> being a fact which in the circumstances existing at the time the accused could reasonably have been expected to mention when so questioned, charged or informed, as the case may be, subsection (2) below applies.
>
> (2) Where this subsection applies -
>
> > (a) a magistrates´ court inquiring into the offence as examining justices;
> >
> > (b) [...]
> >
> > (c) the court, in determining whether there is a case to answer; and

---

[695] Zutreffend der Hinweis von Birch (1999) CrimLR, S. 775, Mirfield (1997) S. 249, Pattenden (1998) 2 E&P, S. 144 in Fn. 20.

(d) the court or jury, in determining whether the accused is guilty of the offence charged,

may draw such inferences form the failure as appear proper.

[...]

In dem Fall R. v. Argent[696] hat der Court of Appeal in grundsätzlicher Weise zu den einzelnen Voraussetzungen der Vorschrift Stellung genommen und diese in sechs wesentliche Punkte untergliedert. In jenem Fall, der in vielerlei Beziehung für die Auslegung von s. 34 CRIMPO von grundlegender Bedeutung ist, wurde dem Angeklagten vorgeworfen, er habe einen anderen Mann (Sullivan) vor einem Nachtclub aus Eifersucht erstochen, da dieser zuvor mit seiner - Argents - Frau getanzt habe. Noch am Abend des Tattages wurde er von der Polizei vernommen, schwieg jedoch auf Rat seines anwesenden Anwalts. Nachdem drei Wochen später ein anonymer Anrufer ihn schwer belastet hatte, wurde Argent erneut vernommen. Wiederum schwieg er auf anwaltlichen Rat zu den Tatvorwürfen. Erst im Prozeß äußerte sich der Angeklagte, indem er angab, er sei mit seiner Frau in dem Nachtclub gewesen und sodann mit ihr nach Hause gegangen. Niemand anderes habe mit seiner Frau getanzt. Der Richter in erster Instanz schloß das Schweigen im ersten polizeilichen Verhör als Beweismittel aus, eröffnete jedoch den Geschworenen die Möglichkeit, s. 34 CRIMPO mit Blick auf das zweite Verhör drei Monate später anzuwenden. Der Court of Appeal billigte in diesem Fall die Anwendung von s. 34 CRIMPO. Hier faßte Lord Bingham CJ die grundsätzlichen Voraussetzungen der Vorschrift in mehreren Punkten zusammen[697]:

1. Es müssen Ermittlungsmaßnahmen (proceedings) in einem Strafverfahren gegen den Beschuldigten eingeleitet worden sein.
2. Die Nichterwähnung (failure to mention) des Umstandes (facts) muß erfolgen, bevor die Befragung formell abgeschlossen ist (charged).
3. Die Nichterwähnung des bezeichneten Umstands muß während der Vernehmung eines Beschuldigten durch einen Polizeibeamten (constable) erfolgen, und zwar nach erfolgter Belehrung (caution).
4. Die Befragung muß darauf gerichtet sein, zu ergründen, ob eine bestimmte Straftat begangen wurde oder von wem.

---

696 R. v. Argent, CA [1997] 2 CrAppR, S. 27. Zu diesem Fall auch: Birch (1999) CrimLR, S. 780, Dennis^2 (2002) S. 151/152, Easton (1998) 2 E&P, S. 109-114.

697 R. v. Argent, CA [1997] 2 CrAppR, S. 32/33.

5. Die Nichterwähnung muß sich auf Umstände (facts) beziehen, auf die der Angeklagte sich zu einem späteren Zeitpunkt des Strafverfahrens (proceedings) beruft.

6. Der Umstand, den der Angeklagte nicht erwähnte, muß ein solcher sein, bei dem man angesichts der gesamten Gegebenheiten zur Zeit des damaligen Verhörs (in the circumstances existing at the time) vernünftigerweise erwarten konnte, daß der Beschuldigte diesen erwähnen würde (reasonably expected to mention).

Bei diesen sechs Voraussetzungen handelt es sich um eine übersichtliche Zusammenfassung der sehr komplex gefaßten Vorschrift der s. 34 CRIMPO, die im Stil der englischen Gesetzgebung in verschachtelter Systematik abgefaßt ist. Im Folgenden werden die Norm, ihre Anwendung und die hieraus resultierenden Schwierigkeiten anhand der einzelnen Tatbestandsmerkmale des Gesetzes erörtert. Berücksichtigt man, daß fast alle dieser Gesetzesmerkmale Unklarheiten aufweisen, zeigt sich bereits, wie schwierig die Vorschrift zu handhaben ist.

II. Die rechtlichen Merkmale von s. 34 CRIMPO im einzelnen

1. Der sachliche und funktionelle Anwendungsbereich, s. 34 (2) lit. a-d CRIMPO

Aus s. 34 (2) lit. a-d CRIMPO ergibt sich, daß die Vorschrift sowohl von den Magistrates´ Courts bei kleineren Vergehen wie auch für die größeren Prozesse im Crown Court (trial on indictment) anzuwenden ist[698].

Die funktionelle Zuständigkeit innerhalb des gerichtlichen Verfahrens für die Anwendung der Vorschriften ergibt sich aus der jeweiligen Struktur beider Prozeßtypen. Im Grundsatz gilt, daß in den Magistrates´ Courts die geschulten Laienrichter Schlüsse aus dem Schweigeverhalten ziehen. Im Crown Court (trial on indictment) ist die Würdigung des passiven Verhaltens als Schuldindiz weitgehend der Geschworenenjury vorbehalten (s. 34 [2] lit. d CRIMPO). Freilich gilt dies nur im Grundsatz: denn entsprechend dem bereits Gesagten hat der Richter auch die Rechtsmacht, die Voraussetzungen der Anwendung von s. 34 CRIMPO zu prüfen und die Jury ggf. darüber zu belehren, daß die Norm nicht zur Anwendung kommen könne. Mithin hat der Richter im trial on indictment hinsichtlich der Schuldfrage keine Kompetenz,

---

698 Zu diesen beiden Formen des Strafprozesses bereits supra S. 185.

s. 34 CRIMPO anzuwenden, er hat jedoch die Rechtsmacht, die Norm im einzelnen Fall auszuschließen[699].

Bereits die Reichweite der sachlichen Anwendbarkeit erweckt im Lichte der ratio der Reform, wie sie seit dem CLRC-Report präsentiert wurde, Bedenken. Wenn nämlich vor allem abgehärtete Terroristen das right to silence mißbrauchen, ist nicht einzusehen, weshalb ss. 34-39 CRIMPO auch in den Fällen von Kleinkriminalität gelten sollten[700].

2. „in any proceedings against a person for an offence", s. 34 (1) CRIMPO

Mit diesem Merkmal wird zum Ausdruck gebracht, daß es sich bei der Situation, innerhalb derer das verzögerte Aussageverhalten relevant werden kann, um ein behördliches (regelmäßig strafrechtliches) Ermittlungsverfahren handeln muß. Dies bedeutet insbesondere, daß das Aussageverhalten gegenüber privaten Dritten nicht erfaßt wird. Daraus folgt, daß in jenem von den Urteilen Christie und Mitchell abgedeckten Bereich des common law[701] s. 34 CRIMPO von vornherein nicht eingreift[702].

Zwingende Voraussetzung für eine Anwendbarkeit von s. 34 CRIMPO ist zudem, daß der Beschuldigte innerhalb des polizeilichen Verhörs über die Möglichkeit einer nachteiligen Würdigung seines Schweigens belehrt wurde

---

699 Zu beachten ist jedoch, daß die Vorschrift auch im trial on indictment vom Richter selbst angewendet wird, und zwar bei der Prüfung, ob die Anklage einen case to answer präsentiert habe (s. 34 [2] lit. c CRIMPO). Diese Regelung wurde etwa vom Richter der Ausgangsinstanz in R. v. Argent übersehen, siehe die Darstellung in CA [1997] 2 CrAppR, S. 35 (Lord Bingham CJ). Die Norm ist auch in der Literatur z.T. gar nicht beachtet worden (demgegenüber aber Archbold/Richardson u.a. [2002] para. 15-333, Birch [1999] CrimLR, S. 779/780 und Pattenden [1998] 2 E&P, S. 144). Auf den rechtstechnischen Begriff des case to answer soll im Zusammenhang mit s. 35 CRIMPO näher eingegangen werden (infra S. 284), doch sei bereits hier gesagt, daß es sich um eine richterliche Prüfung auf formelle Anfrage der Verteidigung eingangs des Prozesses handelt, ob die Anklage überhaupt einen stichhaltigen Anklagevorwurf (case to answer) präsentiert habe.

700 Dies war bereits ein Kritikpunkt von Greer (1990) 53 MLR, S. 724 und Jackson (1991) CrimLR, S. 405 zum nordirischen Recht.

701 Dazu supra S. 187.

702 So auch ausdrücklich s. 34 (5) lit. b CRIMPO. Siehe hierzu bereits auch die Erwägungen des CLRC (1972) para. 34, das davon ausging, die Lage des common law sei insoweit zufriedenstellend.

(PACE, Codes of Practice, Code C 10.4[703])[704]. Insoweit folgte der englische Gesetzgeber den einschränkenden Vorschlägen der HOWG[705].

3. „any time before he was charged", s. 34 (1) lit. a CRIMPO

Die Nichterwähnung eines bestimmten Umstands muß aufgrund des Gesetzes in einem festgelegten zeitlichen Rahmen erfolgen. „Charged" bezeichnet hierbei den Verfahrensschritt, bei dem die Strafverfolgungsbehörden zur Überzeugung gelangt sind, der Beschuldigte sei hinreichend verdächtig, und Anklage vor Gericht erheben. Das bereits erwähnte Reformwerk des Police and Criminal Evidence Act 1984 führte hierbei besondere Regelungen ein, die zwingend diesen Verfahrenschritt des „to charge" vorsehen, wenn die Strafverfolgungsbehörde genügend Beweismaterial für eine Anklage zusammengestellt hat[706]. Hierdurch sollten Verschleppungen (etwa zum Zwecke der weiteren zermürbenden Befragung des Beschuldigten) im Vorfeld des Prozesses verhindert werden, die zuvor in der Praxis zu beobachten waren.

Schon im Zusammenhang mit diesem Merkmal hat sich ein schwerwiegendes Auslegungsproblem von s. 34 CRIMPO ergeben[707]. Wenn nämlich die Strafverfolgungsbehörde bereits genügend Material für eine Anklageerhebung besitzt, hat sie gemäß s. 37 (7) PACE i.V.m. Code C 11.4, 16.1 zwingend anzuklagen. Daher kann bei einer unzulässigerweise dennoch fortgeführten Befragung ein etwaiges Schweigen nicht mehr aufgrund s. 34 CRIMPO

---

703 Der Wortlaut dieser Belehrung lautet: „You do not have to say anything. But it may harm your defence if you do not mention something which you later rely on in court. Anything you say may be given in evidence."

704 Im nordirischen Recht hingegen sahen die ss. 3ff. NI Order 1988 (entgegen den Vorschlägen des HOWG-Report) keine solche Belehrung vor. Allerdings wurde kurz nach Erlaß der Order vom Secretary of State for Northern Ireland, Tom King, an die Chief Constable eine Weisung verteilt, die eine (sehr umständlich formulierte) Instruierung des Beschuldigten vorsah. Hierzu und zum konkreten Wortlaut der Belehrung Jackson (1991) CrimLR, S. 406/407. Mit Einführung der ss. 34-39 CRIMPO wurde das nordirische Recht dem englischen angepaßt und eine entsprechende Belehrungspflicht auf gesetzlicher Grundlage eingeführt, Schedule 10 para. 61 CRIMPO 1994.

705 Beachte auch, daß in den ss. 36 (4), 37 (3) CRIMPO eine Belehrung durch den Polizeibeamten in „verständlicher Sprache" (ordinary language) gleichfalls Voraussetzung für Schlüsse aus dem Schweigen ist. Insoweit wurde die Belehrung aber gewissermaßen „vertatbestandlicht". Zu dem Begriff „ordinary" (allgemein verständlich) Jackson (1995) CrimLR, S. 591/592 und den nordirischen Fall R. v. Martin, Belfast CC, Urteil vom 08.05.1990 (unveröffentlicht), zitiert nach Jackson (1995) CrimLR, S. 591 mit Fn. 17.

706 Section 37 (7) PACE i.V.m. Code C 11.4, 16.1.

707 Zu dieser Problematik Archbold/Richardson u.a. (2002) para. 15-332, Birch (1999) CrimLR, S. 780/781, Cape (1999) S. 12-14, Jennings (1999) 149 NLJ, S. 1182.

nachteilig gewürdigt werden: der Beschuldigte schweigt dann ohnehin zu Recht, da er keinen Anlaß mehr hat, weitere Fragen zu beantworten[708]. Dies würde aber bedeuten, daß in vielen Fällen, in denen bereits vor einer ersten Befragung des Beschuldigten überzeugendes Beweismaterial vorliegt, s. 34 CRIMPO ausgeschlossen wäre. Das gleiche gälte, wenn sich während des Verhörs bereits ein bestimmtes Überzeugungsbild bei dem Beamten entwickelt: der Angeklagte könnte mit Hinweis darauf sofort das Verhör beenden und (folgenlos) schweigen[709]. Das Urteil R. v. McGuinness[710] versuchte diese drastische Einschränkung der s. 34 CRIMPO für die Fälle, in denen schon anderweitiges überzeugendes Beweismaterial vorliegt, abzumildern: selbst wenn solches Beweismaterial vorläge und schon eine Überzeugung von der Täterschaft des Beschuldigten begründe, müsse dennoch dieser regelmäßig näher zum Fall befragt werden, um eine weitere Klärung zu erzielen. Insoweit sei aber die Überzeugungsbildung noch nicht abgeschlossen, s. 34 CRIMPO daher auch in diesen Fällen noch anwendbar.

4. „failed to mention a fact“, s. 34 (1) lit. a CRIMPO

Entsprechend der Konzeption des Gesetzes muß der Beschuldigte während des Verhörs einen oder mehrere Umstände (fact bzw. facts) unerwähnt lassen[711]. Dieses Merkmal erscheint auf den ersten Blick unproblematisch, hat jedoch ebenfalls Anlaß zu Auslegungsfragen ergeben.

Grundsätzlich bezeichnet das Merkmal „fact“ sowohl innere als auch äußere Tatsachen (internal und external facts)[712]. Dies ist besonders wichtig in den Fällen besonderer subjektiver Merkmale, deren Vorhandensein oftmals nur

---

[708] R. v. Coleman, Knight und Hochenberg, CA, Urteil vom 20.10.1995 (unveröffentlicht), zitiert nach Archbold/Richardson u.a. (2002) para. 15-332, hat auch für weitere Aussagen (!) des Beschuldigten nach Vorliegen der Voraussetzungen von PACE Code C 11.4 mit 16.1 einen Ermessensausschließung aufgrund s. 78 PACE angenommen. Dann ist es konsequent, daß ein Ausschluß auch für das Schweigeverhalten des Beschuldigten angenommen wird.

[709] So auch die konsequente Schlußfolgerung von R. v. Pointer, CA [1997] CrimLR, S. 676 und R. v. Gayle, CA [1999] CrimLR, S. 502.

[710] R. v. McGuinness, CA [1999], CrimLR, S. 319. Ebenso R. Ioannou, CA [1999] CrimLR, S. 586, R. v. Odeyemi, CA [1999] CrimLR, S. 829, R. v. Van Bokkum u.a., CA [2000] 6 ArchN, S. 2, R. v. Elliott, CA [2002] 5 ArchN, S. 2.

[711] Eine „Erwähnung“ des Umstands ist hierbei bereits dann anzunehmen, wenn der Beschuldigte die Tatsache im Verhör in schriftlicher Form gegenüber der Polizei preisgibt. Section 34 CRIMPO ist in diesem Fall unanwendbar, auch wenn der Beschuldigte keine näheren mündlichen Angaben zu dem betreffenden entlastenden Detail liefert, R. v. Ali u.a., CA [2001] 6 ArchN, S. 2. Hierzu auch Cape (1999) S. 15/16 und Dennis (2002) CrimLR, S. 32.

[712] Dennis[1] (1999) S. 145/146.

schwerlich aus den äußeren Umständen der Tatbegehung geschlossen werden kann. Jedoch können Schwierigkeiten bei der Abgrenzung auftreten, ob es sich überhaupt um die Behauptung eines tatsächlichen Umstands handelt. Eine solche Abgrenzungsschwierigkeit kann in zwei Richtungen zutage treten: zum einen muß eine Abgrenzung gegenüber bloßen Spekulationen und theoretischen Annahmen erfolgen, zum anderen muß der Begriff des „fact" gegenüber rein rechtlichen Behauptungen abgegrenzt werden.

In R. v. Nickolson[713] befaßte sich der Court of Appeal mit der Abgrenzung von reinen Spekulationen zur Behauptung tatsächlicher Umstände im Sinne von s. 34 CRIMPO. Der Angeklagte war wegen sexueller Delikte zum Nachteil seiner minderjährigen Tochter angeklagt. Während des Prozesses eröffnete die Anklage, daß im Kinderzimmer der Tochter Sperma gefunden worden waren, das nachweislich vom angeklagten Vater stammten. Zur Zeit des Verhörs des Vaters waren dieses Beweismaterial auch der Polizei noch unbekannt, da es erst später aufgefunden wurden. Im Prozeß brachte der Angeklagte daraufhin bestimmte Erklärungen vor, wie die Spermaspuren in das Kinderzimmer gekommen sein könnten: so habe er auf der Toilette masturbiert und das Kind hätte das Sperma möglicherweise dort berührt und weitergetragen. Das Gericht erster Instanz verurteilte den Vater, wobei der Richter den Geschworenen freistellte, s. 34 CRIMPO hinsichtlich der Erklärungen des Angeklagten zu den Körperspuren anzuwenden. Der Court of Appeal hob das Urteil auf, wobei er s. 34 CRIMPO gleich aus zwei Gründen als nicht erfüllt ansah[714]. Die Vorschrift greife schon deswegen nicht ein, weil die relevanten Umstände der Polizei und dem Beschuldigten zum Zeitpunkt des polizeilichen Verhörs nicht bekannt waren[715]. Daneben seien die Darstel-

---

713 R. v. Nickolson, CA [1999] CrimLR, S. 61 (per Maurice Kay J). Zu diesem Fall insbesondere Archbold/Richardson u.a. (2002) para. 15-325, Birch (1999) CrimLR, S. 782/783, Dennis (2002) CrimLR, S. 32. Ebenso entschied der Court of Appeal in R. v. B (MT), CA [2000] CrimLR, S. 181. Ein weiterer ähnlicher Fall, in dem der Richter erster Instanz aus spekulativen Erklärungen des Angeklagten auf ein „Sichstützen" auf eine bestimmte Verteidigung schloß, ist R. v. Hart, CA, Urteil vom 23.04.1998 (unveröffentlicht), zitiert nach Birch (1999) CrimLR, S. 774 mit Fn. 33 und S. 783 mit Fn. 82. In diesem Fall brachte die Verteidigung spekulative Erklärungen vor, wie der Angeklagte in den Besitz zweier inkriminierender Telefonnummern gelangt sein könnte. Siehe auch R. v. B, CA [2000] CrimLR, S. 182.

714 Auch in dem vergleichbaren Fall R. v. Hart, CA, Urteil vom 23.04.1998 (unveröffentlicht), zitiert nach Birch (1999) CrimLR, S. 774 mit Fn. 33, konstatierte der Court of Appeal neben dem spekulativen Charakter der Verteidigungserklärungen einen weiteren Grund für die Nichtanwendbarkeit von s. 34 CRIMPO. Dies allein zeigt schon die Schwierigkeiten der unteren Gerichte bei der Handhabung dieser Vorschrift.

715 Dies ist eine selbstverständliche Einschränkung der s. 34 CRIMPO im Bereich konkreter belastender Beweistatsachen: der Beschuldigte hat nur Anlaß, auf solche belastende

lungen des Vaters zu dem möglichen Zustandekommen der Spermaflecken im Zimmer nur spekulative Erklärungen möglicher Kausalverläufe. Solche Behauptungen genügten jedoch nicht, um die Wirkungen von s. 34 CRIMPO auszulösen.

Eine Analyse von s. 34 CRIMPO ergibt, daß das Gesetz in aussagetaktischer Hinsicht gerade Ergebnisse produziert, die vom Gesetzgeber nicht gewollt waren[716]. Schweigt der Beschuldigte in der polizeilichen Vernehmung oder führt er eine Verteidigung an, an der er im Prozeß nicht festzuhalten gedenkt, werden die Wirkungen von s. 34 CRIMPO nur ausgelöst, sofern er tatsächliche Umstände darlegt, die als „facts" (entlastendes Verteidigungsvorbringen) im Sinne der s. 34 CRIMPO anzusehen sind. Formuliert er dagegen (möglicherweise zur Verwirrung der Laienjury) spekulative Thesen und faßt seine Verteidigung als bloße Äußerung einer Vermutung, sind die Voraussetzungen von s. 34 CRIMPO nicht erfüllt und er entgeht deren Anwendung. Das Hineindrängen in spekulatives Aussageverhalten kann allerdings schwerlich die Intention des Gesetzgebers gewesen sein.

Aber noch in anderer Hinsicht hat sich in der neuesten Rechtsprechung eine beschränkende Auslegung des Merkmals ergeben. In der Entscheidung R. v. Betts und Hall[717] betonte der Court of Appeal, daß die Vorschrift dann nicht eingreifen könne, wenn der Angeklagte lediglich die Kenntnis eines Umstands einräume, den die Strafverfolgungsbehörde behaupte. In der bezeichneten Entscheidung gab der Angeklagte während des Prozesses zu, gewußt zu haben, daß seine Frau mit dem Opfer ein außereheliches Verhältnis hatte. Der Court of Appeal befand, daß ein Zugestehen solcher belastenden Umstände, die von der Anklage angeführt wurden, nicht dem Begriff des „fact" im Sinne von s. 34 CRIMPO unterfalle[718]. Dieser Rechtsprechung ist, ausgehend von der ratio der Regelungen, zuzustimmen: in einem solchen Fall führt nämlich der Angeklagte keinen weiteren entlastenden Umstand in den Prozeß

Indiztatsachen einzugehen, die überhaupt im Verhör thematisiert wurden. Zu diesem Punkt auch Dennis (1995) CrimLR, S. 15 und Dodds (1995) 159 JP, S. 568. Eine weitere logische Beschränkung ergibt sich für s. 34 CRIMPO, wenn der Beschuldigte den entlastenden Umstand erst nach den erfolgten polizeilichen Verhören erfährt und daher erst im Prozeß vorbringt, hierzu R. v. MB, CA [2000] 3 ArchN, S. 2.

716 Zutreffend der Hinweis von Birch (1999) CrimLR, S. 783.

717 R. v. Betts und Hall, CA [2001] 2 CrAppR, S. 257.

718 Das Gericht wies hierbei ausdrücklich auf die Entscheidung des Europäischen Gerichtshofs für Menschenrechte in der Sache Condron und Condron hin, die eine restriktive Auslegung von s. 34 CRIMPO gebiete, R. v. Betts und Hall, CA [2001] 2 CrAppR, S. 264/265. Hierzu auch Dennis (2002) CrimLR, S. 30. Näher zu diesem und weiteren Urteilen des europäischen Gerichts infra S. 301ff.

ein und behindert so ggf. die Wahrheitsfindung[719]. Gerade im Gegenteil fördert er den Abschluß des Verfahrens, indem er ein (möglicherweise belastendes) Detail einräumt. Die Tatsache, daß im bezeichneten Fall sich der Richter der Ausgangsinstanz in diesem Zusammenhang auf s. 34 CRIMPO berufen hatte[720], zeigt, wie unklar das Verständnis von s. 34 CRIMPO in der Praxis ist und wie weit sich die richterrechtliche Auslegung dieser Norm teils von ihrer ratio entfernt hat[721].

5. „later relied on in his defence", s. 34 (1) lit. a CRIMPO

a) Der Ausgangspunkt: die verschiedenen Möglichkeiten des Hervortretens entlastender Umstände im Gerichtsverfahren

Als besonders problematisch erwies sich das Merkmal des „Sichstützens" (relied on) auf den fraglichen Umstand, der im polizeilichen Verhör nicht erwähnt wurde. Sicherlich ist damit der Hauptfall erfaßt, in dem der Angeklagte in der Zeugenvernehmung durch die Verteidigung oder im Kreuzverhör sich auf bestimmte entlastende Umstände stützt, die er vor der Polizei nicht

---

[719] Hingegen entschied das Gericht in demselben Fall, die verzögert vorgetragene Behauptung, er - der Angeklagte - habe das Opfer nicht gekannt, unterfalle s. 34 CRIMPO. Dies ist unstimmig, da hier ebenso wie in der zuerst genannten Situation keine neuen Tatsachen vom Angeklagten eingeführt werden. Hierzu Birch (2001) CrimLR, S. 757 und Dennis (2002) CrimLR, S. 30/31.

[720] Dies geht aus der Darstellung des (unveröffentlichten) erstinstanzlichen Urteils in dem Fall Betts und Hall hervor, siehe die Urteilswiedergabe in R. v. Betts und Hall, CA [2001] 2 CrAppR, S. 262/263 per Kay LJ.

[721] Tendenziell abweichend von Betts und Hall befürwortete hingegen der nachfolgende Fall R. v. Daly, CA [2002] 2 CrAppR, S. 206/207 die Anwendbarkeit von s. 34 CRIMPO auch in der Situation, in der Behauptungen der Anklage von der Verteidigung im Prozeß nachträglich eingeräumt werden. In dem zugrundeliegenden Sachverhalt dieser Entscheidung hatte der Angeklagte, dem Raub von Telefonkarten und Bargeld aus einem Ladengeschäft vorgeworfen worden war, während des Gerichtsverfahrens eingeräumt, sich zur fraglichen Tatzeit im Laden befunden zu haben. Jedoch habe er – so der Angeklagte – die Karten nicht unter Androhung von Gewalt entwendet, sondern gestohlen. Der Court of Appeal billigte die Anwendung von s. 34 CRIMPO bezüglich dieses Vorbringens. Der entscheidende Unterschied zu Fällen wie Betts und Hall dürfte darin zu sehen sein, daß der Angeklagte nicht nur ein bestimmtes Detail des Anklagevorwurf einräumte, sondern dies zugleich mit einem weiteren entlastenden Verteidigungsdetail (nämlich, er habe keine Gewalt angewendet) verband. Diese weitere, entlastende Sachverhaltsangabe stellt jedoch einen Vortrag dar, der s. 34 CRIMPO unterfällt. Wie Birch ihrem Kommentar zu Betts und Hall hervorhebt, wird durch eine solche differenzierende Sichtweise freilich das Recht weiter kompliziert, da juristischen Laien kaum zu erklären sein dürfte, daß aus dem Zugestehen des einen Sachverhaltselements (in Daly: Anwesenheit im Geschäft) kein nachteilige Schluß gezogen werden könne, aus dem weiteren Detail (in Daly: keine Gewaltanwendung, sondern Wegnahme) hingegen schon, Birch (2001) CrimLR, S. 758.

erwähnt hat. Jedoch ist dies nicht die einzige Art und Weise, in der solche entlastenden Umstände vorgetragen werden können. Aufgrund der vielfältigen prozessualen Möglichkeiten des akkusatorischen Parteiprozesses können den Angeklagten begünstigende Umstände in vielerlei Weise zutage treten. Der Vortrag entlastender Umstände kann etwa anläßlich der Vernehmung anderer Zeugen der Verteidigung durch diese (examination in chief) oder durch die Anklage (cross-examination) erfolgen. Es bedarf daher einer genauen Bestimmung, wann der Angeklagte sich auf einen Umstand nachträglich „stützt".

Vom Grundprinzip her sind hierbei zwei extreme Gegenpole denkbar. Einerseits ließe sich das Merkmal des „Sichstützens" auf eine bestimmte Verteidigung allein auf die Person des Angeklagten und sein Prozeßverhalten beziehen[722]. Nach dieser engen Sichtweise käme es lediglich auf ihn und sein persönliches Aussageverhalten an. Andererseits würde eine extrem weite Auslegung lediglich das bloße Ergebnis, nämlich die Einführung (wenn auch mittelbar oder versteckt) weiterer Verteidigungselemente in den Prozeß, als maßgebend für das Merkmal des „Sichstützens" erachten. Hiernach käme es nicht darauf an, welche Prozeßpartei die entlastenden Tatsachen vortragen würde[723]. In seiner extremsten Ausformung würde diese weite Auslegung nicht einmal fordern, daß die Verteidigung den Vortrag bewußt oder auch nur kausal herbeigeführt hätte: selbst spontane entlastende Aussagen von Zeugen der Anklage unterfielen danach dem Merkmal, wenn nur die Verteidigung im Folgenden diese neue Entlastungsmöglichkeit aufnähme oder unwidersprochen gelten ließe.

b) Der Lösungsweg der nordirischen und englischen Gerichte

Die nordirischen und ihnen folgend die englischen Gerichte haben s. 34 CRIMPO im eben beschriebenen denkbar weiten Sinne ausgelegt.

In R. v. Bowers u.a.[724] erklärte der Court of Appeal für die englischen Regelungen, daß ein „Sichstützen" auf neue Umstände im Sinne der Vorschrift auch dann vorläge, wenn der Angeklagte selbst nicht in den Zeugenstand tre-

---

[722] In diese Richtung etwa Mirfield (1997) S. 252/253, wobei er auch sonstige von der Verteidigung vorgebrachten Beweismittel neben den Angaben des Angeklagten miteinbezieht.

[723] Eine tendenziell weite Auslegung vertritt etwa Jackson (1995) CrimLR, S. 590 mit Hinweis auf den Wortlaut. Freilich wendet sich auch dieser Autor aus prinzipiellen Gründen gegen die Normen insgesamt.

[724] R. v. Bowers u.a., CA [1998] CrimLR, S. 817/818. Zustimmend Turner (1999) 163 JP, S. 244 mit Hinweis auf die Systematik der s. 34 (2) lit. a-d CRIMPO. Zu diesem Fall auch Birch (1999) CrimLR, S. 784/785.

te, jedoch der Umstand aus der Vernehmung von sonstigen Zeugen durch die Verteidigung hervorgehe. Hierbei schloß das Gericht ausdrücklich auch den Fall mit ein, daß der entlastende Umstand im Kreuzverhör von Zeugen der Anklage geäußert wurde[725]. Eine Grenze zog das Gericht allerdings insofern, als es das Merkmal als nicht mehr gegeben ansah, sofern weder der Angeklagte in den Zeugenstand trete noch selbst Zeugen beriefe, sondern lediglich Details des Anklagevorwurfs in Frage stelle. In diesem Fall könne s. 34 CRIMPO keine Anwendung finden[726,727].

In dem Fall R. v. Fox und Sullivan[728] befand der nordirische Crown Court (Hutton LJ), daß ein „Sichstützen" auf eine bestimmte Verteidigung auch dann vorliegen könne, wenn der Angeklagte sich in der Befragung durch die Verteidigung im Zeugenstand (examination in chief) zu dem entlastenden Umstand nicht äußere, sondern allein im Kreuzverhör (cross-examination) durch die Anklage. In diesem Fall wählte Fox anscheinend gezielt eine solche Taktik, um hernach gegenüber dem Gericht zu behaupten, da er den Umstand nur unter dem „Zwang" des Kreuzverhörs erwähnte habe, sei s. 3 NI Order 1988 unanwendbar.

Freilich ergibt sich eine kritische Sichtweise dieser extensiven Auslegung unter dem Gesichtspunkt der ratio der s. 34 CRIMPO: wie gesehen dient diese Vorschrift der Vermeidung von ambush defences. Es erscheint aber sehr fraglich, ob die bloße, vom Angeklagten zumeist gar nicht steuerbare Erwähnung entlastender Umstände durch dritte Personen noch von dieser ratio gedeckt wird. Von einer systematischen Unterminierung des Prozesses könnte in diesen Fällen nur die Rede sein, wenn der Angeklagte den Zeugen vorher

---

725 Ebenso R. v. Moshaid, CA [1998], CrimLR, S. 420 und R. v. Reader u.a., Urteil vom 07.04.1999 (unveröffentlicht), zitiert nach Cape (1999) S. 15. Siehe die zutreffende Kritik von Jennings (1999) 149 NLJ, S. 1181, der hervorhebt, daß nicht einsichtig ist, welche (!) belastenden Schlüsse gezogen werden könnten, wenn ein Zeuge der Anklage im Kreuzverhör entlastende Tatsachen preisgibt.

726 Jedoch kann ggf. s. 35 CRIMPO (Schweigen während der Gerichtsverhandlung) herangezogen werden.

727 Es erscheint bemerkenswert, daß das Urteil Bowers u.a. sich zustimmend auf ein nordirisches Urteil, nämlich R. v. McLernon, NICA [1992] NIJB, S. 168 bezog. Dieses Urteil hielt (obiter) auch dann Schlüsse für möglich, wenn im Kreuzverhör eines Zeugen der Anklage allein der Anklagevorwurf in Frage gestellt würde. Dabei aber handelte es sich gerade um einen solchen Fall, den der Court of Appeal in Bowers u.a. a.a.O. als nicht mehr von s. 34 CRIMPO erfaßt erachtete. Das Gericht übersah offenbar diesen Widerspruch zu dem nordirischen Urteil (oder ignorierte dies als obiter dictum). Wie Bowers u.a. hingegen der nordirische Fall R. v. Devine, NICA, Urteil vom 13.05.1992 (unveröffentlicht), zitiert nach Jackson (1995) CrimLR, S. 590/591.

728 R. v. Fox und Sullivan, NICA, Urteil vom 14.03.1997 (unveröffentlicht), zitiert nach Birch (1999) CrimLR, S. 784 mit Fn. 90.

entsprechend „präpariert“. Dies aber stellt wiederum eine Straftat dar, und dürfte nur in wenigen Fällen eine praktische Rolle spielen[729].

Allerdings stellt das Merkmal des „Sichstützens“ zumindest eindeutig klar, daß die Vorschrift nur in einer spezifischen Situation Anwendung findet: wenn ein bestimmter entlastender Umstand zu einem Zeitpunkt im Verfahren nicht erwähnt, zu einem späteren Zeitpunkt jedoch zur Verteidigung eingeführt wird. Dies bedeutet, daß diese Vorschrift im Fall des durchgängigen Schweigens nicht zur Anwendung kommen kann[730].

c) s. 34 CRIMPO und die Unbeachtlichkeit eines konkreten Überraschungsmoments

Auch in weiteren Punkten zeigte sich eine sehr weitgehende Auslegung dieser Norm in der Praxis. Insbesondere wurde von den Gerichten betont, daß die Vorschrift auch dann eingreife, wenn das Vorbringen im Prozeß keine Überraschung für die Anklage darstelle (etwa weil bereits zuvor die Verteidigung das Vorbringen ankündigt hatte)[731]. Dies entspricht zwar dem Wortlaut

---

[729] Zudem ergibt sich noch ein weiteres Problem bezüglich des Merkmals „relied on“. Diese Wendung setzt offensichtlich die Struktur des Parteiprozesses voraus, mit dem antagonistischen Vortrag von Anklage und Verteidigung. Jedoch finden sich im englischen Rechte einige wenige Ausnahmen, in denen das Gericht von Amts wegen (!) eine mögliche Verteidigung zu prüfen hat. Zu diesen amtswegig zu prüfenden Verteidigungen zählt insbesondere die sog. defence of provocation. Im Falle des Mordvorwurfs erlaubt die unberechtigte Reizung zum Zorn (provocation) eine Herabstufung des Delikts von Mord auf Totschlag (zu diesem Institut des materiellen Strafrechts Allen [1999] S. 276-286, Card [2001] S. 224-239, Clarkson/Keating [1998] S. 684-708, Simester/Sullivan [2000] S. 339-356). Das Eingreifen dieses Merkmals ist bei Anhaltspunkten im Sachverhalt von Amts wegen zu prüfen und ggf. sind die entsprechenden Beweise der Jury vorzulegen, R. v. Cambridge, CA [1994] 1 WLR, S. 971, R. v. Burgess und McLean, CA [1995] CrimLR, S. 425. Es ist nicht klar, ob s. 34 CRIMPO Anwendung finden kann, wenn das Gericht eine solche Sachverhaltslage untersucht und sich die Verteidigung sodann mit der defence of provocation anschließt, in dem sie weitere Details vorträgt, Birch (1999) CrimLR, S. 784. Gegen eine Anwendbarkeit von s. 34 CRIMPO spricht, daß in diesem Fall das Gericht ohnehin den Sachverhalt in diesem Punkt amtswegig zu prüfen hat.

[730] Andrews/Hirst (2001) S. 690-692, Birch (1999) CrimLR, S. 775, Cross/Tapper (1999) S. 627, Dennis (2002) CrimLR, S. 30, Dodds (1995) 159 JP, S. 568, Jackson (1995) CrimLR, S. 589, Jennings (1999) 5 ArchN, S. 6, Mirfield (1995) CrimLR, S. 615, Zander (1995) S. 309. Dieser Umstand wurde auch in mehreren Urteilen hervorgehoben, etwa in R. v. Hart und McLean, CA [1998] 6 ArchN, S. 1, R. v. Moshaid, CA [1998] CrimLR, S. 420, R. v. Bansal, CA [1999], CrimLR, S. 484. Bereits im Gesetzgebungsverfahren wurde dies von Lord Taylor CJ betont, siehe Hansard, HL, Bd. 555 Spalte 519.

[731] R. v. Fox und Sullivan, NICA, Urteil vom 14.03.1997 (unveröffentlicht), zitiert nach Birch (1999) CrimLR, S. 775.

von s. 34 CRIMPO, die auf kein solches Überraschungsmoment im konkreten Fall abstellt. Jedoch ist auch diese weite Auslegung mit der s. 34 CRIMPO zugrundeliegenden ratio nicht vereinbar, die darauf abzielt, ambush defences zu verhindern[732].

Diese weite Auslegung gilt aber nicht nur für den Fall, in dem der Beschuldigte nach Beendigung seiner Verhöre der Polizei bestimmte Details mitteilt. Vielmehr soll nach einem nordirischen Urteil[733] s. 3 NI Order 1988 (das Äquivalent zu s. 34 CRIMPO) sogar dann anwendbar sein, wenn bereits in einem der folgenden (!) Verhöre der Beschuldigte den entlastenden Umstand erwähnt, auf den er sich dann auch im Prozeß stützt. Es muß nicht betont werden, daß diese Rechtsprechung mit der eigentlichen ratio der s. 34 CRIMPO (Verhinderung der ambush defences) nichts mehr zu tun hat[734].

6. „in the circumstances existing at the time reasonably expected to mention", s. 34 (1) a.E. CRIMPO

Die Formulierung in s. 34 (1) a.E. CRIMPO beinhaltet den entscheidenden Passus des neuen Gesetzes. Dieses Merkmal zeigt die inhaltlichen Voraussetzungen für Schlüsse aus dem anfänglichen Schweigen bzw. sonstigem abweichenden Aussageverhalten im polizeilichen Verhör auf. Die Formulierung läßt sich hierbei in zwei Untereinheiten gliedern, die freilich eng aufeinander bezogen sind: (1) verweist die Formel auf die Umstände des Verhörs, (2) formuliert sie als eigentlichen Kern, welcher Maßstab an das Aussageverhalten des Beschuldigten anzulegen ist.

---

732 Dies war auch das Argument der Verteidigung in dem soeben zitierten nordirischen Fall Fox und Sullivan.

733 R. v. McLernon, Belfast CC, Urteil vom 20.12.1990 (unveröffentlicht), zitiert nach Keane (2000) S. 407 in Fn. 16.

734 Section 34 wird erst Recht nicht in dem Fall ausgeschlossen, in dem die Erwähnung des Umstandes nach den polizeilichen Verhören, aber vor dem Beginn des Prozesses erfolgt, siehe den nordirischen Fall R. v. McLernon, NICA [1992], NIJB, S. 168. Dies bedeutet insbesondere, daß nach Abschluß der Ermittlungen der Verteidiger durch Ankündigung des Verteidigungsverhaltens s. 34 CRIMPO nicht mehr auszuschließen vermag. Diese Rechtsprechung wurde sogar noch einen weiteren Schritt vorangetrieben. Selbst wenn der Beschuldigte bereits vor (!) dem Verhör bei der Polizei den Umstand gegenüber den Strafverfolgungsorganen äußert, in den Verhören jedoch dazu schweigt und diesen Punkt nicht erläutert, sei s. 34 CRIMPO anwendbar: R. v. Averill, NICA, Urteil vom 03.01.1997 (unveröffentlicht), zitiert nach Birch (1999) CrimLR, S. 775 mit Fn. 37. In diesem Fall hob der Beschuldigte bei der Verhaftung spontan einen Umstand hervor, erwähnte diesen aber in den folgenden siebenunddreißig (!) Verhören nicht mehr.

a) Der Ausgangspunkt der Auslegung: R. v. Argent, CA [1997] 2 CrAppR, S. 27

Im bereits angesprochenen Fall R. v. Argent[735] hat das Gericht zur Klärung dieses Merkmals in zweierlei Hinsicht beigetragen. Zum einen ist die Frage zu stellen, welchen Begriffsumfang die Formulierung „in the circumstances" beinhaltet. Theoretisch denkbar wäre eine enge Auslegung, die etwa die psychologische Situation des Beschuldigten oder das Verhalten des Vernehmenden für die Beurteilung dieser Frage unberücksichtigt lassen könnte. Dem ist das Gericht entgegengetreten: die Formulierung sei weit auszulegen und umfasse alle relevanten Umstände zum Zeitpunkt des Verhörs, ganz gleich, ob sich diese auf die Person des Beschuldigten oder die sonstigen äußeren Umstände der Vernehmung bezögen[736]. Mögliche Umstände, die in Betracht zu ziehen seien, wären daher etwa das Alter des Beschuldigten, seine Lebenserfahrung (experience), seine Intelligenz (mental capacity), sein allgemeiner körperlicher Zustand (physical state), Alkoholeinwirkung (sobriety) und seine allgemeine Persönlichkeitsstruktur (personality). Daneben seien auch Umstände wie die Frage, ob der Beschuldigte Rechtsberatung erhalten habe, mögliche Gesichtspunkte[737].

Desweiteren klärte das Gericht, daß „reasonably expected to mention" eine subjektiviert aufzufassende Formulierung sei[738]. Es müsse von den Fähigkeiten, vom Wissen und dem Verständnis (capacities, knowledge and understanding) des Beschuldigten ausgegangen werden, nicht von einer abstrakten Persönlichkeit mit standardisierten Fähigkeiten.

b) Das Folgeproblem: „Vernünftigkeit" als ausschließlicher Maßstab der Würdigung oder lediglich als Voraussetzung der Prüfung der wahren Schweigemotive

Das Merkmal des „reasonably expected to mention" führt freilich zu einem weiteren - entscheidenden - Problem in der Auslegung der s. 34 CRIMPO, das schließlich sogar in einem Urteil des Europäischen Gerichtshofs für Menschenrechte[739] mündete.

---

[735] Zu diesem bereits supra S. 233.

[736] R. v. Argent, CA [1997] 2 CrAppR, S. 33 (per Lord Bingham CJ). Zustimmend zu diesem Ansatz die ganz überwiegende Lehre: Andrews/Hirst (2001) S. 688, Murphy (1997) S. 274, Pattenden (1998) 2 E&P, S. 152.

[737] R. v. Argent, CA [1997] 2 CrAppR, S. 33.

[738] R. v. Argent, CA [1997] 2 CrAppR, S. 33.

[739] Näher zu diesem Urteil des EGMR infra S. 304.

Dieses Merkmal offenbart einen naheliegenden Grundfehler in der Konzeption des Gesetzes, der einiges über die gesetzgeberischen Intentionen sowie die Grundüberzeugungen aussagt, die letztendlich auf die Gedankenwelt von Bentham und dem CLRC-Report zurückführen sind[740]. Die Formulierung „reasonably expected" rückt nämlich konsequenterweise in der Auslegung, die sie anfänglich in der Rechtsprechung erfahren hat, die eigentlich entscheidende Frage in den Hintergrund. Diese lautet, ob das Schweigen des Beschuldigten im Polizeiverhör einzig und allein auf den Umstand zurückgeführt werden kann, daß der Beschuldigte die Tat begangen hat und daß er daher sich nicht zu verteidigen weiß[741]. Dies, und allein dies, ist die entscheidende Frage, die sich die Geschworenenjury oder der Richter zu stellen hat. Die Formulierung „reasonably expected to mention" hat in diesem Lichte betrachtet eine ganz andere, nämlich eher eine dieser eigentlichen Prüfung vorausgehende Filterfunktion: es sind Umstände denkbar, in denen schon aufgrund der Verhörsituation, des Zustands des Beschuldigten oder sonstiger Gegebenheiten ein sicherer Rückschluß von dem Aussageverhalten auf die Schuld von vornherein nicht möglich ist. Diese Fälle sollen daher kraft Gesetzes ausgenommen sein, ohne auf die unsichere Ermessensausschließung nach s. 34 CRIMPO oder s. 78 PACE zu rekurrieren.

Die anfängliche Rechtsprechung ließ sich jedoch von der naheliegenden und bequemen Interpretation der s. 34 CRIMPO im Sinne eines reinen Erfahrungssatzdenkens verleiten: die richterliche Prüfung bzw. Belehrung der Geschworenenjury bezog sich allein auf die Frage, ob angesichts der Umstände des Falles eine unschuldige Person geschwiegen hätte[742]. In der früheren richterlichen Standardbelehrung zu s. 34 CRIMPO kam ebenso die entscheidende Bedeutung des wahren Motivs für das Schweigen nur sehr ungenügend zur Geltung[743,744]. Zwar wurde in einigen Urteilen betont, es müsse sichergestellt

740 Der folgende, sehr wichtige Punkt, wurde in der englischen Debatte lange Zeit gar nicht erkannt. In neuester Zeit haben dieses Problem mehrere Autoren erkannt, so etwa Dennis (2002) CrimLR, S. 34, der hierauf im Zusammenhang mit der „Vernünftigkeit" des anwaltlichen Rats zum Schweigen verweist: nicht auf die Vernünftigkeit des Rats als solchem kommt es an, sondern allein darauf, ob dieser kausal für das Aussageverhalten des Beschudligten war. Ebenso schon Cape (1999) S. 17.

741 Dies betont zutreffend Jackson (1993) 44 NILQ, S. 110.

742 Deutlich wird dies etwa im nordirischen Fall R. v. Conolly und McCartney, Belfast CC, Urteil vom 05.06.1992 (unveröffentlicht), zitiert nach Pattenden (1995) CrimLR, S. 609/610 mit Fn. 63: im Zusammenhang der Frage nach der Würdigung des Schweigens aufgrund anwaltlichem Rat führt Kelly LJ aus, nur weil der Anwalt einen entsprechenden „törichten" („ill-advised") Rat gegeben habe, sei der Entschluß, zu schweigen, nicht schon als „vernünftig" („reasonable") anzusehen.

743 Es sei darauf verwiesen, daß z.B. Stuart-Smith LJ im Fall R. v. Condron und Condron, CA [1997] 1 CrAppR, S. 195 bezogen auf den konkreten Fall formulierte, es sei wün-

sein, daß es keine anderen Gründe für das Schweigen geben dürfe, bevor Schlüsse aus dem Schweigen gezogen würden[745]. Doch betrachtet man die frühe Rechtsprechung zu den s. 34 CRIMPO als Ganzes, rückt dieser Aspekt zugunsten des Merkmals „reasonably expected" etc. deutlich in den Hintergrund.

In einem noch zu besprechenden Urteil des Europäischen Gerichtshofs für Menschenrechte[746] betont die höchste europäische Entscheidungsinstanz diesen Gesichtspunkt, indem sie formulierte, Schlüsse aus dem Schweigen seien nur dann zuzulassen, wenn erwiesenermaßen lediglich die Schuld des Beschuldigten (bzw. Angeklagten) als Motiv für das Schweigen in Betracht komme. Die bisher praktizierte Standardbelehrung der englischen Richter zu s. 34 CRIMPO sei unter diesem Gesichtspunkt ungenügend. Es bleibt daher festzuhalten, daß s. 34 CRIMPO (wie auch die ss. 35ff. CRIMPO) überhaupt nur zur Anwendung gelangen kann, wenn eindeutig zur Überzeugung des Richters bzw. der Jury feststeht, daß für das Schweigen kein anderes Motiv als die Schuld des Beschuldigten in Betracht kommt.

Dementsprechend betonte auch der Court of Appeal in der neueren Entscheidung R. v. Betts und Hall[747], nicht die Vernünftigkeit des Handelns (hier: des

---

schenswert („desirable") gewesen, wenn der Richter in erster Instanz Aufmerksamkeit der Jury darauf gelenkt hätte, daß allein und ausschließlich die Schuld als Motiv für das Schweigen der Angeklagten feststehen müsse. Näher dazu infra S. 305 in Fn. 959. Ebenso die Bedenken in R. v. Daniel, CA [1998] 2 CrAppR, S. 382/383, auch hier ohne Folgen für das Urteil. Dezidiert anders hingegen R. v. Abdullah, CA [1998] 3 ArchN, S. 3: „essential, not merely highly desirable".

744 Anders verhielt es sich für die Belehrung zu s. 35 CRIMPO. Die Direktive der damals geltenden Judicial Studies Board´s Model Directions sah folgende Formulierung als Teil der Standardbelehrung zu s. 35 vor: „If the only sensible explanantion for his decision not to give evidence is that he has no answer to the case against him, or none that could have stood up in cross-examination, then it would be open to you to hold against him his failure to give evidence". Zum vollen Wortlaut siehe den Abdruck in (1996) QB, S. 373ff. (die Stelle befindet sich a.a.O. S. 381). Diese Form der Belehrung wurde auch von Lord Taylor CJ in R. v. Cowan, Gayle und Ricciardi [1995] 4 AllER, S. 944 („sound guide") als allgemein zutreffend befunden. Zum Ganzen auch Pattenden (1998) 2 E&P, S. 143/144. Im Juli 2001 wurde eine neue Version der Judicial Studies Board´s Model Directions herausgegeben, siehe Jennings/Emanuel (2001) 9 ArchN, S. 6 (mit vollem Wortlaut der neuen Direktiven ebenda).

745 R. v. Condron und Condron, CA [1997] 1 CrAppR, S. 196, R. v. Argent, CA [1997] 2 CrAppR, S. 33/34, R. v. Daniel, CA [1998] 2 CrAppR, S. 382/383.

746 Condron und Condron v. UK, EGMR [2001] 31 EHRR, S. 22/23 para 61/62. Näher zu diesem Urteil infra S. 304.

747 R. v. Betts und Hall, CA [2001] 2 CrAppR, S. 269/270. Das Gericht bezog sich hierbei ausdrücklich auf die Entscheidung des Europäischen Gerichtshofs im Fall Condron

anwaltlichen Rats zu schweigen) als solche sei Gegenstand der Betrachtung der Geschworenenjury, sondern allein die Frage, welches die tatsächlichen Gründe für das Schweigeverhalten des Beschuldigten gewesen seien. Der Richter müsse die Geschworenen zudem dahingehend belehren, daß einzig und allein die Schuld des Angeklagten als Grund für sein passives Verhalten feststehen müsse. Verstoße die richterliche Belehrung gegen diese Leitlinien, werde das Urteil aufgehoben[748].

c) Insbesondere: „reasonably expected to mention" und das Problem anwaltlicher Beratung[749]

Im Zusammenhang mit dem Tatbestandsmerkmal „reasonably expected to mention" ergab sich alsbald nach Einführung von s. 34 CRIMPO eine Problematik, die zu den schwierigsten Rechtsproblemen im Zusammenhang mit Schlüssen aus dem Schweigen des Beschuldigten und Angeklagten gehört: die Frage nach der Würdigung von Aussageverhalten aufgrund von Rechtsberatung. Hierbei ist eingangs die grundsätzliche Problemstellung aufzuzeigen, mit denen sich die englischen Richter konfrontiert sahen: ss. 34-39 CRIMPO gehen offensichtlich von der Vorstellung aus, daß der Beschuldigte die Entscheidung hinsichtlich seiner Aussage selbstverantwortlich trifft. Wenn nun allerdings die Willensentschließung des Beschuldigten auf anwaltlichem Rat beruht, kann von einer eigenständigen Entscheidung nicht gesprochen werden[750]. Konsequenterweise müßte in diesen Fällen s. 34 CRIMPO

---

und Condron. Zu der Wende der Rechtsprechung in diesem Punkt auch Dennis (2002) CrimLR, S. 34.

748 Die Aufhebung des Urteils war daher konsequenterweise die rechtliche Folge in R. v. Betts und Hall, CA [2001] 2 CrAppR, S. 270 (per Kay LJ). Ebenso war die in diesem Punkt mangelhafte Belehrung ein Aufhebungsgrund in den Fällen R. v. Gill, CA [2001] 1 CrAppR, S. 167 und R. v. Daly, CA [2002] 2 CrAppR, S. 209. Allerdings kann in besonderen Fällen, in denen die Belehrung des Richters dazu, daß das Schweigen ausschließlich auf die Schuld zurückgeführt werden müsse, nur ganz geringfügige Mängel aufweist, die Verurteilung dennoch aufrechterhalten werden: R. v. Beard und eine andere Person, CA [2002] CrimLR, S. 685.

749 Zum Folgenden: Andrews/Hirst (2001) S. 689/690, Dennis[2] (2002) S. 156-158, Mirfield (1997) S. 255-258, Wolchover/Heaton-Armstrong (1999) para. 5-123 bis 5-148.

750 Zu der grundsätzlichen Problematik der „externen" Motivation des Schweigens bereits auch Zuckerman (1989) S. 330. Er meint allerdings, daß die Tatsache anwaltlicher Beratung nicht zwingend Schlüsse verbiete. Denn derjenige, der als Täter etwas zu verbergen habe, werde auch regelmäßig das Schweigen vorziehen und entsprechenden Rechtsrat erhalten.

(wie auch die anderen Regelungen) vollständig leerlaufen[751]. Dies kann andererseits nicht die Intention des Gesetzgebers gewesen sein[752].

In R. v. Condron und Condron[753] behandelte der Court of Appeal die Frage, ob und in welchem Umfang anwaltliche Beratung die Würdigung des Schweigens gemäß s. 34 CRIMPO ausschließt. Die beiden Angeklagten, ein Ehepaar, wurden gemeinsam mit einer dritten Person (Curtis) wegen Heroinhandels strafrechtlich verfolgt. Sie und Curtis lebten Seite an Seite in zwei Wohnungen, bei denen die jeweils andere über aneinanderliegende Balkone erreichbar war. Bei der polizeilichen Durchsuchung der Wohnung des drogenabhängigen Ehepaares wurde Heroin gefunden. Auf der Polizeistation wurden sie in Gegenwart eines Anwalts vernommen, nachdem ein Mediziner erklärt hatte, trotz Drogenkonsums seien beide in der Lage, der Vernehmung zu folgen und Fragen zu beantworten. Der Anwalt der beiden wies sie daraufhin an, nicht auf die Fragen zu antworten, da er beide für nicht vernehmungsfähig hielt, was er auch gegenüber der Polizei angab. Im Gerichtsverfahren brachten beide Eheleute Erklärungen vor, weshalb ohne ihr Zutun das Heroin in ihre Wohnung gelangt sei. Der Richter sah die Voraussetzungen von s. 34 CRIMPO grundsätzlich als gegeben an und belehrte die Geschworenenjury, für sich zu entscheiden, ob das anfängliche Schweigen der beiden Eheleute zu deren Nachteil zu würdigen sei. Der Court of Appeal (per Stuart-Smith LJ) bestätigte das Urteil. Das Gericht verneinte, daß es eine allgemeine Regel gebe, daß im Falle anwaltlicher Beratung Schlüsse gemäß s. 34 CRIMPO ausgeschlossen seien[754]. Selbst wenn der anwaltliche

---

[751] Zu der Gefahr der Aushöhlung im Wege dieser Auslegung Cape (1999) S. 17 und Easton (1998) 2 E&P, S. 118/119. In anderen, verwandten Rechtsordnungen ist allerdings tatsächlich der Weg beschritten worden, Schweigen aufgrund rechtlicher Beratung gänzlich von einer nachteiligen Würdigung auszunehmen. In Schottland wurden ähnliche Regelungen für die Eröffnung der Verteidigung aufgestellt, wobei sich aus dem verspäteten Vorbringen entlastender Umstände durch den Angeklagten gleichfalls die Möglichkeit nachteiliger Schlüsse ergibt (dazu Jackson [1989] 40 NILQ, S. 113/114). Die Frage möglicher Schlußfolgerungen aus dem auf Rechtsberatung beruhenden Schweigen wurde in der Weise gelöst, daß in diesem Falle nachteilige Schlüsse generell als unzulässig angesehen wurden.

[752] In der Debatte zu dem Gesetz äußerte sich damalige Home Office Minister Michael Howard ausdrücklich, daß der Umstand rechtlicher Beratung allein die Anwendung der Vorschriften nicht ausschließen dürfe: Parliamentary Debates, HC, Bd. 235 Spalte 26 vom 11.01.1994. Siehe auch die Bemerkung vom Minister of State im Home Office Maclean in Select Committee B, HC 1993-1994, Bd. 2 Spalte 407 vom 01.02.1994.

[753] R. v. Condron und Condron, CA [1997] 1 CrAppR, S. 185. Zu dem Fall Easton (1998) 2 E&P, S. 115/116, Wolchover (2002) 6 ArchN, S. 4.

[754] Stuart-Smith LJ sprach hierbei offen aus, daß eine andere Auslegung dazu führen würde, daß s. 34 CRIMPO völlig bedeutungslos würde („wholly nugatory"), siehe R. v.

Rat (wie im vorliegenden Falle) offensichtlich aus Sorge um die Vernehmungsfähigkeit der Beschuldigten erteilt wurde, sei eine Anwendung von s. 34 CRIMPO nicht zwingend abzulehnen.

Wie im späteren Urteil R. v. Davis (Desmond)[755] klärend und ergänzend zu Condron und Condron ausgeführt wurde, kommt es nach Auffassung der Rechtsprechung nicht auf die Gründe des Anwalts für den Rat zu schweigen, an, sondern ausschließlich darauf, weshalb der Beschuldigte die Aussage verweigerte. Eine automatische Vermutung, der Beschuldigte folge dem Rat seines Anwalts, wurde mithin von den Gerichten abgelehnt.

Andererseits beharrten die Gerichte auch darauf, daß der Umstand anwaltlicher Beratung durchaus einer der maßgeblichen Faktoren im Rahmen der Prüfung des Merkmals „reasonably be expected to mention" sein könne[756]. Dies geht bereits aus der Formulierung im Falle R. v. Argent[757] hervor, in dem anwaltliche Beratung beispielhaft als einer der relevanten Faktoren genannt wurde. Im Falle R. v. Roble[758] wurde vom Court of Appeal von Richter Rose LJ ausdrücklich darauf hingewiesen, daß auch der Grund für die rechtliche Beratung ein Umstand sei, den die Geschworenenjury zu berücksichtigen hätte, wenn sie über mögliche Schlüsse aus dem Schweigen des

Condron und Condron, CA [1997] 1 CrAppR, S. 191. Der hier eingeschlagene Weg war bereits von den nordirischen Gerichten beschritten worden: R. v. Conolly und McCartney, Belfast CC, Urteil vom 05.06.1992 (unveröffentlicht), zitiert nach Keane (2000) S. 410 mit Fn. 13, R. v. Quinn, NICA, Urteil vom 17.09.1993 (unveröffentlicht), zitiert nach Jackson (1995) CrimLR, S. 593.

755 R. v. Davis (Desmond), CA [1998] CrimLR, S. 659.

756 Ein entsprechender Vortrag des Angeklagten im Zeugenstand verstößt auch nicht gegen die sog. hearsay-rule. Diese bereits erwähnte Regel des common law findet bei der Zeugenschaft des Angeklagten über die Beratung durch den Anwalt keine Anwendung: denn diese Regel stellt allein darauf ab, daß eine Person (hier: Beschuldigter) eine Aussage u.s.w. eines Dritten (hier: des beratenden Anwalts) wiedergibt und es hierbei um die Richtigkeit des Inhalts (!) der fraglichen Aussage geht. Im englischen Recht ist jedoch anerkannt, daß die hearsay-rule nicht greift, wenn es nicht um den Inhalt der Aussage und seine Richtigkeit geht, sondern darum, ob die Aussage (hier: der Rat, zu schweigen) überhaupt erfolgte (Dennis[2] [2002] S. 545/546 und Cross/Tapper [1999] S. 543/544]). Da es im vorliegenden Zusammenhang nur darauf ankommt, verstößt eine entsprechende Beweiserhebung nicht gegen die hearsay-rule. Siehe R. v. Bowers, CA [1998] CrimLR, S. 377 und R. v. Davis (Desmond), CA [1998], CrimLR, S. 659. Zu dem Ganzen auch Archbold/Richardson u.a. (2000) para. 15-331, Birch (1999) CrimLR, S. 785/786, Jennings (1999) 149 NLJ, S. 1181/1182. Im Fall Daniel a.a.O. wurde dies vom Richter der ersten Instanz verkannt.

757 R. v. Argent, CA [1997] 2 CrAppR, S. 33 und 36.

758 R. v. Roble, CA [1997] CrimLR, S. 449.

Beschuldigten gemäß s. 34 CRIMPO beriete[759]. Das Urteil R. v. Roble[760] nannte beispielhaft zwei Fälle, in denen es aus Sicht des Anwalts vernünftig („reasonable") erscheinen könne, zum Schweigen zu raten: (1) Der anwaltliche Rat, zu schweigen, könne berechtigt sein, wenn die Polizei so wenig Informationen über den Fall dem Anwalt mitteile, daß dieser sich nicht in der Lage sähe, gesicherten Rechtsrat erteilen zu können. (2) Ein weiterer Fall könne vorliegen, wenn die Polizei aus Sicht der Verteidigung bereits genügend Material für einen Abschluß der eigentlichen Ermittlungen (charge) habe, jedoch vorschriftswidrig den Beschuldigten weiter befrage.

Aufgrund dieser Konstellation ist es aus praktischen Gründen unbedingt notwendig, daß der Anwalt bereits im polizeilichen Verhör der Polizei die Gründe mitteilt, warum er seinem Mandanten zum Schweigen rate[761]. Doch selbst dies vermag nicht alle Risiken auszuschließen: insbesondere ist dabei auch zu bedenken, daß der Anwalt im polizeilichen Verhör kaum abzuschätzen vermag, ob später der Richter seinen (ausdrücklich gegenüber der Polizei geäußerten) Grund für den Rat zu schweigen als legitim akzeptiert[762,763].

Die Schwierigkeit der Einordnung von Schweigen aufgrund rechtlicher Beratung in s. 34 CRIMPO (wie auch den übrigen Vorschriften ss. 35-37 CRIMPO) beinhaltet jedoch noch einen weiteren Aspekt. Das Verhältnis zwischen Verteidiger und Angeklagtem wird auch im englischen Recht als

---

759 Ebenso etwa: R. v. Imran und Hussein, CA [1997], S. 754 (insoweit a.a.O. nicht abgedruckt) und R. v. Davis (Desmond), CA [1998] CrimLR, S. 659. Das Urteil R. v. Moshaid, CA [1999] CrimLR, S. 420 betont, daß in dem Falle des Schweigens aufgrund anwaltlicher Beratung eine sorgfältig abgewogene und zurückhaltende Belehrung gegenüber der Geschworenenjury erfolgen müsse.

760 R. v. Roble, CA [1997] CrimLR, S. 449 (insoweit nicht abgedruckt).

761 Andrews/Hirst (2001) S. 690 und Roberts (1995) CrimLR, S. 484. Ebenso Easton (1998) 2 E&P, S. 120/121 mit Hinweis auf die Law Society Guidelines, eine Art praktischer Leitfaden der Vereinigung der Verteidiger und Anwälte in England und Wales. Gemäß R. v. Fitzgerald, CA [1998] 4 ArchN, S. 2 sind solche Erklärungen des Anwalts gegenüber der Polizei auch im Prozeß in vollem Umfang zuzulassen.

762 Easton (1998) 2 E&P, S. 120.

763 Im Zusammenhang mit den taktischen Überlegungen ergibt sich aus Sicht des Verteidigers noch ein weiteres Problem. Die Regelungen des PACE verpflichten die Polizei nicht, gegenüber dem Angeklagten im Verhör alle vorhandenen Beweise offenzulegen. Aber auch s. 34 CRIMPO setzt für ihre Anwendung eine solche umfassende Offenlegungspflicht nicht voraus, R. v. Imran und Hussein, CA [1997] CrimLR, S. 754. Dann ist es aus Sicht des Verteidigers noch schwieriger, zu ermessen, ob im einzelnen Fall aufgrund sonstigen Beweismaterials eine Kooperation mit der Polizei sinnvoll erscheint oder nicht.

geschützte Sphäre definiert (lawyer-client-privilege[764]). Nur auf diese Weise ist eine vertrauensvolle Beratung des Mandanten möglich. Besteht nun die Gefahr, daß aufgrund anwaltlicher Beratung und hieraus resultierendem Schweigen nachträglich gemäß s. 34 CRIMPO Schlüsse zum Nachteil des Beschuldigten gezogen werden, muß der Angeklagte im Prozeß die Gründe für sein Schweigen im Zeugenstand darlegen oder sonstige Beweise anführen (evidential foundation[765]). Um damit überhaupt durchzudringen, muß er jedoch auf die Inhalte der damaligen Rechtsberatung durch seinen Anwalt eingehen[766]. Folge der Angaben des Angeklagten im Zeugenstand zu der Rechtsberatung im Polizeiverhör ist wiederum, daß hierin eine umfassende (!) implizite Preisgabe der Geheimsphäre zwischen Anwalt und Mandanten zu sehen ist (implied waiver of the privilege)[767]. Der Grund für diese Annahme ist, daß eine bloß teilweise Preisgabe des Schutzprivilegs im common law nicht möglich ist. Die bedenkliche Folge dieser Rechtsregelung ist, daß der Angeklagte, sofern er im Zeugenstand Details zu dem Rechtsberatungsgespräch mit seinem Verteidiger offenlegt, um die Folgen der s. 34 CRIMPO abzuwehren, über sämtliche Details dieser Beratung in das Kreuzverhör genommen werden kann[768]. Auch der Anwalt des Angeklagten kann dann von der Anklage in den Zeugenstand gerufen werden, und auch er muß hinsichtlich des Inhalts der Gespräche mit dem Mandanten, auch sofern diese gar nicht Fragen des Schweigens im Verhör betreffen, Rede und Antwort stehen.

---

764 Siehe zu dem lawyer-client-privilege (auch: legal-profession-privilege) allgemein Cross/Tapper (1999) S. 438-466 und Dennis[2] (2002) S. 332-366.

765 Siehe R. v. Cowan, Gayle und Ricciardi [1995] 4 AllER, S. 946/947 (Lord Taylor CJ): „It cannot be proper for a defence advocate to give to the jury reasons for his client´s silence at trial in the absence of evidence to support such reasons“. Das Urteil behandelt s. 35 CRIMPO, doch gilt diese Vorausetzung wohl allgemein. Ebenso R. v. Condron und Condron, CA [1997] 1 CrAppR, S. 197 (Stuart-Smith LJ) und R. v. Roble, CA [1997] CrimLR, S. 449.

766 Siehe hierzu etwa R. v. Roble, CA [1997] CrimLR, S. 449: "But, in itself, such advice [scilicet eines Anwalts] is not likely to be regarded as a sufficient reason for not mentioning facts relevant zu the defence. The evidence must generally go further and indicate the reasons for this advice, for it must be relevant when the jury are assessing the reasonableness of the conduct to remain silent.“

767 Deutlich zu dieser Folgewirkung bereits R. v. Condron und Condron, CA [1997] 1 CrAppR, S. 197 (Stuart-Smith LJ). Dazu auch Cross/Tapper (1999) S. 627, Birch (1999) CrimLR, S. 786, Dennis (2002) CrimLR, S. 35, Mirfield (1997) S. 256/257.

768 Cross/Tapper (1999) S. 627 und Pattenden (1998) 2 E&P, S. 153. Insbesondere wurde in R. v. Roble, CA [1997] CrimLR, S. 449 von Rose LJ ausgesprochen, es könne auch keine Vernehmung in Abwesenheit der Geschworenen (voire dire) vorgenommen werden, selbst wenn die Gefahr bestehe, daß bei der Vernehmung über die Details des Rechtsberatungsgesprächs Tatsachen zur Sprache kämen, die die Geschworenen unzulässig gegenüber dem Angeklagten beeinflussen könnten.

Folglich wird aufgrund der durch s. 34 CRIMPO bewirkten Drucksituation mittelbar das Rechtsberatungsgeheimnis ausgehebelt. Die Gerichte haben diesen rechtlichen Zusammenhang bereits früh konstatiert, und zwar zuerst im Fall R. v. Condron und Condron[769]. Angesichts des hohen Stellenwerts des Rechtsberatungsgeheimnisses auch im englischen Recht erscheint diese Rechtsprechung unhaltbar[770,771]. Allerdings ist zu beachten, daß eine Preisgabe (waiver) des legal-profession-privilege nicht angenommen wird, wenn der Angeklagte selbst nicht zur Widerlegung der Behauptung, er habe die Verteidigung nachträglich erdacht, in den Zeugenstand tritt, sondern ausschließlich seinen Anwalt über das Gespräch im Zeugenstand befragen läßt[772,773].

---

[769] R. v. Condron und Condron, CA [1997] 1 CrAppR, S. 197.

[770] Sehr kritisch die Lehre: Cross/Tapper (1999) S. 240 (mit Hinweis auf Art. 6 [1] EMRK) und 627, Birch (1999) CrimLR, S. 779, Cape (1997) 1 E&P, S. 386 und passim, Dennis (2002) CrimLR, S. 35, Easton (1998) 2 E&P, S. 120, Mirfield (1997) S. 256/257. Der absolute Rang des Rechtsberatungsgeheimnisses wurde vom House of Lords höchstrichterlich in dem Urteil R. v. Derby Magistrates´ Court, ex parte B, [1996] AC, S. 487, hervorgehoben. Die Richter betonten, daß angesichts der Bedeutung des Rechts der freie Informationsfluß absolut unbeschränkt gewährleistet werden müsse.

[771] Easton (1998) 2 E&P, S. 119 hat hierbei allerdings auch auf einen Umstand verwiesen, der gleichfalls die Zurückhaltung der Rechtsprechung erklärt, aufgrund anwaltlichem Rat s. 34 CRIMPO auszuschließen: wie gezeigt wurde im common law wegen des Falls Chandler z.T. angenommen, daß eine Würdigung des Schweigens (vor Belehrung) ausnahmsweise möglich sei, wenn sich die Parteien im Verhör „on even terms" befänden. Diese strukturelle Machtgleichheit sahen die Gerichte aber insbesondere bei Anwesenheit eines Anwalts als gegeben an. Daher war im common law gemäß Chandler gerade (!) in den Fällen der anwaltlichen Beratung die Möglichkeit (begrenzter) Schlüsse aus dem Schweigen vorhanden. Diese Rechtsprechung mochte auch noch nach 1994 die Richter beeinflussen.

[772] So bereits Lord Stuart-Smith LJ in R. v. Condron und Condron, CA [1997] 1 CrAppR, S. 197. Bestätigt wurde diese Rechtsauffassung in R. v. Bowden, CA [1999] 2 CrAppR, S. 182 per Lord Bingham CJ. Zu diesem Punkt auch Archbold/Richardson u.a. (2002) para. 15-331. Diese Auffassung entspricht den allgemeinen Prinzipien des common law, da dies grundsätzlich für einen Verlust des Rechts an Handlungen des geschützen Mandanten anknüpft, siehe allgemein Dennis[2] (2002) S. 346/347.

[773] Im Zusammenhang mit dieser Offenlegungspflicht der eigenen Verteidigung ergibt sich jedoch noch ein weiteres Problem: da der Angeklagte sich regelmäßig im Zeugenstand befindet, wird auch er primär über die Beratung seines Rechtsanwalts befragt. Wie gesehen ist für die englischen Gerichte entscheidend, ob er diesem Rat auch tatsächlich gefolgt ist. Diese Art der Befragung hat aber die seltsame Folge, daß der Angeklagte gehalten ist, über die mutmaßlichen Gründe der Rechtsberatung zu räsonnieren (second-guess the reasons for the advice). Zu diesem Punkt insbesondere Cape (1997) 1 E&P, S. 386 und passim und Birch (1999) CrimLR, S. 779. Freilich ist dabei zu bedenken, daß die Garantie rechtlicher Beratung gerade dazu dient, dem Beschul-

Die Problematik der Rechtsberatung legt ein weiteres Grundprinzip des Gesetzgebers offen, das wiederum seinen Ursprung in der Denkweise von Bentham und dem auf dessen Gedankengut basierenden CLRC-Report findet: nämlich eine simplifizierende Betrachtungsweise des Strafprozesses. Die simple Dichotomie von Schuldigen und Unschuldigen entspricht nicht der Realität des modernen Strafprozesses (wenn es überhaupt einmal eine solche vereinfachte Prozeßstruktur gegeben hat). Taktik und Manöver, Verhandlung und Antagonismus der Interessen bestimmen den Fortgang des Strafverfahrens in der Praxis[774].

7. „if he had not been allowed an opportunity to consult a solicitor", s. 58 Youth Justice and Criminal Evidence Act

Aufgrund der Regelung der s. 58 Youth Justice and Criminal Evidence Act (YJCEA) ist seit dem 10.09.1999 notwendige Voraussetzung für eine Anwendung von s. 34, daß der Beschuldigte die Möglichkeit einer Rechtsberatung erhalten hatte[775]. Hintergrund für diese Änderung des Rechts war eine Entscheidung des EGMR im Fall John Murray v. United Kingdom[776]. Die näheren Umstände des Falles sowie die Entscheidungsgründe werden unten im Zusammenhang mit der europäischen Perspektive besprochen[777]. Obgleich das Urteil, das sich mit der s. 34 CRIMPO entsprechenden nordirischen Regelungen der ss. 4 und 6 NI Order 1988 befaßt, Schlüsse aus dem Schweigen als zulässig erachtete, betonte das Urteil die Bedeutung der Rechtsberatung für ein faires Verfahren nach Art. 6 (1) EMRK. Aufgrund dieses allgemeinen Gesichtspunkts ungenügender Rechtsberatung erachtete das Urteil die Verurteilung als unvereinbar mit Art. 6 (1) EMRK. Da das Urteil im Zusammenhang mit möglichen Schlüssen aus dem Schweigen aber gleichfalls die Bedeutung vorausgehender Rechtsberatung betonte, traten in England Zweifel auf, ob s. 3 NI Order 1988 bzw. die diesem ähnlich ausgestaltete s. 34

---

digten Wissen zur Verfügung zu stellen, daß dieser selbst gar nicht aufweist, Pattenden (1995) CrimLR, S. 609. Dann kann aber auch nicht erwartet werden, daß der Angeklagte im Zeugenstand die Gründe für seine rechtliche Beratung darlegen kann.

774 Dixon (1991) 20 Anglo-AmLR, S. 30. Insbesondere zu dem Verhandlungscharakter im polizeilichen Verhör Dixon (1991) PL, S. 235ff.

775 Nunmehr s. 34 (2A) CRIMPO (neu). Zu dieser Gesetzesänderung Andrews/Hirst (2001) S. 687, Archbold/Richardson u.a. (2002) para. 15-328, Birch (1999) CrimLR, S. 788, Dennis[2] (2002) S. 152 in Fn. 24.

776 John Murray v. UK, EGMR [1996] 22 EHRR, S. 29.

777 Infra S. 301.

CRIMPO mit Art. 6 (1) EGMR vereinbar seien, sofern im konkreten Fall die Möglichkeit einer Rechtsberatung nicht eröffnet wurde[778].

Um diese rechtlichen Zweifel auszuschließen, entschied sich die Regierung dafür, mit dem YJCEA diese zusätzliche Voraussetzung für die Anwendung von s. 34 CRIMPO (wie auch ss. 36, 37 CRIMPO) in das Gesetz einzufügen[779]. Eine entsprechende Regelung wurde für s. 35 CRIMPO nicht vorgesehen, obgleich auch im trial on indictment der Angeklagte auf Rechtsbeistand verzichten kann. In diesem Fall kann jedoch eine entsprechende Belehrung durch den Richter erfolgen, so daß eine parallele Regelung als nicht notwendig erachtet wurde.

8. „may draw such inferences form the failure as appear proper", s. 34 (2) CRIMPO

a) Die Ausgangslage: die fragmentarische Gesetzesformulierung und der common-sense-Ansatz

Zu der Frage, welche Rückschlüsse aus dem Schweigeverhalten des Beschuldigten gezogen werden können, bietet das Gesetz nur einen ausgesprochen fragmentarischen Ansatz: solche Schlüsse können gezogen werden, die im einzelnen Falle „geeignet" erscheinen („as appear proper"). Es muß nicht betont werden, daß neben der Wendung des „reasonably expected" etc. dieses Merkmal von zentraler Bedeutung für die Anwendung der Vorschrift ist.

Hinsichtlich der möglichen Schlüsse findet sich im Gesetz allerdings eine absolute Grenze: gemäß s. 38 (3) CRIMPO ist es nicht möglich, den Angeklagten nur aufgrund seines Schweigens zu verurteilen[780]. Abgesehen hiervon

---

778 Ashworth (1998) S. 107. Siehe zu diesem Hintergrund für die Gesetzesergänzung Birch (1999) CrimLR, S. 787/788. Unmittelbar nach dem Urteil hatte der Attorney-General in England für die Praxis die Direktive herausgegeben, die s. 34 CRIMPO nur noch anzuwenden, wenn der Beschuldigte zuvor anwaltlichen Rat erhalten hatte, Jennings (1999) 149 NLJ, S. 1180 und Jennings (1999) 5 ArchN, S. 6.

779 Siehe bereits das Minderheitenvotum im Report der HOWG (1988) para. 76, das gleichfalls Schlüsse aus dem Schweigen generell von vorausgehenden Möglichkeit rechtlicher Beratung abhängig machen wollte.

780 Freilich läßt sich hinsichtlich der möglichen Schlüsse aus dem Schweigen aus den ss. 34ff. CRIMPO zumindest eine Grundannahme herauslesen: bezeichnenderweise gehen die Normen offensichtlich von der These aus, daß Schweigen stets nur zum Nachteil (!) des Beschuldigten bzw. Angeklagten zu würdigen ist. Zutreffend der Hinweis von JUSTICE (1988) S. 3 und Pattenden (1995) CrimLR, S. 605.

ergeben sich aus dem Gesetz keine näheren Anhaltspunkte, welche Rückschlüsse im einzelnen zulässig sind[781].

In der Entscheidung Haw Tua Tau v. Public Prosecutor[782] behandelte der Privy Council einen Fall des Rechts von Singapur, das bereits im Jahre 1976 die entsprechenden Vorschläge des CLRC umgesetzt hatte[783]. Lord Diplock äußerte zu den singapurischen Parallelvorschriften zu ss. 34-39 CRIMPO, daß das Merkmal „inferences as appear proper“ von den Umständen des individuellen Falles abhänge, wobei die Frage mit Rücksicht auf Fairneß und common sense zu beantworten sei[784]. Eine nähere Definition der Begriffe fairness und common sense wurde von Lord Diplock hierbei nicht präsentiert.

In dem Fall Kevin Murray v. Director of Public Prosecution[785] wurde dieser common-sense-Ansatz aufgenommen und bestätigt. Die Entscheidung betraf das nordirische Recht, doch haben die dort formulierten richterlichen Aussagen für die inhaltsgleichen englischen Regelungen dieselbe rechtliche Bedeutung, zumal der Fall vom House of Lords entschieden wurde[786]. Dem Angeklagten wurde versuchter Mord zur Last gelegt. Gemäß dem Anklagevorwurf hatte er dem Angehörigen einer protestantischen Soldateneinheit in Strabane vor seinem Haus aufgelauert und auf ihn Schüsse mit einer Pistole abgegeben. Nach der Tat wurde in der Nähe vom Tatort das mutmaßliche Tatauto, ein Vauxhall, gefunden, der Spuren der Schießerei aufwies. Die Reifenabdrücke am Ort des Schußwechsels entsprachen dem Reifenprofil des Wagens. Ein schwarzer Pullover wurde gefunden, dessen Stoff am Tatort isolierten Stoffasern entsprach und in dem sich Haare des Angeklagten befanden. Das Auto gehörte dem Vater eines Freundes des Angeklagten, und im Wagen wurden Fingerabdrücke gefunden. Schließlich fand die Polizei bei einer Hausdurchsuchung bei Kevin Murray ein Paar Jeans, das Schlammflek-

---

781 Im Gegensatz zu den ss. 34ff. CRIMPO hat die HOWG in ihrem Bericht betont, daß konkretisierende Belehrungsrichtlinien zu der Art von möglichen Schlüssen aus dem Schweigen in einem entsprechenden Gesetz vorgesehen werden müßten, siehe HOWG (1988) para. 63-65 mit Anhang D.

782 Haw Tua Tau v. Public Prosecutor, PC [1982] AC, S. 136.

783 Zur Umsetzung der Vorschläge des CLRC in Singapur 1976 bereits supra S. 209.

784 Haw Tua Tau v. Public Prosecutor, PC [1982] AC, S. 153.

785 Kevin Murray v. DPP, HL [1993] 97 CrAppR, S. 151. Zu diesem Fall insbesondere Dodds (1995) 159 JP, S. 569/570, Jackson (1993) 44 NILQ, S. 103ff., Jackson (1994) 57 MLR, S. 275-278.

786 Beachte auch, daß der Fall sich mit s. 4 NI Order 1988 (Schweigen während dem Prozeß) befaßt, dem Äquivalent zu s. 35 CRIMPO. Für den grundsätzlichen Ansatz der Auslegung besteht aber zu s. 34 CRIMPO kein Unterschied, da beide wortgleich die Formulierung „inferences as appear proper“ verwenden.

ken aufwies, die offenbar vom Tatort stammten. Mit diesen inkriminierenden Umständen konfrontiert, äußerte der Angeklagte eine rudimentäre Verteidigungslinie gegenüber der Polizei: er sei zur Jagd gewesen und habe sich dabei die Jeans beschmutzt. Zur Tatzeit habe er Videos mit einem Freund angesehen. Im Übrigen schwieg er durchgängig, auch während des Prozesses. Richter Kelly LJ verurteilte aufgrund der sehr starken Indizien, wobei er zusätzlich noch aus dem Schweigen des Angeklagten nachteilige Schlüsse gemäß s. 4 NI Order 1988 zog.

Bereits in der Berufungsinstanz (NICA) hatte sich Hutton LJ als Leitfaden für die Frage nach den zulässigen Schlüssen auf den common sense berufen[787]. Das House of Lords schloß sich dieser Auslegung an. Mit ausdrücklicher Bezugnahme auf das dictum in Haw Tua Tau führte Lord Slynn of Hadley aus, wenn aufgrund der beweisrechtlichen Lage des Falles eine Erklärung des Angeklagten herausgefordert werde, müsse sein Schweigen aufgrund des common sense gegebenenfalls so verstanden werden, daß er keine Erklärung zu bieten habe und daher schuldig sei[788]. Da vorliegend starke Indizien gegen den Angeklagten sprächen, verstieße es nicht gegen common sense, aus dem Schweigen während des Prozesses entsprechende Rückschlüsse zu ziehen[789].

Der common-sense-Ansatz der Rechtsprechung wurde in der Lehre zu Recht heftig kritisiert[790]. Die Unbestimmtheit der Leerformel „as appear proper“ wurde durch eine weitere Leerformel (common sense) ersetzt. Wie Susan Easton ausführt, ist das Argument des common sense unverläßlich und heuristisch[791]. Die Kritik an der Unbestimmtheit der Regelungen gewinnt für den englischen Bereich noch besonderes Gewicht. Wie bereits dargestellt, fällt eine Gruppe von Laienrichtern im Crown Court trial (trial on indictment) den Spruch über Schuld oder Unschuld[792]. Mangels näherer Anleitung und ausschließlicher Verweisung auf den common sense läßt sich mutmaßen, daß

---

787 R. v. Kevin Murray, NICA, Urteil vom 25.10.1991 (unveröffentlicht), zitiert nach Jackson (1993) 44 NILQ, S. 106 mit Fn. 9.

788 Kevin Murray v. DPP, HL [1993] 97 CrAppR, S. 160/161.

789 Kevin Murray v. DPP, HL [1993] 97 CrAppR, S. 161.

790 Insbesondere Jackson (1994) 57 MLR, S. 270, Jackson (1995) CrimLR, S. 599/600 (Gebot des burden of proof werde durch common-sense-Ansatz aufgeweicht).

791 Easton (1998) 2 E&P, S. 114: „Common sense may be unreliable, impressionistic and unsystematic“. Siehe auch Dixon (1991) PL, S. 233/234.

792 Supra S. 185.

viele Laien sich im Stich gelassen fühlen, sofern sie die Vorschrift anwenden[793].

b) Das spezielle Problem: Rückschluß nur darauf, daß Verteidigung nach dem Polizeiverhör erdacht wurde oder auch weitergehende Schlüsse

Trotz dieser sehr vagen Formulierungen ergibt sich aus der Struktur von s. 34 CRIMPO allerdings eine gewisse Begrenzung der möglichen Schlüsse. Dennis weist in seiner Abhandlung zu Recht darauf hin, daß der regelmäßige Schluß aus dem verzögerten Vorbringen des Angeklagten erst im Prozeß derjenige sei, daß der Angeklagte die Verteidigungsumstände nachträglich erdacht habe[794]. Doch bedeutet dies keineswegs, daß ein solcher Schluß auch im Bereich der Konstellationen der s. 34 CRIMPO der einzig mögliche wäre. Dies hat zu weiteren Unklarheiten in der Auslegung der Norm in der Praxis geführt.

In der Rechtsprechung zu s. 34 CRIMPO fanden sich schon früh zwei verschiedene Grundtendenzen[795]. Einige Fälle legten die Art der Schlüsse in relativ engen Grenzen fest. Im bereits genannten Fall R. v. Condron und Condron[796] wurde von Lord Stuart-Smith LJ die Formulierung gewählt, daß der Richter die Geschworenenjury dahingehend instruieren solle, daß diese Schlüsse ziehen könne, wenn die Nichterwähnung des Umstands ausschließlich darauf zurückzuführen sei, daß der Beschuldigte die Verteidigung nachträglich erdacht habe. Teils wurde allerdings behauptet, daß mit dieser Formulierung Lord Stuart-Smith LJ keine gezielte Einschränkung der möglichen Schlüsse aus s. 34 CRIMPO herbeiführen wollte[797].

---

793 Cape (1997) 1 E&P, S. 386 befürchtet, daß diese mangelnde Anleitung die Laien dazu ermutigen könnte, ohne beweisrechtliche Basis über die möglichen Motive für das Schweigen zu spekulieren. Kritisch auch Jackson (1993) 44 NILQ, S. 112.

794 Dennis[2] (2002) S. 160/161.

795 Zur folgenden Problematik: Archbold/Richardson u.a. (2002) para. 15-336, Birch (1999) CrimLR, S. 775, Cape (1999) S. 22, Cross/Tapper (1999) S. 627/628, Dennis (2002) CrimLR, S. 33, Jennings (1999) 149 NLJ, S. 1232, Turner (1999) 163 JP, S. 244/245.

796 Siehe R. v. Condron und Condron, CA [1997] 1 CrAppR, S. 197.

797 In dieser Weise interpretierte auch das spätere Urteil R. v. Beckles und Montague, CA [1999] CrimLR, S. 148 die Bemerkungen von Stuart-Smith LJ in Condron. Daher sei Condron diesbezüglich keine verbindliche ratio zu entnehmen. Dem ist entgegenzuhalten, daß Stuart-Smith LJ in einem weiteren Urteil an seiner engen Auslegung von s. 34 CRIMPO festhielt, siehe R. v. Samuel (David), CA, Urteil vom 12.05.1997 (unveröffentlicht), zitiert nach Jennings (1999) 149 NLJ, S. 1232.

Im Gegensatz hierzu finden sich zahlreiche Fälle, etwa R. v. Daniel[798], in denen auch der Schluß zugelassen wurde, der Beschuldigte habe zur Zeit seiner Vernehmung die betreffenden Verteidigung schon konzipiert, diese jedoch im Verhör zurückgehalten, um sie nicht der Überprüfung durch die Polizei auszusetzen. Der Grund für die erweiterte Auslegung ist darin zu sehen, daß einige Angeklagte die Wirkungen der s. 34 CRIMPO zu umgehen suchten, indem sie belegen wollten, daß sie eine bestimmte Verteidigung zwar nicht im Verhör gegenüber den Strafverfolgungsbehörden, jedoch gegenüber dritter Seite (etwa Verwandten oder ihrem Anwalt) geäußert hätten. Hierdurch wäre der Vorwurf, der Beschuldigte hätte die entlastenden Umstände erst nachträglich erdacht, nicht mehr aufrechtzuerhalten gewesen und s. 34 CRIMPO in ihrer engen Auslegung unanwendbar. Auch an dieser Stelle standen die Gerichte vor dem Problem, daß eine enge Auslegung s. 34 CRIMPO weitgehend ihren Anwendungsbereich hätte nehmen können. Es stand zu befürchten, daß zahlreiche Angeklagte im Falle einer drohenden Anwendung der s. 34 CRIMPO Beweise dafür vorgebracht hätten, daß sie sich bereits zur Zeit der Nichteinlassung auf diese Verteidigung festgelegt hatten[799].

Zugunsten einer weiten Auslegung läßt sich anführen, daß die ratio der Vorschrift, nämlich die Verhinderung von Hinterhalt-Verteidigungen (ambush-

---

798 R. v. Daniel, CA [1998] 2 CrAppR, S. 382/383. Siehe auch R. v. Randall, CA [1998] 6 ArchN, S. 1, R. v. Beckles und Montague, CA [1999] CrimLR, S. 149, R. v. Milford, CA [2001] CrimLR, S. 330. In dem weiteren Fall R. v. Taylor (John), CA [1999] CrimLR, S. 77 etwa hatte der Angeklagte, dem Mord vorgeworfen wurde, angegeben, während der Tatzeit habe er in einem anderen Landesteil Drogen abgeliefert. Eine entsprechende Erklärung hatte der Angeklagte bereits kurz nach seiner Verhaftung bei seinem Verteidiger hinterlegt. Das Gericht sah auch in diesem Fall den Schluß gemäß s. 34 CRIMPO als zulässig an, daß bereits zu dem Zeitpunkt der Verhaftung jene Verteidigungslinie lediglich erdacht war.

799 Dies war auch in zahlreichen Prozessen der Fall, Pattenden (1998) 2 E&P, S. 160/161. In diesem Zusammenhang war eine weitere rechtliche Problematik zu beachten: das common law kennt eine sog. rule against narrative (oder auch: rule against self-serving statements). Diese besagt im Kern, daß es dem Angeklagten verwehrt ist, Beweise dafür anzuführen, daß er bereits anderen Personen gegenüber nach der Tat seine Unschuld behauptet habe. Ratio der Regel ist, das Gericht von (vermeintlich überflüssigen) sonstigen Beteuerungen des Angeklagten fernzuhalten. Freilich ist diese Regel hier nicht anwendbar: denn nach den allgemeinen common-law-Regeln gibt es eine Ausnahme, die solche „self-serving statements“ zur konkreten Widerlegung (rebuttal) entgegengesetzter Behauptungen der Anklage zuläßt. Da hier die Anklage jeweils behauptet, die Verteidigung sei nachträglich erfunden, ist zur konkreten Widerlegung das Vorbringen zulässig, R. v. Daniel, CA [1998] 2 CrAppR, S. 378. Siehe zum Ganzen Pattenden (1998) 2 E&P, S. 160/161. Allgemein zu der rule against narrative: Dennis[2] (2002) S. 462-471.

defences) auch dort eingreift, wo die Verteidigungsstrategie Dritten gegenüber geäußert wurde, nicht aber gegenüber den Strafverfolgungsorganen. Auch der weite Wortlaut „as appear proper“ spricht für eine Interpretation, die auch den Rückschluß zuläßt, daß die Verteidigung bereits zur Zeit des Polizeiverhörs erdacht worden sei, jedoch nicht erwähnt wurde, um sie nicht der polizeilichen Überprüfung auszusetzen[800].

c) Die Anwendbarkeit von s. 34 CRIMPO, wenn der verzögert erwähnte Umstand zentral für Fallentscheidung ist

Im Zusammenhang mit Schlüssen aus dem Schweigen bildeten sich aber auch (im Gesetz nicht genannte) Konstellationen, die aus der Anwendung der Vorschrift ausgenommen wurden. Zu s. 34 CRIMPO hat sich eine Gruppe von Fällen ergeben, in denen die englischen Gerichte teils Schlüsse aus dem Schweigen abgelehnt haben, da der verzögert erwähnte Umstand gänzlich fallentscheidend sei[801]. In R. v. Mountford[802] hatte der Angeklagte gemäß dem Tatvorwurf Drogen in der Absicht besessen, diese an Dritte weiterzugeben (possession of class A drugs with intent to supply). Zeugen sahen, wie bei der Verhaftung vom Angeklagten ein Päckchen aus dem Fenster des Hauses geworfen wurde, in dem dieser mit einer weiteren Person (W) lebte. Nachdem er sich im Verhör vor der Polizei passiv verhalten hatte, gab der Angeklagte vor Gericht an, nicht er, sondern sein Mitbewohner W habe die Drogen besessen. Die Ausgangsinstanz eröffnete den Geschworenen die Möglichkeit, s. 34 CRIMPO anzuwenden. Der Court of Appeal mißbilligte dieses Vorgehen: die Geschworenen könnten das Schweigen im Verhör nur als inkriminierend ansehen, wenn sie davon ausgingen, der Angeklagte sei tatsächlich der Dealer, und nicht W. Da es aber für diese zentrale Frage des Falls, wer von den beiden tatsächlich Besitzer der Drogen war, keine weiteren Beweise gab, könne s. 34 CRIMPO nicht zur Anwendung kommen: in dieser Konstellation führe die Anwendung von s. 34 CRIMPO zu einem unzulässigen zirkulären Schluß. Die nachfolgenden Entscheidungen haben diesem Urteil teils eine allgemeine ratio entnommen[803], andere Urteile

---

800 Birch (1999) CrimLR, S. 775/776 geht in ihrer Analyse der Urteile davon aus, daß diese Streitfrage wohl mittlerweile im Sinne der zweiten, weitergehenden Auffassung geklärt sei. Kritisch zu der weiten Auslegung Jennings (1999) 149 NLJ, S. 1232.

801 Zur folgenden Problematik: Andrews/Hirst (2001) S. 690-692, Birch (1999) CrimLR, S. 777/778, Cape (1999) S. 19/20, Dennis (2002) CrimLR, S. 31/32.

802 R. v. Mountford, CA [1999] CrimLR, S. 575. Ebenso entschied der Court of Appeal in R. v. Gill, CA [2001] 1 CrAppR, S. 160 (a.a.O. S. 264), wobei diesem Fall ein fast identischer Sachverhalt zugrundelag.

803 R. v. Gill, CA [2001] 1 CrAppR, S. 164.

beschränkten hingegen Mountford auf den dort vorliegenden spezifischen Sachverhalt[804] bzw. lehnten die Vorgehensweise in diesem Fall ganz ab[805].

Von Birch[806] ist zutreffend hervorgehoben worden, daß sich in Fällen wie Mountford (in besonders deutlicher Form) ein generelles Problem stellt, das zahlreiche Konstellationen von Schlüssen aus dem Schweigen betrifft. Fordert man eine strikte Ausschlußformel im Sinne des oben erwähnten „Motivausschlußkonzepts", erweist sich der Gedankengang des Schlusses aus dem Schweigen als tendenziell zirkulär. Wenn nämlich zwingende Voraussetzung für die Anwendung von s. 34 CRIMPO die Feststellung ist, daß allein die Schuld als Motiv für das Schweigen in Betracht kommt, wird bereits in der Prüfungsfrage vorausgesetzt, was s. 34 CRIMPO doch erst in seiner Rechtsfolge ergeben soll. Die Zirkularität der Überlegungen tritt insbesondere dann deutlich zutage, wenn der Umstand zentral für die Entscheidung des Falles ist und mit seiner Widerlegung (bzw. Annahme als unrichtig) die Verurteilung des Angeklagten praktisch feststeht[807]: dies ist aber in Situationen, in denen einzig und allein die Identität des Betreffenden in Frage steht, regelmäßig der Fall.

Eine solche Differenzierung, wie sie in Mountford eingeführt wurde, führt damit zu hochkomplexen und kaum mehr nachzuvollziehenden Gedankengängen, die in bedenklicher Weise zur Verwirrung der Geschworenen beitragen und den eigentlichen Gegenstand der Urteilsfindung verdunkeln[808].

III. Das Verhältnis von s. 34 CRIMPO zu anderen Vorschriften

Ungeachtet der Schwierigkeiten, die s. 34 CRIMPO bei seiner Anwendung bietet, ist die Vorschrift auch in ungenügender Weise auf bereits bestehende Regelungen abgestimmt worden[809].

---

804 R. v. Gowland-Wynn, CA [2002] 1 CrAppR, S. 571.

805 R. v. Hearne und Colman [2000] 6 ArchN, S. 2 und R. v. Daly, CA [2002] 2 CrAppR, S. 207.

806 Birch (1999) CrimLR, S. 777/778, Jennings (1999) 149 NLJ, S. 1232. Bereits früher schon Jackson (1993) 44 NILQ, S. 110 und (1995) CrimLR, S. 600.

807 Zutreffend Dennis (2002) CrimLR, S. 31, Jennings (1999) 149 NLJ, S. 1232. Als Beispiel für einen solchen Fall siehe etwa R. v. Mountford, CA [1999] CrimLR, S. 575 und die hierzu fast identische Sachlage in R. v. Gill, CA [2001] 1 CrAppR, S. 160.

808 Kritisch auch Cape (1999) S. 19 („mental gymnastics").

809 Zum Verhältnis von s. 34 CRIMPO zu ss. 36, 37 CRIMPO, siehe infra S. 295. Zum Verhältnis von s. 34 CRIMPO zu ss. 5 (5), 11 CPIA infra S. 267ff.

1. Das Verhältnis von s. 34 CRIMPO zu den common-law-Regeln

Gemäß s. 34 (5) CRIMPO bleiben die common-law-Regeln geltendes (subsidiäres) Recht. Dies bedeutet, daß die Urteile Hall und Chandler auch in den Fällen des Schweigens gegenüber der Polizei weiterhin Gültigkeit besitzen, sofern s. 34 CRIMPO nicht zur Anwendung gelangt.

In dem Falle R. v. McGarry[810] ist dies ausdrücklich ausgesprochen worden. Der Beschuldigte hatte in einer ersten polizeilichen Vernehmung die Beantwortung jeglicher Fragen abgelehnt. In einer zweiten polizeilichen Vernehmung übergab er der Polizei ein handgeschriebenes Dokument, in dem er wesentliche Grundzüge seiner Verteidigung anführte (self-defence). Weitere Antworten auf die Fragen der Vernehmungsbeamten verweigerte er aber auch in dieser Vernehmung. In der Gerichtsverhandlung führte der Richter aus, daß s. 34 CRIMPO nicht zur Anwendung kommen könne. Danach leitete er die Geschworenenjury jedoch an, auch unabhängig von s. 34 CRIMPO könne diese gegebenenfalls Schlüsse aus dem Aussageverhalten des Angeklagten ziehen. Der Court of Appeal hob das Urteil mit der Begründung auf, daß, wenn nach eigener Auffassung des Richters s. 34 CRIMPO ausgeschlossen sei, es bei den common-law-rules verbleibe. Dies bedeute aber, daß der Richter die Geschworenenjury ausdrücklich darauf hinweisen müsse, nicht aus dem Aussageverhalten auf die Schuld des Angeklagten rückzuschließen[811]. Section 34 CRIMPO sei als Ausnahmevorschrift zu einem Grundprinzip des englischen Rechts eng auszulegen. Quintessenz des Urteils ist, daß es zwischen dem Bereich des common law und s. 34 CRIMPO keine „dritte Kategorie“ von Fällen gibt, die allgemeine nachteilige Schlüsse über das common law hinaus erlauben, jedoch noch nicht die Hürden für die Anwendung der s. 34 CRIMPO überwinden[812].

Allerdings hat dieses Urteil wiederum eine wichtige Konsequenz[813]: wenn die Voraussetzungen von s. 34 CRIMPO im einzelnen Fall nicht vorliegen (was durchaus schwierig zu beurteilen sein kann), muß (!) der Richter ausdrücklich darauf verweisen, daß keine Schlüsse aus dem Schweigeverhalten gezogen werden dürfen. Damit ist jede richterliche Fehlbeurteilung der Norm, die zu Unrecht s. 34 CRIMPO als gegeben ansieht, regelmäßig für das Urteil fa-

---

810 R. v. McGarry, CA [1999] 1 CrAppR, S. 377.

811 R. v. McGarry, CA [1999] 1 CrAppR, S. 382. Ebenso R. v. B, CA [2000] CrimLR, S. 182.

812 Zustimmend Birch (1999) CrimLR, S. 781 und Jennings (1999) 5 ArchN, S. 8. Dasselbe gilt für den noch zu behandelnden s. 35 CRIMPO (Schweigen in der Gerichtsverhandlung), siehe Otton LJ in dem Fall R. v. Friend, CA [1997] 2 CrAppR, S. 242 (implizit) (im Falle des Nichtvorliegens von s. 35 (1) lit. b CRIMPO).

813 Birch (1999) CrimLR, S. 781.

tal, da es einen schweren Rechtsfehler begründet. Denn der Richter hätte dann ausdrücklich in seiner Belehrung eine Würdigung des Schweigens vor der Polizei ausschließen müssen. Dies bedeutet aber, daß s. 34 CRIMPO im hohen Maße zu der Appellationsanfälligkeit von Urteilen führt.

2. Das Verhältnis von s. 34 CRIMPO zu ss. 5 (5), 11 Criminal Procedure and Investigations Act 1996

Diese weitere Beschränkung des right to silence wurde mit Einführung des Criminal Procedure and Investigations Act (CPIA) am 07.04.1997 bewirkt. Die hier interessierenden Vorschriften der ss. 1-11 CPIA behandeln die Frage der Offenlegung (disclosure) der Anklage- bzw. Verteidigungslinie sowie der hiermit verbundenen Beweismittel, die diese Strategie stützen sollen[814]. Um das Verhältnis dieser Regelungen zu s. 34 CRIMPO analysieren zu können, sind vorab einige Anmerkungen zum englischen Rechtsprinzip der Offenlegungsverpflichtung notwendig.

a) Zum prozessualen Institut der Offenlegungspflicht (disclosure) allgemein

Um die ratio der diclosure-Regelungen zu erfassen, ist es notwendig, sich die grundsätzliche Ausgangsposition in Erinnerung zu rufen, in der sich die Parteien im akkusatorischen Parteiprozeß zu Beginn des Strafverfahrens befinden[815].

Die disclosure-Verpflichtung der Anklagebehörden ergibt sich aus dem prinzipiellen Verhältnis zwischen Staat und einzelnem Bürger. Der Staat bedient sich zur Durchsetzung seines Strafanspruchs eines gewaltigen Machtapparats und verfügt über enorme Ressourcen. Es ist ihm möglich, für das Sammeln von Beweisen auf eine straff geführte Polizeiorganisation zurückzugreifen, die aufgrund technischer Ausstattung, Know-how und Personaleinsatz weitgehende Ermittlungsmöglichkeiten ihr eigen nennt. Dieser gegenüber steht der Beschuldigte als Individuum (ggf. anwaltlich beraten), dem nur äußerst beschränkte Möglichkeiten zur Verfügung stehen, die von ihm vertretene Position mit Hilfe von Zeugen und sonstigem recherchierten Material zu untermauern. Aufgrund dieser Umstände erscheint es unabdingbar, einen prozessualen Ausgleich für diese ungleiche Machtverteilung zu schaffen, indem der Verteidigung Einblick in die Ermittlungsergebnisse der Strafverfolgungsbehörden gewährt wird. Dies ermöglicht es dem Beschuldigten, ggf.

---

[814] Allgemein zu den disclosure-Regelungen des Criminal Procedure and Investigations Act 1996: Andrews/Hirst (2001) S. 125-150, Blackstone/Murphy/Stockdale u.a. (2002) S. 1172-1198, Cross/Tapper (1999) S. 250-254, Dennis[2] (2002) S. 298-305, Niblett (1997) S. 228-247, Sprack (1997) Criminal Law Review, S. 308ff.

[815] Zur ratio der diclosure-Regelungen: Dennis[2] (2002) S. 292/293 und Sprack (2000) S. 121/122.

Schwachstellen aufzufinden oder entlastendes Beweismaterial zu orten, die er selbst nicht hätte ermitteln und in den Prozeß einführen können.

Hingegen läßt sich eine Verpflichtung des Beschuldigten, vor Beginn des Prozesses seine Verteidigungsstrategie (in ihren wesentlichen Zügen) darzulegen, mit dieser ratio nicht begründen. Im Gegenteil scheint es, als würde eine solche Verpflichtung gerade der eben festgestellten Tatsache widersprechen, daß der Beschuldigte sich in einem Verhältnis der Machtunterlegenheit befindet, und eine solche Regelung würde dieses Verhältnis der Machtunterworfenheit gerade wiederherstellen bzw. sogar noch vertiefen[816]. Die bereits im Zusammenhang mit der Einführung der ss. 34-39 CRIMPO erwähnte RCCJ führte nichtsdestoweniger erstmals den Gedanken einer solchen umfassenden Offenlegungspflicht des Beschuldigten ein[817]. Die Überlegung, die hinter der Reform stand, war dabei folgende: wenn von staatlicher Seite durch die Eröffnung des Beweismaterials gewissermaßen die Karten auf den Tisch gelegt würden, so müsse dies auch seitens der Verteidigung geschehen.

b) Die Konzeption der disclosure-Regelungen allgemein

(1) Schritt 1: Die Offenlegungspflicht der Anklage auf erster Stufe (primary disclosure), s. 3 CPIA

Gemäß s. 3 (1) CPIA 1996 ist die Anklage in einem ersten Schritt verpflichtet, ihrerseits alle Beweismaterialien offenzulegen, die die Anklage möglicherweise unterminieren könnten:

> s. 3 (1) The prosecution must -
>
> (a) disclose to the accused any prosecution material which has not previously been disclosed to the accused and which in the prosecution´s opinion might undermine the case for the prosecution against the accused, or
>
> (b) give to the accused a written statement that there is no material of a description mentioned in paragraph (a)
>
> [...]

Das zentrale Merkmal der Regelung konzentriert sich darauf, aufgrund welchen Maßstabes entschieden wird, welche Beweismaterialien der Verteidigung zugänglich gemacht werden. Dies wird mit der Umschreibung „in the

---

[816] Siehe Dennis[2] (2002) S. 303 und Zander in seinem ablehnenden Minderheitenvotum zum RCCJ (1993) Note of Dissent para. 2.

[817] Zu den Vorschlägen des RCCJ aus dem Jahre 1993 und ihren Hintergründen Niblett (1997) S. 219-228. Zur Reform auch Leng/Taylor (1996) S. 7-10.

prosecution's opinion" festgelegt, wobei die besondere strukturelle Konzeption des Gesetzes eine tendenziell enge Auslegung nahelegt. Dies ergibt sich aus dem Umstand, daß auf der dritten Stufe ggf. gemäß s. 7 (2) (a) CPIA eine secondary disclosure seitens der Anklage gefordert wird. Eine solche weitere Stufe der Preisgabe von Beweismaterialien ist jedoch nur sinnvoll, sofern nicht schon durch die Anforderungen auf erster Stufe sämtliche möglicherweise relevanten Materialien der Gegenseite zugänglich gemacht wurden[818]. Aufgrund dieser Gesetzessystematik und dem Wortlaut wird die Formulierung in s. 3 (1) CPIA subjektiviert ausgelegt: die Norm statuiert eine subjektive Prüfung, die vom Vorstellungsbild der Strafverfolgungsbehörden ausgeht[819].

(2) Schritt 2: Die Offenlegungspflicht der Verteidigung, s. 5 (5) und (6) CPIA

Ist die Anklage ihrer Verpflichtung zur Eröffnung auf erster Stufe (primary disclosure) nach s. 3 (1) CPIA nachgekommen, besteht gemäß s. 5 (5) eine entsprechende Offenlegungsverpflichtung für die Verteidigung (obligatorisch aber nur in den Fällen von indictable offences).

Section 5 (5) beschreibt hierbei, wie das schriftlich abzufassende Dokument der Verteidigung inhaltlich ausgestaltet sein muß: es muß in allgemeinen Formulierungen die Art der Verteidigung beschreiben, die Aspekte der Anklage bezeichnen, die die Verteidigung in Frage zu stellen gedenkt, und Gründe dafür anzugeben, warum die bezeichneten Details des Anklagevorwurfs in Frage gestellt werden.

> s. 5 - [...]
>
> (5) Where this section applies, the accused must give a defence statement to the court and the prosecutor.
>
> (6) For the purpose of this section a defence statement is a written statement -

---

818 Dennis² (2002) S. 301.

819 Dies stellt eine entscheidende Veränderung gegenüber dem bisherigen common law dar, da in dem Fall R. v. Ward (Judith), CA [1993] 96 CrAppR, S. 1 ausdrücklich eine anhand objektiver Maßstäbe zu messende Offenlegungspflicht der Strafverfolgungsbehörden statuiert worden war. Diese Einschränkung ist praktisch bedeutsam, da hierduch die erhebliche Arbeitslast der Strafverfolgungsbehörden vermindert wird, sämtliche Beweismaterialien der Gegenseite zu eröffnen, ohne Rücksicht darauf, ob die Strafverfolgungsorgane diese für (im Sinne der Verteidigung) fallrelevant erachteten.

(a) setting out in general terms the nature of the accused´s defence,

(b) indicating the matters on which he takes issue with the prosecution, and

(c) setting out in the case of each such matter, the reason why he takes issue with the prosecution.

(7) If the defence statement discloses an alibi the accused must give particulars of the alibi in the statement, including -

(a) the name and address of any witness the accused believes is able to give evidence in support of the alibi, if the name and the address are known to the accused when the statement is given;

(b) any information in the accused´s possession which might be of material assistence in finding any such witness, if his name or address is not known to the accused when the statement is given.

[...]

Kommt der Angeklagte seiner Eröffnungspflicht nicht nach, wird er hierfür in zweifacher Weise prozessual bestraft[820]. Gemäß s. 7 (1) CPIA wird eine Rechtspflicht zur weitergehenden Preisgabe von Beweismaterialien seitens der Anklage nur dann statuiert, wenn der Angeklagte seinen Verpflichtungen gemäß s. 5 (5) CPIA nachgekommen ist. Bedeutsamer noch als diese rechtliche Konsequenz der Nichtbefolgung von s. 5 (5) CPIA ist allerdings s. 11 CPIA. Diese Vorschrift erlaubt in s. 11 (3), dem Angeklagten nachteilige Schlüsse aus der Verweigerung zu ziehen, nach s. 5 (5) CPIA seine Verteidigung offenzulegen. Die Parallelen zu s. 34 CRIMPO sind hierbei offensichtlich, ebenso wie die Bedeutung dieser Regelung für die Ausübung des Schweigerechts.

(3) Schritt 3: Die Offenlegungspflicht der Anklage auf zweiter Stufe (secondary disclosure), s. 7 CPIA

Ist die Verteidigung der Verpflichtung aus s. 5 (5) (bei geringeren Vergehen: der rechtlichen Option) der Offenlegung nachgekommen, ergeben sich hieraus im Gegenzug wiederum für die Anklage weitere Offenlegungspflichten, s. 7 (2) CPIA. Über die bereits zu Verfügung gestellten Informationen hinaus muß die Anklage alle Materialien offenlegen, die bei vernünftiger Beurteilung der Verteidigung möglicherweise dienlich sein können (which might be reasonably expected to assist):

---

[820] Hierzu insbesondere Dennis[2] (2002) S. 303-305 und Sprack (2000) S. 124-127.

s. 7 - (1) This section applies where the accused gives a defence statement under section 5 or 6.

(2) The prosecutor must -

(a) disclose to the accused any prosecution material which has not previously been disclosed to the accused and which might be reasonably expected to assist the accused´s defence as disclosed by the defence statement given under section 5 or 6, or

(b) give to the accused a written statement that there is no material of a description mentioned in paragraph (a).

[...]

Wie aus der Formulierung in s. 7 (2) lit. a CPIA „reasonably expected to assist the accused´s defence“ hervorgeht, handelt es sich hier um einen objektiven Maßstab, der für die Beurteilung der Frage angelegt wird, in welchem Umfang gewonnene Beweismaterialien offenzulegen sind[821]. Hierin liegt (wie bereits angedeutet) der entscheidende Unterschied zu s. 3 (1) CPIA 1996.

c) Das Verhältnis von s. 34 CRIMPO zu ss. 5 (5) i.V.m. 11 CPIA

Aus den vorangegangenen Darstellungen hat sich bereits ergeben, daß sich die gesetzliche Konzeption von ss. 5 (5) i.V.m. 11 CPIA und die von s. 34 CRIMPO sehr ähnlich sind[822]. In beiden Fällen geht es um die Verhinderung von Hinterhalt-Verteidigungsstrategien, in beiden Fällen wird die Verteidigung zu einem Zeitpunkt vor dem Prozeß auf eine Art Informationspflicht festgelegt: im Falle der s. 34 CRIMPO auf die Preisgabe von Informationen im Verhör, im Falle der ss. 5 (5) i.V.m. 11 CPIA in einer eher formalisierten Weise auf die Preisgabe von Informationen im Zuge eines Informationsaustauschs unmittelbar vor Prozeßbeginn.

Trotz dieser Ähnlichkeiten wurden im Runciman-Report 1993 wie auch im Gesetzgebungsprozeß diese Parallelität beider Regelungsbereiche völlig übersehen[823]. Dies ist insbesondere hinsichtlich der RCCJ von 1993 frappierend, da diese sich im Falle der späteren s. 34 CRIMPO ausdrücklich gegen eine Veränderung des Rechts zu Lasten des Angeklagten ausgesprochen hat-

[821] Dennis[2] (2002) S. 301.

[822] Siehe auch den Hinweis von Dennis[2] (2002) S. 304.

[823] Kritisch insbesondere Birch (1999) CrimLR, S. 787/788. Siehe auch die allgemeine Kritik von Pattenden (1998) 2 E&P, S. 141 an der fehlenden Durchdachtheit und Gesamtkonzeption der ss. 34-39 CRIMPO.

te, im Falle der disclosure-Regelungen hingegen gerade erstmals eine Verpflichtung der Verteidigung zur Offenlegung vorsah[824].

Die fehlende Abstimmung der beiden Normen führt zu bedenklichen Konsequenzen: so stellt sich die Frage, ob beide Vorschriften kumulativ anzuwenden sind mit der Folge, daß das passive Verhalten des Beschuldigten gleichsam doppelt zu seinem Nachteil verwertet werden kann. Freilich wäre eine solche Auslegung wenig überzeugend. Die unklare Rechtslage in diesem Punkt führt mithin zu weiteren Schwierigkeiten bei der Anwendung von s. 34 CRIMPO.

3. Das Verhältnis von s. 34 (sowie den ss. 35-37) CRIMPO zu s. 78 PACE

Unklar ist insbesondere das Verhältnis der Regelungen der s. 34 (wie auch der ss. 35-37) CRIMPO zu s. 78 Police and Criminal Evidence Act 1984, die dem Richter die allgemeine Rechtsmacht gewährt, in Situationen besonderer Unfairneß bestimmtes, den Angeklagten belastendes Beweismaterial vom Prozeß auszuschließen.

Zum näheren Verständnis muß hierfür kurz auf den Sinn und Zweck von s. 78 PACE, der vielleicht wichtigsten Norm des englischen Beweisrechts, eingegangen werden. Im Zuge der Beschreibung der Regelungen im common law wurde bereits auf die verschiedenen Funktionen von Richter und Geschworenenjury hingewiesen. Die Geschworenenjury als Gruppe von Laienpersonen, die die Tatsachenfrage schuldig/nicht-schuldig behandelt, wurde dem Richter gegenübergestellt, der sich mit den rechtlichen Fragen auseinandersetzt, der die Geschworenenjury belehrt und der schließlich das Strafmaß im Falle der Verurteilung festlegt. Dabei kommt dem Richter aufgrund der vorgegebenen Arbeitsteilung wegen seines Status als professioneller Jurist eine Art „Hüterfunktion" bezüglich der vorgelegten Beweise zu. Nicht alles Beweismaterial, das im Prozeß präsentiert wird, ist auch für die Urteilsfindung verwertbar. Teils mag es schon nicht für den Fall relevant sein und wird dann aus diesem Grunde vom Richter abgelehnt (lack of relevance[825]). Doch kommt es auch vor, daß Beweise zwar relevant sind, jedoch den Angeklagten in besonderer Weise benachteiligen, insbesondere weil sie unter unfairer Ver-

---

824 Diese Diskrepanz ließe sich lediglich aufgrund des Umstands erklären, daß das Hauptargument der RCCJ gegen die Einführung einer Norm wie s. 34 CRIMPO darin bestand, daß im polizeilichen Verhör kein weiterer psychologischer Druck auf den Beschuldigten ausgeübt werden sollte, da dies zu einer Zunahme von Fehlurteilen führen könnte. In der formalisierten Atmosphäre des späteren Gerichtsverfahrens besteht eine solche Gefahr emotional geprägter Panikreaktionen (falsche Geständnisse oder Angaben) des Beschuldigten freilich nicht.

825 Allgemein zur Bedeutung der Relevanz von Beweisen (relevance) im englischen Recht: Dennis² (2002) S. 50-71 und Keane (2000) S. 20-24.

letzung von Vorschriften durch die Strafverfolgungsbehörden gewonnen wurden. Im Falle unzulässig gewonnener Geständnisse bildet s. 76 PACE eine besondere Regelung für den Ausschluß aufgrund von Fairneßgesichtspunkten. Für alle übrigen Fälle wurde mit s. 78 PACE eine umfassende Generalklausel in das Gesetz eingefügt (bereits im common law gab es gewisse Vorbilder). Die Bestimmung lautet wie folgt:

> s. 78 - (1) In any proceedings the court may refuse to allow evidence on which the prosecution proposes to rely to be given if it appears to the court that, having regard to all the circumstances, including the circumstances in which the evidence was obtained, the admission of the evidence would have such an adverse effect on the fairness of the proceedings that the court ought not to admit it.
>
> [...]

Der genaue Anwendungsbereich und die Funktion von s. 78 PACE sind bis heute in Rechtsprechung und Literatur umstritten[826]. Jedoch zeichnet sich - bereits aufgrund des Wortlauts der Vorschrift - mittlerweile eine umfassende und weite Auslegung ab[827]. Der Richter hat mithin die Rechtsmacht, Beweise der Anklage auszuschließen, deren Vorbringen aus seiner Sicht sich dem Beschuldigten gegenüber als übermäßig unfair erweisen würde. Hierbei hat er eine rechtliche Abwägung zwischen dem Ausmaß der Unfairneß und dem Beweiswert des vorgebrachten Beweismaterials vorzunehmen. Kommt er zu dem Schluß, daß das Moment der Unfairneß überwiegt, schließt er die Beweise aus. Die rechtlichen Dispute über die Zulassung dieser Beweise ge-

---

826 Zu der Herkunftsgeschichte und dem allgemeinen Anwendungsbereich der s. 78 PACE: Dennis[2] (2002) S. 75-85, Dennis (1989) 41 CLP, S. 32/33, Grevling (1997) 113 LQR, S. 667ff. Der Kern des Streits in der Rechtsprechung um s. 78 PACE behandelt die Frage, ob s. 78 PACE die common-law-Regeln lediglich auf eine gesetzliche Grundlage stellt, oder über deren (enge) Grenzen hinaus ein umfassendes und allgemeines Abwägungsgebot statuiert. Als bloße Bestätigung des common law wurde die Regelung etwa in dem Urteil R. v. Mason, CA [1987] 3 AllER, S. 481 (per Watkins LJ) angesehen. Eine weite Auslegung der Norm wurde etwa im Urteil R. v. Khan, Sakkaravej und Pamarapa, CA [1997] CrimLR, S. 508 angenommen. Zu dem in der Rechtsprechung bisher eher unterschwellig ausgetragenen Streit auch Dennis[2] (2002) S. 78-84 und Grevling (1997) 113 LQR, S. 668-671.

827 Eine Analyse der Rechtsprechung bietet Zuckerman (1989) S. 325-328. Insbesondere wurde ein Verstoß gegen s. 78 CRIMPO bei Nichtbeachtung der s. 58 PACE (Recht auf anwaltlichen Beistand) angenommen: R. v. Samuel, CA [1988] 2 AllER, S. 135, einschränkend hingegen wieder R. v. Alladice, CA [1988] 87 CrAppR, S. 380.

schehen in Abwesenheit der Geschworenenjury (voire dire[828]). Denn sofern s. 78 PACE zur Anwendung kommt, soll gerade verhindert werden, daß die Jury sich durch die Kenntnis der Beweise in unfairer Weise zum Nachteil des Angeklagten beeinflussen läßt.

Berücksichtigt man diese Funktion von s. 78 PACE sowie die Weite der Regelung, stellt sich die Frage, ob nicht auch bestimmte Fälle des vorprozessualen Schweigens nach s. 34 CRIMPO aufgrund s. 78 PACE ausgeschlossen sein könnten. Zahlreiche Autoren wie Dennis[829] bejahen eine Anwendbarkeit von s. 78 PACE auch auf Fälle des vorprozessualen Schweigens.

In der Rechtsprechung haben sich zu dieser Frage zwei Grundlinien angedeutet[830]. Teils wird offensichtlich von einer Anwendbarkeit der s. 78 PACE ausgegangen[831]. Hingegen spricht sich das bereits zitierte Urteil R. v. Condron und Condron[832] gegen eine Ausdehnung der s. 78 PACE aus. Das Gericht geht vielmehr anscheinend von einem s. 34 CRIMPO immanenten Ermessen aus, das jedoch ganz eng auf Fälle beschränkt wird, in denen es wider jede Gerechtigkeit („perverse") wäre, Schlüsse aus dem anfänglichen Schweigen zu ziehen. Für eine Anwendung der s. 78 PACE spricht jedoch, daß diese Vorschrift eine ganz umfassende Geltung im englischen Beweisrecht besitzt. Dies legt es nahe, sie auch im Bereich dieser Beweisthematik

---

828 Zu dem Institut des voire dire (dem „Prozeß im Prozeß"): Dennis[2] (2002) S. 184/185 (bei ggf. unverwertbaren Geständnissen), Keane (2000) S. 33-36, Sprack (2000) S. 280-282.

829 Dennis[2] (2002) S. 161/162. Er nennt auch Fälle, in denen s. 78 PACE eingreifen könnte. Siehe etwa auch Fenwick (1995) CrimLR, S. 134ff., Jennings (1996) 149 NLJ, S. 726, Miles (1995) 159 JP, S. 415, Pattenden (1998) 2 E&P, S. 146/147.

830 Zu dieser Divergenz in der Rechtsprechung auch Pattenden (1998) 2 E&P, S. 146/147.

831 Hierzu (obiter) das bereits zitierte Urteil R. v. Argent, CA [1997] 2 CrAppR, S. 31 (Lord Bingham CJ). Im selben Atemzug betonte aber das Gericht, daß einer solche Ausschluß nur in seltenen Fällen einmal zum Tragen komme: a.a.O. S. 33. Hintergrund der Erwähnung von s. 78 CRIMPO in diesem Fall war, daß der Richter erster Instanz auf Drängen der Verteidigung das Schweigen des Beschuldigten Argent in einem ersten polizeilichen Verhör gemäß s. 78 PACE ausgeschlossen hatte. Aus einem (nicht ohne weiteres erkennbaren) Grund war der Court of Appeal mit diesem Ausschluß im konkreten Falle nicht zufrieden. Gerade deswegen betonte er auch, die Norm könne nur selten im Zusammenhang mit s. 34 CRIMPO greifen.

832 R. v. Condron und Condron, CA [1997] 1 CrAppR, S. 196 (Stuart-Smith LJ). Cape (1997) 1 E&P, S. 388 versucht die Divergenz zwischen diesem Urteil und Argent wie folgt aufzulösen: Argent zeige, daß im Bereich „klassischer" Fälle der s. 78 CRIMPO, nämlich dem Bruch der Regelungen der Codes of Practice (irreführende Belehrung, keine Tonbandaufnahme u.s.w.) s. 78 PACE anwendbar ist. Die drastische Formulierung in Condron beziehe sich hingegen nur auf solche Fälle, in denen die Verteidigung aus sonstigen Gründen das Gericht zu einem Ausschluß des Schweigebeweises dränge.

anzuwenden[833]. Zudem stellt die vielfach übersehene[834] s. 38 (6) CRIMPO klar, daß das allgemeine Ermessen des Richters, Beweise auszuschließen, durch die ss. 34-39 CRIMPO nicht beeinträchtigt werde. Es liegt nahe, daß der Sinn von s. 38 (6) CRIMPO gerade darin besteht, auch das Schweigen s. 78 CRIMPO zuzuordnen.

Allerdings zeigt die Analyse der Rechtsprechung, daß in jedem Falle (ungeachtet der Anwendung von s. 78 PACE oder der Annahme eines immanenten Ermessens) die Richterschaft einen Ausschluß des Schweigens aufgrund richterlichen Ermessens nur mit äußerster Zurückhaltung erwägt[835,836].

IV. Die prinzipielle und praktisch orientierte Kritik an s. 34 CRIMPO

1. Die prinzipielle Kritik an s. 34 CRIMPO (bzw. den ss. 35-37 CRIMPO)

Die bisherige Analyse hat sich auf die Darstellung der einzelnen Tatbestandsmerkmale von s. 34 CRIMPO konzentriert und die rechtstechnischen Schwierigkeiten bei der Anwendung dieser Norm aufgezeigt. Doch sprechen auch fundamentale Gesichtspunkte gegen s. 34 CRIMPO (wie auch gegen die ss. 35ff. CRIMPO). Da die meisten grundsätzlichen Aspekte bereits im Zusammenhang mit der politischen Debatte genannt wurden, soll hier nur noch einmal eine gebündelte Zusammenfassung erfolgen.

Die genannten Argumente beziehen sich dabei letztendlich auf alle Normen der ss. 34-39 CRIMPO, da sie prinzipieller Natur sind. Da jedoch gerade die Vorschrift der s. 34 CRIMPO in ihrem Kontext des polizeilichen Verhörs be-

---

833 Jennings (1996) 146 NLJ, S. 726. Zutreffend Pattenden (1998) 2 E&P, S. 156, die die gesonderte Behandlung von Schweigen als Beweisthema durch einen Teil der Rechtsprechung als Systembruch kritisiert.

834 Siehe aber etwa Dodds (1995) 159 JP, S. 567, Pattenden (1995) CrimLR, S. 610, Murphy (1997) S. 273.

835 Dazu die Feststellung von Birch (1999) CrimLR, S. 778. In R. v. Condron und Condron, CA [1997] 1 CrAppR, S. 196 nennt Stuart-Smith LJ etwa den Fall, daß der Angeklagte eine sehr geringe Intelligenz aufweise und von einem Rechtsanwalt den Rat erhalte, nicht auszusagen. Nur in solchen ganz besonderen Fällen („most exceptional cases") könne von vornherein der Richter aufgrund seines Ermessens eine Anwendung der Vorschriften ausschließen.

836 Daher ist die Versicherung von Lord Taylor CJ in der parlamentarischen Debatte (in: Parliamentary Debates, HL, Bd. 555 Spalte 520), das richterliche Ermessen schließe Bedenken gegen die ss. 34ff. CRIMPO aus, im Nachhinein nicht stichhaltig. Lord Taylor CJ betont demgegenüber selbst in dem Fall R. v. Cowan, Gayle und Ricciardi [1995] 4 AllER, S. 946, daß der Court of Appeal bei der Anwendung der ss. 34ff. CRIMPO ein hohes Maß an Zurückhaltung darin üben werde, in die Handhabung der Normen durch die unteren Gerichten einzugreifen („... this court will not lightly interfere with a judge's excercise of discretion ...").

sonders umstritten war, konzentrierten sich viele Autoren auf die Kritik der s. 34 CRIMPO.

Vielfach wurde in der englischen Debatte betont, Schlüsse aus dem Schweigen seien bereits deswegen abzulehnen, da es eine Vielzahl von verschiedenen Motiven hierfür gebe[837]. Der Beschuldigte könne aus Angst schweigen, aus Haß gegenüber der Polizei, aus taktischen Gründen, aufgrund des Rats seines Anwalts u.s.w. Schon diese tatsächlichen Interpretationsschwierigkeiten würden eine gesetzliche Regelung wie s. 34 (und 35-37) CRIMPO verbieten. Es ist dabei zu festzustellen, daß die Argumentation hinsichtlich des tatsächlichen Beweiswertes des Schweigens im englischen Bereich stark betont wird. Überlegungen zum Verhältnis der rein empirisch fundierten Gründe zu den normativen Gesichtspunkten finden sich kaum.

Zahlreiche Stimmen erachten s. 34 CRIMPO mit der Unschuldsvermutung bzw. dem Gebot der Beweislastführung (burden of proof) unvereinbar[838]. Wie gezeigt haben sich auch die beiden Königlichen Kommissionen maßgeblich auf diesen Aspekt gestützt. Die Erlaubnis, Schlüsse aus dem anfänglichen Schweigen zu ziehen, unterhöhle den Grundsatz, daß es den Anklagebehörden obliegt, den Schuldbeweis gegen den Angeklagten zu führen.

Zudem ist im englischen Bereich auch auf das Argument des psychologischen Drucks verwiesen worden: indem der Beschuldigte bzw. Angeklagte sich drohenden Schlüssen aus seinem Schweigen ausgesetzt sieht, werde in unzumutbarer Weise psychologischer Druck auf ihn ausgeübt[839]. Wie gezeigt hat auch insbesondere die Runciman-Kommission (RCCJ) aus dem Jahre 1981 dieses Argument aufgenommen. Dabei ist zu bedenken, daß im englischen Bereich diese These allgemeine Überzeugungskraft gewinnt: aufgrund der erforderlichen Belehrung bzw. der vor Anwendung von s. 34 CRIMPO jetzt obligatorischen Anwaltsberatung sieht sich der Beschuldigte nunmehr regelmäßig mit den möglichen beweisrechtlichen Folgen seines Verhaltens konfrontiert. Dies bewirkt aber den ansonsten oftmals nicht bestehenden inneren Druck.

---

837 Birch (1999) CrimLR, S. 777.

838 Ashworth (1998) S. 97 und Jennings (1996) 146 NLJ, S. 765/766. Auch im Gesetzgebungsverfahren wurden entsprechende Bedenken von Lord Lowry (mit Blick auf s. 34 [2] lit. c CRIMPO) geäußert, Hansard, HL, Bd. 556 Spalte 1414. Gegen eine solche Argumentation: Dennis (1995) CrimLR, S. 18, Pattenden (1995) CrimLR, S. 611, Zuckerman (1989) S. 319.

839 Cross/Tapper (1999) S. 385.

Schließlich ist bereits im Zusammenhang mit der anwaltlichen Beratung gezeigt worden, daß s. 34 CRIMPO im Bereich des lawyer-client-privilege zu erheblichen Beeinträchtigungen fundamentaler Rechte führt.

2. Die Kritik aufgrund einer reinen Kosten-Nutzen-Analyse

Bereits aus normativen Gründen wurde die Vorschrift der s. 34 CRIMPO in der Lehre zu Recht ganz überwiegend verworfen. Doch hat die Praxiserfahrung mit dieser Norm noch eine weitere Kategorie von Kritik auf den Plan gerufen: einige Stimmen stellen zutreffend eine Kosten-Nutzen-Rechnung auf, indem sie die (vermeintlichen) Vorteile von s. 34 CRIMPO gegenüber den damit verbundenen rechtlichen Nachteilen abwägen[840]. Die Vorschrift weist ein enorm hohes Maß an Komplexität auf, eröffnet zahlreiche Auslegungsfragen und ist dabei für die zentralen Fragen ihrer Anwendung von hoher Unbestimmtheit[841]. Section 34 hat in den wenigen Jahren seit ihrem Bestehen etliche Seiten von Gerichtsurteilen gefüllt, in der Praxis zu Unsicherheit geführt und Verwirrung unter den Richtern gestiftet. Aus der Sicht dieser Kritiker, denen aufgrund der obigen Analyse beigepflichtet werden muß, ist der Nutzen der Vorschrift bereits unter rein praktischen Gesichtspunkten zu verneinen. Kosten (nämlich die rechtliche Komplexität, die Verwirrung der Laienrichter, die Gefahren einer unrichtigen Anwendung mit der Folge der Kassation in der nächsten Instanz[842]) überwiegen den aus der Vorschrift hervorgehenden Nutzen bei weitem.

3. Die kontraproduktiven Effekte von s. 34 CRIMPO

Ein weiterer allgemeiner Kritikpunkt der Analyse wurde in der Debatte der Literatur gleichfalls zu Recht hervorgehoben. Wie sich aus der vorangegan-

---

840 Insbesondere Birch (1999) CrimLR, S. 772/773 und passim. Siehe bereits vor der Reform die Vorahnungen von Coldrey (1991) 20 Anglo-AmLR, S. 58.

841 Auch von Jennings (1996) 146 NLJ, S. 822, Jennings (1999) 149 NLJ, S. 1180, Pattenden (1998) 2 E&P, S. 141 wird die hohe Komplexität der Vorschriften konstatiert.

842 Zu dem Aspekt möglicher Fehler der Belehrung mit der Folge einer Aufhebung des Urteils in höherer Instanz Birch (1999) CrimLR, S. 774. Ein solcher Fall lag z.B. in R. v. Moshaid, CA [1998] CrimLR, S. 420 vor: der Court of Appeal hob selbst hervor, daß vorliegend überzeugende anderweitige Beweise gegen den Angeklagten sprachen. Die erheblichen Fehler bei der Anwendung von s. 34 CRIMPO zwang dennoch zur Aufhebung des Urteils. Ein noch deutlicheres Mißverhältnis ergab sich in R. v. Gowland-Wynn, CA [2002] 1 CrAppR, S. 41: wie Lord Woolf CJ in der Entscheidung selbst mit Bedauern betonte, stand aufgrund sonstiger Beweise die Verurteilung des Angeklagten außer Frage. Auch die Belehrung der Geschworenen bezüglich s. 34 CRIMPO als solche war einwandfrei. Jedoch kehrte der belehrende Richter der Ausgangsinstanz nochmals kurz zur Thematik der s. 34 CRIMPO zurück, wobei ihm ein entscheidener Fehler unterlief. Allein aus diesem Grund mußte daher das Urteil aufgehoben werden.

genen Darstellung ergibt, hat das Gesetz in vielen Punkten kontraproduktive Folgen bewirkt. Aufgrund der spezifischen Konstellation der s. 34 CRIMPO wird der Angeklagte, der als Beschuldigter einmal geschwiegen hat, im Gerichtsverfahren förmlich aus dem Zeugenstand gedrängt, ansonsten schwebt das Damoklesschwert der s. 34 CRIMPO über ihm[843]. Geht man von den Zielsetzungen des CLRC- und des HOWG-Reports aus, sollte der Angeklagte gerade dazu gebracht werden, sich dem Prozeß zu stellen. Hier zeigt sich aber, daß das Gegenteil der Fall ist. Die gesetzgeberischen Intentionen sind somit klar verfehlt worden.

Zu diesen kontraproduktiven Effekten von s. 34 CRIMPO (wie auch den anderen Normen) zählt aber noch ein weiterer Umstand. Der Fokus auf das Schweigen lenkt die Aufmerksamkeit im Prozeß in übertriebener Weise auf ein Indiz, dem (wenn überhaupt) nur ein vergleichsweise geringer Beweiswert zukommt[844]. Im Zusammenhang mit der Auslegungsfrage, ob s. 34 CRIMPO nur die nachträgliche Erfindung von Verteidigungstatsachen erfaßt, wurde z.B. darauf verwiesen, daß viele Angeklagte als Folge Beweis dafür antraten, daß sie eine bestimmte Verteidigung bereits zum Zeitpunkt der Vernehmung anderweitig geäußert hatten. Man muß sich klar darüber werden, wie weit sich solche Fragen bereits von dem eigentlichen Gegenstand des Prozesses, nämlich dem Schuldvorwurf, entfernen. Aufgrund der s. 34 CRIMPO kommt es daher oftmals zu einer Verzerrung des Schwerpunktes im Prozeß. Dies erscheint aber besonders bedenklich, wenn man berücksichtigt, daß eine Laienjury den Fall beurteilt. Diese ist in besonders hohem Maß der Gefahr ausgesetzt, sich durch die Überbetonung des Schweigeverhaltens beeindrucken zu lassen und dem Aussageverhalten einen übertriebenen Beweiswert beizumessen.

Damit bleibt festzuhalten, daß auch in der englischen Debatte aufgrund empirischer und normativ fundierter Gründe, aber auch aus rein praktischen Gesichtspunkten, die ss. 34ff. CRIMPO einhellig verworfen wurden. Diese politisch motivierten Normen stießen auch nach ihrer Einführung mithin auf breiteste Ablehnung. Aufgrund der eben genannten zahlreichen normativen

---

[843] Zu den verschiedenen Optionen taktischen Verhaltens des Angeklagten auch Pattenden (1998) 2 E&P, S. 145-155 und Zander (1995) S. 315/316.

[844] Siehe Birch (1999) CrimLR, S. 773/774. Die Autorin hebt zudem hervor, daß auch Bentham, auf den sich die Reform beruft, anerkannt hat, daß es gerade im Sinne der Wahrheitsfindung ist, sich auf die relevanten Beweise im Prozeß zu beschränken. In diesem Sinne ist seine berühmte Bemerkung zu verstehen: „Even evidence, even justice itself, like gold, may be bought too dear.", zitiert nach Birch (1999) CrimLR, S. 773. Zu den drei Rechtfertigungsgründen für den Ausschluß relevanten Beweismaterials bei Bentham (delay, vexation, expense) insbesondere Lewis (1990) 42 CLP, S. 146/147.

Gesichtspunkte ist dieser ablehnenden Haltung uneingeschränkt beizupflichten.

4. Die Folge von s. 34 CRIMPO (und ss. 35-37 CRIMPO): Abschaffung des right to silence (abolition) oder Beschränkung (curtailment)

Ist sich die Literatur auch insbesondere hinsichtlich s. 34 CRIMPO in ihrer Ablehnung einig, ist doch ein Umstand auffällig, der oberflächlich nur terminologischer Art ist, aber viel tiefere Wurzeln hat: in der Lehre wurde mit Blick auf die ss. 34ff. CRIMPO teils von der Abschaffung (abolition bzw. removal[845]), teils von der Beschränkung (curtailment bzw. restriction[846]) des right to silence gesprochen. Beide Seiten warfen sich dabei vor, die andere trage nicht den rechtlichen Wirkungen der ss. 34ff. CRIMPO Rechnung[847].

An dieser Stelle tritt freilich jene begriffliche Unklarheit zutage, die bereits eingangs erwähnt wurde: sieht man das right to silence als das spezifische Recht an, daß aus dem Schweigeverhalten keine nachteilige Folgerungen gezogen werden dürfen, läßt sich in der Tat von einer Abschaffung sprechen. Betont man hingegen, daß sich auch der Begriff des right to silence primär auf die Frage des Schweigev e r h a l t e n s und seine Zulässigkeit im Verhör beziehe, ist die Annahme einer vollständigen „Abschaffung" des so verstandenen Rechts ersichtlich unhaltbar: denn auch ss. 34ff. CRIMPO erlauben es dem Beschuldigten bzw. Angeklagten, zu schweigen.

Diese definitorische Unklarheit hatte aber dogmatische Folgen für die Debatte: die unterschiedliche Begrifflichkeit beschränkte den Streit auf die Semantik und verdeckte die viel wichtigere Frage, ob das (unbestrittene) Recht zu schweigen (im Sinne des tatsächlichen Schweigeverhaltens) selbst nicht bereits bestimmte beweisrechtliche Folgen (immanentes Würdigungsverbot) impliziere. Obgleich Dennis[848] zu einer Klärung der Dogmatik beitrug, indem

---

845 Coldrey (1991) 20 Anglo-AmLR, S. 53/54: „abolition", Greer (1990) 53 MLR, S. 710: „removal", Greer (1995) S. 207: „abolished", Leng (1994) S. 21: „abolition", Zander (1994) S. 141: „abolition".

846 Ashworth (1998) S. 105: „curtailment", Dennis (1995) CrimLR, S. 4 mit Fn. 3: „restriction", Fenwick (1995) CrimLR, S. 133: „curtailment", Jackson (1991) CrimLR, S. 404: „curtailment" (zu den nordirischen Regelungen), Keane (2000) S. 396: „major curtailment".

847 Ablehnend zum Begriff der „Abschaffung" des right to silence etwa: Andrews/Hirst (2001) para. 23-01, Ashworth (1998) S. 105, Jackson (1991) CrimLR, S. 413. Gegen die Annahme einer bloßen „Beschränkung" des right to silence durch die Vorschriften: Greer (1990) 53 MLR, S. 729. Vermittelnd Mirfield (1997) S. 246.

848 Zu der Konzeption von Dennis bereits supra S. 170.

er das right to silence als Sekundärgarantie (Verbot nachteiliger Würdigung) definierte, drang die englische Debatte bis heute zu diesem dogmatischen Punkt nicht wirklich vor.

§ 12 Sections 35, 36 und 37 CRIMPO: Schlüsse aus dem Schweigen des Angeklagten im Gerichtsverfahren, zu inkriminierenden Gegenständen und zum Aufenthalt an inkriminierenden Orten

I. s. 35 CRIMPO: Schlüsse aus dem Schweigen des Angeklagten im Gerichtsverfahren

1. Zur Bedeutung von s. 35 CRIMPO allgemein

Im Zusammenhang mit der Beschreibung der Regelungen des common law zum Schweigen des Angeklagten sind die wesentlichen Grundzüge des vormals geltenden Rechts bereits dargestellt worden[849]. Der Angeklagte kann hiernach aus eigenem Entschluß in den Zeugenstand treten, doch darf er von der Anklage nicht zu diesem Schritt gezwungen werden. Entscheidet er sich jedoch für das Betreten der witness-box, muß er sich dem Kreuzverhör unterziehen. Die Regelungen des commom law sahen - wie dargelegt - ein gewisses Ermessen des Richters vor, ob und inwieweit er das Fernbleiben des Angeklagten aus dem Zeugenstand gegenüber der Geschworenenjury kommentierte. Section 1 lit. b des Criminal Evidence Act 1898 verbot der Anklage hingegen ausdrücklich jede Form der Kommentierung.

Aufgrund der s. 35 CRIMPO sind die Regelungen des common law betreffend die Kommentierung durch den Richter weitgehend in den Hintergrund getreten. Anders als bei s. 34 (5) lit. b CRIMPO ist für s. 35 CRIMPO keine Vorschrift vorgesehen, die ausdrücklich die subsidiäre Weitergeltung der common-law-Regeln normiert. Allerdings dürfte (wie bei s. 34 CRIMPO) auch hier auf die common-law-rules zurückzugreifen sein, wenn s. 35 CRIMPO keine Anwendung findet. Bezüglich der Anklage wurde s. 1 lit. b Criminal Evidence Act 1898 ausdrücklich im Zuge der Einführung von s. 35 CRIMPO widerrufen. Es erscheint aber ausgesprochen zweifelhaft, ob eine umfassende nachteilige Kommentierung durch die Anklage möglich sein soll, wenn im konkreten Fall die Voraussetzungen der s. 35 CRIMPO nicht eingreifen. Näher liegt es, aufgrund eines Erst-Recht-Schlusses aus der Nichtanwendung von s. 35 CRIMPO zu folgern, daß die Anklage in diesem Fall keine nachteiligen Hinweise zum Aussageverhalten des Beschuldigten äußern darf.

Sections 34 und 35 CRIMPO weisen weitgehende Ähnlichkeiten auf. Teils wurden bereits Fälle zitiert, die sich auf s. 35 CRIMPO bezogen, jedoch Tatbestandsmerkmale abhandelten, die in beiden Normen wortgleich auftreten. Trotz der Ähnlichkeit beider Vorschriften soll über die tiefgreifenden Unterschiede zwischen den von beiden Bestimmungen erfaßten Situationen nicht

---

[849] Supra S. 194.

hinweggegangen werden[850]. Im Falle von s. 34 CRIMPO handelt es sich um eine Konstellation, in der der Beschuldigte, oft kurz nach (angeblicher) Begehung der Tat, verhört wird. Das Aussageverhalten ist hierbei oftmals noch nicht von taktischen Erwägungen, sondern von unmittelbaren Emotionen und Eindrücken des Moments bestimmt. Dies gilt umsomehr, wenn der Beschuldigte zu diesem Zeitpunkt noch keinen Rechtsbeistand hinzugezogen hat oder ihm der Ermittlungsstand der Polizeibehörden noch nicht (vollständig) mitgeteilt wurde. Auch ein möglicher Mißbrauch staatlicher Gewalt ist im Falle des Polizeiverhörs stets in Betracht zu ziehen. Im Gerichtsprozeß hingegen ist die Lage eine ganz andere. Regelmäßig mit rechtlichem Beistand versehen[851], trifft der Angeklagte eine sorgfältig abgewogene Entscheidung, ob und in welcher Weise er zu den im indictment erhobenen Vorwürfen Stellung nimmt. Fragen eines möglichen Ausschlusses des Schweigens als Beweismittel stellen sich nicht, weil die Geschworenenjury unmittelbar vom Aussageverhalten des Angeklagten Kenntnis erlangt. Diese grundlegenden sachlichen Unterschiede zwischen beiden Stadien des Strafverfahrens haben viele Stimmen zu dem Schluß geführt, daß unter Wertungsgesichtspunkten eine Beschränkung des right to silence im Stadium des Ermittlungsverfahrens weitaus gravierender und bedenklicher sei als eine Einschränkung für die Dauer des gerichtlichen Verfahrens der Hauptverhandlung[852].

Abgesehen von diesen fundamentalen Differenzen der Lebenssachverhalte, die ss. 34 und 35 CRIMPO anvisieren, bestehen noch weitere Unterschiede. Bei der Abfassung der Vorschriften der ss. 34-39 CRIMPO haben sich nämlich kleinere Abweichungen eingeschlichen, die nicht ohne weiteres mit der Verschiedenheit des Regelungsgegenstands erklärt werden können. Solche Unterschiede werden im Folgenden ebenfalls angesprochen, soweit sie zu inhaltlich relevanten Unterschieden zwischen s. 34 und s. 35 CRIMPO führen. Sie steigern noch die Komplexität und die Schwierigkeiten der Handhabung der Vorschriften in der Praxis und sind ein Beleg dafür, wie wenig auch auf die handwerkliche Sauberkeit bei der Abfassung der Vorschriften geachtet wurde.

---

[850] Dementsprechend wird in der Literatur häufig auch bei der kritischen Würdigung der ss. 34 und 35 CRIMPO deutlich differenziert: etwa Ashworth (1998) S. 97 („vital distinction"), Dennis[2] (2002) S. 444, Leng (1994) S. 18.

[851] Insbesondere in den Crown Courts im trial on indictment ist der Angeklagte fast immer in der Praxis anwaltlich vertreten, Dennis (1995) CrimLR, S. 18, Pattenden (1998) 2 E&P, S. 151 in Fn. 77. Pattenden a.a.O. weist darauf hin, daß in den Magistrates´ Courts hingegen die anwaltliche Vertretung eher die Ausnahme, weswegen diese Gerichte u.U. mehr Zurückhaltung zeigen werden, bevor sie s. 35 CRIMPO anwenden.

[852] Dazu die soeben zitierten Literaturstimmen supra zu Fn. 850.

2. Der Ausgangspunkt der Auslegung: R. v. Cowan, Gayle und Ricciardi [1995] 4 AllER, S. 939

Das Urteil R. v. Cowan, Gayle und Ricciardi[853] führte zu einer gewissen Klärung hinsichtlich dieser Fragen und der damit verbundenen Belehrung durch den Richter. In den Fällen, in denen der Angeklagte nicht in den Zeugenstand trete, sei (sofern s. 35 CRIMPO auch nicht aus anderen Gründen ausgeschlossen ist) die Geschworenenjury wie folgt vom Richter zu belehren[854]:

1. Der Richter muß der Geschworenenjury erklären, daß die Beweisführungslast für eine Verurteilung des Angeklagten ohne vernünftigen Zweifel („beyond reasonable doubt") bei der Anklage verbleibe.

2. Der Richter muß der Geschworenenjury erklären, daß es das Recht des Angeklagten sei, zu schweigen. Das right to silence werde als solches nicht berührt, der Angeklagte habe die freie Wahl, Zeugnis abzulegen.

3. Der Richter muß die Geschworenen weiter belehren, daß das Schweigen nicht allein die Verurteilung des Angeklagten begründen kann (siehe s. 38 [3] CRIMPO).

4. Daher müssen die Geschworenen zuerst davon überzeugt sein, daß die Anklage eine hinreichend begründete Anklage (case to answer) präsentiert hat, bevor sich die Frage möglicher Schlüsse aus dem Schweigen des Angeklagten überhaupt stellt. Ob ein solcher case to answer vorliegt, hat die Geschworenenjury bei ihren Erwägungen zur Anwendung von s. 35 CRIMPO unabhängig von der vorangegangenen Meinung des Richters zu entscheiden.

5. Nur wenn die Geschworenen zu dem Schluß kommen, daß das Schweigen des Angeklagten ausschließlich dem Umstand zuzuschreiben sei, daß der Angeklagte keine Entgegnung auf die Anschuldigungen der Anklage zu erheben weiß oder keine solche, die im Kreuzverhör überzeugen könnten, liegt es im Ermessen der Geschworenen, entsprechende nachteilige Schlüsse zu ziehen.

In der Urteilsbegründung von Lord Taylor CJ finden sich weitere grundsätzliche dicta zu s. 35 CRIMPO. Insbesondere verwies er darauf, daß die Vor-

---

[853] R. v. Cowan, Gayle und Ricciardi [1995] 4 AllER, S. 939 (per Chief Justice Lord Taylor). Zu diesem Urteil insbesondere Keane (2000) S. 399-401, Murphy (1997) S. 271.

[854] R. v. Cowan, Gayle und Ricciardi [1995] 4 AllER, S. 945. Diese Belehrung hat in der Rechtsprechung überwiegend Zustimmung gefunden, siehe etwa R. v. Alford Transport Ltd u.a. [1997] 2 CrAppR, S. 336.

schrift keinen Ausnahmecharakter habe[855]: wenn während des Prozesses der Angeklagte schweige, sei eine Prüfung und ggf. eine Anwendung von s. 35 CRIMPO vielmehr die Regel[856]. Die Vorschrift ändere nichts an dem Prinzip, daß die Beweisführungslast bei der Anklage liege[857]. Schließlich betonte Lord Taylor, daß es ungeachtet s. 35 CRIMPO dem Angeklagten ausdrücklich frei stehe, in den Zeugenstand zu treten oder nicht: eine rechtliche Verpflichtung könne s. 35 CRIMPO nicht entnommen werden[858]. Auf diese fundamentalen Gesichtspunkte soll später in der Kritik näher eingegangen werden.

Im Folgenden werden wiederum die einzelnen Merkmale des Gesetzes genannt, an denen sich auch die von Lord Taylor CJ formulierte Belehrung der Geschworenen orientiert.

3. Die einzelnen Tatbestandsmerkmale von s. 35 CRIMPO

a) Der Anwendungsbereich der Vorschrift, s. 35 (7) CRIMPO

Wie s. 34 CRIMPO gilt auch diese Vorschrift sowohl für die Verfahren vor dem Magistrates´ Court wie auch bei schwereren Delikten im trial on indictment (Crown Court).

b) „physical and mental condition of the accused", s. 35 (1) lit. b CRIMPO[859]

Section 35 (1) lit. b CRIMPO sieht vor, daß eine Anwendung der Vorschrift unterbleibt, sofern der Angeklagte sich in einem Zustand physischer oder psychischer Art befindet, der es nicht sinnvoll (undesirable) erscheinen läßt, daß er selbst in den Zeugenstand tritt. Es wurde zutreffend darauf hingewiesen, daß nicht einsichtig ist, weshalb für s. 34 CRIMPO keine entsprechende Regelung vorgesehen wurde[860]. Zwar kann eine solche Voraussetzung innerhalb des Merkmals „circumstances existing at the time" hineingelesen werden, was auch durch die weite Auslegung des Merkmals in Argent bestätigt

---

[855] Dies wurde vom Verteidiger des Angeklagten, Michael Mansfield QC, angeführt, um im konkreten Fall die Anwendung von s. 35 CRIMPO in Frage zu stellen, a.a.O. S. 379.

[856] R. v. Cowan, Gayle und Ricciardi [1995] 4 AllER, S. 943. Siehe auch schon Lord Stuart-Smith in R. v. Condron und Condron, CA [1997] 1 CrAppR, S. 196 zu s. 34 CRIMPO.

[857] R. v. Cowan, Gayle und Ricciardi [1995] 4 AllER, S. 943.

[858] R. v. Cowan, Gayle und Ricciardi [1995] 4 AllER, S. 942.

[859] Zu diesem Merkmal vor allem Pattenden (1998) 2 E&P, S. 150/151.

[860] Jackson (1991) CrimLR, S. 408 (zu den parallelen nordirischen Regelungen), Jackson (1995) CrimLR, S. 595, Pattenden (1995) CrimLR, S. 608.

wurde[861]. Es erscheint aber durchaus sinnvoll, gerade polizeilichen Verhörpersonen ausdrücklich die Pflicht aufzuerlegen, nachzuprüfen, ob der Beschuldigte sich in einem Zustand befindet, der mit einiger Sicherheit Schlüsse auf die Motive seines Aussageverhaltens zuläßt.

Die Vorschrift ist in der bisherigen Rechtsprechung ausgesprochen eng ausgelegt worden. Gemäß R. v. A[862] obliegt die Beweislast dafür, daß die Voraussetzungen für die Anwendung von s. 35 (1) lit. b CRIMPO vorliegen, der Verteidigung. Zudem wurde von den Gerichten ausdrücklich betont, daß die bloße Behauptung einer physischen oder psychischen Schwäche des Angeklagten allein nie genüge, um die Vorschrift zur Anwendung zu bringen: notwendig sei hierfür stets eine beweisrechtliche Fundierung („evidential basis")[863].

Der Fall R. v. Friend[864] belegte besonders nachdrücklich die Zurückhaltung der Gerichte, s. 35 (1) lit. b CRIMPO zur Anwendung zu bringen. Der Angeklagte in dem zu entscheidenden Fall war fünfzehn Jahre alt, hatte aber den geistigen Stand eines Neunjährigen. Trotz dieser besonderen Umstände wies der Richter in erster Instanz das Ansinnen der Verteidigung zurück, s. 35 CRIMPO außer Anwendung zu lassen. Er belehrte die Geschworenenjury dahingehend, daß sie gegebenenfalls Schlüsse aus dem Schweigen des Angeklagten während des Prozesses ziehen könne. Der Court of Appeal bestätigte das Urteil. Richter Otton LJ formulierte, daß die Ausnahmevorschrift der s. 35 (1) lit. b CRIMPO nur in ganz außergewöhnlichen Fällen zur Anwendung

861 Supra S. 245.

862 R. v. A, CA [1997], CrimLR, S. 883. Implizit geht dies auch aus dem weiteren Urteil R. v. Friend, CA [1997] 2 CrAppR, S. 242/243 (Otton LJ) hervor.

863 R. v. Friend, CA [1997] 2 CrAppR, S. 241 (Otton LJ). Dies mag auf den ersten Blick verwundern: da s. 35 CRIMPO die Thematik der materiellen Beweiswürdigung betrifft und damit die Schuldfrage, ließe sich eine Beweislast der Anklage aufgrund des allgemeinen Gebots der Beweisführungslast der Anklagebehörden (burden of proof) erwägen. Zu bedenken ist jedoch, daß der Grundsatz der Beweisführungslast der Anklage im englischen Recht nicht uneingeschränkt gilt. Unterschieden wird zwischen Ausnahmen aufgrund des common law, ausdrücklichen und impliziten gesetzlichen Ausnahmefällen (dazu Dennis² [2002] S. 377-390, Keane [2000] S. 76-84). Insbesondere für den Fall der Behauptung, der Angeklagte sei zur Tatzeit schuldunfähig gewesen (defence of insanity), wird die Beweislast der Verteidigung (!) aufgelegt (dazu Dennis² [2002] S. 377/378, Keane [2000] S. 83/84). Im Lichte dieser Rechtsregel erscheint die Auslegung der s. 35 (1) lit. b CRIMPO konsequent. Anders aber der Schluß von Pattenden (1998) 2 E&P, S. 153/154: die Auslegung von s. 35 (1) lit. b CRIMPO sei mit der Systematik des geltenden Rechts unvereinbar.

864 R. v. Friend, CA [1997] 2 CrAppR, S. 231. Zu diesem Fall auch Dennis² (2002) S. 438 in Fn. 41/42 und Pattenden (1998) 2 E&P, S. 148.

kommen könne („only in very rare cases“)[865]. Ein Angeklagter, der für befähigt befunden worden sei, zu plädieren (fit to plead), werde in den meisten Fällen auch in der Lage sein, im Zeugenstand seine Auffassung zu vertreten[866]. Auch dieser Fall belegt, daß die Gerichte von Beginn an bestrebt waren, die Vorschriften weit auszulegen, um ihren Anwendungsbereich in der Praxis nicht über Gebühr zu schmälern.

c) „accused is aware of his choice“, s. 35 (2) CRIMPO

Gemäß s. 35 (2) CRIMPO muß sich der Richter ausdrücklich versichern, daß sich der Angeklagte Kenntnis von seinem Wahlrecht hat, ob er in den Zeugenstand treten will oder nicht. Diese Vorschrift ist von geringer praktischer Relevanz, sofern der Angeklagte rechtliche Beratung wahrnimmt[867]. Bedeutung erlangt sie dann, wenn der Angeklagte sich selbst verteidigt. In der Praxis befragt der Richter regelmäßig den Rechtsbeistand des Angeklagten[868].

d) „without good cause refuses to answer any question“, s. 35 (2) CRIMPO

In der Gerichtspraxis ist seitens der Verteidigung in zahlreichen Fällen der Versuch unternommen worden, die Anwendung von s. 35 CRIMPO abzuwehren. Diese Versuche waren noch häufiger als in den Fällen von s. 34 CRIMPO, da zu bedenken ist, daß es sich in den Fällen der s. 34 CRIMPO bereits um einen abgeschlossenen Sachverhalt handelt (Aussage vor der Polizei), während der Tatbestand der s. 35 CRIMPO erst im Verlaufe des Gerichtsprozesses eintritt, wobei die Verteidigung unter Beachtung sorgfältiger taktischer Erwägungen vorgeht. Die Gerichte haben sich gegenüber Versuchen, allgemeine Fallgruppen für „vernünftige“ Gründe, nicht in den Zeugenstand zu treten, bisher äußerst zurückhaltend gezeigt[869]. Die klare Tendenz, den Vorschriften einen möglichst weiten Anwendungsbereich zu verschaffen, setzte sich auch hier durch.

---

[865] R. v. Friend, CA [1997] 2 CrAppR, S. 239.

[866] R. v. Friend, CA [1997] 2 CrAppR, S. 239/240.

[867] Wird diese Vorschrift allerdings im Verfahrensgang nicht beachtet, kann s. 35 CRIMPO nicht zur Anwendung kommen, R. v Price, CA, Urteil vom 29.03.1996 (unveröffentlicht), zitiert nach Cape (1999) S. 11. Anders fiel die Entscheidung des Court of Appeal in R. v. Gough (Steven Robert) CA [2002] CrimLR, S. 526/527 aus, wobei allerdings in diesem Fall gegen dem Angeklagten weiteres, sehr belastendes Beweismaterial vorlag und dieser am zweiten Prozeßtag eigenmächtig von der Verhandlung fernblieb, so daß eine entsprechende Belehrung gemäß s. 35 (2) CRIMPO nicht mehr möglich war.

[868] Dennis² (2002) S. 438 in Fn. 43.

[869] Siehe insbesondere Pattenden (1998) 2 E&P, S. 148 und 151/152.

Eine besondere Problematik, die bereits im common law zu einem umfassenden Korpus von Rechtsprechung geführt hatte, ist die Frage des Kreuzverhörs des Angeklagten zu seinem „schlechten Charakter" (bad character evidence), insbesondere zu früheren Verurteilungen[870]. Die besondere Sorgfalt, die seit jeher auf dieses Thema im englischen Beweisrecht verwandt wurde, läßt sich mit dem Umstand erklären, daß sich eine Laienjury von solchen Beweisführungen in besonders hohem Maße zum Nachteil des Angeklagten beeinflussen läßt. Schon früh wurde daher die Frage aufgeworfen, ob s. 35 CRIMPO in seiner Anwendung ausgeschlossen sei, wenn aus Sicht des Angeklagten die Möglichkeit besteht, daß er über frühere Verurteilungen im Kreuzverhör befragt werde und aufgrund dieser Befürchtung davon Abstand nehme, in den Zeugenstand zu treten. Im bereits zitierten Urteil R. v. Cowan, Gayle und Ricciardi[871] formulierte Lord Taylor CJ, daß dies kein akzeptabler Grund dafür sei, den Zeugenstand zu meiden. Es sei ein seltsames Ergebnis („bizarre result"), so das Gericht, wenn derjenige, der eine lange Reihe von Vorstrafen aufweise, besser gestellt würde als der, der sich nichts vorwerfen müsse und schweige.

In anderen Fällen versuchte die Verteidigung die Passivität des Angeklagten mit dessen Erinnerungsvermögen zu begründen. Auch dieser Einwand, der nachvollziehbar darzulegen suchte, warum der Angeklagte Zeugenstand und Kreuzverhör fernblieb, wurde von den Gerichten zurückgewiesen. In R. v. Napper[872] wurde der Beschuldigte von der Polizei verhört, ohne daß ihm Gelegenheit gegeben wurde, seine Version des Tathergangs ausführlich darzustellen. Im Gerichtsverfahren wies die Verteidigung darauf hin, daß der Angeklagte nunmehr keine besondere Erinnerung an die Details des Tattages habe. Daher könne er auch im Zeugenstand nicht zur Sachverhaltsaufklärung beitragen. Ungeachtet dieses Einwands eröffnete der Richter in der ersten Instanz den Geschworenen in seinen Belehrungen die Möglichkeit, gemäß s. 35

---

870 Allgemein zur Thematik des „bad character evidence" im englischen (Straf)beweisrecht: Andrews/Hirst (2001) S. 449-496, Blackstone/Murphy/Stockdale u.a. (2002) S. 2139-2176, Dennis^2 (2002) S. 617-658, Keane (2000) S. 423-491, May (1990) S. 69-139, John Smith (1995) 133-146. Ein Teil dieser Thematik wird auch als „similar fact evidence" bezeichnet, soweit nämlich Beweisthemen in Frage stehen, die belegen sollen, daß der Angeklagte bereits zu früheren Zeitpunkten in ähnlicher Weise (strafrechtlich) gehandelt hatte.

871 R. v. Cowan, Gayle und Ricciardi [1995] 4 AllER, S. 943/944. Zu diesem Grund für ein Fernbleiben vom Zeugenstand auch Jackson (1995) CrimLR, S. 601, der das Dilemma des Angeklagten betont, einerseits nicht in den Zeugenstand treten zu wollen, um nicht ggf. seine Vorstrafen zu offenbaren, andererseits dadurch aber das Risiko nachteiliger Schlüsse auf sich zu nehmen.

872 R. v. Napper, CA [1996] CrimLR, S. 591.

CRIMPO Schlüsse aus dem Schweigen des Angeklagten zu ziehen. Der Court of Appeal bestätigte dieses Vorgehen[873].

Als prinzipiell legitimer Grund für das Schweigen im Prozeß wurden nur folgende Umstände anerkannt: der Angeklagte würde aus persönlichkeitsbedingten Gründen ein wenig ergiebiger Zeuge sein[874] oder es seien eindeutige Anhaltspunkte für drohende Rachemaßnahmen (reprisal) gegeben[875].

Zu diesen strengen Anforderungen der Rechtsprechung, die insbesondere Lord Taylor CJ in seinen Urteilen zu s. 35 CRIMPO hervorhob, tritt noch ein weiterer beschränkender Umstand hinzu: wenn nämlich ein Entschuldigungsgrund für das Schweigen während des Prozesses präsentiert werde, müsse die Verteidigung hierfür eine beweisrechtliche Grundlage (evidential foundation) liefern und dürfe sich nicht allein auf Behauptungen beschränken[876]. Damit wird praktisch die Beweisführungslast für alle Ausnahmeregelungen (auch über den Fall der physischen oder psychischen „undesirability to testify" hinaus) auf den Angeklagten abgewälzt.

e) case to answer has been established by prosecution (ungenannt)

(1) s. 35 CRIMPO und die Voraussetzung des „case to answer" im herkömmlichen Sinn

Gemäß dem akkusatorisch ausgestalteten Parteiprinzip des englischen Strafverfahrens in Verbindung mit den Beweislastregeln (burden of proof) ist es Sache der Anklage, überhaupt einen Sachverhalt darzulegen, der - sofern er unwidersprochen bliebe - zu einer Verurteilung des Angeklagten führen könnte (case to answer[877]). Diese Voraussetzung ergibt sich aus der zwingenden Logik der Beweisführungslast: wenn die Anklage nicht einmal in der La-

---

873 Zu weiteren Beispielsfällen, in denen die Gerichte die Triftigkeit von Gründen für das Schweigeverhalten ablehnten, Pattenden (1998) 2 E&P, S. 148.

874 R. v. Friend, CA [1997] 2 CrAppR, S. 242 per Otton LJ. Gemeint ist allerdings hierbei der ausdrücklich vorgesehene Fall der s. 35 (1) lit. b CRIMPO (undesirable to testify).

875 Siehe den nordirischen Fall R. v. Barkley, NICA, Urteil vom 27.11.1992 (unveröffentlicht), zitiert nach Pattenden (1998) 2 E&P, S. 151 mit Fn. 81.

876 So Lord Taylor CJ in drei Urteilen: R. v. Cowan, Gayle und Ricciardi [1995] 4 AllER, S. 944 und 946/947, in R. v. Byrne, CA, Urteil vom 21.11.1995 (insoweit unveröffentlicht), zitiert nach Pattenden (1998) 2 E&P, S. 148, und in R. v. Napper, CA [1996] CrimLR, S. 591. Zu diesem Erfordernis insbesondere Pattenden (1998) 2 E&P, S. 152/153, die sich kritisch dazu äußert, da eine solche Beweislast in die Systematik des englischen Rechts nicht einzupassen sei (a.a.O. S. 157/158). Sie verweist dabei auf die Behandlung von Lügen im englischen Recht als Indiz der Schuld.

877 Es findet sich auch der Begriff des „prima facie case". Beide Bezeichnungen meinen nicht dasselbe, unrichtig daher Pattenden (1998) 2 E&P, S. 149, die beide im vorliegenden Zusammenhang synonym gebraucht.

ge ist, aus eigenen Kräften einen hinreichenden Schuldvorwurf zu präsentieren, kann der Angeklagte nicht gehalten sein, hierauf überhaupt zu antworten. Präsentiert aus Sicht der Verteidigung die Strafverfolgungsbehörde eine solche unfundierte Anklage (unsubstantiiert aus Rechtsgründen oder mangels stichhaltigen Beweismaterials), so kann die Verteidigung auf „no case to answer" plädieren.

Section 35 CRIMPO regelt nicht ausdrücklich, ob diese anfängliche Präsentation des case to answer bereits mit Hilfe des Schweigens während des Prozesses begründet werden kann. Aus der Logik des Parteiprozesses, wie aber auch aus der Gesetzessystematik folgt jedoch, daß der case to answer der Anklage aus anderem Beweismaterial als dem Schweigen des Angeklagten während des Prozesses konstruiert werden muß[878]. Wie Dennis[879] zutreffend anmerkt, ergibt sich dies daraus, daß - wie gesehen - überhaupt schon kein Anlaß für den Angeklagten besteht, sich zu der Sache einzulassen, solange kein case to answer von der Anklage präsentiert wurde. Solange dies nicht der Fall ist, kann sein Schweigen in keiner Weise als Eingeständnis der Unzulänglichkeit der eigenen Verteidigung gewertet werden.

Doch auch ein systematisches Argument spricht für diese Sichtweise: s. 34 (2) lit. c CRIMPO sieht nämlich im Gegensatz zu s. 35 (3) CRIMPO ausdrücklich vor, daß das vorprozessuale Schweigen auch für die Etablierung des case to answer herangezogen werden kann[880]. Hieraus läßt sich der Gegenschluß ziehen, daß in der Situation der s. 35 CRIMPO der Gesetzgeber eine solche Konstruktion des case to answer aus dem Schweigen während des Prozesses selbst nicht vorgesehen hat.

In dem vom House of Lords zum nordirischen Recht entschiedenen Fall Kevin Murray v. DPP[881] bestätigte das höchste englische Gericht diese Auffassung. Der Angeklagte wurde wegen versuchten Mordes und Waffenbesitzes angeklagt. Zahlreiche Beweise sprachen für eine unmittelbare Beteiligung von Kevin Murray an der Attacke gegenüber dem Opfer. Der Richter erster Instanz wendete s. 4 NI Order 1988 (die fast wortgleich s. 35 CRIMPO entspricht) an und zog aus dem Schweigen einen Schluß auf die Schuld des Angeklagten, da dieser sich dem Kreuzverhör nicht gestellt habe. Das House of Lords bestätigte dieses Urteil. Neben weiteren wichtigen dicta zur Vorschrift

---

878 Dies setzt etwa Pattenden (1998) 2 E&P, S. 142 voraus.

879 Dennis² (2002) S. 439 in Fn. 44 und Dennis (1995) CrimLR, S. 10.

880 Zutreffend der Hinweis von Dennis² (2002) S. 439 in Fn. 44 und Pattenden (1998) 2 E&P, S. 144.

881 Kevin Murray v. DPP, HL [1993] 97 CrAppR, S. 151. Zu diesem Urteil bereits supra S. 256 im Zusammenhang mit der Frage nach dem Maßstab für mögliche Schlüsse aus dem Schweigen.

äußerte Lord Slynn in seiner Urteilsrede, die Anwendung von s. 4 NI Order 1988 komme insofern nicht in Betracht, als Teile der Anklage derart schwach und unsubstantiiert seien, daß eine Entgegnung der Verteidigung nicht gefordert werden könne[882].

(2) s. 35 CRIMPO und das Merkmal des „case to answer" in R. v. Cowan, Gayle und Ricciardi [1995] 4 AllER, S. 939 (Lord Taylor CJ)

Der Begriff des „case to answer" tritt im Zusammenhang mit s. 35 CRIMPO jedoch noch in anderer, sehr verwirrender Art und Weise auf[883]. Oben wurde das Erfordernis in seinem klassischen Sinne in den Zusammenhang mit s. 35 CRIMPO gestellt: bevor nicht die Anklage dieses Erfordernis zu Beginn des Gerichtsverfahrens erfüllt, kommt s. 35 CRIMPO gar nicht erst zum Zuge. Unglücklicherweise verwendete jedoch das Urteil des Court of Appeal im Fall R. v. Cowan, Gayle and Ricciardi[884] dieses Merkmal in noch einem weiteren Zusammenhang. Punkt 4 der bereits zitierten Belehrungsanweisungen, die von Lord Taylor CJ in diesem Urteil entworfen wurden, verlangt, daß die Geschworenen davon überzeugt sein müßten, daß die Anklage eine hinreichend fundierte Anklage erhoben habe (case to answer), bevor s. 35 CRIMPO überhaupt zur Anwendung kommen könne[885].

Aufgrund dieses Verständnisses ergeben sich mehrere Probleme. Wie von Dennis[886] angemerkt wurde, besteht die klassische Definition des „case to answer" darin, daß der Anklagevorwurf in einer Weise belegt wird, daß aufgrund der Anklage in Verbindung mit dem vorgebrachten Beweismaterial der

---

882 Kevin Murray v. DPP, HL [1993] 97 CrAppR, S. 160. Freilich läßt sich allerdings in Zweifel ziehen, ob Lord Slynn hiermit nur den technischen Fall des „no case to answer" bezeichnete, oder auch Fälle, in denen zwar kein solcher anzunehmen ist, dennoch eine (relative) Schwäche der präsentierten Beweise im Prozeß gegen eine Würdigung des Schweigens als zusätzliches Indiz spricht. Im Sinne des Schutzes und der Fairneß sollte die zweite, weitergehende Auslegung angenommen werden.

883 Siehe zum Folgenden die Kritik von Dennis[2] (2002) S. 440, Murphy (1997) S. 424 („unfortunate idea"), Pattenden (1998) 2 E&P, S. 149.

884 R. v. Cowan, Gayle und Ricciardi [1995] 4 AllER, S. 945.

885 Der Hintergrund hierfür war, daß Lord Taylor CJ sich in diesem Urteil ausdrücklich auf die damals geltenden richterlichen Standarddirektiven zu s. 35 CRIMPO berief (Judicial Studies Board´s model directions, abgedruckt in [1996] QB, S. 373ff.). Diese verwendeten aber gerade jenen technischen Begriff des „case to answer": „If you conclude that there is a case to answer, you may think that the defendant would have gone in the witness-box ...", a.a.O. S. 381. Zu der Neufassung dieser Direktiven im Juli 2001 Jennings/Emanuel (2001) 9 ArchN, S. 6.

886 Dennis[2] (2002) S. 440. Siehe ebenso die Kritik von Pattenden (1998) 2 E&P, S. 149. Die klassische Definition des case to answer wurde etwa in R. v. Galbraith, CA [1981] 1 WLR, S. 1042 zugrundegelegt.

Angeklagte die Tat begangen hat und ohne vernünftigen Zweifel (beyond reasonable doubt) zu verurteilen wäre. Würde man die Formulierung von Lord Taylor wörtlich nehmen und die Situation des case to answer als zwingende beweisrechtliche Lage voraussetzen, bevor Schlüsse aus dem Schweigen überhaupt erwogen werden könnten, wäre s. 35 CRIMPO überflüssig. Denn (wie eben definiert) bezeichnet die Situation des case to answer gerade eine solche, in der schon aufgrund bestehendem (anderweitigen) Beweismaterials verurteilt werden kann[887].

Die Formulierung von Lord Taylor kann daher nicht im technischen Sinne aufgefaßt werden, sondern bezeichnet den Fall, daß aufgrund anderer Beweismittel eine (lediglich) hinreichend glaubwürdige und überzeugende Anklage besteht, die von Seiten des Angeklagten eine Erklärung verlangt. Insoweit sollte eher (untechnisch) von einem „prima facie case" gesprochen werden[888]. Allgemein anerkannt ist hierbei die Formel, es müsse ein Tatvorwurf präsentiert werden, der eine Erklärung vom Angeklagten erwarten lasse[889]. Diese Auslegung wird durch die eben zitierten dicta in Kevin Murray v. DPP[890], durch nordirische Fälle[891] und neuere Entscheidungen des englischen Court of Appeal bestätigt[892]. Bereits im Gesetzgebungsverfahren wurde das Erfordernis eines solchen prima facie case vor Anwendung der ss. 34ff. CRIMPO betont[893]. Die Formulierung von Lord Taylor CJ kann daher schon aus diesem Grund nicht in einem technischen Sinne aufgefaßt werden, sondern beschreibt nur das allgemeine Merkmal eines hinreichend glaubwürdigen und überzeugenden Tatvorwurfs, der eine Stellungnahme des Ange-

887 Zutreffend Dennis² (2002) S. 440 und Pattenden (1998) 2 E&P, S. 149/156.

888 Diesen Begriff verwenden auch Birch (1999) CrimLR, S. 779/780 mit Fn. 63, Cape (1999) S. 19, Dennis² (2002) S. 440/441, Dennis (2002) CrimLR, S. 36, Jennings (1996) 146 NLJ, S. 765/766, Miles (1995) 159 JP, S. 415, Mirfield (1997) S. 247, Pattenden (1998) 2 E&P, S. 142. Siehe auch schon bereits die Vorschläge der HOWG (1988) para. 84 mit Anhang D, daß das Gesetz ausdrücklich ein solches Erfordernis eines „prima facie case" enthalten solle, bevor Schlüsse gezogen werden dürften.

889 So etwa Dennis² (2002) S. 440.

890 Kevin Murray v. DPP, HL [1993] 97 CrAppR, S. 160.

891 R. v. McLernon, NICA, Urteil vom 02.04.1993 (unveröffentlicht), zitiert nach Pattenden (1995) CrimLR, S. 607/608 mit Fn. 37 („strong prima facie case").

892 In R. v. Birchall, CA [1999] CrimLR, S. 311 äußerte etwa Lord Bingham LJ Zweifel, ob die vorgebrachten Beweise hinreichend überzeugend („sufficiently compelling to call for an answer") waren, um eine Reaktion des Angeklagten hierauf herauszufordern.

893 Lord Lowry, Hansard, HC, Bd. 554 Spalte 397 unter wörtlicher Verwendung des Begriffs „prima facie case".

klagten herausfordert[894]. In dem Fall R. v. Gill[895] hat der englische Court of Appeal nunmehr auch eindeutig klargestellt, daß ss. 34-39 CRIMPO das Gebot eines solchen „prima-facie"-Anklagevorwurfs aufweisen[896].

f) „may draw inferences as appear proper", s. 35 (3) CRIMPO

Das Gesetz verwendet für die Art der möglichen Schlüsse in s. 35 (3) dieselbe Formulierung wie in s. 34 CRIMPO. Freilich ist die rechtliche Lage hier eine etwas andere. Section 34 CRIMPO behandelt den Fall, daß der Angeklagte eine andere Verteidigung oder überhaupt erst einen entlastenden Umstand vor Gericht anführt. Die Art der möglichen Schlüsse kann sich in diesem Fall an dem benannten Umstand orientieren. Wie gesehen ist der Rückschluß demzufolge regelmäßig, daß die vorgebrachte Verteidigung unrichtig sei. Bei s. 35 CRIMPO fehlt jedoch ein solcher Anknüpfungspunkt (sofern der Angeklagte nicht bloß teilweise schweigt oder über seinen Verteidiger Erklärungen abgibt). Hier ist die Frage nach den möglichen Schlüssen wesentlich schwieriger zu beantworten.

Rein theoretisch wären sehr verschiedene Auslegungen denkbar. Die Debatte im nordirischen und englischen Recht entspann sich dabei im Wesentlichen um die Frage, ob ein allgemeiner Schluß auf die Schuld des Angeklagten möglich sei, oder ob Schlüsse gemäß s. 35 CRIMPO lediglich zur Unterminierung entlastender Umstände dienen könnten, die - wenn auch nicht durch den schweigenden Angeklagten - in anderer Weise von der Verteidigung (etwa im Kreuzverhör von Zeugen) in den Prozeß eingeführt worden waren[897].

---

894 Entsprechend waren auch die Standarddirektiven des Judicial Studies Board's model directions in (1996) QB, S. 381, auf die sich Lord Taylor CJ berief, in untechnischem Sinne auszulegen: Pattenden (1998) 2 E&P, S. 143. Die neugefaßten Direktiven von Juli 2001 enthalten diesen Begriff hingegen nicht mehr.

895 R. v. Gill, CA [2001] 1 CrAppR, S. 167 (im Zusammenhang mit s. 34 CRIMPO). Zu dieser Klarstellung der Rechtsprechung auch Dennis (2002) CrimLR, S. 36.

896 Allerdings ergibt sich noch ein weiteres Problem mit der Formulierung von Lord Taylor CJ, nähme man diese wörtlich. Es wurde bereits dargestellt, daß im klassischen Sinne der Begriff des case to answer einen eingangs des Prozesses erhobenen Einwand des Angeklagten bildet, es bestehe überhaupt keine hinreichende rechtliche bzw. hinreichend beweisgestützte Ausgangsbasis für einen Prozeß. Die hiermit verbundene Aufforderung an das Gericht, darüber zu entscheiden und ggf. die Anklage sogleich zurückzuweisen, wird vom Richter, nicht von den Geschworenen entschieden. Oftmals beinhaltet nämlich der Einwand auch einen Angriff auf die Anklage auf rein rechtlicher Grundlage, Murphy (1997) S. 424. Es wäre ein dem englischen Recht bisher völlig unbekannter und systemwidriger Vorgang, würde die Frage des „case to answer" von der Geschworenenjury (!) abgehandelt werden (zutreffend Murphy [1997] S. 424).

897 Eine solche Differenzierung der Behandlung von Schlüssen aus dem Schweigen mag aus kontinentaleuropäischer Sicht wenig überzeugend erscheinen. So kann man fragen,

Diese spitzfindige Differenzierung zwischen Stärkung der Anklage und Schwächung der Verteidigung wurde im common law in einigen Urteilen tatsächlich durchgeführt[898]. Daneben fand sich (wie gezeigt) aber auch eine weitere Grundform sehr feiner Differenzierung von logischen Schlüssen: der unmittelbare Schluß auf die Schuld wurde als verbotene Kette der Argumentationsführung ausgeschlossen, jedoch „mildere" Formen der Rückschlüsse (z.B. auf die Unrichtigkeit einer bestimmten Verteidigungsbehauptung) zugelassen[899]. Vor dem Hintergrund dieser Rechtsprechung erscheint auch der heftige Streit zu s. 35 (wie auch ss. 34, 36, 37) CRIMPO in klarerem Licht. Die Frage war, ob aufgrund von s. 35 CRIMPO dasjenige möglich wurde, was das common law einhellig und fortwährend mit Hinweis auf den common sense ausgeschlossen hatte: ein unmittelbarer und direkter Schluß vom Schweigen auf die Schuld[900]. Das CLRC als unmittelbarer Wegbereiter der Einführung der ss. 34-39 CRIMPO hatte dies (seinerseits mit Berufung auf den common-sense-Gedanken) angenommen, und die Frage war nun, ob diese unmittelbarste Form der Gleichsetzung von Schweigen und Schuld auch von der englischen Richterschaft mitgetragen würde. Dies war in der Tat der Fall, jedoch bildeten sich zur Frage zwei Grundlinien in der Rechtsprechung heraus, die sich nur schwer in Einklang bringen lassen[901].

---

ob es denn einen Unterschied mache, ob lediglich Elemente der Verteidigung unterminiert werden oder ein unmittelbarer Schluß auf die Schuld des Angeklagten gezogen wird (hierzu bereits supra S. 165 zum deutschen Recht). Beides läuft - wie auch im englischen Urteil Gilbert betont wurde (supra S. 193) - im Wesentlichen auf dasselbe hinaus. Um diese Art der Gedankenführung zu verstehen, muß man sich die akkusatorische Natur des englischen Parteiprozesses in Erinnerung rufen. Diese bewirkt eine gedanklich strenge Differenzierung zwischen dem Vortrag der Anklage (prosecution case) und dem Vortrag der Verteidigung (defence case). Wie bereits bei der Erörterung des „case to answer" erläutert wurde, wird diese Differenzierung beider Vorträge auch in der logischen Abfolge des Prozesses selbst deutlich.

[898] Siehe das erstinstanzliche Gericht in dem bereits zitierten Fall R. v. Gilbert, CA [1977] 66 CrAppR, S. 237. Zustimmend zu einer solchen Differenzierung etwa Heydon/Okkelton (1991) S. 148/149. Kritisch zu diesen sehr feinsinnigen Nuancierungen des common law Coldrey (1991) 20 Anglo-AmLR, S. 51, Cross/Tapper (1999) S. 38 („arcane distictions"), Zuckerman (1989) CrimLR, S. 863.

[899] Dazu die Nachweise bei Pattenden (1998) 2 E&P, S. 142/143 und Mirfield (1997) S. 239.

[900] Zutreffend Pattenden (1998) 2 E&P, S. 142/143. Zur Lage im common law supra S. 199. Die absolute Grenze des früheren Rechts, in keinem Falle aus dem Schweigen direkt auf die Schuld zu schließen, wird insbesondere von Pattenden (1998) 2 E&P, a.a.O. hervorgehoben.

[901] Zu dieser Problematik, ob die ss. 34ff. CRIMPO auch einen direkten Schluß allgemein auf die Schuld zulassen: Birch (1999) CrimLR, S. 776/777, Pattenden (1995) CrimLR, S. 606, Mirfield (1997) S. 258-260, Turner (1999) 163 JP, S. 243/244. Gegen eine sol-

(1) Die engste Auffassung: kein unmittelbarer Schluß auf die Schuld zulässig (Teil der Lehre)

In der Lehre ist vertreten worden, ss. 34ff. CRIMPO seien so zu verstehen, daß sie lediglich den Schluß erlaubten, der Verteidigungsvortrag (defence case) könne in einzelnen Punkten als unrichtig angesehen werden[902]. Ein direkter Schluß vom Schweigen auf die Schuld sei unter s. 35 CRIMPO (wie auch den anderen Vorschriften) unzulässig. Mithin versuchte diese Auffassung, den restriktiven Ansatz des common law in die ss. 34-39 CRIMPO zu übernehmen[903].

(2) Der weitergehende Ansatz: Kevin Murray v. DPP, HL [1993] 97 CrAppR, S. 151

In dem bereits angesprochenen[904] Urteil des House of Lords in der Sache Kevin Murray v. DPP äußerte sich Lord Mustill in seiner Urteilsrede zu der Frage, ob ein direkter und unmittelbarer Schluß vom Schweigen des Angeklagten auf die Schuld möglich sei (dies hatte der Richter erster Instanz angenommen). Lord Mustill bejahte dies, wobei er darauf verwies, daß s. 35 CRIMPO nicht allein dann zur Anwendung komme, wenn der Angeklagte entlastende Umstände vorgetragen habe, die sodann im Wege eines negativen Schlusses gemäß s. 35 CRIMPO als widerlegt angesehen werden könnten[905]. Auch der Umstand, daß der Angeklagte sich überhaupt nicht einer Befragung im Zeugenstand stelle, lasse den Rückschluß zu, er habe keinerlei verteidigende Erklärungen abzugeben bzw. nicht solche, von denen er erwarte, daß sie einer Befragung standhielten[906]. Lord Slynn fügte ergänzend im gleichen Sinne hinzu, Absicht des NI Order 1988 sei ausdrücklich die Veränderung des common law gewesen, nicht bloß seine Bestätigung[907].

---

che Auslegung der Regelungen etwa Pattenden (1998) 2 E&P, S. 161, die Bedenken wegen Art. 6 (1) EMRK äußert. Freilich verkennt sie, daß das Urteil des Europäischen Gerichtshofs für Menschenrechte im Fall Kevin Murray gerade ausdrücklich auch einen solchen direkten Schluß auf die Schuld als zulässig erachtet hat (näher hierzu infra S. 256).

902 Etwa Pattenden (1998) 2 E&P, S. 143/144. Freilich hat die Praxis der Rechtsprechung diese Auffassung widerlegt (sogleich).

903 Dies war etwa auch die rechtliche Begründung des Angeklagten in seiner Berufung zum Northern Ireland Court of Appeal Kevin Murray, der schließlich zum House of Lords gelangte. Siehe Jackson (1993) 44 NILQ, S. 105.

904 Siehe supra S. 256 und 285.

905 Kevin Murray v. DPP, HL [1993] 97 CrAppR, S. 155.

906 Kevin Murray v. DPP, HL [1993] 97 CrAppR, S. 155. Ebenso Lord Slynn a.a.O. S. 160.

907 Kevin Murray v. DPP, HL [1993] 97 CrAppR, S. 160.

Wichtig erscheint jedoch in diesem Zusammenhang, daß das Urteil (wie bereits ausgeführt[908]) daneben betonte, daß zuvor die Anklage einen substantiierten Tatvorwurf aufgrund anderer Beweismittel präsentiert haben müsse. Zudem hob das Urteil hervor, Schlüsse aus dem Schweigen seien nur zulässig, sofern überhaupt der Angeklagte in der Lage sei, aus eigenem Wissen den in Frage stehenden Sachverhalt aufzuklären[909]. Obgleich das Urteil mithin Schlüsse vom Schweigen unmittelbar auf die Schuld des Angeklagten zuließ, wurde es von der Lehre als restriktiv und zurückhaltend aufgefaßt.

Eine Auslegung aufgrund des Wortlauts, der Gesetzessystematik und der Gesetzesmaterialien ergibt, daß die erweiterte Auslegung des House of Lords vertretbar ist[910].

Die Weite des Wortlauts („inferences as appear proper“) erlaubt, auch unmittelbare Schlüsse vom Schweigen auf die Schuld des Angeklagten dem Anwendungsbereich zu unterstellen. Vor allem aber die Wendung in s. 35 (3) „... in determining whether the accused i s g u i l t y of the offence charged ...“ legt nahe, daß auch der direkte Schluß auf die Schuld des Angeklagten möglich ist[911].

Gesetzessystematisch wird die Auslegung des House of Lords durch das Gefüge der Vorschriften ebenfalls bestätigt. Section 38 (3) CRIMPO statuiert als absolute Grenze, es dürfe nicht allein aufgrund des Schweigen eine Verurteilung ausgesprochen werden. Daraus läßt sich jedoch der Gegenschluß ziehen, daß eine weitere Beschränkung möglicher Schlüsse nicht vorgesehen ist[912]. Wäre dem so, würde s. 38 (3) schon gar nicht anwendbar sein, denn diese setzt voraus, daß ein Schluß auch auf die Schuld des Angeklagten allgemein möglich sein kann. Sonst könnte aufgrund des Schweigens des Angeklagten allein nie verurteilt werden.

Schließlich sprechen auch die Gesetzesmaterialien für eine solche weite Auslegung[913]. Hierbei kann man auch hinsichtlich des CLRC-Reports von Geset-

---

908 Supra S. 285.

909 Kevin Murray v. DPP, HL [1993] 97 CrAppR, S. 160/161.

910 Daß das Gesetz eine solche weite Auslegung nahelegt, konstatiert auch: Jackson (1991) CrimLR, S. 406 (für das nordirische Recht), Jackson (1993) 44 NILQ, S. 107.

911 So Hutton CJ in der zweiten Instanz im Fall Kevin Murray, R. v. Kevin Murray, NICA, Urteil vom 25.10.1991 (unveröffentlicht), zitiert nach Jackson (1993) 44 NILQ, S. 106 mit Fn. 8. Siehe auch Turner (1999) 163 JP, S. 244 für die gleichlautende Vorschrift der s. 34 (2) lit. d CRIMPO.

912 Zutreffend dieser gesetzessystematische Hinweis von Pattenden (1998) 2 E&P, S. 144. In diese Richtung auch Turner (1999) 163 JP, S. 243.

913 Siehe die Äußerung von Home Secretary Michael Howard in der Zweiten Lesung des Gesetzes: „In future, the judges and jury will be able to weigh up why the defendant

zesmaterialien im engeren Sinne sprechen, da die vorgelegten Vorschriften der ss. 34-39 CRIMPO mit diesen praktisch identisch sind und der Gesetzgeber des Jahres 1993 sich die im Report geäußerte Auffassung vollständig zu eigen machte. Wie oben erläutert, zeichnete sich dieser Bericht jedoch gerade durch seine zentrale Annahme aus, das Schweigen des Beschuldigten sei allgemein mit seiner Schuld gleichzusetzen, da der Unschuldige nicht gehindert sei, frei und offen Stellung zu nehmen.

(3) Der weiteste Ansatz: Betonung des umfassenden Ermessens

Eine Reihe von Urteilen setzte den Schwerpunkt etwas anders als das House of Lords und betonte ausdrücklich, die Entscheidung über das „Ob" und die Art der möglichen Schlüsse aus dem Schweigen obliege vollständig dem Richter bzw. den Geschworenen. In diesen Urteilen kommt das Bestreben zum Ausdruck, s. 35 CRIMPO (wie auch den anderen Vorschriften) einen weitestmöglichen Geltungsbereich zu verleihen und nicht durch eine kasuistische Einzelfallrechtsprechung ein Korsett von Fallkonstellationen zu schaffen, das (ähnlich wie das common law) zu komplizierten Differenzierungen nach Art und Natur der Schlüsse führte[914].

Die These, daß die Vorschrift dem Richter bzw. der Geschworenenjury umfassendes Ermessen einräume, wurde erstmals in dem nordirischen Fall R. v. McLernon[915] geäußert. Das Gericht betonte, daß es nicht sinnvoll sei, dem Richter nähere Grenzen für die Ausübung seines Ermessens zu setzen. Dieser Ansatz wurde im bereits angesprochenen Urteil R. v. Cowan, Gayle und Ricciardi von Lord Taylor CJ aufgenommen und ausdrücklich bestätigt[916]. Der Richter bzw. die Geschworenen hätten im Rahmen der s. 35 CRIMPO ein vollständiges Ermessen („complete discretion") in der Anwendung der Vorschrift.

---

decided to stay silent and the jury will be able to draw reasonable inferences from that silence", Parlimentary Debates, HC, Bd. 235 vom 11.01.1994, Spalte 26. Siehe auch die Bemerkung des Minister of State for the Home Office, Mr. Maclean, Select Committee B, HC 1993-1994, Bd. 2, Spalte 467/468.

914 Zu dieser allgemeinen Tendenz der englischen Gerichte in Bezug auf die ss. 34-39 CRIMPO auch Birch (1999) CrimLR, S. 778 und Pattenden (1998) 2 E&P, S. 164. Siehe aber auch die Ermahnung von Lord Bingham CJ in R. v. Bowden, CA [1999] 2 CrAppR, S. 181, die Vorschriften sollten nicht weiter ausgelegt werden als es der Gesetzeswortlaut vorgebe („should not be construed more widely than the statutory language requires").

915 R. v. McLernon, NICA [1990] 10 NIJB, S. 91 (Kelly LJ).

916 R. v. Cowan, Gayle und Ricciardi [1995] 4 AllER, S. 945 mit ausdrücklicher Bezugnahme auf Kelly LJ.

Im Zusammenhang mit der Annahme umfassenden Ermessens ist allerdings Folgendes zu beachten: der Aspekt gerichtlicher Instanzenkontrolle im englischen Strafprozeß. Auf einer ersten Stufe entscheidet der Richter, ob s. 35 CRIMPO überhaupt zur Anwendung kommt oder nicht. Bereits bei dieser Entscheidung hat der Richter einen weitgehenden Beurteilungsspielraum. Dasselbe gilt aber auch, wenn die Voraussetzungen der Norm zwar erfüllt sind, der Richter jedoch aus Fairneßgründen Bedenken gegen eine Anwendung im Einzelfall hat[917]. Dieses richterliche Ermessen hinsichtlich der Anwendung der ss. 34ff. CRIMPO kann durch den Court of Appeal im Sinne der Wednesbury-Prinzipien nur äußerst eingeschränkt überprüft werden[918]. Das Gericht kann nämlich seine eigenen Ermessenserwägungen nicht an die Stelle des Ausgangsgerichts setzen. In den allermeisten Fällen freilich wird der Richter den Geschworenen die Anwendung der s. 35 CRIMPO überlassen. In diesem Fall findet aber keinerlei Nachprüfung des Ermessens statt, soweit die Frage des „Ob" bzw. der Natur etwaiger Schlüsse betroffen ist. Eine weitere richterliche Überprüfung der Geschworenenentscheidung scheidet in diesen die weit überwiegende Zahl der Fälle bildenden Situationen aus. Im Lichte dieser prozessualen Einkleidung ist jedoch die sehr weitmaschige Kontrolldichte besonders bedenklich: denn es fehlt nicht nur die Möglichkeit der Überprüfung der Geschworenenentscheidung, zudem ist bereits die Instruktion der Geschworenen, wie sie überhaupt die Vorschrift in ihrer Rechtsfolge anzuwenden haben, nur begrenzt überprüfbar. Dieses Fehlen jeglicher näherer Anleitung zur Handhabung läßt die sehr weite Auslegung von s. 35 CRIMPO durch einen Teil der Rechtsprechung besonders fragwürdig erscheinen.

II. Zusammenfassende Würdigung von s. 35 CRIMPO

In seinen Ausführungen zu s. 35 CRIMPO betonte Lord Taylor CJ (wie gesehen einer der Befürworter der Reform in der politischen Debatte) in seiner Eigenschaft als Richter zweierlei: (1) Die Beweisführungslast „beyond rea-

---

917 Cross/Tapper (1999) S. 386.

918 Associated Provincial Picture Houses Ltd v. Wednesbury Corp., CCA [1948] 1 KB, S. 229. Dieses Prinzip der eingeschränkten Ermessenskontrolle gilt auch bereits für die Beurteilung unbestimmter sachbezogener Tatbestandsmerkmale: so hat sich in dem bereits zitierten Urteil R. v. Friend, CA [1997] 2 CrAppR, S. 243 Otton LJ bei seiner Ablehung der Anwendung der s. 35 (1) lit. b (undesirable condition to enter the witness-box) auf das Prinzip der eingeschränkten richterlichen Überprüfung berufen und daher die Annahme des Richters in erster Instanz, Friend sei in der Lage gewesen, als Zeuge aufzutreten, nicht näher geprüft.

sonable doubt“ werde durch s. 35 CRIMPO nicht berührt[919], und (2) Der Angeklagte habe die freie Wahl, in den Zeugenstand zu treten[920].

Beide Argumente vermögen nicht zu überzeugen. Das Argument, die Beweisführungslast (burden of proof) werde mit dem allgemein anerkannten Standard (beyond reasonable doubt) nicht verändert, wurde bereits im Zusammenhang mit s. 34 CRIMPO diskutiert und in Zweifel gezogen. Das Argument, daß es die freie Wahl des Angeklagten bleibe, in den Zeugenstand zu treten, wird scheinbar durch das Gesetz bestätigt. In s. 35 (4) CRIMPO wird ausdrücklich normiert, daß die Regelungen nicht dazu führen, den Angeklagten zum Zeugen wider Willen zu machen (compellable witness). Aber es ist gerade die Frage, ob ein solcher psychologischer Druck nicht auf den Angeklagten ausgeübt wird[921].

Zudem ist auch im Bereich der s. 35 CRIMPO auf die Verschiedenheit der möglichen Gründe für das Schweigen zu verweisen[922]. Ungeachtet der beschränkten Erkenntnismöglichkeit ist es aber gerade im Zusammenhang mit s. 35 CRIMPO besonders bedenklich, in wie engen Grenzen die Gerichte selbst ausdrücklich vorgetragene (!) Gründe als a priori nicht maßgeblich erachteten. Hier scheint die Anwendung eines „Unvernünftigkeits“-Maßstabs die eigentliche Frage nach den tatsächlichen Gründen für das Schweigen (trotz der anderslautenden Belehrung der Geschworenen) wiederum zu ersetzen.

In der Debatte ist s. 35 CRIMPO weit weniger Kritik ausgesetzt gewesen als s. 34 CRIMPO. Dies liegt vor allem an dem Umstand, daß der im polizeilichen Verhör Befragte sich in einer weitaus schwierigeren Lage befindet als der Angeklagte im Prozeß. Die normativen Bedenken gegen die Vorschrift, insbesondere der Hinweis auf die Unschuldsvermutung, vermögen aber auch diese sachlichen Unterschiede nicht zu überwinden. Daher ist auch die Einführung der s. 35 CRIMPO als mit der Unschuldsvermutung unvereinbar abzulehnen.

---

[919] Dazu bereits supra S. 280. Ebenso Lord Woolf CJ in R. v. Gowland-Wynn, CA [2002] 1 CrAppR, S. 570.

[920] Zu diesem dictum bereits supra S. 280.

[921] Siehe auch Cross/Tapper (1999) S. 385 zu der Behauptung von Lord Taylor, s. 35 CRIMPO würde dem Angeklagten die freie Wahl lassen, auszusagen oder nicht: es war gerade die Absicht des Gesetzgebers, einen solchen Druck zu schaffen, um den Angeklagten vom Schweigen abzuhalten.

[922] Pattenden (1998) 2 E&P, S. 151/152.

III. Sections 36 und 37 CRIMPO: Schlüsse aus dem Schweigen zu inkriminierenden Gegenständen bzw. zum Aufenthalt an inkriminierenden Orten[923]

Sections 36 und 37 CRIMPO erlauben es dem Richter bzw. der Geschworenenjury, aus dem Umstand, daß der verhaftete[924] Beschuldigte bestimmte inkriminierende Gegenstände bei sich trägt (s. 36) oder sich an bestimmten inkriminierenden Orten befindet (s. 37), nachteilige Schlüsse zu ziehen, wenn er auf Fragen eines Polizisten oder sonstigen Strafverfolgungsorgans schweigt.

Anders als s. 34 CRIMPO haben mithin beide Vorschriften ausschließlich das Schweigen als solches zum Gegenstand, ohne Rücksicht auf das nachträgliche Aussageverhalten im Prozeß[925]. Freilich ergeben sich dennoch mit s. 34 CRIMPO in weiten Bereichen Überschneidungen, und zwar dort, wo das nachträgliche Aussageverhalten von s. 34 CRIMPO erfaßt wird, der Beschuldigte ursprünglich aber zu einer ss. 36, 37 CRIMPO unterfallenden Thematik schwieg. Insoweit sind die Vorschriften parallel anwendbar[926]. Gerade wegen dieser Ähnlichkeit der Vorschriften sind aber verschiedene Abweichungen

---

923 Zu diesen Vorschriften allgemein: Andrews/Hirst (2001) S. 692-696, Archbold/Richardson u.a. (2002) para. 15-340 bis 15-344, Card/Ward (1994) S. 177-180, Dodds (1995) 159 JP, S. 570/571, Mirfield (1997) S. 262-267, Murphy (1997) S. 275-277, Wolchover/Heaton-Armstrong (1999) para. 5-103 bis 5-109, Zander (1995) S. 311/312.

924 Die beiden Vorschriften kommen nur zur Anwendung, wenn der Beschuldigte von dem Polizisten förmlich verhaftet wird (under arrest), ss. 36 (1) lit. a und 37 (1) lit. a CRIMPO. Hierin besteht auch ein weiterer Unterschied zu s. 34 CRIMPO: Cape (1999) S. 7, Jennings (1999) 149 NLJ, S. 1180, Jennings (1996) 146 NLJ, S. 725, Pattenden (1998) 2 E&P, S. 149. Murphy (1997) S. 276 bezeichnet dies zu Recht als seltsame Einschränkung („curious restriction“) des Gesetzes.

925 Cape (1999) S. 7, Pattenden (1998) 2 E&P, S. 145 und 150 in Fn. 65. Siehe zu dieser Divergenz zwischen ss. 36, 37 CRIMPO und s. 34 CRIMPO auch Mirfield (1997) S. 262, der den Unterschied damit begründet, daß bei einer inkriminierenden Lage wie in den von ss. 36, 37 CRIMPO bezeichneten das Schweigen ohne Weiteres bereits Beweiswert aufweise. Nicht haltbar Jennings (1996) 146 NLJ, S. 821, der ss. 36, 37 CRIMPO s. 34 CRIMPO anpassen will, indem der in diese ebenfalls das Merkmal des „relied on“ im Prozeß unterlegt. Richtig hingegen derselbe in Archbold/Richardson u.a. (2002) para. 15-344.

926 Andrews/Hirst (2001) S. 684. Kritisch hierzu zu Recht Pattenden (1998) 2 E&P, S. 150 in Fn. 65: wenn ss. 36, 37 CRIMPO, die das Merkmal des „Sichstützens“ auf eine bestimmte Verteidigung ohne Weiteres neben s. 34 CRIMPO zur Anwendung kommen, verlieren dieses zentrale Wesensmerkmal der s. 34 CRIMPO und die Norm selbst erheblich an Bedeutung. Es kann dann in vielen Fällen bereits auf ss. 36, 37 CRIMPO zurückgegriffen werden. Ein Fall, in denen kumulativ ss. 34 und 36 CRIMPO zur Anwendung kamen, ist etwa R. v. Bowers, CA [1998] CrimLR, S. 817.

zwischen s. 34 und ss. 36, 37 CRIMPO nur schwierig zu deuten. Insbesondere ist unklar, warum (anders als bei s. 34 CRIMPO) ein entsprechendes Merkmal des „reasonably expected to mention“ nicht statuiert wurde[927].

Im Gegensatz zu s. 34 CRIMPO sind diese beiden Vorschriften in Praxis und Literatur nur wenig erörtert worden. Dies liegt vor allem daran, daß sie nur anzuwenden sind, wenn gemäß ss. 36 (4), 37 (3) CRIMPO der fragende Polizist (police officer) unmittelbar im Zusammenhang der inkriminierenden Situation darauf hingewiesen hatte, daß ggf. aus dem Schweigen nachteilige Schlüsse gezogen werden können[928]. Wie sich zeigte, bereitet dieses Erfordernis in der Praxis Probleme[929]. Zudem sei daran erinnert, daß bereits im common law die Urteile Raviraj und Gilbert aussprachen, daß in Konstellationen wie diesen Schlüsse möglich seien[930].

IV. Zusammenfassung der Ergebnisse

Aufgrund der im April 1995 eingeführten Regelungen der ss. 34-39 CRIMPO sind nunmehr im englischem Recht umfassende Schlüsse aus dem Aussageverhalten des Beschuldigten bzw. Angeklagten möglich.

Section 34 CRIMPO behandelt das abweichende Aussageverhalten im polizeilichen Verhör gegenüber dem nachfolgenden Gerichtsverfahren. In der Regel wird s. 34 CRIMPO in Fällen zur Anwendung kommen, in denen der Beschuldigte im polizeilichen Verhör ganz oder teilweise schweigt. Section 35 bezeichnet den Fall des Angeklagten, der sich ganz oder teilweise während der Gerichtsverhandlung nicht äußert. Hierbei sind die prozessualen Besonderheiten des englischen Strafverfahrens, insbesondere des trial on indictment, zu beachten. Die Vorschriften werden von Laienrichtern (Geschworenenjury) angewendet, die durch die rechtlichen Direktiven des Richters angeleitet werden.

In der Rechtsprechung haben die Vorschriften eine sehr weite Auslegung erfahren. Bei der Anwendung zeigte sich, daß insbesondere s. 34 CRIMPO ein

---

927 Kritisch Birch (1999) CrimLR, S. 787, Cape (1999) S. 7. Auch im Zusammenhang mit diesem Unterschied betont Mirfield, daß aufgrund der Umstände bei ss. 36, 37 CRIMPO das Gesetz (anders als bei s. 34 CRIMPO) von einer inkriminierenden Situation ausgeht, Mirfield (1997) S. 262.

928 Siehe ss. 36 (4), 37 (3) CRIMPO und PACE Code C 10.5b.

929 Bucke/Street/Brown (1999) S. 39.

930 Anders Pattenden (1995) CrimLR, S. 607/608, die auch in ss. 36, 37 CRIMPO eine Erweiterung des common law sieht. Ihre Analyse der frühere common-law-Fälle ist aber unzutreffend, weil diese Urteile eben nicht nur die Tatsache des Fundes von gestohlenem Gut u.s.w. als inkriminierend ansahen, sondern eben auch das Schweigen des Beschuldigten als Reaktion auf den Fund und entsprechende Fragen.

hohes Maß an Komplexität aufweist und die einzelnen Vorschriften untereinander wie auch im Zusammenhang mit anderen rechtlichen Regelungen wenig abgestimmt worden sind. Die weite Auslegung wurde oftmals bereits durch den Umstand erzwungen, daß ansonsten die praktische Bedeutung der Vorschriften nur noch gering gewesen wäre.

Die Normen wurden seit ihrer Einführung heftig kritisiert. Teilweise wurde in ihnen eine regelrechte Abschaffung des right to silence gesehen. Dieser Kritik ist beizupflichten.

§ 13 Die europäische Dimension: die englischen Vorschriften und das europäische Recht (EMRK)

Die europäische Dimension der ss. 34-39 CRIMPO soll hier in zwei Schritten erläutert werden. In einem ersten Abschnitt wird die allgemeine Rechtsprechung des Europäischen Gerichtshofs für Menschenrechte (EGMR) zum Schweigerecht dargelegt. Sie bildet den Hintergrund für die spezifische Frage, ob und in welchem Umfang aus europäischer Perspektive Schlüsse aus dem Schweigen gerechtfertigt sind. In einem weiteren Abschnitt werden die Urteile behandelt, die sich auf europäischer Ebene mit den nordirischen bzw. den englischen Vorschriften zu Schlüssen aus dem Schweigen des Beschuldigten befaßt haben.

I. Die Rechtsprechung des EGMR zum Schweigerecht allgemein

Die Regelungen der EMRK beinhalten keine ausdrückliche Normierung des Schweigerechts. Von entscheidender Bedeutung war daher bereits die Frage, ob dieses Recht überhaupt auf europäischer Ebene zu dem Kreis fundamentaler Prozeßrechte gehörte, und - sofern dies anzunehmen sei - aus welchen Vorschriften der EMRK es abgeleitet werden könnte.

In dem Fall Funke v. Frankreich[931] bestätigte der EGMR (im Gegensatz zur Entscheidung der Kommission), daß Art. 6 (1) EMRK das Schweigerecht und das Verbot des Zwangs zur Selbstbelastung beinhalte. In dem zu entscheidenden Fall hatte der Beschwerdeführer Funke Dokumente zu bestimmten Überseekonten gegenüber den französischen Zollbehörden zurückgehalten, obgleich das französische Recht eine ordnungsgeldbewehrte Verpflichtung für die Offenlegung solcher Unterlagen vorsah. Aufgrund dieser Weigerung leiteten die Straßburger Zollstellen Verfolgungsmaßnahmen[932] gegen den Beschwerdeführer ein, um ihn zur Herausgabe der Dokumente zu zwingen. Ihm wurde die Zahlung eines bestimmten Geldbetrages auferlegt, bis er der administrativen Aufforderung zur Vorlage der Bankdokumente nachgekommen sei. Gerichtliche Schritte des Beschwerdeführers blieben ohne Erfolg. Nach seinem Tod wandte sich seine Witwe an den EGMR und machte einen Verstoß gegen die fundamentalen Rechte des Art. 6 (1) EGMR geltend. Das EGMR entschied, daß Art. 6 (1) EMRK (Fairneßgebot) ein

---

[931] Funke v. Frankreich, EGMR [1993] 16 EHRR, S. 297. Zu diesem Fall auch Nash/Furse (1995) CrimLR, S. 561.

[932] Es handelte sich hierbei nicht um ein Strafverfahren, sondern um ein Administrativverfahren, in dem zum Zweck der Herausgabe von Dokumenten auch Zwangsgelder (amende) sowie Gelder mit sanktionierendem Charakter (astreinte) verhängt werden können: Funke v. Frankreich, EGMR [1993] 16 EHRR, S. 300.

Recht zum Schweigen beinhalte[933]. Das Vorgehen der französischen Behörden aufgrund der Zollgesetzgebung habe gegen dieses Grundrecht verstoßen.

In dem Fall Saunders v. UK[934] wurde die Ableitung des Schweigerechts aus Art. 6 (1) EMRK bestätigt. Der Beschwerdeführer war leitender Angestellter in dem Brauereiunternehmen G, das sich neben einem weiteren Konkurrenten um die Übernahme eines Drittunternehmens bewarb. Im Zusammenhang mit dem Übernahmeangebot kam es zu Unregelmäßigkeiten, an denen der Beschwerdeführer gemäß der Anklage beteiligt war, indem die Aktienwerte von G künstlich in die Höhe getrieben worden waren. Inspektoren des department of trade and industry vernahmen in einem administrativen Verfahren den Beschwerdeführer, wobei die Verfahrensregelungen die Verpflichtung des Betroffenen zur Preisgabe von Informationen vorsahen[935]. Im darauffolgenden Strafprozeß gegen Saunders ließen die nationalen Gerichte die aufgrund der Aussagen im Administrativverfahren zustandegekommenen Dokumente als Beweismittel zu. Der EGMR befand mehrheitlich, daß eine Verwertung des unter Zwang in dem vorausgehenden Verfahren erlangten Beweismaterials einen Verstoß gegen Art. 6 (1) EMRK darstelle[936]. Die Verwertung sei unvereinbar mit dem in Art. 6 (1) EGMR enthaltenen Schweigerecht. Hierbei betonte das Gericht auch die sachliche Nähe von Unschuldsvermutung und Schweigegarantie[937].

Die Rechtsprechung zur Ableitung des Schweigerechts auf europäischer Ebene wurde durch den EGMR in dem Fall John Murray v. UK[938] zum vorläufigen Abschluß gebracht. Die Entscheidung befaßte sich unter anderem mit der spezifischen Frage von Schlüssen aus dem Schweigen aufgrund der nordirischen Rechtslage (zu dem zugrundeliegenden Sachverhalt sogleich). Im Hinblick auf das Schweigerecht im allgemeinen formulierte das Gericht, die Garantie gehöre im polizeilichen Verhör und während des strafgerichtlichen Verfahrens zu den allgemein anerkannten internationalen Standards, die

[933] Funke v. Frankreich, EGMR [1993] 16 EHRR, S. 326 para. 44. Beachte, daß die Kommission als vorgeschaltete Instanz in dem vorliegenden Fall eine Verletzung des Art. 6 (1) wie auch anderer Normen als nicht gegeben ansah, siehe a.a.O. S. 314 para. 66.

[934] Saunders v. UK, EGMR [1997] 23 EHRR, S. 313.

[935] Siehe ss. 434, 436 Companies Act 1985, die die Informationsverpflichtung mit einem ggf. zu verhängenden Ordnungsgeld bewehren.

[936] Saunders v. UK, EGMR [1997] 23 EHRR, S. 338 para. 75/76.

[937] Saunders v. UK, EGMR [1997] 23 EHRR, S. 337 para. 68 a.E.

[938] John Murray v. UK, EGMR [1996] 22 EHRR, S. 29. Es muß darauf verwiesen werden, daß dieser Fall nicht mit dem bereits mehrfach zitierten, ebenfalls aus dem nordirischen Recht stammenden, Fall Kevin Murray verwechselt werden darf. Zu dem Fall John Murray auch Dennis[2] (2002) S. 442-444, Munday (1995) CrimLR, S. 381ff.

das Fundament für das Bestehen und die Auslegung von Art. 6 (1) EMRK bildeten[939]. Spätestens mit dieser Formulierung erkannte das Gericht ein umfassendes Schweigerecht auf europäischer Ebene, abgeleitet aus dem Fairneßgrundsatz des Art. 6 (1) EMRK, an.

II. Die Rechtsprechung des EGMR insbesondere zu Schlüssen aus dem Schweigen

1. Das Urteil John Murray v. UK, EGMR [1996] 22 EHRR, S. 29

Erstmals befaßte sich der Europäische Gerichtshof mit der Frage von nachteiligen Schlüssen aus dem Schweigen des Angeklagten in dem Fall John Murray v. UK[940]. Diese Entscheidung beruhte auf der Anwendung von ss. 4, 6 NI Order 1988 (Schweigen im Prozeß und zum Aufenthalt an inkriminierenden Orten). Der Beschwerdeführer war ein bekannter Führer der nordirischen Untergrundbewegung IRA. Im Mai 1991 war er von den nordirischen Gerichten wegen Unterstützung der Straftat einer Freiheitsberaubung (ading and abetting of unlawful imprisonment) zu acht Jahren Gefängnis verurteilt worden. Bei seiner Verhaftung befand er sich in einem bereits zuvor observierten Haus, in dem ein politischer Gegner festgehalten wurde und unter Anwendung von Folter zu Aussagen gezwungen werden sollte. Während seiner Verhaftung und polizeilichen Befragung äußerte sich der Beschwerdeführer zu den Vorwürfen nicht, obgleich er auf die Möglichkeit von Schlüssen aus seinem Schweigeverhalten hingewiesen worden war. Trotz seiner Bitte um anwaltlichen Beistand wurde ihm dieser erst nach Ablauf von 48 Stunden gewährt. Im gerichtlichen Strafverfahren äußerte sich der Beschwerdeführer ebenfalls nicht. Die Verteidigung deutete lediglich an, er habe sich zwar in dem Haus befunden, doch nicht gewußt, daß im Nebenraum ein politischer Gegner unter Zwang festgehalten wurde. Unter Anwendung von ss. 4, 6 NI Order zog der Richter des Diplock-Courts aus dem Schweigen des Angeklagten bei seiner Verhaftung bzw. während des Prozesses nachteilige Schlüsse. Der Beschwerdeführer wandte sich, nachdem er ohne Erfolg den nationalen Rechtsweg beschritten hatte, an den EGMR.

Eine Mehrheit von vierzehn Richtern sah in der Würdigung des Schweigens keine Verletzung der Rechte des Beschwerdeführers aus Art. 6 (1) EMRK[941]. Das Gericht betonte, daß es nicht seine Aufgabe sei, ss. 4, 6 NI Order 1988 allgemein am Fairneßgebot des Art. 6 (1) EMRK zu messen. Es habe nur zu prüfen, ob dem Gebot der Fairneß im konkreten Verfahren des Beschwerde-

---

[939] John Murray v. UK, EGMR [1996] 22 EHRR, S. 60 para. 45.
[940] John Murray v. UK, EGMR [1996] 22 EHRR, S. 29.
[941] John Murray v. UK, EGMR [1996] 22 EHRR, S. 60 para. 43 und S. 67 para. 57.

führers Genüge getan wurde[942]. Das Gericht führte weiter aus, ob bestimmte Schlüsse aus dem Schweigen gezogen werden könnten, sei eine Frage des common sense, und im vorliegenden Fall sei diese Prüfung nicht in unfairer Art und Weise vorgenommen worden[943].

Das Gericht erkannte in seiner Mehrheitsentscheidung aber auch Grenzen für eine Würdigung des Aussageverhaltens des Angeklagten an. Es betonte, daß Schlüsse aus dem Schweigen nicht mehr als zulässig anzusehen seien, wenn die Verurteilung ausschließlich oder ganz überwiegend auf dem Schweigen des Angeklagten beruhe[944]. Anders sei die Situation, in der eine fundiert vorgetragene Anklage offensichtlich eine Erklärung des Angeklagten herausfordere[945].

In einem weiteren Schritt betonte das Urteil in seiner Mehrheitsentscheidung, daß für die Zulässigkeit von Schlüssen aus dem Schweigen bestimmte prozeßrechtliche Mindeststandards eingehalten werden müßten[946]:

> (1) Bevor Schlüsse gezogen werden könnten, müßte der Richter dem Angeklagten einen angemessenen Hinweis zu den rechtlichen Konsequenzen seines Schweigens erteilt haben.
>
> (2) Bevor Schlüsse aus dem Schweigen überhaupt als Element der Beweiswürdigung in Betracht kämen, müsse die Anklage einen überzeugenden Tatvorwurf präsentiert haben.
>
> (3) Nur angemessene („proper") Schlüsse dürften aus dem Schweigen gezogen werden. Bedauerlicherweise grenzte die Mehrheitsentscheidung diesen Begriff in den Urteilsausführungen nicht näher ein.
>
> (4) Der Richter müsse die Entscheidung, weshalb er das Schweigen als Schuldindiz verwendet habe, begründen. In der prozessualen Konstellation des Ausgangsfalls war dieses Merkmal gegeben: bei dem nationalen Gericht handelte es sich um einen nordirischen Diplock-Court, in dem ein professioneller Richter ohne Geschworene das Urteil fällt und begründet. Damit war auch diese Voraussetzung im vorliegenden Fall erfüllt.

---

[942] John Murray v. UK, EGMR [1996] 22 EHRR, S. 60 para. 44. Daß das Gericht nur die Anwendung des Gesetzes auf den konkreten Fall prüft, ist ständige Rechtsprechung seit Klass v. Deutschland, EGMR [1978] 2 EHRR, S. 214 para. 33.

[943] John Murray v. UK, EGMR [1996] 22 EHRR, S.63.

[944] John Murray v. UK, EGMR [1996] 22 EHRR, S. 60 para. 47.

[945] John Murray v. UK, EGMR [1996] 22 EHRR, S. 60 para. 47.

[946] John Murray v. UK, EGMR [1996] 22 EHRR, S. 62/63, para. 51ff.

Dennoch sah die Mehrheit des Gerichts im Ergebnis das nordirische Urteil als mit Art. 6 (1) EMRK unvereinbar an. Die Tatsache, daß dem Beschwerdeführer achtundvierzig Stunden lang nach seiner Festnahme trotz seines ausdrücklichen Verlangens kein Rechtsbeistand gewährt wurde, erachtete das Gericht als Verstoß gegen das Fairneßgebot des Art. 6 (1) EMRK. Gerade weil aufgrund der Regelung des NI Order 1988 das Aussageverhalten im Polizeiverhör, also zu einem sehr frühen Stadium des Strafverfahrens, zu weitreichenden Folgen und Festlegungen führen konnte, war es aus Sicht des Gerichts von entscheidender Bedeutung, daß der Angeklagte bereits zu diesem Zeitpunkt Rechtsrat erhielt, sofern er dies wünschte.

In der Literatur wurde nach der Veröffentlichung des Urteils die Frage gestellt, ob nicht eine der Voraussetzungen, die die Mehrheit in dem Urteil als notwendig für ein faires Verfahren im Sinne von Art. 6 (1) EGMRK bezeichnet hatte, nicht erfüllt sei: das Begründungserfordernis im Falle nachteiliger Schlüsse aus dem Schweigen[947]. Das englische Recht kennt - anders als der nordirische Diplock-Court - im trial on indictment keinen begründeten Schuldspruch des Richters. Vielmehr wird über die Schuldfrage von einer Laienjury entschieden, die keine näheren Begründungen für ihren Schuldspruch gibt. Diese prozessuale Struktur erfüllt ersichtlich nicht das vom EGMR aufgestellte Erfordernis, die etwaige Anwendung der Vorschriften zum Schweigerecht müsse begründet werden.

Abgesehen davon wurden aber auch Bedenken erhoben, ob nicht die Anwendung der Vorschriften durch ein Laiengremium gegen Art. 6 (1) EMRK verstieße[948]. Es ließe sich argumentieren, daß Laienpersonen die notwendige Ausbildung und das notwendige juristische Verständnis für eine fundierte Anwendung der Vorschriften fehlen. Wie sich jedoch im Folgenden zeigen sollte, waren diese spezifisch auf das englische Recht bezogenen Bedenken nicht stichhaltig[949,950].

947 Birch (1999) CrimLR, S. 788, Dennis[1] (1999) S. 411, Munday (1996) CrimLR, S. 381, Pattenden (1998) 2 E&P, S. 161/162 mutmaßten daher, das der EGMR s. 34 CRIMPO im Gegensatz zu s. 3 NI Order 1988 in seiner konkreten Anwendung auf den Einzelfall für nicht vereinbar mit Art. 6 (1) EMRK halten könnte.

948 Zu diesem Aspekt Dennis[1] (1999) S. 411 und Pattenden (1998) 2 E&P, S. 161.

949 Siehe das Urteil Condron und Condron v. UK, EGMR [2001] 31 EHRR, S. 20/21 para. 57, sogleich.

950 Noch ein weiterer Grund wurde angegeben, weswegen die englischen Regelungen trotz dem Urteil John Murray gegen Art. 6 (1) EGMR verstoßen könnten. Section 38 (3) CRIMPO verbietet nämlich eine Verurteilung nur dann absolut, wenn diese allein („solely") auf das Schweigen des Angeklagten gestützt wird. Hingegen hatte der EGMR in seinem Urteil John Murray v. UK formuliert, bereits dann läge ein Verstoß gegen Art. 6 (1) EGMR vor, wenn die Verurteilung ganz oder überwiegend (im engli-

2. Das Urteil Condron und Condron v. UK, EGMR [2001] 31 EHRR, S. 1

In dem Urteil Condron und Condron v. UK hat sich der EGMR erstmals mit der englischen Regelung der s. 34 CRIMPO in seiner Anwendung auf den einzelnen Fall befaßt[951]. Der Sachverhalt ist bereits dargelegt worden[952]. Zur Erinnerung sei gesagt, daß zwei drogenabhängige Ehepartner im polizeilichen Verhör auf Anraten ihres Anwaltes die Aussage verweigerten. Das Ausgangsgericht zog unter Anwendung von s. 34 CRIMPO aus dem Schweigen nachteilige Schlüsse zu Lasten der Angeklagten, wobei dieses Vorgehen vom Court of Appeal gebilligt wurde.

In seinem Urteil betonte der EGMR eingangs erneut, daß es nicht seine Aufgabe sei, generell die Rechtmäßigkeit von s. 34 CRIMPO zu prüfen, sondern lediglich, ob im konkreten Fall das Fairneßgebot des Art. 6 (1) EMRK eingehalten wurde[953]. Sodann wandte sich das Gericht der entscheidenden Frage zu, die das frühere Urteil John Murray v. UK von dem jetzigen Fall unterschied: die Mehrheit der Richter stellte fest, daß auch der Umstand, daß eine Laienjury (ohne Begründung) über die Würdigung des Schweigens entscheide, nicht notwendig zur Annahme eines Verstoßes gegen Art. 6 (1) EGMR führen müsse[954]. Vielmehr würde s. 34 CRIMPO eine angemessene Abwägung zwischen der Bedeutung des Schweigerechts und der Zulässigkeit der Würdigung des Schweigens vornehmen[955]. Aus der Vorschrift ergebe sich keine rechtliche Pflicht zu einer Kooperation mit den Behörden. Zudem sei im konkreten Fall während des ganzen Verhörs ein Verteidiger anwesend gewesen[956]. Auch dem Umstand, daß als Folge des Rechtfertigungsbestrebens der Verteidiger als Zeuge vernommen worden war, sei kein Verstoß gegen Art. 6 (1) EMRK zu entnehmen[957]: denn auch der Entschluß, überhaupt

schen Original: „solely or mainly") auf dem Schweigen beruhe, Jennings (1999) 149 NLJ, S. 1233. Im Fall John Murray war dies wegen der sonstigen überzeugenden Beweismittel nicht relevant geworden und der EGMR hatte nur über den konkreten Fall zu befinden.

951 Zu diesem Fall insbesondere Jennings/Ashworth/Emmerson (2000) CrimLR, S. 879-884.

952 Siehe supra S. 249.

953 Condron und Condron v. UK, EGMR [2001] 31 EHRR, S. 19 para. 55.

954 Condron und Condron v. UK, EGMR [2001] 31 EHRR, S. 20/21 para. 57. Insofern haben sich die mutmaßenden Befürchtungen von Cross/Tapper (1999) S. 387/388, Pattenden (1998) 2 E&P, S. 161, Munday (1996) CrimLR, S. 381, Wolchover/Heaton-Armstrong (1999) para. 5-122 und anderen Autoren nicht bewahrheitet, die hierin einen möglichen Verstoß gegen Art. 6 (1) EMRK sahen.

955 Condron und Condron v. UK, EGMR [2001] 31 EHRR, S. 21 para. 58.

956 Condron und Condron v. UK, EGMR [2001] 31 EHRR, S. 21 para. 60.

957 Condron und Condron v. UK, EGMR [2001] 31 EHRR, S. 21 para. 60.

in den Zeugenstand zu treten, sei frei von der Verteidigung gefällt und habe keiner rechtlichen Verpflichtung unterlegen.

Dennoch sprach das Gericht im vorliegenden Fall die Unvereinbarkeit der englischen Urteile mit Art. 6 (1) EMRK aus[958]. Es stellte hierbei auf die konkrete, vom Richter im Ausgangsfall gegenüber der Geschworenenjury erteilte Belehrung ab. Der Richter habe zwar die Aufmerksamkeit der Jury zutreffend auf den Umstand der rechtlichen Beratung gelenkt und darauf hingewiesen, diese könne als Motiv für das Schweigeverhalten angesehen werden. Jedoch, so das Gericht, hätte die Belehrung in der Weise formuliert werden müssen, daß Schlüsse aus dem Schweigen nur (!) dann möglich seien, wenn die Geschworenenjury überzeugt sei, daß das Schweigen ausschließlich (!) auf dem Umstand der Schuld der Angeklagten beruhe[959,960].

Im Lichte der obigen Darstellungen ist das Urteil bemerkenswert. Es stellte klar, daß auch im Falle einer Geschworenenjury Schlüsse aus dem Schweigen in engen Grenzen möglich sind. Jedoch betonte das Gericht, daß ein Erfahrungssatzdenken, wie es oben für das Merkmal des „reasonably expected" etc. beschrieben wurde, bei Art. 6 (1) EMRK keine Geltung beanspruchen könne. In der oben beschriebenen[961] Terminologie ist damit einer „Normaldeutigkeitsthese" klar der Boden entzogen worden. Schlüsse aus dem Schweigen sind daher nur möglich, wenn ausdrücklich und eindeutig festgestellt wurde, daß das Schweigen allein auf der Schuld des Angeklagten beruht. Der bereits beschriebenen objektivierenden Auslegung des „Vernünftigkeits"-Maßstabs in s. 34 CRIMPO wurde hiermit eindeutig der Boden entzogen[962].

Dementsprechend haben die englischen Gerichte auch das Merkmal „reasonably expected" etc. in s. 34 CRIMPO nach dem Urteil des EGMR in der Sa-

---

958 Condron und Condron v. UK, EGMR [2001] 31 EHRR, S. 22/23 para. 61/62.

959 Allerdings hatte bereits der Court of Appeal im vorausgehenden Urteil die ungenügende Betonung dieses rechtlichen Prüfungsmaßstabs in der richterlichen Belehrung gerügt, siehe R. v. Condron und Condron, CA [1997] 1 CrAppR, S. 195 (per Stuart-Smith LJ). Das Gericht ging jedoch davon aus, daß dies noch nicht dazu führe, daß bei richtiger Belehrung das Urteil möglicherweise anders ausgefallen wäre. Es zeigt sich, daß der EGMR mithin an ein bereits auf nationaler Ebene gerügten Umstand anknüpft, vielleicht auch, um hierdurch dem Vorwurf zu entgehen, dem nationalen Recht eigene Konzeptionen von Fairneß (i.S.v. Art. 6 [1] EMRK) aufzuoktroyieren.

960 Die vom Richter in dem Fall Condron und Condron vorgenommene Belehrung der Geschworenen beruht auf der früher geltenden Standarddirektive zu s. 34 CRIMPO. Diese (vom CA und EGMR als ungenügend angesehen) frühere Direktive wird wiedergegeben bei Easton (1998) 2 E&P, S. 116.

961 Siehe supra S. 70 zum deutschen Recht.

962 Supra S. 245.

che Condron und Condron im Sinne der europäischen Rechtsprechung ausgelegt. Der englische Court of Appeal entschied etwa im Fall R. v. Betts und Hall[963], der Richter in erster Instanz habe nicht hinreichend gegenüber der Geschworenenjury zum Ausdruck gebracht, daß nachteilige Schlüsse aus dem passiven Verhalten nur dann in Frage kämen, wenn das Schweigen einzig und allein auf die Schuld der Angeklagten zurückgeführt werden könne. Dabei bezog sich diese Entscheidung ausdrücklich auf die richterrechtlichen Maßgaben des höchsten europäischen Gerichts im Fall Condron und Condron. Auch in zwei weiteren wichtigen Entscheidungen, nämlich R. v. Daly[964] und R. v. Gill[965], wandte der Court of Appeal in sehr strikter Weise diese Maßgabe des Urteils Condron an und hob daher jeweils die Ausgangsentscheidungen auf. Diese drei Urteile zeigen, wie ernst die höheren englischen Gerichte die einschränkenden Bemerkungen des europäischen Gerichts nahmen.

3. Das Urteil Averill v. UK, EGMR [2001] 31 EHRR, S. 839

Die vom EGMR in den Urteilen John Murray und Condron dargelegten Grundsätze zur Würdigung passiven Verhaltens des Beschuldigten wurden in Averill v. UK[966] bestätigt. In diesem zum nordirischen Recht ergangenen Fall wurde dem Beschwerdeführer vorgeworfen, gemeinsam mit anderen Personen ein Auto entwendet zu haben, mit diesem (wie geplant) zum Tatort gefahren zu sein und dort zwei Personen erschossen und eine weitere verwundet zu haben. Ähnlich wie im Fall John Murray sprachen zahlreiche, teils forensische Indizien gegen den Beschwerdeführer: im einem anderen Auto, in dem Averill sich befand, als er verhaftet wurde, lag eine Gesichtsmaske, wie sie bei der Tatbegehung verwendet wurde. In ihr wurden Haare des Beschwerdeführers nachgewiesen. Zu diesen wie auch weiteren belastenden Indizien äußerte sich Averill in den folgenden siebenunddreißig (!) polizeilichen Verhören nicht, sondern schwieg durchgängig. Während der ersten vierundzwanzig Stunden seiner Festnahme wurde ihm zudem der Beistand eines Anwalts verwehrt. Während des Prozesses nahm Averill zu den Vorwürfen Stellung und gab an, zur fraglichen Tatzeit habe er Schafe auf einem Bauernhof gehütet. Das Ausgangsgericht zog aus dem Schweigen während der polizeilichen Verhöre wie auch dem Schweigen zu den inkriminierenden

963 R. v. Betts und Hall, CA [2001] 2 CrAppR, S. 269/270. Zu dieser bedeutsamen Änderung der Rechtsprechung bereits supra S. 247 im Zusammenhang mit der Auslegung des Merkmals „reasonably expected to mention" etc. in s. 34 CRIMPO.

964 R. v. Daly, CA [2002] 2 CrAppR, S. 209.

965 R. v. Gill, CA [2001] 1 CrAppR, S. 167.

966 Averill v. UK, EGMR [2001] 31 EHRR, S. 839.

forensischen Funden (Haare) nachteilige Schlüsse. Rechtsmittel vor den nationalen Gerichten, die Averill einlegte, blieben erfolglos.

Der EGMR billigte die Würdigung des Schweigens durch die nordirischen Gerichte und sah hierin keinen Verstoß gegen Art. 6 (1) EMRK[967]. Wiederum betonte das Gericht, daß das Schweigerecht keine absolute Geltung beanspruche[968]. Allerdings hoben die Richter neben den bereits in John Murray und Condron formulierten dicta hervor, passives Verhalten dürfe nur mit Vorsicht gewürdigt werden: so gebe es auch andere Gründe für das Schweigen als die Schuld[969]. Dennoch sprach das Gericht im Ergebnis die Unvereinbarkeit der nationalen Urteile mit Art. 6 (1) EMRK aus: wie im Fall John Murray wurde es als mit dem Fairneßgrundsatz unvereinbar erachtet, daß dem Beschwerdeführer in den ersten vierundzwanzig Stunden seiner Festnahme nicht der Zugang zu anwaltlichem Rat ermöglicht worden war.

Zusammenfassend ergibt sich aus den Urteilen des EGMR, daß das Gericht die nordirischen und englischen Regelungen als grundsätzlich mit Art. 6 (1) EGMR vereinbar erachtet. Da insbesondere die Urteile im Fall Condron und Averill (insoweit) einstimmig ergingen, ist dies auch als gegenwärtig gefestigte Auffassung des Gerichts anzusehen.

III. Die Einführung der EMRK als unmittelbar geltendes Recht seit dem 01.10.2000

Die bezeichneten Entscheidungen der EGMR ergingen noch zu der früheren Rechtslage im englischen Recht: hiernach war zwar eine Prüfkompetenz des EGMR gegeben, jedoch stellte die EMRK mangels nationalgesetzlicher Umsetzung kein für die englischen Behörden und Gerichte unmittelbar anwendbares Recht dar. Seit dem 01.10.2000 hat jedoch nunmehr auch in England die EMRK aufgrund des Human Rights Act 1998 unmittelbare Geltungskraft[970]. Hierbei handelt es sich in der englischen Rechtsordnung, der ein geschriebener Katalog von Fundamentalrechten bisher fremd war, um einen enormen Paradigmenwechsel. Die Frage, die durch diese neue Rechtslage aufgeworfen wird, ist dementsprechend, ob die ss. 34-39 CRIMPO mit Art. 6 (1) EMRK zu vereinbaren sind.

Aufgrund der soeben dargestellten Analyse scheint diese Fragestellung ohne weiteres beantwortet werden zu können: das Urteil Condron hat klar gezeigt,

---

[967] Averill v. UK, EGMR [2001] 31 EHRR, S. 855 para. 50.

[968] Averill v. UK, EGMR [2001] 31 EHRR, S. 852 para. 43.

[969] Averill v. UK, EGMR [2001] 31 EHRR, S. 853 para. 47.

[970] Allgemein zu den Wirkungen des Human Rights Act 1998: Ashworth (2001) CrimLR, S. 855ff. und Cheney/Dickson/Fitzpatrick/Uglow (1999) passim.

daß aus Sicht des EGMR s. 34 CRIMPO anscheinend keinen prinzipiellen Bedenken ausgesetzt ist. Allerdings ist dem in der Sache nicht zuzustimmen. Art. 6 (2) EGMR, die Unschuldsvermutung, ist nämlich als das hauptsächlich beeinträchtigte Recht anzuführen. Jede Würdigung des Schweigens verstößt entsprechend den früheren Ausführungen gegen die Unschuldsvermutung. Dies ist im englischen Bereich vielfach in der Lehre und auch von einer Königlichen Kommission anerkannt worden.

Vordergründig haben die Urteile John Murray, Condron und Averill einen Schlußpunkt in der Debatte um die Frage nach Schlüssen aus dem Schweigen gesetzt. Jedoch ist zu bedenken, daß der EGMR aufgrund seiner richterrechtlichen Kompetenzen lediglich Einzelfälle entscheidet, und keine generelle Vereinbarkeit von gesetzlichen Regelungen mit der EMRK prüft[971]. In den Fällen John Murray, Condron und Averill bestand auch aufgrund anderweitigem Beweismaterials ein überzeugender Anklagevorwurf: dies wurde auch vielfach bei der Analyse der Rechtsprechung zu diesen Fällen betont[972]. Sofern ein Fall zum EGMR gelangt, der eine weniger eindeutige Beweislage aufweist, könnte das Gericht anders entscheiden. Zudem ist darauf zu verweisen, daß sich zumindest im Fall John Murray beachtliche Minderheitenvoten gegen eine Würdigung des Schweigens aussprachen. Es bleibt daher abzuwarten, wie sich die weitere Rechtsprechung entwickeln wird.

IV. Zusammenfassung der Ergebnisse

In einer Reihe von Urteilen hat sich der Europäische Gerichtshof für Menschenrechte sowohl allgemein zur Ableitung des Schweigerechts, das in der EMRK nicht explizit normiert ist, wie auch speziell zu der Frage der nachteiligen Würdigung des Schweigens geäußert.

Beginnend mit dem Urteil Funke erkannte das Gericht in einer Reihe von Entscheidungen an, daß die Schweigegarantie aus Art. 6 (1) EMRK (Fairneßgrundsatz) abzuleiten ist.

Auch zur beweisrechtlichen Würdigung nahm das Gericht im Zusammenhang mit Art. 6 (1) EMRK Stellung. Schon mit Einführung der Vorschriften der ss. 3-6 NI Order 1988 und später der ss. 34-39 CRIMPO wurden hierbei zuvor in der Literatur erhebliche Bedenken geäußert, ob die Anwendung der Vorschriften mit den Regelungen des Art. 6 (1) EMRK in Einklang zu bringen seien.

In einem ersten Schritt äußerte sich das Gericht in einem Urteil, das zu den Regelungen des nordirischen Rechts erging (John Murray). In diesem Fall

---

971 Hierzu bereits supra S. 301 mit Fn. 942.

972 Etwa Ashworth (1998) S. 107 zum Urteil John Murray.

erachtete die Mehrheit des Gerichts Schlüsse aus dem Schweigen als prinzipiell zulässig, auch wenn es wegen fehlenden Rechtsbeistands im polizeilichen Verhör einen Verstoß gegen die EMRK beanstandete. Das Gericht betonte hierbei unter anderem, daß vom Richter eine Begründung für die Art seiner Schlüsse gegeben werden müsse.

Im Folgenden konzentrierte sich die Debatte in England auf die Frage, ob aufgrund der Besonderheiten des englischen Geschworenengerichts die ss. 34-39 CRIMPO den Anforderungen des EGMR nicht genügen würde. Im Fall Condron und Condron bestätigte jedoch das Gericht, daß die Anwendung der Vorschriften durch eine Laienjury, die keine Begründung für ihren Schuldspruch erteilt, nicht gegen Art. 6 (1) EGMR verstoße. In dem Urteil Averill bestätigte das höchste europäische Gericht nochmals die in John Murray und Condron entwickelten Grundsätze.

Teil 3: Vergleich des deutschen und englischen Rechts

§ 14 Die rechtspolitische Stellung und die dogmatische Ableitung des Schweigerechts im Vergleich

Bevor auf die spezifischen Fragen eines Vergleichs der beweisrechtlichen Würdigung des Beschuldigtenschweigens einzugehen ist, erscheint es sinnvoll, zwei Hintergrundaspekte hervorzuheben. Zum einen liegt es nahe, aufgrund der obigen Analyse die politische Bedeutung und historische Entwicklung in beiden Ländern in den Blick zu nehmen. Nur hiervon ausgehend kann die Frage einer Beschränkung des Schweigerechts in einen größeren Zusammenhang eingebettet werden.

Eng verknüpft mit der Thematik der historischen Entwicklung und der aktuellen rechtspolitischen Bedeutung des Schweigerechts in beiden Ländern ist die Ableitung dieser rechtlichen Garantie. Auch diese ist daher eingangs vergleichend zu erörtern, zumal von besonderem Interesse scheint, ob sich hier (ungeachtet der Verschiedenheit der Rechtssysteme) strukturell vergleichbare Ansätze finden.

I. Der Ausgangspunkt: die historische Bedeutung und der rechtspolitische Status des Schweigerechts im Vergleich

1. Die historische Entwicklung des Schweigerechts im Vergleich

Betrachtet man die historische Entwicklung des Schweigerechts in den letzten Jahrzehnten, so ist vor allem eine fundamentale Entwicklungslinie auszumachen, die für die Interpretation der aktuellen Debatte der Garantie in beiden Ländern zu beachten ist.

In England, dem Mutterland des Schweigerechts[973], hat dieses Recht eine ausgesprochen lange Tradition. Schon im Zeitpunkt seiner Entstehung war es eng mit Fragen politischer Verfolgung einzelner Personen verbunden, und es wurde in den Prozessen des 16. Jahrhunderts als Recht angeführt, das den einzelnen gegenüber der Staatsgewalt vor Mißbrauch und ungerechter Verurteilung schütze[974]. Aus diesem Grunde ist von Anfang an eine besondere politische und emotionale Verbundenheit mit dem Schweigerecht nicht nur in der englischen Gelehrtenwelt, sondern allgemein in der englischen Gesellschaft festzustellen[975]. Die Garantie hat mithin im englischen Rechtsbereich

---

[973] Auch in der deutschen Debatte ist die Herkunft des Schweigerechts aus dem englischen Recht stets betont worden, etwa Nothhelfer (1989) S. 4/5, Rogall (1977) S. 72-81, Seibert NJW 1967, 1706.

[974] Zu den historischen Ursprüngen des Rechts siehe die Schrifttumsnachweise supra S. 27 in Fn. 1.

[975] Leng (1999) S. 3.

eine sehr lange Tradition, die nicht nur in rechtlichen Kreisen, sondern in der Bevölkerung allgemein wurzelt.

Die neuerdings erfolgenden Beschränkungen aufgrund der ss. 34-39 CRIMPO sind dabei das Ergebnis einer steten Entwicklung hin zu einer Einengung des Rechts. Wie gesehen erlaubte das common law (eigentlich aus Gründen des Schutzes) ursprünglich keinerlei Befragung des Beschuldigten sowie Zeugenstellung des Angeklagten[976]. Erst im Laufe des 19. Jahrhunderts wandelte sich diese Rechtslage, auch in Erkenntnis, daß das, was eigentlich als Schutz des Angeklagten gedacht war, letztendlich zu seinem Nachteil gewendet worden war. Der Criminal Evidence Act 1898 erlaubte es dem Angeklagten, in den Zeugenstand zu treten und sich zu äußern[977]. Auch die Analyse der common-law-Regelungen hat gezeigt, daß das Schweigerecht als besonders wichtiges Recht galt, und daß es allgemein abgelehnt wurde, aus seiner Ausübung Schlüsse zum Nachteil des Beschuldigten zu ziehen[978].

Im deutschen Rechtsbereich erfolgte die Entwicklung gerade in entgegengesetzter Weise: ausgehend von einer sehr skeptischen Sicht - die von der extremen Rechtslage in England Mitte des 19. Jahrhundert mit beeinflußt wurde[979] - wurde im deutschen Rechtsbereich zunehmend (insbesondere nach dem 2. Weltkrieg) die Bedeutung des Schweigerechts anerkannt. Die Darstellung zeigte, daß die Existenz und der fundamentale Charakter des Rechts bereits in den sechziger Jahren (auch aufgrund der Autorität des Bundesverfassungsgerichts) außer Frage standen. Die Ergänzung der Belehrungsvorschriften im Jahre 1964 sowie die Wende der Rechtsprechung in der Frage der Würdigung des Schweigens sind nur zwei Indizien für diese Bewußtseinsveränderung, die die gesteigerte Bedeutung des Schweigerechts anerkannte[980].

2. Der rechtspolitische Status des Schweigerechts im Vergleich

Auch der rechtspolitische Status des Schweigerechts ist in beiden Ländern denkbar verschieden. Die Beschreibung der englischen Debatte zeigte, daß mehrere Faktoren wesentlich zu einer Politisierung der Schweigerechtsthematik beitrugen. Die Intensität der englischen Diskussion war ihrem Grunde nach einmal von dem Umstand bestimmt, daß das Schweigerecht als solches mit tiefen emotionalen Überzeugungen nicht nur in der Gelehrtenwelt, son-

976 Supra S. 195.

977 Supra S. 195.

978 Supra S. 189ff.

979 Siehe die skeptischen Stimmen zu der Ausgestaltung des Schweigerechts in den Beratung zur StPO bei Hahn (1885) 2. Abtheilung, S. 1531. Dazu Reiß (1987) S. 150-154.

980 Zu diesem Wandel im deutschen Recht bereits supra S. 72.

dern überhaupt der englischen Gesellschaft, verbunden ist. Hieraus erklärt sich die besonders scharfe Gegnerschaft vieler gesellschaftlicher Gruppen. Andererseits ist auch die Auffassung, die das Schweigerecht kritisch beurteilt, auf eine tiefgreifende und langwährende politisch-philosophische Entwicklung zurückzuführen: den Utilitarismus von Jeremy Bentham. Wie gesehen bildete diese Kritik das Fundament für den über hundert Jahre später entstandenen CLRC-Report, der erstmals konkrete Reformvorschläge für eine Veränderung der Regelungen äußerte. Vor allem wurde die Politisierung der Debatte aber dadurch bewirkt, daß vor dem Hintergrund der Terroristenprozesse vom konservativen Lager in Verbindung mit den Polizei- und Strafverfolgungsbehörden des Landes eine scharfe politische Agitation gegen das Schweigerecht betrieben wurde.

Diese rechtspolitisch intensive Debatte hat in Deutschland kein vergleichbares Gegenstück. Interessant erscheint im Zusammenhang mit der Frage der Rechtsüberzeugung in der Bevölkerung, daß in den sechziger Jahren im sog. Mariotti-Skandal für kurze Zeit die Frage der Würdigung des Schweigens in die politische und gesellschaftliche Diskussion Eingang fand[981]. Besonders bedeutsam ist, daß sich anläßlich dieses Falles die gesellschaftlichen und politischen Kräfte, insbesondere auch die Medien, in ihrer Reaktion einhellig gegen die Auffassung wandten, daß derjenige, der schweige, regelmäßig seine Schuld bekenne[982]. Die utilitaristische, auf angeblichem common sense gegründete Differenzierung von Jeremy Bentham und späteren Generationen, daß der Unschuldige rede und nur der Schuldige schweige, hat anscheinend in der deutschen Bevölkerung im Mariotti-Fall keinen besonderen Anklang gefunden.

[981] Zu diesem Eser ZStW 86 (1974-Beiheft), 136 (159 in Fn. 69), Kohlhaas DRiZ 1965, 294ff., Kohlhaas NJW 1965, 2282 (2282), Wessels JuS 1966, 169 (169). Hintergrund des Streits war, daß in einem (nach erfolgreicher Revision erneut verhandelten) Strafprozeß gegen eine Angeklagte mit dem Namen Mariotti diese während der Verhandlung vor dem Hamburger Schwurgericht geschwiegen hatte. Der Vertreter der Anklage äußerte daraufhin, daß er in diesem Schweigen ein Indiz der Schuld sehe. Am folgenden Tage erhob, in Alltagskleidung aus dem Zuschauerraum, der Generalstaatsanwalt von Hamburg seine Stimme und widersprach in scharfer Form der am Vortag geäußerten Auffassung: Schweigen sei niemals nachteilig zu würdigen. Die Form des Auftretens wie auch der Inhalt dieser Erklärung fanden viel Beachtung in der Presse und wurden teils als skandalös empfunden. Bemerkenswert ist, daß allem Anschein nach Frau Mariotti sich teils zur Sache geäußert hatte und zu diesem Zeitpunkt das Urteil BGHSt 20, 298 schon ergangen war. Mithin war schon aus rein rechtlichen Gesichtspunkten die in ungewöhnlicher Art vorgetragene Rüge unzutreffend.

[982] Zu den Reaktionen in der Öffentlichkeit Wessels JuS 1966, 260 (269).

Allerdings ist der besondere Hintergrund der Terroristenprozesse in England und Nordirland hierbei mit zu berücksichtigen. Die Gerüchte über die systematische Verwendung des Schweigerechts (stony silent terrorist) waren in England und Nordirland in den siebziger und achtziger Jahren allenthalben zu hören, auch wenn stichhaltige empirische Nachweise fehlten[983]. Es ist dieser besondere politische Hintergrund, der zu einer feindseligeren Haltung gegenüber dem Schweigerecht des Beschuldigten führte.

Daneben scheint aber auch noch ein weiterer Aspekt in der Debatte bedeutsam, der gleichfalls Teil der utilitaristischen, von Jeremy Bentham geprägten Denkweise ist: die Bereitschaft, im Zusammenhang mit strafprozessualen Rechten eine allgemeine Differenzierung zwischen Unschuldigen und Schuldigen vorzunehmen[984]. Dieser Argumentationstopos unterliegt der Vorstellung, daß zentrales Ziel des Prozesses die Überführung und Bestrafung des Schuldigen sei und strafprozessuale Schutzmaßnahmen nur insoweit Berechtigung hätten, als sie gerade dem - objektiv - Unschuldigen zugute kommen müßten. Das Unverständnis für eine Sichtweise, die Aspekte der Fairneß in gleicher Weise auf Schuldige wie Unschuldige bezieht, kommt in der berühmten Kritik von Bentham an dem Schweigerecht als „fox hunter's reason" deutlich zum Ausdruck. Es erscheint für Bentham sinnlos, auch dem Schuldigen eine „faire Chance" einzuräumen, da dies - so Bentham - nur aus verfahrensfremden, sportlichen Motiven geschehe[985].

II. Die einzelnen Ableitungen des Schweigerechts im Vergleich

Zu beachten ist, daß das Schweigerecht als solches weder im englischen Recht noch im deutschen ausdrücklich normiert worden ist. Hingegen finden sich in beiden Rechtsordnungen mittelbare Hinweise auf die Existenz der Schweigegarantie im einfachen Recht[986]. Der besondere Unterschied besteht freilich darin, daß sich in Deutschland eine geschriebene Verfassung findet, in der allerdings das Schweigerecht nicht erwähnt wird.

---

[983] Zu der fehlenden empirischen Basis dieser Behauptungen und der hierauf gestützten Kritik supra S. 228ff.

[984] Zu dieser Problematik bereits im Zusammenhang mit dem englischen Recht supra S. 179.

[985] Zur Argumentation von Bentham näher supra S. 204.

[986] Im deutsche Recht die bereits mehrfach erwähnten §§ 115 III 1, 136 I 2, 243 IV 1 StPO. Im englischen Recht sind die Hinweise eher implizit (dazu Leng [1994] S. 19). Siehe aber z.B. s. 76 PACE (Ausschluß von in unfairer Weise herbeigeführte Geständnisse). Auch aus s. 35 (4) CRIMPO geht dies mittelbar hervor, da die Norm vorsieht, daß kein Zwang zum Betreten des Zeugenstandes geschaffen werden soll.

Betrachtet man nunmehr die bereits zu Beginn des Teils 2 aufgeworfenen drei Fragen nach Existenz, Verfassungsrang und Lozierung des Schweigerechts[987], sind diese für den englischen und den deutschen Bereich in ähnlicher Weise zu stellen:

(1) In einem ersten Schritt geht es um die Frage, ob überhaupt von der Existenz des Schweigerechts auszugehen ist. Hier besteht in beiden Ländern ein klarer Grundkonsens, daß ein solches Recht existiert. Jedoch wird - wie die Darstellung der politischen Debatte in England zeigte - im englischen Bereich das Recht z. T. eher als eine Art Hindernis auf dem Wege zur Wahrheitsfindung wahrgenommen[988].

(2) In einem zweiten Schritt ist in beiden Ländern die Frage zu stellen, welche Bedeutung (rechtlichen Rang) das Schweigerecht besitzt. In England handelt es sich dabei um die Frage nach einer symbolisch-politischen Bewertung des Rechts. Allerdings ist aufgrund der Einführung der EMRK seit Oktober 2000 diese Frage zumindest in der internationalen Perspektive auch in England dahingehend beantwortet, daß es sich um ein Recht mit einem fest definierten höheren Stellenwert handelt. In Deutschland hingegen stellt sich die Frage des Ranges auch innerstaatlich in einem sehr konkreten rechtlichen Sinne. Hier geht es um die Einordnung des Rechts als Verfassungsrecht, eine Frage, die theoretisch offen ist, da das Grundgesetz das Schweigerecht nicht ausdrücklich normiert. Wie gesehen ist auch diese Frage in Deutschland dahingehend zu beantworten, daß der Rang des Rechts als Verfassungsgarantie unumstritten ist[989]. Wiederum gilt (abgesehen von der Neueinführung der EMRK), daß im englischen Bereich die Skepsis viel größer ist, das Schweigerecht als fundamentales Recht (nach freilich diffuseren Maßstäben) anzuerkennen.

(3) In einem dritten Schritt stellte sich für den deutschen Bereich die Frage, wo das Recht in der Verfassung zu lozieren ist. Diese Problemstellung erübrigt sich für das englische Recht, da es keine geschriebene Verfassung und keinen nationalen Grundrechtskatalog kennt. Die parallele Fragestellung im Bereich des englischen Rechts ist diejenige nach der ratio des Schweigerechts.

---

[987] Supra S. 34.

[988] Besonders deutlich wird diese Betrachtungsweise bei Zuckerman (1986) 102 LQR, S. 48 und passim. Eine derartige Sicht auf das Schweigerecht als behinderndem Umstand der Wahrheitsfindung haben im deutschen Rech in neuerer Zeit wohl nur Stümpfler DAR 1977, 1 (passim) und Bianca Fischer (1979) passim vertreten. Zu den unhaltbaren Ausführungen insbesondere dieser beiden bereits supra S. 72 in Fn. 155.

[989] Siehe supra S. 35.

Hier ist jedoch die Analyse an einem wichtigen Punkt angelangt, der zu der Erörterung der konkreten Ableitungsansätze überleitet. Ausgehend von der deutschen Position, die eine verfassungsrechtliche Einordnung des Schweigerechts gebietet, ist die Fragestellung der ratio von vornherein rechtlich vordefiniert. Denn die Erörterung der ratio orientiert sich an den verschiedenen Schutzrichtungen der Verfassungsartikel. Hierdurch tritt - und dies ist in der Debatte bisher wenig beachtet worden - eine gewisse Begrenzung und Einengung der Frage nach dem Sinn und Zweck des Schweigerechts ein[990]. Ein weiterer Effekt ist der, daß wegen der Schutzgüterbezogenheit der einzelnen Artikel des Grundgesetzes die Frage einer reinen funktionalen Ableitung des Schweigerechts sich in Deutschland nie in dieser Schärfe gestellt hat.

1. Die Ableitung aus dem Schutzprinzip (Schutz des Unschuldigen)

Eben wurde bereits ein spezifisches Charakteristikum der englischen Sichtweise bezüglich des Strafprozesses und seiner Ausgestaltung angesprochen: die These, daß strafprozessuale Schutzmaßnahmen vornehmlich aus der Überlegung heraus zu rechtfertigen sind, daß diese dem Unschuldigen dienen, indem sie zur Vermeidung seiner Verurteilung beitragen. Aus der Sicht von Bentham diente gerade das Schweigerecht nicht einem solchen Schutz des Unschuldigen, da der (angebliche) common-sense-Gedanke, daß der einzelne regelmäßig frei sei, seine Unschuld zu beteuern, gegen eine solche These spreche. Folgerichtig hat demgemäß ein Teil der Lehre versucht, das Schweigerecht gerade auf der Basis des Schutzprinzips zu begründen, um dem Verständnis englischer Strafprozeßregelungen zu entsprechen[991]. Wie gesehen vermag eine funktionale Erklärung dieses Rechts nicht zu überzeugen, wobei die englische Kritik allerdings vornehmlich aus dem utilitaristischen Lager kam. Die Unvereinbarkeit dieser Argumentation mit der Unschuldsvermutung wurde im englischen Recht dagegen kaum je konstatiert[992].

Im deutschen Recht fehlt hingegen ein Begründungsansatz, der strafprozessuale Maßnahmen nach ihrem Bedeutungsgehalt für den - objektiv - Schuldigen bzw. den Unschuldigen bewertet. Der Hinweis, daß das Schweigerecht in den meisten Fällen gerade dem Schuldigen zugute komme, wurde kaum jemals geäußert. Die Gründe für die Scheu, eine solche Differenzierung der Bewertung strafprozessualer Maßnahmen zugrundezulegen, wurden bereits

---

990 Siehe bereits die Feststellung zur deutschen Debatte supra S. 35.

991 Supra S. 172.

992 Siehe aber die andeutenden Überlegungen bei Greer (1990) 53 MLR S. 724, daß eine Differenzierung nach Kriminellen und Unschuldigen gegen das Verbot verstoße, Beschuldigte im Strafverfahren gleich zu behandeln und nicht vorschnell zu verurteilen.

angesprochen: vor allem resultiert dies wohl aus der Anerkennung der Unschuldsvermutung. Hierbei ist vor allem auf die Formulierung zu verweisen, daß alle Untersuchungsmaßnahmen vor Ergehen des Strafurteils sich an dem Maßstab auszurichten hätten, der einem Unschuldigen zumutbar sei[993].

2. Die Ableitung aus der akkusatorischen bzw. inquisitorischen Natur des Strafprozesses

Es ist bemerkenswert, daß in beiden Rechtsordnungen jeweils mit dem Verweis auf die Struktur des Prozesses die Notwendigkeit des Schweigerechts hergeleitet wurde: im Bereich der deutschen Debatte wurde betont, das akkusatorische Inquisitionsverfahren erfordere ein solches Recht[994]. Demgegenüber wurde gerade umgekehrt in der englischen Debatte hervorgehoben, die Notwendigkeit der Schweigegarantie ergebe sich aus dem Parteiverfahren[995].

Gerade die widersprüchliche Argumentation mit Hinweis auf die eigene Rechtsordnung zeigt, daß eine Herleitung dieser fundamentalen Garantie nicht von der jeweiligen Ausgestaltung des Prozesses abhängig ist. Das Schweigerecht leitet sich aus hiervon unabhängigen Prinzipien ab, nämlich der Würde des einzelnen und seiner Notwendigkeit für ein rechtsstaatliches Verfahren. Diese Prinzipien betreffen aber die grundsätzliche Position des einzelnen im Strafverfahren. Der Strafprozeß ist in beiden Ländern dadurch gekennzeichnet, daß sich der einzelne einem vom Staat geführten Anklagevorwurf gegenübersieht und hierauf reagieren muß[996]. Die Frage der konkreten Ausgestaltung des Prozesses betrifft hingegen einen demgegenüber zweitrangigen Aspekt: nämlich die funktionelle Rollenverteilung innerhalb des staatlichen Apparats der Strafverfolgung. Im englischen System sind sowohl Erhebung der Anklage als auch beweisgestützte Präsentation des Tatvorwurfs allein Aufgabe der Anklage. Im deutschen System werden beide Funktionen getrennt, indem in der Hauptverhandlung dem Richter die inquirierende Rolle zugewiesen wird.

Zudem ist darauf zu verweisen, daß die genannten Unterschiede in der Prozesstruktur nicht so bedeutend sind, wie es anfangs erscheint. In den Verfah-

---

993 Roxin (1998) § 11 Rdnr 4. Stuckenberg ZStW 111 (1999), 422 (456-460) hebt dementsprechend in seiner Analyse der Unschuldsvermutung hervor, das die ratio der Unschuldsvermutung gerade darin besteht, ein ergebnisoffenes Verfahren zu gewährleisten und den Strafprozeß nicht durch vorschnelle Verurteilungen zu "desavouieren".

994 Nickl (1978) S. 23/24, Seebode MDR 1970, 185 (185/186). Hiergegen Leiwesmeyer (1994) S. 14/15.

995 So insbesondere die Argumentation des RCCJ (1993) para. 4.35 bis 4.37.

996 Zutreffend die Darstellung von Leiwesmeyer (1994) S. 14-16.

renssystemen beider Rechtsordnungen sind nämlich gewisse Angleichungen zu konstatieren. Im englischen Recht fand eine Anpassung an das inquisitorische Prinzip etwa dahingehend statt, daß der Richter in zunehmendem Maße, insbesondere vor Beginn des Prozesses, aber auch währenddessen, rechtliche Handlungsmacht erhielt. Insbesondere im Vorfeld des englischen Strafprozesses sind dem Richter in den letzten Jahren zunehmend eigenständige Kompetenzen eingeräumt worden[997]. Auch die Rolle der Anklagebehörde im englischen Recht wurde in neueren Urteilen dem deutschen Verständnis angenähert: neuere Urteile haben betont, auch die Strafverfolgungsbehörden seien den Prinzipien der Wahrheit und der Gerechtigkeit verpflichtet[998]. Andererseits ist nicht zu verkennen, daß unter rein praktischen Gesichtspunkten der Antagonismus von Anklage und Verteidigung regelmäßig auch das deutsche Verfahren prägt. Es hängt überwiegend von der persönlichen Sichtweise des Richters ab, ob er in der Hauptverhandlung das Heft in die Hand nimmt oder die Anklage gewähren läßt und sich auf die Position eines eher registrierenden Organs zurückzieht. Folglich ist der Unterschied in der Struktur beider Strafrechtssysteme deutlich geringer als es anfänglich scheint.

3. Die Ableitung aus dem Gedanken der notstandsähnlichen Lage

Wie sich bei der Darstellung der Herleitung des Schweigerechts gezeigt hat, rekurrieren in beiden Ländern zahlreiche Stimmen auf den naturrechtlich fundierten Gedanken des menschlichen Selbsterhaltungstriebs[999]. Die Struktur der vorgebrachten Argumente ist hierbei sehr ähnlich: es wird jeweils von der dem Notstand ähnelnden Lage gesprochen, die es aus Sicht des Betroffenen unzumutbar erscheinen lasse, sich selbst bezichtigen zu müssen.

Dabei ist aber zu beachten, daß der Gedanke der Unzumutbarkeit in beiden Rechtsordnungen aufgrund der unterschiedlichen rechtlichen Zusammenhän-

---

[997] Dazu Sprack (2000) S. 229-232. Es handelt sich hierbei insbesondere um die sog. pretrial rulings vor Beginn des Prozesses, die durch ss. 39-43 Criminal Procedure and Investigations Act 1996 eingeführt wurden. Sie ermöglichen dem Richter, bereits vor Beginn des Prozesses rechtsverbindliche Anordnungen zu treffen, die auch für die Dauer des eigentlichen Gerichtsverfahrens Gültigkeit besitzen.

[998] Zu dieser Bindung der Verfolgungsbehörden an öffentliche Interessen Sprack (2000) S. 69/70 mit Nachweisen. Die Annäherung zum Inquisitionsprinzip geht im englischen Bereich so weit, daß im einzelnen Fall sogar eine richterliche Zeugenvernehmung in der Verhandlung zugelassen wurde, wenn dieses aufgrund der Sachlage als notwendig erschien. In dem Fall R. v. Cameron, CA [2001] CrimLR, S. 587 billigte der Court of Appeal in einem Prozeß wegen sexuellen Mißbrauchs die Befragung des Opfers durch den Richter, nachdem das Mädchen sich weigerte, weitere Fragen des verteidigenden Anwalts zu beantworten.

[999] Zur deutschen Debatte (im Zusammenhang mit dem allgemeinen Persönlichkeitsrecht) supra S. 41, zum englischen Recht supra S. 179.

ge in sehr verschiedener Weise in die Debatte eingebettet ist: im deutschen Bereich besteht die Besonderheit, daß aufgrund des Legitimationsproblems (Ableitung aus der Verfassung) der bloße Hinweis auf eine solche notstandsähnliche Lage nicht ausreicht, das Schweigerecht als solches zu begründen. Wie gezeigt prägt die rechtliche Ausgangslage auch die Debatte hinsichtlich der einzelnen ratio. Da die Notwendigkeit einer verfassungsrechtlichen Lozierung besteht, wird der Gedanke der Unzumutbarkeit im Zusammenhang mit Art. 2 I i.V.m. 1 I GG (allgemeines Persönlichkeitsrecht) oder Art. 1 I GG (Menschenwürde) eingebracht, um die Unzulässigkeit des Zwangs zur Aussage zu begründen.

Auch hier bestätigt sich die bereits geäußerte Feststellung, daß im englischen Rechtsbereich im Gegensatz zum deutschen weitaus häufiger auf eine Differenzierung zwischen - objektiv - Schuldigem und Unschuldigem rekurriert wird. Das Hauptargument gegen eine Heranziehung des Unzumutbarkeitskriteriums in der englischen Diskussion ist nämlich der Hinweis, daß von einer solchen Notstandslage nur in der Situation des Schuldigen gesprochen werden könne[1000]. Dieses auf einer Differenzierung zwischen Tatverantwortlichem und Unschuldigem beruhende Gegenargument ist bereits im Zusammenhang mit den englischen Regelungen kritisiert worden[1001]. Es wurde im deutschen Recht auch im spezifischen Kontext der ratio des Schweigerechts nur ganz selten angesprochen[1002].

4. Die Ableitung aus dem Gedanken der Privatheit

Die vorangegangene Analyse hat gezeigt, daß der Schutz der privaten Sphäre des einzelnen für die Begründung des Schweigerechts in beiden Rechtsordnungen herangezogen wurde. In Deutschland bezieht sich die ganz überwiegende Auffassung im Anschluß an die Abhandlung von Rogall auf das allgemeine Persönlichkeitsrecht, das aus Art. 2 I i.V.m. 1 I GG abgeleitet wird[1003]. In England hat sich insbesondere Galligan in dem genannten Aufsatz für eine Ableitung aus dem allgemeinen ungeschriebenen Recht auf „privacy" berufen[1004].

Diese Parallelen lassen sich sogar noch weiter verfolgen. Im deutschen Bereich wurde das Persönlichkeitsrecht (zumindest in den Anfängen der Recht-

---

[1000] Supra S. 179.

[1001] Supra S. 180.

[1002] Neuerdings aber Bosch (1998) S. 34/35 und Dallmeyer KritV 2000, 252 (263). Beide Autoren erachtet den Gesichtspunkt als ein stichhaltiges Argument gegen die Ableitung des Schweigerechts aus dem Gedanken der Unzumutbarkeit.

[1003] Supra S. 40.

[1004] Supra S. 177.

sprechung des Bundesverfassungsgerichts) im Sinne einer sog. Sphärentheorie aufgefaßt[1005]: es wurden verschiedene Lebensbereiche des Individuums identifiziert, die in unterschiedlich hohem Maße die Intimität des einzelnen widerspiegelten. Dementsprechend wurde differenziert zwischen der absoluten Intimsphäre, in die niemals eingedrungen werden dürfe, und den weiteren Sphären allgemeiner persönlicher Lebensgestaltung, in die ein Eindringen unter Beachtung des Gebots der Verhältnismäßigkeit zugelassen wird[1006]. In seinem Aufsatz formuliert Galligan im Zusammenhang mit dem Schweigerecht ganz ähnliche Konzeptionen: auch er betont, daß eine sich ausdehnende Sphäre (expanding circle) bestünden, innerhalb derer die Intimität unterschiedlich zu bewerten sei[1007]. Und Galligan hebt ebenso hervor, daß in den Bereichen der öffentlich geprägten Lebensgestaltung des einzelnen Einbrüche in die private Sphäre durch staatliche Maßnahmen eher zulässig seien[1008].

Trotz dieser strukturellen Ähnlichkeiten darf nicht darüber hinweggegangen werden, daß die Argumentationsansätze in beiden Rechtsordnungen von verschiedenen Voraussetzungen ausgehen. Die Unterschiedlichkeit der Konzeption in beiden Rechtsordnungen zeigt sich auch hier in der Frage, worauf die These des Rechts auf Privatheit gestützt wird. Im deutschen Bereich ist ein solches Recht nicht in der Verfassung vorgesehen, wird aufgrund der langwährenden Rechtsprechung des Bundesverfassungsgerichts jedoch allgemein aus Art. 2 I i.V.m. 1 I GG abgeleitet. Hingegen wurde im Zusammenhang mit dem englischen Recht dargestellt, daß die englische Rechtsordnung ein solches allgemeines Recht auf Privatheit gerade nicht anerkennt. Dies bedeutet, daß ein Unterschied schon im Ausgangspunkt insoweit besteht, als die These, der einzelne habe ein umfassendes Recht auf Wahrung einer persönlichen Lebenssphäre, für den englischen Rechtsbereich nicht stichhaltig belegt werden kann.

[1005] BVerfG 27, 1 (6/7) - Mikrozensus -, BVerfGE 32, 373 (379) -Patientenkartei -, BVerfGE 34, 238 (245) - heimliche Tonbandaufnahmen. Zu der Sphärentheorie aus der Lehre etwa Maunz/Dürig/DiFabio, GG, Art. 2 I Rdnr 157-162, Nothhelfer (1989) S. 80-82.

[1006] Kritisch zu einer solchen Sphärenauffassung: Nothhelfer (1989) S. 80/81. In seiner neueren Rechtsprechung hat das Bundesverfassungsgericht auch diese These anscheinend modifiziert: die Volkszählungsentscheidung BVErfGE 65, 1ff. betont, daß die Verwertbarkeit von Daten nicht allein von der Intimität ihres Charakters abhänge. Teils wurde hierin von Autoren wie Nothhelfer (1989) S. 81 eine Abkehr von der Sphärentheorie gesehen. Zur neueren Rechtsprechung des Bundesverfassungsgerichts bezüglich der Sphärenkonzeption auch Maunz/Dürig/DiFabio, GG, Art. 2 I Rdnr 160-162.

[1007] Galligan (1988) 42 CLP, S. 89.

[1008] Galligan (1988) 42 CLP, S. 89.

Ungeachtet dieser Unterschiede sind auch die Ähnlichkeiten der Kritik an der Ableitung des Schweigerechts aus dem Rechtsgedanken der Privatheit offensichtlich. In beiden Rechtsordnungen findet sich etwa die Überlegung, daß bei konsequenter Anwendung der Gedanke der Privatheit unabhängig von der Frage der Selbstbezichtigung alle Formen des Einbruchs in die private Sphäre des einzelnen erfassen müsse[1009]. In beiden Ländern wurde mithin von den Kritikern dieses Ansatzes die Unvollständigkeit der Ableitungsthese, die das Schweigerecht auf die ratio der Privatheit stützt, hervorgehoben.

Allerdings ergibt sich in diesem Zusammenhang noch ein weiteres Problem. Wie gesehen wurde die Ableitung aus dem allgemeinen Persönlichkeitsrecht als „neuem Recht" zu Recht kritisiert[1010]. Demgegenüber wurde für den englischen Bereich konstatiert, daß es ein allgemeines Recht auf Privatheit nicht gebe[1011]. Dies bedeutet aber, daß die deutsche Position in die Gefahr gerät, dieses fundamentale Recht unter rein nationalen, sehr spezifischen Gesichtspunkten zu betrachten. Es wurde bereits ausgeführt, daß dies dem rechtlichen und symbolischen Gehalt dieser Garantie nicht gerecht wird[1012]. Dementsprechend hat etwa der EGMR (soweit ersichtlich) niemals auch nur erwogen, das Schweigerecht aus Art. 8 EMRK abzuleiten, der gleichfalls den Lebens- und Geheimnisbereich des einzelnen schützt[1013].

5. Die Ableitung aus dem Gedanken der Würde und Autonomie des einzelnen

Wie die Darstellung zum englischen Recht ergeben hat, wurde neuerdings von dem bedeutenden Strafrechtswissenschaftler Dennis der Gedanke der Würde und der Autonomie des einzelnen in die englische Debatte eingeführt[1014]. Bemerkenswerterweise bezieht sich Dennis auch explizit auf kantianisches Gedankengut[1015].

Hierbei ist auf die besondere Problematik zu verweisen, die sich mit einer solchen Argumentation im englischen Bereich verbindet. Zum einen ist zu bedenken, daß - anders als in Deutschland - gerade keine rechtlich verbindliche Norm der Menschenwürde rechtliche Bedeutung (und zwar wie im Falle

---

1009 Dazu bereits supra S. 42 im Zusammenhang mit dem deutschen Recht und supra S. 176 im Kontext der englischen Debatte.

1010 Supra S. 44.

1011 Supra S. 178.

1012 Supra S. 44.

1013 Siehe hierzu auch Dennis[1] (1999) S. 136. Dieser Hinweis findet sich allerdings in der zweiten Auflage des Werks nicht mehr, Dennis[2] (2002) S. 171.

1014 Supra S. 181.

1015 Siehe das wörtlich wiedergegebene Zitat von Dennis supra S. 181.

des Art. 1 I GG überragende) rechtliche Bedeutung verleiht. Es erscheint daher weitaus problematischer, den Aspekt der Menschenwürde als primär philosophischen Topos in die Debatte einzuführen, zumal der Begriff der Würde in der Geschichte der Philosophie mit einer Unzahl von Deutungen und Interpretationen versehen wurde[1016].

Abgesehen davon erscheint auch deswegen eine Einführung dieses Aspekts in die englische Debatte besonders mutig, weil auch auf rein gedanklich-philosophischer Ebene die Vorstellung der absoluten Würde und Autonomie des einzelnen dem englischen Rechts- und Gesellschaftssystem möglicherweise nicht so nahe liegt wie dem kontinentalen. Dies liegt daran, daß die deutsche Gesellschaft bis heute unter dem besonderen Einfluß des kantianischen Gedankenguts steht, das bis in die Konzeption des Grundgesetzes hinein zu verfolgen ist und gerade im Würdegedanken seinen besonderen Ausdruck findet[1017]. Das angelsächsische Gegenmodell findet dieser Ansatz in der utilitaristisch geprägten common-sense-Konzeption von Jeremy Bentham. Dieses Modell bezieht sich auf eine (sehr ausgefeilte und durchaus nicht vordergründige) Kosten-Nutzen-Betrachtung von Rechten und Pflichten. Die Darlegungen von Bentham zum Schweigerecht[1018] stellen einen klassischen Fall dieser funktionell orientierten Denkweise dar.

Wenn demgegenüber Dennis dem kantianischen Begründungsansatz zuneigt, ergibt sich die interessante Feststellung, daß die nationalen Diskussionen zur ratio des Schweigerechts deutliche Annäherungen verzeichnen. Der Aspekt der Würde und Autonomie des einzelnen wird deutlich in den Mittelpunkt gerückt, und zwar - entgegen dem bisherigen philosophischen Verständnis - auch im englischen Rechtsbereich.

Letztendlich führt die Diskussion zur Ableitung des Schweigerechts zu einer wichtigen Erkenntnis: dem Verhältnis zwischen einer funktional-utilitaristisch geprägten Begründung des Strafprozesses und einer kantianisch verstandenen Philosophie. Wie gezeigt kann das Schweigerecht auf dem Boden

---

[1016] Zu dieser immensen Interpretationsbürde des Würdebegriffs auch Nothhelfer (1989) S. 65/66, Sachs/Höfling, GG, Art. 1 Rdnr 6.

[1017] Freilich bestreiten viele Autoren die Zulässigkeit einer philosophischen Interpretation des Würdebegriffes, siehe etwa v.Münch/Kunig, GG, Art. 1 I Rdnr 20. Dies gilt aber nur für die Frage der konkreten Auslegung und Anwendung des Würdebegriffs im Hinblick auf spezifische religiöse u.a. Postulate. Andererseits ist nämlich zu bedenken, daß die christlichen, humanistischen und insbesondere kantianischen Prägungen unserer Gesellschaft unweigerlich den Hintergrund für jede Konzeption einer wertebezogenen Verfassung bilden. Es erschiene daher lebensfremd, das Grundgesetz ohne Rücksicht auf all jene Verständnisweisen „neutral" interpretieren zu wollen.

[1018] Supra S. 203.

einer rein funktionalen bzw. nutzenorientierten Argumentation nur schwer begründet werden. Vielmehr erscheint es als regelrechtes Hindernis der Wahrheitsfindung, da es dem Beschuldigten die Möglichkeit bietet, sich nicht an der Aufklärung des Sachverhaltes zu beteiligen[1019]. Dementsprechend stoßen Erklärungsansätze, die rein funktionale Ableitungen des Schweigerechts erörtern, an deutliche Grenzen. Dies dürfte auch die eigentliche Wurzel des bis heute in allen Rechtsordnungen ausgetragenen Streits um die ratio des Schweigerechts sein: es ist eben ein Recht, das prima facie den eigentlichen Zwecken des Prozesses zuwiderläuft[1020]. Ein tatsächlich fundiertes Verständnis des Schweigerechts erscheint daher nur möglich, wenn man die Position des Angeklagten als autonomes und mit einer eigenen Würde versehenes Individuum ins Auge faßt.

III. Zusammenfassung der Ergebnisse

Die Sichtweise auf das Schweigerecht ist im englischen und deutschen Rechtsbereich aus philosophischen, gesellschaftlichen und rechtstraditionellen unterschiedlich: im englischen Bereich, in dem diese Garantie überhaupt geschichtlich ihren Entstehungsort findet, wurde sie über lange Zeit hinweg nachdrücklich betont und ihre uneingeschränkte Geltung hervorgehoben. Aufgrund der utilitaristischen Kritik von Bentham geriet das Recht als angebliches Hindernis der Wahrheitsfindung jedoch auch in die Kritik. Vor dem Hintergrund der Terroristenprozesse in England und Nordirland seit den siebziger Jahren des zwanzigsten Jahrhunderts gewann diese Kritik weitere Schärfe und Aktualität. Letztendlich führte diese auf politischer Ebene geführte Argumentation gegen die prozessuale Garantie zur Einführung der ss. 34-39 CRIMPO.

Im deutschen Bereich läßt sich eine entgegengesetzte Entwicklung feststellen: ausgehend von einer eher skeptischen Sicht zum Schweigerecht wurde dieses seit Ende des 19. Jahrhunderts und dann insbesondere seit dem Zweiten Weltkrieg als fundamentale Garantie anerkannt. Eine politische Diskussion zur Bedeutung des Schweigerechts, die mit derjenigen in England zu vergleichen wäre, läßt sich nicht feststellen.

Die Debatte zur Ableitung dieses Fundamentalrechts orientiert sich weitgehend an den Maßgaben der jeweiligen Rechtsordnung: im deutschen Bereich sind Verfassungsrang und –lozierung der Garantie wesentlicher Gegenstand der Debatte, im englischen Bereich konzentrieren sich die Überlegungen in Ermangelung einer geschriebenen Verfassung auf die ratio des Rechts. Im

---

[1019] Zur Argumentation von Bentham supra S. 204.

[1020] Auf diesen Widerstreit des Verfahrensziels der Wahrheitsfindung und der Subjektstellung des Beschuldigten weist insbesondere Schulz (2001) S. 274/275 hin.

einzelnen finden sich jedoch in den Diskussionen beider Länder erhebliche Strukturparallelen. Dies gilt etwa für die Ableitung aus dem Gedanken der Privatheit und die Heranziehung von Kriterien wie demjenigen der Unzumutbarkeit. Insbesondere setzt sich auch im englischen Bereich in neuerer Zeit zunehmend die Erkenntnis durch, daß dieses Recht auf rein funktionaler Grundlage nicht begründet werden kann, sondern seine Geltungsbedeutung in der Würde des einzelnen zu suchen ist.

§ 15 Der Ausgangspunkt des Vergleichs: der prozessuale Kontext der Beweiswürdigung des Schweigens

I. Die Strafverfolgung im Vorfeld des Prozesses und das Schweigerecht

Die Analyse hat gezeigt, daß in der englischen Debatte eine deutliche Differenzierung zwischen der Situation des schweigenden Beschuldigten im polizeilichen Verhör und des schweigenden Angeklagten im Gerichtsverfahren festzustellen ist. Die Justizirrtümer der letzten Jahre haben in England die Aufmerksamkeit auf das Fehlverhalten der Polizei gelenkt[1021]. Vor allem die Einsetzung der RCCJ, die im Jahre 1993 ihren Bericht ablieferte, war durch die Erkenntnis motiviert, daß im Bereich der polizeilichen Ermittlungen auch nach dem Erlaß des PACE im Jahre 1984 noch vieles im Argen lag. Diese Problematik wurde auch von den Gerichten nicht genügend wahrgenommen: in der Lehre wurde ein regelrechtes „Zwei-Ebenen"-System konstatiert, mit dem englischen Strafprozeß und seinen umfassenden rechtsstaatlichen Garantien im „Obergeschoß" des Justizsystems, und den fragwürdigen Praktiken der Polizei im „dunklen Kellergewölbe"[1022]. Lange Zeit haben die englischen Richter sich äußerst zurückhaltend gezeigt, selbst manifeste Rechtsbrüche im polizeilichen Ermittlungsverfahren mit Beweisverwertungsverboten zu ahnden[1023]. Die dicta von Lord Diplock im Urteil Sang[1024] haben diese sehr beschränkte Sichtweise noch 1980 nachdrücklich betont. Lord Diplock hob hervor, eine ermessensgebundene Ausschließung von unrechtmäßig erlangten Beweismitteln sei nur in engen Grenzen zulässig. Es wurde in der Lehre sogar eine regelrechte Skepsis der Richterschaft gegenüber dem Schweigerecht konstatiert, die dieses Recht zwar verbal stütze, sich jedoch nicht zu diesem bekenne, wenn es zu Rechtsverstößen komme[1025]. Mit dem Erlaß der ss. 76, 78 und weiterer Vorschriften des PACE[1026] hat sich diese Lage teilweise geändert. Zunehmend zeigen auch die englischen Richter die Bereitschaft,

---

[1021] Hierzu und den verschiedenen Praktiken der Polizei bereits supra S. 217 in Fn. 651. Allgemein zum Problem der fehlenden Disziplin der Polizei Maguire (1994) S. 44-46 und passim.

[1022] So die Formulierung bei Mirfield (1985) S. 68/69 in Anlehnung an eine Abhandlung von Kamisar. Zu der Problematik auch Zuckerman (1994) S. 118-120 und passim im Zusammenhang seiner Kritik am Ansatz der RCCJ.

[1023] Dazu Grevling (1997) 113 LQR, S. 668 und insbesondere die Analyse von Zuckerman (1989) S. 311ff.

[1024] R. v. Sang, HL [1980] AC, S. 402.

[1025] Mirfield (1985) S. 68/69.

[1026] Section 76 PACE regelt den Ausschluß von erzwungenen Geständnissen des Beschuldigten und ersetzt die sehr technische und unbefriedigende voluntariness-rule des englischen common law. Kritisch zur voluntariness-rule etwa auch Galligan (1988) 42 CLP, S. 79/80.

Rechtsverstöße im Ermittlungsverfahren mit Beweisverwertungsverboten zu belegen[1027].

Im deutschen Rechtsbereich findet sich eine solche strukturelle Teilung der Debatte in die Bereiche „Schweigen im polizeilichen Verhör" und „Schweigen im Prozeß" nicht. Disziplinarische Probleme allgemeinerer Art, wie die systematische Umgehung von Belehrungsvorschriften, das Unterschieben von angeblichen Aussagen („verballing") oder die Verhinderung des Zugangs zu anwaltlichem Rat scheinen im deutschen Rechtsbereich seltener aufzutreten, wenngleich freilich derartige Aussagen mangels empirischer Belege nur mit äußerster Zurückhaltung gemacht werden können. Zumindest läßt sich aus Sicht der Richterschaft konstatieren, daß dem Schweigerecht im Ermittlungsverfahren kein geringerer Stellenwert als in der Hauptverhandlung beigemessen wird. Allerdings ergibt sich aus der vielfach analysierten Rechtsprechung des Bundesgerichtshofs, daß auch die deutschen Gerichte sich zurückhaltend zeigen, (fahrlässiges) polizeiliches Fehlverhalten mit Beweisverwertungsverboten zu belegen. Doch darf nicht übersehen werden, daß die erwähnten Praktiken wie bewußte Irreführung oder Nichtzulassung anwaltlichen Beistands im deutschen Bereich wohl ohne Ausnahme zu einem Ausschluß der entsprechend erlangten Geständnisse führen würden (§ 136a I StPO, allerdings ohne Fernwirkung[1028]).

II. Akkusatorischer Parteiprozeß in England versus inquisitorischer Anklageprozeß in Deutschland

Bereits im Zusammenhang mit der Frage der Herleitung des Schweigerechts wurde auf den vielleicht wichtigsten Unterschied zwischen den Strafverfahrenssystemen in England und Deutschland hingewiesen: dem akkusatorischen Parteiprinzip in England steht das inquisitorische Akkusationsprinzip in Deutschland gegenüber. Die Darstellung zeigte, daß der Angeklagte hierbei ungeachtet der konkreten Ausgestaltung mit prozessualen Schutzmaßnahmen wie dem Schweigerecht zu versehen ist, da ihm in beiden Fällen ungeachtet der funktionellen Rollenverteilung der Staat als Verfolgungsinstanz entgegentritt.

Im Zusammenhang mit dem Schweigerecht ist dennoch auf einen wichtigen Unterschied hinzuweisen, der sich aus dieser grundlegenden Differenzierung der nationalen Verfahrensstrukturen ergibt. Im englischen Parteiverfahren gilt nämlich prinzipiell der Grundsatz der Wahrung der eigenen Interessen, der

---

[1027] Dazu Grevling (1997) 113 LQR, S. 670/671 und Zuckerman (1989) S. 322-339.

[1028] Zur Problematik der Fernwirkung im Zusammenhang mit Verstößen gegen § 136a StPO: Löwe/Rosenberg/Hanack[25] § 136a Rdnr 66/67, SK(StPO)-Rogall § 136a Rdnr 90-106.

das Prinzip der Wahrheitsfindung überlagert. Dies zeigt sich am deutlichsten an dem fundamentalen Verfahrensschritt des „guilty plea" bzw. „not guilty plea"[1029]. In seinem prinzipiellen Ansatz ist mithin das Parteiprinzip nur unter Bedingungen auf die Erforschung der Wahrheit ausgerichtet, da prozessuale Verfahrensschritte seitens des Angeklagten eine richterliche Wahrheitsermittlung (vermeintlich) erübrigen können.

Diese grundsätzliche Verfahrensstruktur hat aber auch Auswirkungen auf das Schweigerecht: indem das englische Parteisystem bis heute auf dem Prinzip der rationalen Wahrung der eigenen Interessen aufbaut, ist das Schweigen des Angeklagten in diesem Zusammenhang in besonders hohem Maße ein „privilegium odiosum". Es wurde gezeigt, daß eine nachteilige Wirkung des Schweigerechts in jedem Falle nicht zu vermeiden ist: der Angeklagte kann nicht seine Version der Tatgeschehnisse einbringen und sich in dieser Weise entlastend[1030]. Dies wirkt sich besonders nachteilig in einem antagonistischen System des Strafprozesses aus, in dem dann die Gegenseite ihren Vortrag ohne positive Gegendarstellung präsentiert.

Allerdings gilt aber auch diese Feststellung nur mit Einschränkungen: zum einen ist zu bedenken, daß im Kreuzverhör der Zeugen der Anklage stets ein mittelbarer Angriff auf die Darstellungen der Anklagebehörde vorgenommen werden kann. Zudem gilt im englischen Recht ebenso der Grundsatz der Unschuldsvermutung und des burden of proof: diese gewährleisten, daß (ungeachtet der Einwände der Verteidigung) die Anklage ihre Tatvorwürfe beweisrechtlich überzeugend untermauern muß. Schließlich ist auch auf den bereits konstatierten Umstand zu verweisen, daß sich beide Verfahrensordnungen in der Praxis angenähert haben[1031].

III. Geschworenenjury in England versus professioneller Richter in Deutschland

Ein wichtiger struktureller Unterschied, der bei der Frage nach der beweisrechtlichen Würdigung des Schweigens stets im Blick behalten werden muß, ist der bereits mehrfach hervorgehobene Umstand, daß in England ein wesentlicher Teil der Strafprozesses (schwerere Kriminalität, trial on indictment) durch eine Laienjury abgeurteilt wird. Dem professionellen Richter (trial judge) kommt in diesen Prozessen lediglich eine „Hüterrolle" hinsichtlich der sich ergebenden rechtlichen Fragen zu, zudem leitet er die Geschworenen an. Schließlich setzt er im Falle des Schuldspruchs das Strafmaß fest.

[1029] Zu „guilty" bzw. „not guilty plea" allgemein Sprack (2000) S. 234-251.

[1030] Supra S. 106.

[1031] Supra S. 317.

Bereits die Darstellungen zum englischen Teil zeigten, daß diese Ausgestaltung des englischen Strafrechtsystems ganz entscheidende Folgewirkungen hat: dies gilt insbesondere für den Fokus der richterlichen Kontrolle in höherer Instanz. Anders als in Deutschland besteht im englischen System für die Handhabung von Schlüssen aus dem Schweigen keine direkte Kontrollmöglichkeit, weil die Geschworenenjury keine Begründung für ihre Entscheidung erteilt. Zudem ergeben sich Bedenken, daß die problematische Frage der Würdigung der Schlüsse aus dem Schweigen in die Hände von Laien gelegt wird. Und selbst in den Magistrates´ Courts, in denen eine Trennung in Geschworenenjury und Richter nicht stattfindet, bestehen Besonderheiten, weil auch die magistrates regelmäßig (wenn auch oft durch Erfahrung geschulte) Laien sind[1032].

Im deutschen Recht ergibt sich die Problematik einer Beurteilung des Schweigens durch Laienpersonen nicht: es entscheiden Berufsrichter, und selbst dort, wo zusätzlich Laien als Schöffen mitwirken[1033], werden sie bei den Urteilsberatungen durch die beteiligten Berufsrichter ergänzt. Allerdings kann in dem Umstand, daß in England Laien über die Frage der Schlüsse aus dem Schweigen entscheiden, nicht notwendig ein Nachteil gesehen werden. Ein solcher Standpunkt würde nämlich von dem grundsätzlichen Prinzip ausgehen, daß Laien weniger befähigt als professionelle Richter seien, das Schweigen des Beschuldigten richtig einzuordnen[1034]. Ob dies der Fall ist, läßt sich durchaus in Frage stellen. Gerade die Unvoreingenommenheit und allgemeine Lebenserfahrung von Laien kann sich als Vorteil erweisen, um das Schweigen des Beschuldigten mit angemessener Vorsicht zu interpretieren. Allerdings läßt sich im spezifischen Kontext des englischen Rechts noch in anderer Weise begründen, daß eine Behandlung der Fragen zu den ss. 34-39 CRIMPO eher durch professionelle Richter erfolgen sollte. Wie bereits dargelegt, handelt es sich nämlich um sehr komplexe Vorschriften, in denen Fragen des Rechts in enger und untrennbarer Weise mit Fragen der tatsächlichen Beweiswürdigung verknüpft sind.

Im deutschen Recht besteht auch nicht die Problematik, daß die Beweiswürdigung, die ggf. zur Verurteilung des schweigenden Angeklagten führt, nicht begründet würde. In seinem Urteil ist der deutsche Richter bzw. das Richter-

---

[1032] Bereits supra S. 221.

[1033] Hierzu die §§ 28-58, 76 II 1 GVG: Schöffen fungieren am Schöffengericht des Amtsgerichts sowie in den Landgerichten als Berufungsgerichte und Gerichte erster Instanz.

[1034] Vielmehr läßt sich die These aufstellen, gerade die Richter seien geneigt, die aufgrund fragwürdiger Thesen das Schweigen als Indiz der Schuld ansähen. Laien können sich möglicherweise noch eher in die Lage eines Angeklagten hineinversetzen, der (objektiv unschuldig) auch aus anderen Gründen schweigen kann.

gremium stets gehalten, nachteilige Schlüsse aus dem Schweigen darzulegen. Allerdings ist auch dieser durch die formelle Prozeßstruktur begründete Unterschied mit einem caveat zu versehen: es ist nicht auszuschließen - im deutschen wie auch im englischen Recht - daß Schlüsse aus dem Schweigen „heimlich" oder sogar unbewußt gezogen werden und damit in der Urteilsbegründung nicht erscheinen[1035].

IV. Die Frage der richterlichen Kontrolle: Revisionsgericht versus Court of Appeal

Die Prozesstruktur des trial on indictment im englischen Recht führt dazu, daß Gegenstand der Kontrolle durch eine höhere richterliche Instanz (regelmäßig den Court of Appeal) die richterliche Belehrung der Geschworenenjury durch den Richter ist[1036]. Demgegenüber ist Gegenstand der Prüfung im deutschen Recht die unmittelbare Begründung des Urteils durch den Richter der ersten Instanz. Bereits aufgrund dieser strukturellen Unterschiede erscheint prima facie im englischen Rechtsbereich eine Nachprüfung der Handhabung der Schlüsse aus dem Schweigen aus Sicht des Beschuldigten schwieriger[1037].

Andererseits ist allerdings Folgendes zu bedenken: die sehr mittelbare Kontrolle der Anwendung der ss. 34-39 CRIMPO aufgrund der Nachprüfung der richterlichen Belehrung geht Hand in Hand mit einer besonderen Formalisierung dieses Vorgangs. Dies führt dazu, daß selbst kleine Unrichtigkeiten in der Darstellung der Rechtslage durch den Richter bei seiner Anleitung der Geschworenen zur Aufhebung des Urteils führen können. Ob diese formal strenge Handhabung allerdings die Rechtsposition des Angeklagten nachhaltig verbessert, erscheint fraglich. Denn gerade wegen dieser formalisierten Bedeutung sind sog. model directions (Standardbelehrungen) in der Rechtsprechungspraxis entwickelt worden, an denen sich die Richter bei ihrer Belehrung gewöhnlich orientieren[1038]. Tun sie dies, werden sie regelmäßig dem

---

[1035] Zu dieser Gefahr „heimlicher" und unkontrollierter Würdigung im deutschen Bereich etwa: Leiwesmeyer (1994) S. 160-164. Im englischen Bereich hierzu: Coldrey (1991) 20 Anglo-AmLR, S. 58 und Mirfield (1997) S. 256.

[1036] Zu der besondere Bedeutung der richterlichen Direktiven im englischen Prozeß bereits supra S. 196.

[1037] Diese Bedenken werden im spezifischen Kontext des englischen Appellationsrechts freilich noch durch einen weitere Umstand vermehrt. Aufgrund der sog. Wednesbury-Prinzipien, die auch bei der Frage der Handhabung des Schweigens zur Anwendung kommen, räumt der Court of Appeal dem Gericht erster Instanz ein sehr weitgehendes Ermessen bei der Anwendung der ss. 34-39 CRIMPO ein (dazu bereits supra S. 293).

[1038] Als Beispiel seien die zu s. 35 CRIMPO (Schweigen während dem Prozeß) genannten Leitlinien der Rechtsprechung genannte, die von Lord Taylor CJ im Falle Cowan, Gayle und Ricciardi aufgestellt wurden, dazu supra S. 279.

Vorwurf einer formell inkorrekten Belehrung entgehen. Ob allerdings eine solche technische, rechtlich komplexe Belehrung (je nach Art und Betonung des Vortrags) von den Geschworenen wirklich verstanden wird, ist demgegenüber oft zweifelhaft, läßt sich aber nur selten rügen.

Im Gegensatz dazu kann im deutschen Recht das Urteil und die diesem unterliegende Begründung für Schlüsse aus dem Schweigen unmittelbar angegriffen werden. Aber auch hierbei sind die rechtlichen und praktischen Grenzen zu beachten, die auch im deutschen Recht einer umfassenden Kontrolle im Wege stehen. Zum einen werden von der Revision bereits jene „heimlichen“ Formen der Beweiswürdigung nicht erfaßt, die sich aus den Formulierungen des Urteils selbst gar nicht ergeben[1039]. Desweiteren ist die Beweiswürdigung in Deutschland im Prinzip die Domäne des Tatrichters. Obgleich der Bundesgerichtshof in den letzten Jahren gewisse Maßgaben für die Möglichkeit der Schlüsse aus dem Schweigen statuiert hat, sind diese doch bis heute überwiegend formellen Charakters. Aufgrund seiner Aufgabenstellung als Revisionsgericht wird der Bundesgerichtshof vermutlich auch künftig eher Zurückhaltung zeigen, in die Beweiswürdigung der Tatgerichte einzugreifen. Schließlich ist auch zu bedenken, daß selbst bei Annahme der Zulässigkeit der Sachrüge die Revision gewissen einschränkenden Beweisanforderungen unterliegt, da für die Frage, ob und ggf. wie sich der Angeklagte eingelassen hat, auf das Protokoll bzw. das Urteil der Vorinstanz zurückzugreifen ist[1040].

V. Zusammenfassung der Ergebnisse

Für die vergleichende Behandlung der Würdigung des Beschuldigtenschweigens ist die Miteinbeziehung des jeweiligen prozessualen Kontexts im englischen und deutschen Rechtsbereich unabdingbar.

Im Zusammenhang mit der Zweiteilung des Strafverfahrens in Ermittlungs- und Gerichtsverfahren ist festzustellen, daß im englischen Bereich das Stadium des polizeilichen Verhörs besondere Beachtung gefunden hat. Dies ist auf die zahlreichen Justizirrtümer und –skandale der letzten Jahre zurückzuführen, die den möglichen Mißbrauch staatlicher Macht aufzeigten. Im deutschen Bereich hingegen spielte dieser Aspekt in der Diskussion kaum eine Rolle. Dies liegt (vermutlich) darin begründet, daß für den deutschen Rechtsbereich entsprechende nachteilige Erfahrungen in der jüngeren Zeit nicht vorliegen bzw. bisher nicht zutage getreten sind.

[1039] Auf die Gefahren solcher „unkontrollierter“ Formen der Beweiswürdigung durch die Laienjury weist etwa Mirfield (1997) S. 256 hin. Dazu auch schon die Fn. soeben.

[1040] Dazu bereits supra S. 148 in Fn. 415.

Das akkusatorische Parteiprinzip und die akkusatorische Inquisitionsmaxime können nach richtiger Auffassung nicht zur Begründung des Schweigerechts herangezogen werden, da dieses auf Gründen beruht, die von der funktionellen Aufgabenverteilung innerhalb der staatlichen Strafverfolgung unabhängig sind. Doch ist die unterschiedliche Strukturierung des Prozeßablaufs insofern von Bedeutung, da im englischen Prozeß sich mehr noch als im deutschen das Schweigen als per se nachteilig erweist. Mangels inquisitorisch tätigen Strafverfolgungsorganen rückt regelmäßig die Darstellung der Anklage in den Vordergrund, ohne daß der schweigende Angeklagte dieser eine eigene Darstellung des Sachverhalts entgegensetzt.

Aus dem Umstand, daß im englischen Bereich eine Laienjury aus Geschworenen über die Frage der Schuld entscheidet (trial on indictment) ergibt sich, daß der Fokus der richterlichen Kontrolle in höherer Instanz verschoben wird, da die Entscheidung der Jury selbst nicht begründet wird und daher als solche nicht kontrolliert werden kann. Im deutschen Bereich ist hingegen der Richter bzw. die entscheidende Kammer (Senat) stets gehalten, ihre Beweiswürdigung des passiven Verhaltens des Beschuldigten bzw. Angeklagten zu begründen. Diese schriftlich ausformulierte Würdigung des passiven Verhaltens ist sodann auch unmittelbarer Gegenstand der richterlichen Kontrolle in höherer Instanz.

Allerdings kann aus der Struktur des englischen Prozesses nicht notwendig entnommen werden, der Anklagte stünde dort schlechter. Die formalisierte Belehrung und deren strenge Kontrolle ermöglichen ebenfalls die Nachprüfung des gerichtlichen Entscheidungsvorgangs. Zudem ist der Schluß, Laien würden das passive Verhalten des einzelnen weniger sachgemäß würdigen als der professionelle Richter, nicht zwingend. Allerdings ist im besonderen Zusammenhang der ss. 34-39 CRIMPO zu beachten, daß die Vorschriften rechtlich sehr komplex ausgestaltet sind und die Laien daher insoweit rechtlichen Fehlbeurteilungen unterliegen können.

§ 16 Die Behandlung des Schweigerechts bei der Beweiswürdigung im Vergleich

Bevor auf die einfachgesetzliche Behandlung der Schlüsse aus dem Schweigen einzugehen ist, erscheint es angezeigt, die Grundlinien der Debatte in beiden Ländern nebeneinander zu stellen. Der Vergleich dieser Grundpositionen zu der Frage des Beweiswerts des Schweigens führt nämlich unmittelbar zur rechtlichen Ausgestaltung in beiden Ländern. Als sinnvoller Anknüpfungspunkt ergibt sich hierbei die bereits mehrfach angesprochene Differenzierung zwischen rein empirisch begründeten Kritikpunkten gegen eine Würdigung des Schweigens einerseits, und der normativ fundierten Kritik andererseits.

I. Die Begründung für (begrenzte) Schlüsse aus dem Schweigen im Vergleich

Die bisherige Analyse hat gezeigt, daß die Reformen im englischen Bereich in weiten Teilen durch die Politik vorangetrieben worden sind[1041]. Hierbei wurden von den konservativen englischen Reformkräften gewisse Grundthesen vorgetragen, die gegen eine umfassende Beibehaltung des Schweigerechts sprachen. Im Folgenden sollen diese Thesen noch einmal aufgenommen und untersucht werden, inwieweit sich in der deutschen Debatte parallele Argumentationsstrukturen finden.

1. Das Argument, Schweigen sei der Schuld gleichzusetzen

Die grundlegendste Überlegung der Vertreter einer Beschränkung des Schweigerechts, die sich insbesondere im CLRC-Report findet und auch später (in etwas vorsichtigeren Formulierungen) von der Politik aufgenommen wurde, ist die Behauptung, Schweigen sei mit Schuld gleichzusetzen.

Ein solcher unmittelbarer Rückschluß ist in der Diskussion in Deutschland nur von ganz wenigen Stimmen vorgetragen worden[1042] und wurde gemeinhin (zumindest in seiner pauschalisierenden Form) sehr deutlich abgelehnt[1043]. Selbst die Befürworter der Würdigung aller Formen des Schweigens haben regelmäßig betont, daß das passive Verhalten des Beschuldigten nur mit Vorsicht und als bloßes Indiz bei der Beweiswürdigung herangezogen

---

[1041] Supra S. 212ff.

[1042] Aus der älteren Literatur: Engelhardt ZStW 58 (1939), 335 (343), Liepmann ZStW 44 (1924), 647 (669), Wimmer NJW 1946/47, 126 (128). Aus der neueren Literatur: Fischer (1979) passim und Stümpfler DAR 1971, 1 (6).

[1043] Eser spricht etwa in seiner Abhandlung ZStW 86 (1974-Beiheft), 136 (159/169) von dem „vulgären Vorurteil", daß der schweigende Abgeklagte etwas zu verbergen habe.

werden könne[1044]. Die Vielschichtigkeit der möglichen Motive für dieses Aussageverhalten - so wurde selbst von den Befürwortern hervorgehoben - lasse keine pauschalisierende Gleichsetzung von Schweigen und Schuld zu.

Mithin zeigt sich, daß bereits in dieser für die Beschränkung des Schweigerechts zentralen Frage deutliche Unterschiede in der Debatte beider Länder bestehen. Denn, wie sich im Zusammenhang mit der Frage des aussagepsychologischen Kommunikationszusammenhangs und des Prinzips des steuer- und interpretierbaren Echos ergeben hat, hängt die Annahme eines überzeugenden Aussagewertes des Schweigens maßgeblich von der These ab, daß Beschuldigte in der ganz überwiegenden Mehrheit aufgrund bestimmter „vernunftgeleiteter" Maßstäbe handelten, so daß ihr Schweigen eine konsequente Reaktion innerhalb einer bestimmten Kommunikationssituation darstelle.

In diesem Zusammenhang ergibt sich mit Blick auf die „Normaldeutigkeit" des Schweigens aber eine wichtige Parallele: im deutschen Bereich wurde bereits auf den Unterschied zwischen „Motivausschlußkonzept" und „Normaldeutigkeitskonzept" hingewiesen[1045]. Das Normaldeutigkeitskonzept rechtfertigt schon überhaupt die Tatsache der Verurteilung mit dem regelmäßigen Erklärungswert des Schweigens, während das Motivausschlußkonzept den Regelerklärungswert (nur) als Voraussetzung dafür ansieht, das Schweigen überhaupt als negatives Indiz würdigen zu dürfen. Gemäß dieser zurückhaltenderen Konzeption kommt es weitergehend entscheidend darauf an, daß sämtliche sonstigen Gründe für das Schweigen ausgeschlossen werden können. Für die englische Debatte hat sich im Zusammenhang mit der früher geltenden richterlichen Belehrung genau dieselbe Unterscheidung ergeben: insbesondere bei s. 34 CRIMPO schien sich die Rechtsprechung aufgrund des Merkmals „reasonably expected to mention" eindeutig im Bereich der Normaldeutigkeitsthese zu bewegen[1046]. Wie gezeigt ist der EGMR in seinem Urteil Condron und Condron einer solchen Sichtweise deutlich entgegengetreten[1047].

Ungeachtet dieser beiden Konzeptionen bleibt es jedoch dabei, daß der vermeintliche common-sense-Gedanke, daß der Unschuldige sich regelmäßig verteidige, im englischen Bereich viel stärker verankert ist. Unterscheiden sich die beiden Rechtsordnungen mithin schon in dieser Grundannahme, verwundert es nicht, daß im englischen Rechtsbereich weit einschneidendere

---

[1044] Supra S. 70.

[1045] Supra S. 69.

[1046] Ausführlich supra S. 245.

[1047] Supra S. 305.

rechtliche Möglichkeiten für die beweisrechtliche Würdigung des Schweigens zugelassen wurden. Denn nur auf dem Boden einer solchen Auffassung, die Schweigen als regelmäßigen Ausdruck der Schuld (eines „Nichterklärenkönnens") ansieht, sind so weitreichende Gesetzesregelungen zu rechtfertigen.

2. Das Argument des Mißbrauchs durch Terroristen, Kriminelle und der Topos der Hinterhalt-Verteidigung

Auch das zweite wesentliche Argument in der englischen Diskussion für eine Beschränkung des Schweigerechts hat nur im englischen Recht maßgebliche Befürworter gefunden: der (angebliche) Mißbrauch des Rechts durch bestimmte Personengruppen und die (angebliche) Pervertierung des Rechts aufgrund prozeßtaktischen Einsatzes (Hinterhalt-Verteidigung)[1048].

Hier zeigt sich in besonderem Maße der unterschiedliche rechtspolitische Status, der der Debatte um die Beschränkung des Schweigerechts in beiden Ländern zukommt. Vor dem Hintergrund der Terroristenprozesse in England und Nordirland wurde die Frage nach der beweisrechtlichen Würdigung des Schweigens auf die Ebene höchster politischer Bedeutung und Priorität gehoben. Hiermit ging notwendigerweise eine starke Simplifizierung der zugrundeliegenden Fragestellungen zum Schweigerecht und seiner beweisrechtlichen Relevanz einher. Um das Recht in den Augen der Öffentlichkeit als fragwürdige prozessuale Garantie zu präsentieren, war es notwendig, eine differenzierte Argumentation, die auch Schutz- und Fairneßaspekte gegenüber dem Beschuldigten berücksichtigt, zugunsten einer unsachlichen, empirisch nicht fundierten Kritik in den Hintergrund zu schieben. Wesentlicher Ausdruck dieser Polemisierung gegen das Schweigerecht war der Hinweis auf den angeblichen Mißbrauch, der mit diesem Recht insbesondere durch abgehärtete Kriminelle und Terroristen betrieben würde.

Letztendlich zeigt der gesellschaftliche Hintergrund der Terroristenprozesse, daß die Sichtweise auf prozessuale Schutzmaßnahmen wie dem Schweigerecht in hohem Maße von den allgemeinen gesellschaftlichen Gegebenheiten geprägt wird, die das Strafverfahren in der jeweiligen Rechtsordnung begleiten. Ein (vermeintlich) hohes Maß an Kriminalität führt zu einer kritischen Betrachtung der Rechte des einzelnen Beschuldigten, da besonderer Wert auf die generalpräventive Wirkung effektiver Verurteilungen gelegt wird. Nutzen dann noch konservative Kräfte diese Ängste und Vorbehalte gegenüber „Kriminellen" für ihre Zwecke aus, entsteht in der Gesellschaft ein ausgesprochen verzerrtes Bild der Machtbalance zwischen Angeklagtem

---

[1048] Supra S. 207 im Zusammenhang mit der Darstellung der Auffassung des CLRC.

und Staat, von der Bedeutung strafprozessualer Schutzmaßnahmen einerseits und materieller Strafgerechtigkeit andererseits[1049].

Es erscheint bemerkenswert, daß diese heuristischen Argumente im englischen Rechtsbereich noch heute so starken Anklang finden, obgleich doch gerade hier gezielt empirische Studien zur Ausübung des Schweigerechts durchgeführt wurden, die zur gänzlichen Widerlegung der Mißbrauchsthesen geführt haben. Dies gilt (wie bereits gezeigt wurde[1050]) besonders für die Behauptung, das Schweigerecht untergrabe die Verurteilung des Angeklagten und werde für Hinterhalt-Verteidigungsstrategien verwendet. Dies belegt, wie stark solche Vorurteile, die aus angeblichen common-sense-Gedanken abgeleitet werden, in der Überzeugung der Menschen haften.

3. Die Aussage als Einheit und das freiwillige Unterwerfen des Angeklagten unter die Beweiswürdigung

Hingegen spielen die im spezifisch deutschen Kontext vorgebrachten Argumente für die Rechtfertigung der Würdigung des inhaltlich-teilweisen Schweigens im englischen Recht keine Rolle. Denn sie sind gerade auf den besonderen rechtlichen Zusammenhang in Deutschland zugeschnitten, nämlich die unterschiedliche Behandlung des inhaltlichen Teilschweigens und der sonstigen Erscheinungsformen des Schweigens.

4. Zwischenergebnis

Die Begründungsansätze für (!) die beweisrechtliche Würdigung des Schweigens in beiden Ländern sind ausgesprochen unterschiedlich. In England resultieren diese insbesondere aus der politischen Bekämpfung dieses Rechts, wobei der gesellschaftliche Hintergrund der Terroristenprozesses in England und Nordirland zu beachten ist. Entsprechende Verallgemeinerungen sind in der deutschen Debatte, die ganz überwiegend auf den Bereich der Gerichte und Rechtsgelehrten beschränkt ist, nicht festzustellen.

In Deutschland sind die Argumente für (begrenzte) Schlüsse aus dem Schweigen ihrem Wesen nach rechtstechnisch, und sie sind spezifischer an den Besonderheiten der Differenzierung zwischen den einzelnen Schweigeformen ausgerichtet. Daher finden sich an dieser Stelle nur wenige Bezugspunkte zu der englischen Debatte.

[1049] Zu dem englischen Argument der verzerrten Machtbalance zugunsten des Beschuldigten im polizeilichen Verhör supra S. 212.

[1050] Supra S. 228.

II. Die Kritik der Lehre an Schlüssen aus dem Schweigen im Vergleich

1. Die empirisch fundierte Kritik: die verschiedenen Motive für das Schweigen

Bereits ein oberflächlicher Blick auf die empirisch fundierte Argumentation gegen Schlüsse aus dem Schweigen zeigt, daß hier wie kaum an einer anderen Stelle direkte Parallelen zwischen den Diskussionen beider Rechtsordnungen zu konstatieren sind. Ihrem Wesen nach nimmt nämlich die empirisch fundierte Kritik direkten Bezug auf den Lebenssachverhalt der polizeilichen bzw. richterlichen Befragung sowie auf die menschliche Natur desjenigen, der sich zum Schweigen entschließt. In beiden Rechtsordnungen wurde dementsprechend auf den Umstand verwiesen, daß es ganz verschiedene Gründe für die Ausübung des Schweigerechts gibt[1051]. In den Begriffen gefaßt, die in der vorliegenden Arbeit zugrundegelegt wurden, ist jeweils darauf hinwiesen worden, daß aufgrund nicht erkennbarer, innerer Faktoren das Schweigen nicht als hinreichend sicher zu interpretierendes „Echo" innerhalb eines bestimmten aussagepsychologischen Kommunikationszusammenhangs angesehen werden könne.

Dennoch zeigen sich in den einzelnen Argumentationsstrukturen deutliche Unterschiede. Es ist nämlich nicht zu verkennen, daß dieses Argument in der englischen Debatte deutlich stärker betont wird als in Deutschland. Dies liegt vor allem daran, daß die Hauptthese der englischen Reformkräfte, ausgehend von Jeremy Bentham und dem CLRC-Report, schon immer war, Schweigen könne allgemein als Indiz der Schuld angesehen werden. Dann lag ein wesentlicher Schwerpunkt der Kritik auf der empirischen Widerlegung dieser angeblichen „common-sense"-Behauptung, indem auf weitere mögliche Gründe (innocent reasons) für das Schweigen des objektiv Unschuldigen verwiesen wurde.

Bei der Debatte um die Frage nach den Motiven für das Schweigen ist aber auch auf einen rechtlichen Unterschied hinzuweisen. Wie gesehen ist es im deutschen Recht nach einhelliger, auch von der Praxis geteilten, Auffassung unzulässig, nach den Motiven für das Schweigen zu forschen[1052]. Ein solcher Rechtssatz findet sich im englischen Recht nicht. Doch ist im Zusammenhang mit diesem Unterschied die unterschiedliche prozessuale Struktur in England zu bedenken: da im englischen Rechtsbereich das akkusatorische Parteiprinzip den Prozeß dominiert, ist der englische Richter nicht mit inquirierenden Aufgaben betraut. Aber auch die Anklage begnügt sich regelmäßig damit, auf das Schweigen des Angeklagten (bzw. Beschuldigten) zu verwei-

---

[1051] Siehe für das deutsche Rechte supra S. 77 und für das englische Recht supra S. 272.

[1052] Supra S. 80.

sen. Da nämlich der akkusatorische Parteiprozeß am Prinzip der Wahrung der eigenen Interessen ausgerichtet ist, liegt es hier aus prozesstrukturellen Gründen ferner als in Deutschland, über den Erkenntnishorizont im gegenwärtigen Prozeß hinaus nach den Motiven für das Schweigen zu forschen.

Wichtig ist auch die Frage, welche weiteren Folgerungen aus dieser rein empirisch fundierten Kritik im englischen Bereich gezogen worden sind. Denn bei der näheren Analyse der „right-to-silence-debate" gewinnt man den Eindruck, daß die meisten Autoren bereits in dem Umstand, daß es verschiedene Gründe für das Schweigen gibt, ein wesentliches Argument gegen das Verbot des Würdigung des Schweigens ansehen. Bereits im Zusammenhang mit der deutschen Rechtslage wurde aber betont, daß rein empirisch fundierte Argumente gegen die Würdigung des Schweigens letztendlich auf halbem Wege stehen bleiben. Mag auch die Vielfältigkeit des Schweigens nur schwerlich eine Aussage über den Bedeutungsgehalt im Einzelfall erlauben, ist damit noch nicht die Frage beantwortet, warum der Richter von der Würdigung generell ausgeschlossen sein soll. Dies gilt im deutschen Rechtsbereich bei § 261 StPO (Gebot der freien richterlichen Beweiswürdigung), aber ebenso im englischen Prozeß, der gleichfalls von dem (ungeschriebenen) Gebot der Wahrheitsfindung durch die „factfinders" (Geschworenenjury im trial on indictment) ausgeht.

2. Insbesondere das Problem der Würdigung des Schweigens aufgrund anwaltlicher Beratung

Bereits im Zusammenhang mit dem deutschen Recht wurde darauf verwiesen, daß das Problem des Schweigens aufgrund anwaltlicher Beratung bisher in der deutschen Debatte merkwürdigerweise kaum eine Rolle gespielt hat. Dies ist wohl zum Teil dadurch bedingt, daß Fälle des inhaltlichen Teilschweigens zumeist solche sind, in denen der Beschuldigte aussagt, dann jedoch aus eigenem Antrieb in der Situation des Verhörs an einem Punkt abbricht. Dennoch lassen sich natürlich auch Konstellationen denken, in denen das punktuelle Schweigen aufgrund des anwaltlichen Rates erfolgt. Es erscheint aber ausgesprochen fraglich, ob in diesem Fall von der deutschen Praxis eine nachteilige Würdigung zugelassen würde, da hier aufgrund des konkreten Gesprächszusammenhangs die „externe" Motivation des Schweigens offensichtlich ist.

Hingegen ergibt sich die Problematik des Rechtsberatungsverhältnisses in Deutschland in einem ganz anderen Zusammenhang: nämlich der Nichtentbindung des Anwalts von seiner Schweigepflicht[1053]. Strukturell ist dies ge-

---

[1053] Hierzu bereits supra S. 126 im Zusammenhang mit dem Ausgangsfall des Bundesgerichtshofs in BGHSt 20, 298.

wissermaßen ein Fall unter umgekehrten Vorzeichen, da hier der schweigende Anwalt als Quelle der Information ausgeschlossen wird. In diesem Zusammenhang erscheint die Frage einer möglichen Beurteilung prima facie eher berechtigt: denn es sind oftmals die (nicht zu ermittelnden) individuellen Gründe des Angeklagten, die ihn zu einer Nichtentbindung des Schweigeverpflichteten motivieren. Doch können sich auch hier ähnliche normative Bedenken wie im englischen Recht wegen des Rechtsberatungsgeheimnisses auftun. Aber selbst zur rein empirischen Frage der Motivdeutung ergeben sich parallele Probleme: es ist zu bedenken, daß (ungeachtet eines Verstoßes gegen § 203 StGB) der Anwalt sich auch gegen den Willen des Angeklagten zur Aussage entschließen kann[1054]. Dann könnte das Gericht auch in diesem Fall eine eigenständige Aussageentscheidung des schweigenden Berufsträgers annehmen.

3. Die normativ fundierte Kritik an Schlüssen aus dem Schweigen im Vergleich

a) Das Schweigerecht als immanente normative Sperre

Bei der Behandlung des deutschen Rechts wurde die Frage angesprochen, ob sich aus dem Schweigerecht selbst ein immanentes Verbot ergibt, nachteilige Schlüsse aus der Ausübung des Rechts zu ziehen. Dies wurde mit Hinweis auf historische und gesetzessystematische Gründe verneint[1055]. Dabei wurde freilich konstatiert, daß die Frage in dieser dogmatisch präzisen Form kaum einmal gestellt wurde. Zwar ist in der deutschen Diskussion häufig von einer „unzulässigen Begrenzung" u.ä. des Schweigerechts gesprochen worden, jedoch wurde nur von ganz wenigen Autoren das präzise Verhältnis zwischen Schweigerecht und der beweisrechtlichen Behandlung des Schweigens erörtert.

Im englischen Recht stellt sich dies für das right to silence in ganz ähnlicher Weise dar. Wie gesehen, haben vor und nach der Einführung der ss. 34-39 CRIMPO viele Gegner der Reform von einer „Abschaffung" (abolition) oder „Beschneidung" (curtailment) des right to silence gesprochen[1056]. Es hat sich gezeigt, daß dies im Wesentlichen auf die Problematik der begrifflichen Bestimmung des right to silence als Garantie der Aussagefreiheit bzw. der Garantie der Unzulässigkeit nachteiliger Folgen seiner Ausübung

---

[1054] Gemäß § 244 II StPO muß das Gericht den Berufsgeheimnisträger sogar ausdrücklich befragen ob er von seinem Zeugnisverweigerungsrecht Gebrauch macht, BGHSt 21, 12 (14) und SK(StPO)-Schlüchter § 261 Rdnr 38 a.E.

[1055] Supra S. 82.

[1056] Supra S. 275.

zurückzuführen ist[1057]. Zwar ist die Debatte im englischen Bereich (abgesehen von den Ausführungen von Dennis[1058]) nie zun dem Punkt vorgedrungen, ob aus der Aussagefreiheit als Primärgarantie auch das Recht resultiere, das Schweigen dürfe nicht zum Nachteil des Angeklagten gewürdigt werden. Doch erklärt sich dies damit, daß im historischen Kontext der oben beschriebenen gegenläufigen Bewegung in Deutschland und England das right to silence als Verbot nachteiliger Kommentierung im alten common law eine ganz eigenständige Bedeutung hatte. Diese Bedeutung resultiert vor allem aus der Natur des Geschworenenprozesses: die negative Kommentierung des offensichtlich schweigenden Angeklagten (so die These des common law) vermag bei den Geschworenen leicht Vorurteile gegenüber dem Angeklagten zu bewirken. Da aber in der Nachwirkung dieser Rechtslage noch heute dem right to silence als Verbot der Würdigung des Schweigens eine eigenständige Bedeutung beigemessen wird, stellt sich nicht die Frage nach einer dogmatischen Ableitung aus dem privilege against self-incrimination als Garantie der Aussagefreiheit.

Es bleibt daher festzuhalten, daß in beiden Rechtsordnungen die Frage, ob das Schweigerecht selbst eine immanente Sperre für Schlüsse aus dem Schweigen beinhaltet, und welche Gründe dafür und dagegen sprechen, kaum je gestellt wurde. Im Lichte der Entwicklung des common law erscheint dies verständlich, für den deutschen Bereich hingegen bemerkenswert: bei unbefangener Betrachtung müßte die vorrangige Frage sein, wie sich die ratio dieses Rechts selbst zu einer nachteiligen Würdigung seiner Ausübung verhält.

b) Das Argument des unzulässigen psychologischen Drucks

Deutliche Strukturparallelen im englischen und deutschen Recht ergeben sich auch bezüglich der Frage, ob die Tatsache, daß aufgrund der drohenden Schlüsse aus dem Schweigen ein unzulässiger Druck auf den Beschuldigten ausgeübt werde, Schlüsse aus dem Schweigen verbiete.

Im englischen wie im deutsche Rechtsbereich ist auf den Umstand verwiesen worden, daß der Beschuldigte bzw. Angeklagte sich in einem Dilemma befände, wenn ihm Schlüsse aus seinem passiven Aussageverhalten drohten[1059]. Dennoch lassen sich auch an dieser Stelle unterschiedliche Betonungen in der Argumentation identifizieren. Vor dem Hintergrund der zahlreichen polizeilichen Mißbräuche und der daraus resultierenden Justizirrtümer vergangener Jahre wurde im englischen Bereich der psychologische Druck im polizeili-

---

1057 Zu der begrifflichen Unklarheit im englischen Rechtsbereich supra S. 169.

1058 Zu den dogmatischen Überlegungen von Dennis supra S. 170.

1059 Für den deutschen Bereich supra S. 89. Für den englischen Bereich siehe supra S. 179.

chen Verhör besonders hervorgehoben. Wie gezeigt erklärte sich der Mißstand zum Teil durch den Umstand, daß erst im Jahre 1984 mit dem PACE ein nachhaltiger Schutz des Beschuldigten durch prozessuale Instrumente wie Tonbandaufnahmen, Rechtsberatung u.s.w. verwirklicht wurde[1060]. Diese konkreten Erfahrungen mit dem Mißbrauch staatlicher Gewalt mögen dazu geführt haben, daß das Argument des psychologischen Drucks in der englischen Debatte in einem sehr empirisch orientierten Sinne gefaßt wurde: es wurde auf die Gefahr der unbedachten eigenen Belastung des objektiv Unschuldigen hingewiesen, insbesondere im Zusammenhang mit „labilen" Beschuldigtengruppen wie Drogenabhängigen, Personen mit psychischen Störungen u.s.w.

Für den deutschen Bereich sind hingegen wesentliche Unterschiede in den Schwerpunkten der Debatte zu konstatieren. Der polizeilichen Verhörsituation wird gegenüber dem Prozeß in der Argumentation kein besonderes Gewicht beigemessen. Insbesondere ein Zusammenhang zwischen psychologischer Drucksituation und ggf. daraus resultierender objektiv unrichtiger Geständnisse wird in der deutschen Diskussion praktisch nirgends hergestellt[1061]. Hingegen wird der normative Umstand betont, daß die Freiheit der Wahl, auszusagen oder zu schweigen, in unzulässiger Weise eingeschränkt werde[1062]. Diese andere Schwerpunktsetzung im Zusammenhang mit der Frage des psychologischen Drucks ist vermutlich darin begründet, daß es im deutschen Rechtsbereich in den letzten Jahrzehnten zu keinen nachhaltigen Erfahrungen mit Mißbrauch polizeilicher Gewalt gekommen ist. Das nationalsozialistische Extrem der Pervertierung staatlicher Macht bediente sich ganz anderer Formen der Willensbeeinflussung und kann für diese Frage kaum vergleichend herangezogen werden. Auch mag die Überlegung beigetragen haben, daß das Argument möglicher praktischer Folgen eines etwaigen psychologischen Zwangs, wie alle empirisch gewendeten Argumente, als solches keine normative Kraft entfaltet.

Zudem ist zu beachten, daß (wie zum englischen Recht dargelegt[1063]) eine solche, auf empirische Kausalzusammenhänge gestützte Interpretation bereits das Schweigerecht in seiner Bedeutung und seinem Wert relativiert: dann verlagert sich die Debatte nämlich zum einen auf die Frage, ob in einem rein empirischen Sinne von einer solchen psychologischen Drucksituation mit der kausalen Folge unrichtiger Verurteilungen überhaupt gesprochen werden

[1060] Supra S. 212.

[1061] Supra S. 89.

[1062] Supra S. 90.

[1063] Supra S. 174 im Zusammenhang mit der Frage der ratio des privilege against self-incrimination als Schutzinstrument zugunsten des Unschuldigen.

kann. Bereits dies erscheint problematisch, zumal im strafprozessualen Bereich aufgrund des menschlich begrenzten Erkenntnishorizonts die Anzahl objektiv unrichtiger Verurteilungen statistisch kaum erfaßbar ist. Darüber hinaus relativiert ein solcher Ansatz das Schweigerecht, da die Debatte sich dann auf die Frage konzentriert, ob das Recht tatsächlich seine funktionale Wirkung erfüllt bzw. ob nicht andere Rechte den geforderten Schutz des Beschuldigten effektiver gewähren[1064].

Vor allem jedoch ist darauf zu verweisen, daß im deutschen Recht klare normative Maßstäbe im Zusammenhang mit der Frage nach der Unzulässigkeit des psychologischen Drucks vorhanden sind. Da das deutsche Rechtssystem sich in verfassungsrechtlicher Hinsicht und gerade auch im strafprozessualen Bereich durch eine Vielzahl von geschriebenen Normen auszeichnet, liegt es nahe, auf entsprechende normative Maßstäbe zu rekurrieren. Nicht nur verfassungsrechtliche Normen wie Art. 2 I GG, sondern auch Vorschriften wie § 136a I 2 StPO können angeführt werden, da das deutsche Recht zur Würdigung des Schweigens auf richterrechtlicher Grundlage konzipiert wurde[1065]. Im englischen Bereich besteht ein solches umfassendes Normgefüge hingegen nicht. Eine geschriebene Verfassung ist nicht vorhanden, und es ist nur ganz selten einmal auf die § 136a StPO entsprechenden einfachgesetzlichen Institute verwiesen worden[1066]. Da im englischen Bereich die ss. 34-39 CRIMPO die Frage der Würdigung des Schweigens auf einfachgesetzlicher Grundlage behandeln, erscheint es aus normhierarchischen Gründen auch wesentlich weniger überzeugend, auf gleichgeordnete Vorschriften zu verweisen. Maßgeblicher Gesichtspunkt ist dann insoweit nur noch die mögliche Widersprüchlichkeit der Rechtsordnung sowie der symbolisch gehobene Stellenwert einzelner Schutzvorschriften wie s. 76 PACE. Es liegt daher in der Struktur des Rechts allgemein begründet, daß sich die englische Debatte mangels fester normativer Kriterien vornehmlich auf die Fragen der empirischen Wirkung der Drucksituation bezieht.

c) Die Unschuldsvermutung (presumption of innocence) bzw. materielle Beweisführungslast (burden of proof)

Das Merkmal der Unschuldsvermutung (presumption of innocence) bzw. das eng hiermit zusammenhängende Merkmal der materiellen Beweisführungslast (burden of proof) wird in England wie in Deutschland in zwei Zusam-

---

[1064] Bereits supra S. 174.

[1065] Zu § 136a I 2 StPO als normativer Maßstab supra S. 90.

[1066] Insbesondere Galligan (1988) 42 CLP, S. 80-82 mit Hinweis auf s. 76 PACE. Auch Coldrey (1991) 20 Anglo-AmLR, S. 56/57, der auf die volutariness-rule verweist, die zu der Zeit noch im australischen Recht galt. In England ist diese common-law-Regel bereits 1984 durch s. 76 PACE ersetzt worden.

menhängen mit dem Schweigerecht erwähnt. In beiden Rechtsordnungen wird insbesondere erwogen, die ratio des Schweigerechts als Aussagefreiheit aus der Unschuldsvermutung abzuleiten[1067]. Vor allem wird jedoch bei der Frage der Würdigung des Schweigens in beiden Ländern auf den Grundsatz der Unschuldsvermutung bzw. das Gebot der materiellen Beweisführungslast (burden of proof) verwiesen[1068].

Der Schwerpunkt der Betonung ist hierbei unterschiedlich, wobei die Argumentation durch die jeweilige prozessuale Struktur geprägt ist, die entsprechend auch den Grundsatz der Unschuldsvermutung in unterschiedlichem Licht erscheinen läßt[1069]. Im englischen Rechtsbereich ist insbesondere das Prinzip des „burden of proof" eines der ganz wesentlichen Argumente gegen nachteilige Schlüsse aus dem Schweigen. Wie dargelegt hat sich sogar eine Königliche Kommission, die RCCP von 1981, hierauf berufen. Es wurde bereits gezeigt, daß materielle Beweisführungslast als Vorgang des Nachweises der Tatschuld und Unschuldsvermutung in engstem Zusammenhang stehen[1070]. Aufgrund der unterschiedlichen Prozeßstrukturen im englischen und deutschen Recht treten daher das dynamische Moment der materiellen Beweisführungslast bzw. das statische (ergebnisbezogene) Moment des an hohen Standards zu messenden Schuldnachweises jeweils in etwas anderer Weise hervor. Im englischen Bereich werden dynamisches und statisches Element in gleicher Weise betont: das Merkmal des burden of proof steht hierbei für das dynamische Element, nämlich den Vorgang des Tatschuldnachweises, d.h. die Verpflichtung der Anklage, genügend valides Beweismaterial zu präsentieren (materielle Beweisführungslast). An dieser Stelle zeigt sich mithin das Denken in den Prinzipien des akkusatorischen Parteiprozesses. In diesen Beweisführungsvorgang greift (wie gesehen[1071]) die Würdigung des Schweigens in bedenklicher Weise ein, indem ein „bemakeltes", durch fragwürdige Thesen untermauertes Indiz hinzugezogen wird, um den Tatnachweis zu erbringen. Doch beinhaltet das Merkmal des „burden of proof" auch ein statisches Element und hat damit in gewissem Sinne eine Doppelnatur: es deutet nämlich auch auf das Ergebnis, scilicet den durch die Präsentation der Beweise erfolgenden Tatnachweis. Das statische Element

---

[1067] Zu einer solchen These im deutschen Rechte supra S. 103 in Fn. 254, im englischen Recht supra S. 175.

[1068] Zum deutschen Recht supra S. 98 in Fn. 238. Zum englischen Recht supra S. 209 mit Fn. 603.

[1069] Hierzu bereits schon die Darstellung für den deutschen Bereich supra S. 99.

[1070] Supra S. 103 im Zusammenhang mit dem deutschen Recht.

[1071] Siehe bereits in der Darstellung zum deutsche Teil supra S. 102.

wird dabei auch ergänzend durch die Heranziehung der presumption of innocence (Unschuldsvermutung) unterstrichen.

Demgegenüber ist (wie gezeigt[1072]) die Figur der materiellen Beweisführungslast im deutschen Recht aufgrund des inquisitorischen Akkusationsprozesses in den Hintergrund gerückt. Das Prinzip der Unschuldsvermutung, der materiellen Beweisführungslast sowie der in-dubio-Grundsatz stellen das deutsche Äquivalent zur presumption of innocence, zum burden of proof und zum standard of proof dar. Im Prinzip des in dubio pro reo kommt die (End)situation des Prozesses zum Ausdruck, wenn nicht genügend Beweise zur Überführung des Angeklagten präsentiert wurden und im Zweifel daher freizusprechen ist. Das Prinzip der Unschuldsvermutung betont, daß während des Kontinuums des Prozesses von der Unschuld des Angeklagten auszugehen ist, bis das Gegenteil bewiesen wurde. Wie gesehen setzen beide Institute implizit eine materielle Beweisführungslast der staatlichen Organe voraus, ohne jedoch ausdrücklich dieses Prinzip zu statuieren[1073]. Da sie aber wie die materielle Beweisführungslast Anforderungen an die Bewertung der vorliegenden Beweise stellen, wird auch in ihren Geltungsbereich eingegriffen, sofern das Schweigen in die Beweiskette als fragwürdiges Glied miteinbezogen wird.

Diese Analyse zeigt, daß der englische Ansatz in etwas anderer Form den Wirkungszusammenhang definiert, in den nachteilige Schlüsse aus dem Schweigen eingreifen. Es wird bereits auf den Vorgang der Beweisführung verwiesen, in den die Miteinbeziehung von Schweigen als Indiz der Schuld in unzulässiger Weise eingreift. Dennoch hat auch die ergebnisbezogene Sichtweise ihre Berechtigung: denn genausogut läßt sich sagen, daß das eigentlich belastende Moment die Tatsache der Verurteilung durch den Richter und seine (!) Einbeziehung des Schweigens als makelbehaftetes Indiz in die Beweisführungskette ist. Letztendlich müssen wohl beide Aspekte gemeinsam betrachtet werden, wie dies in der beschriebenen statisch-dynamischen Doppelnatur des „burden of proof" im englischen Recht auch zum Ausdruck kommt.

d) Das Argument der Unfairneß aufgrund mangelhafter Belehrung

Auch die Problematik der Fairneß aufgrund der unvollständigen Belehrung des Beschuldigten ist in beiden Rechtsordnungen thematisiert worden[1074]. In beiden Rechtssystemen wurden Bedenken geäußert, daß die Belehrung des einzelnen über seine Rechte nicht damit zu vereinbaren sei, ihm die Aus-

---

[1072] Supra S. 100.

[1073] Supra S. 99.

[1074] Zum deutschen Recht supra S. 93. Zu der englischen Debatte supra S. 209.

übung des Rechts später nachteilig anzulasten. Interessanterweise läßt sich dabei für beide Rechtsordnungen feststellen, daß auch Befürworter einer umfassenden Würdigung des Schweigens diesen Fairneßaspekt betonen[1075].

Die Rechtslage ist im englischen Bereich insofern anders, als (wie gezeigt) aufgrund des PACE Code C 10.4 ausdrücklich auf die Folgen der Ausübung des Schweigerechts hingewiesen werden muß. Daher trat im englischen Bereich die Debatte um den Fairneßaspekt insoweit deutlich in den Hintergrund. Hier zeigt sich die schon konstatierte[1076] relative Überzeugungskraft der Argumentation, da die Belehrungsvorschriften als Ausprägungen des einfachen Rechts ohne weiteres abgeändert werden können.

Aufgrund der englischen Rechtslage hat sich dort aber auch die Debatte zur Fairneß der Belehrungsvorschriften (anders als in Deutschland) weiterentwickelt. Wie gesehen hat eine Belehrung über beweisrechtliche Konsequenzen des Aussageverhaltens verschiedene mutmaßliche Folgewirkungen, die wiederum eine solche Belehrung selbst bedenklich erscheinen lassen[1077]. In der englischen Diskussion wurde dabei vor allem der Schwerpunkt auf das Argument gelegt, der Beschuldigte könne als Nichtjurist und aufgrund seines Erregungszustands möglicherweise die inhaltliche Bedeutung einer solchen Belehrung gar nicht erfassen[1078]. Auch ist darauf zu verweisen, daß die Belehrung ihn regelrecht irreführt, weil er zu dem Schluß gelangen könnte, ihn erwarte unabänderlich ein Strafprozeß[1079].

Hingegen ist der vielleicht wichtigste Punkt auch im englischen Bereich noch nicht deutlich angesprochen worden: das Dilemma zwischen notwendiger Informationsvermittlung aufgrund des Fairneßprinzips und der unausweichlichen Aktualisierung der psychologischen Zwangslage als Folge einer solchen Belehrung[1080]. Einerseits ist es aus Fairneßgründen zwingend geboten, den einzelnen über die möglichen beweisrechtlichen Folgen seines passiven Aussageverhaltens aufzuklären. Durch diese Aufklärung wird aber dem Beschuldigten regelmäßig zu Bewußtsein kommen, daß er sich sowohl durch Aussagen wie auch durch ein mögliches passives Verhalten den Risiken einer nachteiligen Würdigung aussetzt. Gerade dieses unauflösbare Dilemma zwi-

---

1075 Stümpfler DAR 1971, 1 (8) einerseits und Zuckerman (1989) S. 331 andererseits. Allerdings haben sich die Bedenken von Zuckerman insofern nicht bestätigt, weil im englischen (und dann auch im nordirischen) Recht eine entsprechende Belehrung eingeführt wurde, dazu supra S. 235.

1076 Dazu supra S. 96 im Zusammenhang mit dem deutschen Recht.

1077 Siehe dazu bereits im deutsche Teil, supra S. 97.

1078 Bedenken äußert etwa Zander (1995) S. 308 mit Fn. 20.

1079 Hierzu bereits supra S. 97 in Fn. 232 im Zusammenhang mit dem deutschen Recht.

1080 Hierzu schon supra S. 97 im Zusammenhang mit dem deutschen Recht.

schen Informationsverpflichtung und Aktualisierung des psychologischen Zwangs spricht im hohen Maße gegen eine Zulässigkeit der Würdigung des Schweigens.

4. Die Kosten-Nutzen-Kritik aufgrund der Schwierigkeiten der rechtlichen Ausgestaltung einer zulässigen Beweiswürdigung

Trotz der unterschiedlichen Ausgestaltung der rechtlichen Maßgaben in beiden Ländern ist schließlich auf einen Punkt hinzuweisen, der gewisse Parallelen zwischen beiden Ländern zuläßt, betrachtet man die letzten Jahre bzw. Jahrzehnte der rechtlichen Entwicklung in beiden Ländern.

Wie zur Diskussion von s. 34 CRIMPO hervorgehoben wurde, fanden sich bereits früh nach Einführung der englischen Regelungen skeptische Stimmen, die - ungeachtet grundsätzlicher Prinzipienkritik - auf die rechtstechnischen Schwierigkeiten, die Komplexität und die Anfälligkeit von Urteilen in höheren Instanz hinwiesen[1081]. Diese besonderen Schwierigkeiten bei der Handhabung der ss. 34-39 CRIMPO mögen zu einem gewissen Teil durch die wenig sorgfältige Abfassung der Normen begründet sein. Wie sich jedoch aus der Darstellung zu der Natur des Schweigens als Kommunikationsform und der Vielfältigkeit der möglichen Schweigekonstellationen ergibt, steht zu befürchten, daß auch eine präzisere Gesetzgebung vor erheblichen Schwierigkeiten stünde, entsprechende Regelungen abzufassen.

Man könnte meinen, daß angesichts der bisherigen Rechtsprechung im deutschen Rechtsbereich sich die Frage einer Kosten-Nutzen-Abwägung nicht stellt. Dem kann jedoch nicht zugestimmt werden: die bisher ergangene Rechtsprechung der letzten Jahrzehnte zeigt, daß insbesondere die unteren Gerichte immer wieder Schwierigkeiten hatten, die Regelungen zu der Frage des inhaltlichen Teilschweigens korrekt anzuwenden. So wurde etwa im Bereich des quasi-Schweigens (bloße Behauptung der Unschuld) eine besondere Unsicherheit der unteren Gerichte aufgezeigt[1082]. Es erscheint durchaus möglich, daß die generelle Aussage, jede Form des Schweigens dürfe nicht zum Nachteil des Angeklagten gewürdigt werden, die Anzahl der fehlerhaften Urteile deutlich vermindern würde. Diese Erwägungen gelten im Lichte der neuesten Rechtsprechung umsomehr. Je mehr nämlich materielle Kriterien in die Praxis eingeführt werden, die zu erfüllen sind, bevor Schlüsse aus dem Schweigen gezogen werden können, um so größer werden auch die Rechtsunsicherheit und die Gefahr von Fehlern in der Beweiswürdigung durch die unteren Instanzen, die auch (in beschränktem Umfang) durch das Revisionsgericht überprüft werden können.

[1081] Supra S. 273.

[1082] Supra S. 141.

III. Die rechtliche Ausgestaltung der Würdigung des Schweigens im Vergleich

1. Das Ausgestaltungsmittel: gesetzliche Maßgaben versus Richterrecht

Nachdem die allgemeinen Strukturmerkmale der Debatte verglichen worden sind, ist auf die konkrete technische Ausgestaltung innerhalb der beiden Rechtsordnungen einzugehen. Mit den ss. 1-6 NI Order 1988 und ss. 34-39 CRIMPO wurden gesetzliche Maßgaben für die Frage der beweisrechtlichen Behandlung von Schlüssen aus dem Schweigen geschaffen, nachdem die Frage über Jahrzehnte vom common law beherrscht wurde. Für den Vergleich ist diese Konstellation (ungeachtet der Verschiedenheiten der Prozeßstrukturen) von besonderem Interesse: soweit das frühere common law in Frage steht, lassen sich Richterrecht in Deutschland und Richterrecht in England vergleichen. Nachdem die ss. 34-39 CRIMPO nunmehr dieses rechtlichen Themenfeld in England beherrschen, ist ein Vergleich zwischen einer gesetzestechnischen Ausgestaltung und der richterrechtlichen Ausgestaltung möglich.

a) Das common law und deutsches Richterrecht

Aus der vorausgehenden Analyse ergibt sich, daß beide Rechtsordnungen zu der Frage der beweisrechtlichen Behandlungen des Schweigens - wie überhaupt zur Frage des Schweigerechts - von verschiedenen Positionen ausgingen. In Deutschland stellt sich die Rechtsprechung zur Würdigung des Schweigerechts als eine kontinuierliche Beschränkung dar, die, ausgehend von dem Prinzip völlig freier Würdigung (sogar ohne besonderes Bewußtsein und Betonung der Problematik), zu einem zunehmend restriktiven Ansatz führte. Im englischen Bereich ist die Entwicklung annähernd umgekehrt: ausgehend von einer sehr hohen Achtung des Schweigerechts statuierten ältere Urteile - allen voran Hall aufgrund der starken dicta von Lord Diplock[1083] - ein klares Beweisverbot für die Würdigung des Schweigens insbesondere im polizeilichen Verhör. Auch für die Frage der Würdigung des passiven Verhaltens im Prozeß wurde formuliert, daß ein unmittelbarer Schluß vom Schweigen des Angeklagten auf seine Schuld in keinem Falle zulässig sei, worüber der Richter die Geschworenenjury auch ausdrücklich belehren mußte[1084].

Jedoch läßt sich feststellen, daß im englischen Recht gerade die Unzufriedenheit mit den common-law-Regelungen zu der Einführung der ss. 34-39 CRIMPO führte. Dies mag zu einem guten Teil an der beschriebenen utilita-

---

[1083] Zu diesem Fall supra S. 190.

[1084] Supra S. 199.

ristischen Feindseligkeit gegenüber dem privilege against self-incrimination gelegen haben. Die spezifische Kritik an der Rechtslage in England vor 1994 ist jedoch auch auf besondere Eigenarten des common law zurückzuführen. Wie in vielen anderen Bereichen auch[1085] wurden die richterlichen Ausdifferenzierungen des common law zur Frage der beweisrechtlichen Behandlung des Schweigens kritisiert. Daraus folgt, daß eine wesentliche Schwäche des common law mit Blick auf diese Rechtsfrage darin bestand, daß eine Ausdifferenzierung anhand

1. des spezifischen Fragekontexts (stillschweigendes Zugestehen im Falle des „on even terms" im Sinne von Christie [gegenüber Privaten] und Chandler [Vernehmungssituationen])[1086], sowie
2. (in einigen Urteilen) einer Differenzierung der Schlüsse aufgrund ihrer Wirkungen für Verteidigungsstrategie (defence case) bzw. Anklagevorwurf (prosecution case)[1087], sowie
3. einer Differenzierung der Schlüsse aufgrund der Art (direkter Schluß auf Schuld bzw. sonstiger Schluß)[1088], sowie
4. einer Differenzierung aufgrund des Schweigens zu bestimmten Beweisthemen (Schweigen zu inkriminierenden Gegenständen u.a. als Sonderfälle)[1089]

vorgenommen wurde. Es wurden also punktuell einzelne Situationen des Schweigens in verschiedenen Kommunikationszusammenhängen identifiziert und hierfür besondere Rechtsregeln aufgestellt. Die Kritik an der Überkomplizierung des Rechts des common law[1090] verweist darauf, daß dieser Ansatz letztendlich scheiterte. Er bestätigt auch die bereits mehrfach formulierte Beobachtung, daß die verschiedenen Konstellationen des Schweigens, insbesondere der aussagepsychologische Kommunikationszusammenhang, zu

---

[1085] Zur Kritik der hearsay-rule und möglichen Reformen etwa Dennis[2] (2002) S. 597-610.

[1086] Zu der Entscheidung Christie supra S. 187. Zu dem Urteil Chandler supra S. 190.

[1087] Supra S. 193 in dem Fall Gilbert, in dem der Court of Appeal eine solche Sichtweise der Ausgangsinstanz ablehnte.

[1088] Dies geschah im Zusammenhang mit der richterlichen Geschworenenbelehrung im common law im Fall des Angeklagten, der während dem Prozeß schwieg, hierzu supra S. 199.

[1089] Supra S. 194.

[1090] Cross (1970/71) 11 JSPTL, S. 70/71 und Cross (1973) CrimLR, S. 332-334. Sir Rupert Cross bezeichnete in dem zuletzt genannten Artikel Differenzierungen wie tewa nach Stärkung der Anklage- bzw. Schwächung der Verteidigungsstrategie als „legal gibberish" (juristisches Geschwafel).

individuell und zu verschiedenartig sind, um allgemeine Regeln aufstellen zu können. Dasselbe gilt für die Frage der Schlüsse aus dem Schweigen, da diese sich unmittelbar auf den sehr verschieden ausgestalteten Fragekontext beziehen.

Unter diesem Gesichtspunkt der praktischen Handhabung scheint die Vorsicht des Bundesgerichtshofs bemerkenswert, der über lange Zeit eine rein formelle Kategorisierung des Schweigens bevorzugte und sich der Aufstellung materieller Kriterien enthielt. Dies mag auch mit der eingeschränkten Rolle des Gerichts als Revisionsinstanz begründet werden, die im Bereich des § 261 StPO nur begrenzte Kontrollmöglichkeiten aufweist. Doch scheint der Bundesgerichtshof auch geahnt zu haben, daß ein Korsett rechtlicher Beweiswürdigungsregelungen der Vielfalt unterschiedlicher Fälle nur ungenügend Rechnung tragen könnte. Hierbei ergeben sich aufgrund eines rigiden, an materiellen Konstellationen orientierten Rechts in zwei Richtungen Bedenken: starre rechtliche Maßgaben könnten dazu führen, daß ausgesprochen inkriminierende Aussageverhaltensformen nicht erfaßt werden, daß aber andererseits auch Formen des Aussageverhaltens in den Bereich zulässiger rechtlicher Würdigung fallen, die eindeutig keinen überzeugenden Erklärungswert aufweisen. Doch zeigte die Analyse der Rechtsprechung des Bundesgerichtshofs, daß auch er letztendlich dem Vorwurf rechtlicher Starrheit nicht zu entgehen vermag: einerseits nimmt er Fälle des (teilweise ausgesprochen inkriminierenden) anfänglichen zeitweisen Schweigens weitgehend aus seiner Rechtsprechung aus, andererseits führt ein formal verstandenes Kriterium der Teileinlassung dazu, daß auch aus unbedeutenden Randbemerkungen zum Tatvorwurf nachteilige Schlüsse gezogen werden können. Eine formale Betrachtung anhand der Phänotypen des Schweigens mag daher den Vorteil der Handhabbarkeit aufweisen, doch führt sie in den Grenzbereichen der Differenzierung gleichfalls zu problematischen Ergebnissen.

Im Lichte dieser Erkenntnisse sind die neuesten Tendenzen der deutschen Rechtsprechung zu sehen. Es wurden (wie gesehen) ergänzende materielle Kriterien eingeführt, die sich von dem formellen Ansatz einer Differenzierung der Schweigekategorien entfernen. So zustimmungswürdig eine solche Begrenzung aufgrund materieller Kriterien ist, ergibt sich dennoch ein offensichtliches Dilemma. Einerseits scheint eine Rechtsprechung, die eine sinnvolle Begrenzung der beweisrechtlichen Handhabung des Schweigerechts befürwortet, ohne Rückgriff auf materielle Wertungsgesichtspunkte kaum auszukommen. Andererseits führt aber gerade wegen der Vielzahl möglicher Kommunikationszusammenhänge eine solche Eingrenzung aufgrund materieller Kriterien die Rechtsprechung in eine Sackgasse. Ein Korsett komplizierter Einzelfallkonstellationen kann entstehen, so daß die Handhabung in der Praxis anfällig für Fehler wird.

b) ss. 34-39 CRIMPO und deutsches Richterrecht

Vergleicht man die Regelungen der ss. 34-39 CRIMPO mit den deutschen Regelungen, so tritt ein Umstand deutlich hervor. Die kritische Würdigung der ss. 34-39 CRIMPO hat ergeben, daß neben den prinzipiellen normativen Gesichtspunkten, die in beiden Rechtsordnungen gleichermaßen gegen Schlüsse aus dem Schweigen sprechen, weitere rein gesetzestechnisch begründete Probleme hinzutreten.

(1) Die punktuelle gesetzliche Normierung von Aussagetatbeständen und die Rückwirkung auf das Aussageverhalten in der Praxis

Eine gesetzliche Regelung wie die ss. 34ff. CRIMPO würde (so müßte man naheliegenderweise annehmen) bestimmte Konstellationen des Schweigens herausgreifen, die - allgemein betrachtet - besonders inkriminierend erscheinen. Es würde die Voraussetzungen dafür im Tatbestand festschreiben und (in engerer oder weitergehender Form) Schlüsse aus dem Aussageverhalten zulassen. Aufgrund einer solchen gesetzlichen Regelung ergäben sich jedoch erhebliche Probleme, wie das englische Recht gezeigt hat.

Ein zentraler Grund für diese besonderen Problemstellungen gerade im Rahmen der s. 34 CRIMPO, die teils zu unerwünschten Ergebnissen führten, ist, daß die Regelungen spezifische Konstellationen des Aussageverhaltens herausgreifen und nur diese mit dem besonderen Nachteil der Würdigung des Schweigens versehen. So wurde für s. 34 CRIMPO z.B. festgestellt, daß bei völligem Schweigen des Beschuldigten die Würdigung des Schweigens im Polizeiverhör auf gesetzlicher Grundlage ausgeschlossen ist und es bei dem viel engeren common law verbleibt[1091]. Es liegt daher aus Sicht des anfangs schweigenden Beschuldigten nahe, auch später nicht in den Zeugenstand zu treten. In ähnlicher Weise wurde gezeigt, daß s. 34 CRIMPO nicht greift, wenn der Angeklagte im Prozeß selbst nur bloße Spekulationen und Möglichkeiten anführt, ohne eine eigentliche Sachaussage zu statuieren[1092]. Es wurde dabei jeweils betont, daß letztendlich diese Folgen gerade das Gegenteil dessen bewirkten, was der Gesetzgeber anstrebte: den Angeklagten in den Zeugenstand zu drängen und seine Aussagen zu dem Geschehen zu erlangen.

Hieraus resultiert eine wichtige Erkenntnis für die Frage einer gesetzlichen Ausgestaltung einzelner Schweigekonstellationen, und zwar ungeachtet der Vielfalt der Lebenssachverhalte: der Zusammenhang zwischen tatbestandli-

---

[1091] Supra S. 262.

[1092] Supra S. 238.

cher Eingrenzung und taktischem Aussageverhalten. Gesetzliche Festschreibungen der Würdigung des Aussageverhaltens in bestimmten Konstellationen wie s. 34 CRIMPO haben in der Praxis direkte Rückwirkungen, insbesondere wenn der Beschuldigte anwaltlich beraten wird. Sections 34-39 CRIMPO ignorieren, daß sie selbst wieder unmittelbar den Ablauf des Strafverfahrens prägen und mitbestimmen. Dies führt aber dazu, daß die Statuierung von Tatbeständen wie s. 34 CRIMPO zu taktischem Ausweichverhalten führt, das oftmals gerade nicht dem Sinne des Gesetzgebers entspricht.

Zwar mag das Gesetz seinen Zweck erfüllen, wenn der Beschuldigte (von Anfang an anwaltlich beraten) die Gefahr der s. 34 CRIMPO richtig einschätzt und entsprechend sogleich aussagt bzw. die Gründe der Nichtaussage formuliert. Doch kommt es zu vom Gesetzgeber nicht gewünschten, kontraproduktiven Ausweichmanövern vor allem in den Fällen, in denen anfangs „unüberlegtes" Schweigen ohne anwaltliche Beratung vorlag und damit s. 34 CRIMPO unmittelbar „droht". Obgleich die anwaltliche Beratung 1984 auch in England auf eine explizite gesetzliche Grundlage gestellt wurde[1093], ist diese Situation noch in zahlreichen Fällen die Realität, da oftmals eine Rechtsberatung des Beschuldigten erst zu einem weit späteren Zeitpunkt als den ersten Verhören erfolgt.

Eine wichtige Folgerung ist daher, daß jede nur punktuelle gesetzliche Regelung bestimmter Konstellationen (wie etwa bei s. 34 CRIMPO die des zeitweisen Schweigens) kontraproduktive Wirkungen hervorruft, da das Aussageverhalten danach eingerichtet wird, was im Einzelfall eben auch völliges Schweigen (statt nachträglicher Preisgabe von Informationen) bedeuten kann. Dann ist aber konsequenterweise eine gesetzliche Regelung zur Vermeidung dieser Wirkungen geboten, die zwischen einzelnen Formen des passiven Verhaltens nicht differenziert, sondern allgemein Schlüsse aus dem Schweigen zuläßt. Der Wert einer solchen gesetzlichen Regelung ist jedoch angesichts der Weite der damit verbundenen tatbestandlichen Voraussetzungen (Schweigen in jeder Form) zu bezweifeln.

(2) Die Problematik der gesetzlichen Festschreibung der Situationen besonders inkriminierenden Schweigeverhaltens

Ein weiterer Umstand tritt hinzu, der gleichfalls gegen eine gesetzliche Statuierung materieller Kriterien auf Tatbestandsseite wie auf Rechtsfolgeseite hinsichtlich der Schlüsse aus dem Schweigen tritt. Wie bei der Erörterung des common law soeben gesehen, sind die Konstellationen möglichen Schweigeverhaltens zu verschieden, um sinnvolle Fallkategorien zu bilden. Stets kommt es auf den aussagepsychologischen Kommunikationszusammenhang

1093 Siehe s. 58 PACE von 1984.

an. Art der Befragung, Naturell und Auftreten des Verhörpersonals und des Beschuldigten etc. müssen für die Würdigung des Aussagegehalts des Schweigens in Betracht gezogen werden. Um diesen verschiedenen Umständen gerecht zu werden, kann das Gesetz sich letztendlich nur darauf beschränken, die Aufmerksamkeit des Rechtsanwenders hierauf zu lenken. Die Formulierungen in s. 34 CRIMPO „under the circumstances" und „reasonably expected" etc. erfüllen genau diese Funktion. Wenn jedoch aufgrund der Natur der Sache eine nähere Eingrenzung kaum möglich erscheint, ist der Tatbestand deshalb von uferloser Weite. Auch insoweit läßt sich die Frage stellen, welchen Zweck eine solche gesetzliche Regelung überhaupt erfüllen würde.

Dieselben Probleme ergeben sich mit Blick auf die Frage möglicher Schlüsse aus dem Schweigen (Rechtsfolgeseite). Auch hier sind die möglichen Konstellationen so verschiedenartig, daß eine sichere gesetzliche Begrenzung nicht möglich erscheint[1094]. Das englische Recht hat sich dementsprechend mit einer Leerformel begnügt („inferences as appear proper").

Letztendlich würde daher eine solche gesetzliche Regelung nur wenige Zwecke erfüllen: sie würde klarstellen, daß überhaupt Schlüsse aus dem Schweigen möglich sind (auch wenn im deutschen Rechtsbereich verfassungsrechtliche Bedenken auftreten würden). Eine weitere rudimentäre Funktion würde in dem Hinweis des Gesetzes bestehen, alle Umstände der Befragung zu beachten. Schließlich könnte eine gewisse beschränkende Funktion darin liegen, in negativer Formulierung gewisse extreme Formen der Beweiswürdigung auszuschließen. So könnte das Gesetz (wie in England s. 38 [3] CRIMPO) eine Vorschrift beinhalten, nicht allein aufgrund des Schweigens zu verurteilen. All dies sind jedoch nur wenig überzeugende Gründe, eine gesetzliche Regelung zu statuieren.

Vor diesem Hintergrund erscheinen das Vorgehen der Rechtsprechung sowie die Zurückhaltung des deutschen Gesetzgebers bemerkenswert. Es zeigt sich, daß Fragen der Beweiswürdigung wie die Interpretation des Aussageverhaltens sich kaum in greifbare Formen und gesetzliche Alternativen fassen lassen. Daher ist der Ansatz, aufgrund richterrechtlicher Regelungen die Würdigung des Schweigens handhabbar zu gestalten, gegenüber einer gesetzlichen Regelung letztendlich vorzugswürdig (wenn man eine solche Würdigung nicht bereits aus normativen Gründen ausschließt).

[1094] Zu den Schwierigkeiten einer Konzeption, die die Zulässigkeit der Würdigung anhand der möglichen Schlüsse ausrichtet, bereits supra S. 165.

2. Die rechtlichen Voraussetzungen: formelle Kategorisierung versus gesetzliche Typisierung

Analysiert man die rechtlichen Voraussetzungen für Schlüsse aus dem Schweigen, ergibt sich ein erstaunliches Ergebnis. Während im deutschen Recht die Frage der Kategorisierung des Schweigens in ihren verschiedenen Erscheinungsformen zentraler Gegenstand der Debatte gewesen ist, spielt dieser Aspekt im englischen Recht, weder im common law noch unter den ss. 34-39 CRIMPO, eine besondere Rolle. Es zeigt sich daher, wie sehr die Debatte in einem einzelnen Land durch die Ausgangsthesen geprägt ist, die der rechtlichen Behandlung des Schweigens zugrundegelegt werden.

Im englischen Recht ist die Frage einer Differenzierung nach den Schweigeformen nur im Zusammenhang mit der empirischen Erfassung des Schweigerechts aufgeworfen worden. Hier handelt es sich um die Frage, inwieweit auch die nur teilweise Beantwortung von Fragen als Ausübung des Schweigerechts bei rein zahlenmäßiger Erfassung anzusehen ist[1095]. Ansonsten ergeben sich zu den rechtlichen Erörterungen keine besonderen Unterscheidungen: die englische Diskussion beschränkt sich auf die Fälle des völligen Schweigens und fügt dem die Fälle der nur punktuellen Ausübung des right to silence stillschweigend hinzu.

Eine Ausnahme bildet allerdings die Behandlung der Konstellationen des zeitweisen Schweigens. Section 34 CRIMPO umfaßt nämlich die Fälle (wenn auch nicht nur[1096]), die im deutschen Recht als anfängliches zeitweises Schweigen angesehen werden. Diese strukturelle Parallele ergibt sich aus dem naheliegenden Umstand, daß in den Fällen des anfänglichen zeitweisen Schweigens aufgrund des aussagepsychologischen Kommunikationszusammenhangs oftmals der Schluß naheliegt, die verzögert vorgebrachte Verteidigung wurde im Nachhinein erdacht. Hier ergeben sich mithin gewisse strukturelle Parallelen zwischen s. 34 CRIMPO und den Kategorisierungen des deutschen Rechts.

Zum einen wurde (wie gesehen[1097]) in einigen Fällen vom Bundesgerichtshof das Prinzip in Frage gestellt, daß der Umstand der Verzögerung von Einlassungen keiner nachteiligen Würdigung zugänglich ist. Insbesondere aber regelt s. 34 CRIMPO einen Teilbereich, der auch vom deutschen Recht erfaßt wird: die Vorschrift erfaßt auch jene Fälle, in denen der Beschuldigte sich

---

[1095] Siehe hierzu die methodischen Überlegungen bei Leng (1993) S. 8 und 15/16 und die Darstellung bei Williamson/Moston (1990) S. 38.

[1096] Die Norm erfaßt jede Form des nachträglich abweichenden Aussageverhaltens, supra S. 232.

[1097] Supra S. 121.

durchaus umfassend zum Sachverhalt äußert, jedoch später im Prozeß eine ganz andere Erklärung angibt. Diese Fälle, in denen Schweigen im Sinne eines passiven Verhaltens gar nicht auftritt, erlauben auch nach deutschem Recht etwaige Schlüsse[1098].

Allerdings enden hier die Parallelen, da die Schlußfolgerungen in beiden Rechtsordnungen gerade verschieden sind: die Analyse der deutschen Debatte hat gezeigt, daß aus dem anfänglichen Schweigen des Angeklagten keine nachteiligen Schlüsse gezogen werden können. Gerade bei dieser (im einzelnen Fall oftmals ausgesprochen inkriminierenden) Form des Aussageverhaltens sind damit fundamentale Unterschiede zwischen beiden Rechtsordnungen festzustellen.

Aber auch dies ist mit einer Einschränkung zu versehen. In der deutschen Debatte zum Schweigerecht ist die Einführung von § 77 II Nr. 2 OWiG kaum beachtet worden. Diese Norm statuiert, daß erst im Hauptverfahren eingebrachte Verteidigungstatsachen von der Beweiserhebung ausgeschlossen werden können, wenn die Beweiserhebung zur Aussetzung der Hauptverhandlung führen würde[1099]. Es entspricht der ganz überwiegenden Ansicht, insbesondere des Bundesverfassungsgerichts[1100], daß das Schweigerecht auch im Bereich von Ordnungswidrigkeitsverfahren Anwendung findet (wie bereits der Verweis von § 46 OWiG auf § 136 I 2 StPO u.a. indiziert). Es zeigt sich aber damit, daß in ganz engen Randbereichen auch in Deutschland die Zulässigkeit der nachteiligen Bewertung des verzögerten Aussageverhaltens eingeführt wurde[1101]. Allerdings ist dabei zu betonen, daß

[1098] Hierzu Kleinknecht/Meyer-Goßner § 261 Rdnr 11, Löwe/Rosenberg/Gollwitzer[25] § 261 Rdnr 73/74 (jeweils mit Nachweisen aus der Rechtsprechung). Freilich wird in der Rechtsprechung des Bundesgerichtshofs betont, daß ein solches Indiz nur mit Vorsicht heranzuziehen sei.

[1099] Absatz 2 wurde durch das OWiGStVÄndG vom 07.07.1986 (BGBl. I, S. 977) in das Gesetz eingefügt. Allgemein zu dieser Vorschrift: KK(OWiG)-Senge § 77 Rdnr 18-24, Lemke, § 77 Rdnr 21-25, Rebmann u.a. § 77 Rdnr 12. Im Jahre 1998 wurde die Vorschrift durch Art. 1 Nr. 15 des ÄndGOWiG vom 26.01.1998 (BGBl. I S. 156) auf alle Bußgeldverfahren ausgeweitet, hierzu KK(OWiG)-Senge § 77 Rdnr 1a, Lemke § 77 Rdnr 21, Rebmann u.a., OWiG, § 77 Rdnr 2.

[1100] BVerfG 55, 150. Zustimmend Rogall (1977) S. 164/165, Schäfer (1982) S. 48/49, SK(StPO)-Rogall vor § 133 Rdnr 148. Kritisch zu dieser Ausdehnung des Schweigerechts auf Fälle der Ordnungswidrigkeiten Stürner NJW 1981, 1757 (1759).

[1101] § 77 II Nr. 2 OWiG hat jedoch nur einen ausgesprochen engen Anwendungsbereich, Rebmann u.a. § 77 Rdnr 12. Insbesondere kommt die Norm nur zur Anwendung, wenn bei Durchführung der Beweiserhebung eine Aussetzung der Hauptverhandlung nach § 46 II OWiG i.V.m. § 228 StPO erfolgen müßte: KK(OWiG)-Senge § 77 Rdnr 20, Rebmann u.a. § 77 Rdnr 12. Zudem setzt die Vorschrift voraus, dass aufgrund der sonstige Beweisaufnahme das Gericht die Sache für geklärt hält, Rebmann u.a. § 77 Rdnr

§ 77 II Nr. 2 OWiG nur ganz bestimmte nachteilige Folgerungen erlaubt: die Norm ermöglicht es dem Richter lediglich, das nachträglich vorgebrachte (regelmäßig entlastende) Beweismittel auszuschließen, eine darüber hinausgehende nachteilige Würdigung des verzögernden Verteidigungsverhaltens ist hingegen unzulässig[1102]. Die zugrundeliegende ratio von § 77 II Nr. 2 OWiG entspricht der von s. 34 CRIMPO, wobei freilich in eigentümlicher Weise s. 34 CRIMPO ihrem Rechtsgedanken nach von der Schwerstkriminalität (Terroristen), § 77 II Nr. 2 OWiG von Bagatellvergehen ausgeht[1103]. In beiden Fällen liegt der Norm die Überlegung zugrunde, Prozesse nicht durch überraschende Einwände während des gerichtlichen Verfahrens zu unterminieren[1104].

Insgesamt läßt sich dennoch zusammenfassend feststellen, daß die Würdigung des Schweigens in beiden Ländern von sehr spezifischen rechtlichen Voraussetzungen ausgeht. Insbesondere die deutsche Debatte wird völlig von der Frage der Phänomenologie des Schweigens beherrscht. In England sind aufgrund der ss. 34-39 CRIMPO die rechtlichen Möglichkeiten der Würdigung des Schweigens deutlich weiter gefaßt als im deutschen Bereich. Zahlreiche Fälle des Schweigens, insbesondere auch im Prozeß selbst, werden von den gesetzlichen Regelungen erfaßt. Diese Aussage gilt umsomehr, bezieht man die neuesten Ansätze der deutschen Rechtsprechung mit ein, die möglicherweise zusätzliche beschränkende materielle Kriterien für die Würdigung des inhaltlichen Teilschweigens aufstellt.

Jedoch ergibt sich in diesem Zusammenhang, daß an einer einzigen Stelle das deutsche über das englische Recht hinausgeht: gerade weil s. 34 CRIMPO nur bestimmte Aussageverhaltensformen erfaßt, kann, wie gesehen, die Norm nicht eingreifen, wenn das Schweigen im Verhör auch in der Verhandlung vor dem Gericht fortgesetzt wird[1105]. Section 35 CRIMPO umfaßt hingegen nur die Würdigung des Schweigens vor Gericht. In diesen Fällen kann, sofern

---

12. Beachte zudem auch die Auslegung der Rechtsprechung: gemäß OLG Koblenz MDR 1988, 168 (LS) wird durch diese Norm dem Beschuldigten keine Verhaltenspflicht auferlegt. An der „Darlegungs- und Beweislast" ändere sich nichts.

1102 KK(OWiG)-Senge § 77 Rdnr 18.

1103 Zur ratio des § 77 II Nr. 1 OWiG, Hinterhalt-Verteidigungstaktiken auszuschließen, KK(OWiG)-Senge § 77 Rdnr 18.

1104 Für § 77 II Nr. 2 OWiG ergibt sich diese ratio bereits aus dem wertenden Vergleich mit § 77 II Nr. 1 OWiG: auch diese Vorschrift wird von der Überlegung geprägt, ein zügiges Verfahren zu gewährleisten. Der im Strafprozeß nur in Ausnahmefällen zulässige Vorgang der antizipierenden Beweiswürdigung (dort z.B. bei Augenscheinseinnahme und Ladung von Auslandszeugen, § 244 V StPO oder bei Prozeßverschleppung, § 244 III 2 Alt. 6 StPO) wird hierdurch allgemein zugelassen.

1105 Supra S. 243.

das Schweigen inhaltlich nur ein teilweises ist, im deutschen Recht das Aussageverhalten zum Nachteil des Angeklagten im späteren Prozeß gewürdigt werden. Im englischen Recht ist eine solche Würdigung auf Basis der Chandler-Rechtsprechung nur eingeschränkt, vom Standpunkt der Hall-dicta sogar gar nicht möglich, da hier mangels Anwendbarkeit von s. 34 CRIMPO das common law zum Zuge kommt.

3. Die Rechtsfolge: richterlich kontrollierte Beweiswürdigung versus freies Ermessen der Geschworenen

Die vergleichende Analyse der möglichen Schlüsse aus dem Schweigen zeigt, daß auch insoweit deutliche Parallelen zu finden sind.

Dies gilt insbesondere für den Umstand, daß eine absolute Grenze für Schlüsse aus dem Schweigen in beiden Rechtsordnungen statuiert wird: Schweigen allein kann niemals zu einer Verurteilung führen. Im Falle des englischen Rechts wird dieser Grundsatz in s. 38 (3) CRIMPO ausdrücklich geregelt. Auch im deutschen Rechtsbereich ist dies mehrfach betont worden[1106]. Zudem ergibt das bereits zitierte Urteil des EGMR im Fall John Murray[1107], daß auch auch nach dem europäischen Recht eine solche Urteilsbegründung nicht zu halten wäre.

Im Übrigen ist festzustellen, daß im deutschen und englischen Recht in der Frage zur Bedeutung von Schlüssen aus dem Schweigen eine deutliche Annäherung zu festzustellen ist. Im Zusammenhang der Darstellung alternativer Konzeptionen zum deutschen Recht wurde gezeigt, daß eine differenzierende Behandlung aufgrund verschieden „gravierender" Schlußfolgerungen im deutschen Recht nie erwogen wurde. Dies mag zum einen mit der Norm des § 261 StPO zusammenhängen, der eine umfassende Beweiswürdigung gebietet, sofern keine normativen Schranken angenommen werden. Auch ist an die Prozesstruktur im deutschen Recht zu denken, die eine dem Parteiendenken nahestehende Differenzierung zwischen Schwächung der Verteidigungslinie bzw. Stärkung der Anklage ausschließt.

Vermutlich sind es aber vor allem zwei Gründe, die dazu führten, daß sich die deutsche Debatte nie mit einer solchen Differenzierungsform befaßte. Es hat wohl die bereits oben dargelegte[1108] Erkenntnis eine Rolle gespielt, daß eine solche Differenzierung in den meisten Fällen der strafrichterlichen Praxis nicht zu überzeugen vermag: steht der Angeklagte aufgrund seiner Verteidigung oder sonstiger Beweise bereits in einem Zusammenhang mit dem

---

1106 Dazu die supra S. 70 in Fn. 144 zitierten Stimmen der Lehre.

1107 Zu diesem Urteil supra S. 301.

1108 Supra S. 165 im Zusammenhang mit dem deutschen Recht.

Tatgeschehen, bei dem seine strafrechtliche Verantwortung nur aufgrund einzelner entscheidender Merkmale auszuschließen ist, ist mit der Verneinung dieses Merkmals (Verteidigungsvorbringen) bereits auch schon die Frage der Schuld regelmäßig entschieden[1109]. Eine entsprechende Differenzierung in diesen Fällen ist daher eher theoretisch als praktisch bedeutsam (anders freilich in den Fällen von Indizienbeweislagen). Im deutschen Recht hat eine Differenzierung nach den verschiedenen Schlüssen vor allem auch daher keinen Platz, weil die Beschränkung auf die Fälle des inhaltlichen Teilschweigens zumeist schon einen engen Kontext geschaffen hat, innerhalb dessen das Schweigen ganz bestimmten Sachverhaltspunkten zuzuordnen ist. Dieser stringentere Kommunikationszusammenhang war auch (wie gezeigt[1110]) wohl der Grund für die Konzeption der Rechtsprechung. Anders als beim umfassend schweigenden Beschuldigten stellt sich dann aber die Frage einer notwendigen unmittelbaren Herleitung der Schuld aus dem Schweigeverhalten nicht: mit der oben gebrauchten Formulierung wird in diesen Fällen regelmäßig aufgrund Sachverhaltsdetails des Beschuldigten die Argumentationskette vom Schweigen zur Schuld „mediatisiert".

IV. Zusammenfassung der Ergebnisse

Die Diskussion zur Würdigung von passivem Verhalten des Beschuldigten bzw. Angeklagten weist in England und Deutschland teils strukturelle Unterschiede, teils jedoch aber auch erhebliche Parallelen auf.

Die Argumentationsstruktur ist unterschiedlich, soweit sie die Befürworter einer solchen Beweiswürdigung des Schweigens in beiden Ländern betrifft. Im englischen Bereich finden sich (überwiegend durch die politische Natur der Debatte und den Hintergrund der Terroristenprozesse) zahlreiche heuristische Begründungsansätze, die mit den empirischen Daten nicht zu vereinbaren sind. Insbesondere die zentrale These, der Unschuldige werde sich regelmäßig offen äußern und nur der Schuldige habe etwas zu verbergen, wird in der neueren Debatte im deutschen Bereich kaum mehr in dieser Form geäußert. In der englischen (politischen) Diskussion hat dieses zentrale Argument bis heute seinen Platz. Auch der Hinweis auf einen möglichen Mißbrauch dieses Rechts findet sich überwiegend nur im englischen Bereich.

Hingegen lassen sich im Zusammenhang mit den Gründen gegen mögliche Schlüsse aus dem Schweigen erhebliche Ähnlichkeiten feststellen. Insbesondere wird in der Literaturdebatte in beiden Ländern auf die verschiedenen

---

[1109] Die englische Lehre bezeichnet diese Fälle als „confess and avoid" Situationen: der Angeklagte räumt die Tatnähe ein, distanziert sich aber sogleich aufgrund entlastender Umstände.

[1110] Supra S. 134.

möglichen Gründe für das Schweigen verwiesen, wobei allerdings gerade im englischen Rechtsbereich die normative Bedeutung dieses Arguments teils nicht hinreichend klargestellt wird.

Auch bezüglich der rein normativ fundierten Gesichtspunkte weisen beide Rechtssysteme ein hohes Maß an Ähnlichkeit auf. Gerade das Prinzip der Unschuldsvermutung (im englischen Bereich als presumption of innocence bezeichnet) bzw. dasjenige der materiellen Beweislastführung (burden of proof) werden als zentrales Recht erachtet, gegen das verstoßen wird, sofern das passive Verhalten einer nachteiligen Würdigung unterzogen wird. Ebenso ist in beiden Rechtsordnungen auf den Aspekt der Verfahrensfairneß verwiesen worden, wobei aufgrund der modifizierten Belehrungsformel im englischen Bereich dieser Aspekt an Bedeutung verloren hat. Auch hinsichtlich des psychologischen Drucks, der auf den Beschuldigten ausgeübt wird, indem ihm rechtliche Schlüsse aus seinem Schweigeverhalten angedroht werden, finden sich in beiden Rechtsordnungen Erörterungen.

Die rechtliche Ausgestaltung der Würdigung des Schweigens zeigt, daß die gesetzliche Konzeption in England gegenüber der richterrechtlichen Ausgestaltung in Deutschland zu erheblichen Folgewirkungen führt. Dabei ist insbesondere auf die Problematik zu verweisen, daß es außerordentlich schwierig erscheint, die Vielfalt möglicher Schweigekonstellationen in Tatbestandsmerkmalen zu fassen. Aufgrund dieser problematischen Vielgestaltigkeit des passiven Aussageverhaltens läßt sich der Wert einer gesetzlichen Normierung (ungeachtet der prinzipiellen normativen Bedenken) schon überhaupt in Frage stellen.

Insgesamt erlauben die ss. 34-39 CRIMPO in weit größerem Umfang eine Würdigung des Schweigens des Beschuldigten bzw. Angeklagten als die richterrechtlichen Regeln des deutschen Rechtsbereichs. Dennoch lassen sich Randkonstellationen finden, in denen das deutsche Recht über das englische ausnahmsweise hinausgeht. Die spezifischen Besonderheiten, die sich mit der deutschen Debatte verbinden, nämlich die Phänomenologie des Schweigens, spielen im englischen Rechtsbereich (abgesehen von der Erfassung des Aussageverhaltens in empirischen Studien) keine Rolle. Es zeigt sich, daß insoweit die deutsche Debatte von sehr spezifischen rechtlichen Voraussetzungen ausgeht.

§ 17 Folgerungen für die weitere europäische Entwicklung und Zusammenfassung der wesentlichen Ergebnisse

I. Folgerungen für die weitere europäische Entwicklung

Europa wächst auch mit Blick auf das Strafprozeßrecht zusammen. Die neuerdings gefaßten Beschlüsse zu einem gemeinsamen Haftbefehl[1111] haben diese Entwicklung auf eine neue Ebene geführt, und zum gegenwärtigen Zeitpunkt ist noch nicht abzusehen, bis zu welchem Punkt das Verschmelzen der Rechtsordnungen gelangen wird.

Dennoch ist zu vermuten, daß in absehbarer Zeit auch das Strafprozeßrecht, gegenwärtig noch prinzipiell als ein von Europa unangetasteter Bereich des „Inneren" angesehen, auf Dauer eine europäische Grundlage erhalten wird. Maßgebender Impetus ist hierbei der Rechtsprechung des Europäischen Gerichtshofs für Menschenrechte, da, wie sich an den zitierten Fällen John Murray und Condron zeigte, der einzelne Beschuldigte alle Rechtsmöglichkeiten ausschöpft, um belastenden strafrechtlichen Regelungen entgegenzutreten.

Sofern es einmal zu einer umfassenden Normierung von strafprozessualen Regelungen auf europäischer Ebene kommt, werden das Schweigerecht und die Frage seiner beweisrechtlichen Behandlung mit Sicherheit einen wichtigen Punkt der Verhandlungen bilden. Es ist zu erwarten, daß es zwischen den einzelnen Ländern über diesen Aspekt deutliche Meinungsunterschiede geben wird. Die Analyse der politischen Debatte in England und Nordirland belegte, daß die Sichtweise auf prozessuale Schutzmaßnahmen ganz maßgeblich von der gesellschaftlichen Situation und dem Erscheinungsbild der Kriminalität abhängt. Der Hintergrund terroristischer Aktivitäten in zahlreichen europäischen Ländern mag dazu führen, daß sich Deutschland in einer Minderheitsposition wiederfindet, wenn es den hohen Stellenwert des Schweigerechts in solchen künftigen Verhandlungen über eine Rechtsvereinheitlichung betont. Gerade weil die EMRK einen anerkannten „Durchschnittsstandard" in Europa setzt und das höchste europäische Gericht Schlüsse aus dem Schweigen als hiermit prinzipiell vereinbar ansieht, könnte sich eine solche Maximalposition als nicht durchsetzbar erweisen. Der vielfach in dieser Arbeit zitierte vermeintliche common-sense-Gedanke, daß der Unschuldige frei reden könne und nur der Schuldige schweige, könnte sich auch auf europäischer Ebene in den politisch geprägten Verhandlungen durchsetzen. Gerade darum erscheint es angebracht, auf die Erfahrungen der Länder zu verweisen, die den Versuch unternommen haben, das Schweigen des Beschuldigten bzw. des Angeklagten in rechtlichen Formen zu binden

[1111] Zu den Entwicklungstendenzen im europäischen Strafrecht bereits supra S. 28 mit Fn. 3.

und der Würdigung durch den Richter zugänglich zu machen. Denn diese Erfahrungen, dies hat sich im Verlaufe der Untersuchung gezeigt, haben bisher nicht zu nachweislichen Erfolgen geführt. Vielmehr verstoßen die Regelungen gegen das fundamentale Prinzip der Unschuldsvermutung und gegen das Gebot der Fairneß. Es erschien daher erforderlich, diese prinzipiellen Bedenken zu formulieren und aufzuzeigen, daß Schlüsse aus dem Schweigen des Beschuldigten bzw. Angeklagten allgemein und in jeder Form unzulässig sind.

II. Zusammenfassung der wesentlichen Ergebnisse der Arbeit

In zusammengefaßter Form, lassen sich die wesentlichen Ergebnisse der Arbeit in den nachfolgenden Punkten wiedergeben:

- Das Schweigerecht beruht in seiner Ableitung auf einer doppelten Wurzel: es ist einerseits objektiv Ausdruck eines rechtsstaatlichen, an den Prinzipien der Wahrheit und Gerechtigkeit orientierten Verfahrens, andererseits dient es der Wahrung der Würde des einzelnen, indem es verbietet, diesen zwangsweise als Waffe gegen sich selbst einzusetzen. Der erste Aspekt ist aus dem Gebot der Rechtsstaatlichkeit abzuleiten (Art. 20 III GG), der zweite aus der Garantie der Wahrung der Menschenwürde (Art. 1 I GG).

- Seiner Natur nach stellt das Schweigerecht ein fundamentales Justizgrundrecht dar und gehört dem Standort nach zu den in Art. 103f. GG genannten Rechten. Dieser Kerncharakter wird lediglich aufgrund des Umstands verdunkelt, daß - sachnotwendig - das Recht gewisse Erweiterungen erfahren muß, um effektive Wirkung zu entfalten.

- Schweigen als allgemeine Form der Kommunikation ist untrennbar mit der gesamten Gesprächssituation (aussagepsychologischen Kommunikationszusammenhang) verknüpft, in der es steht. Hierbei könnte man die These vertreten, daß die Faktoren des Gesprächszusammenhangs, einschließlich des zugrundeliegenden Machtverhältnisses der Kommunikationspartner, sich in einer Weise steuern und registrieren lassen, die es ermöglicht, dem Schweigen einen eindeutigen Erklärungswert zu entnehmen (These des steuer- und interpretierbaren Echos). Einer solchen Betrachtung ist zu widersprechen, da das menschliche Erkenntnisvermögen begrenzt ist. Zudem muß beachtet werden, daß im speziellen Zusammenhang rechtlicher Verfahren wegen bestehender prozessualer Garantien der allgemeine Aussagewert des passiven Verhaltens rechtlich überformt wird.

- Schlüsse aus dem Schweigen lassen sich aufgrund empirisch fundierter und aufgrund normativer Argumente ausschließen. Eine rein empirisch begründete Argumentation mit Hinweis auf die Vielfältigkeit der Schweigemotive vermag keine prinzipiengeleitete, überzeugende Antwort auf die Frage der Unzulässigkeit von Schlüssen aus dem Schweigen zu geben. Jedoch sind die empirischen Erkenntnisse eine notwendige Voraussetzung für eine in sich schlüssige normative Argumentation, die Schlüsse aus dem Schweigen verbietet.

- Schlüsse aus dem Schweigen sind auf normativer Grundlage abzulehnen, da sie gegen das Gebot der Unschuldsvermutung (bzw. der materiellen Beweisführungslast) sowie der Fairneß (Belehrungsvorschriften) verstoßen. Zwar ließe sich die Belehrung aufgrund einfacher Gesetzesänderungen ergänzen, jedoch würde dann die Frage der Verständlichkeit der Belehrung gleichfalls Probleme bereiten.

- Zusätzlich spricht gegen eine Zulässigkeit der Würdigung passiven Verhaltens der unzulässige psychologische Druck auf den Beschuldigten, der aufgrund der drohenden Würdigung ausgeübt wird. Diese Zwangslage muß jedoch, damit dieser normative Aspekt eingreift, im einzelnen Fall nachgewiesen werden.

- Dem Schweigerecht selbst kann aus historischen und gesetzessystematischen Gründen hingegen kein immanentes Gebot entnommen werden, daß eine nachteilige Würdigung des Schweigens immer und durchgängig unzulässig sei.

- Auch im Zusammenhang des englischen Rechtsbereichs ist die Schweigegarantie auf die Würde des einzelnen im Verfahren zurückzuführen, zumal die zuvor allein an funktionalen Kriterien orientierte Debatte zur ratio des Schweigerechts zu keinen befriedigenden Ergebnissen geführt hat.

- Die Reform der Würdigung des Schweigens in England ist auf eine jahrzehntelange gesellschaftlich-politische Diskussion zurückzuführen, die ihre Wurzeln in dem philosophischen Denkmodell von Jeremy Bentham findet (Utilitarismus).

- Die zahlreichen empirischen Studien im englischen Rechtsbereich haben bereits vor der Gesetzesreform der Jahre 1994/1995 belegt, daß die Thesen der Gegner des Schweigerechts (ambush-defences u.a.) in praxi nicht zu belegen sind.

- Sections 34-39 CRIMPO stellen rechtlich äußerst komplexe Regelungen zur begrenzten Würdigung des Schweigens in bestimmten, fest definierten Situationen dar. In der kurzen Zeit ihrer Existenz haben sie zahlreiche rechtstechnische Probleme aufgeworfen, die mit der Vielfältigkeit der möglichen Schweigekonstellationen in engem Zusammenhang stehen.

- Die Geltung der ss. 34-39 CRIMPO ist aus denselben Gründen wie im deutschen Rechtsbereich, nämlich wegen des Verstoßes gegen die Unschuldsvermutung, in Frage zu stellen. Entgegen der Auffassung des Europäischen Gerichtshofs für Menschenrechte verstoßen diese Normen gegen Art. 6 (2) EMRK (Unschuldsvermutung) und müssen daher wieder abgeschafft werden.

- Ein Vergleich der Ableitung des deutschen und des englischen Rechts ergibt, daß trotz der Unterschiedlichkeit der Strukturen beider Rechtsordnungen die ratio der Würde des einzelnen auch im englischen Recht zunehmend an Bedeutung gewinnt.

- Schlüsse aus dem Schweigen unterliegen in hohem Maße in ihrer Handhabung der technischen Ausgestaltung des Strafprozesses in beiden Ländern. Dennoch finden sich, löst man sich von den formellen Kategorien der Prozeßrollen, vielfach Parallelen, die die Unterschiede der formellen Prozeßstruktur relativieren.

- Die empirische und normative Kritik an der nachteiligen beweisrechtlichen Würdigung weist in beiden Rechtsordnungen erhebliche Parallelen auf. Dies gilt insbesondere für die Betonung der vielfältigen Gründe für das Schweigeverhalten, den Hinweis auf den psychologischen Druck und die Hervorhebung der Bedeutung der Unschuldsvermutung.

- Abschließend ist festzustellen, daß mit der ganz überwiegenden Lehre in beiden Ländern Schlüsse aus dem Schweigen des Beschuldigten bzw. Angeklagten in jeder Form als unzulässig anzusehen sind.

Verzeichnis der deutschen Literatur

Arndt, Adolf	Das Schweigen vor Gericht [Anmerkung zu Urteil des Kammergerichts vom 09.12 1965, NJW 1966, S. 605], NJW 1966, S. 869-872
Alexy, Robert	Theorie der Grundrechte, 2. Auflage (1994), Frankfurt a.M.
Arzt, Gunther	Geständnisbereitschaft und Strafrechtssystem, in: Jean Gauthier / Dick F. Marty / Niklaus Schmid (Hrsg.): Aktuelle Probleme der Kriminalitätsbekämpfung, Festschrift zum 50jährigen Bestehen der Schweizerischen Kriminalistischen Gesellschaft, (1992) Bern, S. 233-248
Arzt, Gunther	Ketzerische Bemerkungen zum Prinzip in dubio pro reo - Vortrag gehalten vor der Juristischen Gesellschaft zu Berlin am 13. November 1996, (1997) Berlin und New York, S. 5-26
Badura, Peter	Generalprävention und die Würde des Menschen, JZ 1964, S. 337-344
Bährlein, Michael / Pananis, Panos / Rehmsmeier, Jörg	Spannungsverhältnis zwischen der Aussagefreiheit im Strafverfahren und den Mitwirkungspflichten im Verwaltungsverfahren, NJW 2002, S. 1825-1830
Bauer, Gerhard	Die Aussage des über das Schweigerecht nicht belehrten Beschuldigten, (1972) Universität Göttingen, juristische Dissertation
Beulke, Werner	Strafprozeßrecht, 6. Auflage (2002) Heidelberg
Bonner Kommentar	Bonner Kommentar zum Grundgesetz, Rudolf Dolzer (Gesamt-Hrsg.), Band I, Stand: Juni 2002, 100. Lieferung, Heidelberg
Bosch, Nikolaus	Aspekte des nemo-tenetur-Prinzips aus verfassungsrechtlicher und strafprozessualer Sicht: ein Beitrag zur funktionsorientierten Auslegung des Grundsatzes „nemo tenetur seipsum accusare“, (1998) Berlin, zugleich: (1997) Augsburg, juristische Dissertation
Brüner, F. H. / Spitzer,	Der Europäische Staatsanwalt – ein Instrument zur Verbesserung des Schutzes der EU-Finanzen oder ein Beitrag zur

H. | Verwirklichung eines Europas der Freiheit, der Sicherheit und des Rechts ?, NStZ 2002, S. 393-398

Bruns, Hans-Jürgen | Leitfaden des Strafzumessungsrecht: eine systematische Darstellung für die strafrichterliche Praxis, (1980) Köln u.a.

Bruns, Hans-Jürgen | Strafzumessungsrecht. Allgemeiner Teil, 2. Auflage (1974) Köln u.a.

Burkart, Roland / Hömberg, Walter (Hrsg.) | Kommunikationstheorien. Ein Textbuch zur Einführung, (1992) Wien

Burkart, Roland / Lang, Alfred | Die Theorie des kommunikativen Handelns von Jürgen Habermas – eine kommentierte Textcollage, in: Roland Burkart / Walter Hömberg (Hrsg.): Kommunikationstheorie. Eine Einführung, (1992) Wien, S. 40-69

Castringius, Arnold | Schweigen und Leugnen des Beschuldigten im Strafprozeß, (1965) Hamburg, juristische Dissertation

Dahs, Hans (senior) | [Buchbesprechung von Klaus Rogall: Der Beschuldigte als Beweismittel gegen sich selbst u.s.w. (1977) Berlin], GA 1978, S. 89-90

Dahs, Hans / Langkeit, Jochen | Das Schweigerecht des Beschuldigten und sein Auskunftsverweigerungsrecht als ´verdächtiger Zeuge´ - Zugleich Anmerkung zum Urteil des BGH NStZ 1992, S. 448, NStZ 1993, S. 213-216

Dallmeyer, Jens | Beweisführung im Strengbeweisverfahren: die Beweisbefugnisse als Voraussetzungen der Wahrheitserforschung im Strafprozeß, (2002) Bad Vilbel, zugleich: (2002) Universität Frankfurt a.M., juristische Dissertation

Dallmeyer, Jens | Die Integrität des Beschuldigten im reformierten Strafprozess - Zur zwangsweisen Verabreichung von Brechmitteln bei mutmaßlichen Drogendealern, KritV 2000, S. 252-266

Dencker, Friedrich | Besprechung von Aufsätzen und Anmerkungen zum Straf- und Strafprozeßrecht, NStZ 1982, S. 458-462

Dencker, Friedrich | [Anmerkung zum Beschluß des LG Frankfurt a.M. vom 20.02.1985 - 5/9 Qs OWi 207/85, veröffentlicht in StV 1985, S. 498], StV 1985, S. 498-500

Dingeldey, Thomas	Der Schutz der strafprozessualen Aussagefreiheit durch Verwertungsverbote bei außerstrafrechtlichen Aussage- und Mitwirkungspflichten, NStZ 1984, S. 529-534
Dingeldey, Thomas	Das Prinzip der Aussagefreiheit im Strafprozeßrecht, JA 1984, S. 407-414
Doller, Hans	Der schweigende Angeklagte und das Revisionsgericht, MDR 1974, S. 979/980
Dürig, Günter	Das Grundrecht von der Menschenwürde, AöR 81 (1956), S. 117-157
Dürkop, Marlies	Der Angeklagte. Eine sozial-psychologische Studie zum Verhalten vor Gericht, (1977) München, Dissertation im Fachbereich Philosophie und Sozialwissenschaften
Eisenberg, Ulrich	Beweisrecht der StPO - Spezialkommentar, 3. Auflage (1999) München
Engelhardt, Herbert	Die Vernehmung des Angeklagten und damit zusammenhängende Probleme, ZStW 58 (1939), S. 335-362
Eser, Albin	Der Schutz vor Selbstbezichtigung im deutschen Strafrecht, ZStW (Beiheft Teheran) 86 (1974), S. 136-171
Eser, Albin	Aussagefreiheit und Beistand des Verteidigers im Ermittlungsverfahren - Rechtsvergleichende Beobachtungen zur Rechtsstellung des Beschuldigten, ZStW (Auslandsteil) 79 (1967), S. 565-623
Fezer, Gerhard / Wohlers, Wolfgang	Strafprozeßrecht. Juristischer Studienkurs, 2. Auflage (1995) München
Fischer, Bianca	Divergierende Selbstbelastungspflichten nach geltendem Recht: Versuch einer Harmonisierung, (1979) Berlin
Freund, Georg	Normative Probleme der „Tatsachenfeststellung“, (1987) Heidelberg
Friedrichs, Anne	Verwertungsverbote bei partieller Zeugnisverweigerung nach § 52 StPO, (1996) Göttingen, zugleich: (1996) Universität Göttingen, juristische Dissertation

Fuhrmann, Hans — Das Schweigen des Angeklagten in der Hauptverhandlung, JR 1965, S. 417-419

Geddert-Steinacher, Tatjana — Menschenwürde als Verfassungsbegriff, (1990) Berlin

Gegenfurtner, August — Zum Recht des Angeklagten auf Schweigen in Verkehrsstrafsachen, DAR 1966, S. 98/99

Geppert, Klaus — Beschlagnahme von Schadenakten (sic) privater (Kraftfahrzeug-)Haftpflichtversicherer im (Verkehrs-)Strafprozeß, DAR 1981, S. 301-307

Geppert, Klaus — Notwendigkeit und rechtliche Grenzen der „informatorischen Befragung" im Strafverfahren, in: Rolf Dietrich Herzberg (Hrsg.): Festschrift für Dietrich Oehler zum 70. Geburtstag, (1985) Köln u.a., S. 323-344

Grünwald, Gerald — Das Beweisrecht der Strafprozeßordnung, (1993) Baden-Baden

Grünwald, Gerald — Probleme der Gegenüberstellung zum Zwecke der Wiedererkennung, JZ 1981, S. 423-429

Grünwald, Gerald — Beweisverbote und Verwertungsverbote im Strafverfahren, JZ 1966, S. 489-501

Güldenpfennig, Rudolf — [Anmerkung zu Urteil des OLG Oldenburg vom 28.01.1969 – 4 Ss 365/68, veröffentlicht in NJW 1969, S. 806], NJW 1969, S. 1867

Günter, Hans Helmut — Die Einführung und Verwertung früherer Angaben des in der Hauptverhandlung schweigenden Angeklagten, DRiZ 1971, S. 379-381

Günther, Hans-Ludwig — Strafrichterliche Beweiswürdigung und schweigender Angeklagter, JR 1978, S. 89-94

Günther, Hans-Ludwig — Die Schweigebefugnis des Tatverdächtigen im Straf- und Bußgeldverfahren aus verfassungsrechtlicher Sicht, GA 1978, S. 194-206

Guradze, Heinz — Schweigerecht und Unschuldvermutung im englisch-amerikanischen und im bundesdeutschen Strafprozeß, in: Henry Steele Commanger / Günther Doecker u.a. (Hrsg.):

Festschrift für Karl Loewenstein zum achzigsten Geburtstag, (1971) Tübingen, S. 151-165

Habscheid, Walther J. Das Persönlichkeitsrecht als Schranke der Wahrheitsfindung im Prozeßrecht, in: H. Conrad (Hrsg.) u.a.: Gedächtnisschrift für Hans Peters, (1967) Berlin u.a., S. 840-874

Hahn, Karl Die gesamten Materialien zu den Reichs-Justizgesetzen, 2. Auflage (1885) Berlin

Hahn, Werner Offenbarungspflichten im Umweltschutzrecht, (1984) Köln u.a.

Hammerstein, G. [Anmerkung zum Urteil des BGH vom 02.04.1987 - 4 StR 46/87, veröffentlicht in BGHSt 34, S. 324], JR 1987, S. 479

Hanack, Ernst-Walter Die Rechtsprechung des Bundesgerichtshofs zum Strafverfahrensrecht (Bd. 11-22 der amtlichen Sammlung), JZ 1971, S. 168-171

Hanack, Ernst-Walter [Anmerkung zu Urteil des BGH vom 22.10.1980 – 2 StR 612/80, veröffentlicht in JR 1981, S. 432], JR 1981, S. 434-435

Helgerth, Roland Der 'Verdächtige' als schweigeberechtigte Auskunftsperson und selbstständiger Prozeßbeteiligter, (1979) Erlangen und Nürnberg, juristische Dissertation

Henkel, Heinrich[1] Strafverfahrensrecht, (1953) Stuttgart und Köln

Henkel, Heinrich[2] Strafverfahrensrecht. Ein Lehrbuch, 2. Auflage (1968) Köln u.a.

Hill, Herrmann Verfassungsrechtliche Gewährleistungen gegenüber der staatlichen Strafgewalt, in: Isensee, Josef / Kirchhof, Paul (Hrsg.): Handbuch des Staatsrechts der Bundesrepublik Deutschland, Band VI (Freiheitsrechte), (1989) Heidelberg

Hoerster, Norbert Zur Bedeutung des Prinzips der Menschenwürde, JuS 1983, S. 93-96

Höra, Knut Wahrheitspflicht und Schweigebefugnis des Beschuldigten. Eine Analyse der Rechtsstellung des Beschuldigten im Strafprozeß, (1979) Universität Frankfurt a.M., juristische Dissertation

Huber, Barbara	Das Schweigen in England, in Jörg Arnold / Björn Burkhard / Walter Gropp / Hans-Georg Koch (Hrsg.): Grenzüberschreitungen. Beiträge zum 60. Geburtstag von Albin Eser, (1995) Freiburg i. Br., S. 137-145
Joecks, Wolfgang	Urkundenfälschung „in Erfüllung steuerrechtlicher Pflichten" (§ 393 Abs. 2 Satz 1 AO) ?, wistra 1998, S. 86-91
Kadelbach, Stefan	[Anmerkung zu Urteil des OLG Düsseldorf vom 15.11.1991 - VI 14/89, veröffentlicht in StV 1992, S. 503], StV 1992, S. 506-509
Karlsruher Kommentar (OWiG)	Karlsruher Kommentar zum Gesetz über Ordnungswidrigkeiten, Karl Heinz Bujong (Hrsg.), 2. Auflage (2000) München
Karlsruher Kommentar (StPO)	Karlsruher Kommentar zur Strafprozeßordnung und zum Gerichtsverfassungsgesetz, Gerd Pfeiffer (Hrsg.), 4. Auflage (1999) München
Keiser, Claudia	Die Anwendung des „nemo-tenetur-Grundsatzes" auf das Prozeßverhalten des Angeklagten - zugleich Anmerkung zu BGH StV 2000, 234 und StV 2000, 293, StV 2000, S. 633-637
Keller, Rainer	Rechtliche Grenzen der Provokation von Straftaten, (1989) Berlin, zugleich: (1988) Universität Hannover, juristische Habilitationsschrift
Kleinknecht, Theodor	[Anmerkung zum Urteil des BGH vom 26.10.1965 - 5 StR 415/65, veröffentlicht in BGHSt 38, 28 = JR 1966, S. 269], JR 1966, S. 270/271
Kleinknecht, Theodor / Meyer-Goßner, Lutz	Strafprozeßordnung, Gerichtsverfassungsgesetz, Nebengesetze und ergänzende Bestimmungen, 45. Auflage (2001) München
Kleinknecht, Theodor / Müller, Herrmann / Reitberger, L. (Begründer)	Loseblattkommentar zur Straprozeßordnung, Bernhard von Heintschel-Heinegg / Heinz Stöckel (Hrsg.), 30. Lieferung (Dezember 2001) Neuwied und Kriftel
Kohlhaas, Max	Der von außen in die Sitzung eingreifende Behördenleiter der Staatsanwaltschaft, DRiZ 1965, S. 294-296

Kohlhaas, Max — Schlüsse aus dem Schweigen des Beschuldigten ?, NJW 1965, S. 2282-2284

Krause, Peter — Das Recht auf informationelle Selbstbestimmung - BVerfGE 65, 1, JuS 1984, S. 268-275

Kühl, Kristian — Freie Beweiswürdigung des Schweigens des Angeklagten und Untersuchungsverweigerung eines angehörigen Zeugen - BGHSt 32, 140, JuS 1986, S. 115-123

Kühne, Hans-Heiner — Strafverfahrensrecht als Kommunikationsproblem – Prolegomena einer strafverfahrensrechtlichen Kommunikationstheorie, (1978) Heidelberg

Kühne, Hans-Heiner — Strafprozessuale Beweisverbote und Art. 1 I GG, (1970) Köln u.a.

Kühne, Hans-Heiner — Strafprozeßrecht: Ein Lehrbuch zum deutschen und europäischen Strafverfahrensrecht, 5. Auflage (1999) Heidelberg

Kunert, Karl Heinz — Wie weit schützt die Strafprozeßordnunge die Grundrechte des Beschuldigten ? Zu den Belehrungspflichten nach § 115 Abs. 3, § 136 Abs. 1, § 136a Abs. 3,4 StPO i. d. F. des StPÄG, MDR 1960, S. 539-542

Leiwesmeyer, Heinrich — Der schweigende Angeklagte, (1994) Universität Kiel, juristische Dissertation

Lemke, Michael — Heidelberger Kommentar zum Ordnungswidrigkeitengesetz, (1999) Heidelberg

Lerch, Kent — Artikel: Jeremy Bentham, in: Michael Stolleis (Hrsg.): Juristen. Ein biographisches Lexikon, (1995) München

Liepmann, (Moritz) — Die Psychologie der Vernehmung des Angeklagten im deutschen Strafprozeß, ZStW 44 (1924), S. 647-683

Löwe-Rosenberg[20] — Strafprozeßordnung und Gerichtsverfassungsgesetz, Großkommentar, Erich Niethammer (Hrsg.), 20. Auflage (1956 et sequ.), Berlin

Löwe-Rosenberg[21] — Die Strafprozeßordnung und das Gerichtsverfassungsgesetz mit Nebengesetzen. Großkommentar, Hanns Dünnebier u.a. (Hrsg.), 21. Auflage (1963) und (Ergänzungsband) (1967), Berlin und New York

Löwe-Rosenberg[23] Strafprozeßordnung und Gerichtsverfassungsgesetz, Großkommentar, Hanns Dünnebier / Walter Gollwitzer / Karlheinz Meyer / Lutz Meyer-Goßner (Hrsg.), 23. Auflage (1976 et sequ.) Berlin und New York

Löwe-Rosenberg[24] Strafprozeßordnung und Gerichtsverfassungsgesetz, Großkommentar, Peter Rieß u.a. (Hrsg.), 24. Auflage (1988 et sequ.) Berlin und New York

Löwe-Rosenberg[25] Strafprozeßordnung und Gerichtsverfassungsgesetz, Großkommentar, Peter Rieß (Hrsg.), 25. Auflage (1997 et sequ.), Berlin und New York

Mäder, Detlef Betriebliche Offenbarungspflichten und Schutz vor Selbstbelastung: zum Spannungsfeld von Umweltrecht und nemotenetur-Grundsatz, (1997) Freiburg i. Br., zugleich: (1996) Universität Freiburg i. Br., juristische Dissertation

Maunz-Dürig Grundgesetz-Kommentar, Band I, 99. Lieferung, Stand: Juli 2001, München

Meyer, J. [Anmerkung zu Urteil des BGH vom 02.04.1987 – 4 StR 46/87, veröffentlicht in JR 1988, S. 78], JR 1988, S. 79-80

Meyer, J. [Anmerkung zur Urteil des BGH vom 03.12.1965 – 4 StR 573/65 -, veröffentlicht in JR 1966, S. 351 = BGHSt 20, S. 298], JR 1966, S. 352-354

Miebach, Klaus Der teilschweigende Angeklagte - materiell-rechtliche und prozessuale Fragen anhand der BGH-Rechtsprechung, NStZ 2000, S. 234-242

Müller-Dietz, Heinz Die Stellung des Beschuldigten im Strafprozeß, ZStW 93 (1981), S. 1177-1270

Münch, Ingo / Kunig, Philip (Hrsg.) Grundgesetz-Kommentar, Band I, 5. Auflage (2000), München

Nelles, Ursula Europäisierung des Strafverfahrens, ZStW 109 (1997), S. 727-755

Neumann, Franz L. / Nipperdey, Hans Carl / Scheuner, Ulrich (Hrsg.) Die Grundrechte. Handbuch der Theorie und Praxis der Grundrechte, Band II, 2. Auflage (1954/1968), Berlin

Neumann, Ulfrid — Mitwirkungs- und Duldungspflichten des Beschuldigten bei körperlichen Eingriffen im Strafverfahren, in: Rainer Zaczyk u.a. (Hrsg.): Festschrift für E. A. Wolff zum 70. Geburtstag am 01.10.1998, (1998) Berlin u.a., S. 373-393

Neumann, Ulfrid — Materiale und prozedurale Gerechtigkeit im Strafverfahren, ZStW 101 (1989), S. 52-74

Nickl, Rolf — Das Schweigen des Beschuldigten und seine Bedeutung für die Beweiswürdigung, (1978) Universität München, juristische Dissertation

Niese, Werner — Narkoanalyse als doppelfunktionelle Prozeßhandlung, ZStW 63 (1951), S. 199-228

Nothhelfer, Martin — Die Freiheit vom Selbstbezichtigungszwang: verfassungsrechtliche Grundlagen und einfachgesetzliche Ausformungen, (1989) Heidelberg, zugleich: (1989) Universität Heidelberg, juristische Dissertation

Ostermeyer, Helmut — Der schweigende Beschuldigte, NJW 1967, S. 915-917

Ostermeyer, Helmut — [Anmerkung zum Urteil des OLG Oldenburg vom 28.01.1969 - 4 Ss 365/68, veröffentlicht in NJW 1969, S. 806], NJW 1969, S. 1187

Otto, Harro — Beweisverbote aus steuerrechtlicher Mitwirkungspflicht ?, wistra 1983, S. 233-235

Paeffgen, Hans-Ulrich — Vorüberlegungen zu einer Dogmatik des Untersuchungshaft-Rechts, (1986) Köln u.a.

Park, Tido — Die prozessuale Verwertbarkeit der Beschuldigteneinlassung im Strafverfahren, StV 2001, S. 589-595

Pelchen, G. — [Anmerkung zum Urteil des BGH vom 26.10.1983 - 3 StR 251/83, veröffentlicht in BGHSt 32, 140 = JR 1985, S. 70], Juristische Rundschau 1985, S. 71-74

Peters, Karl — Literaturbericht - Gerichtswesen und Kriminalistik Teil II, ZStW 91 (1979), S. 96-125

Peters, Karl — Strafprozeß - ein Lehrbuch, 4. Auflage (1985) Heidelberg

Petry, Horst — Beweisverbote im Strafprozeß, (1971) Darmstadt, zugleich: (1971) Universität Saarbrücken, juristische Dissertation

Pfeiffer, Gerd	Strafprozeßordnung und Gerichtsverfassungsgesetz. Kommentar, 3. Auflage (2001), München
Puppe, Ingeborg	List im Verhör des Beschuldigten, GA 1978, S. 289-308
Quentmeier, Kirsten	Geständnis, Schweigerecht und Schweigen des Beschuldigten, JA 1996, S. 215-221
Radbruch, Gustav	Grenzen der Kriminalpolizei, in: Arthur Wegner u.a. (Hrsg.): Festschrift für Wilhelm Sauer zum 70. Geburtstag am 24. Juni 1949, (1949) Berlin, S. 121-127
Ranft, Otfried	Strafprozeßrecht. Systematische Lehrdarstellung für Studium und Praxis, 2. Auflage (1995) Stuttgart u.a.
Rebmann, Kurt / Roth, Werner / Herrmann, Siegfried	Gesetz über Ordnungswidrigkeiten. Kommentar, 3. Auflage (1998), Stuttgart u.a.
Reiß, Wolfram	Besteuerungsverfahren und Strafverfahren: zugleich ein Beitrag zur Bedeutung des Grundsatzes von Nemo tenetur se ipsum prodere im Besteuerungsverfahren, (1987) Köln, zugleich: (1985/86) Universität Bonn, juristische Habilitationsschrift
Reiß, Wolfram	Gesetzliche Auskunftsverweigerungsrechte bei Gefahr der Strafverfolgung in öffentlich-rechtlichen Verfahren, NJW 1982, S. 2540/2541
Rejewski, Erwin	Unterbliebener Hinweis auf die „Aussagefreiheit" des Beschuldigten als Revisionsgrund ?, NJW 1967, S. 1999-2001
Rengier, Rudolf	[Anmerkung zu Urteil des OLG Celle vom 16.02.1982 - 1 Ss 605/81, veröffentlicht in JR 1982, S, 475], JR 1982, S. 477-479
Rengier, Rudolf	Die Zeugnisverweigerungsrechte im geltenden und künftigen Strafverfahrensrecht: Grundlagen, Reformfragen und Stellung im System der Beweisverbote und im Revisionsrecht, (1979) Paderborn u.a., zugleich: (1977/78) Universität Freiburg i. Br., juristische Dissertation
Richter II, Christian	Reden - Schweigen - Teilschweigen - Anmerkung zum Verteidigungsverhalten eines Beschuldigten, StV 1994, S. 687-692

Rieß, Peter	[Besprechung von: Bianca Fischer: Divergierende Selbstbelastungspflichten nach geltendem Recht, (1979) Berlin], GA 1981, S. 47/48
Rieß, Peter	Die Vernehmung des Beschuldigten im Strafprozeß, JA 1980, S. 293-301
Rogall, Klaus	Der Beschuldigte als Beweismittel gegen sich selbst, (1977) Berlin
Rogall, Klaus	[Anmerkung zu Beschluß des OLG Karlsruhe vom 06.09 1988 - 1 Ss 68/88, veröffentlicht in NStZ 1989, S. 287], NStZ 1989, S. 288
Roschmann, Christian	Das Schweigerecht des Beschuldigten im Strafprozeß - seine rechtlichen und faktischen Grenzen, (1983) Bremen, juristische Dissertation
Roxin, Claus	Strafverfahrensrecht, 25. Auflage (1998) München
Rüping, Hinrich	Der Schutz der Menschenrechte im Strafverfahren, ZStW 91 (1979), S. 351-363
Rüping, Hinrich	Zur Mitwirkungspflicht des Beschuldigten und Angeklagten, JR 1974, S. 135-140
Sachs, Michael (Hrsg.)	Grundgesetz: Kommentar, 2. Auflage (1999), München
Salger, Carsten A.	Das Schweigerecht des Beschuldigten - Vergleich zwischen deutschem und US-amerikanischem Strafverfahrensrecht, (1998) Köln u.a., zugleich (1994/95) Universität Freiburg i. Br., juristische Dissertation
Schaefer, Karl	Einige Bemerkungen zu dem Satz ´nemo tenetur se ipsum accusare´, in: Ernst-Walter Hanack (Hrsg.): Festschrift für Hanns Dünnebier zum 75. Geburtstag am 12. Juni 1982, (1982) Berlin und New York, S. 11-51
Schlüchter, Ellen	Strafprozeßrecht, 2. Auflage (1995) Thüngersheim/Nürnberg
Schmidt, Eberhard	Der Strafprozeß - Aktuelles und Zeitloses, NJW 1969, S. 1137-1146
Schmidt, Eberhard	Sinn und Tragweite des Hinweises auf die Aussagefreiheit des Beschuldigten - StPO §§ 115 Abs. 3, 136 Abs. 1, 163a Abs. 3, 4, 243 Abs. 4, NJW 1968, S. 1209-1219

Schmidt, Eberhard	§ 261 StPO in der neueren höchstrichterlichen Rechtsprechung, JZ 1970, S. 337-343
Schmidt-Leichner, Erich	Ist und bleibt das Schweigen des Beschuldigten zweischneidig ?, NJW 1966, S. 198-191
Schmitt, Bertram	Die richterliche Beweiswürdigung im Strafprozeß: eine Studie zu Wesen und Funktion des strafprozessualen Grundsatzes der „freien Beweiswürdigung“ sowie zu den Möglichkeiten und Grenzen einer Revision in Strafsachen; zugleich ein Beitrag zum Verhältnis von Kriminalisitik und staatlicher Strafrechtspflege, (1992) Lübeck
Schneider, Hans Joachim	Beweisverwertungsverbot der Zeugnisverweigerung eines Angehörigen gegen den Angeklagten - BGHSt 22, 113, JuS 1970, S. 271-276
Schneider, Hartmut	Die strafprozessuale Beweiswürdigung des Schweigens von Beschuldigten und angehörigen Zeugen, Jura 1990, S. 572-582
Schneider, Hartmut	Grund und Grenzen des strafrechtlichen Selbstbegünstigungsprinzips auf der Basis eines general-präventiven Schuldmodells, (1991) Berlin, zugleich: (1991) Freie Universität Berlin, juristische Dissertation
Schulz, Lorenz	Normiertes Mißtrauen. Der Verdacht im Strafverfahren, (2001) Frankfurt a.M.
Seebode, Manfred	Über die Freiheit, die eigene Strafverfolgung zu unterstützen, JA 1980, S. 493-499
Seebode, Manfred	Schweigen des Beschuldigten zur Person, MDR 1970, S. 185-189
Seibert, Claus	Das Schweigen des Angeklagten, NJW 1965, S. 1706
Streck, Michael	Der Beschluß des Bundesverfassungsgerichts zum strafrechtlichen Verwertungsverbot bei Aussagen des Gemeinschuldners und seine Auswirkungen im Steuerstrafrecht, StV 1981, S. 362-364
Streck, Michael / Spatscheck, Rainer	Steuerliche Mitwirkungspflicht trotz Strafverfahrens ?, wistra 1998, S. 334-342

Stree, Walter — Schweigen des Beschuldigten im Strafverfahren, JZ 1966, S. 593-600

Stuckenberg, Carl-Friedrich — Die normative Aussage der Unschuldsvermutung, ZStW 111 (1999), S. 422-460

Stümpfler, Hermann — Das Schweigen im Strafverfahren oder Bußgeldverfahren, DAR 1973, S. 1-10

Stürner, Rolf — Strafrechtliche Selbstbelastung und verfahrensrechtliche Wahrheitsermittlung, NJW 1981, S. 1757-1763

Systematischer Kommentar zur StPO — Systematischer Kommentar zur Strafprozeßordnung und zum Gerichtsverfassungsgesetz, Hans-Joachim Rudolphi (Hrsg.), bearbeitet von: Hans-Joachim Rudolphi / Wolfgang Frisch / Klaus Rogall / Hans-Ulrich Paeffgen / Ellen Schlüchter / Jürgen Wolter, Loseblattkommentar, Stand: 17. Lieferung (1997), Neuwied

Tzschack, Werner — Schweigen verboten ?, DAR 1973, S. 286-288

Ullmann, Emanuel — Lehrbuch des Deutschen Strafprocessrechts, (1893) München

Ventzke, Klaus-Ulrich — Strafverfolgung als Konsequenz der Asylantragsbegründung ?, StV 1990, S. 279-282

Ventzke, Klaus-Ulrich — Strafverfolgung als Konsequenz der Asylantragsbegründung ?, StV 1990, S. 279-282

Verrel, Torsten — Die Selbstbelastungsfreiheit im Strafverfahren: ein Beitrag zur Konturierung eines überdehnten Verfahrensgrundsatzes, (2001) München, zugleich: (2001) Universität München, Habilitationsschrift

Verrel, Torsten — Nemo tenetur - Rekonstruktion eines Verfahrensgrundsatzes (Teil I und II), NStZ 1997, S. 361-365 und S. 415-420

Volk, Klaus — [Anmerkung zu Urteil des BGH vom 26.12.1983 - 3 StR 251/83, veröffentlicht in NStZ 1984, S. 377], NStZ 1984, S. 377/378

von Mangoldt, Hermann / Klein, Friedrich (Hrsg.) — Kommentar zum Grundgesetz, 3. Auflage (1985) München, Band I

Walder, Hans — Die Vernehmung des Beschuldigten: dargestellt am Beispiel des zürcher und des deutschen Strafprozeßrechtes, (1964) Hamburg

Weiß, Wolfgang — Haben juristische Personen ein Aussageverweigerungsrecht ?, JZ 1998, S. 289-297

Welzel, Hans — Zur Problematik der Unterlassungsdelikte, Juristenzeitung 1958, S. 494-497

Wessels, Johannes — Schweigen und Leugnen im Strafverfahren, JuS 1966, S. 169-176

Weßlau, Edda — Zwang, Täuschung und Heimlichkeit im Strafverfahren, ZStW 110 (1998), S. 1-37

Wimmer, August — Gestehen und Leugnen im Strafprozeß - Seine (sic) Bedeutung für Strafzumessung und Anrechnung der Untersuchungshaft, ZStW 50 (1930), S. 538-596

Wimmer, August — Strafzumessungstatsachen im Prozeß, NJW 1947/1948, S. 126-129

Wolfslast, Gabriele — Beweisführung durch heimliche Tonbandaufzeichnung - Besprechung des BGH-Urteils vom 09.04.1986 - 3 StR 551/85, NStZ 1987, S. 102-104

Verzeichnis der englischen, nordirischen und amerikanischen Literatur

Allen, Michael J.	Textbook on Criminal Law, 5. Auflage (1999) London
Andrews, John / Hirst, Michael	Andrews & Hirst on Criminal Evidence, 4. Auflage (2001) Bristol
Aranella, P.	Schmerber [Judgment] and the Privilege against Self-Incrimination: A Reppraisal, (1982) 20 AmCrimLR, S. 31-55
Archbold / Richardson, P. J. u.a.	Archbold - Criminal Pleadings, Evidence and Practice, 52. Auflage (2000) London
Archbold / Richardson, P.D. u.a.	Archbold - Criminal Pleadings, Evidence and Practice, 53. Auflage (2002) London
Ashworth, Andrew	The Criminal Process, 2. Auflage (1998) Oxford
Ashworth, Andrew	Criminal Proceedings After the Human Rights Act: The First Year,(2001) CrimLR, S. 855-872
Baldwin, John	Police Interrogation: What are the Rules of the Game, in: David Morgan / Geoffrey M. Stephenson (Hrsg.): Suspicion and Silence: the Right to Silence in Criminal Investigations, (1994) London, S. 67-76
Bentham, Jeremy	Rationale of Judicial Evidence, (1827) herausgegeben von J. S. Mill, Band V, London
Bentham, Jeremy	A Treatise on Judicial Evidence, (1825) London, anonyme Übersetzung von Dumonts ´Traité des preuves´ [einer relativ freien Wiedergabe von Fragmenten aus Benthams Werk]
Birch, Diane	Suffering in Silence: A Cost-Benefit Analysis of Section 34 of the Criminal Justice and Public Order Act 1994, (1999) CrimLR, S. 769-788
Birch, Diane	[Kommentar zu R. v. Betts und Hall, CA (2001) 2 CrAppR, S. 257], (2001) CrimLR, S. 756-758

Blackstone / Murphy, Peter / Stockdale, Eric (Hrsg.)	Blackstone´s Criminal Practice, (2002) Oxford
Blake, Nike	The case for retention [of the right to silence], in: Steven Greer / Rod Morgan (Hrsg.): The Right to Silence Debate: Proceedings of a Conference held at the University of Bristol on 27 March 1990, (1990) Bristol, S. 18-27
Bucke, Tom / Street, Robert / Brown, David	The Right of Silence: the Impact of the Criminal Justice and Public Order Act 1994, Home Office Research Study N° 199, (1999) London
Cape, Ed	Sidelining Defence Lawyers: Police Station Advice after Condron, (1997) 1 E&P, S. 386-402
Cape, Ed	The right to silence: new developments in England and Wales, (1999) unveröffentlichtes Manuskript
Card, Richard	Card, Cross and Jones - Criminal Law, 15. Auflage (2001) London
Card, Richard / Ward, Richard	The Criminal Justice and Public Order Act 1994, (1994) Bristol
Cheney, Deborah / Dickson, Lisa / Fitzpatrick, John / Uglow, Steven	Criminal Justice and the Human Rights Act 1998, (1999) Bristol
Clarkson, C.M.V. / Keating, H.M.	Criminal Law: Text and Materials, 4. Auflage (1998) London
Coldrey, John	The Right to Silence: Should it be Curtailed or Abolished ?, (1991) 20 Anglo-AmLR, S. 51-62
Criminal Law Revision Commitee (CLRC)	Eleventh Report - Evidence (General), Cmnd 4991, (1972) London, S. 16-29
Cross, Rupert	The Evidence Report: Sense or Nonsense: A Very Wicked Animal defends the 11th Report of the Criminal Law Committee, (1973) CrimLR, S. 329-340
Cross, Rupert	The Right to Silence and the Presumption of Innocence - Sacred Cows or Safeguards of Liberty ?, (1970/71) 11 JSPTL, S. 66-75

Dennis, Ian H.	Silence in the Police Station: The Marginalisation of Section 34, (2002) CrimLR, S. 25-38
Dennis, Ian H.	The Criminal Justice and Public Order Act 1994: The Evidence Provisions, (1995) CrimLR, S. 4-18
Dennis, Ian H.	Instrumental Protection, Human Right or Functional Necessity ? Reassessing the Privilege against Self-Incrimination, (1995) 54 CamLJ, S. 342-376
Dennis, Ian H.	Reconstructing the Law of Evidence, (1989) 41 CLP, S. 21-48
Dennis, Ian H.[1]	The Law of Evidence, 1. Auflage (1999) London
Dennis, Ian H.[2]	The Law of Evidence, 2. Auflage (2002) London
Dine, Janet	[The burden of proof -] Criminal Law, in: Albert Kiralfy (Hrsg.): Burden of Proof, (1987) Abingdon/Oxon, S. 12-78
Dixon, David	Politics, research and sybolism in criminal justice: the right to silence and the Police and Criminal Evidence Act, (1991) 20 Anglo-AmLR, S. 27-50
Dixon, David	Common Sense, Legal Advice and the Right of Silence, (1991) PL, S. 233-254
Dodds, Malcom D.	Inferences from the Accused´s Silence: Sections 34-39 Criminal Justice and Public Order Act 1994, (1995) 159 JP, S. 567-571
Easton, Susan	Bodily Samples and the Privilege against Self-Incrimination, (1991) CrimLR, S. 18-29
Easton, Susan	The Case for the Right of Silence, 2. Auflage (1998) Ashgate
Easton, Susan	Legal Advice, Common Sense and the Right to Silence, (1998) 2 E&P, S. 109-122
Fenwick, Helen	Curtailing the Right to Silence, Access to Legal Advice and Section 78 [PACE 1984], (1995) CrimLR, S. 132-136
Galligan, D. J.	The Right to Silence Reconsidered, (1988) 40 CLP, S. 69-92

Gerstein, R. — Privacy and Self-Incrimination, (1970) 80 Ethics, S. 87-98

Gray, Charles M. — Self-Incrimination in the Interjurisdictional Law: The Sixteenth and Seventeenth Century, in: R. H. Helmholz u.a. (Hrsg.): The privilege against self-incrimination: its origins and developments, (1997) Chicago, S. 47-81

Greer, Steven — The Right to Silence: A Reviw of the current Debate, (1990) 53 MLR, S. 709-730

Greer, Steven — Background to the Debate [on the right to silence], in: Steven Greer / Rod Morgan (Hrsg.): The Right to Silence Debate: Proceedings of a Conference held at the University of Bristol on 27 March 1990, (1990) Bristol, S. 6-17

Greer, Steven — Supergrasses - A Study in Anti-Terrorist Law Enforcement in Northern Ireland, (1995) Oxford

Grevling, Katharine — Fairness and the Exclusion of Evidence under Section 78 (1) of the Police and Criminal Evidence Act, (1997) 113 LQR, S. 667-685

Gudjonsson, Gisli H. — Psychological Vulnerability: Suspects at Risk, in: David Morgan / Geoffrey M. Stephenson (Hrsg.): Suspicion and Silence: the Right to Silence in Criminal Investigations, (1994) London, S. 91-106

Hampton, Celia — Criminal Procedure, (1982) London

Helmholz, R. H. — The Privilege and the Ius Commune: The Middle Ages to the Seventeenth Century, in: R. H. Helmholz u.a. (Hrsg.): The privilege against self-incrimination: its origins and developments, (1997) Chicago, S. 17-46

Heydon, J. D. / Ockelton, Mark — Evidence Cases and Materials, 3. Auflage (1991) London u.a.

Irving, Barry / McKenzie, Ian — Regulating Custodial Interviews, (1988) London

Jackson, John D. — Recent Developments in Criminal Evidence, (1989) 40 NILQ, S. 105-121

Jackson, John D. — Curtailing the Right of Silence: lessons from Northern Ireland, (1991) CrimLR, S. 404-415

Jackson, John D. — Recent Developments in Northern Ireland, in: Steven Greer / Rod Morgan (Hrsg.): The Right to Silence Debate: Proceedings of a Conference held at the University of Bristol on 27 March 1990, (1990) Bristol, S. 44-52

Jackson, John D. — Interpreting the Silence Provisions: The Northern Ireland Cases, (1995) CrimLR, S. 587-601

Jackson, John D. — The Right to Silence: Judicial Responses to the Parlamentary Encroachment, (1994) 57 MLR, S. 270-281

Jackson, John D. — Inferences from Silence: From Common Law to Common Sense, (1993) 44 NILQ, S. 103-112

Jennings, Anthony / Ashworth, Andrew / Emmerson, Ben — Silence and Safety: The Impact of Human Rights Law, (2000) CrimLR, S. 879-894

Jennings, Anthony / Emanuel, David — Adverse Inferences from Silence - an Update, (2001) 9 ArchN, S. 6-8

Jennings, Anthony F. — Recent Developments in the Law Relating to the Right to Silence, (1999) 5 ArchN, S. 5-8

Jennings, Anthony F. — More Resounding Silence: Part 1 und 2, (1999) 149 NLJ, S. 1180-1182 und S. 1232/1233

Jennings, Anthony F. — Resounding Silence: Part 1, 2 und 3, (1996) 146 NLJ, S. 725/726, 730, S. 764-766 und S. 821/822

JUSTICE — Right of Silence Debate: The Northern Ireland Experience, (1994) London

Keane, Adrian — The Modern Law of Evidence, 5. Auflage (2000) London

Khee-Jin Tan, Alan — Adverse Inferences and the Right to Silence: Re-examining the Singapore Experience, (1997) CrimLR, S. 471-481

Langbein, John H. — The Privilege and the Common Law Criminal Procedure: The Sixteenth to the Eighteenth Century, in: R. H. Helmholz u.a. (Hrsg.): The privilege against self-incrimination: its origins and developments, (1997) Chicago, S. 82-108

Leng, Roger — The Right to Silence in Police Interrogation: a Study of some of the Issues Underlying the Debate, Royal Commission on Criminal Justice Research Study N° 10, (1993) London

Leng, Roger	The Right-to-Silence-Debate, in: David Morgan / Geoffrey M. Stephenson (Hrsg.) Suspicion and Silence: the Right to Silence in Criminal Investigations, (1994) London, S. 18-38
Leng, Roger	The right to silence reformed: a re-appraisal of the Royal Commission´s influence, (1999) unveröffentlichtes Manuskript
Leng, Roger / Taylor, Richard	Blackstone´s Guide to the Criminal Procedure and Investigations Act 1996, (1996) London
Levy, Leonard Williams	The Origins of the Fifth Amendment, (1968) New York
Lewis, A. D. E.	Bentham´s View on the Right to Silence, (1990) 42 CLP, S. 135-157
Maguire, Mike	The Wrong Message at the Wrong Time ? The Present State of Investigative Practice, in: David Morgan / Geoffrey M. Stephenson (Hrsg.): Suspicion and Silence: the Right to Silence in Criminal Investigations, (1994) London, S. 39-49
May, Richard	Criminal Evidence, 2. Auflage (1990), London
McConville, Mike / Hodgson, Jaqueline	Custodial Legal Advice and the Right to Silence, Royal Commission on Criminal Justice Research Study N° 16, (1993) London
McElree, Fioan / Starmer, Keir	The Right to Silence, in: Clive Walker / Keir Starmer (Hrsg.): Justice in Error, (1993) London, S. 58-74
McNair, M. R. T.	The Early Development of the Privilege against Self-Incrimination, (1990) 10 OJLS, S. 66-84
Menlowe, M.	Bentham, Self-Incrimination and the Law of Evidence, (1988) 104 LQR, S. 286-307
Miles, William F.	Silence in Court - some Thoughts on sections 34-37 Criminal Justice and Public Order Act 1994, (1995) 159 JP, S. 415-418
Mirfield, Peter	Silence, Confession and Improper Obtained Evidence, (1997) Oxford
Mirfield, Peter	Two Side-Effects of sections 34 to 37 of the Criminal Justice and Public Order Act 1994, (1995) CrimLR, S. 612-624

Mirfield, Peter — Confessions, (1985) London

Morgan, David / Stephenson Geoffrey M. — Introduction, in: David Morgan / Geoffrey M. Stephenson (Hrsg.): Suspicion and Silence: the Right to Silence in Criminal Investigations, (1994) London, S. 1-17

Munday, Roderick — Inferences from Silence and European Human Right Law, (1996) CrimLR, S. 370-385

Murphy, Peter — Murphy on Evidence, 6. Auflage (1997) London

Nash, Susan / Furse, Mark — Self-Incrimination, Corporate Misconduct, and the Convention on Human Rights, (1995) CrimLR, S. 854-863

Neasey, F. M. — The Right to Remain Silent - a Paper Presented at the 19th Australian Legal Convention, (1977) 51 AustrLJ, S. 360-371

Niblett, John — Disclosure in criminal proceedings, (1997) London

Padfield, Nicola — Text and Materials on the Criminal Justice Process, 2. Auflage (2000) London u.a.

Pattenden, Rosemary — Inferences from Silence, (1995) CrimLR, S. 602-611

Pattenden, Rosemary — Silence: Lord Taylor´s Legacy, (1998) 2 E&P, S. 141-165

Phipson / Howard, H. N. / Peter Crane / Hochberg, Daniel A. — The Common Law Library No.10: Phipson on Evidence, 14. Auflage (1990) London

Reed, Alan / Seago, Peter — Criminal Law, (1999) London

Roberts, David — Legal Advice, the Unrepresented Suspect and the Courts: Inferences from Silence under the Criminal Justice and Public Order Act 1994, (1995) CrimLR, S. 483-485

Royal Commission on Criminal Justice (RCCJ) — Custodial Legal Advice and the Right to Silence - RCCJ Research Study No.16, Cmnd 2263, (1993) London = (1994) 35 Res Publica, S. 39/40

Royal Commission on Criminal Procedure (RCCP) — The Investigation and Prosecution of Criminal Offences in England and Wales: The Law and Procedure, Cmnd 8092, (1981) London

Ruddell, George	A summary of judicial decisions in Northern Ireland, in: Steven Greer / Rod Morgan (Hrsg.): The Right to Silence Debate: Proceedings of a Conference held at the University of Bristol on 27 March 1990, (1990) Bristol, S. 53-59
Sedley, Steven	Wringing out the Fault: Self-Incrimination in the 21st Century, (2001) 52 NILQ, S. 107-126
Simester, A.P. / Sullivan, G.R.	Criminal Law: Theory and Doctrine, (2000) Oxford
Smith, Henry E.	The Modern Privilege: Its Nineteenth Century Origins, in: R. H. Helmholz u.a. (Hrsg.): The privilege against self-incrimination: its origins and developments, (1997) Chicago, S. 145-180
Smith, John	Criminal Evidence, (1995) London
Softley, Peter	Police Interrogation: an Observational Study in Four Police Stations, Royal Commission on Criminal Procedure Research Study N° 4, (1980) London
Sprack, John	Emmins on Criminal Procedure, 8. Auflage (2000) London
Sprack, John	The Criminal Procedure and Investigations Act 1996: (1) The Duty of Disclosure, (1997) CrimLR, S. 308-319
Tain, Paul / McLeon, Ian	Criminal Justice and Public Order Act 1994: A Practical Guide, (1994) London
Tapper, Collin	Cross and Tapper on Evidence, 9. Auflage (1999) London u.a.
Thornton, Peter / Mallalieu, Ann / Scrivener, Anthony	Justice on Trial - Report of the Independent Civil Liberty Panel on Criminal Justice, (1992) London: Civil Liberties Trust
Turner, Adrian	Inferences under Section 34 of the Criminal Justice and Public Order Act 1994: Part 1 und 2, (1999) 163 JP, S. 243-245, 230 und S. 323-325
Twining, William	Theories of Evidence: Bentham and Wigmore, (1985) London

Wasik, Martin / Gibbons, Thomas / Redmayne, Mike	Criminal Justice - Text and Materials, (1999) London u.a.
Wigmore, J. Henry	A Treatise on Evidence, (1960) Boston, Band VIII
Williamson, Tom / Moston, Stephen	The extent of silence in police interviews, in: Steven Greer / Rod Morgan (Hrsg.): The Right to Silence Debate: Proceedings of a Conference held at the University of Bristol on 27 March 1990, (1990) Bristol, S. 36-43
Wolchover, David	An obituary for inferences on police station silence, (2002) 6 ArchN, S. 3-5
Wolchover, David / Heaton-Armstrong, Anthony	Wolchover and Heaton-Armstrong on Confession Evidence, (1996) London
WORKING GROUP OF THE HOME OFFICE	Report of the Working Group on the Right to Silence - Home Office, C. Division of the Home Office, 13 July 1989, London
Yeo, Meng Heong	Diminishing the Right of Silence: the Singapore Experience, (1983) CrimLR, S. 89-101
Zander, Michael	The Police and Criminal Evidence Act 1984, 3. Auflage (1995) London
Zander, Michael	Abolition of the Right to Silence 1972-1994, in: David Morgan / Geoffrey M. Stephenson (Hrsg.): Suspicion and Silence: the Right to Silence in Criminal Investigations, (1994) London, S. 141-155
Zuckerman, Adrian A. S.	The Right against Self-incrimination: an Obstacle to the Supervisison of Interrogation, (1986) 102 LQR, S. 43-70
Zuckerman, Adrian A. S.	The Principles of Criminal Evidence, (1989) Oxford
Zuckerman, Adrian A. S.	The Privilege against Self Incrimination and Procedural Fairness, in: Steven Greer / Rod Morgan (Hrsg.): The Right to Silence Debate: Proceedings of a Conference held at the University of Bristol on 27 March 1990, (1990) Bristol, S. 28-30
Zuckerman, Adrian A. S.	Bias and Suggestibility: Is there an Alternative to the Right to Silence ?, in: David Morgan / Geoffrey M. Stephenson

(Hrsg.): Suspicion and Silence: the Right to Silence in Criminal Investigations, (1994) London, S. 117-140

Zuckerman, Adrian A. S. Trial by Unfair Means - The Report of the Working Group on The Right of Silence, (1989) CrimLR, S. 855-865

Register der englischen und nordirischen Fälle

R. v. A, CA	[1997] CrimLR, S. 883
R. v. Abdulla (Ghilwan), CA	[1999] 5 ArchN, S. 3
R. v. Alford Transport Ltd u.a., CA	[1997] 2 CrAppR, S. 326
R. v. Ali u.a., CA	[2001], 6 ArchN, S. 2
R. v. Alladice, CA	[1988] 87 CrAppR, S. 380
R. v. Argent, CA	[1997] 2 CrAppR, S. 247
Averill v. UK, EGMR	[2001] 31 EHRR, S. 839 = [2000] 7 ArchN, S. 3 = [2000] CrimLR, S. 682
R v. Averill, NICA	[Urteil vom 03.01.1997 (unveröffentlicht), zitiert nach Birch (1999) CrimLR, S. 775 in Fn. 37]
R. v. B, CA	[2000] CrimLR, S. 50
R. v. Derby Magistrates´ Court, ex parte B, HL	[1996] AC, S. 487
R. v. B (MT), CA	[2000] CrimLR, S. 180
R. v. Bansal, CA	[1999] CrimLR, S. 484
R. v. Barkley, NICR	[Urteil vom 27.11.1992 (unveröffentlicht), zitiert nach Pattenden (1998) 2 E&P, S. 151]
R. v. Bathurst, CA	[1968] 2 QB, S. 99 = [1968] 1 AllER, S. 1175
R. v. Beard und eine andere Person, CA	[2002] CrimLR, S. 684
R. v. Beckles und Montague, CA	[1999] CrimLR, S. 148
R. v. Betts und Hall, CA	[2001] 2 CrAppR, S. 257 = [2001] CrimLR, S. 754 = [2001] 3 ArchN, S. 2
R. v. Birchall, CA	[1999] CrimLR, S. 311
R. v. Bowden, CA	[1999] 2 CrAppR, S. 176 = [1999] 63 JCrimL, S. 319 = [1999] 3 ArchN News, S. 2
R. v. Bowers, Taylor und	[1998] CrimLR, S. 817 = [1999] 163 JP, S. 33 =

Millan, CA	[1999] 63 JCrimL, S. 323
R. v. Burges und Mclean, CA	[1995] CrimLR, S. 425
R. v. Byrne, CA	[1995] 1 ArchN, S. 2
R. v. Cambridge, CA	[1994] 1 WLR, S. 971
R. v. Cameron, CA	[2001] CrimLR, S. 587
R. v. Chandler, CA	[1976] 1 WLR, S. 585
R. v. Christie, HL	[1914] AC, S. 545 = [1914/15] AllER, S. 63
R v. Coleman, Knight und Hochenberg, CA	[Urteil vom 20.10.1995 (unveröffentlicht), zitiert nach in Jennings (1999) 149 NLJ, S. 1182]
R. v. Condron und Condron, CA	[1997] 1 CrAppR, S. 185
Condron und Condron v. UK, EGMR	[2001] 31 EHRR, S. 1 = [2000] CrimLR, S. 679
R v. Connolly und McCartney, Belfast CC	[Urteil vom 05.06.1992 (unveröffentlicht), zitiert nach Keane (2000) S. 410 mit Fn. 13 und Pattenden (1995) CrimLR, S. 609 in Fn. 63]
R. v. Cowan, Gayle, Ricciardi, CA	[1996] QB, S. 373 = [1995] 4 AllER, S. 939 = [1995] 3 WLR, S. 818
R. v. Daly, CA	[2002] 2 CrAppR, S. 201 = [2002] 1 ArchN, S. 2 = [2002] CrimLR, S. 236
R. v. Daniel, CA	[1998] 2 CrAppR, S. 373 = [1998] CrimLR, S. 818 = [1999] 63 JCrimL, S. 41 = [1998] 6 ArchN, S. 2 = [1999] 162 JP, S. 579
R. v. Davis (Desmond), CA	[1998] CrimLR, S. 659
R. v. Devine, NICA	[Urteil vom 13.05.1992 (unveröffentlicht), zitiert nach Jackson (1995) CrimLR, S. 590]
R. v. Elliott, CA	[2002] 5 ArchN, S. 2
R. v. Fitzgerald, CA	[1998] 4 ArchN, S. 2
R. v. Fox und Sullivan, NI CC	[Urteil vom 02.07.1996 (unveröffentlicht), zitiert nach Birch (1999) CrimLR, S. 775]
R. v. Friend, CA	[1997] 1 WLR, S. 1433 = [1997] 2 CrAppR, S. 231
Funke v. Frankreich, EGMR	[1993] 16 EHRR, S. 297

R. v. Galbraith, CA	[1981] 1 WLR, S. 1039
R. v. Gayle, CA	[1999] CrimLR, S. 502
R. v. Gilbert, CA	[1977] 66 CrAppR, S. 237
R. v. Gill, CA	[2001] 1 CrAppR, S. 160 = [2000] CrimLR, S. 922 = [2000] 8 ArchN, S. 2
R. v. Gough (Steven Robert), CA	[2002] CrimLR, S. 526
R. v. Gowland-Wynn, CA	[2002] 1 CrAppR, S. 569 = [2002] CrimLR, S. 211
R. v. Hall, PC	[1971] 1 WLR, S. 298
R. v. Hart, CA	Urteil vom 23.04.1998 (unveröffentlicht), zitiert nach Birch (1999) CrimLR, S. 774 mit Fn. 33
R. v. Hart und McLean, CA	[1998] 6 ArchN, S. 1
Haw Tua Tau v. DPP, PC	[1982] AC, S. 136
R. v. Hearne und Colman, CA	[2000] 6 ArchN, S. 2
R. v. Imran und Hussein, CA	[1997] CrimLR, S. 754
R. v. Ioannou, CA	[1999] CrimLR, S. 586
R. v. Khan, Sakkaravej und Pamarapa, CA	[1997] CrimLR, S. 508
Klass v. Germany, EGMR	[1978] 2 EHRR, S. 214
R. v. Leckey, CCA	[1944] 1 KB, S. 80 = [1943] 2 AllER, S. 665
Malone v. Metropolitan Police Commissioner II, HL	[1979] 2 WLR, S. 700
R. v. Martin ('Danny Morrison Trial'), Belfast CC	[Urteil vom 08.05.1992 (unveröffentlicht), zitiert nach Jackson (1995) CrimLR, S. 591/597]
R. v. Martinez-Tobon, CA	[1994] 2 AllER, S. 90
R. v. Mason, CA	[1987] 3 AllER, S. 481
R. v. MB, CA	[2000] 3 ArchN, S. 2
R v. McCarry, CA	[1999] 1 CrAppR, S. 377
R. v. McClean und McClean, CA	[1999] 4 ArchN, S. 1

R. v. McGarry, CA	[1998] 3 AllER, S. 805 = [1999] 1 CrAppR, S. 377 = [1999] 63 JCrimL, S. 43
R. v. McGuinness, CA	[1999] CrimLR, S. 318
R. v. McLernon, NICA	[1992] 3 NIJB, S. 41
R. v. McLernon, Belfast CC	[Urteil vom 20.12.1990 (unveröffentlicht), zitiert nach Jackson (1995) CrimLR, S. 589/590 und Jackson (1993) 44 NILQ, S. 108 in Fn. 14]
R. v. Milford, CA	[2001] CrimLR, S. 330
R. v. Mitchell, Midlands Circuit	[1892] 17 Cox CC, S. 503
R. v. Moshaid, CA	[1998] CrimLR, S. 420
R. v. Mountford, CA	[1999] CrimLR, S. 575 = [1998] 4 ArchN, S. 2
R. v. Murphy und McKinley, NICA	[1993] 4 NIJB, S. 42
John Murray v. UK, EGMR	[1996] 22 EHRR, S. 29
Kevin Murray v. DDP, HL	[1994] 99 CrAppR, S. 369 = [1994] 1 WLR, S. 1
R. v. Kevin Murray, NICA	[Urteil vom 25.10.1991 (unveröffentlicht), zitiert nach Jackson (1993) CrimLR, S. 104-107]
R. v. Mutch, CA	[1973] 1 AllER, S. 178
Myers v. DPP, HL	[1964] 2 AllER, S. 881
R. v. Napper, CA	[1996] 4 ArchN, S. 3 [1997] 161 JP, S. 16 = [1996] CrimLR, S. 591
R. v. Nickolson, CA	[1999] CrimLR, S. 61
R. v. Odeyemi, CA	[1999] CrimLR, S. 828
R. v. Parkes, PC	[1976] 1 WLR, S. 1251
R. v. Pointer, CA	[1997] CrimLR, S. 676 = [1997] 5 ArchN, S. 1
R. v. Price, CA	[Urteil vom 29.03.1996 (unveröffentlicht), zitiert nach Cape (1999) S. 11]
R. v. Quinn, NICA	[Urteil vom 17.09.1993 (unveröffentlicht), zitiert nach Jackson (1995) CrimLR, S. 593/594]
R. v. Randall, CA	[1998] 6 ArchN, S. 1

R. v. Raviraj, CA	[1987] 85 CrAppR, S. 93
R. v. Reader u.a.	[Urteil vom 07.04.1999 (unveröffentlicht), zitiert nach Cape (1999) S. 15]
R v. Rhodes, CCC	[1899] 1 QB, S. 77
R. v. Roble, CA	[1997] CrimLR, S. 449 = [1997] 3 ArchN, S. 4
R. v. Samuel, CA	[1988] 2 AllER, S. 135
R. v. Samuel (David), CA	[Urteil vom 12.05.1997 (unveröffentlicht), zitiert nach Jennings (1999) 149 NLJ, S. 1232]
R. v. Sang, HL	[1979] 2 AllER, S. 1222
Saunders v. UK, EGMR	[1996] 23 EHRR, S. 313
R. v. Director of Serious Fraud Office, ex parte Smith, CA	[1993] AC, S. 1
R. v. Smith (Robert William), CA	[1985] 81 CrAppR, S. 286
R v. Raymond Smyth, Belfast CC	[Urteil vom 20.10.1989 (unveröffentlicht), zitiert nach McElreen/Starmer (1993) S. 70]
R. v. Sparrow, CA	[1973] 3 AllER, S. 129 = [1973] 1 WLR, S. 488
R. v. Sullivan, CA	[1967] 51 CrAppR, S. 102
R. v. Taylor (John), CA	[1999] CrimLR, S. 77
R. v. Van Bokkum u.a., CA	[2000] 6 ArchN, S. 2
R. v. Ward (Judith), CA	[1993] 96 CrAppR, S. 1
Waugh v. R., PC	[1950] AC, S. 203
Associated Provincial Picture Houses Ltd v. Wednesbury Corp., CCA	[1948] 1 KB, S. 229
R. v. Wickham u.a., CA	[1971] 55 CrAppR, S. 199

Northern Ireland Order

1988 No. 1987 (N.I.20)

s. 1 - (1) This Order may be cited as the Criminal Evidence (Northern Ireland) Order 1988.

(2) Articles 2 and 4 shall come into operation on the seventh day after the day on which this Order is made and the other provisions of this Order shall come into operation on the expiration of one month from the day on which it is made.

s. 2 - (1) The Interpretation Act (Northern Ireland) 1954 shall apply to Article 1 and the following provisions of this Order as it applies to a Measure of the Northern Ireland Assembly.

(2) In this Order -

- „child" means a person under the age of fourteen;

- „place" includes any building or part of a building, any vehicle, vessel, aircraft or hovercraft and any other place whatsoever;

- „statutory provisions" has the meaning assinged by section 1 (f) of the Interpretation Act (Northern Ireland) 1954.

(3) In Articles 3 (2), 4 (4), 5 (2) and 6 (2), references to an offence charged include references to any other offence of which the accused could lawfully be convicted on that charge.

(4) A person shall not be committed for trial, have a case to answer or be convicted of an offence solely on an inference drawn from such a failure or refusal as mentioned in Articles 3 (2), 4 (4), 5 (2) or 6 (2).

(5) A judge shall not refuse to grant such an application as is mentioned in Article 3 (2) (b) solely on an inference drawn drom such a failure as is mentioned in Article 3 (2).

(6) Nothing in this Order prejudices the operation of any statutory provision which provides (in whatever words) that any answer or evidence given by a person in specified circumstances shall not be admissible in evidence against him or some other person in any proceedings or class of proceedings (however described, and whether civil or criminal).

In this paragraph the reference to giving evidence is a reference to giving evidence in any manner, whether by furnishing information, making discovery, producing documents or otherwiese.

(7) Nothing in this Order prejudices any power of a court, in any proceedings, to exclude evidence (whether by preventing questions from being put or otherwise) at its discretion.

s. 3 - (1) Where, in any proceedings against a person for an offence, evidence is given that the accused -

(a) at any time before he was charged with the offence, on being questioned by a constable trying to discover whether or by whom the offence had been committed, failed to mention any fact relied on in his defence in those proceedings; or

(b) on being charged with the offence or officially informed that he might be prosecuted for it, failed to mention any such fact,

being a fact which in the circumstances existing at the time the accused could reasonably have been expected to mention when so questioned, charged or informed, as the case may be, paragraph (2) applies.

(2) Where this paragraph applies -

(a) the court, in determing whether to commit the accused for trial or whether there is a case to answer;

(b) a judge, in deciding whether to grant an application made by the accused under Article 5 of the Criminal Justice (Serious Fraud) (Northern Ireland) Order 1988 (application for dismissal of charge where a case of fraud has been transferred from a magistrates´ court to the Crown Court under Article 3 of that Order); and

(c) the court or jury, in determining whether the accused is guilty of the offence charged,

may -

(i) draw such inferences from the failure as appear proper;

(ii) on the basis of such inferences treat the failure as, or as capable of amounting to, corroboration of any evidence given against the accused in relation to which the failure is material.

(3) Subject to any direction by the court, evidence tending to establish the failure may be given before or after evidence tending to establish the fact which the accused is alleged to have failed to mention.

(4) This Article applies in relation to questioning by persons (other than constables) charged with the duty of investigating offences or charging offenders as it applies

in relation to questioning by constables; and in paragraph (1) „officially informed“ means informed by a constable or any such person.

(5) This Article does not -

(a) prejudice the admissibility in evidence of the silence or other reaction of the accused in the face of anything said in his presence relating to the conduct in respect of which he is charged, in so far as evidence thereof would be admissible apart from this Article; or

(b) preclude the drawing of any inference from any such silence or other reaction of the accused which could be drawn apart from this Article.

(6) This Article does not apply in relation to a failure to mention a fact if the failure occured before the commencement of this Article.

s. 4 - (1) At the trial of any person (other than a child) for an offence paragraphs (2) to (7) apply unless -

(a) the accused´s guilt is not in issue; or

(b) it appears to the court that the physical or mental conditions of the accused makes it undesirable for him to give evidence;

but paragraph (2) below does not apply if, before any evidence is called for the defence, the accused or counsel or a solicitor representing him informs the court that the accused will give evidence.

(2) Before any evidence is called for the defence, the court -

(a) shall tell the accused that he will be called upon by the court to give evidence in his own defence; and

(b) shall tell him in ordinary language what the effect of this article will be if -

(i) when so called upon, he refuses to be sworn;

(ii) having been sworn, withou good cause he refuses to answer any question;

and thereupon the court shall call upon the accused to give evidence.

(3) If the accused -

(a) after being called upon by the court to give evidence in pursuance of this Article, or after he or counsel or a solicitor representing him has informed the court that he will give evidence, refuses to be sworn; or

(b) having been sworn, without good cause refuses to answer any question, paragraph 4 applies.

(4) The court or jury, in determining whether the accused is guilty of the offence charged, may -

(a) draw such inferences from the refusal as appear proper;

(b) on the basis of such inferences, treat the refusal as, or as capable of amounting to, corroboration of any evidence given against the accused in relation to which the refusal is material.

(5) This Article does not render the accused compellable to give evidence on his own behalf, and he shall accordingly not be guilty of contempt of court of a refusal to be sworn.

(6) For the purpose of this Article a person who, having been sworn, refuses to answer any question shall be taken to do so without good cause unless -

(a) he is entitled to refuse to answer the question by virtue of any statutory power, or on the ground of privilege; or

(b) the court in the excercise of its general discretion excuses him from answering it.

(7) Where the age of any person is material for the purpose of paragraph (1), his age shall for the purposes be taken to be that appears to the court to be his age.

(8) This Article applies -

(a) in relation to proceedings on indictment for an offence, only if the person charged with the offence is arraigned on or after the commencement of this Article;

(b) in relation to proceedings in a magistrates´ court, only if the time when the court begins to receive evidence in the proceedings falls after the commencement.

(9) Where the accused gives evidence in pursuance of this Article, section 3 of the Criminal Evidence Act (Northern Ireland 1923) (right to reply) shall have effect as if he had given evidence in pursuance of that Act.

(10) In section 1 of the Criminal Evidence Act (Northern Ireland) 1923 -

(a) proviso (a) and in proviso (b) the words „of any person charged with and offence, or„ are repealed;

(b) in provisos (d) to (g), references to that Act shall be construed as inluding references to this Order.

s. 5 - (1) Where -

(a) a person arrested by a constable, and there is -

(i) on his person; or

(ii) in or on his clothing or footwear; or

(iii) otherwise in his possession; or

(iv) in any place in which he is at the time of his arrest,

any object, substance or mark, or there is any mark on any such object; and

(b) the constable reasonably believes that the presence of the object, substance or mark may be attributable to the participation of the person arrested in the commission of an offence specified by the constable; and

(c) the constable informs the person arrested that he so believes, and requests him to account for the presence of the object, substance or mark; and

(d) the person fails or refuses to do so,

then if, in any proceedings against the person for the offence so specified, evidence of such matters is given, paragraph (2) applies.

(2) Where this paragraph applies -

(a) the court, in determining whether to commit the accused for trial or whether there is a case to answer; and

(b) the court or jury, in determining whether the accused is guilty of the offence charged,

may -

(i) draw such inferences from the failure or refusal as appear proper;

(ii) on the basis of such an inferences, treat the failure or the refusal as, or capable of amounting to, corroboration of any evidence given against the accused in relation to which the failure or refusal is material.

(3) Paragraphs (1) and (2) apply to the condition of clothing or footwear as they apply to a substance or mark on thereon.

(4) Paragraphs (1) and (2) do not apply unless the accused was told in ordinary language by the constable when making the request mentioned in paragraph (1) (c) what the effect of this Article would be if he failed or refused to comply with the request.

(5) This Article does not preclude the drawing of any inference from a failure or refusal to account for the presence of an object, substance or mark or from the condition of clothing or footwear which could properly be drawn apart from this Article.

(6) This article does not apply in relation to a failure or refusal which occurred before the commencement of this Article.

s. 6 - (1) Where -

(a) a person arrested by a constable was found by him at a place at or about the time of the offence for which he was arrested is alleged to have been committed; and

(b) the constable reasonably believes that the presence of the person at that place and at that time my be attributable to his participation in the commission of the offence; and

(c) the constable informs the person that he so believes, and requests him to account for that presence; and

(d) the person fails or refuses to do so,

then if, in any proceedings against the person for the offence, evidence of those matters is given, paragraph (2) applies.

(a) the court, in determining whether to commit the accused for trial or whether there is a case to answer; and

(b) the court or jury, in determining whether the accused is guilty of the offence charged,

may -

(i) draw such inferences from the failure or refusal as appear proper;

(ii) on the basis of such an inferences, treat the failure or the refusal as, or capable of amounting to, corroboration of any evidence given against the accused in relation to which the failure or refusal is material.

(4) Paragraphs (1) and (2) do not apply unless the accused was told in ordinary language by the constable when making the request mentioned in paragraph (1) (c) what the effect of this Article would be if he failed or refused to comply with the request.

(5) This Article does not preclude the drawing of any inference from a failure or refusal to account for his presence at a place which could properly be drawn apart from this Article.

(6) This article does not apply in relation to a failure or refusal which occurred before the commencement of this Article.

Criminal Justice and Public Order Act 1994

1994 Chapter 33

Inferences from the accused´s silence

s. 34 - (1) Where, in any proceedings against a person for an offence, evidence is given that the accused -

(a) at any time before he was charged with the offence, on being questioned under caution by a constable trying to discover whether or by whom the offence has been committed, failed to mention any fact relied on in his defence in those proceedings; or

(b) on being charged with the offence or officially informed that he might be prosecuted for it, failed to mention any such fact,

being a fact which in the circumstances existing at the time the accused could reasonably have been expected to mention when so questioned, charged or informed, as the case may be, subsection (2) below applies.

(2) Where this subsection applies -

(a) a magistrates´ court inquiring into the offence as examining justices;

(b) a judge, in deciding whether to grant an application made by the accused under -

(i) section 6 of the Criminal Justice Act 1987 (application for dismissal of charge of serious fraud in respect of which notice of transfer has been given under scetion 4 of the act); or

(ii) paragraph 5 of Schedule 6 to the Criminal Justice Act 1991 (application for dismissal of charge of violent or sexual offence involving a child in respect of which notice of transfer has been given under section 53 of that Act);

(c) the court, in determining whether there is a case to answer; and

(d) the court or jury, in determining whether the accused is guilty of the offence charged,

may draw such inferences form the failure as appear proper.

(2A) Where the accused was at an authorised place of detention at the time of the failure, subsections (1) and (2) above do not apply if he had not been allowed an opportunity to consult a solicitor prior to being questioned, charged or informed as mentioned in subsection (1) above.

(3) Subject to any directions by the court, evidence tending to establish the failure may be given before or after evidence tending to establish the fact the accused is alleged to have failed to mention.

(4) This section applies in relation to questioning by persons (other than constables) charged with the duty of investigating offences or charging offenders as it applies in relation to questioning by constables; and in subsection (1) above „officially informed“ means informed by a constable or any such person.

(5) This section does not

(a) prejudice the admissibility in evidence of silence or other reactions of the accused in the face of anything said in his presence relating to the conduct in respect of which he is charged, in so far as evidence thereof would be admissible apart from this section; or

(b) preclude the drawing of any inferences form any such silence or other reaction of the accused which could properly be drawn apart from this section.

(6) This section does not apply in relation to failure to mention a fact if the failure occured before the commencement of this section.

s. 35 - (1) At the trial of any person for an offence, subsections (2) and (3) below apply unless -

(a) the accused´s guilt is not in issue; or

(b) it appears to the court that the physical or mental conditions of the accused makes it undesirable for him to give evidence;

but subsection (2) below does not apply if, at the conclusion of the evidence for the prosecution, his legal representative informs the court that the accused will give evidence, or when he is unrepresented, the court ascertains from him that he will give evidence.

(2) Where this subsection applies, the court shall, at the conclusion of the evidence for the prosecution satisfy itself (in the case of proceedings on indicmtent, in the presence of the jury) that the accused is aware that the stage has been reached at which evidence can be given for the defence and that he can, if he whishes, give evidence and that, if he chooses not to give evidence, or having been sworn, without good cause refuses to answer any such question it will be permissible for the court or jury to draw such inferences as appear proper from his failure to give evidence or his refusal, without good cause, to answer any question.

(3) Where this subsection applies, the court or jury, in determining whether the accused is guilty of the offence charged, may draw such inferences as appear proper

from the failure of the accused to give evidence or his refusal, without good cause, to answer any question.

(4) This section does not render the accused compellable to give evidence on his own behalf, and he shall accordingly not bei guilty of contempt of court by reason of a failure to do so.

(5) For the purpose of this section a person who, having been sworn, refuses to answer any question shall be taken to do so without good cause, unless -

(a) he is entitled to refuse to answer the question by virtue of any enactment, whenever passed or made, or on the ground of privilege; or

(b) the court in the excercise of its generel discretion excuses him from answering it.

(7) This section applies

(a) in relation to proceedings on indictment for an offence, only if the person charged with the offence is arraigned on or after the commencement of this section;

(b) in relation to proceedings in a magistrates´ court, only if the time when the court begins to receive evidence in the proceedings fall after the commencement of this section.

s. 36 - (1) Where -

(a) a person is arrested by a constable, and there is -

(i) on his person; or

(ii) in or on his clothing or footwear; or

(iii) otherwise in his possession; or

(iv) in any place in which he is at the time of his arrest,

any object, substance or mark, or there is any mark on any such object; and

(b) that or another constable investigating the case reasonably believes that the presence of the object, substance or mark may be attributable to the participation of the person arrested in the committment of an offence specified by the constable; and

(c) the constable informs the person arrested that he so believes, and requests him to account for the presence of the object, substance or mark; and

(d) the person fails or refuses to do so,

then if, in any proceedings against the person for the offence so specified, evidence of those matters is given, subsection (2) below applies.

(2) Where this section applies -

(a) a magistrates´ court inquiring into the offence as examining justices;

(b) a judge, in deciding whether to grant an application made by the accused under -

(i) section 6 of the Criminal Justice Act 1987 (application for dismissal of charge of serious fraud in respect of which notice of transfer has been given under section 4 of that Act); or

(ii) paragraph 5 of Schedule 6 of the Criminal Justice Act 1991 (application for dismissal of charge of violent or sexual offence involving a child in respect of which notice of transfer has been given under section 53 of the Act);

(c) the court, in determining whether there is a case to answer; and

(d) the court or jury, in determining whether the accused is guilty of the offence charged,

may draw such inferences from the failure or refusal as appear proper.

(3) Subsections (1) and (2) above apply to the condition of clothing or footwear as they apply to a substance or mark thereon.

(4) Subsection (1) and (2) above do not apply unless the accused was told in ordinary language by the constable when making the request mentioned in subsection (1) (c) above what effect of this section would be if he failed or refused to comply with the request.

(4A) Where the accused was at an authorised place of detention at the time of the failure or refusal, subsections (1) and (2) above do not apply if he had not been allowed an opportunity to consult a solicitor prior to the request being made.

(5) This section applies in relation to officers of customs and excise as it applies in relation to constables.

(6) This section does not preclude the drawing of any inferences form a failure or refusal of the accused to account for the presence of an object, substance or mark or from the condition of clothing or footwear which could properly be drawn apart from this section.

(7) This section does not apply in relation to a failure or refusal which occurred before the commencement of this section.

s. 37 - (1) Where -

(a) a person arrested by a constable was found by him at a place at or about the time the offence for which he was arrested is alleged to have been committed, and

(b) that or another constable investigating the offence reasonably believes that the presence of the person at that place and at that time may be attributable to his participation in the commission of the offence; and

(c) the constable informs the person that he so believes, and requests him to account for that presence; and

(d) the person fails or refuses to do so,

then if, in any proceedings against the person for the offence, evidence of those matters is given, subsection (2) below applies.

(2) Where this subsection applies -

(a) a magistrates´ court inquiring into the offence as examining justices;

(b) a judge, in deciding whether to grant an application made by the accused under -

(i) section 6 of the Criminal Justice Act 1987 (application for dismissal of charge of serious fraud in respect of which notice of transfer has been given under section 4 of that Act); or

(ii) paragraph 5 of Schedule 6 of the Criminal Justice Act 1991 (application for dismissal of charge of violent or sexual offence involving child in respect of which notice of transfer has been given under section 53 of the Act);

(c) the court, in determining whether there is a case to answer; and

(d) the court or jury, in determining whether the accused is guilty of the offence charged,

may draw such inferences from the failure or refusal as appear proper.

(3) Subsections (1) and (2) do not apply unless the accused was told in ordinary language by the constable when making the request mentioned in subsection (1) (c) above what the effect of the section would be if he failed or refused to comply with the request.

(3A) Where the accused was at an authorised place of detention at the time of the failure or refusal, subsections (1) and (2) do not apply if he had not been allowed an opportunity to consult a solicitor prior to the request being made.

(4) This section applies in relation to officers of customs and excise as it applies to constables.

(5) This section does not preclude the drawing of any inference from a failure or refusal of the accused to account for his presence at a place which could properly be drawn apart from this section.

(6) This section does not apply in relation to a failure or refusal which occured before the commencement of this section.

s. 38 - (1) In sections 34, 35, 36 and 37 of this Act -

- „legal representative" means an authorised advocate or authorised litigator, as defined by section 119 (1) of the Courts and Legal Services Act 1990; and

- „place" includes any bulding or part of a bulding, any vehicle, vessel, aircraft or hovercraft and any other place whatsoever.

(2) In sections 34 (2), 36 (2) and 37 (2), references to an offence charged include references to any other offence of which the accused could lawfully be convicted on that charge.

(2A) In each of sections 34 (2A), 36 (4A) and 37 (3A) „authorised place of detention" means -

(a) a police station; or

(b) any other place prescribed for that purpose by the Secretary of State;

and the power to make an order under this subsection shall be exercisable by statutory instrument which shall be subject to annulment on pursuance of a resolution of either House of Parliament.

(3) A person shall not have the proceedings against him transferred to the Crown Court for trial, have a case to answer or be convicted of an offence solely on an inference drawn from such a failure or refusal as mentioned in section 34 (2), 35 (3), 36 (2) or 37 (2).

(4) A judge shall not refuse to grant such an application as mentioned in section 34 (2) (b), 36 (2) (b) and 37 (2) (b) solely on an inference drawn from such a failure as is mentioned on section 34 (2), 36 (2) or 37 (2).

(5) Nothing in sections 34, 35, 36 or 37 prejudices the operation of a provision of an enactment which provides (in whatever words) that any answer or evidence given by a person in specific circumstances shall not be admissible in evidence against him or some other person in any proceedings or class of proceedings (however described, and whether civil or criminal).

In this subsection, the reference to giving evidence is a reference to giving evidence in any manner, whether by furnishing information, making discovery, producing documents or otherwise.

(6) Nothing in sections 34, 35, 36 or 37 prejudices any power of a court, in any proceedings, to exclude evidence (whether by preventing questions being put or otherwise) at its discretion.

s. 39 - (Power to apply ss. 34-38 to armed forces)

[...]

FRANKFURTER KRIMINALWISSENSCHAFTLICHE STUDIEN

Band 20 Astrid Michalke-Detmering: Die Mindestanforderungen an die rechtliche Begründung des erstinstanzlichen Strafurteils. Zur Auslegung des § 267 StPO. 1987.

Band 21 Lothar Kuhlen: Die Unterscheidung von vorsatzausschließendem und nichtvorsatzausschließendem Irrtum. 1987.

Band 22 Michael Buttel: Kritik der Figur des Aufklärungsgehilfen im Betäubungsmittelstrafrecht (§ 31 BtMG). 1988.

Band 23 Matthias Kögler: Die zeitliche Unbestimmtheit freiheitsentziehender Sanktionen des Strafrechts. Eine vergleichende Untersuchung zur Rechtslage und Strafvollstreckungspraxis in der Bundesrepublik Deutschland und den USA. 1988.

Band 24 Klaus Lüderssen/Cornelius Nestler-Tremel/Ewa Weigend(Hrsg.): Modernes Strafrecht und ultima-ratio-Prinzip. 1990.

Band 25 Jürgen Taschke: Die behördliche Zurückhaltung von Beweismitteln im Strafprozeß. 1989.

Band 26 Daniela Westphalen: Karl Binding (1841-1920). Materialien zur Biographie eines Strafrechtsgelehrten. 1989.

Band 27 Sigrid Jans: Die Aushöhlung des Klageerzwingungsverfahrens. 1990.

Band 28 Dimitris Spirakos: Folter als Problem des Strafrechts. Kriminologische, kriminalsoziologische und (straf-)rechtsdogmatische Aspekte unter besonderer Berücksichtigung der Folterschutzkonvention und der Pönalisierung der Folter in Griechenland. 1990.

Band 29 Stephan Moll: Strafrechtliche Aspekte der Behandlung Opiatabhängiger mit Methadon und Codein. 1990.

Band 30 Stefan Werner: Wirtschaftsordnung und Wirtschaftsstrafrecht im Nationalsozialismus. 1991.

Band 31 Xanthi Bassakou: Beiträge zur Analyse und Reform des Absehens von Strafe nach § 60 StGB. 1991.

Band 32 Rainer Runte: Die Veränderung von Rechtfertigungsgründen durch Rechtsprechung und Lehre. Moderne Strafrechtsdogmatik zwischen Rechtsstaatsprinzip und Kriminalpolitik. 1991.

Band 33 Olaf Hohmann: Das Rechtsgut der Umweltdelikte. Grenzen des strafrechtlichen Umweltschutzes. 1991.

Band 34 Klaus Jochen Müller: Das Strafbefehlsverfahren (§§ 407 ff. StPO). Eine dogmatisch-kriminalpolitische Studie zu dieser Form des schriftlichen Verfahrens unter besonderer Berücksichtigung der geschichtlichen Entwicklung – zugleich ein Beitrag zum StVÄG 1987. 1993

Band 35 Sang-Don Yi: Wortlautgrenze, Intersubjektivität und Kontexteinbettung. Das strafrechtliche Analogieverbot. 1991.

Band 36 Birgit Malsack: Die Stellung der Verteidigung im reformierten Strafprozeß. Eine rechtshistorische Studie anhand der Schriften von C. J. A. Mittermaier. 1992.

Band 37 Rüdiger Schäfer: Die Privilegierung des "freiwillig-positiven" Verhaltens des Delinquenten nach formell vollendeter Straftat. Zugleich ein Beitrag zum Grundgedanken des Rücktritts vom Versuch und zu den Straftheorien. 1992.

Band 38 Cornelius Nestler-Tremel: AIDS und Strafzumessung. 1992.

Band 39 Christine Gutmann: Freiwilligkeit und (Sozio-)Therapie – notwendige Verknüpfung oder Widerspruch? 1993.

Band 40 Walter Kargl: Der strafrechtliche Vorsatz auf der Basis der kognitiven Handlungstheorie. 1993.

Band 41 Jürgen Rath: Zur strafrechtlichen Behandlung der aberratio ictus und des error in objecto des Täters. 1993.

Band 42 Martin Fischer: Wille und Wirksamkeit. Eine Untersuchung zum Problem des *dolus alternativus*. 1993.

Band 43 Regina Harzer: Der Naturzustand als Denkfigur moderner praktischer Vernunft. Zugleich ein Beitrag zur Staats- und Rechtsphilosophie von Hobbes und Kant. 1994.

Band 44 Helmut Pollähne: Lockerungen im Maßregelvollzug. Eine Untersuchung am Beispiel der Anwendung des nordrhein-westfälischen Maßregelvollzugsgesetzes im Westfälischen Zentrum für Forensische Psychiatrie (Lippstadt). 1994.

Band 45 Hans-Joachim Leonhardt: Rechtsmittelermessen der Staatsanwaltschaft. Eine Gegenüberstellung von § 296 StPO mit Nummern 147 und 148 Richtlinien für das Strafverfahren und das Bußgeldverfahren (RiStBV). 1994.

Band 46 Rolf Grünebaum: Zur Strafbarkeit des Therapeuten im Maßregelvollzug bei fehlgeschlagenen Lockerungen. 1996.

Band 47 Barbara Bialas: Promille-Grenzen, Vorsatz und Fahrlässigkeit. 1996.

Band 48 Christine Pott: Die Außerkraftsetzung der Legalität durch das Opportunitätsdenken in den Vorschriften der §§ 154, 154a StPO. Zugleich ein Beitrag zu einer kritischen Strafverfahrensrechtstheorie. 1996.

Band 49 Wolfgang Köberer: *Iudex non calculat.* Über die Unmöglichkeit, Strafzumessung sozialwissenschaftlich-mathematisch zu rationalisieren. 1996.

Band 50 Institut für Kriminalwissenschaften Frankfurt a.M. (Hrsg.): Vom unmöglichen Zustand des Strafrechts. 1995.

Band 51 Petra Kamberger: Treu und Glauben (§ 242 BGB) als Garantenstellung im Strafrecht? 1996.

Band 52 Anastassios Triantafyllou: Das Delikt der gefährlichen Körperverletzung (§ 223a StGB) als Gefährdungsdelikt. (Zugleich ein Beitrag zur Dogmatik der Gefährdungsdelikte). 1996.

Band 53 Norbert Kissel: Aufrufe zum Ungehorsam und § 111 StGB. Grundrechtlicher Einfluß bei der Feststellung strafbaren Unrechts. 1996.

Band 54 Susanne Ehret: Franz von Liszt und das Gesetzlichkeitsprinzip. Zugleich ein Beitrag wider die Gleichsetzung von Magna-charta-Formel und Nullum-crimen-Grundsatz. 1996.

Band 55 Stefan Braum: Geschichte der Revision im Strafverfahren von 1877 bis zur Gegenwart. Zugleich eine Kritik der Kontinuität politischer Macht im Recht. 1996.

Band 56 Katja Diel: Das Regreßverbot als allgemeine Tatbestandsgrenze im Strafrecht. 1997.

Band 57 Christoph Koller: Die Staatsanwaltschaft – Organ der Judikative oder Exekutivbehörde? Die Stellung der Anklagebehörde und die Gewaltenteilung des Grundgesetzes. 1997.

Band 58 Frank Schößler: Anerkennung und Beleidigung. Rechtsgut und Strafzweck des § 185 StGB. 1997.

Band 59 Regina Engelstädter: Der Begriff des Unfallbeteiligten in § 142 Abs. 4 StGB. Zugleich eine Kritik an aktuellen Zurechnungslehren. 1997.

Band 60 Jörg Reinhardt: Der Ausschluß und die Ablehnung des befangen erscheinenden Staatsanwaltes. 1997.

Band 61 Jens Christian Müller-Tuckfeld: Integrationsprävention. Studien zu einer Theorie der gesellschaftlichen Funktion des Strafrechts. 1998.

Band 62 Peter Maria Rohe: Verdeckte Informationsgewinnung mit technischen Hilfsmitteln zur Bekämpfung der Organisierten Kriminalität. Zugleich eine rechtsvergleichende Analyse der polizeilichen Abhörbefugnisse in den U.S.A. 1998.

Band 63 Dirk Fabricius: Was ein Lehrbuch lehrt ... Eine exemplarische Untersuchung von Jakobs *Strafrecht – Allgemeiner Teil*. 1998.

Band 64 Stefan Sinner: Der Vertragsgedanke im Strafprozeßrecht. 1999.

Band 65 Sebastian Schattenfroh: Die Staatsphilosophie Giovanni Gentiles und die Versuche ihrer Verwirklichung im faschistischen Italien. 1999.

Band 66 Athanassia Dionyssopoulou: Der Tatbestand der Geldwäsche. Eine Analyse der dogmatischen Grundlagen des § 261 StGB. 1999.

Band 67 Klaus von Lampe: *Organized Crime*. Begriff und Theorie organisierter Kriminalität in den USA. 1999.

Band 68 Christian Hanssen: "Trennung der Märkte". Rechtsdogmatische und rechtspolitische Probleme einer Liberalisierung des Drogenstrafrechts. 1999.

Band 69 Institut für Kriminalwissenschaften und Rechtsphilosophie Frankfurt a.M. (Hrsg.): Irrwege der Strafgesetzgebung. 1999.

Band 70 Konstantinos Chatzikostas: Die Disponibilität des Rechtsgutes Leben in ihrer Bedeutung für die Probleme von Suizid und Euthanasie. 2000.

Band 71 Bettina Wirmer-Donos: Die Strafrechtstheorie Karl Christian Friedrich Krauses als theoretische Grundlage des spanischen Korrektionalismus. 2001.

Band 72 Christine Löw: Die Erkundigungspflicht beim Verbotsirrtum nach § 17 StGB. 2001.

Band 73 Florian Ufer: Der Verwertungswiderspruch in Theorie und Praxis. Prozessuale Obliegenheiten des Verteidigers und ihre Bedeutung für die Rechtsposition des Beschuldigten. 2002.

Band 74 Katja Melzer: Psychisch kranke Straftäterinnen. Frauen im Maßregelvollzug. 2001.

Band 75 Gregor Kuntze-Kaufhold: Lebenswelt und Unparteilichkeit. Kriterien für eine Rechtsanwendungslehre am Beispiel der Analyse von fünf Hauptverhandlungen in Strafverfahren. 2002.

Band 76 Iris Kristina Passek: Die erstinstanzliche Zuständigkeit der Oberlandesgerichte in Staatsschutzstrafsachen. Historische Entwicklung und aktuelle Probleme. 2002.

Band 77 Michael Krebs: Die Weisungsgebundenheit des Staatsanwalts unter besonderer Berücksichtigung des rechtstatsächlichen Aspekts. 2002.

Band 78 Kerstin Degenhardt: Europol und Strafprozeß. Die Europäisierung des Ermittlungsverfahrens. 2003.

Band 79 Domenico Siciliano: Das Leben des fliehenden Diebes: Ein strafrechtliches Politikum. 2003.

Band 80 Marc Colussi: Produzentenkriminalität und strafrechtliche Verantwortung. 2003.

Band 81 Thilo Lars Hild: Grenzen einer strafrechtlichen Regulierung des Kapitalmarktes. Eine kriminalrechtliche Untersuchung von Börsengängen und Aktienhandel in Deutschland und den USA. 2004.

Peter Lang · Europäischer Verlag der Wissenschaften

Fragmentarisches Strafrecht

Beiträge zum Strafrecht, Strafprozeßrecht und zur Strafrechtsvergleichung

Für Manfred Maiwald aus Anlaß seiner Emeritierung, verfaßt von seinen Schülern, Mitarbeitern und Freunden
Herausgegeben von Carsten Momsen, René Bloy und Peter Rackow

Frankfurt am Main, Berlin, Bern, Bruxelles, New York, Oxford, Wien, 2003.
320 S., 1 Abb.
ISBN 3-631-50221-4 · br. € 46.00*

Zur Emeritierung Manfred Maiwalds versammelt dieser liber amicorum Beiträge zu aktuellen Entwicklungen und grundlegenden Fragestellungen der deutschen und ausländischen Strafrechtswissenschaft. Ein Schwerpunkt liegt bei den Möglichkeiten und Grenzen, ein gemeinsames europäisches Strafrechtssystem zu schaffen. Voraussetzung dafür ist eine Beschränkung auch des deutschen Straf- und Strafprozeßrechts auf die Regelung grundsätzlicher Konflikte. Einer derartigen Besinnung auf den „fragmentarischen Charakter" des Strafrechts ist ein weiterer Themenschwerpunkt gewidmet. Verschiedene Beiträge stellen darüber hinaus die historischen Wurzeln einzelner Normen wie auch der Entwicklung der Strafrechtssysteme in den Vordergrund, deren Verständnis unabdingbare Voraussetzung der Rechtsvergleichung ist. Dem wissenschaftlichen Wirken Manfred Maiwalds ist die Betonung der Perspektive der italienischen Strafrechtswissenschaft verpflichtet.

Aus dem Inhalt: Mit Beiträgen von: René Bloy · Désirée Fondaroli · Gabríele Fornasari · Carsten Momsen · Akihiro Onagi · Dinah Stollwerck · Torsten Bauer · Volker Haas · Gerwin Moldenhauer · Peter Rackow · Elio Belfiore · Martin Böse ·Torben Hagen · Vincenzo Militello · Dorothee Sydow

Frankfurt am Main · Berlin · Bern · Bruxelles · New York · Oxford · Wien
Auslieferung: Verlag Peter Lang AG
Moosstr. 1, CH-2542 Pieterlen
Telefax 00 41 (0) 32 / 376 17 27

*inklusive der in Deutschland gültigen Mehrwertsteuer
Preisänderungen vorbehalten

Homepage http://www.peterlang.de

MIX
Papier | Fördert gute Waldnutzung
FSC® C083411

Kolibri 360 GmbH
Ferdinand-Jühlke-Straße 7
99095 Erfurt, Deutschland
produktsicherheit@kolibri360.de

Druck:
CPI Druckdienstleistungen GmbH
im Auftrag der
Kolibri 360 GmbH
Ferdinand-Jühlke-Str. 7
99095 Erfurt